ACCESO GRATIS *a la Lectura en la Nube*

Para visualizar el libro electrónico en la nube de lectura envíe junto a su nombre y apellidos una fotografía del código de barras situado en la contraportada del libro y otra del ticket de compra a la dirección:

ebooktirant@tirant.com

En un máximo de 72 horas laborables le enviaremos el código de acceso con sus instrucciones.

LA LEY GENERAL TRIBUTARIA:
Una visión crítica tras veinte años de aplicación

Procedimiento de selección de originales, ver página web:

www.tirant.net/index.php/editorial/procedimiento-de-seleccion-de-originales

LA LEY GENERAL TRIBUTARIA:

Una visión crítica tras veinte años de aplicación

JOSÉ MANUEL ALMUDÍ CID
DIEGO MARÍN-BARNUEVO FABO
MIGUEL ÁNGEL MARTÍNEZ LAGO
GERMÁN ORÓN MORATAL
(Directores)

tirant lo blanch
Valencia, 2024

La presente obra ha sido sometida a la revisión de pares ciegos según el protocolo de publicación de la editorial a efectos de ofrecer el rigor y calidad correspondiente tanto en su contenido como en su forma, aplicándose los criterios específicos aprobados por la Comisión Nacional E 016 (BOE núm. 286, de 26 de noviembre de 2016).

Director de la colección:

DOMINGO CARBAJO VASCO

EDITA: TIRANT LO BLANCH
C/ Artes Gráficas, 14 - 46010 - Valencia
TELFS.: 96/361 00 48 - 50
FAX: 96/369 41 51
Email: tlb@tirant.com
www.tirant.com
Librería virtual: www.tirant.es
DEPÓSITO LEGAL: V-4019-2024
ISBN: 978-84-1071-835-7

Listado de autores

José Manuel Almudí Cid
Juan Arrieta Martínez de Pisón
Jesús Cudero Blas
Gaspar de la Peña Velasco
Ernesto Eseverri Martínez
Santos Gandarillas Martos
María Ángeles García Frías
Joaquín Huelin Martínez de Velasco
Rosa Litago Lledó
Gloria Marín Benítez
Diego Marín-Barnuevo Fabo
Juan Martín Queralt
César Martínez Sánchez
Juan Ignacio Moreno Fernández
María Teresa Mories Jiménez
Francisco José Navarro Sanchís
Aitor Orena Domínguez
Germán Orón Moratal
Enrique Ortiz Calle
Aurora Ribes Ribes
Javier Sánchez-Vera Gómez-Trelles
Begoña Sesma Sánchez

Índice

PRESENTACIÓN

Las normas tributarias se caracterizan por estar sometidas a constantes cambios y, por ello, la dogmática en esta materia es especialmente contingente, porque el objeto de la realidad estudiado no suele perdurar en el tiempo y las instituciones no tienen una vigencia tan prolongada como en otras ramas del Derecho. No obstante, el pasado 1 de julio de 2024 se cumplieron veinte años de la entrada en vigor de la Ley 58/2003, de 17 de diciembre, General Tributaria, norma que sucedió, sin solución de continuidad, a la homónima Ley 230/1963, de 28 de diciembre, que pese a su origen preconstitucional estuvo en vigor durante cuatro décadas gracias a su incuestionable calidad técnica.

Una efeméride tan señalada aconsejaba impulsar desde la Universidad una reflexión pausada y profunda sobre la Ley General Tributaria en vigor que, según señala expresamente su exposición de motivos, constituye el eje central del ordenamiento tributario al recogerse en la misma sus principios esenciales y regularse las relaciones entre la Administración Tributaria y los contribuyentes.

Con esta finalidad se celebró a mediados del mes de noviembre de 2023 en la Escuela de Práctica Jurídica de la Facultad de Derecho de la Universidad Complutense de Madrid un congreso, titulado "20+40 años de la Ley General Tributaria: luces y sombras", que concitó la participación de un nutrido grupo de destacados juristas, expertos en materia tributaria, procedentes de distintos ámbitos profesionales. Durante dos intensas jornadas de trabajo se abordó la evolución en nuestro país de los derechos y garantías de los obligados tributarios a lo largo de los últimos sesenta años, poniéndose el acento en los aspectos más controvertidos de la regulación actual y apuntándose posibles líneas de reforma de una norma basilar para la adecuada aplicación del ordenamiento tributario.

El congreso se estructuró en torno a seis mesas redondas, en las que se analizaron por los distintos ponentes cuestiones de tanta transcendencia como la eficacia de la Constitución y, en particular, de los principios constitucionales tributarios sobre la Ley General Tributaria; la interpretación, calificación e integración de las normas tributarias; los obligados tributarios y los límites temporales a la exigibilidad de las deudas tributarias; los procedimientos de comprobación e investigación; los delitos e infracciones en materia tributaria o la revisión de los actos tributarios en vía administrativa y contencioso-administrativa.

Una vez transcurrido el tiempo preciso para la valoración de todas las cuestiones que fueron objeto de debate y discusión en este congreso, nos complace presentar a la comunidad jurídica esta relevante obra, conformada por veintidós capítulos de autoría individual en los que, de forma sosegada y crítica, se abordan, por un amplio elenco de profesionales de primer orden, cuestiones de la mayor relevancia desde la perspectiva de los derechos y garantías de los obligados tributarios que, a buen seguro, serán del interés de los lectores que se aproximen a esta controvertida realidad tanto desde una perspectiva dogmática como estrictamente profesional.

Resulta obligado hacer referencia en esta presentación a las tres instituciones que, de forma decidida, han colaborado para que esta obra haya visto la luz: el proyecto de investigación titulado "Asimetrías en la tutela de la Hacienda Pública: la protección de los fondos públicos y el control del fraude, el dispendio y la corrupción (PID 2019-109195RB-I00), concedido por el Ministerio de Ciencia e Innovación; la Escuela de Práctica Jurídica de la Facultad de Derecho de la Universidad Complutense de Madrid; y la Delegación Territorial de Madrid y Zona Centro de la Asociación Española de Asesores Fiscales. A todas ellas queremos manifestar nuestro agradecimiento por su constante y denodado apoyo en las tareas de investigación y divulgación que recurrentemente impulsamos desde nuestras respectivas Universidades.

Asimismo, agradecemos a los autores su predisposición a participar en esta obra, en perjuicio de otros compromisos personales y profesionales, así como la elevada calidad de sus aportaciones, que ponen de manifiesto, una vez más, su inquebrantable compromiso con la lucha por el Derecho y, en particular, con la consecución y mejora de un ordenamiento tributario justo.

José Manuel Almudí Cid
Diego Marín-Barnuevo Fabo
Miguel Ángel Martínez Lago
Germán Orón Moratal

TRIBUTOS Y PRESTACIONES PATRIMONIALES PÚBLICAS DE CARÁCTER NO TRIBUTARIO

Enrique Ortiz Calle
Catedrático de Derecho Financiero y Tributario
Universidad Carlos III de Madrid

1. LA NECESIDAD DE REPENSAR EL CONCEPTO CONSTITUCIONAL DE TRIBUTO

La Sentencia del Tribunal Constitucional (STC) 63/2019 (ECLI:ES:TC: 2019:63) (*Tol 7260335*) refrendó, como es sabido, la constitucionalidad de las prestaciones patrimoniales públicas de carácter no tributario (PPPNT) de acuerdo con la definición contenida en la Ley 9/2017, de 8 de noviembre, de Contratos del Sector Público (*Tol 6414318*) (LCSP). No es necesario recordar aquí que dicha definición de PPPNT contenida en la LCSP se trasladó a la disposición adicional primera de la Ley 58/2003, de 17 de diciembre, General Tributaria (*Tol 327278*) (LGT); al artículo 20 del texto refundido de la Ley Reguladora de las Haciendas Locales (LRHL), aprobado mediante Real Decreto Legislativo 2/2004, de 5 de marzo (*Tol 346505*), añadiéndole un nuevo apartado 6, y al artículo 2 de la Ley 8/1989, de 13 de abril, del régimen jurídico de las tasas y precios públicos (*Tol 76329*) (LTPP).

Del Preámbulo de la LCSP se desprende que la reforma de estos textos legales pretendió aclarar, de una vez por todas, la naturaleza jurídica tarifaria y no tributaria de las contraprestaciones que abonan los usuarios por la utilización de las obras o la recepción de los servicios públicos en los casos de gestión directa de estos a través de personificaciones de Derecho Privado y en los supuestos de gestión indirecta mediante concesionarios. Es bien conocida la enconada disputa jurisprudencial y doctrinal que se viene librando en torno a la delimitación del campo de las tasas y el de las tarifas de carácter no tributario, desde 2017 denominadas PPPNT.

Sucede, sin embargo, que asistimos desde hace unos cuantos años a la proliferación de exacciones que reciben muchas veces la calificación de PPPNT y que carecen del carácter sinalagmático que tradicionalmente han tenido y siguen teniendo las tarifas[1]. Pues tanto en la vigente LCSP como en las anteriores leyes de contratación pública las tarifas de carácter no tributario se devengan por la prestación de servicios públicos —como, entre otros, el servicio de abastecimiento domiciliario de agua o el de transporte— en régimen de concesión administrativa o a través de entidades públicas empresariales o sociedades mercantiles de titularidad pública.

Por el contrario, en el presupuesto normativo de estas otras exacciones, calificadas también de PPPNT, no concurre actividad administrativa alguna, al tiempo que no se proponen gravar con vocación de *generalidad* una determinada manifestación de capacidad económica de la que cualquier persona pueda ser titular, sino que seleccionan a un círculo restringido de obligados, por lo común empresas que actúan en sectores re-

---

1 Subraya la importancia de la distinción entre PPPNT con y sin contraprestación Palao Taboada, C. (2023). "Prestaciones patrimoniales de carácter público", *Revista de Contabilidad y Tributación*, (481), pp. 10 y ss.

gulados como pueden ser el energético, el financiero, las telecomunicaciones, el audiovisual o el farmacéutico. La última manifestación de estas exacciones, calificadas como PPPNT, son los controvertidos gravámenes temporales energético y sobre entidades de crédito creados por la Ley 38/2022, de 27 de diciembre (*Tol 9331949*), aunque como luego veremos existen muchas otras figuras que responden a similares características.

En todo caso, la STC 182/1997 (FJ 15) (ECLI:ES:TC: 2021:182) (*Tol 80805*) declara que una interpretación sistemática de la Constitución *"lleva necesariamente a no considerar como sinónimas la expresión "tributos" del artículo 133.1 CE y la más genérica de "prestaciones patrimoniales de carácter público del artículo 31.3 CE"*. La STC 185/1995 (ECLI:ES:TC: 1995:185) (FJ 3) (*Tol 82922*), por su parte, afirma que *"desde la perspectiva constitucional (...) el legislador puede alterar el alcance de las figuras que hoy integran esta categoría —impuestos, tasas y contribuciones especiales—, y puede crear nuevos ingresos de Derecho público"*.

Siendo ello así, todo tributo es una prestación patrimonial de carácter público, pero no todas estas prestaciones tienen naturaleza tributaria, por mucho que de ambas sea exigible el respeto del principio de reserva de ley. Ahora bien, la nueva redacción dada a la disposición adicional primera de la LGT por la LCSP no ayuda a diferenciar las PPPNT de los tributos, ya que a las primeras se les caracteriza por la coactividad y la persecución de una finalidad de interés público. Ambas notas son atribuibles sin duda a los tributos. No va a ser fácil encontrar finalidades de interés público tan relevantes como la de contribuir al sostenimiento de los gastos públicos en las condiciones establecidas en el artículo 31.1 CE[2].

Podría decirse que la diferencia fundamental entre el tributo y la PPPNT radicaría en la finalidad *directamente contributiva* del primero, en la medida que procura de manera inmediata recursos financieros a un Ente público. Las PPPNT pueden implicar un menor gasto para el Estado, como sucede con los descuentos farmacéuticos enjuiciados en la STC 62/2015 (ECLI:ES:TC:2015:62) (*Tol 5161832*) o en los pagos que efectúan los empresarios a favor de los trabajadores para hacer frente a la incapacidad laboral transitoria de estos últimos, que fue objeto de la STC 182/1997 (ECLI:ES:TC: 2021:182). Tampoco tendrían una finalidad contributiva directa las tarifas que los usuarios de un determinado servicio público de competencia local pagan a un concesionario, ya que esos ingresos no afluyen al estado de ingresos de los presupuestos de un Ente público, sino que se reflejan directamente en la cuenta de resultados de un sujeto de Derecho privado.

Este panorama tan sumariamente descrito obliga a repensar seriamente el concepto constitucional de tributo. Pues, por un lado, tenemos las PPPNT que son expresión de

---

2 En este sentido, Menéndez Moreno, A. (2018). "Las prestaciones patrimoniales de carácter público", *Quincena Fiscal*, (1), pp. 1-2.

la tradicional potestad tarifaria de la Administración, cuyo régimen jurídico adolece muchas veces de un vacío normativo alarmante que genera gran inseguridad jurídica sin que todavía, además, se haya trazado con precisión la frontera con las tasas. Y, de otro lado, tenemos las PPPNT no sinalagmáticas de las que cabe sospechar que su calificación legal solo obedece, en muchas ocasiones, a un intento burdo de huida de los principios constitucionales que limitan la potestad tributaria.

En cualquier caso, como el carácter coactivo tanto de los tributos como de las PPPNT está fuera de toda duda, quizás por ello convenga empezar por una reflexión sobre la proyección del principio constitucional de la reserva de ley sobre estas exacciones.

2. RESERVA DE LEY

No existen razones objetivas para que el principio de reserva de ley tributaria se aplique de manera distinta en el ámbito de las PPPNT y en la esfera de los tributos, compartiendo ambas la nota de la coactividad. En ambos casos la reserva de ley se configura como una garantía de la autodisposición de la comunidad sobre sí misma y de la libertad patrimonial y personal del ciudadano [SSTC 19/1987 (FJ 4) (ECLI:ES:TC: 1987:19) (*Tol 79728*) y 182/1997 (FJ 15) (ECLI:ES:TC: 1997:182) (*Tol 80805*)]. Por ello, tanto la creación como los elementos esenciales de las PPPNT deben regularse mediante ley aplicando exactamente la misma doctrina recaída en materia tributaria [SSTC 37/1981 (FJ 4) (ECLI:ES:TC:1981:37) (*Tol 110839*) y 150/2003, (FJ 3) (ECLI:ES:TC:2003:150) (*Tol 295206*)].

Dentro de las Haciendas Locales y en relación con la proyección del principio constitucional de reserva de ley sobre las PPPNT, se ha criticado que el artículo 20.6 LRHL opera una deslegalización muy grave habida cuenta la remisión tan amplia a la ordenanza que hace el mencionado precepto[3]. Como premisa compartimos la opinión de que el principio de reserva de ley se proyecta sobre las PPPNT con el mismo alcance que en las tasas y, en el ámbito local, con idéntica flexibilidad que la reconocida por el Tribunal Constitucional [SSTC 179/1985 (FJ 3) (ECLI:ES:TC:1985:179) (*Tol 100383*) y 19/1987 (FJ 5) (ECLI:ES:TC: 1987:19) (*Tol 79728*)]. En concreto, el artículo 20.6 se limita a disponer que "*Sin perjuicio de lo establecido en el artículo 103 de la Ley de Contratos del Sector Público* (*Tol 6414318*)[4] *las contraprestaciones económicas a que se refiere este apartado* [se refiere al apartado 4 del artículo 20 relativo a los supuestos que

[3] Cfr., Menéndez Moreno, A. (2018). *Las prestaciones patrimoniales...*, cit., 4.

[4] Que regula la procedencia y los límites de la revisión de los precios en tales contratos.

darán lugar al devengo de tasas solo en caso de gestión directa por la Administración] *se regularán mediante ordenanza (...)*"[5].

Debemos partir del dato de que la jurisprudencia del Tribunal Constitucional relaja las exigencias del principio de reserva de ley en el ámbito local dado el carácter representativo del Pleno de la Corporación [por todas, STC 132/2001, (FJ 5) (ECLI:ES:TC:2001:132) (*Tol 100402*)]. En este sentido, la Ordenanza, por sí sola y con fundamento únicamente en el artículo 20.6, puede satisfacer dicha reserva al menos en cuanto al establecimiento de la PPPNT, ya que este artículo remite a los supuestos de hecho que pueden dar lugar a una prestación de este tipo en caso de que el servicio se preste por gestión indirecta o mediante personificación privada.

Más dudas surgen en relación con la cuantificación, pues la LRHL nada dice al respecto, no siendo de aplicación las reglas que desarrollan el principio de equivalencia (coste del servicio) al que se someten las tasas. Siendo esto así, en ocasiones la legislación sectorial cubrirá con creces las exigencias de la reserva, como sucede en el caso del servicio de suministro domiciliario de agua donde el Texto Refundido de la Ley de Aguas (Real Decreto Legislativo 1/2001, de 20 de julio) (*Tol 231223*) contiene parámetros suficientes para la fijación de los precios. Por lo demás, la regulación prevista en la propia LCSP es seguramente suficiente para evitar una infracción del artículo 31.3 CE, pues al regular en su artículo 101.2 el "*valor estimado*" de los contratos (concesión de obras, concesión de servicios, etc.), ordena tomar en cuenta, "*como mínimo, además de los costes derivados de la aplicación de las normativas laborales vigentes, otros costes que se deriven de la ejecución material de los servicios, los gastos generales de estructura y el beneficio industrial*"; fórmula que nos recuerda "grosso modo" al principio de equivalencia.

Junto a ello, la inexistencia de una memoria económico-financiera en el caso de las tarifas podría quedar suplida por la obligación que establece el artículo 285.2 LCSP de que en los contratos de concesión de servicios la tramitación del expediente venga "*precedida de la realización y aprobación de un estudio de viabilidad de los mismos o en su caso, de un estudio de viabilidad económico-financiera, que tendrán carácter vinculante en los supuestos en que concluyan en la inviabilidad del proyecto*". De todos modos, se impone un análisis caso a caso de cada una de las tarifas que tengan la condición de PPPNT para verificar el cumplimiento de la reserva de ley.

En todo caso, se tratará de una ordenanza municipal, que se tramitará de acuerdo con el procedimiento general, y no de una ordenanza fiscal, lo cual tampoco altera en esencia la situación ya que en ambos casos es suficiente para su aprobación la mayoría simple del Pleno de la Corporación Local [artículo 47 de la Ley 7/1985, de 2 de abril,

---

5 El mismo artículo 20.6 se refiere a la intervención de la instancia autonómica, a través de la emisión de informe preceptivo, en la función de autorización de los precios por la prestación de ciertos servicios públicos, como son los casos de suministro de agua domiciliaria y transporte.

Reguladora de las Bases de Régimen Local (*Tol 257364*) (LBRL)][6]. La competencia del Pleno para aprobar la tarifa no es delegable en ningún otro órgano municipal[7].

En cualquier caso, de acuerdo con la STC 63/2019 (FJ 6) (ECLI:ES:TC: 2019:63) (*Tol 7260335*), que enjuició la figura de las PPPNT configurada por la LCSP, "*se establecen en la ley de contratos* [LCSP] *los criterios para su determinación, que se anudan al coste objeto del propio contrato, pudiendo lógicamente variar en función del mismo. Con carácter general, las tarifas se ajustarán al régimen general previsto en el capítulo I del título III del libro primero de la ley (arts. 99 a 102), que establece las reglas para determinar las cuantías (precios) de los contratos del sector público, siendo revisadas con arreglo a lo dispuesto en el capítulo II del mismo título (artículos 103 a 105). De acuerdo con el régimen jurídico legal, las tarifas se fijarán atendiendo al coste, y se fijarán y revisarán de manera específica por parte de la administración [arts. 267.2, 285.1 b) y 290.1 y 5]*; añadiendo que "*La anterior regulación colma la reserva de ley para este tipo de contraprestaciones, pues establece los criterios generales con arreglo a los cuales, en el marco de la legislación de contratos del Estado, deberán revisarse las correspondientes tarifas y sin perjuicio de que la ley de contratos solo contempla esta posibilidad, de manera que será en todo caso la normativa específica reguladora del servicio sujeto a tarifa la que establecerá las mismas, concretando su configuración. Al no tratarse de tributos, no les resultan de aplicación los principios generales contenidos en el art. 31.1 CE, pero sí estarán sujetas al art. 31.3 CE y, como toda acción pública, a los principios generales del ordenamiento (art. 103.3 CE) y, en concreto, a la regulación específica que haya llevado a cabo el legislador sectorial en su caso, en la definición del servicio público*" (el subrayado es mío).

Sea como fuere, en el caso de las PPPNT sin contraprestación que, por lo demás, son generalmente creadas y exigidas desde la perspectiva territorial por la Hacienda General del Estado, las exigencias constitucionales del principio de reserva de ley han de ser máximas, equivalentes a las de un impuesto, pues al estar fuera de toda duda su carácter coactivo no existe justificación alguna para flexibilizar el alcance de la reserva, pues en

---

6 El procedimiento se regula en el artículo 49 LBRL y se contará, en su caso, con el informe preceptivo de las Administraciones competentes en materia de control e intervención de precios. En relación con dicho informe resulta de aplicación el artículo 16 del Real Decreto-Ley 7/1996, de 7 de junio (*Tol 119712*), donde se regulan las Comisiones Autonómicas y Provinciales de Precios.

7 Cfr., Fernández Farreres, G. (2012). *Sobre la naturaleza jurídica de la tarifa por la prestación del servicio público de abastecimiento domiciliario de agua*, en Milans Del Bosch, S. (Coord.), *El precio del agua. Aspectos jurídicos y financieros en la gestión urbana del agua en España,* Fundación Agbar, p. 263; Fernández López, R. I. (2018). "Análisis conceptual de la categoría jurídica que se proyecta sobre la contraprestación por el suministro municipal de agua", *Crónica Tributaria,* (166), p. 136.

el presupuesto normativo del que nacen dichas PPPNT no está presente una actuación administrativa ni es la Hacienda Local la que establece la obligación de pago.

3. TASAS Y TARIFAS

La redacción original del artículo 2.2.a) LGT en 2003 en la que se contiene el concepto de tasa amplió considerablemente, al menos desde una perspectiva teórica, el ámbito de aplicación *natural* de este tributo restringiendo al mismo tiempo severamente el de la tarifa, al establecer expresamente que, en la modalidad de hecho imponible consistente en la prestación de servicios públicos, se entendería que los mismos "*se prestan o las actividades se realizan en régimen de derecho público cuando se lleven a cabo mediante cualquiera de las formas previstas en la legislación administrativa para la gestión del servicio público y su titularidad corresponda a un ente público*". De este modo, aunque se recurriera a una personificación jurídico-privada o a la fórmula del concesionario, dándose el requisito competencial referente a la titularidad pública del servicio, siempre nos encontraríamos ante una tasa. Esta declaración tan terminante de la LGT no se trasladó a la LTPP ni a la LRHL. Esta omisión, sin embargo, no impedía que el precepto fuera aplicable a todas las tasas con independencia de cuál fuera la Hacienda territorial (estatal, autonómica o local) competente para su regulación y gestión, habida cuenta los títulos competenciales que fundamentan la aprobación de la LGT, en concreto el artículo 149.1.14ª y 18ª de la Constitución (*Tol 173304*).

Bien es cierto que pese a lo dispuesto de manera tan concluyente por la LGT la realidad habría de discurrir por distintos derroteros, ya que las prestaciones patrimoniales públicas devengadas por la recepción de servicios esenciales prestados por empresas públicas o concesionarios siguieron acogidas al régimen tarifario, es decir, al margen de la normativa material y procedimental del Derecho Tributario. Supuesto paradigmático de lo que estamos hablando son las controvertidas tarifas abonadas por el servicio de abastecimiento domiciliario de agua cuya litigiosidad resulta bien conocida[8].

No obstante, la STC 102/2005 (FJ 6) (ECLI:ES:TC: 2005:102) (*Tol 636315*) se hizo eco de este cambio legislativo. Así, en relación con las llamadas tarifas portuarias[9], dicha Sentencia declaró que estas concretas prestaciones pecuniarias debían calificarse como "*tributos, con independencia de que los denominados servicios portuarios sean prestados por la Autoridad portuaria de forma directa o indirecta, tal y como se desprende en la*

---

8 Permítasenos la remisión a Ortiz Calle, E (2019). "Las prestaciones patrimoniales de carácter público no tributario y el servicio público local de suministro domiciliario de agua", *Tributos Locales*, (139), pp. 13 y ss.

9 La misma doctrina se defiende, también en relación con esas tarifas, en las SSTC 121 (ECLI:ES:TC:2005:121) (*Tol 636368*) y 122/2005 (ECLI:ES:TC:2005:12) (*Tol 636369*).

actualidad del párrafo segundo del artículo 2.2.a) de la Ley 58/2003, de 17 de diciembre". Es criticable en todo caso que esta Sentencia utilizara como fundamento constitucional lo dispuesto en un precepto legal. En todo caso, la STC 63/2019 (ECLI:ES:TC: 2019:63) rechazó la tesis que en algún momento se defendió en el sentido de que era irrelevante para la construcción de un pretendido concepto constitucional de tasa la forma de gestión del servicio.

De todos modos, se debe reconocer que con base precisamente en la STC 102/2005 (ECLI:ES:TC: 2005:102) esa fue la tesis que en un momento determinado asumió el Tribunal Supremo en su Sentencias de 20 de julio (ECLI: ES:TS: 2009:8015) y de 12 de noviembre de 2009 (ECLI: ES:TS2009:8294) (Rec. núm. 4089/2003 y 9304/2003, respectivamente) (*Tol 1768785*) y (*Tol 1776346*)), concluyendo que *"la forma de gestión del servicio no afecta a la naturaleza de la prestación, siempre que su titularidad siga siendo pública, como sucede en los supuestos de concesión"*. Dos años antes, la Dirección General de Tributos, en su Informe de 26 de octubre de 2007, afirmaba exactamente lo mismo con cita expresa de la STC 102/2005 (ECLI:ES:TC: 2005:102). Esta jurisprudencia del Tribunal Supremo supuso un duro golpe para la potestad tarifaria.

La situación cambió radicalmente con la reforma de la LGT operada por la disposición final quincuagésima octava de la Ley 2/2011, de 4 de marzo, de Economía Sostenible (*Tol 2043021*), que suprimió el segundo párrafo del artículo 2.2.a) LGT, que era el que precisamente convertía en irrelevante la forma de gestión del servicio. Después de esta reforma, la Dirección General de Tributos sostuvo en 2011[10] que en el caso de que una Entidad Local gestionara directamente el servicio, sin delegar el mismo en otra personificación, la contraprestación recibida se habría de someter al régimen tributario de tasa; mientras que si la entidad gestora del servicio público era una sociedad privada municipal o una empresa privada por medio de un contrato administrativo de gestión del servicio, las contraprestaciones no podían ser calificadas de ingresos de Derecho público, sino de ingresos de Derecho privado; con lo cual se retornaba a la situación anterior a la aprobación de la LGT en 2003 y se rehabilitaba en cierto modo la potestad tarifaria.

La rehabilitación de la potestad tarifaria adquiere, guste o no, carácter definitivo con la tantas veces citada STC 63/2019 (ECLI:ES:TC: 2019:63) que refrenda la constitucionalidad de la definición de PPPNT contenida en la disposición adicional primera de la LGT que trae causa de la LCSP de 2017. De esta forma, no es posible incluir dentro de la definición de tributo prestaciones patrimoniales públicas que son exigidas por personificaciones de Derecho Privado, aunque las mismas sean de titularidad pública, y cuyos ingresos no afluyan al Tesoro Público de manera que formen parte del estado de

---

10 Informe de 26 de julio de 2011 (N/REF 2011-28394).

ingresos de los presupuestos de una Administración y esta tenga plena disponibilidad sobre los mismos.

Así lo ha visto la Dirección General de Tributos, en Contestación de 3 de junio de 2020 a consulta vinculante (V1758-20), en el caso de un municipio en el que el servicio material de recogida y tratamiento de residuos lo realizaba una sociedad mercantil de titularidad municipal, pero la *gestión tributaria* la realizaba el propio Ayuntamiento que transfería el coste de la gestión del servicio a la mercantil; es decir, es "*el Ayuntamiento quien exige y recauda el importe de la prestación patrimonial a los usuarios y la sociedad mercantil se limita a la mera prestación del servicio. Aquí la prestación del servicio de recogida de basuras a través de la sociedad mercantil de capital íntegramente municipal es meramente instrumental, es decir, que quien realmente presta el servicio es el Ayuntamiento, por ser quien se relaciona con los usuarios de tal servicio, tanto para la gestión, liquidación, recaudación e inspección de la contraprestación satisfecha por los usuarios, que es ingresada en el Presupuesto municipal; como en la propia prestación del servicio (es el Ayuntamiento quien responde ante los usuarios, tramita las altas y bajas, resuelve quejas, incidencias, etc.) y la sociedad mercantil es un mero instrumento del Ayuntamiento y solo se relaciona con este último, a quien factura el coste del servicio, no percibiendo cantidad alguna de los usuarios por la prestación del servicio. En este caso, se debe concluir que la contraprestación que abonan los usuarios del servicio tendrá la naturaleza jurídica de tasa, ya que el servicio público de recogida de residuos urbanos se presta por el Ayuntamiento*". [Situación bien distinta sería el caso en que] "*el servicio lo preste realmente la sociedad mercantil, que podría encargar al Organismo Autónomo de Gestión Tributaria del Ayuntamiento la gestión recaudatoria, tanto en período voluntario como ejecutivo, de la prestación patrimonial que deben pagar los usuarios, siendo la citada sociedad quien se relaciona con los usuarios en lo relativo a la gestión del servicio (altas, bajas, resolución de quejas, incidencias, etc.) y quien percibe en última instancia la prestación patrimonial de los usuarios. En este caso se debe concluir que la contraprestación que abonan los usuarios del servicio tendrá la naturaleza jurídica de prestación patrimonial de carácter público no tributario*" (el subrayado es mío).

No obstante, una Contestación a consulta vinculante posterior de la Dirección General de Tributos, de 17 de marzo de 2023 (V0650-23), pone quizás en entredicho la doctrina anterior. Se analiza el caso de un Consorcio provincial para gestión medioambiental y el tratamiento de residuos sólidos urbanos constituido por el Ayuntamiento y la Diputación Provincial correspondientes, que adjudicó a una entidad mercantil el contrato de gestión de servicio público de tratamiento de residuos, en el que la concesionaria factura mensualmente por separado al Ayuntamiento, a la Diputación y al propio Consorcio por el tratamiento de los residuos. Pues bien, la Dirección General de Tributos entiende en este caso que la contraprestación que el Ayuntamiento, por su parte, factura a los usuarios por dichos servicios de tratamiento tiene la naturaleza de PPPNT, lo cual supone —dicho sea de paso— la repercusión del 10 % en concepto de IVA. Quizás la diferencia de este caso respecto del supuesto anterior radique en que el contratista asume el riesgo operacional, que exige la Directiva 2014/23/UE relativa a la adjudicación de los contratos de concesión, por lo que no puede considerarse que actúa como un mero instrumento del Ayuntamiento y, por tanto, la contraprestación debe calificarse de PPPNT.

Sea como fuere, el problema se reduce, en mi opinión, a determinar si el concepto constitucional de tributo comprende, o no, como características esenciales dos notas, a saber: por un lado, la percepción de las cantidades adeudadas coactivamente por un Ente público, de forma que tales ingresos afluyan directamente en el estado de ingresos de su presupuesto; y, por otra parte, la exigencia de las obligaciones por vía de apremio en ejercicio pleno de los privilegios de autotutela declarativa y ejecutiva.

Empezando por el primer interrogante planteado, si partimos de la idea de que los tributos desde un punto de vista constitucional son ingresos públicos, no cabría calificar como tales a los percibidos por el concesionario o una personificación de Derecho Privado. El artículo 5.1 de la Ley 47/2003, de 26 de noviembre, General Presupuestaria (*Tol 320220*) (LGP) parece asumir esta concepción cuando dispone, en su apartado 2, al regular los derechos integrantes de la Hacienda Pública estatal, que tales derechos pueden ser de naturaleza pública y de naturaleza privada, siendo de naturaleza pública "*los tributos y demás derechos de contenido económico cuya titularidad corresponde a la Administración General del Estado y sus organismos autónomos que deriven del ejercicio de potestades administrativas*". Pero el dato que, a mi modo de ver, resulta decisivo, si estamos intentando desentrañar el concepto constitucional de tributo, es que esta idea está presente en la STC 182/1997 (FJ 15), al declarar que *"el abono que los empresarios deben efectuar, de acuerdo con el Decreto-ley impugnado, en casos de incapacidad laboral transitoria derivada de enfermedad o accidente no laboral, carece de naturaleza tributaria. Sin que sea necesario entrar aquí en mayores precisiones, baste decir que los tributos, desde la perspectiva constitucional, son prestaciones patrimoniales coactivas que se satisfacen, directa o indirectamente, a los entes públicos con la finalidad de contribuir al sostenimiento de los gastos públicos (art. 31.1 CE). Siendo los trabajadores —y no los entes públicos— los destinatarios de los pagos que los empresarios deben satisfacer cada vez que se den las condiciones que recoge el Decreto-ley, la naturaleza tributaria de dicha prestación patrimonial debe descartarse a radice*".

Debemos mencionar el Voto Particular a la STS de 23 de noviembre de 2015 (ECLI:ES:TS:2015:5037) (*Tol 5584040*). Esta Sentencia mantuvo, con fundamento en la STC 102/2005 (ECLI:ES:TC: 2005:102), la naturaleza tributaria de tasa de la contraprestación por el servicio de suministro domiciliario de agua mediante concesionario pese a la modificación del artículo 2.2.a) LGT por la Ley 2/2011 de Economía Sostenible. Los Magistrados discrepantes sostuvieron, sin embargo, que si tanto las tasas como los precios públicos son ingresos de Derecho público, solo pueden corresponder a Administraciones y a otras entidades de Derecho público, razón por la cual no pueden tener este carácter unos recursos que, por fuerza, tienen que ser de Derecho

Privado cuando ingresan en el patrimonio de entidades dotadas de personalidad jurídico-privada, aunque su capital sea íntegra o mayoritariamente público, o totalmente privado. Y es que, según aquel Voto Particular, el hecho imponible de las tasas se vincula a servicios o actividades "en régimen de derecho público" [artículo 20.1.b) de la LRHL], motivo por el cual han de quedar extramuros de aquel "*la realización de actividades y la prestación de servicios en régimen de derecho privado, incluyendo tanto las formas de gestión mediante personalidad diferenciada con naturaleza jurídico-privada como gestión contratada a particulares*". Y, por otra parte, "*la exclusión de la contraprestación por servicios públicos prestados mediante formas de gestión jurídico-privadas o por actuaciones de interés general realizadas por personificaciones jurídico-privadas es plenamente coherente con la naturaleza de ingresos de derecho público que tienen las exacciones que regula la reiterada Ley 8/1989, ya que mal pueden ser ingresos de derecho público unos ingresos de los que es titular una persona jurídico-privada (sociedades mercantiles, concesionarios, etc.) o un ente que actúa en régimen de derecho privado*".

Por otra parte, considero que los privilegios de autotutela declarativa y ejecutiva se han de circunscribir a los tributos u a otros derechos de naturaleza jurídico-pública exigidos por una Administración pública. Los Entes privados (sean concesionarios, entidades públicas empresariales o sociedades mercantiles de capital total o mayoritariamente público) no pueden disponer del procedimiento de ejecución forzosa que la LGT reserva, con buen criterio, a la Administración, porque se trata de una manifestación extrema de ejercicio de autoridad y de las potestades exorbitantes inherentes a la autotutela que no deben atribuirse a Entes privados, aunque una Ley expresamente lo previera[11].

Es verdad que hacer depender la naturaleza de la prestación patrimonial coactiva (tasa o tarifa) de la forma de gestión del servicio coloca en última instancia en manos del Ente público la decisión sobre la categoría de ingreso y la aplicación o no de las exigencias materiales del concepto de tributo[12]. Pero a ello cabe oponer que entra dentro de la libertad de configuración del legislador decidir cómo se van a organizar y también financiar los servicios públicos; y, más importante, tal decisión, como veremos seguidamente, no puede adoptarse al margen de la Constitución y del Derecho, pues si como consecuencia del ejercicio legítimo del poder público se traspasan las fronteras del Derecho Tributario, ello no equivale, ni mucho menos, a situar a ese poder fuera de la

---

11 Para el desarrollo "in extenso" de esta idea hemos de remitirnos a Ortiz Calle, E (2018). "Las fronteras del Derecho Tributario. A propósito de las prestaciones patrimoniales de carácter público no tributario", *Quincena Fiscal*, (19), pp. 47 y ss.

12 En sentido crítico, Martín Jiménez, A. (2000). "Notas sobre el concepto constitucional de tributo en la jurisprudencia reciente del TC", *Revista Española de Derecho Financiero*, (106), p. 196; Martínez Sánchez, C. (2014). *El principio de equivalencia en el sistema tributario español*, Marcial Pons, p. 238.

legalidad ni a desposeer a los ciudadanos de sus derechos fundamentales. En el siguiente epígrafe nos detendremos en esta idea.

4. LA CUANTIFICACIÓN DE LAS TARIFAS: LÍMITES MATERIALES

El principio de capacidad económica es inherente al concepto constitucional de tributo. Ante la disyuntiva de si dicho principio circunscribe su campo de aplicación a los tributos o bien se puede extender a otro tipo de prestaciones patrimoniales que exigen los Entes públicos o incluso personificaciones jurídico-privadas, nos parece razonable partir de la hipótesis de que el principio de capacidad económica se exige, exclusivamente, a los tributos. En este sentido, cabe sospechar que la categoría de las PPPNT pretende diluir, en ocasiones, las exigencias constitucionales del principio de capacidad económica. Si ya en los tributos causales (tasas y contribuciones especiales) resulta difícil aplicar con todas sus consecuencias el mencionado principio, más problemática todavía ha de ser su traslación a otras exacciones como son las PPPNT.

De no aplicarse el principio de capacidad contributiva, es forzoso preguntarse por los límites que tiene el legislador en el establecimiento de PPPNT, al margen naturalmente de la reserva de ley del artículo 31.3 CE. A este respecto, el propio Tribunal Constitucional en su STC 233/1999 (FJ 35) (ECLI:ES:TC:1999:233) (*Tol 56866*) ha señalado que "*además de tener un fin constitucionalmente lícito, las prestaciones de carácter público deben también respetar los límites, exigencias y principios que la Constitución recoge en su articulado, el primero de los cuales deriva del propio art. 31.3 CE*". Esta referencia abierta a los "límites, exigencias y principios que la Constitución recoge en su articulado" da lugar a que la jurisprudencia del Tribunal Constitucional pueda y deba ser completada[13].

No se puede desconocer, para empezar, que el Tribunal Constitucional ha desvinculado las PPPNT del deber de contribuir al sostenimiento de los gastos públicos que establece el artículo 31.1 CE; deber que liga a las prestaciones de naturaleza tributaria. La consecuencia lógica de esta afirmación es que los principios que se contienen en el artículo 31.1, que desde luego suponen un límite para el legislador, no serán de aplicación al establecimiento de PPPNT, sino únicamente de aplicación a las de naturaleza tributaria[14]. Así lo ha afirmado el Tribunal Constitucional tajantemente, entre otras, en su STC 83/2014 (FJ 6), de 29 de mayo.

---

13 Como certeramente subraya Gómez-Ferrer Rincón, R. (2015). Las prestaciones patrimoniales de carácter público y naturaleza no tributaria, en López Ramón, F (dir.), *Las prestaciones patrimoniales públicas no tributarias y la resolución extrajudicial de conflictos,* INAP, p. 32.

14 Como destaca Gómez-Ferrer Rincón, R. *Las prestaciones patrimoniales de carácter público y naturaleza no tributaria*, cit., p. 32.

Por ello, cuando la STC 233/1999 (FJ 18) (ECLI:ES:TC:1999:233) declara que las prestaciones patrimoniales de carácter público son *"materialmente tributos"* lo hace exclusivamente a efectos de su sometimiento al principio de reserva de ley. Y es que las prestaciones patrimoniales de carácter público no son una categoría de ingresos públicos en el mismo plano que los tributos. Aquella noción comprende prestaciones de naturaleza heterogénea entre las que se encuentran los tributos. El concepto constitucional de tributo es innecesario desde la perspectiva del principio de reserva de ley, por cuanto no hay necesidad de sustituir la noción de prestación patrimonial de carácter público por esta otra; mientras que la aplicación del principio de capacidad económica a los tributos distintos de los impuestos revela *"una concepción esencialista del principio de capacidad contributiva bastante alejada de la realidad y que, por lo general, encuentra escaso respaldo en la propia jurisprudencia de los Tribunales Constitucionales"*[15].

Ahora bien, aunque no se apliquen los principios del artículo 31.1, lo cierto es que al establecer este tipo de prestaciones el legislador estará siempre sujeto al resto de la Constitución y, por tanto, a los requisitos o límites que resultan de la misma; para empezar, al derecho de propiedad, en cuanto nos encontramos ante prestaciones patrimoniales coactivas, y al principio de igualdad en la imposición de las mismas, sin olvidar los límites derivados del Derecho de la Unión Europea. Esta última clase de límites son los que han llevado al Tribunal Supremo en las SSTS, de 24 de octubre de 2016 (Recursos núm. 960 y 961/2014) (ECLI:ES:TS:2021:4768 y ECLI:ES:TS:2016:4527) (*Tol 8712876*) y (*Tol 5856191*)), a declarar inaplicable el régimen de financiación del bono social eléctrico por ser contrario a la Directiva 2009/72/CE sobre normas comunes para el mercado interior de la electricidad (*Tol 1583217*); puesto que, entre otras razones, se entiende vulnerado el principio de proporcionalidad, *"en cuanto que hace recaer la carga de financiación sobre determinados agentes del sistema eléctrico, con exclusión de otros, de manera indefinida y sin ningún tipo de medida compensatoria"*. Para el Tribunal Supremo no ha quedado debidamente justificado en las normas impugnadas que la financiación del bono social se haga recaer sobre determinados agentes del sistema eléctrico, algunos de ellos con muy escaso peso específico en el conjunto del sector, eximiendo de dicha carga a otras entidades o grupos empresariales que pueden estar en mejores condiciones para asumir aquel coste, sea por su volumen de negocios, o por su importancia relativa en algunos de los sectores de actividad.

Por otro lado, la idea de beneficio como consecuencia de la prestación de un servicio remite en última instancia al principio de equivalencia y a la noción general de justicia conmutativa con anclaje firme en el principio de igualdad. Dicha idea está claramente en el fundamento de todas las PPPNT y, con mayor claridad si cabe, en aquellas que tie-

---

15 Cfr., Palao Toboada, C. (2001). "Precios públicos: una nueva figura de ingresos públicos en el Derecho Tributario español", *Revista Española de Derecho Financiero,* (111), pp. 452 y 459.

nen carácter sinalagmático. Pues si se está ante prestaciones coactivas, alejadas en consecuencia de la lógica del mercado, es dudoso que el legislador que ha establecido la PPPNT pueda prescindir absolutamente de dicho principio, que plasmaría como decimos en la idea de justicia conmutativa, de suerte que el obligado a satisfacer la prestación podría oponerse al pago de una cantidad que fuera superior al coste del servicio recibido o al beneficio obtenido, incurriendo de esta manera el legislador en una suerte de arbitrariedad que dejaría desprotegido de garantías al deudor. De esta manera se abriría la puerta a la aplicación de un principio de equivalencia que se aplica naturalmente a las tasas con la consiguiente memoria económico-financiera. Porque otra interpretación deja al obligado al pago al albur de lo previsto en el pliego de las condiciones administrativas del contrato de obra pública, prestación de servicios o concesión, con el riesgo añadido de posible vulneración del principio de igualdad, pues un mismo servicio podría dar lugar al pago de prestaciones muy distintas en municipios diversos[16].

Pero es que, además, se debe destacar que la normativa sectorial en la que se integran como una parte más estas prestaciones puede limitar su cuantía, sobre todo en aquellos casos en que las mismas son condición "sine qua non" para el acceso a determinados servicios públicos esenciales que actualizan determinados derechos fundamentales de carácter prestacional. No creemos que exista un deber constitucional que fuerce al legislador a financiar estos servicios a través de tributos (sean impuestos o tasas), pero sí a garantizar que las prestaciones patrimoniales por fuerza coactivas que se puedan exigir por su prestación no impidan el acceso a los mismos. Pensemos, por ejemplo, en el supuesto hipotético de unas tasas judiciales que pusieran en peligro la tutela judicial efectiva garantizada en el artículo 24 CE o unas tarifas sobre el servicio de suministro de agua que impidiera el acceso a este recurso a las capas económicamente más débiles de la población[17]. El suministro de agua es, en los términos de la STC 185/1995 (ECLI:ES:TC: 1995:185), no solo objetivamente indispensable para poder satisfacer las necesidades básicas de la vida personal o social de los particulares, sino que —añadimos nosotros— la falta de acceso al suministro afectaría la satisfacción de derechos fundamentales. De manera análoga a lo que sería exigible hacer a través de exenciones o beneficios fiscales en ciertos tributos causales (señaladamente las tasas) por mandato expreso del principio de capacidad económica, se debería llevar a término en ciertas PPPNT que se exigen por el disfrute de determinados servicios públicos esenciales con la finalidad de garantizar el acceso a los mismos a los ciudadanos con menos riqueza.

---

16 Sobre este riesgo ha advertido Aneiros Pereira, J. (2018). "La incorporación al Derecho positivo tributario del concepto de prestación patrimonial de carácter público por la Ley de Contratos del Sector Público de 2017 y sus pretendidas consecuencias, *Quincena Fiscal*, (7), pp. 35 y ss.

17 En este sentido, Martínez Sánchez, C. (2014). *El principio de equivalencia en el sistema tributario español*, cit., pp. 166 y ss. y pp. 186 y ss.

Como ha dicho Fernández Farreres en relación con la tarifa por el servicio de suministro de agua, la tesis de que la tarifa como tasa dota de mayores garantías al usuario tal vez no deje de ser una apreciación excesiva. Porque *"la tarifa-precio queda fuertemente intervenida al amparo de la ley, con tanta o más intensidad que la propia reserva de ley exigible desde la consideración de tarifa-tasa. Y es que (...) la tarifa-precio para nada nos sitúa ante un precio libremente determinado por la Administración titular del servicio o directamente predeterminado por las condiciones estipuladas en el correspondiente contrato concesional (en caso de que medie un gestor privado). Todo lo contrario"*[18].

5. LA PROLIFERACIÓN DE PRESTACIONES PATRIMONIALES NO TRIBUTARIAS DE CARÁCTER NO SINALAGMÁTICO SOBRE EMPRESAS QUE ACTÚAN EN SECTORES REGULADOS

Desde tiempos relativamente recientes son cada vez más frecuentes una tipología de exacciones, muchas veces autocalificadas como PPPNT, que no se proponen gravar con vocación de *generalidad* una determinada manifestación de capacidad económica de la que cualquier persona pueda ser titular al objeto de sufragar *todos* los gastos públicos, sino que seleccionan a un círculo restringido de obligados tributarios —por lo común empresas que actúan en sectores regulados como pueden ser el energético, el financiero, las telecomunicaciones, el audiovisual o el farmacéutico—, haciendo recaer sobre esos obligados, y solo sobre ellos, la financiación de determinadas necesidades públicas mediante la afectación de la recaudación obtenida con estas exacciones, lo que convierte a las mismas en finalistas. Hay que destacar, además, que el presupuesto normativo del que nace la obligación de pago de esas "cargas especiales" no se vincula directamente con la recepción individual de un servicio, ni con la realización de una actividad administrativa que el obligado haya provocado ni tampoco con la ocupación efectiva del dominio público como es propio de las tasas.

Estas exacciones, de las que enseguida daremos un somero repaso meramente descriptivo y sin ánimo de exhaustividad, son expresión de una suerte de resurgimiento de la parafiscalidad. Para sostener esta afirmación se ha de arrancar de un concepto amplio de exacciones parafiscales como aquel conjunto de gravámenes cuyo régimen jurídico difiere de los cauces ordinarios de la Hacienda Pública[19].

---

[18] Cfr., Fernández Farreres, G. (2012). *Sobre la naturaleza jurídica de la tarifa por la prestación del servicio público de abastecimiento domiciliario de agua*, cit., p. 263; Fernández López, R.I. (2018). *Análisis conceptual de la categoría jurídica que se proyecta sobre la contraprestación por el suministro municipal de agua*, cit., p. 136.

[19] Cfr., Cortés Domínguez, M. (1985). *Ordenamiento tributario español,* I, 4ª edición, Civitas, p. 219.

Dicha adscripción a la esfera de la parafiscalidad no se debe tanto a que se trate de gravámenes que escapen de las exigencias constitucionales del principio de reserva de ley del artículo 31. 3 CE, pues las exacciones a que nos referimos se crean en general formalmente con arreglo a la ley.

Respecto del principio de legalidad presupuestaria, el legislador aprovecha en ocasiones la calificación de algunas de estas exacciones como PPPNT a fin de que el rendimiento obtenido circule al margen de los presupuestos públicos. Muchas veces el principio de universalidad presupuestaria, en su vertiente de prohibición de no afectación, se ve efectivamente condicionado por estas exacciones dado el destino de sus ingresos a determinados programas de gasto, de forma que con su rendimiento ya no se sufragará indistintamente cualquier gasto público.

No resulta infrecuente que estas exacciones parafiscales, cuando toman la forma de PPPNT, no sean gestionadas por la Administración tributaria, lo que resulta coherente —más allá de las valoraciones que ese dato pueda merecer— con la definición de PPPNT contenida en la disposición adicional primera de la Ley 58/2003, de 17 de diciembre, General Tributaria (LGT), ya que su presupuesto de hecho consiste en servicios gestionados por personificaciones privadas.

Más allá de estas consideraciones, la nota que singulariza a la parafiscalidad emergente de la que nos queremos ocupar es que se trata de exacciones cuyo presupuesto normativo no encaja en la categoría de tasa, ya que el nacimiento de la obligación no se asocia a la realización de una actividad administrativa ni a la recepción de un servicio público cuyos destinatarios sean identificables individualmente. Pero sucede que tampoco estas exacciones se acomodan perfectamente a la categoría del impuesto, o cuanto menos distorsionan los fundamentos de esta clase de tributo. En efecto, mientras en un Estado constitucional como el español el impuesto hunde sus raíces en la capacidad contributiva y cubre las necesidades generales, una de las notas características de esta parafiscalidad renacida es el propósito de hacer responsables de la financiación de ciertas funciones y de los organismos a los que estas funciones son confiadas, a los miembros de un grupo que tiene intereses comunes y que guarda una relación de proximidad con tales funciones, excluyendo al resto de los miembros de la comunidad política general. Esta concepción, de la que hay ciertamente precedentes, parece renacer en ciertas exacciones que crean cargas especiales para ciertos contribuyentes por razones más o menos justificadas y no siempre claramente explicitadas por el legislador.

Como se sabe, la categoría de las exacciones parafiscales empieza a ser estudiada en la segunda mitad del siglo XX, destacando los trabajos de Morselli[20]. La expresión "parafiscal" se usa por primera vez en 1946 en Francia, en el llamado Inventario Schuman, el

---

20 Cfr., Falcón y Tella, R., (2019). "Concepto constitucional y legal de tributo", *Revista Técnica Tributaria,* (124), p. 31.

cual distingue tres categorías: a) tasas percibidas por las autoridades fiscales para ciertos servicios y establecimientos públicos financieramente autónomos; b) cargas sociales; y c) cargas profesionales[21]. Es justamente esta *exclusión* de la generalidad de los contribuyentes, añadida muchas veces a la financiación de ciertas funciones o actividades públicas, la nota característica que permanece en las recientes manifestaciones del fenómeno parafiscal.

Por otro lado, la redacción original de la disposición adicional primera de la LGT en 2003, al prescribir, bajo el título "Exacciones parafiscales", que "*Las exacciones parafiscales participan de la naturaleza de los tributos rigiéndose por esta ley en defecto de normativa específica*", trató de zanjar definitivamente el peligro que este tipo de exacciones representa desde la perspectiva de los principios constitucionales de legalidad tributaria y presupuestaria y de la capacidad económica. Nos parece muy significativo que este precepto fuera derogado por la LCSP que precisamente otorga carta de naturaleza a las PPPNT a las que alguna autora ha incluido con razón dentro de las exacciones parafiscales[22].

La parafiscalidad de la que hoy somos testigos comparte con la tradicional la quiebra de la idea de sistema y racionalización en el ordenamiento tributario, puesto que junto a los "impuestos clásicos" aparece un conglomerado extraordinariamente heterogéneo de exacciones cuya creación requeriría de una justificación por el legislador, aunque solo fuera por la imposición suplementaria que ha de soportar el círculo de obligados tributarios que en cada gravamen ha seleccionado el legislador. Pues el fenómeno jurídico al que nos referimos no está conectado con las tasas, basadas en el principio de equivalencia o de provocación de costes, ni tampoco con un segmento de las polémicas PPPNT, que comparten con aquellas las notas de coactividad y *causalidad*, y menos todavía con los precios públicos en los que está ausente el carácter coactivo. La parafiscalidad que ahora nos interesa es la que rompe el principio de generalidad, vinculado tradicionalmente a los impuestos, al mismo tiempo que coincide con ellos en que de su hecho imponible está ausente cualquier actuación administrativa.

Alguna de las manifestaciones de esta parafiscalidad aparece bajo la forma de PPPNT. Este sería el caso del bono social eléctrico, cuya regulación fundamental se encuentra en el artículo 45 de la Ley 24/2013, de 26 de diciembre, del Sector Eléctrico (*Tol 4046915*) (LSE), donde se recoge la figura del consumidor vulnerable. La financiación del bono social, cuyas sucesivas regulaciones son fruto de una azarosa litigiosidad, se

---

21 Vid., sobre el origen de la parafiscalidad, Mateo Rodríguez, L., (1978). *La tributación parafiscal*, Colegio Universitario de León, pp. 81 y ss.

22 En este sentido, Litago Lledó, R. (2019). "La desaparición legal de la parafiscalidad: análisis de la nueva disposición adicional 1ª de la LGT conforme al artículo 31 de la CE", *Revista de Contabilidad y Tributación (CEF)*, (430), pp. 75 y ss.

hace recaer hoy en todas las empresas del sector: empresas generadoras, distribuidoras y comercializadoras. La financiación no recae, por tanto, en la generalidad de los contribuyentes sino en un círculo restringido de obligados, su articulación técnica tiene lugar al margen de los presupuestos públicos a través de descuentos en las facturas emitidas por las empresas reguladas, no pudiéndose poner en cuestión su coactividad.

Sin salir del sector energético contamos con las recientes bonificaciones especiales a los carburantes contempladas en el Real decreto-ley 6/2022, de 29 de marzo (*Tol 8886633*), que se plasmaron en descuentos a los consumidores finales cuyo coste vino siendo asumido a través de la sujeción a una PPPNT por los operadores al por mayor de productos petrolíferos con capacidad de refino en España y con una cifra anual de negocios superior a 750 millones de euros. En el sector eléctrico la misma consideración de PPPNT tiene el tope a los ingresos en el mercado eléctrico (180 euros/megavatio hora) que establecen los Reales decretos-leyes 17/2021, de 14 de septiembre (*Tol 8583077*), y 10/2022, de 13 de mayo (*Tol 8927458*), para las tecnologías inframarginales, destinando la recaudación resultante a reducir las facturas de los consumidores de energía.

En el sector financiero contamos con las cuantitativamente nada desdeñables aportaciones de las entidades de crédito a los Fondos de Resolución y al Fondo de Garantía de Depósitos, regulados respectivamente en la Ley 11/2015, de 18 de junio, y en el Real decreto-ley 16/2011, de 14 de octubre (*Tol 2249055*). Los Fondos de Resolución se constituyen como un patrimonio separado, gestionado por el FROB, carente de personalidad jurídica e integrado, como fuente de financiación ordinaria, por las contribuciones ex ante de las entidades de crédito y empresas de servicios de inversión que se encuentran dentro del ámbito subjetivo de la propia Ley 11/2015, al objeto de que sean las propias entidades las que contribuyan a las medidas de estabilidad del sistema financiero. El segundo Fondo también se constituye a partir de las aportaciones de las entidades de crédito y tiene por objeto garantizar los depósitos en dinero y en valores u otros instrumentos financieros constituidos en las entidades de crédito, con el límite de 100.000 € para los depósitos en dinero o, en el caso de depósitos nominados en otra divisa, su equivalente.

Otro buen ejemplo de esta parafiscalidad rampante lo encontramos en el sector audiovisual. Las empresas operadoras en este mercado tienen que financiar al Ente Público Radiotelevisión Española (RTVE). A este fin, de acuerdo con la Ley 8/2009, de 28 de agosto, de financiación de la corporación RTVE (*Tol 1579476*), dichas empresas deberán satisfacer una "aportación" anual que se fija en un determinado porcentaje de los ingresos brutos de explotación facturados en el año correspondiente. La reciente Ley 13/2022, de 7 de julio, General de Comunicación Audiovisual (*Tol 9105579*) ha mantenido en lo esencial los fundamentos del sistema de financiación de RTVE, adaptándolo a la aparición de nuevas plataformas.

Pensemos, por citar otro ejemplo, en los descuentos obligatorios que operan en el sector farmacéutico sobre el volumen de ventas de productos farmacéuticos al Sistema Nacional de Salud o "margen farmacéutico". Descuentos que fueron enjuiciados por la STC 83/2014 (ECLI:ES:TC:2014:183) (*Tol 4561314*), llegando el máximo intérprete de la Constitución a la conclusión de que la deducción sobre la facturación mensual de cada oficina de farmacia por las recetas de especialidades farmacéuticas dispensadas con cargo a fondos de la Seguridad Social o a fondos estatales afectos a la sanidad tiene la naturaleza de una prestación patrimonial de carácter público, pero no de naturaleza tributaria.

Las manifestaciones de esta parafiscalidad podrían multiplicarse. Justamente en este contexto se deben enmarcar los nuevos gravámenes temporales energético y sobre entidades de créditos creados por la Ley 38/2022, de 27 de diciembre, porque se trata de exacciones que recaen exclusivamente sobre un grupo muy concreto de obligados tributarios que se integran en ciertos sectores económicos regulados, destinándose la recaudación sobre todo en el caso energético a la cobertura de unos gastos relacionados con tal sector y que se califican por la normativa comunitaria que ordena el mismo como obligaciones de servicio público.

Hablamos con plena conciencia de parafiscalidad, aunque ahora resurja con unos perfiles hasta cierto punto novedosos, porque, como en su día destacara Mateo Rodríguez, el fenómeno parafiscal se proyecta sobre unos ingresos públicos de posible naturaleza tributaria "*cuya vida transcurre al margen, en todo o en parte, del régimen jurídico propio de los ingresos tributarios (...); un sistema de heterogéneas figuras tributarias, orilladas respecto del sistema tributario "normal" y sin sometimiento a los principios jurídicos informadores del ordenamiento financiero*"[23]. Este autor describía este fenómeno como una "*situación anómala, de consecuencias obviamente importantes*", situando las raíces de la parafiscalidad en la participación de los grupos con intereses comunes en las funciones públicas que se refieren especialmente a ellos. Dentro de dicha participación no quedan fuera naturalmente los aspectos financieros. Todo ello conduce a la noción de "*impuesto especial*" en la definición dada por A.D. Giannini: "*aquellos tributos que gravan solo a determinadas clases o grupos de personas cuyo producto tiene un destino particular (impuestos de fin), en el cual las clases o grupos gravados pueden tener un particular interés, sin que, a pesar de ello, la obligación tributaria se mida por la ventaja del contribuyente*" (los subrayados son míos)[24].

---

[23] Cfr., Mateo Rodríguez, L., (1978). *La tributación parafiscal*, cit., p. 19.

[24] Definición que hemos tomado de Mateo Rodríguez, L., (1978). *La tributación parafiscal,* cit., pp. 29-30.

Ciertamente la parafiscalidad que renace, de la que solamente hemos dado algunos ejemplos, no se vincula siempre como sucedió en el pasado con el fenómeno de la Administración funcionalmente descentralizada. Pero esta parafiscalidad sí que supone un alejamiento del principio de generalidad, que está reconocido en el artículo 31.1 CE, pues somete a gravamen a un grupo reducido de contribuyentes sin que la exacción se satisfaga por la obtención de una ventaja individual, sino para satisfacer necesidades y servicios públicos de naturaleza indivisible, con lo que también padece el principio de universalidad presupuestaria que contempla la afectación de los ingresos a la financiación de gastos específicos como una situación excepcional. La quiebra del principio de generalidad y la afectación de ingresos a gastos concretos constituyen notas características de la parafiscalidad[25], si bien la nueva cara que adopta este fenómeno aproxima las exacciones a la naturaleza del impuesto y no a la de tasa como antaño sucedió[26].

Pues el elemento jurídicamente relevante para detectar que nos encontramos ante una exacción parafiscal, que materialmente siempre tiene naturaleza de tributo, es que la misma "*escape, en todo o en parte, del régimen jurídico aplicable al sistema tributario*". Existe, pues, una voluntad expresa por parte del legislador de eludir la aplicación del Derecho Tributario mediante el burdo expediente de atribuir al gravamen la naturaleza de PPPNT. De ahí que sea lícito hablar de "*grados de parafiscalidad*", por cuanto la intensidad de esta dependerá del nivel de alejamiento en que se encuentre la regulación concreta en relación con el régimen jurídico propio de los tributos; de manera que, como señaló Mateo Rodríguez, si se aplicaran los principios esenciales del ordenamiento tributario —reserva de ley, capacidad económica y generalidad— se acabaría con el fenómeno indeseable de la parafiscalidad que en esencia consiste en una maniobra de fuga de los mismos[27].

---

25 Como recuerda Mateo Rodríguez, L. (1978). *La tributación parafiscal,* cit., p. 317, las manifestaciones más habituales de la "anormalidad" que supone el fenómeno parafiscal están constituidas por la gestión ajena a los órganos propios de la Administración financiera, la falta de ingreso en el Tesoro, la extrapresupuestariedad respecto a los presupuestos generales del Estado y la afectación del producto de los diversos tributos parafiscales a la financiación de finalidades concretas diferenciadas.

26 En efecto, Mateo Rodríguez, L. (1978). *La tributación parafiscal,* cit., p. 61, apuntó que "*el sector más amplio del fenómeno* [parafiscal] *está compuesto por gravámenes que responden a la estructura jurídica propia de la tasa*".

27 Cfr., Mateo Rodríguez, L. (1978). *La tributación parafiscal,* pp. 78-79.

6. LA CALIFICACIÓN COMO "TRIBUTOS ESPECIALES" (*SONDERABGABEN*) DE LAS PRESTACIONES PATRIMONIALES PÚBLICAS NO TRIBUTARIAS DE CARÁCTER NO SINALAGMÁTICO

Cuando el Tribunal Constitucional se refiere a las PPPNT nos podemos encontrar con algunas que no tienen la consideración de ingresos públicos —es el conocido supuesto del pago del empresario al trabajador en los casos de incapacidad laboral transitoria [STC 182/1997 (FJ 15) (ECLI:ES:TC: 2021:182)] o la mayor parte de las tarifas a que se refiere la STC 63/2019 (ECLI:ES:TC: 2019:63)— y otras PPPNT que sí lo son porque se satisfacen a un Ente público, como es el caso de las aportaciones realizadas por ciertas empresas a los planes de ahorro y eficiencia energética que se enjuiciaron en la STC 167/2016 (FJ 4) (ECLI:ES:TC:2016:167) (*Tol 5910896*) o la limitación a los márgenes farmacéuticos cuya constitucionalidad refrendó la STC 83/2014 (FJ 3) (ECLI:ES:TC:2019:63)[28]. Por tanto, el carácter público del ingreso no es una nota que sirva para diferenciar al tributo de la PPPNT de acuerdo con la jurisprudencia constitucional.

Sin embargo, la finalidad de las PPPNT *"no es la de financiar todos los gastos públicos"*, reconociendo al mismo tiempo que *"su definición se realiza por exclusión, de modo que no se trata propiamente de una categoría homogénea de prestación en sí misma, sino que obedecen a diferentes finalidades (...)"* [STC 63/2019 (FJ 5)]. Con otras palabras, *"su finalidad podrá no ser el sostenimiento de los gastos públicos de forma general, sino que se trata de prestaciones con inequívoca finalidad de interés público"* [SSTC 83/2014 (FJ 3) (ECLI:ES:TC:2019:63) y 167/2016 (FJ 4) (ECLI:ES:TC:2016:167), STC 63/2019

---

28 Si el objetivo básico del ingreso es propiciar la cobertura del gasto, solo habrá ingreso público cuando el Ente que recibe aquel tiene *"plena disponibilidad"*, esto es, cuando ostente título jurídico suficiente para afectarlo al cumplimiento de sus fines. (Cfr., Martín Queralt, J.; Lozano Serrano, C.; Tejerizo López, J. M.; Casado Ollero, G. (2020). *Curso de Derecho Financiero y Tributario*, 33ª edición, Tecnos, p. 244). En el caso del bono social, por citar un ejemplo significativo, las aportaciones realizadas por los operadores del sector eléctrico se depositan en una cuenta específica creada al efecto por el órgano encargado de la liquidación que será el responsable de su gestión, es decir, por la Comisión Nacional de los Mercados y la Competencia. El título jurídico que ostenta el ente público supervisor no le permite disponer de esos ingresos que en última instancia se concretan en ayudas sociales a consumidores vulnerables para hacer frente al problema de la pobreza energética; razón por la cual no puede hablarse, en puridad, de ingresos públicos (Vid., artículo 16.1 del Real Decreto 897/2017, de 6 de octubre, por el que se regula la figura del consumidor vulnerable, el bono social y otras medidas de protección para los consumidores domésticos de energía eléctrica (*Tol 6367406*)). Las aportaciones a los planes de ahorro y eficiencia energética se percibían por el Instituto para la Diversificación y el Ahorro de la Energía, actualmente dependiente del Ministerio de Transición Ecológica y Reto Demográfico. En el caso de las limitaciones a los márgenes farmacéuticos la prestación pecuniaria se satisfacía al Ministerio de Sanidad.

(FJ 5) (ECLI:ES:TC: 2019:63), los subrayados son míos]. Sería más preciso, a mi juicio, decir que tanto tributo como PPPNT tienen carácter contributivo y persiguen una finalidad de interés público (como no podría ser de otra manera), pero en el caso del primero se pretende financiar cualquier gasto público y la PPPNT, tenga carácter retributivo o no, busca sufragar necesidades concretas o especiales a cargo de determinados sujetos.

En cualquier caso, como ya hemos apuntado se debe distinguir entre aquellas PPPNT que tienen una naturaleza sinalagmática y aquellas que carecen de naturaleza retributiva y que nacen casi siempre como consecuencia de la imposición de una obligación de servicio público a empresas que operan en sectores regulados[29].

La primera categoría de PPPNT no tiene ni mucho menos carácter novedoso, dado que hunde sus raíces —como señala la STC 63/2019 (FJ 3) (ECLI:ES:TC: 2019:63)— en la tradicional potestad tarifaria estrechamente vinculada a las sucesivas leyes de contratos del Estado, en las que se regulan las distintas contraprestaciones a percibir por las entidades con personalidad jurídico-privada o por el concesionario. Pues la distinción entre financiación mediante tributos y financiación mediante tarifas está desde hace mucho tiempo arraigada en nuestro ordenamiento y estaba ya presente en el artículo 2 de la Ley de tasas y exacciones parafiscales de 26 de diciembre de 1958 (*Tol 10000812*). La LCSP de 2017 se limitó, por tanto, a introducir en el ordenamiento una expresión —PPPNT— que el Tribunal Constitucional había deducido de diferentes prestaciones. Es a estas PPPNT a las que se refiere la citada disposición adicional primera de la LGT.

Debemos centrarnos ahora, sin embargo, en aquellas PPPNT que no son retributivas y que están afectadas a una finalidad concreta, formando parte del marco jurídico de un sector económico regulado[30].

Nos encontramos ante unas obligaciones económicas que recaen sobre un círculo acotado de sujetos a los que la ley impone determinadas cargas como pueden ser subvencionar a determinados consumidores vulnerables para hacer frente a la pobreza energética (aportaciones de las empresas eléctricas para financiar el bono social), financiar al Ente Público RTVE (aportaciones de los operadores de los sectores audiovisual y de telecomunicaciones) o garantizar la confianza de los ahorradores (aportaciones de las entidades financieras al Fondo de Garantía de Depósitos), por citar únicamente tres

---

29 Como señala, Sanz Gómez, R., (2021). "Las prestaciones patrimoniales de carácter público no tributarias a la luz de las transformaciones de Estado: una propuesta de clarificación", en *Civitas Revista Española de Derecho Financiero*, (191), pp. 183 y ss., las PPPNT nacen de la regulación estatal en sectores económicos de interés general.

30 Vid., para una visión general de estas PPPNT, Gómez-Ferrer Rincón, R. (2015). *Las prestaciones patrimoniales de carácter público y naturaleza no tributaria*, cit., pp. 25 y ss. y pp. 34 y ss.

ejemplos significativos. Es justamente en este contexto en el que se enmarcaría también el gravamen temporal energético creado por la Ley 38/2022.

Pues bien, resulta obligado preguntarse por la justificación constitucional de estas decisiones del legislador que concentra una carga especial sobre unos sujetos que tendrán que financiar determinadas necesidades públicas, sin haber provocado una actuación administrativa ni haber sido destinatarios de un servicio público. Dicha carga especial margina la alternativa de la financiación impositiva que implica una carga general sobre todos los contribuyentes en función de su capacidad económica, que servirá a la financiación de "todos" los gastos públicos.

Aunque ni la Constitución ni el Derecho de la Unión Europea contienen mandatos explícitos acerca del modo de financiación de tales costes, debe existir un fundamento objetivo y razonable para la decisión que finalmente se adopte.

La doctrina administrativista ha negado que el fundamento para imponer esas cargas a las empresas pueda ser el principio de capacidad económica. Tampoco sirve de fundamento que las empresas eléctricas estén en condiciones de repercutir los importes por ellas abonadas sobre los consumidores. Sí se ha visto como justificación válida, por el contrario, que el coste a cubrir haya sido causado por las empresas a las que se impone la obligación de financiarlo (relación de *causalidad*) o que tales empresas hayan sido *beneficiadas* de forma específica y acreditada (no bastando un beneficio genérico)[31].

Y es justamente aquí donde quizás pueda arrojarnos alguna luz acudir a la doctrina científica y jurisprudencia constitucional alemanas acerca de los llamados "tributos especiales" (*Sonderabgaben*)[32], porque las PPPNT *no sinalagmáticas* encajarían en ese concepto. Somos conscientes de la prudencia con la que siempre hay que proceder cuando se propone importar una construcción dogmática de otro ordenamiento. Con todo, este ensayo habrá sido útil si supone algún avance, aunque sea modesto, en la categorización de las distintos tributos y figuras afines y, sobre todo, contribuye mínimamente a embridar la arbitrariedad legislativa en la creación de algunas exacciones extravagantes peligrosamente alejadas de los mandatos constitucionales.

---

31 Cfr., Noguera de la Muela, B., (2015). "Relación de síntesis sobre las prestaciones patrimoniales públicas no tributarias", en López Ramón, F (dir)., *Las prestaciones patrimoniales públicas no tributarias y la resolución extrajudicial de conflictos,* pp. 26-27.

32 Establecen este paralelismo, Gómez-Ferrer Rincón, R., (2015). *Las prestaciones patrimoniales...,* cit., p. 58; Palao Taboada, C., (2022). *Prestaciones patrimoniales...,* cit., p. 43 y p. 52. Entre nosotros, para una visión general de los "tributos especiales", vid., Esteve Pardo, L., "Las cuotas obligatorias de las Áreas de Promoción Urbana. Otro supuesto que podría encajar en la categoría de "carga tributaria especial" (*Sonderabgabe*)", en Cubero Truyo, A. (dir.) (2018). *Tributos asistemáticos del ordenamiento vigente,* Tirant lo Blanch, pp. 591-594.

El concepto de tributo especial nace en la doctrina y en la jurisprudencia constitucional alemanas. No figura en la Ley Fundamental de Bonn. Se trata de un concepto residual, al haber venido perfilándose negativamente: son tributos especiales muchas de aquellas exacciones que no son impuesto, ni tasa ni contribución especial[33].

Se trata de tributos que no se crean para financiar indistintamente cualquier necesidad pública con cargo a la generalidad de los contribuyentes, sino determinadas actividades o funciones administrativas cuyos costes serán soportados, justamente a través del tributo especial, por un grupo reducido de contribuyentes que guardan una especial relación con aquellas actividades o funciones. El legislador tipifica una necesidad financiera especial como carga específica e imputa la responsabilidad de su financiación a un grupo de obligados. El tributo especial no contempla en su hecho imponible la prestación de un servicio o una actuación administrativa imputables a un sujeto de manera individual, por lo que entra en una situación de concurrencia con el impuesto del que se erige como alternativa[34].

Para una parte de la doctrina alemana el hecho de que los tributos especiales no tengan carácter retributivo y, al mismo tiempo, reduzcan el campo de los obligados tributos tributarios renunciando a la generalidad, los sitúa en el campo de la parafiscalidad[35]. En el ámbito alemán se ha señalado que las crecientes necesidades financieras del Estado pueden estar detrás de la proliferación de los tributos especiales, imponiendo cargas a grupos concretos[36]. Podría afirmarse sin mucho riesgo que ese diagnóstico es trasladable a España.

Además, el tributo especial suele tener carácter extrapresupuestario y su rendimiento financia "fondos especiales" con los que se cubren determinados gastos que recaen en cierto modo en beneficio del grupo gravado. Con todo, el carácter extrapresupuestario no es un rasgo constitutivo de esta categoría, pues el rendimiento del tributo especial puede figurar formalmente en el estado de ingresos de los presupuestos, pero sí que resulta determinante que ese rendimiento se afecte íntegramente a fines concretos[37].

---

33 Subraya este dato Jochum, H. (2006). "Neustrukturierung der Sonderabgabendogmatik", *Steuer und Wirtschaft*, (2), p. 136.

34 Cfr., Jochum, H. (2006). *Neustrukturierung...*, cit., p. 145; Cfr., Tappe/Wernsmann (2019). *Öffentliches Finanzrecht*, 2 Auflage, C. F. Müller, Heidelberg, pp. 70-71.

35 Cfr., Wernsmann, R., § 3 AO, Hübschmann/Hepp/Spitaler (2016). *Abgabenordnung-Finanzgerichtsordnung*, Otto Schmidt, Lfg. 237, Rz. 221.

36 Cfr., Jachmann, M. (1997)."Sonderabgabe als staatliche Einnahmequelle im Steuerstaat", *Steuer und Wirtschaft*, (4), 299; Jochum, H. (2006). "Neustrukturierung der Sonderabgabendogmatik", cit., 134.

37 Cfr., Tappe/Wernsmann (2019). *Öffentliches Finanzrecht*, cit., pp. 53-54; Wernsmann, R., § 3 AO, cit., Rz. 231.

La doctrina alemana ha destacado que los tributos especiales suelen distribuir "cargas" y "beneficios" sobre los sujetos que integran una rama o sector de actividad económica[38].

La jurisprudencia constitucional alemana subraya la necesidad de una justificación para el establecimiento de tributos especiales. Y ello se debe a que esta categoría tributaria afecta intensamente a determinados principios y normas constitucionales. En primer lugar, en la jurisprudencia constitucional alemana se contemplan los tributos especiales como una "rara excepción" (*seltene Ausnahme*) por la vigencia del "principio de Estado impositivo" (*Steuerstaatsprinzip*). Pese a no estar explícitamente reconocido en la Constitución, se entiende que es posible deducirlo de la misma. Conforme a este principio la financiación de los gastos públicos debe tener lugar prioritariamente a través de impuestos. Ello obedece tanto al derecho fundamental a la libertad de empresa (artículo 12 de la Constitución) como a la cláusula de Estado social (artículo 20.1), puesto que el Estado no debe concurrir de manera intensa en las actividades lucrativas de los particulares y los recursos financieros que hacen efectivos los derechos económicos y sociales deben provenir preferentemente de aquellos ciudadanos y empresas que revelan capacidad económica. Se parte de la premisa de que el principio constitucional de capacidad económica se aplica exclusivamente a los impuestos, ya que las tasas y las contribuciones especiales se rigen por el principio de equivalencia. El "principio de Estado impositivo" también se ha derivado de los preceptos que los artículos 105 y siguientes de la Constitución alemana dedican a la distribución de competencias entre los distintos niveles de Hacienda territorial (Federación, Estados federados y Municipios); preceptos que con gran detalle asignan a cada nivel territorial las competencias sobre el rendimiento de cada uno de los "*impuestos*" allí mencionados, de forma que en la Constitución apenas se encuentran referencias a otra clase de tributos[39].

Entre nosotros, se ha defendido con razón que el artículo 31.1 CE aboca necesariamente a que el impuesto ocupe el lugar central en la financiación de los gastos públicos, pues es la figura más apta para que la Hacienda Pública pueda llevar a cabo la función redistributiva que está en el núcleo del Estado social[40]. Pues "*si el impuesto es el único tributo que se fundamenta en el principio de capacidad económica, y nuestra Constitución exige que la contribución al sostenimiento de los gastos públicos se realice de acuerdo con este principio, no sería constitucional un sistema de financiación fundamentalmente basado en las figuras tributarias distintas del impuesto (...) el legislador tiene un extenso campo de*

38 Cfr., Wernsmann, R. (2016). § 3 AO, cit., Rz. 233.

39 Cfr., Tappe/Wernsmann (2019). *Öffentliches Finanzrecht*, cit., pp. 7-8 y 70.

40 Vid., Barquero Estevan, J. M. (2002). *La función del tributo en el Estado social y democrático de Derecho,* Centro de Estudios Políticos y Constitucionales, pp. 133 y ss.

actuación, pero siempre garantizando el protagonismo del impuesto como figura esencial en la financiación de las cargas públicas"[41].

Pero es que, además, la prevención —que no prohibición absoluta— de la jurisprudencia constitucional alemana frente a los tributos especiales se basa en que estos afectan a otros principios y normas constitucionales, pese a que no cabe, sin embargo, deducir de la Constitución un "numerus clausus" de tipos de tributo[42].

En efecto, el recurso a los tributos especiales constituye un instrumento para esquivar el orden constitucional de distribución de competencias tributarias, más exactamente impositivas —contenidas en los citados artículos 105 y siguientes de la Ley Fundamental—, de forma que la Hacienda territorial que pretenda crear un tributo especial habrá de invocar la competencia material correspondiente, a sabiendas de que carece de la competencia para establecer un impuesto. Pues la Constitución financiera solo regula en los preceptos citados las competencias sobre los impuestos (normativas, de gestión y sobre la recaudación)[43].

Además, los tributos especiales ponen en riesgo el principio de igualdad. El tributo especial atribuye a determinados grupos de contribuyentes una responsabilidad específica en la financiación de determinadas tareas o funciones estatales que, de no existir el tributo especial, se deberían financiar mediante impuestos. Una imposición adicional descoordinada mediante tributos especiales que se suma a la carga general impositiva puede vulnerar el principio de igualdad de los contribuyentes[44].

Finalmente, el carácter extrapresupuestario de muchos tributos especiales plantea problemas de constitucionalidad. El artículo 110.1 de la Ley Fundamental de Bonn dispone que "*Todos los ingresos y gastos de la Federación deberán figurar en el Presupuesto*"

---

41 Cfr., Varona Albern, J. E. (2007). "Concepto de tributo y principio de capacidad económica", en *Civitas Revista Española de Derecho Financiero*, (135), 2007, pp. 588-589.

42 Cfr., Tappe/Wernsmann (2019). *Öffentliches Finanzrecht*, p. 51.

43 Cfr., Tappe/Wernsmann (2019). *Öffentliches Finanzrecht*, cit., pp. 7-8, y p. 71; Wernsmann, R. (2006). *Verhaltenslenkung in einem rationalen Steuersystem*, Mohr Siebeck, pp. 474-475, apunta que la idea de Estado impositivo entra en cierta contradicción con el peso relevante de las cotizaciones sociales —si bien estas tienen su propio fundamento constitucional autónomo en el artículo 74.12 de la Ley Fundamental de Bonn— y de las tasas y contribuciones especiales en el ámbito local. Este autor se muestra partidario de huir de cualquier enfoque cuantitativo, ya que no existe anclaje en la Constitución para limitar en términos porcentuales el peso relativo de las figuras no impositivas en el conjunto de la financiación pública. En otros términos, a la hora de enjuiciar medidas tributarias no impositivas —como pueden ser los tributos especiales— el enfoque cuantitativo es inútil y se debe apostar por un enfoque cualitativo que examine la justificación constitucional de cada concreta medida.

44 Cfr., Tappe/Wernsmann (2019), *Öffentliches Finanzrecht*, cit., p. 71; Jochum, H. (2006). *Neustrukturierung...*, p. 135.

que aprueban ambas Cámaras legislativas (*Bundestag* y *Bundesrat*). Por tanto, la huida del presupuesto público afecta a la competencia del Parlamento para la aprobación de los ingresos y gastos públicos y también distorsiona las reglas sobre distribución del poder tributario entre los distintos niveles de hacienda territorial, las políticas de estabilidad presupuestaria y deuda y el control financiero de las cuentas públicas[45].

Por las razones expuestas, la jurisprudencia del Tribunal Constitucional alemán se ha esforzado por desarrollar unos requisitos estrictos de admisibilidad de los tributos especiales.

El primer requisito de validez consiste en que el tributo especial debe perseguir una finalidad material (*Sachzweck*) que vaya más allá de la mera obtención de recursos financieros. No es lícito constitucionalmente, por tanto, que mediante un tributo especial se financien cargas generales. En segundo lugar, dicho tributo debe gravar un grupo homogéneo (*homogene Gruppe*), que sea claramente separable de la generalidad de los contribuyentes por los intereses concurrentes o las características comunes que unen a sus miembros[46]. El tercer requisito, que probablemente sea el más importante, hace referencia a que sobre dicho grupo recae una responsabilidad específica para la financiación (*Gruppenverantwortung*) de determinadas necesidades por razón de su mayor proximidad (*Sachnähe*) con la función o actividad que se va a financiar mediante el tributo especial. El cuarto requisito exige que el rendimiento obtenido con el tributo especial se utilice en beneficio del grupo (*gruppennützig verwendet*)[47]. Esto significa que la afectación de los ingresos, que convierte al tributo especial en finalista, lejos de plantear un problema de constitucionalidad en estos casos, opera en sentido justamente contrario. Para la doctrina alemana cualquier impuesto finalista, al quebrar el principio de no afectación de ingresos a gastos, requiere de una justificación[48]. En quinto lugar, el Tribunal Constitucional exige una suerte de legitimación periódica de la exigencia de los tributos especiales, de forma que el legislador, en el caso de aquellos que llevan vigentes un tiempo prolongado, está obligado a revisar cada cierto tiempo la permanencia de las circunstancias que justificaron su establecimiento. En sexto y último lugar, para los tributos especiales que tienen carácter extrapresupuestario se requiere al Gobierno

---

45 Cfr., Tappe/Wernsmann (2019). *Öffentliches Finanzrecht*, cit., pp. 70-71.

46 Ossenbühl, F. (2005). "Zur Rechtfertigung von Sonderabgaben mit Finanzierungszweck", *Deutsches Verwaltungsblatt*, p. 669, precisa que los obligados tributarios no representan la generalidad de los ciudadanos, de forma que en ambos casos —tributos especiales e impuestos— los obligados de cada uno de ellos se corresponden con segmentos de los contribuyentes extraídos de la generalidad de los ciudadanos. La diferencia radica exclusivamente en la estructura de los presupuestos normativos que generan el nacimiento de la obligación tributaria impositiva y de la obligación tributaria especial.

47 Cfr., Wernsmann, R. (2006). *Verhaltenslenkung...*, cit., pp. 426 y ss.

48 Cfr., Birk/Desens/Tappe (2021). *Steuerrecht*, 24 Auflage, C. F. Müller, pp. 37-38.

que en un anexo del proyecto de presupuestos presente un documento contable que refleje los ingresos obtenidos y la utilización que se haya hecho de los mismos en los fondos especiales a los que se han afectado tales ingresos; se trata de conocer en aras de la transparencia los canales de financiación que se sitúan fuera del presupuesto. Los requisitos tercero y cuarto no han de cumplirse en los tributos especiales que tengan finalidad extrafiscal[49].

En definitiva, la categoría dogmática elaborada en la jurisprudencia constitucional y doctrina científica alemanas acerca de los tributos especiales podría quizás resultar de utilidad para evitar la arbitrariedad en que en ocasiones incurre el legislador mediante la creación de exacciones de dudoso encaje constitucional que imponen cargas especiales a un reducido grupo de contribuyentes, sin que exista una justificación clara para ello, lesionando principios básicos como el de igualdad e incluso las bases de la distribución del poder tributario entre los distintos niveles de Hacienda territorial[50].

7. REFLEXIÓN FINAL

Bajo la denominación de PPPNT se esconden exacciones de naturaleza muy heterogénea. Ello es así debido a que la categoría carece por completo de unos perfiles jurídicos precisos, más allá de la coactividad y su consiguiente sometimiento a la reserva de ley.

El análisis jurídico de cada PPPNT debe tener presente que el Tribunal Constitucional reconoce al legislador la posibilidad de crear nuevas categorías de ingresos públicos que, en consecuencia, no tienen por qué encajar en primera instancia en las categorías dogmáticas que actualmente sustentan la LGT.

De ahí que sea imprescindible avanzar en el concepto constitucional de tributo para, por una parte, dejar fuera del mismo las PPPNT que constituyen una manifestación del ejercicio de la tradicional potestad tarifaria por la prestación de servicios públicos bajo la forma de personificaciones privadas como el concesionario; y, de otra parte, reconducir al campo impositivo aquellas exacciones que bajo la calificación legal de PPPNT requieren de una justificación constitucional al imponer cargas especiales a determinados contribuyentes con quiebra del principio de generalidad y eludiendo muchas veces también los principios presupuestarios.

---

49 Cfr., Tappe/Wernsmann (2019). *Öffentliches Finanzrecht*, cit., p. 71.

50 Nos hemos servido de la categoría alemana de los tributos especiales para realizar un análisis constitucional del gravamen temporal energético regulado en la Ley 38/2022, en Ortiz Calle, E (2023). “La nueva parafiscalidad: el gravamen temporal energético y su calificación como tributo especial, *Revista Española de Derecho Financiero,* (200), pp. 113 y ss.

8. REFERENCIAS BIBLIOGRÁFICAS

Aneiros Pereira, J. (2018). "La incorporación al Derecho positivo tributario del concepto de prestación patrimonial de carácter público por la Ley de Contratos del Sector Público de 2017 y sus pretendidas consecuencias", *Quincena Fiscal,* (7).

Barquero Estevan, J. M. (2002). *La función del tributo en el Estado social y democrático de Derecho,* Centro de Estudios Políticos y Constitucionales.

Birk/Desens/Tappe. (2021). *Steuerrecht,* 24 Auflage, C.F. Müller.

Cortés Domínguez, M. (1985). *Ordenamiento tributario español,* I, 4ª edición, Civitas.

Esteve Pardo, L. (2018). "Las cuotas obligatorias de las Áreas de Promoción Urbana. Otro supuesto que podría encajar en la categoría de "carga tributaria especial" (*Sonderabgabe*)", en Cubero Truyo, A. (dir.)., *Tributos asistemáticos del ordenamiento vigente,* Tirant lo Blanch.

Falcón y Tella, R. (2019). "Concepto constitucional y legal de tributo", *Revista Técnica Tributaria,* (124).

Fernández López, R. I. (2018). "Análisis conceptual de la categoría jurídica que se proyecta sobre la contraprestación por el suministro municipal de agua", *Crónica Tributaria,* (166).

Fernández Farreres, G. (2012). "Sobre la naturaleza jurídica de la tarifa por la prestación del servicio público de abastecimiento domiciliario de agua", en Milans del Bosch, S. (coord.). *El precio del agua. Aspectos jurídicos y financieros en la gestión urbana del agua en España,* Fundación Agbar.

Gómez-Ferrer Rincón, R. (2015). "Las prestaciones patrimoniales de carácter público y naturaleza no tributaria", en López Ramón, F. (dir.). *Las prestaciones patrimoniales públicas no tributarias y la resolución extrajudicial de conflictos,* INAP.

Jachmann, M., (1997). "Sonderabgabe als staatliche Einnahmequelle im Steuerstaat", *Steuer und Wirtschaft,* (4).

Jochum, H. (2006). "Neustrukturierung der Sonderabgabendogmatik", *Steuer und Wirtschaft,* (2).

Litago Lledó, R. (2019). "La desaparición legal de la parafiscalidad: análisis de la nueva disposición adicional 1ª de la LGT conforme al artículo 31 de la CE", *Revista de Contabilidad y Tributación (CEF),* (430).

Martín Jiménez, A. (2000). "Notas sobre el concepto constitucional de tributo en la jurisprudencia reciente del TC", *Revista Española de Derecho Financiero,* (106).

Martín Queralt, J.; Lozano Serrano, C.; Tejerizo López, J. M.; Casado Ollero, G. (2020). *Curso de Derecho Financiero y Tributario,* 33ª edición, Tecnos.

Martínez Sánchez, C. (2014). *El principio de equivalencia en el sistema tributario español,* Marcial Pons.

Mateo Rodríguez, L., (1978). *La tributación parafiscal,* Colegio Universitario de León.

Menéndez Moreno, A. (2018). "Las prestaciones patrimoniales de carácter público", *Quincena Fiscal,* (1).

Noguera de la Muela, B. (2015). "Relación de síntesis sobre las prestaciones patrimoniales públicas no tributarias", en López Ramón, F. (dir.). *Las prestaciones patrimoniales públicas no tributarias y la resolución extrajudicial de conflictos,* INAP.

Ortiz Calle, E. (2018). "Las fronteras del Derecho Tributario. A propósito de las prestaciones patrimoniales de carácter público no tributario", *Quincena Fiscal,* (19).

Ortiz Calle, E. (2019). "Las prestaciones patrimoniales de carácter público no tributario y el servicio público local de suministro domiciliario de agua", *Tributos Locales*, (139).

Ortiz Calle, E. (2023). "La nueva parafiscalidad: el gravamen temporal energético y su calificación como tributo especial, *Revista Española de Derecho Financiero*, (200).

Ossenbühl, F. (2005). "Zur Rechtfertigung von Sonderabgaben mit Finanzierungszweck", *Deutsches Verwaltungsblatt*.

Palao Taboada, C. (2001). "Precios públicos: una nueva figura de ingresos públicos en el Derecho Tributario español", *Revista Española de Derecho Financiero*, (111).

Palao Taboada, C. (2023). "Prestaciones patrimoniales de carácter público", *Revista de Contabilidad y Tributación*, (481).

Sanz Gómez, R. (2021). "Las prestaciones patrimoniales de carácter público no tributarias a la luz de las transformaciones de Estado: una propuesta de clarificación", en *Civitas Revista Española de Derecho Financiero*, (191).

Tappe/Wernsmann (2019). *Öffentliches Finanzrecht*, 2 Auflage, C.F. Müller.

Varona Albern, J. E. (2007). "Concepto de tributo y principio de capacidad económica", en *Civitas Revista Española de Derecho Financiero*, (135), pp. 588-589.

Wernsmann, R. (2006). *Verhaltenslenkung in einem rationalen Steuersystem*, Mohr Siebeck.

Wernsmann, R., § 3 AO, Hübschmann/Hepp/Spitaler (2016). *Abgabenordnung-Finanzgerichtsordnung*, Otto Schmidt, Lfg., p. 237.

EL "ALCANCE CONFISCATORIO" DE LAS SENTENCIAS DEL TRIBUNAL CONSTITUCIONAL

Juan Ignacio Moreno Fernández
Profesor Titular de Derecho Financiero y Tributario
Letrado del Tribunal Constitucional

1. CONSIDERACIONES INICIALES

El Tribunal Constitucional, máximo intérprete y garante de la Constitución, incurre en dos conductas que son frontalmente contrarias a los mandatos que operan como instrumento legitimador del gravamen y como límite del mismo [art. 31.1 de la Constitución Española (*Tol 173304*) (en adelante, CE)]: la primera, al haber aceptado la "discapacidad económica" de los ciudadanos como fundamento y parámetro de la imposición, permitiendo al legislador el gravamen de riquezas total o parcialmente inexistentes, virtuales o ficticias, impidiéndoles el cumplimiento de su obligación de contribuir, no de cualquier manera, sino exclusivamente "*de acuerdo con su capacidad económica*"; y, la segunda, al haber consagrado como una práctica habitual en materia tributaria la limitación del alcance de la nulidad de los actos de aplicación de las disposiciones legales declaradas inconstitucionales, legitimando a los poderes públicos, so pretexto de aparentes razones de "seguridad jurídica", para que se apropien de las cantidades originariamente recaudadas, consistiendo con ello que el sistema tributario tenga un "*alcance confiscatorio*".

Aunque el deber constitucional de todos de contribuir al sostenimiento de los gastos públicos opera como un límite externo al derecho de propiedad[1], al mismo tiempo este derecho impide el "*alcance confiscatorio*" del sistema tributario (arts. 31.1 y 33.3, ambos de la CE). De este modo, para que el pago de tributos pueda considerarse como una injerencia "legítima" en el derecho de propiedad es necesario que se lleve a cabo "*con arreglo a la ley*" (art. 31.3 CE)[2], "*de acuerdo con su capacidad económica*" y mediante un sistema tributario que "*en ningún caso, tendrá alcance confiscatorio*" (art. 31.1 CE)[3]. Por tanto, si se anulase el título legal habilitante, la originaria injerencia "legítima" del poder público en el derecho de propiedad privada se transmutaría en "ilegítima", provocando el correlativo derecho de los ciudadanos afectados a la restitución del importe del tributo ingresado[4].

---

1 En efecto, como señala el Tribunal Constitucional, el cumplimiento del deber constitucional de contribuir «no se encuentra desconectado del derecho de propiedad también constitucionalmente garantizado (art. 33 CE)» (STC 182/1997, de 28 de octubre, FJ 6 (*Tol 80805*)).

2 De conformidad con este precepto "*[s]olo podrán establecerse prestaciones personales o patrimoniales de carácter público con arreglo a la ley*".

3 Según el art. 31.1 CE: "*Todos contribuirán al sostenimiento de los gastos públicos de acuerdo con su capacidad económica mediante un sistema tributario justo inspirado en los principios de igualdad y progresividad que, en ningún caso, tendrá alcance confiscatorio*".

4 Véase, en este sentido, Moreno Fernández, J. I. (2009). *La responsabilidad patrimonial del Estado-legislador en materia tributaria y vías para reclamarla*, Aranzadi/Thomson Reuters, pp. 38 y 39. Del mismo autor (2009). "Del deber constitucional de pagar un tributo a la responsabilidad patrimonial del Estado-legislador", en *El Cronista del Estado Social y Democrático de Derecho*,

La capacidad económica no solo se erige como un principio normativo del sistema tributario, sino también en un principio inspirador que opera con relación a cada individuo, constituyendo el elemento justificativo del deber de contribuir (su fundamento) y también el elemento cuantificador de la proporción con la que se debe contribuir al sostenimiento de los gastos públicos (su medida). La capacidad económica se configura así como un auténtico mandato jurídico, fuente de obligaciones (la de contribuir al sostenimiento de los gastos públicos) y de derechos (el que esa contribución sea configurada por el legislador y exigida, en cada caso, en función de su medida).

Es importante subrayar que cuando el art. 31.1 CE impone el deber de todos de contribuir al sostenimiento de los gastos públicos de acuerdo con su capacidad económica mediante un sistema tributario "*justo*" que, "*en ningún caso, tendrá alcance confiscatorio*" está consagrando una prohibición no solo frente al legislador, sino también frente al aplicador[5], concretamente, frente a la administración y al juez (no solo el ordinario; también el constitucional). La prohibición de confiscatoriedad no opera solo, entonces, como un rasgo esencial de la legitimidad del gravamen, sino que se erige también en una exigencia al momento de su aplicación, convirtiéndose en confiscatorio todo gravamen que sea arbitrario (por someter a tributación manifestaciones de capacidad económica total o parcialmente inexistentes) o desproporcionado (por agotar la totalidad o una parte importante de la capacidad económica gravable).

Pues bien, el Tribunal Constitucional ha dictado en los últimos tiempos una preocupante doctrina respecto del principio de capacidad económica y de la prohibición de confiscatoriedad, la cual, sumada al automatismo injustificado de la limitación de efectos de sus sentencias declaratorias de la inconstitucionalidad de una disposición legal, convierte la situación en desconcertante. Desconoce el Tribunal Constitucional, de un lado, que confiscar —según su propia doctrina— no es solo gravar de forma desproporcionada (medida) sino también someter a tributación riquezas inexistentes (fundamento)[6], como sucede cuando se obliga a tributar por una renta

---

(3), p. 56; Y (2019). "La prohibición de confiscatoriedad como límite al tributo", en *Revista Técnica Tributaria*, (124), p. 18.

5 Sobre este particular, véase Moreno Fernández, J. I. (2020). *La prohibición de confiscatoriedad como límite a la actuación de todos los poderes públicos*, Paper 17, AEADF, p. 36.

6 No hay que olvidar que «todo tributo que agotase la riqueza imponible so pretexto del deber de contribuir al sostenimiento de los gastos públicos (...) o que sometiese a gravamen una riqueza inexistente en contra del principio de capacidad económica, estaría incurriendo en un resultado obviamente confiscatorio que incidiría negativamente en aquella prohibición constitucional (art. 31.1 CE)» [SSTC 26/2017, de 16 de febrero, FJ 2 (*Tol 6000116*); 126/2019, de 31 de octubre, FJ 4 (*Tol 7587398*); 182/2021, de 26 de octubre, FJ 3 c) (*Tol 8641521*); y 149/2023, de 7 de noviembre, FJ 4 (*Tol 9788691*)].

ajena[7] o aparente[8]. Y, de otro, que, como "*intérprete supremo de la Constitución*" no solo está sometido "*a la Constitución*", sino también "*al resto del ordenamiento jurídico*" (art. 9.1 CE), en concreto, a su propia "*Ley Orgánica*"[9]. Además, sus sentencias, las que declaren la inconstitucionalidad de una norma con fuerza de ley, tienen eficacia derogatoria (art. 164.2 CE) y anulatoria de los preceptos legales contrarios a la Constitución (art. 39.1 LOTC), *ex origine*[10], que se traslada a sus actos de aplicación con efectos *ex tunc* (art. 40.1 LOTC)[11]. Esto implica que cuando "limita" el alcance de su declaración de inconstitucionalidad, so pretexto de pretendidas razones de seguridad jurídica (que no explicita), está legitimando el gravamen inconstitucional de rentas y, con ello, consagrando una confiscación en contra de la Constitución[12].

Tras más de 40 años de elaborada y cuidada jurisprudencia constitucional con relación a la necesaria concurrencia de una capacidad económica (real o potencial) que justifique la injerencia del poder público (a través del establecimiento de un tributo) en el derecho individual de propiedad, se ha terminado consagrando un principio constitucional de nuevo cuño que habilita al gravamen de la "discapacidad económica" de los ciudadanos. Hasta la STC 182/2021, de 26 de octubre (*Tol 8641521*) (culmen de las SSTC 59/2017, de 11 de mayo (*Tol 6092482*), y 126/2019, de 31 de octubre (*Tol 7587398*)), la posibilidad de someter a tributación las minusvalías, totales o parciales, se erigía en una línea roja de imposible superación. Desde las SSTC 62/2023, de 24 de mayo (*Tol 9606811*), y 67/2023, de 6 de junio (*Tol 9630068*), sin embargo, se ha aceptado "constitucionalmente" —sin mayor fundamentación— el gravamen de ca-

---

7 Es lo que ocurre en los pactos sucesorios gallegos con el sometimiento a tributación del "*apartado*" por las ganancias patrimoniales generadas por el "*apartante*" (STC 62/2023, de 24 de mayo (*Tol 9606811*)).

8 Como, por ejemplo, el gravamen de las ganancias patrimoniales "nominales" en el impuesto sobre la renta de las personas físicas (STC 67/2023, de 6 de junio (*Tol 9630068*)).

9 Art. 1 de la Ley Orgánica 2/1979, de 3 de octubre, del Tribunal Constitucional (LOTC) (*Tol 230758*).

10 SSTC 60/1986, de 20 de mayo, FJ 1 (*Tol 79606*); 137/2003, de 3 de julio, FJ 2 (*Tol 413048*); 108/2004, de 30 de junio, FJ 4 (*Tol 451065*); 189/2005, de 7 de julio, FJ 2 (*Tol 673552*); 136/2011, de 13 de septiembre, FJ 2 (*Tol 2253505*); 59/2017, de 11 de mayo, FJ 5 c) (*Tol 6092482*); 72/2017, de 5 de junio, FJ 4 c) (*Tol 6206770*); 65/2022, de 31 de mayo, FJ 8 (*Tol 9013846*); 85/2022, de 27 de junio, FJ 4 (*Tol 9136484*); y 108/2022, de 26 de septiembre, FJ 3 b) (*Tol 9257038*).

11 Por ejemplo, SSTC 47/2007, de 12 de marzo, FJ 5 (*Tol 6646262*); y 108/2022, de 26 de septiembre, FJ 3 b) (*Tol 9257038*).

12 Como ha sucedido con el paso de la "inconstitucionalidad sin limitación de efectos" en la STC 59/2017, de 11 de mayo, a la "inconstitucionalidad con limitación de efectos" en las siguientes SSTC 126/2019, de 31 de octubre, y 182/2021, de 26 de octubre, todas ellas con relación a un mismo tributo: el impuesto sobre el incremento del valor de los terrenos de naturaleza urbana.

pacidades económicas inexistentes (STC 62/2023) o parcialmente inexistentes (STC 67/2023). Si hasta entonces —según la doctrina constitucional— la Carta Magna solo permitía el gravamen de las capacidades económicas "reales" y, en ocasiones excepcionales, también el de las "potenciales", ahora se admite con una preocupante naturalidad el de las "ficticias", "inexistentes" y "negativas". Con ello, la exteriorización por el sujeto de una "discapacidad económica" (parcial o total) no impide al legislador disponer su gravamen.

Por otra parte, la recurrente e inmotivada limitación de efectos de las sentencias declaratorias de la inconstitucionalidad de una disposición legal de naturaleza tributaria, conduce a un efecto perverso, contrario a la propia Constitución, como es el del gravamen inconstitucional de una riqueza, por mucho que pudiera haber contado con una originaria legitimación (derivada de la existencia de una norma legal de cobertura), desde el momento en el que es expulsada del ordenamiento jurídico por su declaración de inconstitucionalidad. Nos hallaríamos ante un claro acto de "confiscación" del importe del tributo pagado al amparo de un "título jurídico" que ha dejado de existir como elemento legitimador de la injerencia del poder público en el derecho individual de propiedad. En consecuencia, cuando el Tribunal Constitucional declara la inconstitucionalidad de una disposición legal, ya sea porque se han vulnerado los principios del art. 31.1 CE (como, por ejemplo, los de capacidad económica o de la prohibición de confiscatoriedad), ya sea porque el instrumento normativo utilizado para su aprobación fuese inidóneo (como podría a través de un decreto-ley o mediante una ley de presupuestos generales) y, acto seguido, limita el alcance de la nulidad derivada de aquella declaración, impidiendo la revisión de las situaciones declaradas contrarias al Texto Constitucional, está consintiendo una injerencia ilegítima en el derecho de propiedad individual y legitimando una confiscación (la del importe del tributo) en situaciones de inexistencia de capacidad económica o, de existir una manifestación de capacidad económica susceptible de gravamen, en las que se les obliga a asumir un daño que no tienen el deber jurídico de soportar. Y lo que es más grave, lo hace —en demasiadas ocasiones— por su exclusiva autoridad, sin justificación de ninguna clase, al limitarse a invocar apodícticamente supuestas razones de seguridad jurídica (art. 9.3 CE) que ni concreta cuáles ni razona su concurrencia[13]. Olvida así el

---

13 Así, por ejemplo, la STC 182/2021, de 26 de octubre, tras declarar la inconstitucionalidad y nulidad de los arts. 107.1, segundo párrafo, 107.2 a) y 107.4 del texto refundido de la Ley reguladora de las haciendas locales, aprobado por el Real Decreto Legislativo 2/2004, de 5 de marzo, sin invocar siquiera el principio de seguridad jurídica (art. 9.3 CE), se limitó a señalar: «Por otro lado, no pueden considerarse situaciones susceptibles de ser revisadas con fundamento en la presente sentencia aquellas obligaciones tributarias devengadas por este impuesto que, a la fecha de dictarse la misma, hayan sido decididas definitivamente mediante sentencia con fuerza de cosa juzgada o mediante resolución administrativa firme. A estos exclusivos efectos,

Alto Tribunal que es una función esencial de su jurisdicción «garantizar 'la primacía de la Constitución' (art. 27.1 LOTC) y asegurar en todo momento, sin solución de continuidad, el correcto funcionamiento del sistema de producción normativa preconizado por la Norma fundamental (...). Es la pureza misma del ordenamiento jurídico la que se ventila en esta sede jurisdiccional, y ello ha de decidirse en términos de validez o invalidez *ex origine* de las normas impugnadas»[14].

A lo anterior hay que añadir la resistencia que ha venido oponiendo el Tribunal Supremo al reconocimiento de la existencia de vías para la reclamación de la devolución del importe del tributo ingresado bajo la cobertura de normas legales declaradas inconstitucionales "sin limitación" del alcance de la nulidad derivada de esa declaración. Con su conducta estaba cercenando la posibilidad para los ciudadanos, que no tenían el deber jurídico de soportar el daño que el poder público les causó en sus bienes o derechos, de recuperar el importe de un tributo que, si bien era presuntamente legítimo en su origen, devino ilegítimo por su declaración de contradicción con el Texto Constitucional. Esto ha venido sucediendo con la acción revocatoria del art. 219 de la Ley 58/2003, de 17 de diciembre, General Tributaria (*Tol 327278*) (en adelante, LGT), prevista, entre otros supuestos, contra los actos que "*infringen manifiestamente la ley*" o "*cuando circunstancias sobrevenidas*" pongan de manifiesto su improcedencia, y también con la acción de nulidad de pleno derecho del art. 217.1 LGT que permite la revisión del acto, entre otros supuestos, cuando esté previsto "*en una disposición de rango legal*" [letra g)].

Por consiguiente, tanto la conducta del Tribunal Constitucional como la del Tribunal Supremo provocan como resultado —directa e indirectamente— el comiso del

tendrán también la consideración de situaciones consolidadas (i) las liquidaciones provisionales o definitivas que no hayan sido impugnadas a la fecha de dictarse esta sentencia y (ii) las autoliquidaciones cuya rectificación no haya sido solicitada *ex* art. 120.3 LGT a dicha fecha» [FJ 6 b)]. Y lo mismo hizo la STC 11/2024, de 18 de enero, que tras declarar la inconstitucionalidad del art. 3.1.1 y 2 del Real Decreto-ley 3/2016, de 2 de diciembre, por el que se adoptan medidas en el ámbito tributario dirigidas a la consolidación de las finanzas públicas y otras medidas urgentes en materia social (en materia del impuesto sobre sociedades), esta vez sí, apelando "formalmente" al principio de seguridad jurídica, concluyó: «Por exigencias del principio de seguridad jurídica (art. 9.3 CE), no pueden considerarse situaciones susceptibles de ser revisadas con fundamento en la presente sentencia aquellas obligaciones tributarias devengadas por el impuesto sobre sociedades que, a la fecha de dictarse la misma, hayan sido decididas definitivamente mediante sentencia con fuerza de cosa juzgada (art. 40.1 LOTC) o mediante resolución administrativa firme. Tampoco podrán revisarse aquellas liquidaciones que no hayan sido impugnadas a la fecha de dictarse esta sentencia, ni las autoliquidaciones cuya rectificación no haya sido solicitada a dicha fecha» (FJ 4).

14 SSTC 60/1986, de 20 de mayo, FJ 1; 137/2003, de 3 de julio, FJ 2; 108/2004, de 30 de junio, FJ 4; 189/2005, de 7 de julio, FJ 2; y 136/2011, de 13 de septiembre, FJ 2.

importe del tributo pagado al amparo de una disposición legal declarada inconstitucional: el primero, por impedir o restringir su restitución; el segundo, por cercenar los instrumentos procesales dirigidos a su recuperación. No hay que descuidar que cuando desaparece el título legal que establecía la obligación de pago de un tributo, la originaria injerencia legítima del poder público en el derecho de propiedad se transmuta en ilegítima desde el momento en el que dicho título es expulsado del ordenamiento jurídico con efectos *erga omnes* (art. 164.1 CE). Por tanto, declarada la ilegitimidad de la norma legal de cobertura (art. 39 LOTC) y, en su consecuencia, la de los actos de aplicación (art. 40 LOTC), nace "*en los términos establecidos por la ley*" el derecho a la restitución del daño causado por la actuación de los poderes públicos (art. 106.2 CE), salvo que "*el particular tenga el deber jurídico*" de soportarlo "*de acuerdo con la ley*" [art. 32.1 de la Ley 40/2015, de 1 de octubre, de Régimen Jurídico del Sector Público (en lo sucesivo, LRJSP)]. Y puesto que no hay en nuestro ordenamiento jurídico ninguna disposición legal que obligue a los ciudadanos a soportar el daño derivado de la aplicación de una disposición legal que se declara inconstitucional, se genera el correlativo derecho a la restitución del tributo indebidamente ingresado a través de los medios establecidos en nuestro ordenamiento jurídico, como son: (i) en el caso de "autoliquidaciones", a través de los procedimientos especiales de revisión, concretamente, del de devolución de ingresos indebidos [arts. 32, 120.3 y 221.4, todos ellos de la LGT], que se podrá obtener "*[e]n un procedimiento de rectificación de autoliquidación a instancia del obligado tributario*" [art. 15.1 e) del Real Decreto 520/2005, de 13 de mayo, por el que se aprueba el reglamento general de desarrollo de la Ley 58/2003, de 17 de diciembre, general tributaria, en materia de revisión en vía administrativa]; y (ii) en el supuesto de "liquidaciones", si los actos no fuesen firmes, mediante el recurso de reposición (art. 223.1 LGT) y la reclamación económico-administrativa (arts. 226 y 235.1 LGT); y si fuesen firmes, a través de los procedimientos especiales de revisión, concretamente, mediante la revisión de actos nulos (art. 217 LGT) o la revocación de actos anulables (art. 219 LGT).

2. LA LEGITIMACIÓN DEL GRAVAMEN DE RENTAS TOTAL O PARCIALMENTE INEXISTENTES: LA CONSAGRACIÓN DE LA "DISCAPACIDAD ECONÓMICA" COMO FUNDAMENTO Y MEDIDA DE LA IMPOSICIÓN

2.1. LA CAPACIDAD ECONÓMICA COMO FUNDAMENTO Y MEDIDA DE LA IMPOSICIÓN

De conformidad con el art. 31.1 CE "*[t]odos contribuirán al sostenimiento de los gastos públicos de acuerdo con su capacidad económica mediante un sistema tributario justo inspirado en los principios de igualdad y progresividad que, en ningún caso, tendrá alcance confiscatorio*". Con esta proclamación constitucional la capacidad económica se erige en un principio normativo del sistema tributario, en un «criterio inspirador»[15] que opera, a diferencia de otros principios (como, por ejemplo, los de progresividad o justicia), respecto de cada individuo[16] y gravamen[17]. Constituye tanto el elemento determinante del deber de contribuir (su fundamento), al ser inherente al concepto constitucional de tributo que «en su hecho imponible haya una fuente de capacidad económica», así como de la proporción en la que cada uno contribuye al sostenimiento de los gastos públicos (su medida)[18]. De este modo, el art. 31.1 CE establece «un auténtico mandato jurídico, fuente de derechos y obligaciones»[19], del que no solo se deriva una obligación positiva, la de contribuir al sostenimiento de los gastos públicos, sino también un derecho correlativo, como es, el de que «esa contribución solidaria sea configurada en cada caso por el legislador según aquella capacidad»[20]. Por tanto, el cumplimiento de aquel deber de contribuir al sostenimiento de los gastos del Estado no puede llevarse a efecto de cualquier manera, sino única y exclusivamente "*de acuerdo con*" la capacidad económica (fundamento) y, en el caso de los impuestos, también "*en función de*" la misma (medida)[21].

---

15 SSTC 19/1987, de 17 de febrero, FJ 3 (*Tol 79728*); y 193/2004, de 4 de noviembre, FJ 5 (*Tol 508782*).

16 SSTC 27/1981, de 20 de julio, FJ 4 (*Tol 110830*); 7/2010, de 27 de abril, FJ 6 (*Tol 1833529*); 19/2012, de 15 de febrero, FJ 4 b) (*Tol 2473355*); y 26/2017, de 16 de febrero, FJ 2 (*Tol 6000116*). Por tanto, «no es correcto afirmar (...) que el principio de capacidad económica previsto en el art. 31.1 CE solo pueda predicarse del sistema tributario en su conjunto y no de cada impuesto en particular» (STC 26/2017, FJ 2), pues, a diferencia de la progresividad que reclama el art. 31.1 CE que «es del "sistema tributario" en su conjunto» (STC 27/1981, de 20 de julio, FJ 4), el principio de capacidad económica opera «respecto "de cada uno"» [STC 19/2012, de 15 de febrero, FJ 4 b)].

17 El principio de capacidad económica y la prohibición de confiscatoriedad deben operar, respectivamente, como instrumento legitimador y como límite del gravamen (art. 31.1 CE) (STC 126/2019, de 31 de octubre, FJ 4).

18 SSTC 76/1990, de 26 de abril, FJ 3 (*Tol 80368*); y 26/2017, de 16 de febrero, FJ 2.

19 SSTC 182/1997, de 28 de octubre, FJ 6; 137/2003, de 3 de julio, FJ 6; 108/2004, de 30 de junio, FJ 7; 245/2004, de 16 de diciembre, FJ 5; 189/2005, de 7 de julio, FJ 7; 100/2012, de 8 de mayo, FJ 9; 26/2017, de 16 de febrero, FJ 2; y 35/2017, de 1 de marzo, FJ 5 a).

20 SSTC 182/1997, de 28 de octubre, FJ 6; 107/2015, de 28 de mayo, FJ 2; y 26/2017, de 16 de febrero, FJ 2.

21 SSTC 45/1989, de 20 de febrero, FJ 4 (*Tol 80256*); 96/2002, de 25 de abril, FJ 7 (*Tol 258630*); 10/2005, de 20 de enero, FJ 5 (*Tol 570196*); 71/2014, de 6 de mayo, FJ 3 (*Tol 4356706*); 60/2015, de 18 de marzo, FJ 4 (*Tol 4851999*); y 26/2017, de 16 de febrero, FJ 2 (*Tol 6000116*).

La capacidad económica como "*fundamento*", si bien genera para los poderes publicos la obligación de «buscar la riqueza allí donde la riqueza se encuentra»[22], también provoca el correlativo derecho de los ciudadanos a que esa contribución al sostenimiento de los gastos publicos se configure en cada caso por el legislador según aquella capacidad económica[23]. Una y otro impiden la existencia de tributos, cualquiera que sea la posición que ocupen en el sistema tributario, su naturaleza real o personal e incluso su fin fiscal o extrafiscal, «que no recaigan sobre alguna fuente de capacidad económica», de manera que el legislador no puede establecer tributos «cuya materia u objeto imponible no constituya una manifestación de riqueza real o potencial», impidiéndole gravar riquezas meramente virtuales o ficticias[24]. Distinta es, sin embargo, la consideración del principio de capacidad económica como "*medida*" de la tributación y, por tanto, como "*criterio*" de graduación del importe de la carga dirigida al sostenimiento de los gastos públicos, pues no rige con la misma intensidad en las diferentes figuras tributarias, adquiriendo virtualidad «en aquellos tributos que por su naturaleza y caracteres resulten determinantes en la concreción del deber de contribuir al sostenimiento de los gastos públicos que establece el art. 31.1 CE»[25], esto es, en los impuestos y en las contribuciones especiales[26]. Así, «no basta con que deban contribuir al sostenimiento

---

22 SSTC 27/1981, de 20 de julio, FJ 4; 76/1990, de 26 de abril, FJ 3; 150/1990, de 4 de octubre, FJ 9 (*Tol 80402*); 221/1992, de 11 de diciembre, FJ 4 (*Tol 110155*); 82/1997, de 28 de octubre, FJ 6; y 233/1999, de 16 de diciembre, FFJJ 14 y 23 (*Tol 56866*).

23 STC 182/1997, de 28 de octubre, FJ 6.

24 SSTC 27/1981, de 20 de julio, FJ 4; 19/1987, de 17 de febrero, FJ 3; 37/1987, de 26 de marzo, FJ 13; 221/1992, de 11 de diciembre, FJ 4; 186/1993, de 7 de junio, FJ 4; 214/1994, de 14 de julio, FJ 5; 182/1997, de 28 de octubre, FJ 6; 14/1998, de 22 de enero, FJ 11 B); 233/1999, de 16 de diciembre, FJ 14 y 23; 194/2000, de 19 de julio, FJ 9; 276/2000, de 16 de noviembre, FJ 4; 193/2004, de 4 de noviembre, FJ 5; 295/2006, de 11 de octubre, FJ 5; 7/2010, de 27 de abril, FJ 6; 19/2012, de 15 de febrero, FFJJ 4 a) y 7; 53/2014, de 10 de abril, FJ 6 b); 26/2015, de 19 de febrero, FJ 4 a); y 26/2017, de 16 de febrero, FJ 2.

25 STC 26/2017, de 16 de febrero, FJ 2.

26 Como precisa Simón Acosta, E. "[c]on las tasas no se pretende hacer contribuir por el hecho de tener capacidad económica, sino que las tasas persiguen que quienes, mediante actos lícitos, provocan especialmente un gasto o un perjuicio, económicamente evaluable, contribuyan también especialmente a su sostenimiento" (en *Las tasas de las entidades locales (el hecho imponible)*, Aranzadi, Cuadernos de Jurisprudencia Tributaria, (12), 203, p. 30; y también en (1975). "Reflexiones sobre las tasas de las haciendas locales", en *Hacienda Pública Española*. (35), pp. 261 y ss.). Pues bien, la STC 182/2021, de 26 de octubre, señala que conforme a la doctrina de la STC 26/2017, de 16 de febrero (FJ 2), el principio de capacidad económica como criterio o medida de la imposición solo adquiere virtualidad «en aquellos tributos que por su naturaleza y caracteres resulten determinantes en la concreción del deber de contribuir al sostenimiento de los gastos públicos que establece el art. 31.1 CE», precisando a renglón seguido que «esto es, únicamente opera en los impuestos que constituyen los pilares estructurales del sistema tributa-

de las cargas públicas únicamente quienes tengan capacidad económica para ello, sino que es necesario que la proporción de la contribución que cada individuo deba realizar al sostenimiento de los gastos públicos se determine también en atención a su capacidad económica»[27].

2.2. LA "DISCAPACIDAD ECONÓMICA" COMO FUNDAMENTO Y MEDIDA DE LA IMPOSICIÓN

2.2.1. Precisiones previas

Dos han sido las sentencias recientes que han supuesto la abrogación del principio de capacidad económica con criterio determinante del deber de contribuir al sosteni-

---

rio» [FJ 4 A)]. La equivocación de la sentencia en este aspecto es preocupante, pues confunde la doctrina de la "capacidad económica" como criterio, medida o parámetro de la imposición, que rige fundamentalmente en las figuras tributarias determinantes del deber de contribuir y, en especial, en los impuestos (en todos y cada uno de ellos), con la de la "afectación del deber de contribuir" por el decreto-ley *ex* art. 86.1 CE, que impide a este instrumento normativo extraordinario incidir en aquellos "impuestos" que constituyen los pilares estructurales del sistema tributario, en particular, aquellos que se configuran «como un tributo global sobre la renta o sobre el consumo» (SSTC 137/2003, de 3 de julio, FJ 7; 108/2004, de 30 de junio, FJ 8; y 17/2023, de 9 de marzo, FJ 3) (*Tol 9466536*), a saber, el impuesto sobre la renta de las personas físicas [SSTC 134/1996, de 22 de julio, FJ 6 (*Tol 83066*); 182/1997, de 20 de octubre, FJ 9; 46/2000, de 14 de febrero, FJ 6; 137/2003, de 3 de julio, FJ 7; 189/2005, de 7 de julio, FJ 8; 19/2012, de 15 de febrero, FJ 3; y 73/2017, de 8 de junio, FJ 3 a) (*Tol 6150996*)], el impuesto sobre sociedades [SSTC 73/2017, de 8 de junio, FJ a); 78/2020, de 1 de julio, FJ 4 a) (*Tol 8062054*); y 11/2024, de 18 de enero, FJ 6 A) (*Tol 9863870*)] y el impuesto sobre el valor añadido (como impuesto global sobre el consumo). Y tras incurrir en ese craso error, procede a efectuar un *overruling*: «los postulados sobre el principio de capacidad económica como criterio de la tributación plasmada en las sentencias relativas al impuesto sobre el incremento de valor de los terrenos de naturaleza urbana —foral y común— merecen ser revisados» [FJ 4 B)], pues si bien «el principio de capacidad económica como parámetro de la imposición no rige con la misma intensidad en todas las instituciones tributarias», «proyecta sus exigencias en relación con los tributos, que son las figuras contributivas», eso sí, aunque «debido precisamente a la configuración sinalagmática de las tasas, operará con más intensidad en los impuestos» [FJ 4 C)]. En fin, como recuerda el mismo Simón Acosta, "[l]a tasa, por más que quieran forzarse los razonamientos para demostrar lo contrario, no puede de ningún modo cumplir esa misión [la de contribuir al sostenimiento de los gastos públicos] porque el presupuesto de hecho..., no pone de manifiesto la capacidad contributiva o capacidad económica del sujeto pasivo" (ibid., pago. 29).

27 STC 182/2021, de 26 de octubre, FJ 4 B).

miento de los gastos públicos: las SSTC 62/2023, de 24 de mayo[28], y 67/2023, de 6 de junio[29]. Las dos con relación al impuesto sobre la renta de las personas físicas. Las dos respecto del gravamen de las "ganancias patrimoniales". La primera, relativa a la tributación de las ganancias patrimoniales derivadas de los "pactos sucesorios" de presente en Galicia (la "apartación")[30]; la segunda, referente a la "actualización" del valor de adqui-

---

28 En el recurso de inconstitucionalidad núm. 2545-2022 interpuesto por la Xunta de Galicia contra el apartado tercero del art. 3 y el apartado cuarto de la disposición transitoria primera de la Ley 11/2021, de 9 de julio, de medidas de prevención y lucha contra el fraude fiscal, de transposición de la Directiva (UE) 2016/1164, del Consejo, de 12 de julio de 2016, por la que se establecen normas contra las prácticas de elusión fiscal que inciden directamente en el funcionamiento del mercado interior, de modificación de diversas normas tributarias y en materia de regulación del juego (*Tol 8501334*). Consideraba la recurrente que dicha norma era contraria al art. 31.1 CE al no existir razón alguna que justificase que en las transmisiones lucrativas por causa de muerte derivadas de pactos sucesorios (y no así en las que tienen ocasión con el fallecimiento del causante) se hiciese tributar en el IRPF al causahabiente/apartado por una capacidad económica ajena (la del causante/apartante) por el solo hecho de transmitir el bien adquirido en el plazo de los cinco años (o antes del fallecimiento del apartante, si fuese anterior), sometiéndose de este modo a tributación una riqueza inexistente o ficticia.

29 En la cuestión de inconstitucionalidad núm. 3823-2022 planteada por la Sala de lo Contencioso-administrativo del Tribunal Superior de Justicia de Andalucía, Ceuta y Melilla (Málaga), sobre el apartado vigésimo primero del artículo 1 de la Ley 26/2014, de 27 de noviembre, por la que se modifican la Ley 35/2006, de 28 de noviembre, del impuesto sobre la renta de las personas físicas, el texto refundido de la Ley del impuesto sobre la renta de no residentes, aprobado por el Real Decreto Legislativo 5/2004, de 5 de marzo, y otras normas tributarias (*Tol 4554388*). Para el órgano judicial, la falta de previsión de coeficientes de corrección monetaria para la actualización del valor de adquisición de los bienes inmuebles en el cálculo de las ganancias patrimoniales en el IRPF implicaba someter a tributación magnitudes ficticias, en contra del principio de capacidad económica del art. 31.1 CE.

30 Según la propia sentencia, «[l]a apartación (como se la denomina legalmente) o el apartamiento (como tradicionalmente se le ha venido conociendo), como institución propia de los usos y costumbres del Derecho civil sucesorio gallego, es un negocio jurídico conforme al cual "[p]odrá adjudicarse en vida la plena titularidad de determinados bienes de cualquier clase, sin ninguna excepción, a quien tenga la condición de legitimario del adjudicante en el momento de la adjudicación, quedando este totalmente excluido de tal condición de legitimario con carácter definitivo, cualquiera que sea el valor de la herencia en el momento de deferirse" (art. 134.1 de la Ley del Parlamento de Galicia 4/1995, de 24 de mayo, de Derecho civil de Galicia (*Tol 636169*)). Es decir, es un "pacto sucesorio" por el que "quien tenga la condición de legitimario si se abriera la sucesión en el momento en que se formaliza el pacto queda excluido de modo irrevocable, por sí y su linaje, de la condición de heredero forzoso en la herencia del apartante, a cambio de los bienes concretos que le sean adjudicados" (art. 224 de la Ley del Parlamento de Galicia 2/2006, de 14 de junio, de Derecho civil de Galicia (*Tol 952089*)) (apartado 1º del voto particular). De este modo, la apartación «es un pacto sucesorio sobre la herencia futura conforme al cual se adquieren en vida del apartante/causante determinados bienes por el apartado/

sición en el caso de transmisiones de bienes inmuebles en orden a la corrección de los efectos de la inflación.

2.2.2. La STC 62/2023: la apartación

Es un negocio jurídico celebrado por causa de muerte que se realiza de forma anticipada (*inter vivos*), pero que a efectos civiles tiene aspectos propios de las sucesiones (*mortis causa*). Para el causahabiente (heredero/apartado), "*la adquisición de bienes y derechos por herencia, legado o cualquier otro título sucesorio*" quedaría sujeta al impuesto sobre sucesiones y donaciones (ISD)[31], considerándose como títulos sucesorios, "*además de la herencia y el legado [...] los contratos o pactos sucesorios*"[32]. Y para el causante (apartante), la transmisión efectuada implicaría una alteración en la composición de su patrimonio que, si generase una variación en su valor calculada por la diferencia entre el importe real de los valores de adquisición y transmisión de los elementos patrimoniales[33], provocaría una ganancia o pérdida patrimonial y, por tanto, una renta, en principio, sujeta al impuesto sobre la renta de las personas físicas (IRPF)[34]. Eso sí, dado que en el supuesto de "transmisiones lucrativas por causa de muerte del contribuyente" se estimará que no existe una ganancia o pérdida patrimonial[35], esto conlleva la exclusión de la base imponible del tributo de la eventual ganancia patrimonial generada como consecuencia de la transmisión derivada del fallecimiento del obligado tributario[36].

---

causahabiente a cambio de no suceder el día de mañana». Se trata de «un pacto de anticipo de legítima, que queda finiquitada mediante un pago firme que impide una eventual acción futura de suplemento (pues el legitimario pierde tal condición con el mismo), cualquiera que sea el valor de la herencia en el momento de la delación». Se trata, a fin de cuentas, «de una adquisición patrimonial de carácter lucrativo que, aun en vida del causante (inter vivos), se hace por causa de muerte (mortis causa), en la que debe conciliarse "la naturaleza inter vivos de la adquisición patrimonial con la del pacto de no suceder, en cuanto que ambos integran la apartación"» [FJ 3 a)].

31 Art. 3.1 a) de la Ley 29/1987, de 18 de diciembre, del impuesto sobre sucesiones y donaciones (*Tol 224744*) (LISD).

32 Art. 11 b) del Real Decreto 1629/1991, de 8 de noviembre, por el que se aprueba el Reglamento del impuesto sobre sucesiones y donaciones (*Tol 138522*) (RISD).

33 Art. 34 de la Ley 35/2006, de 28 de noviembre, del Impuesto sobre la Renta de las Personas Físicas y de modificación parcial de las leyes de los Impuestos sobre Sociedades, sobre la Renta de no Residentes y sobre el Patrimonio (*Tol 1009222*) (LIRPF).

34 Arts. 2, 6.1 y 2 d) y 33.1 LIRPF.

35 Art. 33.3 b) LIRPF.

36 Concretamente, de la denominada "plusvalía del muerto" (como así la calificaba expresamente la exposición de motivos de la Ley 18/1991, de 6 de junio, del impuesto sobre la renta de las personas físicas (*Tol 117164*)).

Con carácter previo al dictado de la norma objeto de análisis en la sentencia (la Ley 11/2021), la eventual ganancia patrimonial generada con la transmisión por parte del causante/apartante ("plusvalía del muerto") tenía la calificación de renta sujeta pero exenta al IRPF como consecuencia de la calificación del "pacto sucesorio" (por la normativa del ISD) como un "título sucesorio". Sin embargo, con la modificación operada se tomaría como "valor de adquisición" a los efectos del cálculo de la ganancia o pérdida patrimonial en el IRPF, no el resultante de aplicar las normas del ISD [el valor de referencia, en el caso de los bienes inmuebles (art. 9 LISD)], sino el que tuvo para el causante/apartante al momento de integrarlo en su patrimonio (siempre que el valor de adquisición para el apartado fuese superior)[37]. De este modo, el cálculo de la eventual ganancia patrimonial a efectos del IRPF no se haría por la diferencia entre los valores de adquisición y transmisión del bien para el apartado, sino por la diferencia entre el de adquisición para el apartante y el de transmisión para el apartado.

A tal fin, se añadió un nuevo párrafo al art. 36 LIRPF, a los efectos de no aplicar la excepción de tributación prevista en el art. 33.3 b) LIRPF cuando el causahabiente/apartado procediese, antes del transcurso de los cinco años siguientes a la celebración del contrato o del fallecimiento del causante (si fuera anterior), a la transmisión del bien adquirido con la apartación, haciéndose tributar al causahabiente/apartado por la ganancia patrimonial generada por el causante/apartante (durante el tiempo que estuvo el bien en su patrimonio). Así, sin alterarse la naturaleza del "pacto sucesorio", ni modificarse su calificación fiscal como un "título sucesorio", la transmisión del bien adquirido (heredado) por el apartado (causahabiente), sin dejar transcurrir cinco años desde la formalización del pacto o del fallecimiento del causante (si fuera anterior), le supondría la no aplicación de la citada excepción de gravamen de la eventual ganancia patrimonial generada en el IRPF por el apartante (causante). Para ello, «la norma recurrió a un doble artificio: en primer lugar, calcula la segunda ganancia patrimonial a efectos del IRPF (la provocada por la transmisión del bien heredado por el apartado) "como si" se tratara de la primera (la generada por la apartación), tomando para ello la diferencia entre el valor de adquisición para el apartante y el de transmisión para el apartado; y en segundo lugar, la somete a tributación en la persona del apartado "como si" la capacidad

37 La modificación operada respondía a la finalidad de evitar operaciones de planificación fiscal con el uso de los "contratos y pactos sucesorios" en las comunidades autónomas con derecho civil especial o foral y, por tanto, con el objetivo de impedir "una actualización de los valores y fechas de adquisición del elemento adquirido" (por el causahabiente/apartado), de cara a evitar "una menor tributación que si el bien hubiera sido transmitido directamente a otra persona o entidad por el o la titular original" (el causante/apartante) [apartado VI de la exposición de motivos de la Ley 11/2021].

económica manifestada fuera propia»[38]. Pues bien, para la STC 62/2023, el hecho de que el beneficiario del contrato o pacto sucesorio (apartado o causahabiente) se subrogue en la posición del causante respecto al valor y fecha de adquisición de los bienes recibidos, cuando este valor fuera inferior al otorgado en el contrato o pacto sucesorio, no es contrario al principio de capacidad económica porque «a la hora de cumplir con el principio de capacidad económica como criterio, parámetro o medida de la imposición, el legislador goza de un amplio margen de libertad en la configuración de los tributos, no correspondiendo al Tribunal Constitucional en modo alguno enjuiciar si las soluciones adoptadas en la ley tributaria sometida a control de constitucionalidad son las más correctas técnicamente» [FJ 5 b)].

Según lo que antecede, a juicio del Tribunal Constitucional, la subrogación del apartado (causahabiente) en la capacidad económica exteriorizada por el apartante (causante) no viola el principio de capacidad económica porque no es función del Tribunal la de controlar si la solución legislativa adoptada es "la más correcta" desde el punto de vista de ese principio. Resulta, sin embargo, que si la apartación (pacto sucesorio) es, simplemente, una disposición *mortis causa* (con eficacia anticipada o de presente) y como tal ha sido calificada por el propio legislador tributario, «parece lógico» por no decir, evidente» que las consecuencias tributarias asociadas a los mismos deben ser las propias de este tipo de transmisiones, so pena de quebrar la lógica jurídica, primero, y el principio de unidad del ordenamiento jurídico, después, una y otro como garantía de la interdicción de la arbitrariedad de los poderes públicos, en conexión con el de seguridad jurídica de los ciudadanos y la confianza legítima generada por los términos en los que está conformada tanto la realidad material como la jurídica que la regula (art. 9.3 CE)»[39]. En consecuencia: «el resultado del juego de las ficciones a las que he hecho referencia anteriormente es claramente contrario a la Constitución, pues no solo trata de forma dispar a los causahabientes de una herencia (según se haya materializado al momento del fallecimiento o de forma anticipada con ocasión de pacto sucesorio) en contra del principio de igualdad ante la ley (arts. 14 y 31.1 CE), sino que les somete a tributación recurriendo al gravamen de rentas inexistentes, en contra del principio de capacidad económica y de la prohibición de confiscatoriedad (art. 31.1 CE). Una y otra previsión normativa impiden que el cumplimiento del deber de contribuir al sostenimiento de los gastos públicos se lleve a cabo exclusivamente mediante un sistema tributario justo (art. 31.1 CE) pues, aun cuando la norma tenga como finalidad la de evitar una menor tributación que si el bien hubiera sido transmitido directamente a otra persona "por el o la titular original", sin embargo, en lugar de gravar en el IRPF

---

38 Apartado 4º del voto particular a la STC 62/2023 de los magistrados Enrique Arnaldo Alcubilla y Concepción Espejel Jorquera.

39 Apartado 5º del voto particular a la STC 62/2023.

la eventual ganancia patrimonial generada con la transmisión derivada del "pacto sucesorio" en la persona "del titular original", lo hace en la "del apartado", obligándole a soportar el gravamen por una capacidad económica que, desde su estricta perspectiva personal, es inexistente»[40].

Como señala el voto particular a la citada STC 62/2023, al legislador le es dado atribuir a cada negocio jurídico las consecuencias tributarias que considere, en cada momento, más convenientes y, por tanto, puede atribuir a los pactos sucesorios "de presente" las consecuencias fiscales de las transmisiones *inter vivos* o las de las *mortis causa*. Pero lo que no puede hacer es «crear un artificio con unas consecuencias fiscales abiertamente contrarias a la Constitución», haciendo «"tabla rasa" de la doctrina constitucional existente para justificar que una misma transmisión pueda desplegar las consecuencias fiscales propias de negocios jurídicos diferentes (sucesiones y donaciones), por la sola circunstancia de que el bien no se mantenga en el patrimonio del causahabiente/apartado durante un determinado período temporal. Permite así, con naturalidad, la imputación de la responsabilidad de pago de deudas tributarias no solo, en principio, inexistentes (por operar la excepción de gravamen de la "plusvalía del muerto"), sino exponentes de capacidades económicas ajenas. (...) No es posible ni jurídica ni lógicamente que el ordenamiento jurídico atribuya a los "pactos sucesorios" la naturaleza, primero, de una "sucesión", a los efectos de colocarlos bajo el ámbito de aplicación del impuesto sobre sucesiones, y, acto seguido, la de una "donación", con la sola intención de excluirlos de la denominada "plusvalía del muerto" en el impuesto sobre la renta de las personas físicas (so pretexto de impedir una actualización de los valores de transmisión a la que, por cierto, obliga la propia Ley del impuesto sobre sucesiones y donaciones). (...) Fingiendo a efectos tributarios que han existido simultáneamente dos transmisiones distintas, es evidente que [la norma impugnada] está gravando, junto a una manifestación real de riqueza (la que se ha evidenciado con el verdadero negocio jurídico realizado [...]), una riqueza inexistente, ni siquiera en potencia, vulnerando, de este modo, las exigencias que derivan del principio de capacidad económica constitucionalmente reconocido»[41].

En suma, «se obliga al causahabiente/apartado a soportar el gravamen por una riqueza ajena (la ganancia patrimonial generada por el causante/apartante desde la adquisición del bien hasta su transmisión por el pacto sucesorio), impidiéndole "cumplir con su obligación de contribuir, no de cualquier manera, sino exclusivamente 'de acuerdo con su capacidad económica' (art. 31.1 CE)», pues donde no se ha producido una ganancia patrimonial propia a efectos del IRPF, se imputa la ajena (apartado 7º).

---

40 Apartado 5º del voto particular a la STC 62/2023.

41 Apartado 6º del voto particular a la STC 62/2023.

2.2.3. *La STC 67/2023: la inflación*

Las diferentes normas legales reguladoras del IRPF en el territorio común (Ley 44/1978, de 8 de septiembre (*Tol 74747*); Ley 18/1991, de 6 de junio; Ley 40/1998, de 9 de diciembre (*Tol 224738*); Real Decreto Legislativo 3/2004, de 5 de marzo (*Tol 346908*); y Ley 35/2006, de 28 de noviembre) han venido corrigiendo el impacto de la inflación monetaria en el cálculo de las ganancias y pérdidas patrimoniales, para someter a tributación exclusivamente las ganancias reales y no las nominales (monetarias). Y lo han hecho mediante dos sistemas distintos: bien mediante la aplicación de unos coeficientes correctores (fijados anualmente por la ley de presupuestos generales del Estado) que se aplicaban sobre el valor de adquisición; bien a través de unos "coeficientes de abatimiento" dirigidos a reducir por cada año de permanencia del bien en el patrimonio del sujeto pasivo (superior a dos, para evitar la corrección de las "plusvalías especulativas"), la propia ganancia o pérdida patrimonial previamente calculada. Fue, entonces, la Ley 26/2014, de 27 de noviembre, la que suprimió la posibilidad de actualización del valor de adquisición de los bienes inmuebles en orden al cálculo de las ganancias y pérdidas patrimoniales[42].

En el supuesto que dio lugar al planteamiento de la cuestión de inconstitucionalidad de la que derivó la STC 67/2023, se había adquirido la nuda propiedad de un inmueble cuando tenía un valor de 46.110,00 euros (en 1995) que fue transmitida cuando tenía un valor (comprobado) de 105.968,00 euros (en 2016), dando como resultado una ganancia patrimonial "nominal" (monetaria) de 59.585,00 euros. La inflación acumulada en el lapso de tiempo transcurrido entre la adquisición y la transmisión del citado derecho fue de 62,90 por ciento (según la propia Administración tributaria y del 66 por ciento según las normas forales de los territorios históricos de la Comunidad Autónoma del País Vasco). De haberse corregido las consecuencias de la inflación mediante la actualización del valor de la nuda propiedad al momento de la adquisición, el valor de adquisición actualizado habría sido de 75.113,90 euros y la ganancia patrimonial realmente obtenida de tan solo 30.854,10 euros, es decir, 29.003,90 euros inferior a la sometida a tributación. En consecuencia, la falta de corrección de la inflación supuso el gravamen de una renta inexistente y, con ello, el pago de una cuota tributaria superior en un 50,28 por ciento superior (en 6.287,98 €) a la que se habría soportado de haberse sometido a tributación exclusivamente la ganancia realmente obtenida.

---

42 En los territorios históricos de la Comunidad Autónoma del País Vasco, sin embargo, siguen aplicándose los coeficientes de actualización del valor de adquisición de los diferentes elementos patrimoniales (Normas Forales de Álava 33/2013, de 27 de noviembre (*Tol 4029702*); de Vizcaya 13/2013, de 5 de diciembre (*Tol 4033100*); y de Guipúzcoa 3/2014, de 17 de enero (*Tol 4070870*)).

Consideraba el órgano judicial promotor de la cuestión de inconstitucionalidad que la falta de previsión de coeficientes de corrección monetaria para la actualización del valor de adquisición de los bienes inmuebles en el cálculo de las ganancias patrimoniales en el IRPF implicaba someter a tributación magnitudes ficticias, en contra del principio de capacidad económica del art. 31.1 CE. Para la STC 67/2023, sin embargo, la eventual corrección de las rentas nominales a la inflación (para calcular las reales) no es una exigencia que derive del principio constitucional de capacidad económica porque: «es coherente con un sistema tributario nominalista» en el que el legislador goza de libertad «para decidir si aplica o no correcciones monetarias» y, además, «elimina un factor de desigualdad entre fuentes de renta» (pues las ganancias patrimoniales de origen inmobiliario eran las únicas rentas en las que se practicaba un ajuste por la inflación) [FJ 4].

La decisión adoptada por la STC 67/2023 se justificó en una fabulación derivada de la tergiversación de la doctrina contenida en la STC 221/1992, de 11 de diciembre (*Tol 110155*) (con relación al impuesto sobre el incremento del valor de los terrenos de naturaleza urbana), consistente en afirmar que nuestro sistema tributario es "nominalista", lo que legitimaría *per se* el gravamen de capacidades económicas ficticias o virtuales y, por tanto, en muchos supuestos, total o parcialmente inexistentes, siendo una mera opción legislativa la corrección de las consecuencias de la inflación, que no un imperativo constitucional. En efecto, para la STC 67/2023: «(i) el ordenamiento tributario se rige, en general, por el principio nominalista, sin que el principio de capacidad económica exija aplicar un ajuste a la inflación, decisión que corresponde al legislador; (ii) por excepción, en situaciones "extremas" de inflación "especialmente aguda", cuando la "erosión inflacionaria sea de tal grado", la ley sí debe evitar que resulte afectado el principio de capacidad económica; y (iii) incluso en este último escenario, el legislador tiene margen para decidir la técnica concreta para ajustar la inflación, actuando sobre distintos elementos del tributo, incluidos los tipos de gravamen, por lo que el precepto impugnado debe analizarse de forma sistemática con ellos» (FJ 3).

Para justificar su decisión, la STC 67/2023 hizo una lectura incompleta de la propia letra de la STC 221/1992, ocultando parte de sus afirmaciones y, concretamente, que «este Tribunal ha señalado, a propósito del Impuesto sobre la Renta, que responde a la naturaleza de dicho impuesto, que ha de contemplar incrementos reales no monetarios, su adecuación a la situación inflacionista» [FJ 5 C)]. De este modo, como señala el voto particular a la STC 67/2023[43], la regla de cálculo «que, en efecto, depende de un amplio margen de libertad del legislador, no puede conducir, "en ningún caso", al gravamen de rentas inexistentes o ficticias, porque la determinación de la base imponible no puede estar al margen de la capacidad económica gravada por el impuesto y demostrada

43 De los magistrados Ricardo Enríquez Sancho y Enrique Arnaldo Alcubilla.

por el contribuyente, so pena de vulnerar el principio de capacidad económica como criterio de imposición (art. 31.1 CE)» (apartado 4º). Por tanto, «unos mismos hechos no pueden existir y dejar de existir al mismo tiempo para los órganos del Estado», siendo «ilógico admitir que el principio de capacidad económica no soporta el gravamen de rentas —total o parcialmente— inexistentes (por irreales o ficticias), para luego legitimar a renglón seguido el gravamen de una renta nominal (total o parcialmente inexistente). Carece de toda justificación razonable entender que algo que no existe para la realidad económica (la renta negativa que provoca la inflación), sí existe para la realidad constitucional (justificando el gravamen de una renta meramente aparente o virtual)» (apartado 7º).

En fin, «no es constitucionalmente legítimo la adopción de medidas que, so pretexto de perseguir unos ingresos que se consideran imprescindibles, lo hagan a costa de someter a tributación capacidades económicas total o parcialmente inexistentes. Esto no solo es frontalmente contrario a la esencia misma del deber constitucional de contribuir al sostenimiento de los gastos públicos, sino que coloca al tributo al servicio de la más pura arbitrariedad, propia de tiempos pretéritos ya superados» (apartado 3º).

3. LA CONFISCACIÓN DEL IMPORTE DEL TRIBUTO DECLARADO INCONSTITUCIONAL

3.1. LA PROHIBICIÓN DE CONFISCATORIEDAD

Como se ha dicho, el art. 31.1 CE impone el deber de todos de contribuir al sostenimiento de los gastos públicos de acuerdo con su capacidad económica mediante un sistema tributario justo "*que, en ningún caso, tendrá alcance confiscatorio*". La prohibición de que el sistema tributario tenga un alcance confiscatorio se consagra así "en todo caso".

Según el Tribunal Constitucional, la prohibición de confiscatoriedad está íntimamente conectada con el gravamen de la capacidad económica como "fundamento" y como "medida" de la imposición. Desde la primera perspectiva, la prohibición de confiscatoriedad obliga a que el hecho imponible someta a tributación manifestaciones de riqueza reales o, por lo menos, potenciales[44], pero, "*en ningún caso*", ficticias o inexis-

44 Basta con que «dicha capacidad económica exista, como riqueza o renta real o potencial, en la generalidad de los supuestos contemplados por el legislador al crear el impuesto, para que aquel principio constitucional quede a salvo» [SSTC 37/1987, de 26 de marzo, FJ 13; 221/1992, de 11 de diciembre, FJ 4; 186/1993, de 7 de junio, FJ 4; 14/1998, de 22 de enero, FJ 11; 233/1999, de 16 de diciembre, FJ 14; 193/2004, de 4 de noviembre, FJ 5; 26/2017, de 16 de febrero, FFJJ 2 y 4; 37/2017, de 1 de marzo, FJ 3; 59/2017, de 11 de mayo, FJ 3; 72/2017, de 5 de junio, FJ 3; y 126/2019, de 31 de octubre, FJ 3].

tentes[45]. Por consiguiente, el ciudadano tiene la obligación, y también el derecho, a contribuir al sostenimiento de los gastos públicos, no de cualquier modo, sino única y exclusivamente "*de acuerdo con*" su capacidad económica.

La segunda perspectiva, la de la capacidad económica como "medida", impide que con el gravamen establecido se agote la riqueza imponible so pretexto del deber de contribuir. Con ello se está imponiendo un límite al sistema tributario, no solo a la aplicación de cada tributo en particular, sino al conjunto de los tributos, o lo que es lo mismo, a la superposición de tributos sobre un mismo índice de capacidad económica (renta, patrimonio, consumo o circulación de bienes), que determinan una concreta presión fiscal sobre una misma manifestación de riqueza[46]. De esta manera, cuando de la aplicación de un tributo individualmente considerado o de la acumulación de varios sobre una misma manifestación de riqueza, el resultado, por su cuantía, provoque un sacrificio desproporcionado de la propiedad individual, se habrá producido una confis-

---

45 En efecto, «en ningún caso podrá el legislador establecer un tributo tomando en consideración actos o hechos que no sean exponentes de una riqueza real o potencial, o, lo que es lo mismo, en aquellos supuestos en los que la capacidad económica gravada por el tributo sea, no ya potencial, sino inexistente, virtual o ficticia [STC 26/2017, de 16 de febrero, FJ 2. También, SSTC 193/2004, de 4 de noviembre, FJ 5; 19/2012, de 15 de febrero, FJ 7; 53/2014, de 10 de abril, FJ 6 b); 26/2015, de 19 de febrero, FJ 4 a); 37/2017, de 1 de marzo, FJ 3; 59/2017, de 11 de mayo, FJ 3; 72/2017, de 5 de junio, FJ 3; y 126/2019, de 31 de octubre, FJ 3].

46 Para Carlos Palao Taboada, la prohibición de confiscatoriedad "no se aplica a los impuestos aislados, sino al sistema tributario en su conjunto" (en *Capacidad contributiva, no confiscatoriedad y otros estudios de Derecho constitucional tributario*, cit., p. 127). Por su parte, Pedro Manuel Herrera Molina considera que «lo que indica el art. 31.1 al referirse al sistema, es que la confiscación no solo puede derivar de tributos aislados, sino también de la suma de los distintos gravámenes que integran el ordenamiento tributario" (en "*La banalización de los principios de capacidad económica y no confiscatoriedad por el Tribunal Constitucional (sombras y luces de la STC 126/2019, de 31 de octubre, sobre la segunda inconstitucionalidad de la plusvalía municipal)*", Quincena Fiscal, núm. 6, 2020, p. 2). De la misma opinión es Lucía Urbano Sánchez, al señalar que "el deber de contribuir al sostenimiento de los gastos públicos no ampara una injerencia en la propiedad de una intensidad tal que, bien a través de un único tributo o bien a través de la acumulación de varios, se llegue a privar totalmente al contribuyente de 'propiedades, derechos patrimoniales o rentas sin compensación'" (en *La imposición sobre la desocupación de la vivienda. Sus principales límites constitucionales*, cit., p. 123). Para José Manuel Tejerizo López, desde la STC 26/2017, de 16 de febrero, "existen suficientes indicios en nuestro ordenamiento como para defender que la prohibición del carácter confiscatorio también se debe predicar de cada uno de los tributos en particular" (en "Considerazioni generali sul principio di non confiscatorietá nel diritto tributario spagnolo", en *Rivista di Diritto Tributario Internazionale*, 2019, (1), p. 14). En fin, también el Diccionario Panhispánico del Español Jurídico (DEJ) de la Real Academia Española, define la confiscatoriedad como un "límite del sistema tributario que supone que, en ningún caso, del conjunto de figuras tributarias puede producirse un efecto equivalente a la confiscación sobre los bienes y derechos del obligado tributario".

cación contraria tanto a la prohibición constitucional del art. 31.1 CE como al derecho constitucional de propiedad del art. 33.3 CE[47]. Lo importante no es, pues, el número de tributos que gravan una determinada manifestación de riqueza sino el sacrificio que para el derecho de propiedad supone el cumplimiento de la obligación de contribuir al sostenimiento de los gastos públicos en cada momento[48].

---

47 En efecto, la Constitución «obliga a no agotar la riqueza imponible —sustrato, base o exigencia de toda imposición— so pretexto del deber de contribuir, lo que tendría lugar si mediante la aplicación de las diversas figuras tributarias vigentes se llegara a privar al sujeto pasivo de sus rentas y propiedades, con lo que además se estaría desconociendo, por la vía fiscal indirecta, la garantía prevista en el art. 33.1 de la Constitución» [STC 233/1999, de 16 de diciembre, FJ 23; también SSTC 150/1990, de 4 de octubre, FJ 9; 14/1998, de 22 de enero, FJ 11 B); 242/1999, de 21 de diciembre, FJ 23; y 26/2017, de 16 de febrero, FJ 2]. Señala a este respecto Fernando Casana Merino que “la confiscación de por sí supone la privación de la propiedad de un bien, y si el tributo, como ya hemos dicho, no es el instrumento adecuado para realizar tal finalidad, sí puede ocurrir que un tributo o el sistema tributario en su conjunto tenga efectos confiscatorios, en el sentido de que produzca un efecto similar al de la expropiación forzosa, solo que sin indemnización” (en “El principio constitucional de interdicción de la confiscatoriedad en el ámbito tributario”, en *Revista de Derecho Financiero y de Hacienda Pública*, 1991, (216), p. 1099). También considera Carlos María López Espadafor que “en la búsqueda de la delimitación del principio de no confiscatoriedad (...) debemos comenzar por el análisis de cada figura tributaria y de las acumulaciones de impuestos sobre una misma manifestación de riqueza” (en “*Revisión del principio de no confiscatoriedad intentando mejorar la progresividad del sistema tributario en el contexto del Derecho de la Unión Europea*”, en *Estudios sobre progresividad y no confiscatoriedad en materia tributaria*”, Universidad de Jaén/Aranzadi, 2018, p. 55).

48 Como apunta Pedro Manuel Herrera Molina, “el que la prohibición de confiscatoriedad se refiera al ‘sistema tributario’ no diluye la eficacia de la prohibición, sino que la refuerza. Si un impuesto tuviera, por sí solo alcance confiscatorio, sería, desde luego, inconstitucional (parece imposible imaginar un supuesto en el que la confiscación viniera ‘compensada’ por otras figuras del sistema tributario). Ahora bien, lo más frecuente será que la confiscación se produzca por acumulación de los diversos impuestos. Es decir, resultará confiscatoria la ‘carga contributiva individual’”. [En *Capacidad Económica y Sistema Fiscal (análisis del ordenamiento español a la luz del Derecho alemán)*, Marcial Pons, 1998, p. 133]. Para Juan Ignacio Moreno Fernández, “[a]un cuando la confiscatoriedad se pueda entender, en un primer acercamiento, como un límite referido al sistema tributario, esto es, al conjunto de los tributos que determinan una determinada presión fiscal en el individuo y no a cada tributo en particular, no cabe duda de que la prohibición de confiscatoriedad debe ser analizada tanto desde la óptica de la superposición de tributos sobre una misma renta o patrimonio, como desde la perspectiva de cada tributo, individualmente considerado, pues lo que importa no es el número de tributos que gravan a un determinado sujeto sino el sacrificio que para su derecho de propiedad supone el cumplimiento de la obligación de contribuir al sostenimiento de los gastos públicos. De esta manera, bien cuando el resultado de aquella acumulación de tributos, bien cuando un tributo individualmente considerado, por su cuantía, provoquen un sacrificio desproporcionado de la propiedad individual, se habrá producido una confiscación contraria tanto a la prohibición constitucional

En consecuencia, «aunque el art. 31.1 CE haya referido el límite de la confiscatoriedad al "sistema tributario", no hay que descuidar que también exige que dicho efecto no se produzca "en ningún caso", lo que permite considerar que todo tributo que (...) sometiese a gravamen una riqueza inexistente en contra del principio de capacidad económica, estaría incurriendo en un resultado obviamente confiscatorio que incidiría negativamente en aquella prohibición constitucional (art. 31.1 CE)»[49]. Así las cosas, cuando en la aplicación de un tributo se graven manifestaciones de riqueza ficticias o inexistentes, el gravamen no solo será contrario al principio de capacidad económica, sino que incurrirá en una confiscación contraria al derecho constitucional a la propiedad. Y esto es así porque, a diferencia de otros mandatos constitucionales que quedan legitimados cuando se apliquen en la "normalidad de los supuestos", la prohibición de confiscatoriedad constitucionalmente consagrada es taxativa: "*en ningún caso*". No admite excepciones. En este mandato constitucional no puede aplicarse el test de la "generalidad" de los casos sino única y exclusivamente el de la "completud" de los supuestos[50].

La prohibición de confiscatoriedad tiene una doble dimensión: de un lado, imposibilita el gravamen de manifestaciones de capacidad económica —total o parcialmente— inexistentes (capacidad económica como fundamento); de otro, impide que so pretexto del deber de contribuir se agote —también total o parcialmente (aunque en este último caso, de manera muy importante)— la riqueza sometida a imposición (capacidad económica como medida). En el primer supuesto, opera como un "juicio de razonabilidad" tanto de la actuación del legislador como de la del aplicador, y, en el segundo, como un "juicio de proporcionalidad", en uno y otro caso dirigidos a constatar si con las respectivas decisiones normativas o aplicativas se han sometido a tributación manifestaciones irreales de capacidad económica o, siendo reales, se han gravado de una forma desproporcionada. Hay que tener presente que los principios constitucionales no son solo mandatos imperativos dirigidos al legislador, sino directrices comunes

---

que impide al sistema tributario tenga un efecto confiscatorio, como al derecho constitucional a la propiedad" (en "*La prohibición de confiscatoriedad como límite al tributo*", cit., p. 21).

49 STC 26/2017, de 16 de febrero, FJ 2.

50 La doctrina del Tribunal Constitucional aplica el test de la "generalidad de los supuestos" con relación al principio de capacidad económica: «Como "fundamento" de la imposición, este principio exige gravar un presupuesto de hecho revelador de capacidad económica (...), bastando con que "dicha capacidad económica exista, como riqueza o renta real o potencial en la generalidad de los supuestos contemplados por el legislador al crear el impuesto, para que aquel principio constitucional quede a salvo"» [STC 149/2023, de 7 de noviembre, FJ B); y también SSTC 62/2023, de 24 de mayo, FJ 4; y 67/2023, de 6 de junio, FJ 3]. Sin embargo, lo cierto es que esa "capacidad económica" como "fundamento" del "impuesto" debe existir en la "totalidad de los supuestos" pues el mero hecho de aceptar el gravamen, aunque sea en supuestos aislados, de capacidades económicas inexistentes, supone dotar al sistema tributario de un "alcance confiscatorio" que "en ningún caso" puede tener.

insoslayables (prescripciones vinculantes) que condicionan la actuación de todos los poderes públicos, erigiéndose en el marco jurídico legitimador de sus actos. Son mandatos comunes a todos los poderes constituidos, lo que implica que bajo el imperio de la Constitución como norma suprema *ex* art. 9.1 CE ("*los poderes públicos están sujetos a la Constitución y al resto del ordenamiento jurídico*"), se dirigen también —como no podía ser de otra manera— a la Administración y al juez, en este último caso, tanto al ordinario como al constitucional, quienes vienen obligados a respetar, promover y proteger su aplicación[51]. Por consiguiente, la prohibición de confiscatoriedad y, por ende, el indisociable principio de proporcionalidad, son dos fines constitucionalmente protegidos que no pueden ser ilegítimamente constreñidos o simplemente ignorados por las disposiciones del legislador (art. 9.1 y 3 CE), ni por los actos de la Administración tributaria (arts. 9.1 y 103, ambos de la CE), ni, en fin, por las resoluciones judiciales que los controlan (arts. 9.1 y 106.1, ambos de la CE), ya sean de los tribunales ordinarios, ya lo sean del Tribunal Constitucional.

3.2. EL TRIBUNAL CONSTITUCIONAL COMO PODER PÚBLICO SOMETIDO A LA CONSTITUCIÓN

Como se ha dicho, también el Tribunal Constitucional, como no podía ser de otra manera, queda sometido a la Constitución (art. 9.1 CE) y a su ley orgánica (art. 1.1 LOTC) y, por tanto, en ningún caso está habilitado para desconocer los mandatos de una y otra y, ni mucho menos, para contradecirlos, como viene haciendo desde hace más de 40 años, al haberse arrogado una función que ni la Constitución le otorga ni su ley reguladora le habilita: la de limitar los efectos de la nulidad derivada de la declaración de inconstitucionalidad de las disposiciones legales sometidas a su control. De este modo, precisamente quien está llamado a corregir los excesos contra la Constitución (en la normación o en su aplicación), se ha situado claramente en una posición contraria a la misma.

El instituto de la confiscatoriedad no solo opera como un límite externo al deber de contribuir de todos al sostenimiento de los gastos del Estado de acuerdo con la capacidad económica de cada cual[52], sino que configura una garantía ínsita en el derecho

---

51 Moreno Fernández, J. I. *La prohibición de confiscatoriedad como límite a la actuación de todos los poderes públicos*, cit., p. 36.

52 Señala a este respecto Antonia Agulló Agüero que "el principio de no confiscatoriedad constituye un límite, no a la justicia, sino a la progresividad del sistema, siendo la idea de la justicia la que debe marcar la frontera entre lo progresivo y lo confiscatorio" ("Una reflexión en torno a la prohibición de confiscatoriedad del sistema tributario", en *Revista española de Derecho Financiero*, 1982, (36), p. 560). Y para Fernando Casana Merino, "un sistema tributario confiscatorio, aparte de suponer una violación del derecho de propiedad, iría en contra del principio de

constitucional de propiedad[53]. Hay que insistir en que el derecho a la propiedad se encuentra íntimamente conectado con el deber constitucional de contribuir del art. 31.1 CE[54], razón por la cual, el pago de tributos, como ya hemos tenido ocasión de señalar, no solo supone una injerencia "debida" en el citado derecho sino una injerencia "obligada" por el Texto Constitucional español que, para que pueda considerarse como "legítima", es necesario, entre otros requisitos que ya hemos analizado, que se articule mediante un sistema tributario que "*en ningún caso*" tendrá un "*alcance confiscatorio*" (art. 31.1 CE)[55]. Y aunque para el Tribunal Constitucional existen importantes dificultades para «situar con criterios técnicamente operativos la frontera en la que lo progresivo o, quizá mejor, lo justo, degenera en confiscatorio»[56], lo que sí está claro es que la prohibición constitucional de confiscatoriedad tributaria, además de alcanzar al gravamen de rentas total o parcialmente inexistentes, afectaría también al de las rentas cuyas normas legales de cobertura han sido declaradas inconstitucionales (por razones formales o materiales), pero respecto de las que se impide por el Tribunal Constitucio-

---

capacidad económica, y, como consecuencia, de los de igualdad, progresividad y, en definitiva, de la justicia tributaria" ("El principio constitucional de interdicción de la confiscatoriedad", en *Revista de Derecho Financiero y de Hacienda Pública*, cit., p. 1100).

53 Considera Miguel Ángel Martínez Lago que si las leyes tributarias "lleva[sen] a una supresión radical de la propiedad privada, o conducen a su desaparición, vaciándola de su contenido esencial, se estaría actuando en contra de lo dispuesto en el párrafo segundo del artículo 33 de la Constitución" ("Función motivadora de la norma tributaria y prohibición de Confiscatoriedad", en *Revista Española de Derecho Financiero*, 1988, (60), p. 632). Por su parte, Carlos María López Espadafor opina que "la no confiscatoriedad puede ser entendida como una plasmación del límite que supone el respeto a la propiedad privada en materia tributaria. La Constitución consagra este derecho y quiere que su respeto tenga una especial atención en la articulación del sistema tributario, reforzando esta idea, al hablar expresamente de no confiscatoriedad y evitando el adelantar en el artículo 31 el concepto de propiedad privada" ("La no confiscatoriedad en sede de armonización fiscal", en *Impuestos*, 2013, (10), p. 10).

54 En efecto, como apunta Lucía Urbano Sánchez, "el deber de contribuir es manifestación de la función social de la propiedad, entendida como utilidad económica individual" (en *La imposición sobre la desocupación de la vivienda. Sus principales límites constitucionales*, cit., p. 133). Por su parte, considera Gustavo J. Naveira de Casanova que "es perfectamente posible ubicar el tributo como instituto (y, por consiguiente, el sistema tributario) como un límite al derecho de propiedad" (*El principio de no confiscatoriedad (Estudio en España y Argentina)*, McGraw-Hill, 1997, p. 72).

55 En este sentido, Juan Ignacio Moreno Fernández, *La responsabilidad patrimonial del Estado-legislador en materia tributaria y vías para reclamarla*, cit., p. 37. Y del mismo autor *Del deber constitucional de pagar un tributo a la responsabilidad patrimonial del Estado-legislador*, cit., p. 55.

56 SSTC 150/1990, de 4 de octubre, FJ 9; y 7/2010, de 27 de abril, FJ 6.

nal la devolución del importe del tributo ingresado, so pretexto de la supuesta concurrencia de prevalentes razones de seguridad jurídica.

Cuando la norma de cobertura de una obligación tributaria se declara contraria al Texto Constitucional[57] y, por tanto, inconstitucional y nula (arts. 164.2 CE y 39.1 LOTC), la nulidad de sus actos de aplicación (*ex* art. 40.1 LOTC) implica que el importe del tributo originariamente satisfecho deviene *eo ipso* en un pago indebido y, por tanto, en un daño causado por el poder público que el ciudadano, en principio, no tiene el deber jurídico de soportar. Ante esta simple realidad, la limitación injustificada por parte del Tribunal Constitucional de las acciones procesales dirigidas a la promoción de su devolución provoca, *per se*, un "alcance confiscatorio" en el sistema tributario en la medida que legitima una ilícita amputación de la propiedad privada.

3.3. LA LIMITACIÓN DE EFECTOS POR EL TRIBUNAL CONSTITUCIONAL: LA AUTOPROCLAMADA POTESTAD PARA LIMITAR EL ALCANCE DE LA NULIDAD DECLARADA

3.3.1. *Las declaraciones de inconstitucionalidad: la regulación legal*

La declaración de inconstitucionalidad de una norma jurídica con rango de ley *"afectará a esta, si bien la sentencia o sentencias recaídas no perderán el valor de cosa juzgada"*

57 Tanto por razones formales como materiales. En el primer caso, por ejemplo, por haberse aprobado mediante un decreto-ley sin que concurriese una situación de extraordinaria y urgente necesidad o afectando a la esencia del deber de contribuir [SSTC 137/2003, de 3 de julio (régimen económico y fiscal canario); 189/2005, de 7 de julio (impuesto sobre la renta de las personas físicas); 73/2017, de 8 de junio (amnistía fiscal); 78/2020, de 1 de julio (pagos fraccionados en el impuesto sobre sociedades); y 11/2024, de 18 de enero (impuesto sobre sociedades)]. En el segundo caso, por ejemplo, por haberse violado los principios constitucionales del deber de todos de contribuir al sostenimiento de los gastos públicos [SSTC 289/2000, de 30 de noviembre (impuesto balear sobre instalaciones que afectan al medio ambiente); 193/2004, de 4 de noviembre (*Tol 81382*) (impuesto sobre actividades económicas); 179/2006, de 13 de junio (*Tol 956794*) (impuesto extremeño sobre instalaciones que afectan al medio ambiente); 295/2006, de 9 de octubre (impuesto sobre la renta de las personas físicas); 161/2012, de 20 de septiembre (*Tol 2663055*) (medios de comprobación tributaria); 196/2012, de 31 de octubre (impuesto castellano-manchego sobre determinadas actividades que incidan en el medio ambiente); 60/2013, de 13 de marzo (*Tol 3334452*) (impuesto castellano-manchego sobre determinadas actividades que incidan en el medio ambiente); 22/2015, de 16 de febrero (*Tol 4779497*) (impuesto extremeño sobre instalaciones que incidan en el medio ambiente); 60/2015, de 16 de marzo (bonificación valenciana en el impuesto sobre sucesiones); 126/2019, de 31 de octubre (*Tol 7587398*) (impuesto sobre el incremento del valor de los terrenos de naturaleza urbana); y 182/2021, de 26 de octubre (*Tol 8641521*) (impuesto sobre el incremento del valor de los terrenos de naturaleza urbana)].

[art. 161.1 a) CE]. Las sentencias del Tribunal Constitucional que declaren la inconstitucionalidad de una disposición legal *"tienen plenos efectos frente a todos"* (*erga omnes*) (art. 164.1 CE), concretamente, *"desde la fecha de su publicación en el «Boletín oficial del Estado»"* (BOE) y *"[s]alvo que el fallo disponga otra cosa, subsistirá la vigencia de la ley en la parte afectada por la inconstitucionalidad"* (art. 164.2 CE). Eso sí, la declaración de inconstitucionalidad de una norma con rango de ley "*afectará a esta*", no perdiendo las sentencias recaídas "*el valor de cosa juzgada*" [art. 161.1 a) CE] Según esto, la norma legal declarada inconstitucional quedará derogada desde su publicación en el BOE, teniendo efectos frente a todos y como único límite a su alcance el de la eficacia de la cosa juzgada.

Al anterior efecto derogatorio, la Ley Orgánica 2/1979, de 3 de octubre, del Tribunal Constitucional (*Tol 230758*) (LOTC), le anuda otro doble efecto: (i) el de la nulidad de los preceptos impugnados (art. 39.1 LOTC); y (ii) el de la nulidad de los actos de aplicación de los preceptos impugnados, salvo que se hayan sido confirmados mediante una sentencia con fuerza de cosa juzgada (art. 40.1 LOTC). En efecto, según el primer precepto *«[c]uando la sentencia declare la inconstitucionalidad, declarará igualmente la nulidad de los preceptos impugnados»*. Y según el segundo "*[l]as sentencias declaratorias de la inconstitucionalidad de Leyes, disposiciones o actos con fuerza de ley no permitirán revisar procesos fenecidos mediante sentencia con fuerza de cosa juzgada en los que se haya aplicación de las leyes, disposiciones o actos inconstitucionales, salvo en el caso de los procesos penales o contencioso-administrativos referentes a un procedimiento sancionador en que, como consecuencia de la nulidad de la norma aplicada, resulte una reducción de la pena o de la sanción o una exclusión, exención o limitación de la responsabilidad*". Según esto, «de acuerdo con lo dispuesto en el art. 39.1 LOTC, las disposiciones consideradas inconstitucionales han de ser declaradas nulas, de manera que al efecto derogatorio previsto en el art. 164.1 CE aquel precepto orgánico le añade el de la "nulidad", que se traslada también, en virtud de lo dispuesto en el art. 40.1 LOTC, a los actos dictados en la aplicación de los preceptos expulsados del ordenamiento, en principio, con efectos *ex tunc*»[58].

Según lo que antecede, nuestro ordenamiento constitucional ha desechado la eficacia prospectiva de las declaraciones de inconstitucionalidad (efectos "*ex nunc*"), para asumir, con todas sus consecuencias, la eficacia retrospectiva o "*ex tunc*", «[l]o que im-

58 STC 108/2022, de 26 de septiembre, FJ 2 a). La previsión de la LOTC es similar a las contenidas en los arts. 78 y 79 de la Ley del Tribunal Constitucional Federal alemán de 12 de marzo de 1951, conforme a los cuales la disposición legal declarara inconstitucional resulta inválida *ex origine*, retrotrayéndose al momento de su entrada en vigor y, por tanto, en principio, con efectos *ex tunc*. Véase, en este sentido, Konrad Hesse "El Tribunal Constitucional federal en la Ley Fundamental de Bonn", en *Anuario Iberoamericano de Justicia Constitucional*, 2005, (9), p. 149.

plica la posibilidad de su revisabilidad a través de los diferentes mecanismos existentes en el ordenamiento jurídico a disposición de los obligados tributarios salvo, de un lado, que hayan sido confirmados en "procesos fenecidos mediante sentencia con fuerza de cosa juzgada" siempre que no sean "penales o contencioso-administrativos referentes a un procedimiento sancionador en que, como consecuencia de la nulidad de la norma aplicada, resulte una reducción de la pena o de la sanción o una exclusión, exención o limitación de la responsabilidad" (art. 40.1 LOTC); o, de otro, que este tribunal precise el sentido de su decisión limitando el alcance de aquella nulidad para dotarla exclusivamente de efectos *ex nunc*»[59].

En consecuencia, las sentencias del Tribunal Constitucional tienen plenos efectos derogatorios y anulatorios tanto de la norma legal afectada por la declaración de inconstitucionalidad como de sus actos de aplicación, con efectos *ex tunc* y, por tanto, "*ex origine*", salvo para los procesos judiciales resueltos por sentencia firme (excepción hecha, a su vez, de los penales o sancionadores en los cuales no opera siquiera la cosa juzgada cuando la declaración de inconstitucionalidad de la norma aplicaba suponga una mejora de la situación del condenado o sancionado)[60].

3.3.2. El alcance de la regulación según el Tribunal Constitucional

Como hemos comprobado, la regulación de los efectos de las sentencias del Tribunal Constitucional es clara y precisa, desde el plano legislativo. El Tribunal Constitucional, sin embargo, ha venido entendiendo que es a él a quien corresponde determinar "en cada caso" el alcance y efectos de la declaración de inconstitucionalidad. Y aunque ni la Constitución ni la LOTC le habilitan a "diferir" el momento en la que la derogación de la norma declarada inconstitucional y nula surte efectos (STC 45/1989), ni tampoco a "modular" los efectos propios de la nulidad asociada a la declaración de inconstitucionalidad (art. 40.1 LOTC), es una práctica habitual hacer lo uno y lo otro:

a) "*Diferimiento*": respecto de la posibilidad de diferir o retrasar el momento en el que han de desplegar los efectos sus sentencias (a la austríaca)[61], el propio Tribunal Constitucional reconoció en sus orígenes que la declaración de inconstitucionalidad

---

59 STC 108/2022, de 26 de septiembre, FJ 3 a).

60 SSTC 59/2017, de 11 de mayo, FJ 5 c); y 108/2022, de 26 de septiembre, FJ 3 a).

61 El art. 140 de la Constitución federal austríaca de 1 de octubre de 1920 dispone que "*[l]a sentencia del Tribunal Constitucional, que deroga una ley por inconstitucional, impone al Canciller Federal o al Gobernador competente la obligación de publicar sin demora la rescisión. Esto se aplica de manera análoga en el caso de un pronunciamiento de conformidad con el párrafo 4 supra. La rescisión entrará en vigor al expirar el día de publicación si el Tribunal no fija un plazo para la rescisión. Este plazo no podrá exceder de dieciocho meses*" (apartado 5º). Y a renglón seguido añade: "*Si el Tribunal de Justicia ha fijado en su sentencia de rescisión un plazo de conformidad con el*

«comporta la inmediata y definitiva expulsión del ordenamiento de los preceptos afectados», lo que impide la aplicación de los mismos desde su publicación en el BOE, «pues la Ley Orgánica no faculta a este Tribunal, a diferencia de lo que en algún otro sistema ocurre, para aplazar o diferir el momento de la efectividad de la nulidad»[62]. Pues bien, al margen de la rotundidad de su afirmación y desconociendo su declarada incompetencia, un tiempo después empezó a "diferir" el momento de "entrada en vigor" de sus declaraciones de inconstitucionalidad. Basta con acudir, por ejemplo, a la STC 164/2013, de 26 de septiembre, para comprobar cómo el tribunal "difirió" ("suspendió") la eficacia de su declaración de inconstitucionalidad por el plazo de "un año", para dar la oportunidad al legislador de "sustituir" las normas declaradas nulas[63]. Y lo

---

párrafo 5 supra, la ley se aplicará a todas las circunstancias efectuadas, exceptuando el caso, hasta la expiración de dicho plazo" (apartado 7).

62 STC 45/1989, de 20 de febrero, FJ 11.

63 En la que se declaró la inconstitucionalidad de la disposición transitoria octava y de las disposiciones finales vigésima séptima, vigésima octava y trigésima de la Ley 2/2011, de 4 de marzo, de economía sostenible (*Tol 2043021*) (por haber afectado al régimen económico y fiscal canario sin respetar el trámite de audiencia previa a la comunidad autónoma), por el siguiente motivo: «La nulidad inmediata que, como regla y de acuerdo con el art. 39.1 de la Ley Orgánica del Tribunal Constitucional, sigue a un pronunciamiento de inconstitucionalidad, debe ser matizada en este caso concreto ya que, por un lado, las disposiciones finales vigésima séptima y vigésima octava se aprobaron para reflejar las modificaciones a la Ley 37/1992, de 28 de diciembre, del impuesto sobre el valor añadido (*Tol 224743*), consecuencia de su adaptación al Derecho de la Unión Europea, por lo que no cabe descartar que su nulidad pudiera suponer también una infracción del mismo. Por otro lado, la reserva para inversiones en Canarias, a que se refieren la disposición transitoria octava y la final trigésima, ha sido modificada precisamente para incentivar la realización de determinadas inversiones en esta Comunidad Autónoma, de acuerdo con la finalidad de su régimen especial, por lo que la anulación inmediata del precepto generaría previsiblemente un perjuicio directo a esta misma Comunidad. [/] Por tanto, para cohonestar por un lado la exigencia procedimental del informe previo de la Comunidad Autónoma de Canarias, que viene establecida directamente por la Constitución, y, por otro, los propios intereses de la Comunidad Autónoma de Canarias, que podrían experimentar un perjuicio derivado de vacíos normativos, la nulidad derivada de la declaración de inconstitucionalidad debe quedar diferida por el plazo de un año, plazo que se considera razonable para que, en su caso, se sustituyan las normas declaradas nulas una vez observado el procedimiento constitucional del informe previo emitido por el poder legislativo de la Comunidad Autónoma de Canarias» (FJ 7). Posteriormente, la STC 164/2014, de 7 de octubre (en la que se declaró la inconstitucionalidad de la disposición adicional decimotercera de la Ley 17/2012, de 27 de diciembre, de presupuestos generales del Estado para 2013 (*Tol 2710752*), por afectar igualmente al régimen económico y fiscal canario sin respetar el trámite de audiencia previa a la comunidad autónoma), hizo lo propio por la siguiente razón: «debe establecerse una excepción a la nulidad inmediata que, como regla y de acuerdo con el art. 39.1 de la Ley Orgánica del Tribunal Constitucional, sigue a un pronunciamiento de inconstitucionalidad, para atender adecuadamente a otros valores con trascendencia constitucional como los derechos de los destinatarios de las subvenciones que se

mismo hizo poco después la STC 152/2014, de 25 septiembre (*Tol 4530222*), en la que se volvió a "diferir" la eficacia de la declaración de inconstitucionalidad hasta que el legislador sustituyese la norma anulada por otra y, en cualquier caso, por un plazo máximo de un año[64].

b) "*Modulación*": a diferencia del "diferimiento", que el propio tribunal consideraba —al principio— como una "facultad" no atribuida por su norma reguladora, la posibilidad de "modular" los efectos de la nulidad asociada a la declaración de inconstitucionalidad, la ha considerado —desde siempre— como una potestad ínsita en su función. Como señaló de manera muy temprana, no sólo le compete el examen de la constitucionalidad de la ley sino también, «en la medida que ello sea necesario para precisar el sentido de su decisión, la determinación del alcance de su fallo»[65]. Y ello porque «[n]i esa vinculación entre inconstitucionalidad y nulidad es, sin embargo, siempre necesaria, ni los efectos de la nulidad en lo que toca al pasado vienen definidos por la Ley, que deja a este Tribunal la tarea de precisar su alcance en cada caso, dado que la categoría de la nulidad no tiene el mismo contenido en los distintos sectores del ordenamiento»[66]. De esta manera, «[l]a Ley Orgánica del Tribunal Constitucional le ha dejado la tarea

---

verían directamente perjudicados si la norma fuera declarada nula de forma inmediata. Por tanto, para cohonestar por un lado la exigencia procedimental del informe previo de la Comunidad Autónoma de Canarias, que viene establecida directamente por la Constitución, y, por otro, los intereses de los destinatarios de la norma, que podrían experimentar un perjuicio derivado de vacíos normativos, la nulidad derivada de la declaración de inconstitucionalidad debe quedar diferida por el plazo de un año a partir de la publicación de esta sentencia, periodo de tiempo en el que se deberá proceder a sustituir las normas declaradas nulas una vez observado el procedimiento constitucional del informe previo emitido por el poder legislativo de la Comunidad Autónoma de Canarias» (FJ 3).

64 Esta sentencia declaró inconstitucional la disposición adicional cuadragésima de la Ley 39/2010, de 22 de diciembre, de presupuestos generales del Estado para el año 2011 (*Tol 1995332*) (que reordenaba la actividad de Loterías y Apuestas del Estado) por haberse realizado mediante el instrumento presupuestario, precisando: «la nulidad inmediata que, como regla y de acuerdo con el art. 39.1 de la Ley Orgánica del Tribunal Constitucional, sigue a un pronunciamiento de inconstitucionalidad, debe ser matizada en este caso concreto, ya que este Tribunal no puede desconocer los efectos que supondría la nulidad de esta disposición, pues podría generar graves perjuicios a los intereses generales, afectar a situaciones jurídicas consolidadas y a la política económica y financiera del Estado. Procede en consecuencia limitar el alcance de nuestra declaración, de modo que la nulidad derivada de la declaración de inconstitucionalidad (...) debe quedar diferida por el plazo de un año desde la fecha de la presente Sentencia (esto es, hasta el 25 de septiembre de 2015), plazo que se considera razonable para que, en su caso, el legislador sustituya la norma declarada nula por otra aprobada mediante el instrumento legislativo adecuado» [FJ 6 b)].

65 STC 83/1984, de 24 de julio, FJ 5 (*Tol 79372*).

66 SSTC 45/1989, de 20 de febrero, FJ 11 C); y 146/1994, de 12 de mayo, FJ 8.

de precisar el alcance de la nulidad en cada caso, determinando las situaciones consolidadas que han de considerarse no susceptibles de ser revisadas por exigencia del principio de seguridad jurídica (art. 9.3 CE)»[67]. Por consiguiente, es su función la de «precisar los efectos de la nulidad»[68], modulando su alcance, «para preservar no solo la cosa juzgada» y «las posibles situaciones administrativas firmes»[69], y también la de delimitar «la revisabilidad de los actos administrativos nulos»[70], «para que aquella declaración solo sea eficaz *pro futuro*, esto es, con efectos *ex nunc*»[71].

El ejercicio de la autoproclamada "función" delimitativa del alcance de los efectos de la nulidad asociada a la declaración de inconstitucionalidad se ha venido fundando, como hemos visto, en la exigencia del principio de seguridad jurídica (art. 9.3 CE), pues al prever el art. 40.1 LOTC la irrevisabilidad de «las situaciones decididas por sentencia firme», el no hacerlo también de «las establecidas mediante actuaciones administrativas firmes» entrañaría «un inaceptable trato de disfavor para quién recurrió, sin éxito, ante los Tribunales en contraste con el trato recibido por quien no instó en tiempo la revisión del acto de aplicación de las disposiciones hoy declaradas inconstitucionales»[72]. De esta manera, el Tribunal Constitucional se arroga la función de inaplicar las consecuencias previstas en su propia ley reguladora (en el art. 40.1 LOTC), decidiendo, en cada caso, según su exclusivo criterio, mediante la mera apelación retórica al principio de seguridad jurídica (art. 9.3 CR), si la nulidad declarada tiene los efectos *ex tunc* (*ex origine*) legalmente previstos (*ex* art. 40.1 LOTC)[73] o, por el contrario, los transmuta en *ex nunc* (*pro futuro*) limitando el alcance de la nulidad prevista en el art. 40.1 LOTC al mero efecto derogatorio recogido en el art. 164.2 CE.

En los supuestos en los que el Tribunal Constitucional ejerce su autoproclamada función limitativa, lo hace declarando la irrevisabilidad de las situaciones jurídicas producidas al amparo de la norma expulsada del ordenamiento jurídico con la declaración de inconstitucionalidad y nulidad, salvo las que no sean firmes al momento de dicha declaración. Y la manera que tiene de limitar la eficacia de aquella declaración es doble,

---

67 STC 108/2022, de 26 de septiembre, FJ 3 a). También, SSTC 83/1984, de 24 de julio, FJ 5; y 45/1989, de 20 de febrero, FJ 11 C).

68 SSTC 111/2016, de 9 de junio, FJ 8 f); (*Tol 5817941*) y 108/2022, de 26 de septiembre, FJ 3 a).

69 SSTC 207/2014, de 15 de diciembre, FJ 5 (*Tol 4634805*); 143/2015, de 22 de junio, FJ 3; y 108/2022, de 26 de septiembre, FJ 3 a).

70 SSTC 30/2017, de 27 de febrero, FJ 5 (*Tol 6026504*); y 108/2022, de 26 de septiembre, FJ 3 a).

71 SSTC 60/2015, de 18 de marzo, FJ 6; 111/2016, de 9 de junio, FJ 8 f); y 108/2022, de 26 de septiembre, FJ 3 a).

72 STC 45/1989, de 20 de febrero, FJ 11 C).

73 STC 108/2022, de 26 de septiembre, FJ 3 a).

pues unas veces lo hace en sentido negativo, precisando las situaciones que no son susceptibles de ser revisadas con base en la declaración de inconstitucionalidad y nulidad del fallo[74], y otras, en sentido positivo, acotando las que son revisables[75].

Es importante llamar la atención sobre un detalle que no es baladí. Hasta la STC 126/2019, de 31 de octubre (impuesto sobre el incremento del valor de los terrenos de naturaleza urbana), el Tribunal Constitucional limitaba la revisión de los actos de aplicación a las situaciones que estuviesen pendientes (no consolidadas administrativa o judicialmente) «a la fecha de publicación» de la sentencia [FJ 5 a)][76], de acuerdo con

---

74 Lo hace recurriendo a fórmulas tales cómo que no son revisables las «establecidas mediante las actuaciones administrativas firmes» [por ejemplo, SSTC 45/1989, de 20 de febrero, FJ 11 (tributación conjunta obligatoria de las unidades familiares en el IRPF); 146/1994, de 12 de mayo, FJ 7 (nuevas reglas de tributación de los sujetos integrados en unidades familiares en el IRPF); 180/2000, de 29 de junio, FJ 7 (*Tol 2782*) (multas coercitivas para el cumplimiento de actos administrativos); 3/2003, de 16 de enero, FJ 11 (*Tol 238345*) (presupuestos generales para el 2002 de la Comunidad Autónoma vasca); 189/2005, de 7 de julio, FJ 9 (régimen tributario de las ganancias y pérdidas patrimoniales en el IRPF); y 27/2012, de 1 de marzo, FJ 10 (*Tol 2494130*) (baremo del personal interino de la Junta de Andalucía)], bien «todas aquellas que no hubieran sido impugnadas en la fecha de publicación de esta Sentencia, es decir, tanto los pagos ya efectuados de cuotas no recurridas, como las devengadas y aún no pagadas, que no estén pendientes de reclamación o recurso administrativo o judicial interpuestos dentro de plazo antes de dicha fecha» [por ejemplo, STC 179/1994, de 16 de junio, FJ 12 (*Tol 82584*) (adscripción obligatoria a las Cámaras de Comercio, Industria y Navegación)], o, en fin, «todas aquellas otras que hubieran sido consentidas a la fecha de la publicación de esta Sentencia [por ejemplo, STC 185/1995, de 5 de diciembre, FJ 10 (precios públicos por servicios administrativos o por uso del dominio público)].

75 Concretamente, «aquellas que, a la fecha de publicación de la misma, no hayan adquirido firmeza por haber sido impugnadas en tiempo y forma, y no haber recaído todavía una resolución administrativa o judicial firme» [por ejemplo, en las SSTC 194/2000, de 19 de julio, FJ 12 (comprobación de valores a efectos del Impuesto sobre Transmisiones Patrimoniales y Actos Jurídicos Documentados); 289/2000, de 30 de noviembre, FJ 7 (impuesto balear sobre instalaciones que afectan al medio ambiente); 234/2001, de 13 de diciembre, FJ 13 (*Tol 81620*) (impuestos especiales); 193/2004, de 4 de noviembre, FJ 8 (impuesto sobre actividades económicas en los supuestos de cese en el ejercicio de la actividad económica); 179/2006, de 13 de junio, FJ 11 (impuesto extremeño sobre instalaciones que incidan en el medio ambiente); 295/2006, de 11 de octubre, FJ 9 (imputación de rentas inmobiliarias en el IRPF); 176/2011, de 8 de noviembre, FJ 6 (*Tol 2288713*) (aplicación de retroactiva del nuevo régimen fiscal de las rentas irregulares en el IRPF); 25/2016, de 15 de febrero, FJ 5 (*Tol 5677645*) (nuevo medio de comprobación de valores en la Región de Murcia); y 126/2019, de 31 de octubre, FJ 5 a) ([impuesto sobre el incremento del valor de los terrenos de naturaleza urbana)].

76 Por ejemplo, SSTC 179/1994, de 16 de junio, FJ 12; 234/2001, de 13 de diciembre, FJ 13; 193/2004, de 4 de noviembre, FJ 8; 179/2006, de 13 de junio, FJ 11; 295/2006, de 11 de octubre, FJ 9; 196/2012, de 31 de octubre, FJ 5; 41/2013, de 14 de febrero, FJ 9 (*Tol 3244073*); 60/2013, de 13 de marzo, FJ 7; 22/2015, de 16 de febrero, FJ 5; 25/2016, de 15 de febrero,

lo previsto en el art. 164.1 CE, que dispone que "*[l]as sentencias del Tribunal Constitucional se publicarán en el boletín oficial del Estado*" (BOE), teniendo valor de cosa juzgada "*a partir del día siguiente de su publicación*". Ahora bien, desde la aprobación de una sentencia (y, por tanto, desde su conocimiento público, que es generalizado cuando la decisión adoptada se acompaña de una "nota de prensa" que da cuenta de su contenido y alcance) hasta su publicación en el BOE, transcurre normalmente un mes de plazo. Ese plazo implicaba un tiempo más que suficiente para que la pretendida limitación de efectos quedase neutralizada —en la práctica— al proceder los eventuales perjudicados (por la norma y por la limitación de efectos de la sentencia) a la inmediata solicitud de revisión/rectificación de los actos de aplicación de manera que, al momento de la "publicación" (y, con ello, del despliegue de los efectos de la declaración limitativa), las situaciones revisables, en positivo, eran prácticamente todas, y en negativo, prácticamente ninguna. Por tal motivo, en la siguiente STC 182/2021, de 26 de octubre, se sustituyó como fecha de efecto, la de "publicación" por la "de dictarse", con la meridiana intención de frustrar la movilización de los obligados tributarios: «no pueden considerarse situaciones susceptibles de ser revisadas con fundamento en la presente sentencia aquellas obligaciones tributarias devengadas por este impuesto que, a la fecha de dictarse la misma, hayan sido decididas definitivamente mediante sentencia con fuerza de cosa juzgada o mediante resolución administrativa firme» [FJ 6 b)][77].

3.3.3. Un ejemplo a seguir: la forma de actuación del TJUE

La naturaleza declarativa de las sentencias del Tribunal de Justicia de la Unión Europea (TJUE) no impide que tengan efectos *ex tunc*[78], ni tampoco excluye la posibilidad

FJ 5; 151/2017, de 21 de diciembre, FJ 8 (*Tol 6478624*); 126/2019, de 31 de octubre, FJ 5; y 153/2019, de 25 noviembre, FJ 1.

77 Una fórmula idéntica se ha utilizado posteriormente en la STC 46/2024, de 12 de marzo, FJ 4 [en la cuestión prejudicial de validez de normas forales núm. 5349-2023 planteada por el Juzgado de lo Contencioso-administrativo núm. 3 de Donostia-San Sebastián en relación con los arts. 4.1, segundo párrafo, 4.2 a) y 4.3 de la Norma Foral 16/1989, de 5 de julio, del territorio histórico de Guipúzcoa, del impuesto sobre el incremento del valor de los terrenos de naturaleza urbana].

78 STS 906/2022, de 4 de julio [recurso núm. 6410/2019 (ECLI:ES:TS:2022:2854) (*Tol 9140739*)]. Y ello porque «los derechos que corresponden a los particulares no derivan de la sentencia que declara el incumplimiento sino de las disposiciones mismas del Derecho comunitario que tienen efecto directo en el ordenamiento jurídico interno» [SSTJUE de 14 de diciembre de 1982, §16, «*Waterkeyn*» (C-314/81); y de 5 de marzo de 1996, § 95, «*Brasserie du Pêcheur*» (C-46/93 y 48/93)].

de limitarlos temporalmente de manera excepcional (art. 264 TFUE)[79], para lo que «*es necesario que concurran dos criterios esenciales, a saber, la buena fe de los círculos interesados y el riesgo de trastornos graves*»[80].

En consecuencia, solo es posible dotar a la declaración de efectos *ex nunc* cuando concurran circunstancias excepcionales[81], acreditadas por quien pretende la limitación de la declaración del TJUE[82] y, teniéndose en cuenta que «las consecuencias econó-

79 En efecto, «sólo con carácter excepcional puede el Tribunal de Justicia, aplicando el principio general de seguridad jurídica inherente al ordenamiento jurídico comunitario y teniendo en cuenta los graves trastornos a que su sentencia podría dar lugar en cuanto al pasado en las relaciones jurídicas establecidas de buena fe, verse inducido a limitar la posibilidad de que los interesados invoquen la disposición interpretada con el fin de volver a cuestionar esas relaciones jurídicas» [SSTJUE de 2 de febrero de 1988, § 12, «*Barra*» (309/85); de 16 de julio de 1992, § 30, «*Administration des Douanes*» (C-163/90); y de 12 de septiembre de 2000, § 91, «*Comisión*» (C-359/97)].

80 SSTJUE de 2 de febrero de 1988, §§ 28 y 30, «*Blaizots*» (24/86); de 16 de julio de 1992, § 32, «*Administration des Douanes*» (C-163/90); de 28 de septiembre de 1994, § 21, «*Vroege*» (C-57/93); de 11 de agosto de 1995, § 43, «*Roders*» (C-367/93 a 377/93); de 3 de junio de 2010, § 50, «*Kalinchev*» (C-2/09); de 12 de septiembre de 2000, § 91, «*Comisión*» (C-359/97); de 12 de octubre de 2000, § 42, «*Cooke*» (C-372/98); de 10 de enero de 2006, § 51, «*Skov y Bilka*» (C-402/03); 18 de enero de 2007, § 56, «*Brzeziński*» (C-313/05); de 19 de julio de 2012, § 59, «*Rēdlihs*» (C-263/11); de 21 de marzo de 2013, § 59, «*RWE Vertrieb AG*» (C-92/11); y de 27 de febrero de 2014, § 41, «*Transportes Jordi Besora*» (C-82/12).

81 Por ejemplo, se limitaron los efectos de la STJUE de 8 de abril de 1976 [«*Defrenne*» (C-43/75) (*Tol 5809945*)] en un asunto de desigualdad de salario entre hombres y mujeres que desarrollan el mismo trabajo —asistentes de vuelo— en el que se declaraba el efecto directo del art. 119 TCE (actual art. 143 TFUE), debido al gran número de personas que podían reclamar, lo que podía provocar un serio problema que afectase a la situación financiera de las empresas (que no del Estado), incluso con posibilidad de conducirlas a la quiebra (§ 70).

82 Así, por ejemplo, en la STJUE de 13 de marzo de 2007 se rechazó limitar en el tiempo los efectos de la sentencia (relativa a la fiscalidad de los intereses de los préstamos concertados entre sociedades vinculadas) pues, aun cuando el Gobierno británico estimaba en 300 millones de euros las consecuencias económicas de la interpretación del TJUE, sin embargo, no puntualizaba si se derivaban exclusivamente del asunto principal o también de la aplicación de la doctrina a otros supuesto [§§ 129 a 133, «*Test Claimants*» (C-524/04)]. También en la STJUE de 5 de marzo de 1996 se rechazó la petición limitativa del Gobierno alemán relativa a «la magnitud de las consecuencias financieras» porque las legislaciones nacionales «pueden tener en cuenta las exigencias del principio de seguridad jurídica» [§ 100, «*Brasserie du Pêcheurs*» (C-46/93 y C-48/93)]. En fin, en la STJUE de 12 de septiembre de 2000 se denegó la limitación solicitada (que provocarían que el Reino Unido pagase a la Comisión una cantidad considerable más los intereses de demora por el incumplimiento cometido) tomando como base que otros Estados miembros habían interpretado la cuestión en sentido contrario al que lo había hecho el Reino Unido (quien consideraba no sujetos al IVA los peajes, mientras que la mayoría de los Estados miembros los gravaban) por lo que las autoridades no podían alegar válidamente que habían

micas que puedan derivar para un Gobierno de la ilegalidad de un impuesto no han justificado jamás, por sí misma, la limitación de efectos»[83], dado que si no fuera así «las violaciones más graves recibirían el trato más favorable, en la medida en que son estas las que pueden entrañar las consecuencias económicas más cuantiosas par los Estados miembros», de manera que «limitar los efectos de una sentencia basándose únicamente en este tipo de consideraciones redundaría en un menoscabo sustancial de la protección jurisdiccional de los derechos que los contribuyentes obtienen de la norma fiscal comunitaria»[84].

3.4. LAS SENTENCIAS DECLARATIVAS DE LA INCONSTITUCIONALIDAD "SIN" LIMITACIÓN DE EFECTOS: LA RESTRICCIÓN DE LAS VÍAS DE RECURSO PARA EL RECONOCIMIENTO DEL DERECHO A LA DEVOLUCIÓN DEL TRIBUTO

3.4.1. Precisiones previas

Cuando el Tribunal Constitucional expulsa una disposición legal del ordenamiento jurídico (deroga) por su contradicción con la Constitución haciendo uso de su auto-

---

sido incitadas a observar una conducta contraria a la normativa comunitaria [§§ 92 y 93, «*Comisión*» (C-359/97)].

83 STJUE de 11 de agosto de 1995, § 48, «*Roders*» (C-367/93 a 377/93). Así, por ejemplo, en la STJUE de 31 de marzo de 1992 el Tribunal rechaza la limitación solicitada por el Gobierno danés (que invocaba unas consecuencias extremadamente graves para las finanzas públicas al haberse recaudado por el impuesto declarado contrario al Tratado unos 7.000 millones de euros, y para el sistema judicial de Dinamarca que se enfrentaría a peticiones de devolución de unos 150.000 a 200.000 sujetos pasivos), porque no se había demostrado «que, en la época en que se estableció la contribución objeto del litigio, existiera la posibilidad de interpretar razonablemente el Derecho comunitario en el sentido de que este autorizaba un impuesto de tales características» [§ 21, «*Denkavit*» (C-200/90)]. También en la STJUE de 27 de febrero de 2014 se rechazó la limitación de efectos instada por la Generalitat de Cataluña y el Gobierno español al declararse contrario al derecho de la Unión el impuesto sobre la venta minorista de hidrocarburos ("céntimo sanitario") porque no se había acreditado que hubieran actuado de buena fe [«*Transportes Jordi Besora*», § 45 (C-82/12)]. Sin embargo, en la STJUE de 16 de julio de 1992 se acordaron los efectos prospectivos (*ex nunc*) a petición del Gobierno francés [que alegaba las catastróficas consecuencias económicas que tendría para los Departamentos franceses de Ultramar (DOM)], si se le obligaba a devolver el tributo percibido indebidamente como consecuencia de la calificación de los derechos de aduana aplicados como «exacción de efecto equivalente» contraria al Tratado, por las incalculables solicitudes de devolución a las que no podrían hacer frente, unido al plazo de prescripción aplicable a dichas solicitudes de devolución que en el Derecho civil francés era de 30 años [§ 34, «*Administration des Douanes*» (C-163/90)].

84 SSTJUE de 11 de agosto de 1995, § 48, «*Roders*» (C-367/93 a 377/93); y de 27 de febrero de 2014, § 49, «*Transportes Jordi Besora*» (C-82/12).

proclamada facultad para limitar los efectos de la nulidad declarada, el alcance de la revisión de los actos de aplicación será el que haya fijado su sentencia. Sin embargo, cuando la declaración de inconstitucionalidad y nulidad no vaya acompañada de cláusula limitativa alguna, los efectos derivados de aquella serán los legalmente previstos, esto es, *ex tunc* (*ex origine*), lo que habilita a la revisión de todos los actos de aplicación (salvo los que hubiesen sido confirmados por sentencia judicial firme en materia no penal o sancionadora), y, con ello, a la remoción de las situaciones jurídicas creadas con su aplicación, al haber quedado el acto de aplicación huérfano del título legitimador.

El Tribunal Supremo, por su parte, ha señalado que «cuando la propia sentencia del Tribunal Constitucional no contenga pronunciamiento alguno al respecto, corresponde a los jueces y tribunales, ante quienes se suscite tal cuestión, decidir definitivamente acerca de la eficacia retroactiva de la declaración de inconstitucionalidad en aplicación de las leyes y los principios generales del derecho interpretados a la luz de la jurisprudencia, de manera que, a falta de norma legal expresa que lo determine y sin un pronunciamiento concreto en la sentencia declaratoria de la inconstitucionalidad, han de ser los jueces y tribunales quienes, en el ejercicio pleno de su jurisdicción, resolverán sobre la eficacia *ex tunc* o *ex nunc* de tales sentencias declaratorias de inconstitucionalidad»[85], esto sí, teniéndose en cuenta que «por definición, la ley declarada inconstitucional encierra en sí misma, como consecuencia de la vinculación más fuerte de la Constitución, el mandato de reparar los daños y perjuicios concretos y singulares que su aplicación pueda haber originado»[86]. Por el contrario, cuando el Tribunal Constitucional sí delimita el alcance de sus fallos declarativos de la inconstitucionalidad y nulidad de los preceptos legales, impidiendo la revisión de las situaciones administrativas o judiciales firmes, «la expresa prohibición del Tribunal Constitucional veda cualquier acción de distinta naturaleza de la que sugiere el concepto de revisión»[87].

En suma, según lo que antecede, cuando sea posible la revisión de los actos de aplicación en orden a la restitución de las cantidades ingresadas al amparo de una disposición legal luego declarada inconstitucional y nula, los obligados tributarios podrán acudir a los diferentes medios que para la revisión de los actos administrativos ha previsto nuestro ordenamiento jurídico (tributario): a) *En el caso de actos no firmes*: mediante el recurso de reposición [art. 223.1 de la Ley 58/2003, de 17 de diciembre, General Tributaria (LGT)] y la reclamación económico-administrativa (art. 235.1 LGT) y, en

---

85 STS de 14 de junio de 2004, FD 4º [recurso núm. 155/2002 (ECLI:ES:TS:2004:4069)] (*Tol 484155*).

86 STS de 13 de junio de 2000, FD 4º [recurso núm. 567/1998 (ECLI:ES:TS:2000:4836)] (*Tol 36906*).

87 STS de 2 de febrero de 2004, FD 5º [recurso núm. 9/2002 (ECLI:ES:TS:2004:552) (*Tol 347097*)].

el supuesto de autoliquidaciones, a través de la solicitud de rectificación (arts. 120.3 y 221.4 LGT)[88]; b) *En el caso de actos firmes*: a través de la revisión de actos nulos (art. 217 LGT) o de la revocación de actos anulables (art. 219 LGT). Además, en cualquier supuesto, también cabría instar simultánea o sucesivamente una acción de responsabilidad patrimonial del Estado-legislador [art. 32 de la Ley 40/2015, de 1 de octubre, de Régimen Jurídico del Sector Público (LRJSP)].

3.4.2. *La declaración de nulidad de pleno derecho (art. 217 LGT): un diálogo entre tribunales*

El art. 217.1 LGT prevé que podrá declararse la nulidad de pleno derecho de los actos dictados en materia tributaria, entre otros supuestos, cuando se lesionen "*derechos y libertades susceptibles de amparo constitucional*" [letra a)] o cuando "*se establezca expresamente en una disposición de rango legal*" [letra g)]. El primer supuesto concurriría cuando la declaración de inconstitucionalidad hubiese sido como consecuencia de la violación de un derecho fundamental consagrado en nuestra Constitución[89]. El segundo nacería cuando se declare inconstitucional la norma legal de cobertura de la obligación tributaria pues, como se ha podido comprobar, la nulidad de la disposición legal declarada inconstitucional (art. 39.1 LOTC) se traslada a los actos de aplicación *ex* art.

---

88 Hay que recordar que «la rectificación de una autoliquidación —y la consiguiente devolución de ingresos indebidos— sí es cauce adecuado para cuestionar la autoliquidación practicada por un contribuyente —que ha procedido a ingresar en plazo las cuantías por él calculadas en cumplimiento de sus obligaciones tributarias, a fin de no ser sancionado por dejar autoliquidar e ingresar en plazo—, cuando entienda indebido el ingreso tributario derivado de tal autoliquidación al considerarlo contrario a la Constitución o al Derecho de la Unión Europea» [SSTS 1009/2021, de 12 de julio, FD 3° (recurso 4087/2020; ECLI:ES:TS:2022:2989) (*Tol 9142635*); 995/2022, de 14 de julio, FD 2° (recurso 5836/2020; ECLI:ES:TS:2022:3081) (*Tol 9150164*); 1016/2022, de 18 de julio, FD 3° (recurso 6567/2020; ECLI:ES:TS:2022:3072); y 1074/2022, de 21 de julio, FD 3° (recurso 6752/2020; ECLI:ES:TS:2022:3172) (*Tol 9150184*)]. Además, como no puede ser de otra manera, también lo es cuando la norma que daba cobertura a la autoliquidación ha sido declarada contraria a la Constitución (o al derecho de la Unión).

89 Los derechos derivados del art. 31.1 CE no son susceptibles (protegibles) a través de proceso de amparo [por ejemplo, SSTC 26/2001, de 29 de enero, FJ 2 (*Tol 81403*); 93/2001, de 2 de abril, FJ 1 (*Tol 81456*); 21/2002, de 28 de enero, FJ 2 (*Tol 258563*); 3/2016, de 18 de enero, FJ 3; y 40/2022, de 21 de marzo, FJ 2 a) (*Tol 8909226*)], como tampoco lo son los de los arts. 9.3 (SSTC 144/2008, de 10 de noviembre, FJ 2 (*Tol 1405445*); 126/2009, de 21 de mayo, FJ 4; 71/2010, de 18 de octubre, FJ 2 (*Tol 1982970*); y 102/2021, de 10 de mayo, FJ 2) (*Tol 8451611*) y 33 CE (STC 38/2011, de 28 de marzo, FJ 2) (*Tol 2084763*). Y también, STS núm. 71/2022, de 27 de enero, FD 3° [recurso. 3917/2020 (ECLI:ES:TS:2022:260) (*Tol 8794015*)], respecto a la no consideración de la capacidad económica como un derecho fundamental susceptible de amparo constitucional.

40.1 LOTC, de manera que este precepto sería una de esas "*disposiciones con rango legal*" a las que se refiere el art. 217.1 g) LGT, que habilitan expresamente a la revisión de los actos de aplicación.

No lo entendió así el Tribunal Supremo, en un primero momento, quien en su STS 436/2020, de 18 de mayo (*Tol 7939061*)[90], señaló que la vía de la letra g) del art. 217.1 LGT concurriría «cuando menos, que una norma con rango de ley señalara con claridad que la declaración de inconstitucionalidad de un precepto legal acarrea la nulidad radical de los actos dictados a su amparo, norma que —como dijimos— no aparece en nuestro ordenamiento jurídico», sin que considerase «que sea una norma de esa clase —suficiente a los efectos de la nulidad del acto— la contenida en el artículo 39.1 de la Ley Orgánica del Tribunal Constitucional», pues este precepto se refiere a la nulidad de la disposición legal de cobertura que no a la de los actos de aplicación» (FD 5º)[91].

Fue, a continuación, la STC 108/2022, de 26 de septiembre (*Tol 9257038*), la que tuvo que recordar que cuando se declara la inconstitucionalidad y nulidad de una disposición legal, «el respeto a la Constitución debe regir en todo momento», «lo que presupone la existencia de cauces de revisión para lograr eliminar, en atención a lo querido por el art. 40.1 LOTC, todo efecto de la norma declarada inconstitucional» [FJ 3 c)]. A tal fin, precisó que «de acuerdo con lo dispuesto en el art. 39.1 LOTC, las disposiciones consideradas inconstitucionales han de ser declaradas nulas, de manera que al efecto derogatorio previsto en el art. 164.1 CE aquel precepto orgánico le añade el de la "nulidad", que se traslada también, en virtud de lo dispuesto en el art. 40.1 LOTC, a los actos dictados en la aplicación de los preceptos expulsados del ordenamiento», lo que «implica la posibilidad de su revisabilidad a través de los diferentes mecanismos existentes en el ordenamiento jurídico a disposición de los obligados tributarios» [FJ 3 a)], concretamente, cuando fuesen firmes, a través de los procedimientos especiales de revisión, concretamente, «mediante la revisión de actos nulos (art. 217 LGT) o la revocación de actos anulables (art. 219 LGT)» [FJ 3 c)].

Ha sido, entonces, la reciente STS 339/2024, de 28 de febrero (*Tol 9902717*)[92], la que mediante un explícito *overruling* ha venido a corregir la situación creada con la decisión alcanzada en su STS 436/2020 (enmendada por la STC 108/2022), al señalar que «los artículos 39.1 y 40.1 LOTC contienen ese mandato positivo que ya impone la propia Constitución en sus artículos 161.1 a) en relación al 164.1, de remoción de los efectos de una norma declarada inconstitucional y comportan la consideración de nulos

---

90 Respecto de una solicitud de revisión de actos nulos de pleno derecho tras la declaración de inconstitucionalidad efectuada por la STC 59/2017, de 11 de mayo (*Tol 6092482*), con relación al impuesto sobre el incremento del valor de los terrenos de naturaleza urbana.

91 Recurso de casación núm. 2596/2019 (ECLI:ES:TS:2020:970) (*Tol 7939061*).

92 Recurso de casación núm. 199/2023 (ECLI:ES:TS:2024:941) (*Tol 9902717*).

de pleno derecho para los actos de aplicación de aquella norma inconstitucional, y que estos preceptos legales constituyen una vía suficiente, esto es, son la norma expresa a que se remite el artículo 217.1.g) LGT, para aplicar el cauce de la revisión de tales actos nulos de pleno derecho por razón de la inconstitucionalidad de la norma de cobertura, con los efectos que prevé el artículo 217 LGT" (FD 10º). De este modo, concluye que la declaración de inconstitucionalidad y nulidad de una disposición legal traslada los efectos de nulidad de estas normas inconstitucionales a las liquidaciones tributarias firmes que pueden ser objeto de revisión de oficio a través del procedimiento previsto en el art. 217 Ley General Tributaria, por resultar de aplicación el apartado g) del apartado 1, en relación con lo dispuesto en los artículos 161.1 a) y 164.1 CE, y 39.1 y 40.1 LOTC, todo ello con los límites previstos en los artículos 164.1 CE y 40.1 LOTC, que impiden revisar los procesos fenecidos mediante sentencia con fuerza de cosa juzgada en los que se haya hecho aplicación de las normas declaradas inconstitucionales (FD 11º).

3.4.3. La revocación de actos anulables (art. 219 LGT): un camino por concluir

El art. 219.1 LGT dispone que la Administración tributaria podrá revocar sus actos en beneficio de los interesados cuando "*se estime que infringen manifiestamente la ley*" o cuando aparezcan "*circunstancias sobrevenidas*" que "*pongan de manifiesto la improcedencia del acto dictado*". Con estas previsiones parece evidente que la declaración de inconstitucionalidad y nulidad de una disposición legal debería de provocar *eo ipso* que el acto dictado en su aplicación no solo incurriese de forma sobrevenida en una "*infracción manifiesta de la ley*" sino que, además, la propia declaración de contradicción supusiese una "*circunstancia sobrevenida*" determinante de "*la improcedencia del acto*".

Para la STS 154/2020, de 9 de febrero, sin embargo, la existencia de una "*infracción manifiesta de la ley*" no es tan clara. Así lo ha declarado con relación a la declaración de inconstitucionalidad de una norma que daba cobertura al acto cuya revisión se insta posteriormente: "al tiempo en que se producen los hechos (...) lo que era evidente era la incertidumbre, la oscuridad de la normativa, sus posibles interpretaciones razonables y, en definitiva, un abanico de repuestas jurídicas y judiciales no ya diferentes sino incluso contradictorias; es evidente que la infracción está lejos de colmar los criterios que la jurisprudencia ha identificado para integrar la infracción de la Ley como manifiesta" (FD 2º)[93].

Excluida, pues, la vía de la "infracción manifiesta de la ley" como una circunstancia derivada de la declaración de inconstitucionalidad de una disposición legal, aún no se ha pronunciado directamente sobre si esa misma declaración provocaría una "circunstancia sobrevenida" determinante de la "improcedencia el acto". Lo cierto es que todo

---

93 Recurso de casación núm. 126/2019 (ECLI:ES:TS:2022:484) (*Tol 8804274*).

parece indicar que así debería ser al haber afirmado ya que este supuesto «tendrá su mayor aplicación en los supuestos denominados de 'ilegalidad sobrevenida'»[94]. En efecto, para el Tribunal Supremo «es evidente» que la "circunstancia sobrevenida" a que hace referencia el art. 219.1 LGT se produce cuando se declara la nulidad judicial de una disposición (reglamentaria) «que había constituido el fundamento de la liquidación», pues «tal nulidad, posterior y sobrevenida, resulta un motivo adecuado para acceder a la revocación de la liquidación firme»[95]. En consecuencia, si la declaración de nulidad de una disposición general (reglamentaria) implica una "circunstancia sobrevenida" habilitante de la revocación del acto de aplicación, la declaración de inconstitucionalidad de una disposición general (legal) implicaría la misma "circunstancia sobrevenida" determinante de la revocación de sus actos de aplicación.

4. CONCLUSIÓN: EL "ALCANCE CONFISCATORIO" DE LAS SENTENCIAS DEL TRIBUNAL CONSTITUCIONAL

1. La capacidad económica: el contribuyente tiene la obligación constitucional de tributar al sostenimiento de los gastos públicos, no de cualquier manera, sino únicamente "*de acuerdo con*" su verdadera capacidad económica, real o potencial, pero, "*en ningún caso*", "irreal" o "ficticia". La capacidad económica opera, así, como "fundamento" del tributo y como "medida" de su gravamen.

2. La capacidad económica "ajena" o "nominal": como señala el Diccionario de la Lengua Española, lo "*ajeno*" es aquello que carece de "*relación o pertenencia a algo o alguien*". Y lo "*nominal*", si bien "*tiene nombre de algo..., le falta la realidad en todo o en parte*". Lo mismo sucede cuando se someten a tributación manifestaciones de capacidad económica meramente inexistentes (por ser ajenas) o total o parcialmente irreales (por ser nominales), al "*no pertenecer*" a alguien o faltar en ellas "*la realidad en todo o en parte*".

Tanto el impuesto sobre la renta de las personas físicas como el impuesto sobre sociedades son tributos a través de los cuales «se realiza la personalización del reparto de la carga fiscal en el sistema tributario según los criterios de capacidad económica, igualdad y progresividad», tratándose «de figuras impositivas primordiales para conseguir que nuestro sistema tributario cumpla los principios de justicia tributaria que impone el artículo 31.1 CE, así como los objetivos de redistribución de la renta (art. 131.1 CE) y

---

94 STS de 19 de mayo de 2011, FD 5º [recurso 2411/2018; (ECLI:ES:TS:2011:3548)] (*Tol 2147505*).

95 STS 279/2022, de 4 de marzo, FD 3º [recurso 7052/2019; ECLI:ES:TS:2022:865)] (*Tol 8874354*).

de solidaridad (art. 138.1 CE)»[96]. Por esta razón, el gravamen de capacidades económicas "ajenas" (correspondientes a sujetos diferentes del obligado tributario) o el de las "nominales" (en las que no se corrige la erosión que la tiranía del paso del tiempo provoca sobre los valores), so pretexto de hallarnos ante opciones derivadas de la "libertad configurativa" del legislador, supone, sin más, la legitimación del gravamen de la "discapacidad económica" como "fundamento" o como "medida" del tributo, provocando con ello un "alcance confiscatorio" en contra de la prohibición del art. 31.1 CE. No hay que olvidar que cuando el art. 31.1 CE prohíbe que el sistema tributario tenga un "*alcance confiscatorio*" está exigiendo que dicho efecto no se produzca "*en ningún caso*".

3. *La prohibición de confiscatoriedad como límite a la actuación de todos los poderes públicos*: la prohibición prevista en el art. 31.1 CE actúa como presupuesto de la constitucionalidad de la actuación de todos los poderes públicos. No es, entonces, un límite dirigido tan solo al legislador (al momento del establecimiento del tributo), sino también a los órganos encargados de su aplicación e interpretación: la Administración y los jueces y tribunales.

4. *El Tribunal Constitucional como poder público sometido a la prohibición de confiscatoriedad*: el Tribunal Constitucional, al igual que los ciudadanos y el resto de los poderes públicos, está sujeto "*a la Constitución y al resto del ordenamiento jurídico*" (art. 9.1 CE), de modo que no le es dado, con fundamento en la amplia libertad configurativa del legislador, consentir el gravamen de capacidades económicas inexistentes (total o parcialmente), pues ello es tanto como legitimar que el sistema tributario tenga un "*alcance confiscatorio*".

5. *La inexistencia de una habilitación legal para limitar el alcance de la nulidad declarada*: la delimitación por el Tribunal Constitucional del alcance de la nulidad asociada a la declaración de inconstitucionalidad de una disposición legal implica el ejercicio de una potestad legalmente inexistente (como lo es también la facultad de diferir el momento en el que "entra en vigor" la "derogación" de la disposición legal declarada inconstitucional). Ni la Constitución ni la LOTC le autorizan a "delimitar" y, ni mucho menos, a "limitar", el alcance de esa nulidad más allá del supuesto previsto en el art. 40.1 LOTC[97].

---

96 Con relación al impuesto sobre la renta de las personas físicas: SSTC 134/1996, de 22 de julio, FJ 6; 182/1997, de 20 de octubre, FJ 9; 46/2000, de 14 de febrero, FJ 6; 137/2003, de 3 de julio, FJ 7; 189/2005, de 7 de julio, FJ 8; 19/2012, de 15 de febrero, FJ 3; y 73/2017, de 8 de junio, FJ 3 a). Y respecto del impuesto sobre sociedades: STC 78/2020, de 1 de julio, FJ 4.

97 El único límite que prevé el art. 40.1 LOTC al alcance —*ex tunc*— de la nulidad de los actos de aplicación de las disposiciones legales declaradas inconstitucionales se refiere a las sentencias con fuerza de cosa juzgada (excluyéndose las dictadas en los procesos penales o contencioso-administrativos referentes a un procedimiento sancionador en que, como consecuencia de la nulidad de la norma aplicada, resulte una reducción de la pena o de la sanción o una exclusión,

6. El "alcance confiscatorio" de las sentencias del Tribunal Constitucional: cuando el Tribunal Constitucional limita —en el ejercicio de su autoproclamada potestad para determinar el alcance de la nulidad declarada— la posibilidad de instar la devolución del importe del tributo ingresado al amparo de la norma declarada inconstitucional exclusivamente a los supuestos no "consolidados" en vía administrativa o judicial (esto es, únicamente ese lo permite a quienes se revolvieron contra el acto de aplicación de la norma inconstitucional sin que hubiese recaído una resolución administrativa o judicial firme), está consagrando el "comiso" de esa cantidad y, con ello, está dotando al sistema tributario de un "alcance confiscatorio".

7. El ejercicio imperioso de la autofacultad de limitar: si el ejercicio de una potestad inexistente es reprobable, más grave es que, además, se ejerza de forma absolutamente inmotivada, sin explicitación alguna de las razones por las cuales se acuerda semejante restricción de los mandatos constitucionales y orgánicos[98]. Si bien el Tribunal Cons-

---

exención o limitación de la responsabilidad). Sin embargo, como ha apuntado el magistrado Enrique Arnaldo Alcubilla, el Tribunal Constitucional viene realizando desde la STC 45/1989, de 20 de febrero, "una interpretación extensiva de sus facultades, al proceder sin expresa habilitación legal a limitar los efectos de sus sentencias que declaran la inconstitucionalidad de un precepto, especialmente en el caso de normas tributarias" (voto particular a la STC 11/2024, de 18 de enero, en la que se declaró la inconstitucionalidad y nulidad de la disposición adicional decimoquinta y el apartado tercero de la disposición transitoria decimosexta de la Ley 27/2014, de 27 de noviembre, del impuesto sobre sociedades(*Tol 4554400*), en la redacción dada por el art. 3.1, apartados uno y dos, del Real Decreto-ley 3/2016, de 2 de diciembre, por el que se adoptan medidas en el ámbito tributario dirigidas a la consolidación de las finanzas públicas y otras medidas urgentes en materia social, por exceder del límite material del decreto-ley). En esta sentencia se acordaba: "Por exigencias del principio de seguridad jurídica (art. 9.3 CE), no pueden considerarse situaciones susceptibles de ser revisadas con fundamento en la presente sentencia aquellas obligaciones tributarias devengadas por el impuesto sobre sociedades que, a la fecha de dictarse la misma, hayan sido decididas definitivamente mediante sentencia con fuerza de cosa juzgada (art. 40.1 LOTC) o mediante resolución administrativa firme. Tampoco podrán revisarse aquellas liquidaciones que no hayan sido impugnadas a la fecha de dictarse esta sentencia, ni las autoliquidaciones cuya rectificación no haya sido solicitada a dicha fecha" (FJ 4).

98 Concretamente, de la protección del derecho a la propiedad privada (art. 33.3 CE), de la previsión del derecho a la reparación del daño causado por la actuación de los poderes públicos (art. 106.2 CE), de la consagración del deber de contribuir al sostenimiento de los gastos públicos mediante un sistema tributario "*justo*" que "*en ningún caso*" tendrá un "*alcance confiscatorio*" (art. 31.1 CE), de la eficacia *ex tunc* de la nulidad derivadas de las declaraciones de inconstitucionalidad (arts. 39.1 y 40.1 LOTC) y del sometimiento de todos los poderes públicos (también del Tribunal Constitucional) a la Constitución y al resto del ordenamiento jurídico (art. 1.1 CE). No hay que olvidar, además, que la "justicia" es un valor superior del ordenamiento jurídico (art. 9.1 CE). Como ha apuntado el magistrado Enrique Arnaldo Alcubilla, "[l]a limitación de efectos casa mal con la sujeción a la Constitución que deriva de su art. 9.1" (voto

titucional explicitaba en sus orígenes —aunque fuera lacónicamente— las concretas razones de seguridad jurídica por las que se adoptaba su decisión limitadora[99], con el

particular a la STC 131/2022, de 24 de octubre (*Tol 9286967*), respecto del impuesto sobre construcciones, instalaciones y obras).

99 Así, por ejemplo, en la STC 137/2003, de 3 de julio (modificación del tipo de gravamen del impuesto especial sobre determinados medios de transporte), se puede comprobar cómo tras la declaración de inconstitucionalidad de la modificación por no haberse cumplimentado el trámite de audiencia previo al Parlamento canario, se señaló: «dado que el precepto anulado daba nueva redacción al art. 70 de la Ley 38/1992, de 28 de diciembre, de impuestos especiales, previendo una reducción de los tipos de gravamen en el impuesto especial sobre determinados medios de transporte, y esta redacción ha estado vigente hasta que ha sido sustituida por la que le ha dado la Ley 21/2001, de 27 de diciembre, por la que se regulan las medidas fiscales y administrativas del nuevo sistema de financiación de las Comunidades Autónomas de régimen común y ciudades con Estatuto de Autonomía, es preciso modular el alcance de esa declaración de inconstitucionalidad para atender adecuadamente a otros valores con trascendencia constitucional, como los derechos de los terceros que adquirieron sus vehículos soportando una tributación menor a la que se produciría de haberse aplicado los tipos de gravamen anteriores a la reforma operada por el precepto anulado. Por este motivo, conforme a las exigencias del principio constitucional de seguridad jurídica (art. 9.3 CE), debemos afirmar que las situaciones jurídico-tributarias producidas a su amparo no son susceptibles de ser revisadas como consecuencia de la inconstitucionalidad que ahora declaramos» (FJ 10). También en la STC 365/2006, de 21 de diciembre (*Tol 1022060*) (Ley de las Cortes de Castilla-La Mancha 2/1998, de 4 de junio, de ordenación del territorio y de la actuación urbanística (*Tol 6978*)), se limitaba el alcance la nulidad con el siguiente fundamento: «el principio de seguridad jurídica (art. 9.3 CE) reclama la intangibilidad de las situaciones jurídicas consolidadas; no sólo las decididas con fuerza de cosa juzgada, sino también las situaciones administrativas firmes. (...) esta conclusión se refuerza si se tiene en cuenta, además, que dotar de eficacia *ex tunc* a nuestra declaración de nulidad distorsionaría gravemente la actividad de gestión urbanística desarrollada al amparo de la norma que se declara inconstitucional, tanto por los municipios de Castilla-La Mancha como por los particulares, transcendiendo, incluso, las previsibles consecuencias económicas adversas que la revisión de las cesiones obligatorias ya firmes supondrían para los municipios, con el consiguiente riesgo de quiebra del principio de suficiencia financiera de las haciendas locales a que se refiere el art. 142 CE» (FJ 8). En fin, por citar un último ejemplo, en la STC 93/2013, de 23 de abril (*Tol 3711269*) (Ley Foral 6/2000, de 3 de julio, para la igualdad jurídica de las parejas estables (*Tol 231643*)), se limitaban igualmente los efectos del siguiente modo: «Nos resta por determinar, finalmente, el alcance en el tiempo de nuestra declaración de inconstitucionalidad, a cuyo efecto no podemos soslayar la existencia de situaciones personales y patrimoniales de distinta índole consolidadas al amparo de la Ley Foral impugnada durante el tiempo transcurrido en la sustanciación del presente recurso de inconstitucionalidad. Dotar de eficacia *ex tunc* a nuestra declaración de inconstitucionalidad podría producir importantes perjuicios a las parejas estables cuya relación se haya desarrollado durante este tiempo de conformidad con las previsiones de dicha Ley, por lo que (...) atendiendo a la pluralidad de valores constitucionales que concurren, se ha de traer a colación el principio de seguridad jurídica (art. 9.3 CE)» que no solo reclama que «esta declaración de inconstitucionalidad sólo sea eficaz pro futuro, esto es, en

paso del tiempo empezó a invocarlas apodícticamente, sin mayor concreción[100], para llegar incluso en la actualidad a imponerla por su propia y exclusiva autoridad. Esto último ha sucedido con la STC 182/2021, de 26 de octubre (respecto a la inconstitucionalidad del impuesto sobre el incremento del valor de los terrenos de naturaleza urbana), que se ha limitado a señalar —sin mayor argumentación— que «no pueden considerarse situaciones susceptibles de ser revisadas con fundamento en la presente sentencia aquellas obligaciones tributarias devengadas por este impuesto que, a la fecha de dictarse la misma, hayan sido decididas definitivamente mediante sentencia con fuerza de cosa juzgada o mediante resolución administrativa firme»[101].

Conforme a la propia doctrina constitucional, ese tipo de fundamentación «debe entenderse lesiva desde la perspectiva constitucional desde el momento en que hay una absoluta falta de ponderación» de los intereses en juego[102], debiendo considerarse "arbitrarias" las resoluciones que adolecen de una «absoluta falta de motivación»[103] y, por tanto, «carentes de razón, dictadas por puro capricho, huérfanas de razones formales o materiales y que, por tanto, resultan mera expresión de voluntad» o «cuando, aún constatada la existencia formal de la argumentación, el resultado resulte fruto del mero

---

relación con nuevos supuestos o con los procedimientos administrativos y procesos judiciales donde aún no haya recaído una resolución firme», sino también «la intangibilidad de las situaciones jurídicas consolidadas; no sólo las decididas con fuerza de cosa juzgada, sino también las situaciones administrativas firmes» (FJ 14).

100 Invocando, simplemente, «[p]or exigencia del principio de seguridad jurídica (art. 9.3 CE)» [por ejemplo, en las SSTC 60/2013, de 13 de marzo, FJ 7; 110/20014, de 26 de junio, FJ 7; 22/2015 de 16 de febrero, FJ 5; 73/2017, de 8 de junio, FJ 6; 126/2019, de 31 de octubre, FJ 5 a); 153/2019, de 25 de noviembre, FJ Único; y 11/2024, de 18 de enero, FJ 4]. Pues bien, "la desnuda invocación del principio de seguridad jurídica, sin mayor concreción, no puede justificar esa limitación de efecto" (voto particular del magistrado Enrique Arnaldo Alcubilla a la STC 11/2024, de 18 de enero).

101 Sin embargo, la STC 46/2024, de 12 de marzo [en la cuestión prejudicial de validez de normas forales núm. 5349-2023 planteada por el Juzgado de lo Contencioso-administrativo núm. 3 de Donostia-San Sebastián en relación con los arts. 4.1, segundo párrafo, 4.2 a) y 4.3 de la Norma Foral 16/1989, de 5 de julio, del territorio histórico de Guipúzcoa (*Tol 123296*), del impuesto sobre el incremento del valor de los terrenos de naturaleza urbana], que introduce la misma limitación de efectos que la recogida en el FJ 6 b) de la STC 182/2021, de 26 de octubre, antecede a la misma que se hace «[p]or exigencias del principio de seguridad jurídica (art. 9.3 CE)» (FJ 4).

102 En sentido parecido, SSTC 138/2014, de 8 de septiembre, FJ 5 (*Tol 4517085*); y 16/2016, de 1 de febrero, FJ 6 (*Tol 5662312*).

103 STC 122/2007, de 21 de mayo, FJ 6(*Tol 1080338*).

voluntarismo judicial»[104]. De hecho, «[t]al arbitrariedad de resultado adquiere una trascendencia mayor cuando lo que está en juego es la vigencia de los derechos fundamentales» o «los valores superiores del ordenamiento jurídico»[105], entre los que se encuentra, como se ha señalado con anterioridad, el de la "*justicia*" (art. 1.1 CE)[106].

8. La inexcusable explicitación de las razones de seguridad jurídica: incluso aceptando —a los meros efectos dialécticos— que el bloque de la constitucionalidad permite al Tribunal Constitucional ejercer la función limitadora que desarrolla por tratarse de una función consustancial al ejercicio de la jurisdicción constitucional (no necesitada de un reconocimiento legal expreso) o de una costumbre consagrada (con fuerza de ley), lo inmediatamente exigible es que las invocadas razones de "seguridad jurídica" a las que apela recurrentemente para justificar su decisión limitadora, fuesen explícitas y razonadas, y "en ningún caso" —como sucede con demasiadas habitualidad— injustificadamente apodícticas[107]. Acto seguido, además, habría que constreñir el ejercicio de

---

104 SSTC 160/1997, de 2 de octubre, FJ 7 (*Tol 80783*); 82/2002, de 22 de abril, FJ 7 (*Tol 258617*); y 102/2014, de 23 de junio, FJ 3 (*Tol 4445554*).

105 SSTC 24/2005, de 14 de febrero, FJ 8 (*Tol 579122*).

106 Lo que no es admisible, en ningún caso, es que la STC 59/2017, de 11 de mayo, declarase la inconstitucionalidad y nulidad "parcial" de los arts. 107.1, 107.2 a) y 110.4 LHL, sin limitación de efectos y, por tanto, con eficacia *ex tunc* (*ex origine*) [FJ 5 c)], y acto seguido la STC 126/2019, de 31 de octubre, respecto del mismo impuesto, preceptos y motivos, declarase también la inconstitucionalidad y nulidad "parcial" del art. 107.4 LHL, pero limitando esta vez, invocando el principio de seguridad jurídica y sin mayor explicación, el alcance de la nulidad declarada, permitiendo únicamente la revisión de las situaciones «que, a la fecha de publicación de la misma, no hayan adquirido firmeza por haber sido impugnadas en tiempo y forma, y no haber recaído todavía en ellas una resolución administrativa o judicial firme» [FJ 5 a)]. En fin, más incomprensible se hace que la siguiente STC 182/2021, de 26 de octubre, nuevamente con relación al mismo impuesto, declarase la inconstitucionalidad y nulidad "total" de los citados arts. 107.1, segundo párrafo, 107.2 a) y 107.4 LHL, y, sin apelar siquiera formalmente al principio de seguridad jurídica, procediese a imponer una limitación de efectos, y no solo desde "la fecha de publicación" (como desde sus orígenes venía haciendo), sino desde «la fecha de dictarse la misma» [FJ 6 b)]. Ninguna razón se encuentra en las STC 126/201 y 182/2021 de la que fuera inferirse el motivo por el cual procedía la amputación del derecho a la reparación de los ciudadanos en contra de la previsión del art. 40.1 LOTC, sobre todo cuando la previa STC 59/2017 (la primera dictada respecto de impuesto señalado en territorio común) no había incorporado a su texto cláusula limitativa de ninguna clase. Estamos, pues, ante un claro ejemplo de unas decisiones incursas en una "absoluta falta de motivación", "huérfanas de razones formales o materiales" que no son más que una "mera expresión de voluntad" y, por tanto, "dictadas por puro capricho".

107 Como señala el magistrado Enrique Arnaldo Alcubilla, "la mera invocación de la seguridad jurídica resulta insuficiente para justificar la inamovilidad de las situaciones administrativas", "ni siquiera en uso del considerable margen de apreciación que el Tribunal se ha otorgado a sí mismo" (voto particular a la STC 11/2024, de 18 de enero).

esa potestad excepcional (que, en ningún caso, debería ser ordinaria, como viene sucediendo en materia financiero-tributaria) a las mismas exigencias que se imponen por el TJUE a una eventual limitación de efectos: la buena fe del poder público infractor (las Cortes Generales o el Gobierno) y el riesgo de trastornos graves para otros intereses o valores prevalentes (fundamentados y acreditados)[108].

Para que los ciudadanos tengan que asumir el deber jurídico de soportar el daño causado por la actuación del poder público, debería ser inexcusable la exteriorización de las concretas razones que justificasen su necesidad (la concurrencia de otros fines constitucionalmente prevalentes), su idoneidad (la inexistencia de otra medida menos gravosa) y su proporcionalidad (por ser mayores los beneficios que se obtienen para el interés general prevalente que los daños que se causan al individual)[109].

9. La beligerancia del obligado tributario como exigencia "constitucional" para obtener la restitución del importe del tributo declarado inconstitucional: lo que no deja de llamar la atención es que se condicione la revisión de las situaciones derivadas de la disposición legal declarada inconstitucional y, por tanto, el ejercicio del derecho a la restitución del daño causado, a la circunstancia de haberlas impugnado "en tiempo y forma" y no haber recaído una resolución administrativa o judicial firme, pues con ello se está obligando a los ciudadanos a desconfiar de toda ley, quebrándose con ello, "en todo caso", su "presunción de constitucionalidad".

No es razonable exigir a los obligados tributarios "una actitud beligerante o de desconfianza respecto a su aplicación, bajo la amenaza de que, de no hacerlo así, va a ver roto el vínculo legal entre inconstitucionalidad y nulidad. Es como si se insinuase que el contribuyente que no discutía la existencia de su obligación debería, en una suerte de juicio retrospectivo, haber sabido que la norma iba a ser declarada inconstitucional y ha-

---

108 Si la STC 182/2021, de 26 de octubre, al acordar la limitación de los efectos, hubiese estado pensando en la posible existencia de un "riesgo de trastornos graves" —como señalaba la STC 126/2019— para «el principio de autonomía financiera de los municipios (arts. 137 y 140 CE) [que] exige que las haciendas locales dispongan de medios financieros suficientes para poder ejercer, sin condicionamientos indebidos, las funciones que legalmente les han sido encomendadas», lo cierto es que, no solo debería haberlo así explicitado, sino que tendría que haber llevado a cabo una cuidadosa ponderación entre el derecho de los ciudadanos a la reparación del daño causado y el de la defensa de un eventual interés general a no tener que soportar las consecuencias de la declaración de inconstitucionalidad.

109 Como con rotundidad ha afirmado el magistrado Enrique Arnaldo Alcubilla, "[e]n razón de su carácter excepcional, solo podrá modularse la eficacia de la sentencia cuando el Tribunal lo justifique suficientemente en la necesidad de salvaguardar un bien constitucional susceptible de protección y respecto del que sea preciso evitar que la declaración de nulidad que va asociada a la inconstitucionalidad lo perjudique indebidamente, pero en modo alguno puede ser una suerte de cláusula de estilo aplicable cuando se somete a su enjuiciamiento una norma tributaria" (voto particular a la STC 131/2022, de 25 de octubre).

ber ajustado su conducta a esa convicción combatiendo sus actos de aplicación. Resulta entonces que el invocado valor de la seguridad jurídica proyectado sobre las circunstancias del caso significa, lisa y llanamente, que la inconstitucionalidad de la norma tributaria no tiene ninguna consecuencia para aquellos que se aquietaron en su aplicación"[110].

10. La limitación como un "estímulo" al incumplimiento de la Constitución por parte de los poderes públicos: el Tribunal Constitucional no puede convertir la limitación de alcance de la nulidad derivada de la declaración de inconstitucionalidad de una disposición legal en una cláusula de estilo, de aplicación automática, por el solo hecho de que se trate de sentencias que afectan a la materia financiera (y, en particular, en materia tributaria), en la que puedan estar en juego los recursos de la Hacienda Pública. Y no puede hacerlo obviando la conducta ilícita del poder público en su obtención, para pasar a convertir a los ciudadanos (obligados tributarios) en meros súbditos sometidos a una suerte de vasallaje en el que la dependencia y sumisión a cualquier tipo de decisión prevalece, pese a que sea contraria a derecho y así se haya declarado.

La limitación de los efectos de la nulidad asociada a la inconstitucionalidad y, por tanto, la sustitución de la eficacia retroactiva por la prospectiva, de poder hacerse, solo debería llevarse a cabo cuando fuese absolutamente necesaria en función de las circunstancias concurrentes en cada caso concreto, debidamente explicitadas de forma razonada. Lo contrario no solo genera en el legislador (y, en especial, en el prelegislador tributario) una indolente pereza en orden al cumplimiento de los mandatos y principios constitucionales, sino que le insufla un nada desdeñable estímulo a actuar precisamente en su contra por el más que probable "efecto comiso" (del importe del tributo recaudado)[111].

---

110 Enrique Arnaldo Alcubilla, votos particulares a las SSTC 131/2022, de 25 de octubre, y 11/2024, de 18 de enero.

111 Veamos, en este sentido, cinco ejemplos que confirman la afirmación efectuada: (i) la STC 185/1995, de 5 de diciembre, declaró la inconstitucionalidad de algunos preceptos de la Ley 8/1989, de 13 de abril, de Tasas y Precios Públicos, concretamente, los relativos a la "novedosa" figura de los «precios públicos» —creada con el único ánimo de excluirla del principio de reserva de ley— por su contradicción con el art. 31.3 CE); (ii) la STC 102/2005, de 20 de abril, declaró la inconstitucionalidad del art. 70.2 de la Ley 27/1992, de 24 de noviembre, de puertos del Estado y de la marina mercante (*Tol 257548*), por calificar como "precios privados" a contraprestaciones por servicios públicos que constituían prestaciones patrimoniales de carácter público (nuevamente, con la intención de sustraerlas tanto del principio de reserva de ley como del ámbito del derecho público); (iii) la STC 73/2017, de 8 de junio, declaró la inconstitucionalidad de la disposición adicional primera del Real Decreto-ley 12/2012, de 30 de marzo (*Tol 2494734*), por el que se introducen diversas medidas tributarias y administrativas dirigidas a la reducción del déficit público, pues, so pretexto del ajuste del déficit público y de la lucha contra el fraude fiscal, introdujo una "amnistía fiscal" por decreto-ley que afectó al deber de contribuir (y a la igualdad de todos al sostenimiento de los gastos públicos); (iv) la STC 74/2020, de 1 de

11. La desaparición del "alcance confiscatorio" de la jurisprudencia del Tribunal Supremo: más ajustada al ordenamiento jurídico es la postura adoptada por el Tribunal Supremo pues, pese a su negativa originaria a reconocer la existencia de cauces para la revisión de los actos (firmes) dictados en aplicación de las disposiciones legales declaradas inconstitucionales sin limitación del alcance de la nulidad (*ex tunc*), recientemente la ha dejado expedita. Si bien la STS 436/2020, de 18 de mayo, cercenó la posibilidad de acudir a la acción de nulidad de pleno derecho [a través de la vía de la letra g) del art. 217.1 LGT] para instar la restitución de las cantidades ingresadas como consecuencia del cumplimiento de la obligación de pago de un tributo luego declarado inconstitucional, al considerar que el art. 39.1 LOTC no era una de esas "*disposiciones con rango de ley*" a las que hace referencia el citado punto g), sin embargo, la reciente STS 339/2024, de 28 de febrero, rectificando su anterior doctrina, ha considerado que la previsión del art. 40.1 LOTC, ha de subsumirse en el supuesto recogido en el citado punto "g".

12. Reconsideración: ni la Constitución ni la LOTC habilitan al Tribunal Constitucional a delimitar el alcance de la nulidad asociada a la declaración de inconstitucionalidad de una disposición legal. Y tratándose de una "facultad" imprescindible para delimitar el alcance de sus decisiones en función de las circunstancias concurrentes en cada momento[112], para que pueda ejercerla legítimamente, es imprescindible atribuír-

julio, declaró la inconstitucionalidad del artículo único del Real Decreto-ley 2/2016, de 30 de septiembre (*Tol 5836984*), por el que se introducen medidas tributarias dirigidas a la reducción del déficit público ("Modificaciones en el régimen legal de los pagos fraccionados"), el cual, so pretexto de corregir el déficit público, introdujo por decreto-ley un régimen de tributación sobre el beneficio "íntegro" de las empresas que afectó al deber de contribuir (sometiendo a tributación manifestaciones ficticias de capacidad económica); y (v) la STC 11/2024, de 18 de enero, declaró la inconstitucionalidad de algunos apartados del art. 3.1 del Real Decreto-ley 3/2016, de 2 de diciembre, (*Tol 5899590*) por el que se adoptan medidas en el ámbito tributario dirigidas a la consolidación de las finanzas públicas y otras medidas urgentes en materia social, porque, una vez más, utilizando como pretexto la corrección de déficit público, modificó por decreto-ley el impuesto sobre sociedades (suprimiendo una serie de beneficios, algunos con carácter retroactivo), afectando al deber de contribuir (y a la seguridad jurídica). Pues bien, en cuatro de esos supuestos (no así en el recogido en la STC 102/2005) se limitaron los efectos de la nulidad asociada a la inconstitucionalidad declarada.

112 Como ha señalado el magistrado Enrique Arnaldo Alcubilla, "es inequívoco que el art. 39.1 LOTC anuda la nulidad a la declaración de inconstitucionalidad de la norma legal, pero también es cierto que este tribunal, como decimos, desde la STC 45/1989, de 20 de febrero, ha introducido la práctica de modular en ocasiones los efectos de la declaración de nulidad. No obstante, aunque la vinculación entre inconstitucionalidad y nulidad pueda no ser absoluta, lo cierto es que la regla de principio debe ser que la declaración de inconstitucionalidad de una norma legal lleva aparejada su nulidad, lo que supone la definitiva y total eliminación de esa norma del ordenamiento jurídico, como si nunca hubiera existido. Esta regla general únicamente puede ceder en casos excepcionales, determinados por la necesidad de evitar las consecuencias

sela expresamente a través de la LOTC. En cualquier caso, de seguir usando aquella "potestad", esto es, con o sin ley habilitante, lo que no puede hacerse es llevarla a cabo sin explicitar, de forma razonada, los motivos por los cuales debe prevalecer —tras la debida ponderación— el interés público a la no restitución del daño causado sobre el particular a tributar solo "*de acuerdo con*" con la capacidad económica y sin que "*en ningún caso*" el tributo tenga un alcance confiscatorio.

Bastantes impedimentos tienen los ciudadanos para acceder a los máximos órganos judiciales (el Tribunal Supremo y el Tribunal Constitucional)[113] de cara a impetrar la protección de sus derechos para que, además, se les cercene la posibilidad de recuperar aquello que nunca debieron haber pagado por haberse articulado mediante instrumentos normativos contrarios a la Constitución, a base de interpretaciones y de límites ajenos al espíritu y a la letra de la ley.

5. REFERENCIAS BIBLIOGRÁFICAS

Agulló Agüero, A. (1982). "Una reflexión en torno a la prohibición de confiscatoriedad del sistema tributario". Revista española de Derecho Financiero, (36).

Casana Merino, F. (1991). "El principio constitucional de interdicción de la confiscatoriedad". Revista de Derecho Financiero y de Hacienda Pública (41).

Herrera Molina, P. M. (1998). Capacidad Económica y Sistema Fiscal (análisis del ordenamiento español a la luz del Derecho alemán), Marcial Pons.

Herrera Molina, P. (2020). "La banalización de los principios de capacidad económica y no confiscatoriedad por el Tribunal Constitucional (sombras y luces de la STC 126/2019, de 31 de octubre, sobre la segunda inconstitucionalidad de la plusvalía municipal". Quincena Fiscal (6).

Hesse, K. (2005). "El Tribunal Constitucional federal en la Ley Fundamental de Bonn". Anuario Iberoamericano de Justicia Constitucional, (9).

López Espadafor, C. M. (2013). "La no confiscatoriedad en sede de armonización fiscal". Impuestos, (10).

indeseables que podrían derivarse de no limitar los efectos de la declaración de nulidad. Dicho de otro modo, en esos casos excepcionales se trata de preservar en los bienes o valores que este tribunal considera constitucionalmente relevantes, lo que justifica la desvinculación entre inconstitucionalidad y nulidad o la modulación del alcance de esta" (voto particular a la STC 11/2024, de 18 de enero).

113 Como consecuencia de la introducción de unas reglas para el acceso ("*writs of certiorari*"), esto es, de un "*certiorari*" (entendido como el "procedimiento de revisión de decisiones de los tribunales inferiores basado en la selección o arbitrio del propio tribunal que asume la decisión última", según apunta Diccionario panhispánico del español jurídico), tanto para el acceso al recurso de casación ["*interés casacional objetivo*" (art. 88.1 LJCA)] como para el del amparo ["*especial trascendencia constitucional*" (arts. 49.1 y 50.1 LOTC)].

Martínez Lago, M. A. (1988). “Función motivadora de la norma tributaria y prohibición de Confiscatoriedad”. Revista Española de Derecho Financiero, (60).

Moreno Fernández, J. I. (2009). La responsabilidad patrimonial del Estado-legislador en materia tributaria y vías para reclamarla, Aranzadi/Thomson Reuters

Moreno Fernández, J. I. (2009). “Del deber constitucional de pagar un tributo a la responsabilidad patrimonial del Estado-legislador”. El Cronista del Estado Social y Democrático de Derecho, (3).

Moreno Fernández, J. I. (2019). “La prohibición de confiscatoriedad como límite al tributo”. Revista Técnica Tributaria, (124).

Moreno Fernández, J. I. (2020). La prohibición de confiscatoriedad como límite a la actuación de todos los poderes públicos, Paper 17, AEADF.

Naveira de Casanova, G. J. (1997). El principio de no confiscatoriedad (Estudio en España y Argentina), McGraw-Hill.

Palao Taboada, C. (2018). Capacidad contributiva, no confiscatoriedad y otros estudios de Derecho constitucional tributaria, Civitas/Thomson Reuters.

Simón Acosta, E. (1975). Las tasas de las entidades locales (el hecho imponible), Aranzadi, Cuadernos de Jurisprudencia Tributaria, (12), 203.

Simón Acosta, E. (1975). “Reflexiones sobre las tasas de las haciendas locales”, en Hacienda Pública Española. (35).

Tejerizo López, J.M. (2019). “Considerazioni generali sul principio di non confiscatorietá nel diritto tributario spagnolo” (1).

Urbano Sánchez, L. (2024). La imposición sobre la desocupación de la vivienda. Sus principales límites constitucionales, Tirant lo Blanch.

ALGUNAS REFLEXIONES SOBRE LA RETROACTIVIDAD TRIBUTARIA

María Ángeles García Frías
Catedrática de Derecho Financiero y Tributario
Universidad de Salamanca
Letrada del Tribunal Constitucional

1. RETROACTIVIDAD Y LEY GENERAL TRIBUTARIA

Con motivo de la celebración del doble aniversario de la Ley General Tributaria (40+20) volvemos a reflexionar sobre la retroactividad tributaria. La retroactividad de las normas forma parte de un elenco de temas clásicos que trascienden del ámbito del Derecho financiero y tributario para adentrarse en la teoría general del derecho. Quizás haya sido la extraordinaria dificultad que entraña dibujar sus contornos lo que ha hecho que todavía sea una cuestión abierta, sobre la que quedan aspectos que aclarar. Se trata de un tema que resulta controvertido tanto en nuestro país como fuera de nuestras fronteras[1], difícilmente abarcable, debido a que sus límites no son claros y su efectividad depende de su interacción con otros principios de rango constitucional. En esta ocasión mi intención no es otra que retomar estudios anteriores[2] para observar la evolución producida en los últimos años y ver si respeto de alguno de los problemas pendientes es posible vislumbrar algún tipo de solución.

Recordemos que habitualmente la doctrina tributarista ha venido estudiando el principio de retroactividad tributaria dentro del apartado dedicado a la aplicación de las normas tributarias en el tiempo[3], sin duda influida por la doctrina civilista, que desde los clásicos se preocupó por abordar la retroactividad de las normas. Hay una explicación lógica para este planteamiento y es que, como veremos más tarde, el Tribunal Constitucional viene negando que exista en la Constitución española una prohibición expresa de retroactividad de las normas tributarias[4]. La vigencia de las normas en el tiempo ha estado regulada tradicionalmente en el Código civil (*Tol 220310*), ya desde el Código napoleónico[5]. A ello responde que gran parte de la doctrina haya defendido

---

1 Esta controversia no se predica únicamente de nuestro sistema constitucional. Afirma Stampford, C. (2006). *Retrospectivity and the rule of law*, Oxford University Press, p. 147 «the most controversial use of restrospective legislation in Australia, the United Kingdom und the United States in the last three decades has involved neither war crimes nor terrorism but taxation».

2 Me estoy refiriendo en particular a García Frías, A. (2010). La retroactividad de la ley tributaria y sus límites constitucionales, *Tratado sobre la ley general tributaria: homenaje a Álvaro Rodríguez Bereijo*, Aranzadi, pp. 351 y ss.

3 Un repaso a los diferentes manuales de parte general de la asignatura nos lleva a esa conclusión. No sucede así en otros países donde forma parte del estudio de los principios constitucionales. Así lo podemos comprobar en Tipke, K./Lang, J. (2002). *Steuerrecht*, Otto Schmidt, que abordan el estudio del principio de irretroactividad en el capítulo dedicado a los principios rectores del derecho tributario, más concretamente dentro del epígrafe §4 C, 2, "Legalidad de la imposición", en el cual se estudian tanto los principios de legalidad y reserva de ley, como la seguridad jurídica, y retroactividad, pp. 103 y ss.

4 Lo hizo en su primer pronunciamiento, la STC 6/1983, de 4 de febrero.

5 Así se pone de relieve por Bach, L. (1985). Contribution à l`etude de la notion de rétroactivité de la loi, en: *Festschrift für Karl H. Neumayer*, Nomos, pp. 47 y ss.

que no debiera ser necesario introducir una disposición tributaria específica donde se regule esta prohibición, sino que bastaría que la LGT hiciera una mera remisión en su articulado, a lo preceptuado en el propio Código civil. Las normas tributarias, como todo tipo de normas, tienen un cierto período de vigencia. Para determinar el comienzo y el fin del mismo, en definitiva, el lapso temporal en el que despliegan sus efectos, se siguen los mismos criterios que se hallan establecidos para las disposiciones del resto del ordenamiento jurídico. Así lo confirma el tenor literal del art. 10 LGT[6], cuando regula el comienzo de la vigencia de las normas tributarias diciendo que entrarán en vigor a los veinte días naturales de su completa publicación en el boletín oficial que corresponda, si en ellas no se dispone otra cosa. Por tanto, aunque en la actualidad se haya suprimido la antigua remisión a lo establecido en el Código civil —que aparecía expresamente en el art. 20 de la LGT de 1963—, el contenido del precepto sigue siendo el mismo, puesto que la literalidad del art. 2.1 del Código civil y del art. 10 LGT es prácticamente idéntica.

Algo similar sucedió, tras la reforma de la Ley General Tributaria de 2003 (*Tol 327278*), con la regulación de la retroactividad. Las leyes tributarias van a continuar rigiéndose por los criterios generales fijados art. 2.3 del Código civil[7], precepto que se identifica con el primer inciso del art. 10.2 LGT, lo que implica que, "salvo que se disponga lo contrario, las normas tributarias no tendrán efecto retroactivo". El art. 10.2 LGT tan solo añadió una regla particular sobre la efectividad de las normas tributarias, que atiende al tipo de tributo de que se trate, y cuya literalidad es la siguiente "y se aplicarán a los tributos instantáneos devengados a partir de su entrada en vigor y a los demás tributos cuyo periodo impositivo se inicie desde ese momento".

La doctrina civilista ha interpretado el contenido del art. 2.3 del Código civil en el sentido de considerar que el mismo establece una regla general y una excepción[8].

---

6 El ámbito temporal de las normas tributarias se regula en el vigente art.10 de la Ley 58/2003, de 17 de diciembre, General Tributaria. Esta misma materia fue objeto de regulación en art. 20 de la Ley 230/1963, de 28 de diciembre, General Tributaria. De los estudios dedicados a este precepto durante la vigencia de esta ley destacamos los de Escribano, F. (1991). "La eficacia en el tiempo de las normas tributarias", en: AA.VV. *Comentarios a la Ley General Tributaria y líneas para su reforma,* I, IEF y González García, E. (1982). "Artículo 20", en *Comentarios a las Leyes Tributarias,* Tomo I, LGT, Edersa; Falcón y Tella, R. (2010). "Devengo y determinación de la norma aplicable en la nueva Ley General Tributaria", VVAA Arrieta, Collado, Zornoza (dirs.) *Tratado sobre la Ley General Tributaria.* Homenaje a Álvaro Rodríguez Bereijo, Thomon Reuters Aranzdi, Tomo I, pp. 637 y ss. Del mismo autor (1996). "Retroactividad de las normas tributarias y devengo del impuesto", *Quincena Fiscal.*

7 Dice este artículo 2.3 que "Las leyes no tendrán efecto retroactivo, si no dispusieren lo contrario".

8 Véase Díez Picazo, L. y Gullón, A. (2016). *Sistema de Derecho Civil,* Tecnos, pp. 137 y ss.

La regla es que las leyes han de mirar al futuro y no al pasado, por tanto, que no tendrán efecto retroactivo. La excepción consistente en que el legislador puede adoptar un criterio diferente, es decir, puede dotar a una ley de retroactividad. En definitiva, nos encontramos con una ley ordinaria, la LGT, que proclama la existencia de un principio general de irretroactividad de las leyes tributarias, y reconoce la competencia del legislador para dotar de un efecto diferente a dichas normas. Y este es precisamente el punto de partida, que corresponde al legislador la tarea de determinar el tiempo de vigencia de las normas tributarias.

Aunque la retroactividad de las leyes afecte a todo el ordenamiento jurídico, su estudio no ha preocupado en exceso a la doctrina civilista[9], sino que ha sido en el ámbito del Derecho penal, donde este principio ha tenido un mayor desarrollo doctrinal y jurisprudencial. Sin embargo, estas fuentes nos resultan de una utilidad muy relativa, puesto que precisamente el principio de irretroactividad en materia penal no sigue las pautas generales establecidas en el Código civil, sino que tiene sus reglas específicas, desde el momento en que la propia Constitución es la que establece una prohibición absoluta de retroactividad para las leyes sancionadoras no favorables, mientras que fija el criterio contrario, es decir la retroactividad, para las favorables. Precisamente, en consonancia con este principio, también el art. 10.2 LGT añade un segundo párrafo en el que se dice que "No obstante, las normas que regulen el régimen de infracciones y sanciones tributarias y el de los recargos tendrán efectos retroactivos respecto de los actos que no sean firmes cuando su aplicación resulte más favorable para el interesado".

En definitiva, la redacción del art. 10.2 LGT ya nos avanza que no estamos ante un problema fácil de abordar. Comienza estableciendo una excepción y una regla, "salvo que se disponga lo contrario, las normas tributarias no tendrán efecto retroactivo". Continúa acudiendo a una distinción compleja y controvertida, la de los tributos con y sin periodo impositivo, a los efectos de fijar el momento en que se inicia la aplicación de las normas tributarias. Y termina advirtiendo que hay reglas específicas para las infracciones, sanciones, y recargos de naturaleza sancionadora, donde además entra en juego la denominada retroactividad "in bonus". Se trata sin duda de una confusa e incompleta regulación, que nos permite intuir que no es posible establecer una regla unívoca, sino que habrá diferentes criterios en función del tipo de normas tributarias (reguladoras de tributos, infracciones, sanciones, recargos) y de las distintas clases de tributos (con y sin periodo impositivo). Es el momento de aclarar que estas reflexiones se van a centrar básicamente en las normas tributarias cuya modificación retroactiva provoca un incremento de la carga tributaria para el obligado a satisfacerla.

---

9 Dentro de estos estudios destacamos la obra de Gaya Sicilia, R. (1987). *El principio de irretroactividad de las leyes en la jurisprudencia constitucional*, Montecorvo.

Y si el contenido de la LGT resulta poco clarificador es porque nos encontramos, como hemos advertido inicialmente, ante un tema complejo, que debe abordarse con una perspectiva constitucional, debido a que está estrechamente vinculado con los límites al ejercicio de la potestad tributaria por parte del legislador y los principios del Estado de Derecho[10]. Además, conviene advertir que el fenómeno de la retroactividad puede ponerse de manifiesto en tres momentos diferentes, en la creación de la norma, en la aplicación de esta, y su revisión por parte de los órganos judiciales[11]. Esto último nos podría llevar a examinar el interesante tema de los efectos que producen los cambios jurisprudenciales. Nos vamos a centrar solo en el primer nivel, el de la producción normativa, esto es, en los límites constitucionales al ejercicio de la potestad tributaria por parte del legislador[12].

2. LA AUSENCIA DE UNA PROHIBICIÓN DE RETROACTIVIDAD TRIBUTARIA EN LA CONSTITUCIÓN

Los límites a la libre capacidad creadora del legislador, a su competencia para modificar el ordenamiento tributario, han de buscarse entonces en los preceptos constitucionales. Estoy de acuerdo con López Menudo cuando señala que "en puridad, toda la cuestión se reducirá en fijar el punto en que la retroactividad deja de ser un efecto legítimo de la norma que los destinatarios deben soportar, para convertirse en un efecto

---

10 He de aclarar que tampoco los constitucionalistas han dedicado demasiada atención a esta materia como pone de relieve en distintos momentos de su monografía Azpitarte, M. (2008). *Cambiar el pasado*, Tecnos.

11 Como aclara López Menudo, F. (1991). "El principio de irretroactividad de las normas en la jurisprudencia del Tribunal Constitucional", *Estudios sobre la Constitución española: homenaje al profesor Eduardo García de Enterría*, Civitas, p. 461, "es absurdo igualar la posición que ocupa el aplicador de la norma y el legislador que la produce respecto del principio de irretroactividad; si se extendiera a este la misma prohibición que es propia de aquel (art. 2.3 CC), el Derecho quedaría congelado; absolutamente todas las situaciones y relaciones jurídicas en curso tendrían garantizada su supervivencia ad infinitum; cada nueva norma tardaría años en implantarse con efectos generales; o quizás nunca, pues irretroactividad absoluta de la Ley no significa otra cosa que el respeto de cuantos hechos y vínculos traen causa del pasad o, que quedarían así en situación "a extinguir"». Y añade en el mismo lugar que "Tampoco el Reglamento puede ser igualado con la Ley a efectos del principio de irretroactividad (...) pero la interdicción de la retroacción que pesa sobre aquellos tampoco es equivalente a la que gravita sobre el juez o el intérprete".

12 Un amplísimo estudio se lleva a cabo por Macho Pérez, A. B. (2005). *El principio de irretroactividad en Derecho Tributario*, Tesis doctoral inédita. UPF, 2005, que a lo largo de más de 900 páginas ha tratado las múltiples cuestiones que plantea la retroactividad tributaria.

patológico, jurídicamente reprochable"[13], si bien, evidentemente, la fijación de ese punto no es sencillo. Es el legislador quien adopta la decisión de renovar el ordenamiento jurídico, de cambiarlo, y no sólo para el futuro sino también dotando a la norma de una eficacia retroactiva. Ese amplio margen de discrecionalidad pero del que goza el legislador resulta poco permeable a su limitación constitucional. Lo cierto es que, con una visión estrictamente constitucional, se mira con reticencia la legitimidad democrática del legislador actual cuando lo que pretende es cambiar el pasado, modificando las decisiones que fueron adoptadas por un legislador precedente[14].

Ante esta situación son los tribunales constitucionales los llamados a controlar que la actividad legislativa se lleve a cabo respetando los principios constitucionales y los derechos fundamentales. Por ello, el análisis de la jurisprudencia constitucional es precisamente lo que nos aporta las pautas necesarias para conocer cuáles son realmente esos límites. Precisamente estos límites han ido evolucionando a lo largo del tiempo, la doctrina constitucional no es uniforme, sino que se ha ido matizando progresivamente e integrando tendencias de otros tribunales. A ello se añade que, en la actualidad, los Parlamentos nacionales no son la única fuente de derecho tributario y por ello los límites no están contenidos exclusivamente en los preceptos constitucionales, de modo que también es necesario tener en consideración los principios que han sido desarrollados por la jurisprudencia del Tribunal de Justicia de la Unión Europea —TJUE— e incluso por el Tribunal Europeo de Derechos Humanos —TEDH—.

No deberíamos dudar sobre si existe un principio de irretroactividad de las leyes tributarias desde el momento en que el Tribunal Constitucional ha negado expresamente, en reiteradas ocasiones, la existencia de tal principio. La última vez en su reciente sentencia de 7 de noviembre de 2023 (*Tol 9788691*)[15]. Esta inicial negación no implica que pueda afirmarse que toda norma tributaria retroactiva sea constitucionalmente admisible. Sin embargo, son pocos los textos constitucionales que prohíben la retroactividad de las leyes, exceptuando obviamente lo que atañe a las normas penales. Esta paradoja nos conduce a preguntarnos realmente si cabría extraer de nuestra Constitución un principio de irretroactividad de las normas tributarias. Las leyes se crean para regir situaciones futuras y no para regular lo sucedido en el pasado, pero este principio de irretroactividad no tiene un carácter absoluto, sino que puede ser exceptuado, a condi-

---

13 López Menudo, F. ob. supra cit. pp. 455-508.

14 Así lo entiende Azpitarte, ob. cit.

15 ECLI:ES:TC:2023:149, señala el FJ 5 b) "Nuestra consolidada doctrina (por todas, STC 121/2016, de 23 de junio, FJ 4 (*Tol 5854022*)) recuerda que "no existe una prohibición constitucional de la legislación tributaria retroactiva, pues las normas tributarias no tienen carácter sancionador, sino que imponen a los ciudadanos la obligación de contribuir al sostenimiento de gastos públicos o de efectuar prestaciones patrimoniales de carácter público (art. 31.3 CE)".

ción de que las excepciones respeten ciertos límites que vienen marcados por principios de rango constitucional. Es posible plantearlo en otros términos, esto es, entendiendo que dado que no existe una prohibición expresa, la retroactividad de las normas tributarias resultará admisible constitucionalmente y sólo devendrá inadmisible cuando se lesionen otros principios contenidos en la Constitución (*Tol 173304*).

Enlazamos así con el principal problema que vamos a afrontar a lo largo de estas páginas, identificar cuáles son los principios, constitucionalizados o no, que representan un límite para el legislador cuando dicta normas con eficacia retroactiva. Adelantamos que no es esta una labor sencilla, y la prueba del confusionismo reinante se evidencia en frases como estas: "Una de las consecuencias de la vigencia del principio de seguridad en materia fiscal es que la legalidad tributaria tiene una manifestación primaria en todo Estado de Derecho: la inadmisibilidad de las leyes retroactivas"[16]; el principio de capacidad "impide que una ley tributaria grave capacidades económicas que, si bien existieron en el pasado, no subsisten en el momento de la entrada en vigor de la Ley, lo que impide la eficacia retroactiva de una ley que pretendiese el gravamen de hechos cuyos efectos económicos se hubiesen agotado ya en el momento de su entrada en vigor"[17].

Por consiguiente, no cabe más que reiterar que el estudio de las leyes tributarias retroactivas ha de realizarse con un enfoque eminentemente constitucional y este es precisamente nuestro objetivo.

La Constitución española no contiene una prohibición expresa de retroactividad de las normas tributarias. La prohibición constitucional abarca únicamente, según la literalidad del art. 9.3 CE, a las disposiciones "sancionadoras no favorables" o "restrictivas de derechos individuales", entre las que no se encuentran las tributarias. El Tribunal Constitucional ha manifestado de forma reiterada[18] que las normas que imponen cargas tributarias no son, en sí mismas, por definición, disposiciones "restrictivas de derechos individuales", sino que tienen un fundamento jurídico propio, en la medida en que son directa y obligada consecuencia del deber de contribuir al sostenimiento de los gastos públicos; y prohibir la existencia de una legislación tributaria retroactiva "podría hacer inviable una verdadera reforma fiscal"; que del art. 9.3 tampoco puede derivarse una prohibición de modificar retroactivamente exenciones o beneficios fiscales, y "[t]ampoco existe en nuestro ordenamiento constitucional un derecho de los ciudadanos

---

16 Asorey Rubén, O. (1990). "El principio de seguridad jurídica en el Derecho tributario". *Revista Española de Derecho Financiero*, Civitas, (66), p. 174.

17 Ferreiro Lapatza, J. J. (2006). Curso de Derecho Financiero, M. Pons, p. 301.

18 Entre otras STC 182/1997, de 28 de octubre, FJ 6 (ECLI:ES:TC:1997:182) (*Tol 80805*); y STC 273/2000, de 15 de noviembre, FJ 5 (ECLI:ES:TC:2000:273) (*Tol 2764*).

al mantenimiento de un determinado régimen fiscal" (STC 121/2016, de 23 de junio (*Tol 5854022*))[19].

Esta ausencia de prohibición expresa no solo afecta al ordenamiento español, sino que se trata de una característica común a otras constituciones[20], como es el caso de la alemana, la italiana, o la de los Estados Unidos de América. La misma situación se reproduce en el ordenamiento de la Unión Europea y el Convenio Europeo de Derechos Humanos. A pesar de ello, tanto la doctrina constitucional como la jurisprudencia han considerado que a partir del contenido de otros principios constitucionales se puede derivar bien una "prohibición implícita y no absoluta" de retroactividad de las leyes tributarias, o bien un "principio general de irretroactividad". Y es que, en palabras de la STC 9/2019, de 17 de enero (*Tol 7028975*)[21] "aunque las normas tributarias no se hallen limitadas en cuanto tales por la prohibición de retroactividad, cuando tal efecto retroactivo se produce puede entrar en colisión con otros principios consagrados en la Constitución (STC 126/1987, FJ 9 (*Tol 79866*))".

Ello nos conduce a la necesidad de desentrañar cuáles son los cánones que se han empleado por los diferentes Tribunales para determinar la constitucionalidad de las normas tributarias retroactivas. Pero cuando nos preguntamos si resulta constitucionalmente lícito que el legislador cambie las consecuencias jurídicas de hechos sucedidos en el pasado, si le está permitido volver a abrir puertas que ya estaban cerradas, llegamos a la misma conclusión que defendía el profesor W. Schick "La respuesta no puede ser un simple «sí» o «no»; la respuesta es el clásico «depende», ya que hay varios tipos de normas y varios tipos de retroactividad"[22]. Y es que no todas las normas tributarias son iguales. Las normas tributarias no tienen un contenido unívoco, pues existen normas materiales, formales, procesales, interpretativas y sancionadoras. Incluso dentro de las normas materiales sería preciso distinguir entre las normas que imponen cargas o gravámenes y las desgravatorias, así como atender a las normas con finalidad fiscal y extrafiscal.

---

19 ECLI:ES:TC:2016:121.

20 Algunas Constituciones de países de América latina optan por prohibir expresamente la retroactividad de las normas tributarias, lo que evita estar revisando continuamente la actuación del legislador. La tentación de establecer esta prohibición de retroactividad tributaria también la tuvo el constituyente español pues aparecía en el proyecto de la constitución de 1978, pero no sucumbió a la misma y fue suprimida en el Texto definitivo.

21 ECLI ECLI:ES:TC:2019:9

22 Schick, W. (1987). "Sobre dos problemas del Derecho Fiscal Alemán: la retroactividad y los conflictos entre el Derecho Europeo y el Derecho Fiscal Nacional", *Cuadernos Iberoamericanos de Estudios fiscales,* (4).

La ausencia de una prohibición expresa de retroactividad tributaria en los textos constitucionales ha provocado que los Tribunales constitucionales hayan explorado diferentes vías para intentar fijar límites a la retroactividad. Esta búsqueda no se ha llevado a cabo siguiendo un mismo camino, ni con unos instrumentos idénticos, sino que han utilizado fórmulas heterogéneas. No es solo que los cánones de constitucionalidad empleados hayan sido diferentes, es que ni siquiera el punto de partida es el mismo. Así el Tribunal Constitucional Alemán ha señalado que existe una prohibición de retroactividad no absoluta y lo mismo ha dicho el Consejo de Estado francés. Por su parte la Corte Suprema de los Estados Unidos dice lo contrario, afirma con claridad que la retroactividad es ante todo una elección del legislador y, por ello, resulta una práctica relativamente habitual en este país que el Congreso apruebe normas fiscales que se apliquen retrotrayendo sus efectos al comienzo del periodo impositivo.

3. LÍMITES CONSTITUCIONALES A LAS LEYES TRIBUTARIAS RETROACTIVAS

3.1. UN APUNTE PREVIO SOBRE LA DEFINICIÓN DE RETROACTIVIDAD

El propio concepto de retroactividad no está claro y tampoco es unívoco en la doctrina. El Tribunal Constitucional daba una definición bifronte de retroactividad a partir de la STC 126/1987, de 16 de julio (*Tol 79866*)[23], en la que distinguía dos tipos de retroactividad, partiendo para ello de la definición que años antes había realizado el tribunal constitucional alemán en su sentencia de 19 de diciembre de 1961[24]. Así, por un lado, estaría la retroactividad auténtica, que se produce cuando una disposición legal, con posterioridad, pretende anudar efectos a situaciones de hecho producidas o desarrolladas con anterioridad a la propia ley, y ya consumadas. En el otro lado se encontraría la retroactividad impropia, que se produce cuando una disposición legal pretende incidir sobre situaciones o relaciones jurídicas actuales aún no concluidas. Esta distinción se vincula, en ocasiones, a las reformas legislativas producidas durante el periodo impositivo y las que se producen en tributos con devengo instantáneo.

El motivo por el que ahora descendemos sobre ella es que nuestro tribunal constitucional ha dicho claramente[25] que en "el supuesto —retroactividad auténtica— la pro-

---

23 SSTC 126/1987, de 16 de julio, FJ 11, (ECLI:ES:TC:1987:126); y 182/1997, de 28 de octubre (ECLI:ES:TC:1997:182).

24 Aunque existen tres sentencias de la misma fecha la más citada por la doctrina científica como por nuestro TC es la Decisión de 19 de diciembre de 1961. BVerfGE 13, 279.

25 SSTC 126/1987, de 16 de julio, FJ 11; 182/1997, de 28 de octubre, FJ 11, y 112/2006, de 5 de abril, FJ 17 y 149/2023, de 7 de noviembre (ECLI:ES:TC:2023:149) (*Tol 9788691*).

hibición de retroactividad operaría plenamente y solo exigencias cualificadas del bien común podrían imponerse excepcionalmente a tal principio. En el segundo —retroactividad impropia— la licitud o ilicitud de la disposición resultaría de una ponderación de bienes llevada a cabo caso por caso".

Esta distinción nos permite entender que realmente existe una prohibición de retroactividad, que si bien en algunos casos opera plenamente y en otros solo será lícita siempre que se cumplan ciertos requisitos. De este modo volvemos sobre la necesidad de examinar los cánones aplicables al control de constitucionalidad de las normas tributarias retroactivas.

3.2. LA POSICIÓN DE LA DOCTRINA DE LOS TRIBUNALES CONSTITUCIONALES FRENTE A LA AUSENCIA DE PROHIBICIÓN EXPRESA DE RETROACTIVIDAD. CÁNONES APLICABLES AL CONTROL DE CONSTITUCIONALIDAD DE LAS NORMAS TRIBUTARIAS RETROACTIVAS

El Tribunal Constitucional español cuando inició su andadura en 1981 se planteó la opción de seguir las pautas que habían sido marcadas por otros Tribunales Constitucionales, en concreto el alemán, el italiano y, en menor medida, la Corte Suprema americana. Paradójicamente los cánones de control de constitucionalidad que se venían utilizando entonces en estos tres países eran diferentes. El Tribunal Constitucional Alemán y la doctrina alemana habían derivado la prohibición implícita de retroactividad de los principios del Estado de derecho, concretamente de los principios de seguridad jurídica y confianza legítima. Por su parte la *Corte Costituzionale* y la doctrina italiana venían vinculando la retroactividad tributaria con el respeto al principio de capacidad contributiva. La Corte Suprema de los Estados Unidos, nos dijo el TC que establecía sus límites utilizando la prohibición de arbitrariedad, aunque que un análisis en profundidad de sus pronunciamientos nos permite observar la aplicación de diferentes clausulas, que varían en función del tipo de normas que examina. Y para terminar de complicar la situación entra en juego el Tribunal Europeo de Derechos Humanos, que viene derivando los límites de las normas tributarias retroactivas de la protección de la propiedad.

Este abanico de principios hace que nos enfrentemos a un auténtico rompecabezas constitucional difícil de unificar, cuya comprensión precisa una mínima explicación.

3.2.1. La doctrina de la Corte Costituzionale y el principio de capacidad contributiva

Hace más de medio siglo que la doctrina constitucional italiana, tras desechar otras vías alternativas, se decantó por utilizar como canon de control de las normas tributarias retroactivas el de principio de capacidad contributiva[26]. La *Corte Costituzionale*, desde sus primeros pronunciamientos, acudió al principio de capacidad contributiva. La íntima vinculación existente en este país entre los principios de irretroactividad y capacidad contributiva provocó que la evolución sufrida por el principio de retroactividad estuviera en conexión con la operada en el propio principio de capacidad contributiva. Esta evolución, fraguada en sus líneas fundamentales hasta la década de los setenta del pasado siglo, fue estudiada por F. Cervera[27] y R. Gaya[28] y en la misma se identifican tres etapas.

Una primera etapa en la que se produce un reconocimiento sin ambigüedades del principio de capacidad contributiva, desligándose del principio general de igualdad, que fue acompañado de una casi nula atención a la prohibición de retroactividad[29]. En esta fase, la *Corte Costituzionale*[30] afirmó que una ley tributaria retroactiva no violaba por sí misma el principio de capacidad contributiva, puesto que no otorgaba virtualidad alguna a este principio en relación con la prohibición de retroactividad.

La segunda fase se correspondería con lo que se ha dado en llamar el apogeo del principio de capacidad contributiva[31]. La admisión plena del carácter vinculante del principio de capacidad contributiva conduce a la proclamación sin equívocos de la ile-

---

26 La misma afirmación puede hacerse respecto de la doctrina científica y prueba de ello es la siguiente frase de Amatucci, F. (2005). *L'efficacia nel tempo della norma tributaria*, Giuffrè, p. 64: "El papel fundamental en la búsqueda de una prohibición de irretroactividad en materia tributaria por el contrario lo asume en nuestro ordenamiento, como ha sido examinado, el principio de capacidad contributiva, proclamado en el art. 53 de la Constitución que no puede vulnerarse por la eficacia de la norma fiscal en el tiempo". Son pocos los estudios que en la doctrina italiana realizan planeamientos novedosos. Se aparta de la línea tradicional la obra de Mastroiacovo, V. (2005). *I limiti alla retroattività nel diritto tributario*, Giuffrè.

27 Ver Cervera, F. (1976). "La retroactividad de la norma tributaria", REDF, (10), pp. 270-273.

28 Gaya Sicilia, R. *El principio de irretroactividad...*, ob. cit., pp. 347-350.

29 Como pone de relieve Mastroiacovo, V. *I limiti alla retroattività...* ob. cit., p. 183 los primeros pronunciamientos de la Corte hasta 1957 se limitaron a constatar que no existía una prohibición expresa de retroactividad en la Constitución Italiana diferente de la establecida en el ámbito penal.

30 Se dictan en este momento las sentencias de 9 de marzo de 1959 (ECLI:IT:COST:1959:9) y 23 de diciembre de 1963 (ECLI:IT:COST:1963:174) donde se dice que "no es cierto que una ley retroactiva viole en sí misma el principio de capacidad contributiva". Ambas se analizan en esta fase por Cervera Torrejón, F. en la obra antes citada, p. 270. Ver también el detallado estudio que realiza sobre la primera de estas Gaya Sicilia, R. *El principio de irretroactividad...*, ob. cit., pp. 347-350.

31 De cita obligada es el estudio que sobre este tema realizó Palao Taboada, C. (1976). "Apogeo y crisis del principio de capacidad contributiva". *Estudios en homenaje al profesor Federico de Castro*, vol. II, Tecnos.

gitimidad constitucional de las leyes tributarias retroactivas. Este punto de la evolución doctrinal también tiene su correlato en la jurisprudencia de la *Corte Costituzionale*[32] que, menos tajante que la doctrina en este aspecto, admite que una ley retroactiva puede ser ilegítima "si se quiebra la relación que debe existir entre imposición y capacidad contributiva". En este contexto se publicó la primera sentencia de la Corte que declaró la inconstitucionalidad de una ley tributaria retroactiva por vulneración del principio de capacidad contributiva, que fue concretamente la sentencia núm. 44 de 23 de mayo de 1966[33].

La tercera fase se caracteriza por la consolidación de la doctrina de la Corte y el acogimiento progresivo, inicialmente tímido, de otros principios[34], particularmente aquellos que habían sido desarrollados por la jurisprudencia constitucional alemana, de modo que empieza a utilizar en sus pronunciamientos los conceptos de previsibilidad y la exigencia de certeza del derecho[35].

Aunque no hemos encontrado ninguna sentencia en la que se ponga de manifiesto la necesidad de modificar el canon de enjuiciamiento, lo cierto es que es posible constatar cómo se han ido introduciendo esos nuevos cánones, posiblemente fruto del influjo de la jurisprudencia del Tribunal de Justicia de la Unión Europea sobre la *Corte Costi-*

32 En este período se publican las sentencias núm. 45 de 16 de junio de 1964, (ECLI:IT:COST:1964:45); núm. 45 de 9 de junio de 1965 (ECLI:IT:COST:1965:45) y núm. 44 de 23 de mayo de 1966 (ECLI:IT:COST:1966:44).

33 Sentencia de 23 de mayo de 1966, núm.44 (ECLI:IT:COST:1966:44). Esta sentencia se dicta con ocasión del análisis de la constitucionalidad de un impuesto que sometía a gravamen las plusvalías puestas de manifiesto con ocasión de la enajenación de solares edificables. La Corte consideró que "se está ante la aplicación de un impuesto a relaciones extinguidas sin que esta eficacia retroactiva de la norma se vea apoyada por una presunción racional de que los efectos económicos de la enajenación y del valor realizado por ella, subsistan en la esfera patrimonial del sujeto, dada de otra parte la posibilidad de que la enajenación se haya producido en una época remota, que no era previsible el establecimiento del impuesto".

34 Ello no quiere decir que con anterioridad la Corte no se plantease la posible vulneración de otros preceptos constitucionales diferentes del principio de capacidad contributiva, aunque en la mayor parte de las ocasiones fuera para rechazar los mismos y afianzar la línea jurisprudencial iniciada. Así sucedió por ejemplo con el derecho de propiedad o el libre ejercicio de la empresa concretamente en la ya lejana sentencia de 16 de junio de 1964, núm. 45, Giur. Cost. (1964) p. 573, antes citada. La misma se comenta por Mastroviacovo, V. I limiti alla retroattività..., ob. cit., p. 185.

35 En la Sentencia (27 de marzo) 11 de abril de 1969, núm.75, (ECLI:IT:COST:1969:75) Giur. Cost. (1969). dice: "Siguiendo la recordada sentencia nº 44 de 1966 la retroactividad de la imposición autorizada por los arts. 48 y 49 se restringe solamente a las hipótesis expresamente previstas" y añade que "No es exacto, por el contrario, que las mismas razones que vinieron a determinar aquella decisión valgan de modo idéntico para la norma hoy sujeta a examen de esta Corte", p. 1096.

tuzionale. La *Corte* no enjuicia las normas tributarias retroactivas de un modo diferente a las demás normas, ni considera que estas tengan un fundamento autónomo, sino que siguen siempre los criterios generales. El canon de constitucionalidad que utiliza es el artículo 3 de la CI, en la medida que reconoce el principio de razonabilidad y el de protección de la confianza, pero cuando analizar una norma retroactiva continúa examinando la adecuación al principio de capacidad contributiva del art. 53 CI. Por otro lado, hemos de resaltar que no distingue entre retroactividad propia e impropia, sino que se limita a tener con consideración el periodo de duración de la retroacción prevista en la norma examinada.

Por lo que se refiere al tribunal Constitucional español, aunque en ocasiones haya hecho referencia al principio de capacidad contributiva nunca ha declarado la inconstitucionalidad de una norma retroactiva por vulnerar el principio de capacidad contributiva. Ciertamente podría haber dejado una puerta abierta para la hipotética utilización en el futuro del principio de capacidad contributiva[36], pero no parece ser que vaya a seguir este camino. No obstante, apuntamos que cuando el TC analiza las normas tributarias retroactivas y las excluye del ámbito de aplicación del principio de irretroactividad del art. 9.3 CE, una idea a la que recurre insistentemente es que las leyes fiscales tienen un fundamento jurídico autónomo, el deber de contribuir. Y es que el deber de contribuir tiene que estar forzosamente presente, porque cuando el legislador opta por otorgar eficacia retroactiva a una norma está realizando una opción política, que comporta la alteración de los criterios de reparto de la carga tributaria, de la contribución al sostenimiento de los gastos públicos. Por este motivo es obligado en todo caso realizar una ponderación entre los intereses políticos del legislador para determinar si la consecución del bien común prevalece sobre los intereses del contribuyente que ve modificada su posición frente al fisco. Y en este sentido el juicio de constitucionalidad estaría encaminado a evitar los excesos.

3.2.2. La doctrina del Bundesverfassungsgericht. *Seguridad jurídica y confianza legítima*

La escasa importancia del principio de capacidad contributiva en el enjuiciamiento de las disposiciones tributarias retroactivas contrasta con la relevancia que han adqui-

---

36 Contrario a esta tesis se mostraba Palao Taboada, C. "En Apogeo y crisis del principio de capacidad contributiva", ob. cit. pp. 388-340. En una línea similar se encontraría la tesis de García Novoa, C. (2019). "El principio constitucional de seguridad jurídica y los tributos. Algunos aspectos destacables", *Revista Técnica Tributaria*, (124), p. 9. cuando observa que no someter al control constitucional con una regla "tan genuinamente tributaria como la capacidad económica", realmente supone renunciar a una "especialización" del problema de la retroactividad en el ámbito tributario.

rido los principios de seguridad jurídica y confianza legítima[37]. El desarrollo de estos principios se produjo de la mano de la jurisprudencia del *Bundesverfassungsgerich*. Pero quizás lo más destacable ha sido la vis expansiva de esta jurisprudencia alemana, no solo porque haya sido adoptada por nuestro Tribunal Constitucional, sino especialmente porque fue asumida de forma prácticamente mimética por el TJUE. Como hemos tenido ocasión de observar una vez incorporada por el TJUE se fue propagando a otros países, como sucedió precisamente con el caso italiano antes examinado. Por ello vamos a intentar exponer resumidamente los aspectos más relevantes de esta doctrina[38].

El 24 de julio de 1957[39] se dictaba la primera sentencia del Tribunal Constitucional Alemán sobre una norma tributaria retroactiva, que regulaba el impuesto sobre los perros de la Ciudad Estado de Hamburgo. En ella se declaró la constitucionalidad de la norma impugnada y se sentaron las bases para el posterior desarrollo jurisprudencial de la prohibición de retroactividad tributaria. Desde entonces se fueron sucediendo varios centenares de pronunciamientos sobre esta materia. Esta jurisprudencia que supera ampliamente el medio siglo ha ido evolucionando y ha tenido ocasión de abordar las más variadas cuestiones de interés en materia tributaria.

La etapa inicial de la jurisprudencia del tribunal alemán se caracterizó por admisibilidad de las leyes tributarias retroactivas, lo que supuso la declaración de inconstitucionalidad en supuestos excepcionales. Pero no tardaría en publicarse la sentencia de 19 de diciembre de 1961[40] que marcó un punto de inflexión, pues con la misma se produciría un *overruling*, dando paso a una nueva etapa en la que se empezaba a utilizar un criterio contrario al existente hasta entonces, la regla general pasaba a ser la prohibición de retroactividad de las normas tributarias. Por ello el *BVerfG* considera necesario

---

37 Por lo que respecta a este principio un estudio de referencia es la monografía de García Novoa, C. (2000). *El principio de seguridad jurídica en materia tributaria*, M. Pons. Ver asimismo Sánchez Pino, A. J. (2001). "Exigencias de la seguridad jurídica en materia tributaria", Revista Española de Derecho Financiero, pp. 109-110.

38 La doctrina científica alemana se ha ocupado sobre esta cuestión desde antiguo, entre los más relevantes podemos citar a Klein, F. (1964). Bundesverfassungsgericht und Rückwirkung von Gesetzen / von Friedrich Klein und Günther Barbey, Stolffuss, Institut "Finanzen und Steuern"; Lang, J. (1988). Verfassungsrechtliche Zulässigkeit rückwirkender Steuergesetze, Die Wirtshaftsprüfung (Zeitschrift); Scheerbarth, H. (1961). Die Anwendung von Gesetzen auf früher entstandene Sachverhalte: sogenannte Rückwirkung von Gesetzen, 1. Aufl. Walter de Gruyter; Tipke, K. (2001). La retroactividad en el Derecho Tributario, Tratado de Derecho Tributario, Colombia, (trad. A. García Frías). Vogel, K. (1999). Rückwirkung: eine festgefahrene Diskussion, en: Festschrift für Martín Heckel.

39 BVerfGE 7,89, Decisión de 24 de julio de 1957. Esta sentencia la comenta detenidamente Gaya Sicilia, R. *El principio de irretroactividad*, ob, cit. pp. 375 a 377.

40 BVerfGE 13, 261.

que exista una especial justificación si el legislador decide modificar una ley con efectos retroactivos[41]. No se trataba de una prohibición exenta de matices, y por ello se abría la puerta a una rica jurisprudencia

Hoy existe una consolidada doctrina, en virtud de la cual la admisibilidad constitucional de una ley retroactiva debe ser examinada de acuerdo con una serie de criterios jurídicos que se derivan de los principios del Estado de Derecho, particularmente los de seguridad jurídica y confianza legítima. De estos principios deriva el *BVerfG* que las disposiciones tributarias cuya aplicación produzca un agravamiento de la carga tributaria no pueden extender sus efectos a hechos imponibles ya concluidos. La distinción entre las normas tributarias que regulan desgravaciones y las que generan gravámenes se lleva a cabo desde fechas tempranas, concretamente a partir de la sentencia de 14 de noviembre de 1961[42], y después va a ser una constante en la doctrina posterior[43]. El *BVerfG* ha considerado que se afecta el principio de seguridad jurídica, cuando la posición jurídica del ciudadano se ve perjudicada retroactivamente[44]. El ciudadano orienta su conducta atendiendo a lo regulado en las leyes tributarias en cada momento. Las consecuencias jurídicas de la realización de un hecho imponible tienen que poder ser conocidas cuando se llevan a cabo los actos o hechos vinculados al mismo. Para el ciudadano la seguridad jurídica significa primordialmente protección de la confianza —*Vertrauenschutz*—. La jurisprudencia alemana ha ido desarrollando diversos aspectos relacionados con la seguridad jurídica, la certeza, la previsibilidad —ligado a la misma el efecto anuncio— y, especialmente, con la protección de la confianza[45].

---

41 Decisión de 3 de diciembre de 1997 (BVerfGE 97, 67). "El principio constitucional del Estado de Derecho obliga a que si el legislador modifica retroactivamente las consecuencias jurídicas de una conducta perteneciente al pasado de forma gravosa para el contribuyente exista una especial justificación".

42 BVerfGE 13, 206.

43 Dado que la jurisprudencia alemana es la más prolífica, la que más ha sido estudiada por nuestra doctrina y también la más parecida a la nuestra, he creído oportuno no detenerme en la misma. Más detalles sobre esta cuestión se encuentran en las obras de Cervera Torrejón, F y Gaya Sicilia, R., que he citado con anterioridad. Puede consultarse también Tipke, K. (2001). La retroactividad en el Derecho Tributario, Tratado de Derecho Tributario, Colombia, (trad. A. García Frías) y SCHICK, W., "Sobre dos problemas del Derecho Fiscal Alemán, ob. cit.

44 Cfr. BVerfGE 13,261 y 14, 228.

45 Sobre estos conceptos en la doctrina española y en la alemana ver García Novoa, C., El principio de seguridad jurídica, cit. pp. 72 y ss.

Pero advierte el *BVerfG* que, si bien seguridad jurídica significa protección de la confianza[46], este principio no es aplicable sin excepciones, pues la protección de la confianza no siempre está justificada. Y esto sucede, entre otros, en los siguientes casos[47]:

a) La confianza no es digna de protección cuando el ciudadano, teniendo en cuenta la situación jurídica existente en ese momento al que se refieran las consecuencias jurídicas establecidas en una ley con carácter retroactivo, podría haber previsto un cambio de la regulación.

b) El ciudadano tampoco podrá alegar su confianza en el derecho vigente al realizar su planificación cuando este no es claro o es confuso. En tales casos el legislador puede aprobar disposiciones interpretativas con efectos retroactivos.

c) Tampoco el ciudadano puede alegar su confianza en la apariencia de legalidad generada por las normas inválidas. Por consiguiente, el legislador puede retroactivamente sustituir esas normas por otras que no presenten objeciones desde el punto de vista jurídico.

d) Razones de bienestar general pueden primar frente a la seguridad jurídica y justificar las disposiciones retroactivas.

Partiendo de similares preceptos constitucionales el Tribunal Constitucional español aparentemente llegaba a la solución contraria, la inexistencia de una prohibición constitucional de retroactividad de las leyes fiscales. Esta afirmación requiere matizaciones, pues si bien está claro que no existe tal prohibición expresa, ello no puede llevarnos a deducir sin ambages que no exista un principio siquiera implícito de irretroactividad de las normas tributarias, dado que no soportarán el test de constitucionalidad si contravienen los principios constitucionales seguridad jurídica y protección de la confianza legítima. Aunque la regla general sea diferente la doctrina de ambos Tribunales emplea razonamientos comunes, derivados del desarrollo jurisprudencial que han tenido los principios de seguridad jurídica y confianza legítima. Una prueba de ello es la STC 9/2019, de 17 de enero, FJ 4 (*Tol 7028975*), cuando señala, respecto del principio de seguridad jurídica, que: «si bien no implica un derecho de los ciudadanos al mantenimiento de un determinado régimen fiscal, "sí protege, en cambio, la confianza de los ciudadanos, que ajustan su conducta económica a la legislación vigente, frente a cambios normativos que no sean razonablemente previsibles, ya que la retroactividad posible de las normas tributarias no puede trascender la interdicción de la arbitrariedad" [SSTC 182/1997, FJ 11 c) (*Tol 80805*), y 150/1990, FJ 8 (*Tol 80402*)]».

---

46 Todos estos tópicos aparecen contenidos en la BVerfGE 13,261 y se repiten en posteriores pronunciamientos.

47 En esta traducción literal de la sentencia BVerfGE 13, 261, en la que hemos eliminado las remisiones que realiza el tribunal en la sentencia a sus anteriores pronunciamientos.

Quizás el mejor compendio de la doctrina constitucional española sobre los principios de seguridad jurídica y confianza legítima en relación con las normas retroactivas, en esta ocasión no tributarias sino reguladoras de ayudas públicas, lo constituye la STC 51/2018, de 10 de mayo (*Tol 6657359*), que curiosamente vuelve a referirse, en su FJ 5, a la Sentencia del Tribunal Constitucional Federal alemán de 19 de diciembre de 1961, y en la que encontramos reflejados los aspectos más relevantes desarrollados por la doctrina alemana que acabamos de exponer.

3.2.3. Un apunte sobre la doctrina del TJUE

Dentro de los principios generales del Derecho de la UE se encuentran los de protección de la confianza legítima y de seguridad jurídica[48]. Aunque ninguno de ellos —tampoco el principio de irretroactividad— se haya recogido en la Carta de los Derechos Fundamentales de la Unión Europea, ello no obsta a que ambos principios tengan que ser respetados no sólo por las instituciones de la UE[49] sino también por los Estados miembros[50].

El concepto de retroactividad que emplea el TJUE consiste en la fijación del inicio del ámbito de aplicación temporal en un momento anterior a la publicación de la norma. Ciertamente, aunque tampoco existe en el ordenamiento comunitario una prohibición expresa de retroactividad, el TJUE parece darnos a entender que sí se prohíbe de forma implícita, pues en algunas sentencias se hace referencia a un principio de irretroactividad, si bien señala que dicha prohibición no es absoluta. El TJUE no ha examinado nunca el principio de irretroactividad de forma autónoma, sino que siempre ha puesto en conexión la irretroactividad tributaria con el respeto al principio de seguridad jurídica utilizando una frase que se repite en numerosos pronunciamientos[51]:

---

48 Así se dijo claramente en el Asunto C-326/99, Stichting «Goed Wonen» y Staatssecretaris van Financiën "los principios de protección de la confianza legítima y de seguridad jurídica forman parte del ordenamiento jurídico comunitario".

49 Así se pone ya de manifiesto desde los primeros pronunciamientos (sentencia de 14 de mayo de 1975, CNTA/Comisión, 74/74, Rec. p. 533).

50 Ver las sentencias recaídas en los Asuntos Gemeente Leusden y Holin Groep, apartado 57; Stichting «Goed Wonen» y Staatssecretaris van Financiën, apartado 32 y Elmeka NE y Ypourgos Oikonomikon, apartado 31.

51 Cfr. Sentencia del Tribunal de Justicia (Sala Quinta) de 11 de julio de 1991. Antonio Crispoltoni contra Fattoria autonoma tabacchi di Città di Castello. (Asunto C-368/89). ECLI:EU:C:1991:307, apartado 17, y Sentencia del Tribunal de Justicia (Sala Quinta) de 29 de abril de 2004. Gemeente Leusden (C-487/01) y Holin Groep BV cs (C-7/02) contra Staatssecretaris van Financiën. (Asuntos acumulados C-487/01 y C-7/02). ECLI:EU:C:2004:263., apartado 59 (*Tol 9922605*).

"por regla general, el principio de seguridad jurídica se opone a que el punto de partida del ámbito de aplicación temporal de un acto comunitario se fije en una fecha anterior a su publicación, puede ocurrir de otro modo, con carácter excepcional, siempre que lo exija un fin de interés general y se respete debidamente la confianza legítima de los interesados".

El Tribunal admite así que las razones de "interés general" puedan justificar, con carácter excepcional, que un Estado miembro recurra a la técnica de la retroactividad, lo que le ha llevado en varios pronunciamientos a examinar si concurrían las mencionadas razones de interés general en el caso concreto. Procede, por consiguiente, a realizar un examen caso por caso. Pero con cierta frecuencia deja en manos del juez nacional apreciar si concurren las circunstancias previstas en su jurisprudencia para que se cumplan las exigencias de los principios de seguridad jurídica y confianza legítima, argumentando que conoce mejor las condiciones en las que se mueve el legislador nacional. Así ha sucedido en diversos asuntos, como por ejemplo en Asunto «*Goed Wonen*» el juez nacional ha de examinar si existen razones de interés general que justifiquen la retroactividad de la ley[52]; en el Asunto *Elmeka* en el que dice que es el juez nacional quien debe examinar si el sujeto pasivo podía razonablemente considerar que la resolución controvertida había sido adoptada por una autoridad competente y, por tanto, se había generado la confianza legítima.

La retroactividad de las disposiciones tributarias es una medida excepcional que podrá admitirse, por tanto, si no se vulnerará la seguridad jurídica, cuando lo exija el fin perseguido por la norma y siempre que se respete la confianza legítima de los interesados. En la jurisprudencia del TJUE no se hace mención expresa de la distinción entre las vertientes objetivas y subjetiva del principio de seguridad jurídica. No obstante, sí se ha referido en numerosas ocasiones a las diversas manifestaciones el principio de seguridad jurídica, es decir, la previsibilidad de las medidas, al llamado efecto anuncio y a la certeza.

No podemos dejar de hacer una mínima referencia al principio de proporcionalidad[53] ya que el TJUE se ha pronunciado en varias ocasiones sobre el la relación entre

---

52 En la Sentencia del Tribunal de Justicia (Gran Sala) de 26 de abril de 2005. Stichting "Goed Wonen" contra Staatssecretaris van Financiën. (Asunto C-376/02) (ECLI:EU:C:2005:251) el juez nacional es quien debe examinar si existía el riesgo de realización de las operaciones financieras que se pretenden evitar con las medidas retroactivas.

53 Sobre el significado del principio de proporcionalidad el TJUE se ha pronunciado en varias ocasiones. Citamos por ser uno de sus primeros pronunciamientos y por tratarse de materia tributaria la Sentencia del Tribunal de Justicia (Fifth Chamber) of 11 July 1989. Hermann Schräder HS Kraftfutter GmbH & Co. KG v Hauptzollamt Gronau. (Asunto 265/87) (ECLI:EU:C:1989:303): "El principio de proporcionalidad forma parte según la jurisprudencia constante del Tribunal, de los principios generales del Derecho comunitario. En virtud de

este principio y la elección de medios por parte de las instituciones comunitarias en el sentido de que "los fines perseguidos puedan ser alcanzados en las condiciones más favorables y con los menores sacrificios posibles para las empresas afectadas; no obstante, este principio de justicia debe ser acompasado con el principio de seguridad jurídica, el cual, asimismo, también está basado en exigencias de justicia y economía; ambos principios deben conciliarse de forma que impliquen un mínimo de sacrificios para el conjunto de los operadores de la Comunidad"[54].

3.2.4. *La jurisprudencia del Tribunal Supremo de los Estados Unidos. Más allá de la interdicción de la arbitrariedad*

El tercer canon de enjuiciamiento de las normas tributarias retroactivas está constituido por la interdicción de la arbitrariedad, que se toma de la jurisprudencia de la Corte Suprema americana[55]. En virtud dicha prohibición la retroactividad de las leyes tributarias está proscrita cuando tenga un carácter arbitrario o irrazonable[56]. Se prohíbe, en definitiva, la denominada retroactividad arbitraria. Este tercer límite, que también forma parte del art. 9.3 CE, se menciona en algunos pronunciamientos del Tribunal Constitucional español, si bien ha tenido una escasa incidencia en la doctrina constitucional.

Realmente la jurisprudencia de la Corte Suprema Americana no es muy abundante, en contraste con las cifras de los Tribunales constitucionales que hemos ido estudiado hasta ahora[57]. A ello se añade que son pocos los casos en los que encontramos sentencias

---

dicho principio, la legalidad de las medidas que imponen cargas financieras a los operadores económicos se encuentra subordinada a la condición de que tales medidas resulten apropiadas y necesarias para la realización de los objetivos legítimamente perseguidos por la normativa en cuestión, bien entendido que, cuando deba efectuarse una elección entre varias fórmulas adecuadas, conviene recurrir a la menos gravosa, y que las cargas impuestas no deben ser desmesuradas en relación con los fines previstos".

54 Sentencia del Tribunal de Justicia de 13 de julio de 1962. Klöckner-Werke AG y Hoesch AG contra Alta Autoridad de la Comunidad Europea del Carbón y del Acero. (Asuntos acumulados 17/61 y 20/61). (ECLI:EU:C:1962:30), p. 645.

55 Así lo señala la STC 126/1987, de 16 de julio (*Tol 79866*): "la presunta inconstitucionalidad de la norma controvertida se fundamenta en la vulneración de los principios de capacidad económica, seguridad jurídica e interdicción de la arbitrariedad por referencia a la jurisprudencia italiana, alemana y norteamericana".

56 En este sentido Palao Taboada, C. (1988). "En torno a la jurisprudencia reciente del Tribunal Constitucional en materia financiera y tributaria", *REDF*, (59), p. 443.

57 Así se puede observar en un interesante estudio de jurisprudencia básicamente de la Corte Suprema realizado por Lunder, E., Meltz, R. y Thomas, K. (2012). *Constitutionality of Retroactive Tax Legislation*, Congressional Research Service. Otro documento que resulta de utilidad es

estimatorias, especialmente si tenemos en consideración una larga historia de pronunciamientos sobre esta cuestión que se remonta a finales del s. XIX. Podemos afirmar que en este ordenamiento jurídico existe una amplia admisibilidad de la retroactividad en materia tributaria[58]. Sin embargo, ello no significa que las medidas fiscales retroactivas, agravantes siempre se hayan considerado constitucionalmente admisibles[59]. En algunas ocasiones en las que fueron impugnados impuestos retroactivos, particularmente cuando se dotaron a las leyes tributaria de un prolongado periodo de retroacción o el cambio normativo se produjo de forma sorpresiva, sin previo anuncio a sus destinatarios, dichas leyes fueron objeto de declaración de inconstitucionalidad por vulnerar el derecho al debido proceso (*due process clause*)[60], que aparece reconocido en la quinta enmienda en los siguientes términos "ninguna persona puede ser privada de la vida, la libertad o la propiedad sin el debido proceso legal".

Pero no es este el único canon de constitucionalidad empleado, sino que los límites a la retroactividad de las normas tributarias se han buscado en diferentes principios y derechos, todos ellos contenidos en la quinta enmienda, como son el derecho de propiedad, la garantía expropiatoria (*the takings clause*), el principio de irretroactividad de las normas penales (*ex post facto clause*) y la prohibición de discriminación (*the equal protection guarantee*). Se trata de un auténtico puzzle de cláusulas, de difícil reconducción a principios comunes, y solo en contadas ocasiones, cuando es irracional, declara su inconstitucionalidad. Es por esta vía, por tanto, como llegamos a un punto común que es el control de la arbitrariedad del legislador. El legislador actúa de forma arbitraria si una norma tributaria es equiparable a una sanción, produce un efecto expropiatorio, se dirige a un grupo de personas determinado siendo para ellas una auténtica discriminación o se aprueba con infracción del procedimiento.

El principio de interdicción de la arbitrariedad, en los términos en que aparece recogido en el art. 9.3 CE, nunca ha sido utilizado por el TC como canon de constitucionalidad autónomo para declarar la inconstitucionalidad de norma tributaria alguna. Sin embargo lo encontramos expresamente mencionado en algunas sentencias recientes. Así por ejemplo la STC 9/2019, de 17 de enero, FJ 4 (*Tol 7028975*) señala que "la

---

el estudio de Cornett, T y Hesley, S. (2016). *Taxpayer challenges to retroactive tax legislation.* Inside Deloitte. State tax notes.

58 Un análisis de los ordenamientos de Reino Unido, Australia y Estados Unidos y de le jurisprudencia de sus tribunales se lleva a cabo por Samford, C. (2006). *Restrospectivity and the rule of law*, cit., pp. 147 y ss.

59 Las medidas fiscales retroactivas se consideran constitucionalmente admisibles cuando cumplan determinados requisitos. Esta Se trata de una frase que se repite en muchos pronunciamientos y a título de ejemplo citamos James Beam, M. (1991). Distilling Co. v. Georgia, 501 U.S. 529

60 Estas se analizan por Azpitarte. M. *Cambiar el pasado*, ob. cit., pp. 77 y ss.

retroactividad posible de las normas tributarias no puede trascender la interdicción de la arbitrariedad" y la STC 51/2018, de 10 de mayo, FJ 7 (*Tol 6657359*), dice que la arbitrariedad es "el resultado bien de una discriminación normativa, bien de la carencia absoluta de explicación racional de la medida adoptada", pero fuera de esta afirmación no encontramos un mayor desarrollo del contenido constitucional de este principio que nos permita conocer en qué medida pueda servir como límite a la retroactividad[61].

3.2.5. *La jurisprudencia del TEDH*

La jurisprudencia del TEDH se ha ido expandiendo progresivamente sobre diferentes sectores del derecho tributario y también se proyecta sobre el principio de irretroactividad de las normas[62]. Esta situación se produce cuando el Convenio Europeo de Derechos Humanos amplia su ámbito de protección tras la aprobación del primer protocolo adicional en el que se reconoce el Derecho de propiedad[63].

Estamos de acuerdo con Soler Roch[64] cuando afirma que "respecto al término «propiedad» (property en el texto oficial del Convenio), debe tenerse en cuenta que, el concepto va más allá del estricto ámbito del derecho real de propiedad, comprendiendo la posesión de todo tipo de bienes y derechos, en definitiva, de todo lo que tenga un valor económico". El TEDH ha dado un concepto de "bienes" o "possessions", en los términos del convenio, lo que resulta necesario para establecer si en el caso concreto hubo una injerencia excesiva. Como apunta Quintas Seara[65] es este un concepto amplio y autónomo, que no se vincula a los ordenamientos internos, y que permite dar cobertura a bienes y activos materiales e inmateriales, presentes e incluso futuros (derecho a devoluciones, incluso defectos procedimentales que impidan recuperar impuesto o

---

61 En la STC 126/1987, de 16 de julio, FJ 13 el TC negó que se hubiera vulnerado el principio de seguridad jurídica y con el mismo fundamento añade que "se deduce que dicha norma tampoco infringe el aducido principio de interdicción de la arbitrariedad, reconocido igualmente en el art. 9.3 de la Constitución".

62 Vid. Baker, Ph. (2005). *Retrospective tax legislation and the European Convention on Human Rights*, British Tax Review,

63 Vid. Pérez Royo, F. (2001). "El derecho de propiedad y la prohibición de discriminación en su disfrute como límite a poder tributario en el Convenio Europeo de Derechos Humanos", *REDF*, (109-110).

64 Soler Roch, M. T. (2015). *Deber de contribuir y derecho de propiedad en el ámbito de protección de los derechos humanos*, Derechos fundamentales y Hacienda Pública. Una perspectiva europea, Civitas, p. 25.

65 Quintas Seara, A. (2013). "El artículo 1 del Protocolo número 1 al Convenio Europeo de Derechos Humanos como límite al poder tributario de los Estados parte: una revisión a la luz de los casos N.K.M., Gáll y R.Sz.". *Quincena Fiscal*, (22).

ayudas). Estrechamente vinculado al concepto de bienes se encuentra el concepto de expectativa legítima (*legitímate expectation*), pues no toda expectativa será digna de protección, sino que se relaciona con la existencia de un interés patrimonial cierto, con una base legal, cuya interpretación sea pacífica y consolidada.

El TEDH también ha tenido ocasión de pronunciarse en diversas ocasiones sobre el principio de irretroactividad en materia tributaria[66]. El punto de partida es que los Estados son libres de adoptar las medidas tributarias que estimen oportunas, de configurar sus leyes tributarias como crean conveniente, existiendo un amplio margen de juego para el legislador. Al igual que sucedía con los otros tribunales cuyos pronunciamientos venimos examinando el TEDH también comienza afirmando que no hay una prohibición absoluta de retroactividad que afecte a la legislación tributaria, ya que esta prohibición tan sólo afecta a las leyes penales, a las que se aplica el art. 7 del CEDH. Por tanto, la retroactividad tributaria en principio no resulta incompatible con el CEDH, aunque ello no supone que toda norma tributaria retroactiva resulte admisible

En sus pronunciamientos el TEDH aplica un triple test[67]: el test de legalidad (que a su vez incluye un análisis de la reserva de ley y de la calidad de la ley, que debe ser "accesible, precisa y previsible"); el test de interés público; y el test de proporcionalidad. De los

---

66 Lo limitado de este estudio nos impide referirnos a todas las sentencias del TEDH en materia tributaria. Nos remitimos por su exhaustividad a los realizados por Martínez Muñoz, Y. (2002). *La aplicación del Convenio Europeo de derechos humanos en materia tributaria: un análisis jurisprudencial*. Aranzadi, y a los "Comentarios de Jurisprudencia del Tribunal Europeo de Derechos Humanos", *Revista Española de Derecho Financiero*, que esta autora realiza periódicamente.

67 Los tres pasos se explican con detalle por Quintas, A. «El artículo 1 del Protocolo número 1 al Convenio Europeo de Derechos Humanos, ob. cit. p. 19.
En opinión de Menéndez Moreno, A. (2020). "Los principios tributarios (implícitos) en el Convenio Europeo de Derechos Humanos y en la Carta de los Derechos Fundamentales de la UE: una aproximación". *Quincena Fiscal*, (1-2), p. 5, señala que "las SSTEDH de 2 de julio de 2003, asunto *Buffalo Srl, en liquidación v. Italia;* de 14 de mayo de 2013, asunto *N.K.M. v. Hungría;* o, por último, de 2 de julio de 2013, asunto *R. Sz. v.* Hungría, de cuyo análisis cabe concluir que para enjuiciar la posible vulneración del derecho de propiedad por el ordenamiento tributario deben verificarse hasta **cinco exigencias**. La primera acreditar que el recurrente tiene interés patrimonial, interés que puede ir más allá del derecho de propiedad y comprender también la posesión de todo tipo de bienes y derechos de contenido económico; la segunda exigencia es la de cerciorarse si el Estado al que se demanda llevó a cabo una injerencia en los referidos derechos; la tercera determinar si esa injerencia estaba legalmente prevista; la cuarta saber si perseguía un fin legítimo; y la quinta si se llevó a cabo una justa ponderación de los intereses públicos concurrentes y el interés privado de la parte actora y, en particular, si hubo una razonable relación de proporcionalidad entre los medios empleados y el fin perseguido. Y atendiendo a esta última exigencia de **proporcionalidad entre medios y fines**, el TEDH considera que de él derivan la necesidad de aplicar el principio de proporcionalidad, de prohibir

casos examinados se colige que el legislador debe tener razones de peso para introducir una legislación retroactiva, y estas razones deben soportar la ponderación entre los intereses de los contribuyentes y el interés general de la comunidad. Por tanto, la legislación no debe ser desproporcionada o imponer una carga excesiva a los contribuyentes a los que se les aplica. Entiende que la retroactividad aparece más justificada en ciertos casos, como sucede cuando se utiliza para evitar un determinado tipo de evasión o fraude o en otros supuestos tales como cuando pretende cubrir lagunas interpretativas o vacíos legislativos.

4. A MODO DE CONCLUSIÓN

El Tribunal Constitucional español inicialmente exploró diferentes opciones para examinar la constitucionalidad de las normas tributarias retroactivas, enjuiciando en cada caso si aparecían vulnerados los principios de capacidad contributiva, seguridad jurídica e interdicción de la arbitrariedad de los poderes públicos. Hoy existe un predominio claro del principio de seguridad jurídica, aunque con una clara tendencia a profundizar en el principio de confianza legítima. La influencia del principio de interdicción de la arbitrariedad es meramente nominal y las menciones de la protección de la propiedad vienen dadas por la influencia del TEDH, todavía no tiene un encaje claro con los otros derechos, que relacionados con la materia tributaria y en particular con el principio de irretroactividad de las normas tributarias que nos ocupa.

Como colofón hacemos nuestra la frase con la que Manfred Dauses concluye su trabajo "La protección de los derechos fundamentales en el orden jurídico comunitario"[68]: "Un sistema jurídico puede prescindir de garantías escritas de los derechos fundamentales sin merma de la eficacia si dispone de un sistema judicial que funcione". Desde que aparecieran las primeras prohibiciones expresas de retroactividad de las leyes penales tras la Revolución Francesa, hemos llegado al s. XXI sin una prohibición similar en materia tributaria. Esta situación no supone merma alguna de los derechos de los contribuyentes, ni el derecho interno ni el ámbito supranacional si el sistema judicial ha sabido encontrar en otros principios vías de control eficaces a las desviaciones cometidas por los legisladores.

---

una carga fiscal excesiva y de atender o tomar en cuenta las circunstancias de cada caso, que son las tres cuestiones a que se va a hacer referencia en los párrafos siguientes".

68 Dauses, M. A. (1991). "La protección de los derechos fundamentales en el orden jurídico comunitario". *Gaceta Jurídica de la CEE*. Serie D, (14).

5. REFERENCIAS BIBLIOGRÁFICAS

Asorey Rubén, O. (1990). "El principio de seguridad jurídica en el Derecho tributario". Revista Española de Derecho Financiero, Civitas, (66), p. 174.

Azpitarte, M. (2008). Cambiar el pasado, Tecnos.

Bach, L. (1985). Contribution à l'etude de la notion de rétroactivité de la loi, en: Festschrift für Karl H. Neumayer, Nomos, pp. 47 y ss.

Baker, Ph. (2005). Retrospective tax legislation and the European Convention on Human Rights, British Tax Review.

Cervera, F. (1976). "La retroactividad de la norma tributaria", REDF, (10), pp. 270-273.

Dauses, M. A. (1991). "La protección de los derechos fundamentales en el orden jurídico comunitario". Gaceta Jurídica de la CEE. Serie D, (14).

Díez Picazo, L. y Gullón, A. (2016). Sistema de Derecho Civil, Tecnos, pp. 137 y ss.

Escribano, F. (1991). "La eficacia en el tiempo de las normas tributarias", en: AA.VV. Comentarios a la Ley General Tributaria y líneas para su reforma, I, IEF

Falcón y Tella, R. (2010). "Devengo y determinación de la norma aplicable en la nueva Ley General Tributaria", VVAA Arrieta, Collado, Zornoza (dirs.) Tratado sobre la Ley General Tributaria. Homenaje a Álvaro Rodríguez Bereijo, Thomon Reuters Aranzdi, Tomo I, pp. 637 y ss.

Ferreiro Lapatza, J. J. (2006). Curso de Derecho Financiero, M.Pons, p. 301.

García Frías, A. (2010). La retroactividad de la ley tributaria y sus límites constitucionales, Tratado sobre la ley general tributaria: homenaje a Álvaro Rodríguez Bereijo, Aranzadi, pp. 351 y ss.

García Novoa, C. (2000). El principio de seguridad jurídica en materia tributaria, M. Pons.

García Novoa, C. (2019). "El principio constitucional de seguridad jurídica y los tributos. Algunos aspectos destacables", Revista Técnica Tributaria, (124), p. 9.

González García, E. (1996). "Retroactividad de las normas tributarias y devengo del impuesto", Quincena Fiscal.

González García, E. (1982). "Artículo 20", en Comentarios a las Leyes Tributarias, Tomo I, LGT, Edersa.

Gaya Sicilia, R. (1987). El principio de irretroactividad de las leyes en la jurisprudencia constitucional, Montecorvo.

López Menudo, F. (1991). "El principio de irretroactividad de las normas en la jurisprudencia del Tribunal Constitucional", Estudios sobre la Constitución española: homenaje al profesor Eduardo García de Enterría, Civitas, p. 461.

Macho Pérez, A. B. (2005). El principio de irretroactividad en Derecho Tributario, Tesis doctoral inédita. UPF.

Martínez Muñoz, Y. (2002). La aplicación del Convenio Europeo de derechos humanos en materia tributaria: un análisis jurisprudencial. Aranzadi.

Martínez Muñoz, Y. "Comentarios de Jurisprudencia del Tribunal Europeo de Derechos Humanos". Revista Española de Derecho Financiero.

Menéndez Moreno, A. (2020). "Los principios tributarios (implícitos) en el Convenio Europeo de Derechos Humanos y en la Carta de los Derechos Fundamentales de la UE: una aproximación". Quincena Fiscal, (1-2), p. 5.

Palao Taboada, C. (1976). "Apogeo y crisis del principio de capacidad contributiva". Estudios en homenaje al profesor Federico de Castro, vol. II, Tecnos.

Palao Taboada, C. (1988). "En torno a la jurisprudencia reciente del Tribunal Constitucional en materia financiera y tributaria", REDF, (59), p. 443.

Sánchez Pino, A. J. (2001). "Exigencias de la seguridad jurídica en materia tributaria", Revista Española de Derecho Financiero, pp. 109-110.

Pérez Royo, F. (2001). "El derecho de propiedad y la prohibición de discriminación en su disfrute como límite a poder tributario en el Convenio Europeo de Derechos Humanos", REDF, (109-110).

Quintas Seara, A. (2013). "El artículo 1 del Protocolo número 1 al Convenio Europeo de Derechos Humanos como límite al poder tributario de los Estados parte: una revisión a la luz de los casos N.K.M., Gáll y R.Sz.". Quincena Fiscal, (22).

Schick, W. (1987). "Sobre dos problemas del Derecho Fiscal Alemán: la retroactividad y los conflictos entre el Derecho Europeo y el Derecho Fiscal Nacional", Cuadernos Iberoamericanos de Estudios fiscales, (4).

Soler Roch, M. T. (2015). Deber de contribuir y derecho de propiedad en el ámbito de protección de los derechos humanos, Derechos fundamentales y Hacienda Pública. Una perspectiva europea, Civitas, p. 25.

REFLEXIONES SOBRE EL ESTADO ACTUAL DE LA JURISPRUDENCIA SOBRE LAS LLAMADAS CLÁUSULAS ANTIABUSO*

JESÚS CUDERO BLAS
Magistrado del Tribunal Supremo (exc.)
Of Counsel en Garrigues
Profesor Asociado de Derecho Financiero y Tributario
Universidad Complutense de Madrid

---

* Ponencia desarrollada por el autor en el Congreso titulado "20 + 40 años de la Ley General Tributaria: luces y sombras", celebrado en la Escuela de Práctica Jurídica de la Universidad Complutense de Madrid los días 14 y 15 de noviembre de 2023.

1. INTRODUCCIÓN

Por propia exigencia de la eficacia en el control administrativo de cómo los ciudadanos cumplen con su deber de contribuir (que nuestra Constitución recoge en el artículo 31.1), todos los ordenamientos jurídicos de naturaleza tributaria incorporan "normas antiabuso" para evitar los casos de fraude o elusión fiscal.

En el ámbito del Derecho de la Unión Europea, las autoridades competentes se han mostrado especialmente preocupadas en los últimos tiempos en su afán por establecer un sistema común que aborde los problemas que se derivan de la internacionalización de las operaciones transfronterizas y la globalización de la economía.

La Directiva 90/434/CEE, relativa al régimen fiscal común aplicable a las fusiones, escisiones, aportaciones de activos y canjes de acciones (*Tol 63208*) (con su conocida cláusula relativa al *motivo económico válido*), la Directiva 90/435/CEE, sobre el régimen fiscal de matrices y filiales (*Tol 63209*) (que contenía una cláusula antiabuso general en su artículo 1 haciendo referencia a las disposiciones nacionales o convencionales a fin de *evitar fraudes y abusos*), la Directiva 2003/49/CE del Consejo, relativa a un régimen fiscal común aplicable a los pagos de intereses y cánones efectuados entre sociedades asociadas de diferentes Estados miembros (que incluye una referencia extraordinariamente importante sobre el *beneficiario efectivo*) y las iniciativas de las autoridades europeas en el marco del Plan de acción BEPS [con la aprobación de la Directiva (UE) 2016/1164, de 12 de julio de 2016 (*Tol 5776471*), denominada ATAD 1] son buena muestra de ello.

En nuestro ordenamiento jurídico, la Ley General Tributaria (*Tol 327278*) que glosamos en el presente curso acogió en sus artículos 13, 15 y 16 tres institutos muy en línea con la práctica internacional de los países de nuestro entorno, que regulaban —con mayor o menor profundidad— los instrumentos puestos a disposición de los órganos encargados de la aplicación del ordenamiento tributario para identificar la verdadera naturaleza de los negocios jurídicos de contenido o repercusiones tributarias.

La Ley General Tributaria de 1963 (*Tol 221160*) ya había tenido en cuenta —en lo fundamental— estas técnicas en los artículos 24 y 25 y —más tarde— en el artículo 28: (i) la *simulación* en sus dos manifestaciones —la simple mera apariencia sin negocio alguno y el encubrimiento de otro negocio distinto, realmente querido—, (ii) la *calificación*, que permite estar a la verdadera naturaleza jurídica del hecho con trascendencia tributaria realmente realizado, al margen de la forma dada por las partes, y (iii) el fraude o —ahora— el *conflicto en la aplicación de la norma*, que permite actuar frente a actuaciones artificiosas y sin justificación económica real encaminadas a evitar total o parcialmente la realización del hecho imponible o a minorar la base o la deuda tributaria.

Ciertamente, el Derecho Comparado permite identificar una evidente complejidad y absoluta diversidad en la identificación de estas figuras, en su configuración técnico-jurídica o en las consecuencias anudadas a cada una de ellas, en el bien entendido que los perfiles de todas estas figuras no están, ni mucho menos, claros.

El objeto de esta humilde ponencia es repasar la doctrina jurisprudencial vigente sobre los artículos 13, 15 y 16 de la Ley General Tributaria (*Tol 327278*), que nos permitirá extraer una conclusión que puede desde ahora aventurarse: no hay una uniformidad evidente en esa jurisprudencia al punto de que no puede decirse que exista una definición clara, precisa y evidente de cuándo debe acudirse a una u otra de esas cláusulas, a pesar del esfuerzo realizado por el Tribunal Supremo desde 2020 para identificar los perfiles de cada una de ellas y su correcta y adecuada aplicación al caso.

Sea como fuere, conviene ya apuntar algo que considero esencial: la utilización por los órganos administrativos de aplicación de los tributos de una u otra de esas cláusulas antiabuso no es baladí pues —especialmente en el deslinde entre simulación y conflicto— cabe —o no— ejercer las potestades sancionadoras, dado que —como regla general, y salvo supuestos muy excepcionales— los actos que incurren en conflicto en la aplicación de la norma no son sancionables, mientras que los actos simulados lo son en la medida en que el comportamiento de los interesados que simulan negocios u operaciones con transcendencia tributaria es, siempre y según jurisprudencia reciente, doloso.

2. LA EVOLUCIÓN DE LA JURISPRUDENCIA ESPAÑOLA

La jurisprudencia inicial en la aplicación de los preceptos contenidos en los artículos 13, 15 y 16 de la Ley General Tributaria (*Tol 327278*) distaba mucho de ser clara. Más bien podría decirse que esa jurisprudencia era excesivamente genérica, en ocasiones contradictoria y, en general, muy apegada al caso concreto. Por resumirla casi caricaturizándola, cabría afirmar que era el "tufillo" de las operaciones analizadas el que determinaba la conformidad o no a Derecho de los actos administrativos que —a veces utilizando las potestades de calificación, en ocasiones acudiendo al conflicto o empleando la simulación— regularizaban la situación del contribuyente imponiendo (o no) sanciones tributarias.

En ocasiones, además, la regularización inspectora respaldada por la jurisprudencia ni siquiera acudía a una u otra cláusula para identificar la contravención de la norma fiscal, sino que se limitaba rechazar esa clasificación por la anomalía o la inexistencia de una causa legítima que respaldara la actuación correspondiente.

Muy sintéticamente, cabría citar los siguientes pronunciamientos relevantes de la jurisprudencia al uso en relación con la "abusividad" o con los "negocios anómalos" (y que nos permitirá comprobar lo "genéricas" y poco precisas que eran las decisiones adoptadas):

- STS DE 18 DE JULIO DE 2012 (CASACIÓN 3779/2009) (*Tol 2597812*): cuando una operación es "*intrínsecamente asombrosa*" es la parte que realiza la operación la que debe justificar su razonabilidad pese a la apariencia que de ella se infiere.

- STS DE 29 DE OCTUBRE DE 2012 (CASACIÓN 6460/2010): existe simulación cuando se realiza "*una serie de negocios que no responden a la realidad típica que les justifica*".

- STS DE 26 DE SEPTIEMBRE DE 2012 (CASACIÓN 5861/2009) (*Tol 2654901*): hay simulación cuando no existe la "*causa que nominalmente expresa el contrato, por responder este a otra finalidad jurídica distinta*". Es posible que el negocio simulado se presente como "*un negocio ficticio (esto es no real —aunque puede ocultar en algunas ocasiones un negocio verdadero—), como un negocio simple —aunque una importante modalidad del mismo es el negocio múltiple o combinado— y, en fin, como un negocio nulo, por cuanto no lleva consigo, ni implica transferencia alguna de derechos*".

- STS DE 28 DE MARZO DE 2012 (CASACIÓN 3797/2008) (*Tol 2654901*): no es óbice para la apreciación de simulación la "*realidad de cada una de las múltiples operaciones realizadas, y que desde la normativa mercantil no ofrezcan tacha alguna*".

- STS DE 24 DE FEBRERO DE 2016 (CASACIÓN 4134/2014) (*Tol 5652553*): En el caso del fraude de ley y para diferenciarlo de la simulación, "*el negocio o negocio realizados son reales*", de manera que "*no se trata de ocultar un acto bajo la apariencia de otro, sino, simplemente, de buscar amparo para un acto en una norma que no es la que propiamente le corresponde*". Esta sentencia es claramente contradictoria con la anterior —a pesar de que la cita— pues parece exigir ocultación en la simulación, lo que impediría apreciarla cuando las operaciones realizadas sean "reales".

Había, pues, en la jurisprudencia una suerte de "abusividad en la causa", que permitía reconducir las consecuencias fiscales de ciertos negocios jurídicos sin demasiada precisión dogmática o técnico-jurídica: bastaba con identificar una cierta "rareza" en la operación, para extraer las consecuencias fiscales correspondientes y, en la mayoría de las ocasiones, para sancionar al contribuyente.

La doctrina jurisprudencial expuesta cambia de manera radical a partir de 2020, momento en el que el Tribunal Supremo acuña la doctrina sobre la *no intercambiabilidad* de las cláusulas antiabuso. Destacan, sin ánimo de exhaustividad y a partir de aquel momento, las siguientes sentencias:

- SSTS núms. 904/2020 y 905/2020, DE 2 DE JULIO (CASACIONES 1429/2018 y 1433/2018, (*Tol 8013032*) y (*Tol 8013110*)) respectivamente): "*Las instituciones no han sido creadas por el legislador de manera gratuita y, desde luego, no han sido puestas a disposición de los servidores públicos de manera libre o discrecional, sino solo en la medida en que se cumplan los requisitos establecidos en cada una de ellas. No son, en definitiva, intercambiables*".

Estas sentencias —que abordan un supuesto de hecho idéntico— definen con precisión cada una de las instituciones contempladas en aquellos preceptos de la Ley General Tributaria en los siguientes términos:

– "*La calificación es una operación que realiza la Administración en ejercicio de sus potestades de aplicación, gestión y control del tributo, que tiene por objeto determinar la naturaleza jurídica del hecho con trascendencia tributaria realmente realizado, al margen de la forma dada por las partes*".

– En el conflicto en la aplicación de la norma tributaria (artículo 15 de la Ley General Tributaria) se exige evitar total o parcialmente la realización del hecho imponible o minorar la base o la deuda tributaria mediante actos o negocios en los que deben ineluctablemente concurrir las circunstancias típicas (notoria artificiosidad o carácter impropio para conseguir el resultado e inexistencia de efectos distintos del ahorro fiscal), siendo así que en las liquidaciones que se realicen como resultado de lo dispuesto en el artículo 15 de la Ley General Tributaria "*se exigirá el tributo aplicando la norma que hubiera correspondido a los actos o negocios usuales o propios o eliminando las ventajas fiscales obtenidas*".

– En el supuesto del artículo 16 de la Ley General Tributaria cabe distinguir entre una simulación absoluta cuando "*tras la apariencia creada, no existe causa alguna", esto es, se trata de crear una apariencia de negocio jurídico que realmente no se quiere celebrar*" y una simulación relativa "*cuando tras el negocio simulado existe otro que es el que se corresponde con la verdadera intención de las partes*", una suerte de ocultación que se produce generando la apariencia de un negocio ficticio, realmente no querido, que sirve de pantalla para encubrir el efectivamente realizado en violación de Ley.

Estas sentencias traen a colación la parte más clara de la jurisprudencia clásica según la cual se distingue el fraude de ley (actual conflicto en la aplicación de la norma) de la simulación porque en aquél el negocio o negocio realizados son reales: no se trata (en el fraude) de ocultar un acto bajo la apariencia de otro (como ocurre con la simulación), sino, simplemente, de buscar amparo para un acto en una norma que no es la que propiamente le corresponde.

La doctrina sentada por estas dos sentencias es de una extraordinaria importancia cuando se afirma lo siguiente:

"*Las instituciones no han sido creadas por el legislador de manera gratuita y, desde luego, no han sido puestas a disposición de los servidores públicos de manera libre o discrecional, sino solo en la medida en que se cumplan los requisitos establecidos en cada una de ellas. No son, en definitiva, intercambiables.*

Pretender que la "calificación" tributaria permite una actuación como la que nos ocupa sería tanto como otorgar al precepto contenido en el artículo 13 de la Ley General Tributaria un poder expansivo incompatible con el resto de la regulación legal, pues haría innecesaria la presencia de otras figuras, como el conflicto en la aplicación de la norma o la simulación.

Dicho de otro modo, la Administración no necesitaría incoar los procedimientos previstos en los artículos 15 y 16 de la Ley General Tributaria prácticamente en ningún caso, pues le bastaría con "calificar" las situaciones de hecho que encontrara en la práctica y "ajustarlas" a la legalidad, aplicando la normativa correspondiente, pues su potestad calificadora (recordemos, solo de los "actos, hechos o negocios") sería prácticamente absoluta y omnicomprensiva de cualquiera situación imaginable.

Y habría un argumento más, en absoluto baladí: en el ámbito tributario, la cuestión de distinguir entre calificación (o "recalificación", como en realidad ha sucedido aquí) y simulación —sea esta absoluta o relativa— puede adquirir una importancia capital si la contemplamos desde la perspectiva del Derecho sancionador.

Y es que una cuestión de calificación podría quedar amparada —o al menos así podría defenderse— por la ausencia de negligencia o por una interpretación razonable de la norma a fin de excluir la existencia de infracción tributaria; pero ello no sería posible cuando de la simulación se trata en la que, incluso, cabría pensar en que la ocultación propia de la simulación podría actuar como circunstancia de agravación.

De esta manera, una distinción que pudiera —aparentemente— parecer inocua puede tener unos efectos absolutamente relevantes nada menos que en el ámbito del derecho sancionador.

En definitiva, si las instituciones —como las aquí analizadas— no son de libre uso, sino que deben ser utilizadas en los términos legalmente previstos".

– STS 234/2023, DE 23 DE FEBRERO (CASACIÓN 5915/2021) (*Tol 9437026*): los hechos eran sencillos: un club deportivo satisface cantidades a agentes o representantes de jugadores de fútbol como consecuencia de su fichaje, traspaso o rescisión o modificación del contrato y las facturas emitidas por los agentes o representantes recogen el IVA, deduciendo la entidad deportiva el correspondiente impuesto soportado.

Según la Inspección, aun cuando la transacción monetaria se produzca entre el club y el agente, en realidad este último está prestando un servicio al jugador y el club paga ese servicio al agente por cuenta de ese jugador, de modo que las cantidades satisfechas por el club al agente o representante deben considerarse mayor retribución monetaria del futbolista como rendimiento del trabajo, de manera que la cuota soportada por la entidad no es deducible.

Para la Sala Tercera del Tribunal Supremo en este asunto, la Administración no se ha limitado a realizar operaciones de mera calificación jurídica (que no es más que la subsunción del hecho de la realidad en la premisa mayor de la norma, sobre bases estrictamente jurídicas), pues la regularización prescinde por completo del negocio jurídico en cuyo cumplimiento las partes (club de futbol y agente) afirman haber realizado sus respectivas prestaciones, en particular el pago de la prestación de servicios, sobre el que se ha repercutido el IVA que es objeto de liquidación en la regularización objeto de este litigio.

Termina la sentencia con una afirmación relevante (porque —acaso— puede generar la tentación en la Hacienda Pública de volver a regularizar en una suerte de "segundo tiro"): "*No corresponde a este Tribunal determinar si la Administración debió declarar la existencia de simulación negocial o una actuación de elusión fiscal característica del conflicto en la aplicación de normas tributarias, delimitado en sus presupuestos y consecuencias en el art. 15 LGT*".

– STS 830/2023, DE 21 DE JUNIO (CASACIÓN 7268/2021) (*Tol 9626540*): El servicio que presta una persona física a una sociedad vinculada y el que presta tal sociedad vinculada a terceros independientes es sustancialmente el mismo cuando se trata de la prestación de un servicio *intuitu personae*, y la sociedad vinculada carece de medios para realizar la operación o prestar el servicio pactado si no es a través de la necesaria e imprescindible participación de la persona física —no aportando valor añadido (o siendo este residual) a la labor de la persona física—.

Dada esa coincidencia de los servicios, es acorde considerar con la metodología de operaciones vinculadas (no con la simulación u otras figuras afines) que la contraprestación pactada por esta segunda operación es el precio de mercado del bien o servicio de que se trate.

– STS 1078/2023, DE 24 DE JULIO (CASACIÓN 1496/2022) (*Tol 9662539*): Recalificación como una reducción de capital con devolución de aportaciones de un conjunto de operaciones consistentes en la adquisición en autocartera de determinados valores representativos del capital de una sociedad y, subsiguientemente, una reducción de capital con amortización de aquellos valores.

"*La Administración ha operado bajo la apariencia de una operación de calificación frente a un supuesto de conflicto en la aplicación de la norma tributaria, sin seguir el procedimiento que para este tipo de situaciones previene el art. 15 LGT*".

– STS 770/2023, DE 8 DE JUNIO (CASACIÓN 5002/2021) (*Tol 9615906*): la Inspección y el TEAC habían considerado que existía simulación de la prestación de servicios profesionales a través de una sociedad interpuesta tratándose en realidad de servicios prestados directamente por la persona física a los clientes terceros; en consecuencia, se le imputaron a la persona física los ingresos de la sociedad por los servicios prestados y facturados a terceros por la sociedad interpuesta.

Esta sentencia es —en mi opinión— muy importante porque aborda la cuestión del deslinde entre instituciones desde el punto de vista del Derecho sancionador y —aplicando el principio *pro reo*— llega a afirmar que, para determinar la base de la sanción, si es posible calificar los hechos como simulados o ajustarlos por operaciones vinculadas, "*sería de aplicación la interpretación más favorable* (el ajuste por operaciones vinculadas), *puesto que no puede obviarse que en el ámbito del Derecho sancionador la interpretación procedente es la más favorable al reo*".

3. LA SENTENCIA DEL TRIBUNAL SUPREMO NÚM. 1420/2023, DE 13 DE NOVIEMBRE (CASACIÓN 1876/2022) (*Tol 9823319*): ¿UN PASO ATRÁS EN LA DOCTRINA DE LA NO INTERCAMBIABILIDAD?

El objeto litigioso estaba constituido por un complejo grupo de operaciones que realiza una compañía en los ejercicios 2006 a 2009: movimientos "circulares" de fondos de las empresas intragrupo para adquirir otra compañía extranjera, reubicación de una sociedad francesa con una participación "instrumental" de la española, disolución y liquidación de sociedades holandesas y norteamericanas con importantes pérdidas en sede de la sociedad española, suscripción de un préstamo participativo para la adquisición de otra entidad, etc.

La Inspección, el TEAC, la Audiencia Nacional —y, finalmente, el propio Tribunal Supremo— consideran que, aunque existe un sustrato real en todas las operaciones y aunque son heterogéneas entre sí, constituyen una "simulación global" (analizadas de conjunto) por su evidente y única finalidad fiscal (acreditarse improcedentemente créditos fiscales) y claramente artificiosas y sin ningún motivo económico válido.

Dada la ingente suma de créditos fiscales acreditados, la sanción —por el artículo 195 de la Ley General Tributaria— por importe de 458 millones de euros es extraordinaria.

En la regularización inspectora, se dictaron dos acuerdos de liquidación (ejercicios 2006-2008 y ejercicio 2009) y dos acuerdos sancionadores asociados a las dos liquidaciones. En la primera liquidación, no se emplea el término "simulación"; en la segunda, se habla una sola vez de operaciones "simuladas". Sin embargo, las sanciones se amparan exclusivamente en la simulación.

Los actos administrativos y judiciales utilizan para describir o definir la simulación una terminología que se aproxima mucho a la que se contiene en el artículo 15 de la Ley General Tributaria: (i) artificiosidad notoria (el término "artificio" se emplea más de treinta veces en la sentencia) y (ii) propósito exclusivo de obtener una ventaja fiscal.

La sentencia de la Audiencia Nacional objeto de recurso de casación y la propia sentencia del Alto Tribunal que la confirma citan en varias ocasiones la doctrina del Tribunal Supremo sobre la "no intercambiabilidad" de las cláusulas antiabuso, pero consideran que hay simulación "global", reproduciendo en este punto —*expressis verbis*— lo dicho por la Inspección y el TEAC. En el fondo, la sentencia del Tribunal Supremo

—que, como acabo de decir, reproduce la doctrina iniciada en 2020— parece volver al criterio de la "simulación en la causa" de la jurisprudencia de la década anterior.

El Tribunal Supremo dice no apartarse de la "nueva doctrina" sobre la *no intercambiabilidad* de las cláusulas antiabuso pero, en realidad, lo hace. Son destacables al respecto los siguientes argumentos de la sentencia:

Un primer argumento (claramente contrario —sin decirlo— a tal doctrina) que no es más que una verdadera carta de presentación que recuerda aquello de la "anomalía" de los negocios, cuya concurrencia no precisa más análisis que la constatación de la propia anomalía. Dice así la sentencia: "*La lectura de la sentencia de la Audiencia Nacional, junto a los antecedentes obrantes, sugiere un modo de proceder de entidades multinacionales que nos resulta conocido, muy común en la época a la que se refiere las liquidaciones y aún antes, se trataba de operaciones muy utilizadas de reestructuración societarias, con fuertes apalancamientos para adquisiciones de empresas originando importantes endeudamientos que procuraban rebajas muy acusadas en la factura fiscal con deducciones en las bases imponibles del Impuesto sobre Sociedades generadas en España, y deslocalizaciones trasladando los beneficios a países con una fiscalidad más benigna, estas y otras operaciones parecidas de igual finalidad, fueron objeto de numerosos pronunciamientos por parte de este Tribunal, lo que vino a conocerse como planificación fiscal agresiva*".

Un segundo en el que —acríticamente— se da carta de naturaleza a lo que ha hecho la Audiencia Nacional, sin revisar el razonamiento; simplemente, reproduciéndolo: "*Es correcta la técnica de la sentencia de la AN: el análisis se hace operación por operación, conformadas por una pluralidad de actos y negocios que son examinados a su vez, como resulta patente, en la sentencia de instancia, con citas continuas del análisis realizado por la Inspección y por el TEAC, unos aparentes o con mera existencia formal, otros reales, identificando el fin perseguido y considerando que en su conjunto debían calificarse como simulados ante el engaño que acompaña a los mismos*".

Un tercero que, propiamente, nada añade al debate: "*Las respuestas a la (sic) que aspira la parte recurrente se den, han sido despejadas por una prolija jurisprudencia de la que se hace eco la sentencia de instancia en cuanto a la necesidad de que se lleve a cabo el análisis global de la operación, y no aisladamente los distintos negocios que la componen, a los efectos de desentrañar su verdadera finalidad o como legítimo ahorro fiscal o para eludir o evadir la tributación*".

Un cuarto que —con todo el respeto— resulta difícilmente entendible: "*Debe, pues, motivarse y justificarse porqué se acude por la Administración Tributaria a alguna de las expresadas potestades, en este caso a la simulación, y ya se ha reseñado como la sentencia de instancia considera correcto, y ella misma reconoce, la concurrencia de simulación en la mayoría de las operaciones llevadas a cabo, y porqué globalmente considera que existió simulación*". ¿Es esto respetar la necesaria justificación del empleo de las cláusulas antiabuso cuando basta con que se analice "la mayoría" (sin decir en qué ha consistido esa mayoría) de las operaciones que están en el proceso?

Y un quinto que es —quizás— el menos comprensible: "*La sentencia de instancia ha realizado un notable esfuerzo, dentro de las dificultades del caso, para distinguir entre el conflicto y la simulación, puesto que si a nivel teórico no existe mayor problema, en la práctica y ante complejas operaciones la cuestión no aparece tan clara; pero es evidente, a la sentencia nos remitimos, que ha analizado operación por operación, y excepto en una de ellas, en las demás ha descubierto, descendiendo a los negocios existentes conformadores de las distintas operaciones, la concurrencia de simulación, y con ella el elemento subjetivo de la culpabilidad necesario para declarar la corrección de las sanciones impuestas —con la excepción indicada—*".

Cabe entonces preguntarse retóricamente lo siguiente: si en la práctica, esto es, en estas concretas operaciones, no puede diferenciarse claramente entre simulación y conflicto, ¿por qué se acude al instituto que permite sancionar? ¿No tropieza un razonamiento de esa clase con lo que —muy poco antes— había dicho el mismo tribunal sobre la necesidad de aplicar el procedimiento o la norma que impliquen menor sanción por aplicación del principio *pro reo*?

Por si todo lo anterior fuera poco, la sentencia que se comenta rechaza la procedencia de efectuar una revisión de la culpabilidad de la sociedad infractora con base en la doctrina *Saquetti-Iglesias*, a cuyo efecto se dice que se satisfacen las exigencias de esa doctrina del Tribunal Europeo de Derechos Humanos con la sola confirmación del parecer de la Sala de instancia, sin ser objeto analizarse de nuevo la concurrencia de los requisitos que permiten afirmar que hay responsabilidad en materia sancionadora.

La sentencia de 13 de noviembre de 2023 suscita ciertos interrogantes que me parece necesario apuntar para poder reflexionar sobre los mismos y con lo que concluyo esta ponencia.

- ¿Se ha abandonado la "nueva" jurisprudencia sobre el uso debido de las potestades previstas en los artículos 13, 15 y 16 LGT?
- ¿Se ha vuelto a la idea de la "simulación por la causa" o de la "anomalía negocial" como justificadora de la regularización y la sanción, sin necesidad de perfilar la concurrencia de alguna de las figuras contenidas en los artículos 13, 15 y 16 de la Ley General Tributaria que pasarían a ser "intercambiables?
- ¿Exige la simulación ocultación fáctica o no?
- ¿Cabe convertir operaciones reales en simuladas atendiendo a su artificiosidad y al propósito fiscal? ¿No es eso —cabalmente— el conflicto en la aplicación de la norma?
- Si es difícil diferenciar en la práctica en ciertos supuestos las figuras de los artículos 15 y 16 y solo este último lleva aparejada sanción, ¿es razonable sancionar?

EVOLUCIÓN DE LA DOCTRINA DEL TRIBUNAL SUPREMO SOBRE LA INTERPRETACIÓN DE CONVENIOS DE DOBLE IMPOSICIÓN INTERNACIONAL

Aurora Ribes Ribes
Catedrática de Derecho Financiero y Tributario
Universidad de Alicante

---

1 El presente trabajo se enmarca en el Proyecto de investigación sobre "La imposición de la riqueza en el siglo XXI ante la crisis de la desigualdad" (PID2022-137385NB-I00), concedido por el Ministerio de Ciencia e Innovación.

1. INTRODUCCIÓN

Ciertamente, la polémica en torno a la interpretación dinámica o estática encuentra su origen en el nacimiento mismo del Convenio Modelo de la Organización de Cooperación y Desarrollo Económico (CM OCDE) en 1963. En efecto, al hilo de la cláusula hermenéutica del artículo 3.2 CM OCDE 1963 se suscitó entre los autores una ardua discusión sobre la aplicación de la interpretación dinámica o estática, tanto respecto del Derecho interno al que el citado precepto reenvía en ausencia de definición convencional, cuanto del propio clausulado de los tratados según se atendiera a los Convenios modelo y Comentarios vigentes (interpretación dinámica o ambulatoria) o a los que estaban en vigor cuando se suscribió dicho convenio de doble imposición (interpretación estática).

En esta última vertiente, no obstante, el pronunciamiento expreso del Comité de Asuntos Fiscales a favor de la interpretación dinámica con ocasión de la reforma del CM OCDE 1992, subsisten todavía hoy numerosos interrogantes[2], a juzgar por la evolución jurisprudencial del Tribunal Supremo español, que examinaremos en las líneas siguientes.

Conserva, pues, plena vigencia en este ámbito, la afirmación de Carnelutti según la cual "no solo la interpretación puede evolucionar, sino que no puede dejar de evolucionar"[3].

2. LOS COMENTARIOS AL CONVENIO MODELO DE LA OCDE: CARACTERIZACIÓN E INTERPRETACIÓN

2.1 AUSENCIA DE CARÁCTER VINCULANTE. RELEVANCIA PRÁCTICA

El *status* y función de los Comentarios[4] ha sido definido por la propia OCDE que, en la Introducción al Modelo de Convenio declara expresamente, tras reconocer la ausencia de todo valor *cogente* de los mismos, la conveniencia de su empleo a fin de

---

2 Una interesante y reciente aportación, que defiende una vía alternativa a la tradicional discusión entre interpretación dinámica y estática, es la ofrecida por: Navarro, A. (2020). "International tax soft law instruments: the futility of the static v. dynamic interpretation debate". *Intertax*, (vol. 48, nº 10), 848.

3 Carnelutti, F. (1938). *Teoría generale del Diritto*. Traducción española de C. González Posada (1941). *Revista de Derecho Privado*, 314.

4 El recurso a los Comentarios en calidad de instrumento interpretativo se remonta, según Vogel, a 1934, fecha en la que el ministro de Hacienda alemán se refirió a los Modelos y a las explicaciones suministradas por la Sociedad de Naciones en la Conferencia sobre Derecho Internacional de 1928, con el ánimo de fundamentar la interpretación del Reichsfinanzhof. Vogel, K. (1986).

interpretar y aplicar los tratados de doble imposición, especialmente en la solución de cualquier controversia. A nuestro juicio, los Comentarios presentan una extraordinaria utilidad porque, al emanar del Comité de Asuntos Fiscales, revelan cuál fue la intención[5] de los representantes de los Estados miembros al redactar el Modelo, esto es, la interpretación de que es acreedor cada precepto del mismo. Los Comentarios constituyen un importante instrumento hermenéutico a fin de resolver situaciones de confusión u oscuridad interpretativa, así como a efectos de dotar a la norma en cuestión de la interpretación más acorde en los supuestos en que sean varias las que lógicamente puedan defenderse de aquella.

En este sentido, conviene destacar el consenso internacional[6] existente acerca de la gran relevancia práctica que han alcanzado los Comentarios —pese a carecer de naturaleza obligatoria—, al revelarse como una de las más valiosas fuentes en orden a la interpretación no solo de convenios de doble imposición (CDI) suscritos entre Estados miembros de la OCDE sino también, en ocasiones, de los concluidos entre aquellos y Estados no pertenecientes a la indicada Organización o incluso entre Estados no miembros. Tal constatación trae causa, por un lado, de las Recomendaciones del Consejo de la OCDE, en virtud de las cuales aquel aconseja a los gobiernos de los Estados miembros atenerse en lo posible a lo dispuesto en el Convenio Modelo —conforme a la interpretación de los Comentarios— con ocasión de la firma de nuevos tratados o de la revisión de los ya existentes.

En esta línea, a pesar de la débil naturaleza obligatoria que, de todos es sabido, presentan las Recomendaciones, no es menos cierto que, si el Convenio Modelo debe ser observado por los Estados miembros a menos que estos hayan formulado reservas o lo

---

"Double tax treaties and their interpretation". *International Tax and Business Lawyer*, (vol. 4, nº 1), pp. 39-40.

5 En efecto, Ellis recuerda que las primitivas versiones de los Comentarios no pretendían sino explicar por qué esa disposición se había adoptado. Su propósito entonces no era tanto servir de vía interpretativa, cuanto exponer el *backround* que había motivado la redacción de cada cláusula del modelo. Ellis, M. (1999). "The influence of the OCDE Commentaries on treaty interpretation - Response to Prof. Klaus Vogel". *Bulletin for International Fiscal Documentation*, (vol. 54, nº 12), 618.

6 Véase, entre otros: Edwardes-Ker, M.: "Tax treaty interpretation" (Part III, Chapter 23), The International tax treaties service, In-Depth Publishing, Dublin, loose-leaf edition, 10; González Poveda, V. (1993). "Nuevo Modelo de Convenio de la O.C.D.E. para evitar la doble imposición en renta y patrimonio". *Revista de Derecho Financiero y Hacienda Pública* (225-226), 741-742: Farré Español, J. M. (1994). *La doble imposición. Modelo OCDE 1992*, Einia, Barcelona, 56; Prokish, R. (1998). "Does it make sense if we speak of an 'international tax language'?", en: Vogel, K.: *Interpretation of Tax Law and treaties and transfer pricing in Japan and Germany*, Kluwer Law International, The Netherlands, 105; Haccius, Ch. y O'Brien, P. (1998). *Double taxation agreements*, The Institute of Taxation in Ireland, 50.

impidan razones materiales (por ejemplo, determinadas peculiaridades del Derecho interno del Estado contratante), tal consideración del convenio marco debe serlo, en todo caso, de acuerdo con la interpretación del mismo prevista en los Comentarios.

Por otro lado, de su notable importancia a efectos hermenéuticos ofrece buena prueba la jurisprudencia comparada, habiéndose multiplicado su utilización por parte de los Tribunales de los Estados miembros[7] desde hace años. Es más, lejos de circunscribir su influencia a la órbita propia de la OCDE, los Comentarios sirven igualmente de gran ayuda en la interpretación de tratados concluidos entre Estados miembros y no miembros de esta Organización, así como en los suscritos entre Estados no miembros, máxime cuando en su elaboración fue al CM OCDE al que se atendió como paradigma. Dentro de este último caso se encuentran los convenios entre países desarrollados y países en vías de desarrollo[8], en la medida en que el CM de la ONU, habitualmente observado en estos supuestos, reproduce en su texto buena parte del articulado y Comentarios del CM OCDE.

En suma, los Comentarios no constituyen sino un acuerdo interpretativo común, dada la aceptación de que han sido objeto por los Estados miembros de la OCDE. En otros términos, la observancia de los Comentarios viene a garantizar sin duda una inter-

---

7 Ciñéndonos al caso español, es posible constatar el uso de los Comentarios tanto por parte de las autoridades tributarias como de los Tribunales en calidad de importante instrumento interpretativo de los convenios de doble imposición. Con carácter general, el recurso a los Comentarios se lleva a cabo cuando existen dudas sobre la interpretación del tratado (existen incluso supuestos en los que el Derecho interno ha sido ignorado o no aplicado, basándose por el contrario las autoridades competentes en la interpretación ofrecida por el Convenio Modelo y los Comentarios a este), pero también al objeto de confirmar la interpretación alcanzada a través de otros métodos (véase, por ejemplo, las Resoluciones del Tribunal Económico-Administrativo Central de 29 de septiembre de 1993 y de 30 de abril de 1996). Por último, los Comentarios han sido útiles, incluso, a efectos de interpretar determinadas disposiciones de Derecho interno español, en materia por ejemplo de precios de transferencia, fuera ya de la órbita de los convenios de doble imposición (Resoluciones del Tribunal Económico-Administrativo Central de 23 de marzo de 1988 y 18 de julio de 1990). Calderón Carrero, J. M. y Piña Garrido, Mª. D. (1999). "Interpretation of tax treaties". *European Taxation* (vol. 39, nº 10), 385.

8 Corea, Indonesia, Italia (en lo que concierne a los convenios de doble imposición con países en desarrollo), Singapur y Sudáfrica constituyen algunos ejemplos de Estados en los que la utilidad de los Comentarios al CM OCDE resulta patente. Véase: Case of SIR v. Downing 1975 SA 518(A) 37 SATC 249, en el que una de las partes argumentó en base a un pasaje de los Comentarios de la OCDE que, a su vez, fue tenido en cuenta por el Tribunal sudafricano, aunque posteriormente la autoridad competente en la apelación no fundamentara en aquel su decisión. Eskinazi, R. (1996). "Interpretation of double taxation agreements. A South Africa perspective". *South Africa Tax Review* (6), 129.

pretación concordante (*principle of common interpretation*) de los artículos y, por ende, del Convenio en su conjunto[9].

2.2. *STATUS* A LA LUZ DE LA CONVENCIÓN DE VIENA SOBRE EL DERECHO DE LOS TRATADOS

Contrastando abiertamente con la práctica unanimidad de la doctrina en el punto anterior, la controversia surge de nuevo a la hora de definir el *status* correspondiente a los Comentarios y al Convenio Modelo, de conformidad con lo dispuesto en la Convención de Viena sobre el Derecho de los Tratados de 1969 (*Tol 163598*). Esta cuestión, que a primera vista puede parecer independiente y desconectada de la decisión a adoptar sobre la mayor adecuación de la interpretación dinámica o estática de los Comentarios, guarda una estrecha relación con esta, pudiendo incluso afirmarse que se trata de cuestiones interrelacionadas como a continuación se demostrará.

En una primera aproximación a los artículos 31 a 33 de la citada Convención, en los que habrían de encontrar teórico apoyo para su aplicación los Comentarios al CM OCDE —en tanto que elementos interpretativos de específicos tratados internacionales—, advertimos la dificultad de incardinar los Comentarios entre el elenco de instrumentos hermenéuticos contemplados en tales preceptos. Según la doctrina, son cuatro las posibles clasificaciones susceptibles de predicarse de los Comentarios con las que, anticipando ya nuestra posición, nos mostramos sin embargo en desacuerdo.

En primer término, algunos estudiosos han pretendido fundamentar la utilización de los Comentarios considerándolos parte del 'contexto' del tratado mismo, en el sentido de los apartados a) o b) del artículo 31.2 de la Convención de Viena. Una segunda opinión es la que aboga por su inclusión en el seno del artículo 31.3, apartado c), en la medida en que tanto el Convenio Modelo como los Comentarios integran, desde la perspectiva de este sector doctrinal, un cuerpo de "reglas generales de tributación internacional" en razón al efecto armonizador y uniformador que ejercen sobre las legislaciones fiscales de los Estados[10]. No faltan tampoco quienes se inclinan por justificar la utilización de los mismos conforme al artículo 31.4 de la Convención de Viena cuando

---

9 Vogel, K. y Prokish, R. (1993). General report (Spanish version), XLVII Congress of the International Fiscal Association. *Cahiers de Droit Fiscal International* (LXXVIIIa), 134.

10 Vogel, K. (1997). *Double taxation conventions*, third edition, Kluwer Law International, pp. 27-31 y pp. 33-36; Calderón Carrero, J. M. (1994). "Algunas reflexiones en torno a los problemas de interpretación y calificación que plantea la aplicación de los convenios de doble imposición internacional: análisis a la luz del nuevo Modelo de Convenio OCDE 1992". *Revista de Derecho Financiero y Hacienda Pública* (229), 142-143; González Poveda, V. (1993). "Nuevo Modelo (...)". Ob. cit. 741-742.

los Comentarios impliquen un sentido especial en relación con los términos del tratado. Con todo, es quizá la tesis que funda en el artículo 32 del citado cuerpo convencional su base legal, atribuyendo a los Comentarios el valor de medios de interpretación complementarios, la que ha alcanzado mayor predicamento[11].

Sin perjuicio del carácter loable que revisten tales propuestas doctrinales y, compartiendo asimismo la preocupación de hallar el apoyo legal necesario en orden a la aplicación de los Comentarios en calidad de pieza esencial para la interpretación de los CDI, discrepamos no obstante de las posturas reseñadas en la medida en que ninguna de ellas ofrece una solución satisfactoria al problema planteado. Por esta razón, no podemos sino concluir la evidente inadecuación[12] de la Convención de Viena en este extremo, reivindicando a su vez la idoneidad de una futura reforma de los artículos mencionados con el fin de otorgar a los Comentarios la apropiada caracterización que su alto valor hermenéutico requiere.

Descendiendo al análisis pormenorizado de los distintos planteamientos formulados, disentimos en cuanto a la posibilidad de ubicar los Comentarios al CM OCDE en el marco del artículo 31.2 de la Convención de Viena, habida cuenta de la estricta acepción de 'contexto' que el mismo recoge[13]. Como es evidente, los Comentarios no constituyen acuerdo previo alguno cuya adopción responda a un particular convenio de doble imposición posteriormente celebrado. Por el contrario, lejos de explicarse en relación con un único y concreto tratado internacional, los Comentarios revisten carácter general erigiéndose en referencia indispensable a efectos interpretativos para la totalidad de CDI suscritos en el ámbito de la OCDE.

No incurrimos en contradicción alguna al afirmar, sin embargo, que los Comentarios sí quedan comprendidos en la noción de 'contexto' empleada por el artículo 3.2 del Convenio Modelo[14], al entender que solo una mayor amplitud de aquel vocablo

---

11 Li, J. y Sandler, D. (1997). "The relationship between domestic anti-avoidance legislation and tax treaties". *Canadian Tax Journal* (vol. 45, nº 5), 904.

12 Ribes Ribes, A. (2003). *Convenios para evitar la doble imposición internacional: interpretación, procedimiento amistoso y arbitraje*, EDERSA, 166.

13 En contra de la inclusión de los Comentarios en el artículo 31.2 de la Convención de Viena: Van Raad, K. (1996). "Interpretation and application of tax treaties by tax courts". *European Taxation* (vol. 36, nº 1), 4; Li, J. y Sandler, D. (1997). "The relationship (...)". Ob. cit. 903; Reimer, E. (1999). "Interpretation of tax treaties". *European Taxation,* (vol. 39, nº 12), 468; Xavier, A. (1983). "El problema de las calificaciones en Derecho Tributario Internacional". *Revista de Derecho Financiero y Hacienda Pública*, (225-226), 667.

14 En contra: Baena Aguilar, Á. (1996). Editorial. Revista de Derecho Financiero y Hacienda Pública, (242), 896-897. A nuestro modo de ver, la posterior concreción del término 'contexto' en la versión del Convenio Modelo de 1995 no supone un *numerus clausus*, al emplear la expresión 'especialmente'. También en esta línea: Tovillas Morán, J. Mª. (1996a). "La interpretación de los

en este último caso engarza con la finalidad pretendida por el artículo 3.2 del Convenio Modelo. Únicamente si propugnamos la naturaleza no taxativa del artículo 31.2 de la Convención de Viena, en el sentido de negar todo carácter cerrado a la enumeración en él contenida, sería posible alojar aquí los Comentarios al Convenio Modelo. No obstante, aun siendo ello así, nos mostramos todavía reticentes a aceptar como solución viable la de considerar a los Comentarios como parte del 'contexto' al que, en los propios términos de la Convención de Viena —"Un tratado deberá interpretarse (...)"— estará obligado a referirse el intérprete, toda vez que, tal y como afirmamos en el anterior epígrafe, los Comentarios constituyen un instrumento hermenéutico carente de todo efecto vinculante. En consecuencia, descartamos esta última tesis como posible solución en esta sede.

A nuestro juicio, resulta innegable que los Comentarios son acreedores de una notable relevancia interpretativa que, junto a su naturaleza, función y estructura, les confiere entidad suficiente para formar parte del 'contexto' del tratado, siempre que tal expresión se entienda en sentido lato y se respete, asimismo, la libertad del intérprete de acudir o no a ellos a efectos interpretativos.

Por lo que respecta a la consideración de los Comentarios como medios complementarios de interpretación, posición esta que agrupa al sector mayoritario de la doctrina, se imponen las siguientes precisiones. Frente a la opinión de que el valor de los Comentarios se debe equiparar al de meros trabajos preparatorios[15], Vogel subrayó no solo que este precepto se refiere a los documentos utilizados en la preparación de un convenio individual, sino también el conocimiento general y facilidad de obtención de los Comentarios en claro contraste con lo que sucede con los trabajos preparatorios propiamente dichos[16].

Desde nuestro punto de vista, tales motivos permiten desestimar la pretendida identidad entre estas dos clases de materiales, subsistiendo como única opción en este sentido la de argumentar que, como se infiere de la *ratio* de la norma, el artículo 32 de la

---

convenios de doble imposición y la cláusula general de interpretación del modelo de Convenio de la OCDE". *Revista Latinoamericana de Derecho Tributario* (0), 124; Vogel, K. y Prokish, R (1993). General report (Spanish version). Ob. cit. 153-154, al puntualizar que las funciones del término contexto en ambos cuerpos convencionales, Convención de Viena y CM OCDE, son totalmente distintas.

15 Baena Aguilar, Á. (1996). Editorial. Ob. cit. 897; Borrás Rodríguez, A. (1980). "Los convenios para evitar la doble imposición desde el punto de vista de la teoría general de los tratados internacionales", en VVAA: *Estudios de doble imposición internacional*, Instituto de Estudios Fiscales, Madrid, 36; Tovillas Morán, J. Mª. (1996a y 1996b). "La interpretación de los convenios (...)". Ob. cit. 121-122; y *Estudio del Modelo de Convenio sobre la renta y patrimonio de la OCDE de 1992*, Marcial Pons, 77-78.

16 Vogel, K. (1997). "Double taxation conventions". Ob. cit. 44.

Convención de Viena solo ejemplifica —nótese la expresión "en particular"— algunos de los instrumentos hermenéuticos auxiliares, lo que autoriza la inclusión en él de los Comentarios como categoría específica[17]. Solamente de esta manera es posible cohonestar el artículo 32 de la Convención de Viena con una herramienta interpretativa como los Comentarios. No obstante, persisten en este extremo nuestras dudas por considerar insuficiente el simple carácter auxiliar o complementario, en otras palabras, secundario, que conforme a aquel precepto se atribuye a los Comentarios. La virtualidad que estos están llamados a desplegar supera, a nuestro parecer, el simple calificativo de instrumentos hermenéuticos de segunda clase, debiendo incardinarse necesariamente entre los elementos que conforman el contexto, en sentido amplio, de cada CDI en el ámbito de la OCDE.

Por último, en lo que concierne a los planteamientos restantes[18], sostenidos ya de forma más aislada[19], cabe destacar la teoría apuntada por Avery Jones según la cual la conexión de los Comentarios con la Convención de Viena vendría de la mano del artículo 31.4, que establece la prevalencia del sentido especial de un término siempre que se acredite que esa fue la intención de las partes[20]. La admisión de este razonamiento

---

17 Vogel, K. (1999). "The influence of the OECD Commentaries on treaty interpretation". *Bulletin for International Fiscal Documentation*, (vol. 54, nº 12), 614.

18 Cabe hacer mención, asimismo, al planteamiento de Reimer según el cual los Comentarios podrían entenderse como una "práctica ulteriormente seguida en la aplicación del tratado por la cual conste el acuerdo de las partes acerca de la interpretación del tratado", en el sentido del artículo 31.3, apartado b) de la Convención de Viena. Reimer, E. (1999). "Interpretation (...)". Ob. cit. 546; En contra: Lang, M. (1997). "Later Commentaries of the OCDE Committee on Fiscal Affairs, not to affect the interpretation of previously concluded tax treaties". *Intertax* (vol. 25, nº 1), 8. A nuestro juicio, resulta obvio que este apartado se diseñó pensando en el compromiso o conducta posterior de las partes, respecto de lo cual los Comentarios al CM OCDE suponen una cuestión bien distinta. Véase también, recientemente, sobre esta discusión: Maisto, G. (2021). "Interpretation of tax treaties and the decisions of foreign Tax Courts as a "subsequent practice" under articles 31 and 32 of the Vienna Convention on the Law of Treaties (1969)". *Bulletin for International Taxation*, (vol. 75, nº 11-12), 1.

19 La solución pragmática propuesta por Baker radica en atender a los comentarios bajo cualquiera de las posibilidades previstas en la Convención de Viena, según los casos. Así, los Comentarios anteriores a los CDI podrían aplicarse bajo la modalidad de trabajos preparatorios, los Comentarios posteriores podrían concebirse como acuerdos subsiguientes entre las partes y, desde el punto de vista de los Estados no miembros de la OCDE, serían instrumentos relacionados con el tratado. Baker, Ph. (1994). *Double taxation conventions and International law*, second edition, Sweet & Maxwell, 30.

20 Avery Jones, J. F. (1993). "Treaty interpretation". *Asia Pacific Tax and Investment Bulletin*, (vol. 11, nº 8), 285. En un trabajo anterior, este autor contempló la posibilidad de clasificar los Comentarios en el sentido del artículo 31.3, apartado a) de la Convención de Viena. Avery Jones, J. F. y otros (1984). "The interpretation of tax treaties with particular reference to article 3(2)

implicaría, no obstante, circunscribir la aplicabilidad de los Comentarios al único supuesto de previsión de sentido especial[21] para un término cuando, como es obvio, el contenido de los Comentarios no tiene por qué limitarse a ese extremo. La validez de esta tesis es, por consiguiente, solo parcial y, en buena lógica, no enteramente satisfactoria.

Otro argumento esgrimido tanto contra esta posición cuanto frente a la defendida por Prokish[22], consistente en identificar los Comentarios, no ya con el 'sentido especial', sino con el 'sentido ordinario' al que se refiere el artículo 31.1 de la Convención de Viena, radica en el modo en el que recientemente los Comentarios vienen siendo objeto de modificación y publicación a través del sistema de hojas intercambiables y, lo que es más importante, en el dilatado plazo que transcurre desde la revisión o cambio de los mismos hasta que su contenido se hace público y accesible a todos. En otras palabras, tales aspectos formales imposibilitan a todas luces, a juicio de Vogel[23], la admisión de la naturaleza de los Comentarios en cualquiera de los sentidos previstos en el artículo 31.1 y 4 de la Convención de Viena.

Asimismo, la posibilidad contemplada por Vogel[24] acerca de considerar el Convenio modelo y los Comentarios como "reglas generales de tributación internacional" en el sentido del artículo 31.3, apartado c) de la Convención de Viena, como base legal para su operatividad resulta, en nuestra opinión, escasamente acorde con la *ratio* de la norma en cuestión. En efecto, resultaría forzado intentar fundamentar en esta regla la aplicación de los Comentarios, máxime si se tiene en cuenta que la misma no alude sino a los grandes principios vigentes con carácter general en la órbita jurídica internacional. Por otro lado, la ausencia de todo carácter vinculante por parte de los Comentarios impide, igualmente, su consideración como reglas internacionales en sentido estricto.

---

of the OECD Model". Part II. *British Tax Review*, 96. Son numerosos los estudiosos que han rechazado tal opción, al entender que la letra de aquel precepto alude a convenios sometidos a idéntico procedimiento de aprobación, etc., que el trabajo objeto de interpretación, lo que evidentemente excluye la posibilidad de ofrecer acomodo a los Comentarios en esta disposición. Véase, en esta línea: Vogel, K. (1999). "The influence (...)". Ob. cit. 614; Edwardes-Ker, M: "Tax treaty (...)". Ob. cit. 10; Ellis, M. (1999). "The influence (...)". Ob. cit. 617-618.

21 Una aproximación similar ofrece Ault, al considerar que entre el artículo 31 y el artículo 32 de la Convención de Viena —en cuyo seno se alojarían los Comentarios— existe una conexión a través de lo dispuesto en el apartado 4 del artículo 31, en aquellos supuestos en los que los Comentarios impliquen un sentido especial de algún término convencional. Ault, H. (1994). "The role of the OECD Commentaries in the interpretation of tax treaties". *Intertax* (4), 146.

22 Prokish, R. (1994): "Fragen der Auslegung von Doppelbesteuerungsabkommen", SWI, 52.

23 Vogel, K. (1999). "The influence (...)". Ob. cit. 615-616.

24 De acuerdo con esta postura maximalista, tanto el Convenio Modelo como los Comentarios al mismo serían acreedores de un valor suprainterpretativo.

En este orden de ideas, ante la ausencia de pronunciamiento alguno por parte del Comité de Asuntos Fiscales de la OCDE, reiteramos la conveniencia de una clarificación expresa al respecto, a efectos de despejar los numerosos interrogantes que, todavía hoy, permanecen sin respuesta en esta materia.

2.3. ¿INTERPRETACIÓN DINÁMICA O ESTÁTICA? POSICIONES DOCTRINALES Y RECOMENDACIÓN DEL COMITÉ DE ASUNTOS FISCALES DE LA OCDE

La problemática aludida en líneas anteriores encierra una segunda perspectiva, no menos relevante y seguramente de mayor trascendencia práctica que la ya comentada en relación con el reenvío al Derecho interno, cual es la de si la tarea interpretativa de los CDI debe o no llevarse a cabo conforme al espíritu de los nuevos Comentarios al CM OCDE.

Retrotrayéndonos en el tiempo se observa que, efectivamente, los Comentarios al CM OCDE 1977 son más amplios que los del CM OCDE 1963 y, en no pocas ocasiones, conllevan una significación que puede diferir de la interpretación vigente en 1963. Lo mismo cabe afirmar de prácticamente todas las versiones posteriores de los Comentarios que, de una manera u otra, modifican, amplían o precisan el contenido de los Comentarios del Modelo precedente con el objetivo de perfeccionarlo y clarificar su interpretación y aplicación. En este contexto, la OCDE expresó ya en la Introducción al CM OCDE 1977 la conveniencia de que los tratados existentes fueran interpretados, en la medida de lo posible, a la luz de los nuevos Comentarios, pese a que las disposiciones de aquellos convenios carecieran de las matizaciones introducidas en la última versión de los Comentarios.

De conformidad con la citada manifestación de la OCDE, algunos autores creyeron encontrar apoyo para una interpretación dinámica de los Comentarios en sentido absoluto y con independencia de cuál fuera la naturaleza de las variaciones acometidas. Otro sector doctrinal, por el contrario, se mostró partidario de la interpretación dinámica señalada por la OCDE, pero sin rechazar el carácter estático de aquella cuando la revisión operada sobre los Comentarios así lo aconsejara. Adviértase, a estos efectos, el variado carácter que pueden revestir las puestas al día de los Comentarios, debiendo diferenciarse entre meras explicaciones, adiciones, ampliaciones y cambios sustanciales respecto de lo dispuesto en los Comentarios precedentes que, atendiendo a su propia índole, recomendarán en ocasiones la interpretación dinámica y, en otras, la estática. A nuestro juicio, el giro empleado por el Comité de Asuntos Fiscales, "as far as possible"[25], ofrece oportuno acomodo a esta última tesis, a la que nos adscribimos.

---

[25] Y no, necesariamente, siempre, como vienen a preconizar los partidarios de la interpretación dinámica en todo caso.

Con carácter previo a la solución de esta controversia, sobre la que se pronunció el Comité de Asuntos Fiscales al hilo de la puesta al día del CM OCDE de 1994-1995, procede referirse ahora a la difícil justificación que en base a la Convención de Viena presenta la aplicación de Comentarios posteriores en el tiempo, o lo que es igual, de modificaciones introducidas en estos a fin de interpretar CDI concluidos con anterioridad. Las posturas adoptadas por los estudiosos en esta materia traen causa directa de las tesis sostenidas en cuanto a la concreta ubicación de los Comentarios entre los instrumentos hermenéuticos de aquel cuerpo convencional. De esta forma, Avery Jones defendió que únicamente por la vía de considerar los comentarios (o, más bien, sus modificaciones) como "acuerdos ulteriores" entre las partes acerca de la interpretación de los convenios, tendría cabida la aplicación de los nuevos Comentarios en el marco de la Convención de Viena[26].

Frente a tal posición se significa otro sector doctrinal que, habiendo defendido la equiparación de los Comentarios a los trabajos preparatorios, rechazan en este punto toda interpretación dinámica de los Comentarios, así como la consideración de estos ya como acuerdo posterior entre las partes, ya como práctica ulteriormente observada en la aplicación del tratado, en el sentido del artículo 31.3, apartado c) de la Convención de Viena[27]. En nuestra opinión, no existe categoría susceptible de albergar esta específica clase de materiales hermenéuticos en el seno de la Convención de Viena, tal y como ya significamos con anterioridad, por lo que reclamamos la necesaria adecuación de esta al efecto. Mientras tanto, una posible clasificación de los Comentarios al Convenio Modelo bien como contexto, bien como instrumentos complementarios de interpretación, como solución provisional a adoptar en última instancia, no supondría inconveniente alguno para catalogar las modificaciones experimentadas en los Comentarios de acuerdo con lo establecido en el artículo 31.3, apartados a) o b), de la Convención de Viena.

Conviene asimismo reseñar la propuesta alternativa de Avery Jones, consistente en que fuera la propia OCDE la que atribuyera un valor superior a los Comentarios mediante la consideración de los mismos como parte integrante de los Convenios Modelo[28] e, incluso, de los CDI entre los Estados miembros.

---

26 Avery Jones, J. F. y otros (1984). "The interpretation of tax treaties with particular reference (...)", Part II. Ob. cit. 96; Avery Jones, J. F. (1993). "Treaty interpretation". Ob. cit. 285.

27 Baena Aguilar, Á. (1996). Editorial. Ob. cit. 897; y, (1997). Editorial. *Revista de Derecho Financiero y Hacienda Pública,* (245), 689. En contra: De Juan Peñalosa, J. L. (1993). "Modelo/92". *Impuestos* (15-16), 31, al estimar que un nuevo Convenio Modelo y, por extensión, unos nuevos o revisados Comentarios comportan una actualización de la práctica de los Estados que los elaboran y aceptan.

28 Según Avery Jones, mientras los primigenios Comentarios elaborados por la League of Nations presentaban el carácter de meros "comentarios" en sentido estricto, de los emanados de

Recapitulando, dos parecen ser los posicionamientos doctrinales en esta sede: el de aquellos que propugnan en todo caso la interpretación ambulatoria de los CDI y, por otro lado, el de quienes estiman conveniente atemperar la interpretación dinámica entendiendo que existen determinados supuestos en los que aquella devendría improcedente.

Adscribiéndonos a este último sector de la doctrina, cuyo máximo exponente es Vogel, compartimos el razonamiento de que el carácter dinámico o estático de la interpretación de los CDI depende, en buena medida, de la índole que revista el contenido de los nuevos Comentarios. Es decir, una nueva versión de los Comentarios puede comportar simples aclaraciones[29] o explicaciones más detalladas en torno a alguna cuestión puntual o a varias, o bien ampliaciones, adiciones e incluso cambios sustanciales en relación con lo dispuesto en los Comentarios cronológicamente previos, como ya señalamos. La solución más razonable, según Vogel y Lang, entre otros, es optar por una interpretación actualizada en el primer caso —dada la escasa utilidad de los Comentarios en otra hipótesis—, adoptando empero la interpretación estática cuando se trate de interpretar un CDI concluido bajo la égida de un Convenio Modelo cuyos Comentarios, en determinados aspectos trascendentales para ambos Estados contratantes, se han visto modificados sustancialmente, a menos que los propios Estados manifiesten

---

la OCDE, en cambio, cabe predicar su naturaleza inseparable del Modelo. Avery Jones, J. F. (1993). "Treaty interpretation". Ob. cit. 285.

29 Enlazando con este tema, conviene subrayar aquí nuestra disconformidad con la máxima "la modificación de los Comentarios es preferible a la del Modelo" que, con ocasión de un Seminario sobre la interpretación de los convenios de doble imposición en el Congreso de la International Fiscal Association celebrado en Eilat (Israel) en 1998, fue defendida por el Profesor Helmut Loukota. Su línea argumental se centraba, esencialmente, en el dato —que compartimos— de que los cambios operados en los Comentarios adquieren inmediata eficacia tras su adopción, mientras que las posibles alteraciones del Convenio Modelo exigen consiguientes modificaciones en los tratados bilaterales ya concluidos o bien la celebración de nuevos acuerdos que reflejen aquellos cambios, con la complejidad y dilatación en el tiempo que ello supone. Nos adherimos al parecer de Vogel, en el sentido de que tal afirmación solo puede ser compartida enteramente si concurren las dos siguientes condiciones: Primera. Que la modificación operada en los Comentarios presente un carácter formal, al explicar o ampliar lo que ya estaba implícito en el Modelo con anterioridad y, en consecuencia, también en los convenios bilaterales inspirados en aquel; Segunda. Que admitamos como premisa la prevalencia de los Comentarios como guía hermenéutica, por encima de cualquier otra interpretación posible que se derive del texto mismo del modelo y, por extensión, de los acuerdos de doble imposición entre los Estados. Vogel, K. (1999): "The influence of the OECD Commentaries (...)". Ob. cit. 612; Ellis, por el contrario, ha mostrado su escepticismo en relación con este punto, pues, en su opinión, todo cambio formal (una coma, el orden de las palabras, etc.) en esta clase de tratados comporta necesariamente una alteración sustancial de los mismos. Ellis, M. (1999). "The influence of the OECD Commentaries (...)". Ob. cit. 618.

de forma expresa lo contrario[30]. Indudablemente, esta representa la única solución posible capaz de generar la seguridad jurídica que tanto los Estados miembros como los contribuyentes reclaman.

Esta importante cuestión, no clarificada totalmente en 1977, fue de nuevo objeto de atención al hilo de la revisión de 1992 que, sin embargo, tampoco precisó con detalle la extensión que corresponde otorgar a la interpretación dinámica con carácter general. La opción por la interpretación dinámica con determinados matices —que defendíamos anteriormente— encontró reflejo en la Introducción al CM OCDE 1995[31] y fue igualmente confirmada por el CM OCDE 2000 y secundada por las posteriores versiones del mismo hasta la actualidad. En consonancia con ello, el Comité de Asuntos Fiscales anima a los Estados miembros a tener en cuenta las innovaciones logradas y reflejadas en el nuevo Convenio Modelo y en los Comentarios, pero de ningún modo es posible colegir una imposición terminante al respecto.

La realidad práctica ofrece variados ejemplos[32] en este campo, existiendo países como Australia en los que se ha llegado a interpretar un CDI según las pautas de un nuevo Modelo (y, por ende, nuevos o revisados Comentarios) todavía no publicado[33]. En Alemania, sin embargo, el recurso automático a la interpretación dinámica se encuentra bajo discusión, existiendo pareceres opuestos tanto en el ámbito doctrinal como

30 Lang, M. (1997). "Later Commentaries (...)". Ob. cit. 9; Vogel, K. (2000). "Tax treaty news". *Bulletin for International Fiscal Documentation*, (vol. 54, nº 3), 98. También en este sentido: Li, J. y Sandler, D. (1997). "The relationship (...)". Ob. cit. 904; Ault, H. (1994). "The role (...)". Ob. cit. 148; Romyn, M. (1994). "Changes to OCDE Commentary may affect its credibility". *Intertax*, (11), 470.

31 El párrafo 35 de la Introducción al CM OCDE 1995 disponía lo siguiente: "Needless to say, amendments to the articles of the Model Convention and changes to the Commentaries that are direct result of these amendments are not relevant to the interpretation or application of previously concluded conventions where the provisions of those conventions are different in substance from the amended articles. However, other changes or additions to the Commentaries are normally applicable to the interpretation and application of conventions concluded before their adoption, because they reflect the consensus of the OECD member countries as to the proper interpretation of existing provisions and their application to specific situations".

32 Véanse, entre otros: Avery Jones, J. F. (2002). "The effect of changes in the OECD Commentaries after a treaty is concluded". *Bulletin for International Fiscal Documentation*, (vol. 56, nº 3), 102-109; Wattel, P .J. y Marres, O. (2003). "The legal status of the OCDE Commentary and static or ambulatory interpretation of tax treaties". *European Taxation*, (vol. 43, nº 7-8), 229 y ss; Van Brunschot, F. (2005). "The judiciary and the OECD Model Tax Convention and its Commentaries". *Bulletin for International Fiscal Documentation*, (vol. 59, nº 1), 8 y ss.

33 Vogel, K. y Prokish, R. (1993). General report (Spanish version). Ob. cit. 134-135.

en la jurisprudencia germana[34]. La conclusión alcanzada por Reimer —tras recordar no solo la expresa prohibición del artículo 59.2 de la Constitución alemana de toda modificación sustancial de los acuerdos internacionales sin que concurra el preceptivo consentimiento del Parlamento, sino también la obligación de los Estados miembros de la OCDE de observar los nuevos Comentarios, en la medida de lo posible—, es la de que nos encontramos ante un supuesto de "referencia dinámica" no inconstitucional salvo que altere la sustancia misma del tratado[35].

3. EVOLUCIÓN JURISPRUDENCIAL SOBRE LA INTERPRETACIÓN DE LOS CONVENIOS DE DOBLE IMPOSICIÓN INTERNACIONAL

3.1. DE LA TRADICIONAL INTERPRETACIÓN ESTÁTICA A LA DINÁMICA "SIN MATICES": STS DE 11 DE JUNIO DE 2008 (*Tol 1386087*) (CASO HALCÓN VIAJES)

Centrándonos en el caso español, cabe observar cómo pese a la recomendación del Comité de Asuntos Fiscales sobre la conveniencia de adoptar la interpretación dinámica "matizada", la Administración Tributaria española mantuvo tradicionalmente una posición favorable a la interpretación estática, ateniéndose a lo dispuesto tanto en el CM OCDE como en los Comentarios que se hallaran en vigor cuando se celebró el tratado.

Afortunadamente, la rígida aplicación de la interpretación estática fue paulatinamente abandonada, tal y como demuestran las Resoluciones de la Dirección General de Tributos de 20 de octubre de 1994 (relativa al Convenio hispano-alemán) y, especialmente, las de 10 de noviembre de 2008, y 17 y 20 de marzo de 2009. Al hilo de estas últimas, se acoge la interpretación dinámica por la vía de ampliar el ámbito de aplicación del concepto de canon previsto, respectivamente, en los CDI de España con Irlanda y Emiratos Árabes, en sintonía con los cambios introducidos con posterioridad en el CM OCDE y en los Comentarios, incluyendo los rendimientos derivados de la cesión de derechos sobre aplicaciones informáticas[36].

En sede jurisprudencial, sin embargo, la evolución experimentada en un primer momento consistió en desechar categóricamente la interpretación estática y aplicar sin

---

34 Reimer, E. (1999). "Interpretation (...)". Ob. cit. 468. Cuestión distinta es que los Estados parte convengan mediante un acuerdo expreso, adoptar las directrices marcadas por los nuevos Comentarios en la interpretación del convenio de doble imposición previo, para lo cual gozan de entera libertad.

35 Reimer, E. (1999). "Interpretation (...)". Ob. cit. 469.

36 Ribes Ribes, A. (2010). "Recent application of the dynamic interpretation for royalties by the Spanish Tax Administration", *Intertax*, (vol. 38, nº 1), 28-29.

límites la interpretación dinámica. Buen exponente de esta postura fue la Sentencia del Tribunal Supremo de 11 de junio de 2008, dictada en el Caso Halcón Viajes, con ocasión de la cual se aplicó indiscriminadamente la teoría de la interpretación ambulatoria, llevándola hasta sus últimas consecuencias, en un supuesto en el que ni siquiera existía la cláusula de sujeción en base a la cual se someten finalmente a tributación en España las rentas obtenidas por actuaciones artísticas[37].

A través de la citada sentencia, el Tribunal Supremo (TS) estimó el recurso de casación interpuesto por la Administración General del Estado español y anuló la sentencia de instancia[38], subrayando que el apartado 2 del artículo 17, ausente en el CDI hispano—holandés de 16 de junio de 1971 —que resulta aplicable al caso—, ha de sobreentenderse incluido en dicho texto convencional tras la aprobación del CM OCDE 1992 y de sus Comentarios, al hilo de los cuales se incorporó esta cláusula antielusión, y frente a los cuales ni España ni los Países Bajos formularon reserva u oposición alguna.

Huelga afirmar que la solución alcanzada según se adopte la interpretación estática o dinámica, difiere radicalmente. En efecto, en el primer caso no se entendería aplicable la citada cláusula del artículo 17.2 y, por tanto, las rentas satisfechas como contraprestación a la cesión de uso de los derechos de imagen del artista se reconducirían al artículo 7 del CDI entre España y Países Bajos, tributando únicamente en el Estado de residencia (Países Bajos) al no disponer la entidad holandesa de establecimiento permanente en España. Por el contrario, si se aplica sin matices la interpretación dinámica —tal y como hizo el TS— y se considera incluido en el texto del convenio bilateral el apartado 2 del artículo 17, a la luz de lo dispuesto en el CM OCDE y en sus Comentarios desde 1992, dichas rentas se someterán a gravamen en España, toda vez que derivan de actuaciones artísticas realizadas en territorio español, sin perjuicio de que las mismas se atribuyan a una entidad distinta del propio artista.

Tras reconocer que la denominada cláusula "*Rent-a-Star Company*" no se incluye en el CDI indicado y, en consecuencia, sería necesario revisarlo, el TS resolvió que "una interpretación no forzada del mismo a la luz de los Comentarios del Modelo de Convenio Marco de la OCDE de 1992 para evitar la evasión fiscal, en concreto del artículo 17, permite concluir que del citado precepto se desprende el principio fundamental de que España dispone de soberanía fiscal para hacer tributar las rentas derivadas de actuaciones artísticas realizadas en su territorio. Por tanto, la ausencia de dicho segundo párrafo o cláusula en el Convenio aplicable en este caso no impide al Estado español,

---

37 Serrano Antón, F. (2011). "La interpretación de los convenios de doble imposición internacional en la jurisprudencia del Tribunal Supremo español: la función de los Comentarios del Modelo de Convenio de la OCDE para evitar la doble imposición internacional en materia de renta y patrimonio". *Revista de Contabilidad y Tributación*, (341-342), 154-155.

38 SAN de 3 de octubre de 2002.

habilitado legalmente por su normativa interna y con base en el artículo 18.1 del tratado hispano-holandés, gravar rendimientos artísticos obtenidos a través de una sociedad interpuesta".

Tres son las reflexiones[39] que nos suscitó el fallo del TS español en este asunto: 1. La primera ha sido ya apuntada y estriba en la necesidad de clarificar que la voluntad del Comité de Asuntos Fiscales al pronunciarse expresamente a favor de la interpretación dinámica no presenta carácter absoluto e incondicionado —como parece colegirse de lo manifestado por nuestro TS— sino que, antes bien, recomienda una aplicación "matizada" de este criterio hermenéutico, al señalar que el mismo se utilice "*as far as possible*". De ello no cabe inferir, por tanto, una prohibición tajante respecto a la interpretación estática, que podrá aplicarse en aquellas situaciones en las que la dinámica no deba operar por razón de la entidad de los cambios introducidos. Téngase presente que en este caso la adición a la que nos referimos no supone una mera matización de lo previsto en el artículo 17.1, sino una expresa cláusula antielusión que incorpora una excepción a lo dispuesto en el citado precepto y que, a nuestro juicio, no puede ser sobreentendida por uno solo de los Estados contratantes en los convenios en los que no se incluya expresamente.

2. La justificación aducida por el TS resulta incorrecta, pues, con claro desconocimiento del sistema de fuentes en materia tributaria, cita como fundamento el Derecho interno español[40], al que convierte (junto a los Comentarios 7, 8, 9 y 11 del artículo 17 CM OCDE 1992) en presupuesto habilitante para sobreentender incluida dicha cláusula antielusión en el artículo 18 del CDI hispano-holandés, consumando de este modo una modificación unilateral de lo acordado por los Estados contratantes en un tratado internacional que, huelga decirlo, tiene rango supralegal.

3. Este drástico giro jurisprudencial puede suscitar problemas desde la óptica constitucional y de derechos de los contribuyentes[41]. Teniendo en cuenta la influencia práctica que los Comentarios al CM OCDE han adquirido para las Administraciones y los Tribunales, cada vez es más fácil que un Comentario posterior se convierta en "hard-law" y cambie el sentido original de convenios anteriores por medio de decisiones ad-

---

39 Ribes Ribes, A. (2010). "Recent (...)". Ob. cit. 30. A favor de nuestra posición y discrepando del criterio observado por el TS en el Caso Halcón Viajes: De la Cueva González-Cotera, Á. y Arroyo Ataz, A. (2021). "Tax treaty interpretation: a new beginning?". *European Taxation*, (vol. 61, nº 2-3), 5.

40 El apartado 11 de los Comentarios al artículo 17 CM OCDE, posibilita a los Estados contratantes cuyo CDI, por su antigüedad, no incluyera la cláusula del apartado segundo, a entenderla comprendida, siempre y cuando su legislación interna contemple tal gravamen.

41 Martín Jiménez, A. J. (2003). "Los Comentarios al MC OCDE: su incidencia en el sistema de fuentes del Derecho Tributario y sobre los derechos de los contribuyentes". *Carta Tributaria* (20), 15.

ministrativas y judiciales. Por ello, no está de más recordar que también los Tribunales pueden oponerse a los efectos de esta interpretación dinámica que, como se ha reiterado, no resulta vinculante ni debe imponerse necesariamente en todos los casos.

En conclusión, por un lado, valoramos positivamente el cambio de criterio de la Administración Tributaria española que, en las decisiones apuntadas, se mostró favorable a la interpretación dinámica de los Comentarios y del CM OCDE en relación con la aplicación de convenios suscritos por España con carácter previo, abandonando definitivamente la tendencia del pasado partidaria en todo caso de la interpretación estática. Ahora bien, por otro lado, el posicionamiento a favor de la interpretación dinámica no debería comportar, como desafortunadamente defendió el TS en el Caso Halcón (y en otros posteriores sobre la misma cláusula de artistas y deportistas, como las SSTS[42] de 13 de abril de 2011 (*Tol 2114898*) y de 28 de marzo de 2012 (*Tol 2542532*)), una rígida actuación de la Administración y Tribunales españoles que, sin atender a la naturaleza de los cambios efectuados en el Convenio Modelo y en los Comentarios, apliquen con automatismo dicha interpretación evolutiva siempre, pues ello significaría contravenir el espíritu y finalidad de lo expresado por la propia OCDE e incurrir, a mayor abundamiento, en una clara violación de las voluntades manifestadas por los Estados contratantes al suscribir el CDI, ignorando la buena fe con la que, según el artículo 31.1 de la Convención de Viena, deben interpretarse los tratados, todo lo cual excluye cualquier modificación unilateral.

3.2. CONSOLIDACIÓN DE LA INTERPRETACIÓN DINÁMICA —CON DISTINTO ACIERTO—: STS DE 12 DE ENERO DE 2012 (CASO ROCHE) Y STS DE 7 DE DICIEMBRE DE 2012 (CASO U2)

En contraste con las Sentencias del TS analizadas en el epígrafe anterior, en las que la opción por la interpretación dinámica conllevó una interpretación extensiva de los términos del tratado, cabe destacar otros pronunciamientos a través de los cuales el Alto Tribunal se inclinó también por la interpretación dinámica, pero sin violentar el espíritu de los CDI en cuestión.

En esta línea más acertada se sitúan, a nuestro parecer, las SSTS de 23 de diciembre de 2010 y 12 de enero de 2012 (*Tol 2401207*) (Caso Roche), relativas al concepto de establecimiento permanente. En el primer caso, el *quid* de la cuestión consistió en dilucidar la existencia o no de establecimiento permanente a la luz del artículo 5 del CDI entre España e Italia de 1977. A este respecto, las obras de construcción o montaje cuya

42 En estos pronunciamientos el TS vuelve a resaltar que ninguno de los Estados parte en el CDI aplicable formuló reserva u observación alguna contra el Preámbulo o los Comentarios del CM OCDE 1992, con arreglo al cual se llevó a cabo la interpretación.

duración exceda de doce meses se incluían expresamente en el artículo 5, apartado 2 del citado Convenio.

Ahora bien, mientras la recurrente defendía que las obras debían referirse a cada una de las fases que comprendía la ejecución total, conforme a los contratos celebrados, la Administración, por el contrario, las calificaba dentro de la "unidad de obra" contratada, de conformidad con los párrafos 16, 17 y 19 de los Comentarios al artículo 5.3 del CM OCDE 1977, y su actualización en 1992, que señalaba que "el criterio de doce meses se aplica a cada obra", así como que "una obra de construcción debe considerarse como unidad incluso si se basa en varios contratos, a condición de que constituya un todo coherente en el plano comercial y geográfico".

La interpretación dinámica observada por el TS en este asunto le llevó a concluir que lo determinante de la decisión no era la existencia de uno o dos contratos, sino la hipotética unidad estructural, física y organizativa de las obras a realizar. Sobre la base de ello se resolvió que la duración de las obras afectaba a todas las fases que comprendía y, por tanto, en el caso en cuestión, excedía de 12 meses, lo cual implicaba la existencia de establecimiento permanente.

A diferencia de las Sentencias examinadas sobre la cláusula de percepción de rentas por los artistas/deportistas a través de sociedades interpuestas, donde el TS sobreentendió incluida dicha previsión pese a su inexistencia en el CDI aplicable —lo que entraña sin lugar a dudas una modificación sustancial—, en el presente caso la interpretación dinámica ayudó a clarificar el modo de computar los doce meses, a la luz de la actualización en 1992 del CM OCDE y de sus Comentarios. Es decir, nos hallamos ante una mera clarificación o aclaración y no ante un cambio sustantivo del clausulado del tratado que acordaron las partes.

De esta misma filosofía participa, a nuestro juicio, la Sentencia de 12 de enero de 2012, recaída en el Caso Roche[43]. De nuevo, la controversia radica en determinar la existencia o no de establecimiento permanente, si bien en este caso a través de la cláusula del agente dependiente.

Según el artículo 5, apartado 4 del CDI hispano suizo de 1966 —que es la norma aplicable al caso—, "una persona que actúe en un Estado contratante por cuenta de una empresa del otro Estado contratante, salvo que se trate de un agente independiente comprendido en el párrafo 5, se considera que constituye establecimiento permanente en el Estado primeramente mencionado si tiene y ejerce habitualmente en este Estado

43 Ribes Ribes, A. (2012). "La difícil precisión de la noción de establecimiento permanente a través de la cláusula del agente dependiente (STS de 12 de enero de 2012, Caso Roche)". *Crónica Tributaria: Boletín de actualidad*, (4), 34-35.

poderes para concluir contratos en nombre de la empresa, a menos que sus actividades se limiten a la compra de bienes o mercancías para la misma".

Como es obvio, el tenor literal de esta disposición se inspiró en el CM OCDE 1963, que era el que estaba en vigor cuando se suscribió el CDI mencionado. Sin embargo, no es menos cierto que el CM OCDE 1977 dio una nueva redacción a dicho apartado para precisar su sentido, sin otra modificación que la relativa a la extensión de las actividades de la persona que se exceptúan.

Tomando en consideración tal actualización —que no altera el significado de la cláusula del agente dependiente, sino que simplemente aclara su aplicación—, el TS interpretó de manera dinámica el citado precepto convencional, tal y como recomendó el Comité de Asuntos Fiscales de la OCDE "cuando fuera posible". En particular, el Alto Tribunal consideró que aunque la entidad Roche Vitaminas, S.A. carecía de la capacidad para concluir contratos en nombre de la sociedad no residente, el CM OCDE —en su versión actualizada— autorizaba a contemplar otras actividades distintas de esa, como precisamente las de elaboración de mercaderías, que con posterioridad vendía y distribuía. Todo ello, unido fundamentalmente a la ajenidad del riesgo, permitió al TS declarar la existencia de establecimiento permanente, con las consiguientes repercusiones fiscales.

Un supuesto diferente, en el que el TS también invoca la interpretación dinámica del CDI, si bien a nuestro parecer, de manera incorrecta, fue el resuelto a través de la STS de 7 de diciembre de 2012 (*Tol 2732219*) (Caso U2)[44].

Dicho pronunciamiento anuló la SAN de 28 de enero de 2010, mediante la cual se había sostenido la tesis del contrato único con prestaciones fiscalmente diferenciables. En efecto, la AN entendió que nos hallábamos ante un único contrato, del que derivaban prestaciones distintas y, por tanto, acreedoras de un diferente trato tributario. Distinguió, por un lado, entre los rendimientos derivados de la actividad personal del artista, ya fueran percibidos directa o indirectamente por este, que se califican como rentas artísticas y entran dentro del ámbito de aplicación del artículo 17 CDI hispano-irlandés; y, por otro lado, las rentas satisfechas a otras dos compañías irlandesas por los trabajos de "puesta en escena" y "dirección" de los conciertos que, en su opinión, eran beneficios empresariales y debían reconducirse al artículo 7 del indicado CDI.

Esta postura, a la que nos adscribimos, trae causa de lo dispuesto en el propio *dictum* del artículo 17. 2 del CDI entre España e Irlanda ("las rentas derivadas de la actividad *personal* realizada por un artista o deportista *en esa calidad*"), que se inspira en el tenor

44 Ribes Ribes, A. (2013). "Interpretación del artículo 17.2 del Convenio de doble imposición entre España e Irlanda. STS 7-12-2012, Caso U2". *Crónica Tributaria: Boletín de actualidad*, (2), 57-63.

literal del mismo precepto en el CM OCDE, que señala que "(...) cuando las rentas derivadas de las actividades realizadas por un artista o deportista *personalmente y en esa calidad*, se atribuyan, no al propio artista o deportista sino a otra persona, tales rentas pueden someterse a imposición en el Estado contratante en el que se realicen las actividades del artista o deportista".

La AN no se opuso, por consiguiente, a la aplicación del artículo 17.2 del CDI hispano-irlandés —que, además, como se ha apuntado, sí contiene la cláusula antielusión—, pero declaró que dicha norma convencional debía solamente proyectarse sobre las rentas obtenidas por los artistas como resultado de su actuación personal.

No lo consideró así el TS español, que abogó por la tesis del contrato único con idéntica calificación de las prestaciones, con la relevante consecuencia de entender como única disposición aplicable el artículo 17.2 del mencionado tratado.

Se trata, desde nuestra perspectiva, de un pronunciamiento desafortunado. En realidad, no estamos ante un caso de interpretación dinámica o ambulatoria, toda vez que el CDI hispano-irlandés ya albergaba esta cláusula antiabuso. Por eso, carece de sentido que el TS invoque el apartado 11 de los Comentarios al artículo 17 CM OCDE, en virtud del cual se permite a los Estados contratantes cuyo CDI, por su antigüedad, no incluyera la cláusula del apartado segundo, a entenderla comprendida[45], siempre que su legislación interna contemple tal gravamen.

Lo que realmente hace el TS es intentar justificar el gravamen de todas las rentas (deriven o no de la actuación personal del artista) a través del artículo 17.2 CDI mencionado, sobre la base de que así lo prevé el Derecho interno español (artículos 45.1.d) LIS y, en la actualidad, art. 13.1.b.3º TRLIRNR). Debe advertirse, sin embargo, que esta equiparación es errónea, pues la previsión de nuestra normativa interna resulta más amplia que lo dispuesto en el artículo 17.2 del citado CDI, de lo que se colige que la solución ofrecida por el TS no fue correcta.

3.3. UN BUEN EJEMPLO DE INTERPRETACIÓN ESTÁTICA: SAN DE 10 DE JULIO DE 2015 (CASO ING)

Avanzando en el tiempo, la AN profundizó en los rasgos definitorios de la interpretación de los CDI a través de su Sentencia de 10 de julio de 2015 (*Tol 5214739*).

45 Entre quienes consideran justificado que las cláusulas antiabuso puedan aplicarse retroactivamente: Broekhuijsen, D. M. y Van der Velde, K. M. (2015). "The retroactive effect of changes to the Commentaries on the OECD Model". *Bulletin for International Taxation*, (vol. 69, nº 11), 630.

El litigio se suscitó ante una regularización practicada por la Inspección tributaria a una sucursal (EP ING Bank, que opera bajo licencia bancaria única del Banco Central de los Países Bajos), situada en territorio español, de una entidad de crédito extranjera (ING Bank NV), en relación con sus bases imponibles por el IRNR, ejercicios 2002 y 2003. A través de un ajuste extracontable positivo en concepto de menor gasto por intereses de capitales ajenos deducidos indebidamente, la Administración procedió a minorar las bases imponibles negativas, recalificando una parte de los recursos ajenos anotados en los libros de la sucursal al entender que constituían "capital libre" (*free capital*) o fondos propios.

A juicio de la Inspección, el EP a través del cual la entidad de crédito opera en España, tiene afecto un capital de manera indirecta, que se corresponde con el que dicha entidad, como casa central, tiene anotado en su contabilidad como cantidad racionalmente imputable a las operaciones realizadas mediante dicho EP. Partiendo de esta premisa (cifra de capital afectada indirectamente al EP), la no deducibilidad de los gastos financieros impuesta por la Inspección encuentra su fundamento en el artículo 17.1.c) de la antigua Ley 41/1998 (*Tol 224739*), del IRNR (actual artículo 18.1.c) TRLIRNR). En efecto, este precepto prohíbe la deducción en la base imponible de las cantidades correspondientes al coste de los capitales propios de la casa central afectos, directa o indirectamente, al EP.

La asignación a efectos fiscales de *free capital* al EP por parte de la Inspección Tributaria se residencia en lo dispuesto en el artículo 7.2 del CDI hispano-holandés de 1972, sobre la base de una interpretación dinámica del citado tratado a la luz de los Comentarios al CM OCDE 2008. Ciertamente, la evolución experimentada respecto a los principios establecidos por la OCDE para atribuir beneficios al EP ha sido notable en los últimos años, como demuestra el hecho de que se haya pasado de un enfoque tradicional (principio de empresa separada —*arm's length*— e independencia restringida) al enfoque autorizado actual (principio de libre competencia, cálculo de la base imponible y del capital libre a partir del análisis de activos, funciones y riesgos).

Disconforme con tal corrección de la base imponible, el contribuyente recurrió ante el TEAC argumentando, precisamente, la imposibilidad de aplicar el enfoque autorizado de la OCDE, sostenido por la Inspección, a situaciones pretéritas, acaecidas entre 2001 y 2003; y señalando, a mayor abundamiento, la ausencia de soporte para tal regularización en la normativa interna española. No obstante, el TEAC desestimó el recurso presentado, mediante sus resoluciones de 30 de mayo y 26 de junio de 2012, lo que motivó su impugnación ante la AN.

La sentencia analizada se proyecta sobre el tema de la cuantificación del capital propio y los gastos financieros imputables al EP de ING en España. La AN concluyó estimando la deducibilidad fiscal de los intereses abonados a la casa central, tras rechazar la interpretación dinámica "absoluta" del artículo 7 del CDI hispano-holandés de 1972, a la luz de los Comentarios al CM OCDE 2008.

El punto de partida de esta problemática radica en que la fórmula de cálculo que las entidades financieras que operan a través de sucursales utilizan en el plano mercantil-financiero para cumplir con la *ratio* mínima de solvencia, no tiene por qué resultar válida en todo caso a efectos fiscales en lo que respecta a la dotación de capital libre de los EP.

Desde esta última perspectiva (atribución de beneficios al EP conforme al artículo 7 de los CDI y el TRLIRNR), la normativa fiscal requiere que el EP esté dotado de una estructura de capital propio adecuada a la organización y funciones desarrolladas a través de la misma (posición tradicional de la OCDE, alojada en los Comentarios al artículo 7 CM OCDE previos a 2008). Lo determinante, pues, en el terreno fiscal, estriba en la dotación o no de tal estructura de capital propio por parte del EP, ya que en tal caso no podrá rechazarse la deducibilidad fiscal de los intereses derivados de financiación ajena (o de préstamos de la casa central), salvo que resultaran excesivos.

La AN se limitó en este aspecto a evidenciar que la Administración Tributaria no acreditó de forma suficiente, que el cálculo para la dotación de *free capital* realizado por el contribuyente (EP) fuera inadecuado para el desarrollo de su organización y funciones. Como consecuencia de ello y, sin necesidad de abordar el carácter acertado o no de la metodología empleada por la Administración, la AN declaró incorrecta la regularización administrativa.

En otros términos, la AN rechazó que la regularización pudiera fundamentarse en el artículo 17.2 TRLIRNR (vulneración del principio de plena competencia en las operaciones casa central-EP), bajo el entendimiento de que la Administración no había probado que la dotación de capital propio fijada por el contribuyente y registrada en su contabilidad no fuera correcta.

Al margen de tales disquisiciones, nuestra reflexión se ciñe al rechazo de la AN respecto a la aplicación del enfoque autorizado de atribución de beneficios al EP (introducido en los Comentarios al artículo 7 del CM OCDE 2008 y en los Informes[46] de la OCDE de 2006 y —final— de 2008), sobre la base de considerar que tales cambios no suponían meras aclaraciones o precisiones sino, antes al contrario, auténticas modificaciones de fondo de la regulación aplicable, razón por la cual procedía mantener una interpretación estática, de acuerdo con la tesis del Comité de Asuntos Fiscales de la OCDE (interpretación dinámica "*as far as possible*").

---

46 El informe de la OCDE sobre Atribución de Beneficios al EP (2006-2008) ha sido empleado por la Administración Tributaria española y por el TEAC (Resolución de 3 de julio de 2014), a fin de interpretar el concepto de EP en el marco del CDI con Francia, en relación con una operación de reestructuración empresarial.

Compartimos plenamente los argumentos esgrimidos por la AN, cuya virtualidad no estriba en descubrir nada nuevo, sino en reforzar la doctrina administrativa y jurisprudencial ya existente, zanjando cualquier tipo de duda sobre la materia.

Los hechos acaecidos son claros y no se discuten. El *quid* de la cuestión reside, a nuestro juicio, en clarificar si el CDI hispano-holandés debe interpretarse o no de forma dinámica en este caso.

En sus Resoluciones de 30 de mayo y 26 de junio de 2012, el TEAC afirma la inexistencia de "diferencias sustanciales" entre el CDI aplicable en el momento de su firma y el interpretado al amparo de los Comentarios (parágrafos 45 a 48) al artículo 7 CM OCDE 2008, por lo que a la atribución de capital libre/propio se refiere[47]. De conformidad con ello, realiza una interpretación dinámica de dicho precepto, lo que se traduce en considerar incorrectas las declaraciones presentadas por EP ING Bank, al haberse deducido los intereses pagados a la casa central y a otras entidades del grupo.

Según el TEAC, las "novedades de calado" no se incorporaron con ocasión de dichos Comentarios, ni de los Informes de la OCDE de 2006 y 2008, sino al hilo de la modificación operada en el artículo 7 propiamente dicho en la versión del CM OCDE de 2010.

No podemos sino disentir de tal planteamiento. Como se ha reseñado, apoyándose en el sentir doctrinal mayoritario, la AN declaró que "no cabe considerar que el paso de una atribución de beneficios, tomando como base el principio de empresa separada con beneficio empresarial, a partir de la propia contabilidad, a la prevalencia del análisis funcional, es decir, del análisis de funciones, activos y riesgos, pueda considerarse una matización de los términos expuestos. Es la propia Administración la que reconoce (...) que el artículo 7 del Convenio hispano-holandés no prevé expresamente una corrección sobre el resultado contable del establecimiento permanente fundamentada en la afectación de una parte del capital o fondos propios de la Casa central al obligado tributario, ni tampoco lo hacen los Comentarios al Modelo de Convenio de la OCDE vigentes en los períodos impositivos sujetos a regulación".

En efecto, cabe apreciar que la OCDE articuló *ex novo* en 2008 el concepto de *free capital* y determinó su cómputo a partir de un análisis de activos, funciones y riesgos, lo que comportó un cambio radical de modelo respecto al anteriormente contemplado.

[47] En concreto, el TEAC consideró que tales Comentarios "no tienen carácter innovador sino unificador de los criterios o principios (...)". De acuerdo con esta interpretación, el TEAC vino a confirmar la actuación de la Administración española, en el entendimiento de que el artículo 17.1.c) LIRNR y el artículo 7 del CDI entre España y Holanda permiten a aquella rectificar la contabilidad del EP de ING en España, atribuyéndole una cifra de capital libre adecuada para que pueda funcionar como empresa separada e independiente en condiciones de plena competencia frente a las entidades financieras localizadas en territorio español.

Por tanto, si bien es cierto que en algunos supuestos es difícil distinguir los cambios sustantivos de los meramente formales, motivo por el cual no es posible establecer reglas apriorísticas de validez universal (de ahí la recomendación del Comité de Asuntos Fiscales de utilizar la interpretación ambulatoria "en la medida de lo posible"), no es menos cierto que en el caso examinado se altera de modo sustancial el contenido del convenio. La naturaleza de la modificación acometida impide utilizar los Comentarios posteriores (no obstante su relevancia hermenéutica), de forma automática y acrítica, como instrumento interpretativo en relación con CDIs concluidos con anterioridad. Lo contrario, como señaló la AN, supondría atentar contra los principios de irretroactividad de las normas, confianza legítima y buena fe.

Nos alineamos[48], en términos generales, con la argumentación de la AN, especialmente por lo que concierne a la interpretación dinámica/estática. A este respecto, la virtualidad de la SAN en el presente asunto va mucho más allá de la problemática de la atribución de capital propio a las sucursales bancarias. La enseñanza principal que cabe extraer del pronunciamiento radica en la imposibilidad de implementar sistemáticamente cambios sustantivos en los estándares de Fiscalidad internacional por vía interpretativa mediante el empleo del *soft law*. Por el contrario, la incorporación de dichos cambios de fondo requiere de una acción normativa a fin de salvaguardar los principios de legalidad y seguridad jurídica[49].

3.4. ÚLTIMA DOCTRINA JURISPRUDENCIAL SOBRE LA INTERPRETACIÓN DE CDI: SSTS DE 3 DE MARZO DE 2020 (*Tol 7947572*) (CASO STRYKER) Y 23 DE SEPTIEMBRE DE 2020 (*Tol 8111572*) (CASO COLGATE). CONSOLIDACIÓN MEDIANTE LOS CASOS ACCIONA Y CARBON HOLDING. JURISPRUDENCIA COMPARADA

Los pronunciamientos dictados por el TS el 3 de marzo y el 23 de septiembre de 2020, en los Casos Stryker (*Tol 7947572*) y Colgate (*Tol 8111572*), respectivamente,

---

48 Ribes Ribes, A. (2016). "Límites a la interpretación dinámica de los convenios de doble imposición internacional: el Caso ING". *Revista de Fiscalidad Internacional y Negocios Transnacionales*, (1), 19-37.

49 Como subrayaron Calderón y Palacín, "(...) a través de esta sentencia el Alto Tribunal está mandando un importante mensaje a las autoridades españolas en materia de fuentes del Derecho Tributario, de suerte que el *soft-law* OCDE, por muy autorizada que sea la fuente, no permite suplantar la tarea y función del legislador ni modular de forma sustantiva el significado, términos y alcance de la legislación doméstica y bilateral". Calderón Carrero, J. M. y Palacín Sotillos, R. (2015): "El Caso ING Bank Sucursal en España. La atribución de capital libre a los establecimientos permanentes y el *soft law* como fuente de Derecho Tributario", Nota técnica, Ernst & Young, 5.

han sido presentados como restrictivos respecto de la interpretación dinámica absoluta o "sin matices" (Caso Halcón Viajes) y, por consiguiente, como exponentes de un nuevo giro jurisprudencial[50] en esta sede.

Centrándonos en la STS de 3 de marzo de 2020 (Caso Stryker), la cuestión hermenéutica se polariza en torno a la determinación de la existencia o no de EP, a la luz del artículo 5 del CDI entre España y Suiza de 1966.

Conforme a dicha norma (art. 5.3.e), que es la que resulta aplicable *ratione temporis* al caso examinado: "1. A los efectos del presente Convenio, la expresión "establecimiento permanente" significa un lugar fijo de negocios en el que una empresa efectúe toda o parte de su actividad [...]. 3. El término "establecimiento permanente" no comprende: [...] e) el mantenimiento de un lugar fijo de negocios con el fin único de hacer publicidad, suministrar información, realizar investigaciones científicas o desarrollar otras actividades similares que tengan carácter preparatorio o auxiliar, siempre que estas actividades se realicen para la propia empresa".

Teniendo en cuenta que los hechos acaecieron en el período 2005-2008, la AN, mediante su Sentencia de 9 de febrero de 2018 —que es la que ahora se recurre en casación—, interpretó el concepto de EP a la vista de la posterior versión del CM OCDE 2005 (artículo 5.4.e), que sin embargo, no fue incorporada al CDI bilateral analizado hasta su modificación[51] mediante el Protocolo que entró en vigor el 24 de agosto de 2013.

De acuerdo con dicha norma: "4. No obstante las disposiciones anteriores de este artículo, se considera que la expresión "establecimiento permanente" no incluye: e) el mantenimiento de un lugar fijo de negocios con el único fin de realizar para la empresa cualquier otra actividad de carácter auxiliar o preparatorio".

A juicio del TS, que compartimos, el cambio operado por la nueva versión del CM OCDE no implica una simple aclaración o clarificación de la norma existente, sino una importante modificación de la misma. En efecto, asistimos a un cambio sustancial de lo acordado por los Estados signatarios que solamente excluyeron del concepto de EP determinadas actividades y no, como señala la posterior versión del CM OCDE, cualquier actividad de carácter auxiliar o preparatorio.

Debemos insistir, en este sentido, en que el planteamiento correcto en sede hermenéutica no radica en optar siempre y en todo caso por la interpretación dinámica, en el

---

50 De la Cueva González-Cotera, Á. y Arroyo Ataz, A. (2021). "Tax treaty (...)". Ob. cit. 6-9.

51 En concreto, los cambios introducidos consistieron en la adición de un subapartado f) al punto 3 (en línea con el artículo 5.4.f) del CM OCDE 2005); y en otorgar nueva redacción al apartado 4 (de conformidad con el artículo 5.5 del nuevo CM OCDE); manteniéndose igual, empero, la redacción del artículo 5.3.e) del citado CDI.

bien entendido de que esta no debe aplicarse sistemáticamente, sino en la medida de lo posible, dependiendo de la naturaleza de los cambios que se introduzcan en los nuevos Comentarios y/o en el CM OCDE. Por esta razón, aplaudimos la actuación del TS en este asunto en el que, alejándose de la interpretación dinámica "incondicionada" o sin límites que pareció defender en el Caso Halcón Viajes, asume que tal interpretación evolutiva únicamente procede cuando los cambios acometidos no sean de tal envergadura que alteren sustancialmente el acuerdo de voluntades que en la fecha de celebración del convenio manifestaron los Estados parte.

Idéntica valoración nos merece la STS dictada el 23 de septiembre de 2020, al hilo del Caso Colgate Palmolive, que completa[52] y refuerza la nueva doctrina jurisprudencial en esta materia.

En esta ocasión, la norma a interpretar (y aplicar) es el artículo 12 del CDI hispano suizo de 1966, que no alberga la cláusula del beneficiario efectivo a efectos de la aplicación del límite de la retención del 5% y la exención de gravamen de los cánones en la fuente (España). Ello contrasta con las disposiciones convencionales reguladoras de la tributación en la fuente sobre dividendos e intereses, que fueron modificadas a través del Protocolo de 2006 y sí circunscriben su aplicación a supuestos en los que el perceptor de tales rentas es el beneficiario efectivo y reside en el otro Estado contratante (Suiza).

En este orden de ideas, cabe afirmar que el razonamiento del TS en el presente asunto complementa lo ya declarado en el Caso Stryker, pues en este asunto vuelve a negarse la interpretación dinámica del CDI basándose no ya en el carácter sustancial del cambio acometido en el propio tratado (además de en el sistema de fuentes normativas), sino en que tal cambio —sin duda, sustancial— ni siquiera se ha producido en la norma del CDI hispano-suizo, sino únicamente en otras disposiciones del mismo como son las relativas a dividendos e intereses (a imagen y semejanza de las versiones posteriores del CM OCDE desde 1977).

De conformidad con ello, el TS casa y anula la SAN de 30 de noviembre de 2018, que había confirmado la legalidad de una liquidación tributaria por retenciones a cuenta del IRNR (2006 y 2007), por el defecto de retención sobre los cánones que la inspección consideró satisfechos a la entidad suiza Colgate Palmolive por la sociedad española del grupo.

---

52 Calderón Carrero, J. M. (2020). "Nueva doctrina del Tribunal Supremo limitando la utilización del soft-law: rechazo del "carácter implícito" del principio del beneficiario efectivo en CDIs que no establezcan tal cláusula". Documento - Sección de Fiscalidad Internacional (AEDAF), 26 de octubre de 2020.

Al definir los contornos de la interpretación dinámica de los CDI, el TS subraya que los actos de liquidación no pueden fundamentarse de forma prevalente y principal en materiales de *soft law*, ignorando las normas convencionales aplicables al caso, dado que ello puede constituir una infracción de la legalidad convencional (*treaty overriding*), así como de lo dispuesto en la Convención de Viena sobre el Derecho de los Tratados, al amparo de la cual los materiales de *soft law* (Comentarios, Modelos OCDE, etc.) serían una herramienta muy valiosa, pero de carácter suplementario para la interpretación, debiendo basarse esta en la fuente normativa aplicable, que no es otra que el propio CDI.

De esta manera, participando de la filosofía con la que el Comité de Asuntos Fiscales de la OCDE animó a los Estados miembros a aplicar la interpretación dinámica, siempre que fuera posible, el TS reconoce la importancia de esta para evitar la petrificación de los CDI y posibilitar su adaptación a las nuevas realidades jurídicas, sociales o tecnológicas que no se pudieron prever en la fecha de su firma. En otros términos, el TS no rechaza el uso del *soft law* como material de ayuda en la labor hermenéutica, ni excluye categóricamente la interpretación ambulatoria, sino que, al contrario, destaca su relevancia, si bien matizando que debe siempre llevarse a cabo a partir de lo dispuesto en el propio CDI[53] (por ejemplo, con efectos de mera clarificación), que debe ser objeto de interpretación bilateral a tratarse de un acuerdo internacional.

Esta importante doctrina jurisprudencial, que ha sido ya secundada por la SAN de 18 de junio de 2021 (*Tol 8499470*) (Caso Acciona) y por la STS de 22 de septiembre de 2021 (*Tol 8611158*) (Caso Carbon Holding), delimita con acierto los límites objetivos y temporales de la interpretación dinámica, que resulta aplicable siempre que los cambios operados sean simples aclaraciones y no determinen una modificación sustancial, innovación material o mutación del significado de la legalidad convencional vigente.

Además, enlazando con nuestras reflexiones acerca del *status* de los Comentarios y modelos de la OCDE a la luz de la Convención de Viena (véase epígrafe 2.2), el TS se posiciona de nuevo[54] a favor de considerarlos como medios complementarios de interpretación, en el marco del artículo 32 que, como ya expusimos, limita su utilización a los efectos bien de confirmar el significado resultante de la aplicación del artículo 31, o bien de clarificar dicho significado cuando sea ambiguo u oscuro, o conduzca a un resultado absurdo o irrazonable.

---

[53] Tal y como resalta el TS, la pauta interpretativa suministrada por un comentario a los modelos de convenio por sí sola no es admisible sin el sustento de una justificación directa en las propias fuentes del ordenamiento jurídico, incluidos los tratados y convenios, ya que lo contrario implicaría dejar sin efecto —como ocurre en el caso que nos ocupa— el precepto convencional de los cánones (art.12 CDI hispano-suizo).

[54] Véanse, en esta dirección, las SSTS de 18 de marzo y de 15 de diciembre de 2011.

Conviene llamar la atención, no obstante, sobre la jurisprudencia comparada contraria[55] al posicionamiento del TS español. Basten tres ejemplos para ilustrar la cuestión: las Sentencias del Tribunal Federal suizo[56] de 7 de marzo de 2012 (*Tol 2572088*) y 5 de mayo de 2015, la Sentencia del Tribunal Supremo de Sudáfrica[57] de 20 de agosto de 2015 y la Sentencia de la Corte Suprema de Casación italiana de 10 de julio de 2020[58].

El pronunciamiento dictado por el Tribunal sudafricano confirmó la aplicación retroactiva del Protocolo de 2008 al CDI entre Australia y Sudáfrica (1999), respecto a cuestiones generadas antes de la adopción de dicho Protocolo. En los restantes casos citados, la controversia hermenéutica versaba sobre la posibilidad de entender o no incluida la cláusula del beneficiario efectivo en el seno del CDI respectivo, que no la contemplaba expresamente.

En particular, los pronunciamientos del Tribunal Federal suizo interpretan de manera dinámica el artículo 10 del CDI entre Dinamarca y Suiza (1973), considerando que el mismo incluye implícitamente el requisito del beneficiario efectivo, con fundamento en versiones posteriores del CM OCDE y en la necesidad de evitar el *treaty shopping*. La disparidad de criterio en comparación con la STS de 23 de septiembre de 2020 (Caso Colgate) resulta evidente, pues ante un asunto similar, consistente en determinar la inclusión o no de la cláusula del beneficiario efectivo en el artículo 12.2 del CDI hispano-suizo (1966), nuestro TS adoptó empero la solución contraria.

Proclive a la interpretación dinámica, con base en lo dispuesto en el CM OCDE, se mostró asimismo la Corte Suprema de Casación italiana en el asunto ya referido, atinente a la tributación de intereses de fuente italiana, en el que exigió que el perceptor de los mismos tuviera la condición de beneficiario efectivo al objeto de poder beneficiarse de las ventajas fiscales correspondientes[59].

---

55 Sánchez de Castro Martín-Luengo, E. (2021). "Spanish Supreme Court limits the use of dynamic interpretation of tax treaties". *Bulletin for International Taxation*, (vol. 75, nº 1), 9.

56 Sentencias del Tribunal Federal suizo de 7 de marzo de 2012 (Caso A-6537/2010) y 5 de mayo de 2015 (Caso 2C_364/2012).

57 ZA: SCA, 20 Aug. 2015, *Krok and Another v. Commissioner, South African Revenue Service*, 2015 (6) SA 317 (SCA). El segundo recurrente era Jucool Enterprises Inc. Véase: Mazansky, E. (2016). "South African Supreme Court of Appeal confirms application of protocol to a tax treaty to a period before signature date". *Bulletin for International Taxation*, (vol. 70, nº 4), 219.

58 Sentencia de la Corte Suprema de Casación italiana de 10 de julio de 2020 (Caso nº 14756/2020).

59 Por ejemplo, la exención de la retención prevista en la Directiva 2003/49/EC de intereses y cánones.

En definitiva, la falta de uniformidad en la interpretación de los CDI por parte de las distintas jurisdicciones revela igualmente la problemática que sigue encerrando esta temática, con la consiguiente falta de seguridad jurídica para los operadores.

4. REFLEXIÓN FINAL: ¿CÓMO AFECTA EL CONVENIO MULTILATERAL DE LA OCDE AL DEBATE SOBRE LA INTERPRETACIÓN DINÁMICA O ESTÁTICA?

Concluyendo, si bien es cierto que el Comité de Asuntos Fiscales de la OCDE recomendó interpretar lo dispuesto en los CDI de manera dinámica en la medida de lo posible, de lo que se sigue una preferencia por la interpretación ambulatoria o evolutiva, ello no significa que siempre haya de prevalecer esta sobre la interpretación estática. Por el contrario, la recomendación de la OCDE obliga a efectuar un análisis caso por caso (*case-by-case analysis*), debiendo decidir cuál es la interpretación más adecuada según las circunstancias concurrentes.

Tras una larga andadura en la que el TS español ha transitado desde la interpretación estática absoluta a la dinámica sin límites, la doctrina jurisprudencial más reciente refleja ya la recomendación de la OCDE en este sentido (interpretación dinámica "con matices"), al tiempo que subraya la necesidad de respetar el sistema de fuentes normativas, atendiendo principalmente a lo dispuesto en el seno del tratado y otorgando a los Comentarios al CM OCDE y demás materiales de *soft law* el carácter de elementos suplementarios en la tarea exegética.

Este último giro jurisprudencial ha sido criticado por algún autor[60], en el entendimiento de que disminuye la relevancia interpretativa que hasta la fecha se concedía a los Comentarios al CM OCDE, concebidos como instrumento uniformador para dotar de efectividad y sentido a los convenios bilaterales, propiciando escenarios de confusión e inseguridad jurídica. A este respecto, se ha puesto también de relieve la notable antigüedad de la red de CDI españoles, muchos de los cuales fueron suscritos sobre la base del CM OCDE 1963, siendo a partir del CM OCDE 1977 y de sus Comentarios y versiones posteriores cuando se han incorporado apartados y cláusulas esenciales, ausentes en los tratados más antiguos.

Frente a este argumento, nos alineamos con la reciente doctrina sentada por el TS, según la cual es el principio de legalidad (convencional) —al que se hayan sujetos las Administraciones y Tribunales— el que debe presidir la tarea hermenéutica y ofrecer la deseable seguridad jurídica a los contribuyentes, sin perjuicio de poder apoyarse en los

60 Carmona Fernández, N. (2020). "Tribunales y fiscalidad internacional: el zapato equivocado". *Carta Tributaria*, (65-66).

casos en los que así resulte procedente en materiales de *soft law*, tales como los Comentarios, versiones de Modelos posteriores o incluso informes resultantes del Plan BEPS.

En este sentido, el hecho de que la OCDE haya introducido mediante el Plan BEPS un nuevo elemento para actualizar los CDI, cual es la Convención Multilateral para prevenir la erosión de la base imponible y el traslado de beneficios, suscita el interrogante de cómo evolucionará el debate sobre la interpretación dinámica o estática en la realidad práctica a medio o largo plazo. Como es bien sabido, este nuevo instrumento posibilita la actualización automática de los CDI sin necesidad de renegociación bilateral, de forma que muchos de los cambios incorporados en el CM OCDE 2017 —versión actualmente en vigor— a resultas de las acciones del Plan BEPS se reflejarán en la red de CDI de los Estados firmantes a medida que estos vayan ratificando la Convención Multilateral.

España firmó la Convención multilateral el 7 de junio de 2017, pero su entrada en vigor se produjo el 1 de enero de 2022, tras publicarse el instrumento de ratificación en el BOE de 22 de diciembre de 2021. Conviene subrayar la inclusión de 88 CDI españoles en el ámbito de aplicación del Instrumento multilateral, así como la adopción de la mayoría de sus cláusulas, por lo que la Convención podría modificar de manera automática[61] muchos de los CDI firmados por España en los últimos 40 años con otros Estados.

A nuestro juicio, esta actualización automática vaciará seguramente de contenido la discusión acerca de la interpretación estática o evolutiva por lo que concierne a las disposiciones contempladas en el Instrumento Multilateral; persistiendo dicho debate, no obstante, en relación con las reglas de los CDI bilaterales no incluidas en la Convención Multilateral de la OCDE[62].

Se constata, pues, que "el tema de la interpretación del Derecho va y retorna, pero siempre se conserva fresco y eterno"[63].

5. REFERENCIAS BIBLIOGRÁFICAS

Ault, H. (1994). "The role of the OECD Commentaries in the interpretation of tax treaties". *Intertax*, (4).

61 Siempre que el CDI haya sido incluido por ambos Estados parte como tratado modificable por el instrumento multilateral.

62 También en esta línea: De la Cueva González-Cotera, Á. y Arroyo Ataz, A. (2021): "Tax treaty (...)". Ob. cit. 10.

63 Igartúa Salaverría, J. (1994). *Teoría analítica del Derecho (la interpretación de la ley)*, Instituto Vasco de Administración Pública, 7.

Avery Jones, J. F. (1993). "Treaty interpretation". *Asia Pacific Tax and Investment Bulletin*, (vol. 11, nº 8), pp. 282-289.

(2002) "The effect of changes in the OECD Commentaries after a treaty is concluded". *Bulletin for International Fiscal Documentation*, (vol. 56, nº 3).

Avery Jones, J. F. y otros (1984). "The interpretation of tax treaties with particular reference to article 3(2) of the OECD Model", Part II. *British Tax Review.*

Baena Aguilar, Á. (1996). *Revista de Derecho Financiero y Hacienda Pública* (242).

Baena Aguilar, Á. (1997). *Revista de Derecho Financiero y Hacienda Pública*, (245), 1997.

Baker, Ph. (1994). *Double taxation conventions and International law*, second edition, Sweet & Maxwell.

Borrás Rodríguez, A. (1980). "Los convenios para evitar la doble imposición desde el punto de vista de la teoría general de los tratados internacionales", en: VVAA: *Estudios de doble imposición internacional*, Instituto de Estudios Fiscales, Madrid.

Broekhuijsen, D. M. y Van Der Velde, K.M. (2015). "The retroactive effect of changes to the Commentaries on the OECD Model". *Bulletin for International Taxation*, (vol. 69, nº 11).

Calderón Carrero, J. M. (1994). "Algunas reflexiones en torno a los problemas de interpretación y calificación que plantea la aplicación de los convenios de doble imposición internacional: análisis a la luz del nuevo Modelo de Convenio OCDE 1992". *Revista de Derecho Financiero y Hacienda Pública* (229).

Calderón Carrero, J. M. y Palacín Sotillos, R. (2015). "El Caso ING Bank Sucursal en España. La atribución de capital libre a los establecimientos permanentes y el *soft law* como fuente de Derecho Tributario", Nota técnica, Ernst & Young.

Calderón Carrero, J. M. y Piña Garrido, Mª. D. (1999). "Interpretation of tax treaties". *European Taxation*, (vol. 39, nº 10).

Carmona Fernández, N. (2020). "Tribunales y fiscalidad internacional: el zapato equivocado". *Carta Tributaria*, (65-66).

Carnelutti, F. (1938). *Teoría generale del Diritto*. Traducción española de C. González Posada (1941). *Revista de Derecho Privado.*

De Juan Peñalosa, J. L. (1993). "Modelo/92". *Impuestos*, (15-16).

De La Cueva González-Cotera, Á. y Arroyo Ataz, A. (2021): "Tax treaty interpretation: a new beginning?". *European Taxation*, (vol. 61, nº 2-3).

Edwardes-Ker, M.: "Tax treaty interpretation" (Part III, Chapter 23), The International tax treaties service, In-Depth Publishing, Dublin, loose-leaf edition.

Ellis, M. (1999). "The influence of the OECD Commentaries on treaty interpretation - Response to Prof. Klaus Vogel". *Bulletin for International Fiscal Documentation*, (vol. 54, nº 12).

Engelen, F. A. y Pötgens, F. P. G. (2000). "Report on 'The application of the OECD Model Tax Convention to partnerships' and the interpretation of tax treaties", *European Taxation*, (vol. 40, nº 7).

Eskinazi, R. (1996): "Interpretation of double taxation agreements. A South Africa perspective". *South Africa Tax Review*, (6).

Farré Español, J. M. (1994). *La doble imposición. Modelo OCDE 1992*, Einia, Barcelona.

González Poveda, V. (1993). "Nuevo Modelo de Convenio de la O.C.D.E. para evitar la doble imposición en renta y patrimonio". *Revista de Derecho Financiero y Hacienda Pública*, (225-226).

Haccius, Ch. y O'brien, P. (1998). *Double taxation agreements*, The Institute of Taxation in Ireland, Dublin.

Igartúa Salaverría, J. (1994). *Teoría analítica del Derecho (la interpretación de la ley)*, Instituto Vasco de Administración Pública, Pamplona.

Lang, M. (1997). "Later Commentaries of the OECD Committee on Fiscal Affairs, not to affect the interpretation of previously concluded tax treaties". *Intertax*, (vol. 25, nº 1).

Li, J. y Sandler, D. (1997). "The relationship between domestic anti-avoidance legislation and tax treaties". *Canadian Tax Journal*, (vol. 45, nº 5).

Maisto, G. (2021). "Interpretation of tax treaties and the decisions of foreign Tax Courts as a "subsequent practice" under articles 31 and 32 of the Vienna Convention on the Law of Treaties (1969)". *Bulletin for International Taxation*, (vol. 75, nº 11-12), pp. 1-16.

Martín Jiménez, A. J. (2003). "Los Comentarios al MC OCDE: su incidencia en el sistema de fuentes del Derecho Tributario y sobre los derechos de los contribuyentes". *Carta Tributaria*, (20).

Mazansky, E. (2016). "South African Supreme Court of Appeal confirms application of protocol to a tax treaty to a period before signature date". *Bulletin for International Taxation*, (vol 70, nº 4), pp. 219-223.

Navarro, A. (2020). "International tax soft law instruments: the futility of the static v. dynamic interpretation debate". *Intertax*, (vol. 48, nº 10), pp. 848-860.

Prokish, R. (1994). "Fragen der Auslegung von Doppelbesteuerungsabkommen", SWI.

Prokish, R. (1998). "Does it make sense if we speak of an 'international tax language'?", en: Vogel, K. (ed.): *Interpretation of Tax Law and treaties and transfer pricing in Japan and Germany*, Kluwer Law International, The Netherlands.

Reimer, E. (1999). "Interpretation of tax treaties". *European Taxation*, (vol. 39, nº 12).

Ribes Ribes, A. (2003). *Convenios para evitar la doble imposición internacional: interpretación, procedimiento amistoso y arbitraje*, EDERSA.

Ribes Ribes, A. (2010) "Recent application of the dynamic interpretation for royalties by the Spanish Tax Administration". *Intertax*, (vol. 38, nº 1).

Ribes Ribes, A. (2012) "La difícil precisión de la noción de establecimiento permanente a través de la cláusula del agente dependiente (STS de 12 de enero de 2012, Caso Roche)". *Crónica Tributaria: Boletín de actualidad*, (4).

Ribes Ribes, A. (2013) "Interpretación del artículo 17.2 del Convenio de doble imposición entre España e Irlanda. STS 7-12-2012, Caso U2". *Crónica Tributaria: Boletín de actualidad*, (2).

Ribes Ribes, A. (2016) "Límites a la interpretación dinámica de los convenios de doble imposición internacional: el Caso ING". *Revista de Fiscalidad Internacional y Negocios Transnacionales*, (1).

Romyn, M. (1994). "Changes to OECD Commentary may affect its credibility". *Intertax*, (11).

Sánchez De Castro Martín-Luengo, E. (2021): "Spanish Supreme Court limits the use of dynamic interpretation of tax treaties". *Bulletin for International Taxation*, (vol. 75, nº 1).

Serrano Antón, F. (2011). "La interpretación de los convenios de doble imposición internacional en la jurisprudencia del Tribunal Supremo español: la función de los Comentarios del Modelo de Convenio de la OCDE para evitar la doble imposición internacional en materia de renta y patrimonio". *Revista de Contabilidad y Tributación*, (341-342).

Tovillas Morán, J. M. (1996). "La interpretación de los convenios de doble imposición y la cláusula general de interpretación del modelo de Convenio de la OCDE". *Revista Latinoamericana de Derecho Tributario*, (0).

Tovillas Morán, J. M. (1996b): *Estudio del Modelo de Convenio sobre la renta y patrimonio de la OCDE de 1992*, Marcial Pons.

Van Brunschot, F. (2005). "The judiciary and the OECD Model Tax Convention and its Commentaries". *Bulletin for International Fiscal Documentation*, (vol. 59, nº 1).

Van Raad, K. (1996). "Interpretation and application of tax treaties by tax courts". *European Taxation*, (vol. 36, nº 1).

Vogel, K. (1986). "Double tax treaties and their interpretation". *International Tax and Business Lawyer*, (vol. 4, nº 1).

Vogel, K. (1997). *Double taxation conventions*, third edition, Kluwer Law International.

Vogel, K. (1999). "The influence of the OECD Commentaries on treaty interpretation". *Bulletin for International Fiscal Documentation*, (vol. 54, nº 12).

Vogel, K. (2000). "Tax treaty news". *Bulletin for International Fiscal Documentation*, (vol. 54, nº 3).

Vogel, K. y Prokish, R. (1993). General report (Spanish version), XLVII Congress of the International Fiscal Association, Florencia 1993. *Cahiers de Droit Fiscal International*, vol.LXXVIIIa.

Wattel, P.J. y Marres, O. (2003). "The legal status of the OECD Commentary and static or ambulatory interpretation of tax treaties". *European Taxation*, (vol. 43, nº 7-8).

Xavier, A. (1993). "El problema de las calificaciones en Derecho Tributario Internacional". *Revista de Derecho Financiero y Hacienda Pública*, (225-226).

LOS "MOTIVOS ECONÓMICOS VÁLIDOS" EN LAS OPERACIONES DE REESTRUCTURACIÓN EMPRESARIAL Y EL RÉGIMEN DE NEUTRALIDAD FISCAL EN EL IMPUESTO SOBRE SOCIEDADES (¿ESTÁ ALINEADO NUESTRO SISTEMA TRIBUTARIO CON EL ORDENAMIENTO JURÍDICO DE LA UNIÓN EUROPEA?)

Joaquín Huelin Martínez de Velasco
Abogado en Cuatrecasas
Antiguo Magistrado del Tribunal Supremo

SUMARIO: 1. DESARROLLO. 2. REFERENCIAS BIBLIOGRÁFICAS.

1. DESARROLLO

El *Régimen especial de las fusiones, escisiones, aportaciones de activos, canje de valores y cambio de domicilio social de una Sociedad Europea o una Sociedad Cooperativa Europea de un Estado miembro a otro de la Unión Europea*, contenido en el capítulo VII del título VII de la Ley 27/2014, de 27 de noviembre, del Impuesto sobre Sociedades (*Tol 4554400*) [«LIS», en adelante][1], es transposición al Derecho interno de la normativa comunitaria sobre el particular.

Esta regulación común se contuvo inicialmente en la Directiva 90/434/CEE del Consejo, de 23 de julio de 1990 (*Tol 63208*)[2], cuyo artículo 11.1.a) permitía a los Estados miembros negarse a aplicar el régimen de neutralidad fiscal cuando la operación tuviese como objetivo o como uno de sus principales objetivos el fraude o la evasión fiscal, precisando que el hecho de que la operación empresarial *«no se efectúe por motivos económicos válidos, como son la reestructuración o racionalización de las actividades de las sociedades que participan en la operación, puede constituir una presunción de que esta operación tiene como principal objetivo o como uno de sus principales objetivos el fraude o la evasión fiscal»*.

La Directiva 90/434/CEE fue incorporada por primera vez al ordenamiento jurídico español mediante la Ley 29/1991, de 16 de diciembre, de adecuación de determinados conceptos impositivos a las Directivas y Reglamentos de las Comunidades Europeas (*Tol 167520*)[3]. Con arreglo a su Exposición de Motivos, si bien la norma comunitaria únicamente versaba sobre operaciones realizadas entre entidades residentes en diferentes Estados miembros, los principios tributarios sobre los que estaba construida se aplicarían igualmente a las operaciones en las que únicamente estuviesen implicadas entidades en territorio español.

Así pues, el legislador español decidió establecer un régimen tributario común para unas y otras operaciones. En este punto, se ha de tener presente que, con arreglo a la jurisprudencia del Tribunal de Justicia de la Unión Europea [«Tribunal de Justicia», en lo sucesivo][4], cuando una normativa nacional se atiene para resolver una situación interna a las soluciones aplicadas por el Derecho de la Unión, con objeto de evitar la aparición de discriminaciones en contra de los propios nacionales o de eventuales distorsiones de la competencia y con el fin de conjurar divergencias de interpretación, exis-

---

1 BOE núm. 288, de 28 de noviembre de 2014.

2 DOUE L 255, de 20 de agosto de 1990, p. 1.

3 BOE núm. 301, de 17 de diciembre de 1991.

4 *Cfr.* las sentencias de 17 de julio de 1997, *Leur-Bloem* (C-28/95, EU:C:1997:369, apartado 33) (*Tol 4622986*) y de 20 de mayo de 2020, *Modehuis A. Zwijnenburg* (C-352/08, EU:C:2010:282, apartado 32) (*Tol 9918574*).

te un interés manifiesto de la Unión en que las disposiciones o conceptos tomados del Derecho de la Unión reciban una interpretación uniforme, cualesquiera que sean las condiciones en que tengan que aplicarse.

La Ley 29/1991 recogió dicho régimen en su título I, del que formaba parte el artículo 16, cuyo apartado 2 dispuso su exclusión *«[c]uando como consecuencia de la comprobación administrativa de las operaciones [...] se probara que las mismas se realizaron principalmente con fines de fraude o de evasión fiscal»*, en cuyo caso la Administración procedería a la regularización tributaria de los sujetos pasivos, con imposición de las correspondientes sanciones y con el devengo de los intereses de demora que procedan.

Esta primera transposición pareció responder al espíritu de la Directiva 90/434/CEE y de su artículo 11, al moverse en el ámbito de la prueba de la finalidad espúrea, de modo que, cuando se acreditase que la operación se llevó a cabo con fines de fraude o de evasión fiscal, el beneficio que el régimen especial comportaba quedaba excluido. La norma interna no contenía ninguna referencia explícita a la ausencia de motivos económicos válidos en la operación, pero, en la acreditación que el artículo 16.2 de la Ley 29/1991 exigía, nada impedía obtener de esa ausencia, a través de las oportunas presunciones, que la operación se llevó a cabo con los expresados fines fraudulentos o evasivos, tal y como autorizaba la Directiva 90/434/CEE.

La Ley 43/1995, de 27 de diciembre, del Impuesto sobre Sociedades (*Tol 224741*) [en adelante, «LIS/1995»][5], recogió el régimen especial, excluyendo en su artículo 110.2 el derecho a acogerse a la neutralidad fiscal cuando se comprobase que las operaciones fueron realizadas *«principalmente con fines de fraude o evasión fiscal»*.

Como se puede apreciar, la transposición por la LIS/1995 de la previsión contenida en el artículo 11 de la Directiva 90/434/CEE se limitó a contemplar la exclusión del régimen fiscal cuando la operación se llevase a cabo principalmente con fines de evasión o elusión fiscal, pero sin incorporar la precisión de que esa espuria finalidad se pudiera presumir si la operación carecía de motivaciones económicas válidas.

No obstante, la jurisprudencia interna sostuvo ya entonces que, existiendo una referencia en la norma comunitaria a que la ausencia de motivos económicos válidos podía constituir una presunción de que la operación tuvo lugar con el principal objetivo de fraude o la evasión fiscal y reconociendo el legislador español en la Exposición de Motivos de la Ley 19/1991 (*Tol 224740*) que los principios que inspiraban la Directiva 90/434/CEE debían aplicarse a las situaciones internas, cabría concluir que la previsión

[5] BOE núm. 310, de 28 de diciembre de 1995.

sobre la ausencia de motivos económicos válidos ya se encontraba presente en la normativa interna desde la redacción originaria del artículo 110.2 LIS/1995[6].

El vacío de la redacción originaria de la LIS/1995 fue colmado por la Ley 14/2000, de 29 de diciembre, de Medidas fiscales, administrativas y del orden social (*Tol 74751*)[7], cuyo artículo 6. Dos dio nueva redacción al citado artículo 110.2, añadiendo al texto originario, en lo que aquí interesa, que «*[e]n particular, el régimen no se aplicará cuando la operación no se efectúe por motivos económicos válidos, como la reestructuración o la racionalización de las actividades de las entidades que participan en la operación, sino con la mera finalidad de conseguir una ventaja fiscal*».

La norma de la LIS/1995, según quedó tras la Ley 14/2000, pasó al artículo 96.2 del texto refundido del Impuesto sobre Sociedades, aprobado por el Real Decreto Legislativo 4/2004, de 5 de marzo (*Tol 347265*) [«TRLIS», en adelante][8].

Así pues, mediante la Ley 14/2000, el Derecho español llenó la laguna que dejó la LIS/1995 en su redacción inicial en relación con la ausencia en la operación de motivos económicos válidos. No obstante, la disciplina doméstica se separó del texto de la Directiva 90/434/CEE al objetivar las consecuencias de esa carencia, anudando a la misma de forma inevitable la conclusión de que la operación era fraudulenta o elusiva del cumplimiento de las obligaciones fiscales. Se estableció así una presunción *iuris et de iure*.

La Directiva 90/434/CEE fue derogada por la Directiva 2009/133/CE del Consejo, de 19 de octubre de 2009 (*Tol 1763553*)[9], que recoge en su artículo 15 la cláusula antiabuso que su precedente incorporaba en el artículo 11. Dicho artículo 15 dispone, en su apartado 1.a), que un Estado miembro se podrá negar a aplicar total o parcialmente las disposiciones relativas al régimen de neutralidad fiscal cuando la operación «*tenga como principal objetivo o como uno de sus principales objetivos el fraude o la evasión fiscal*», añadiendo que «*el hecho de que las operaciones no se efectúen por motivos económicos válidos [...] puede constituir una presunción de que esta operación tiene como objetivo principal o como uno de sus principales objetivos el fraude o la evasión fiscal*».

---

6 Sentencias del Tribunal Supremo de 16 de noviembre de 2009 (casación 2800/2003, ES:TS:2009:7477, FJ 2º), 5 de julio de 2010 (casación 373/2007, ES:TS:2010:3772, FJ 4º) (*Tol 2287394*), 13 de enero de 2011 (casación 1451/2006, ES:TS:2011:412, FJ 4º) (*Tol 2046268*) y 22 de diciembre de 2016 (casación 2804/2015, ES:TS:2016:5561. FJ 5º) (*Tol 5920386*).

7 BOE núm. 313, de 30 de diciembre de 2000.

8 BOE núm. 61, de 11 de marzo de 2004.

9 Directiva relativa al régimen fiscal común aplicable a las fusiones, escisiones, escisiones parciales, aportaciones de activos y canjes de acciones realizados entre sociedades de diferentes Estados miembros y al traslado del domicilio social de una SE o una SCE de un Estado miembro a otro (DOUE L 310, de 25 de noviembre de 2009, p. 34).

Como se puede apreciar, el artículo 15.1.a) de la Directiva 2009/133/CE reproduce la norma que contenía el artículo 11.1.a) de la Directiva 90/434. Pues bien, el legislador español no aprovechó el plazo de transposición al ordenamiento interno de la Directiva 2009/133/CE para superar la disonancia de la legislación doméstica con los términos de su artículo 15. Siendo el contenido de este precepto idéntico al del artículo 11.1.a) de la Directiva 90/434/CEE, la falta de intervención en la regulación interna prolongó en el tiempo el desencuentro. Aprobada la vigente LIS, su artículo 89.2 reproduce el texto del artículo 96.2 TRLIS.

Así las cosas, cabe concluir que la regulación española de transposición de los artículos 11.1.a) de la Directiva 90/434/CEE y 15.1.a) de la Directiva 2009/133/CE se separa de la letra y del espíritu de la ordenación comunitaria. Allí donde esta última articula la ausencia de motivos económicos válidos como un mero indicio para presumir que la operación se ha llevado a cabo con el designio exclusivo de defraudar o evadir el pago de los impuestos o contando como uno de sus principales objetivos el fraude o la evasión fiscal, permitiendo la inaplicación del régimen especial y quedando habilitados los Estados miembros para establecer una presunción *iuris tantum* de fraude o de evasión fiscal[10], la normativa española considera que la ausencia de motivos económico válidos es constitutiva, *per se,* de la inaplicación del régimen y de la pérdida del beneficio que comporta.

Se establece así una presunción general de fraude que el Tribunal de Justicia ha rechazado expresamente como criterio de interpretación del artículo 11.1.a) de la Directiva 90/434/CEE[11]. En efecto, según la jurisprudencia del Tribunal de Justicia, para comprobar si una operación persigue un objetivo de las características expresadas (el fraude o la evasión fiscal), las autoridades nacionales competentes no se pueden limitar a aplicar criterios generales predeterminados, sino que deben proceder, caso por caso, a su examen global. El establecimiento de una norma de carácter general que prive automáticamente de la ventaja fiscal a determinadas categorías de operaciones, sin tener en cuenta si efectivamente se ha producido el fraude o la evasión fiscal, resulta desproporcionado para la lucha contra ese fenómeno, en detrimento de los objetivos perseguidos por la regulación armonizada contenida en las Directivas comunitarias[12].

En la medida en que la normativa española, tal y como ha venido siendo interpretada, exige con carácter general al contribuyente acreditar que la operación cuenta con

10 *Cfr.* la sentencia del Tribunal de Justicia de 8 de marzo de 2017, *Euro Park Service* (C-14/16, EU:C:2017:177, apartado 23) (*Tol 5980276*).

11 *Cfr.* la sentencia *Euro Park Service*, ya citada (apartados 54 a 56).

12 *Cfr.* las sentencias *Leur-Bloem* (apartados 41 y 44) y *Euro Park Service* (apartado 55), ya citadas, así como la de 10 de noviembre de 2011, *Foggia* (C-126/10, EU:C:2011:718, apartado 37) (*Tol 9918041*).

motivos económicos válidos, si no quiere ver excluida la aplicación del régimen especial, establece una presunción general contraria a la jurisprudencia del Tribunal de Justicia por presumir *ex lege* que se llevó a cabo con fines de fraude o evasión fiscal, sin que la Administración tributaria esté obligada a aportar prueba de que la falta de motivos económicos válidos constituye un indicio inequívoco de fraude o de evasión

Con ello, se incurre además en una interpretación maximalista que ha sido expresamente rechazada por el Tribunal Supremo. En efecto, ya en sentencias de 22 de diciembre de 2016 (*Tol 5920386*)[13] y 23 de noviembre de 2016 (*Tol 5899667*)[14], el Alto Tribunal aludió expresamente a que lo que se establece en el artículo 11.1.a) de la Directiva 90/434/CEE es una presunción, rechazando que, con la mera ausencia de motivos económicos válidos, se pueda excluir automáticamente el régimen, liberando a la Administración de la carga de probar que dicha ausencia es indicio suficiente del fraude o de la evasión.

Esta línea jurisprudencial del Tribunal Supremo se ha consolidado con el paso de los años. La sentencia de 16 de noviembre de 2022 (*Tol 9296385*)[15] ha señalado que la circunstancia de que la operación no se efectúe por motivos económicos válidos, como son la reestructuración o la racionalización de las actividades de las sociedades participantes, puede constituir una presunción de que tiene como objetivo principal el fraude o la evasión fiscal, esto es, conseguir una ventaja fiscal indebida, pero no es suficiente para sustentar por sí tal conclusión. El dato determinante radica en la finalidad elusiva o evasiva con la que se llevó a cabo la operación, no en el análisis de si concurrió o no un motivo económico válido, cuya ausencia tan solo es susceptible de constituir el hecho base de una presunción que evidencie como lógica inferencia la finalidad fraudulenta prohibida. Por lo demás, el Tribunal Supremo precisa en esta sentencia que la obtención de una ventaja fiscal no puede determinar, por sí, la suerte de la calificación de la operación, ventaja cuya obtención no resulta incompatible con el régimen de neutralidad fiscal. En definitiva, concluye el Alto Tribunal, los términos de la norma comunitaria, contienen una presunción, rebatible (*iuris tantum*), de fraude o evasión fiscal; nada más.

Esta posición del Tribunal Supremo se ajusta, por lo demás, a la jurisprudencia del Tribunal de Justicia conforme a la que la cláusula del artículo 11.1.a) de la Directiva 90/434/CEE [también la del artículo 15.1.a) de la Directiva 2009/133/CE] debe ser interpretada de forma estricta y teniendo en cuenta su tenor, su finalidad y el contexto en el que se inscribe[16].

---

13 Casación 2804/2015, ES:TS:2016:5561.

14 Casación 3742/2015, ES:TS:2016:5177.

15 Casación 89/2018, ES:TS:2022:4154, FJ 5º.

16 *Cfr.* las sentencias *Modehuis A. Zwijnenburg* (apartado 46), *Foggia* (apartado 44) y *Euro Park Service* (apartado 49), las tres ya citadas.

La cuestión por lo tanto se debe situar en el terreno de la prueba, en el de la acreditación de la existencia de motivos económicos válidos y en el de la justificación de su inexistencia como indicio que autoriza a presumir que se ha llevado a cabo con fines de fraude o evasión.

Esta constatación es, por lo demás, consecuencia de la cosideración de la norma contenida en los artículos 11.1.a) de la Directiva 90/434/CEE y 15.1.a) de la Directiva 2009/133/CE como una manifestación del principio general del Derecho de la Unión Europea que proscribe el abuso de derecho, de modo que los justiciables no pueden invocar sus normas de manera abusiva o fraudulenta a fin de obtener, a través de cauces anormales o extravagantes, las ventajas establecidas en ellas[17]. Con arreglo a esta visión, el Tribunal de Justicia ha afirmado que la prueba del abuso del derecho corresponde a la Administración tributaria. Así lo ha expresado con rotundidad en las conocidas como *sentencias de los "casos daneses"*[18].

Por su parte, la Sección Segunda de la Sala de lo Contencioso-administrativo de la Audiencia Nacional, en sentencia de 21 de mayo de 2021 (*Tol 8488718*)[19], acogió este criterio del Tribunal de Justicia y anuló una liquidación practicada por la Administración tributaria por invertir la carga de la prueba, con infracción de las *sentencias de los casos daneses.* Criterio que, por lo demás, ya había aplicado la propia Sección Segunda de la Sala de lo Contencioso-administrativo de la Audiencia Nacional para el régimen de neutralidad fiscal hace más de una década al afirmar que la Administración está obligada a motivar adecuadamente que la operación se realizó con fines de fraude o de evasión fiscal[20]. La citada sentencia de la Audiencia Nacional de 21 de mayo de 2021 ha sido confirmada por el Tribunal Supremo en sentencia de 8 de junio de 2023 (*Tol 9615908*)[21], en la que se establece como criterio jurisprudencial que *«la carga de la prueba del abuso corresponde a la Administración tributaria»*, criterio reiterado en la de 22 de junio de 2023 (*Tol 9635218*)[22].

Se trata, por tanto, de determinar *quién* debe acreditar *qué*. En este sentido el Tribunal Supremo[23] ha afirmado que la carga de la prueba se debe entender distribuida entre

---

17 *Cfr.* las sentencias de 5 de julio de 2007, *Kofoed* (C-321/05, EU:C:2007:408, apartado 38) (*Tol 9922166*) y *Foggia* (apartado 50), ya citada.

18 Sentencias de 26 de febrero de 2019, *N Luxembourg 1* (C-115/16, C-118/16, C-119/16 y C-299/16, EU:C:2019:134, apartado 142) (*Tol 7074606*) y *T Denmark* (C-116/16, EU:C:2019:135, apartado 117) (*Tol 7403678*).

19 Recurso 1000/2017, ES:AN:2021:2467, FJ 5º.

20 Sentencia de 22 de septiembre de 2011 (recurso 344/2008, ES:AN:2011:4373, FJ 6º).

21 Casación 6528/2021 (ES:TS:2023:2652, FJ 5º).

22 Casación 6517/2021 (ES:TS:2023:2806, FJ 5º).

23 Sentencia de 26 de mayo de 2016 (casación 1319/2015, ES:TS:2016:2363, FJ 3º).

la entidad que pretende acogerse al régimen especial, acreditando los hechos constitutivos del derecho que pretende hacer valer, y la Administración, en cuanto ha de justificar una circunstancia, como la falta de "motivo económico válido", que opone como obstáculo a la aplicación de dicho régimen. Así lo ha entendido en aplicación de las reglas de distribución de la carga de la prueba establecidas en el artículo 105.1 de la Ley 58/2003, de 17 de diciembre, General Tributaria (*Tol 327278*)[24], aplicación en el ámbito tributario de las pautas generales contenidas en nuestro ordenamiento jurídico en el artículo 217 de la Ley 1/2000, de 7 de enero, de Enjuiciamiento Civil (*Tol 172336*)[25]: quien afirma ha de probar, también quien excepciona.

De lo anterior se obtiene que no bastan afirmaciones no constrastadas sobre la inexistencia de motivos económicos válidos, sin perjuicio de que la Administración pueda acudir a la prueba de presunciones de manera que, como autorizan los artículos 11.1.a) de la Directiva 90/434/CEE y 15.1.a) de la Directiva 2009/133/CE, pueda resultar acreditada la realización de la operación "principalmente por fines de fraude o evasión fiscal" a partir de la inexistencia de válidos motivos económicos que la justifiquen. En tal caso, incumbiría a la sociedad que pretende acogerse al régimen especial *(i)* bien evidenciar la improcedencia de la conclusión presumida por la Administración al no concurrir los requisitos exigidos para tal clase de prueba, *(ii)* bien desvirtuar su resultado mediante la utilización de otros medios de prueba.

Esta senda, abierta hace ya lustros por el Tribunal de Justicia y por el Tribunal Supremo, está siendo seguida en tiempos recientes por la "jurisprudencia menor" y por la propia Administración tributaria.

La DGT, en consulta vinculante V2214-23, de 27 de julio de 2023, aplicando expresamente la sentencia del Tribunal de Justicia *Euro Park Service* y la ya citada sentencia del Tribunal Supremo de 23 de noviembre de 2016 (FJ 3º)[26], afirma que la presencia de motivos económicos válidos no constituye un requisito *sine qua non* para la aplicación del régimen fiscal de reestructuración, sino que la carencia de una explicación económica para la operación puede integrar una presunción de que se ha realizado con el objetivo del fraude o la evasión fiscal. En el mismo sentido se ha pronunciado en fechas más recientes el Tribunal Económico-Administrativo Central mediante resolución de 22 de abril de 2024 (reclamación núm. 6452/2022).

---

[24] BOE núm. 302, de 18 de diciembre de 2003.

[25] BOE nñum. 7, de 8 de enero de 2000.

[26] Erróneamente, la Dirección General de Tributos cita y transcribe la sentencia de 31 marzo de 2021 (casación 5886/2019, ES:TS:2021:1258 (*Tol 8394928*)), que trata de otra cuestión.

Por su parte, el Tribunal Superior de Justicia de Castilla y León, en sentencia de 13 de junio de 2023 (*Tol 9673646*)[27], en un caso de escisión total no proporcional por falta de "proporcionalidad cualitativa", ha concluido que la ausencia de motivos económicos válidos es solo una presunción *iuris tantum* de fraude o evasión fiscal.

El círculo jurisprudencial parece haber sido cerrado, de momento, por el Tribunal Supremo que, en la citada sentencia de 16 de noviembre de 2022, ha establecido como doctrina jurisprudencial que: *(i)* corresponde a la Administración acreditar la inexistencia de motivo económico válido y, través de ella, el fraude o la evasión; *(ii)* la obtención de una lícita ventaja fiscal es propia y connatural al régimen de diferimiento y *(iii)* es rechazable la "economía de opción inversa", esto es, la consideración de que solo es legítima aquella opción, entre las posibles, que se decanta por la mayor carga fiscal, de suerte que quepa identificar el fraude cuando no se favorece la mayor recaudación.

No obstante, el Alto Tirbunal tendrá ocasión de ratificar o perfilar su jurisprudencia en el reurso de casación núm. 706/2023, admitido a trámite mediante auto de 10 de abril de 2024 (ES:TS:2024:4433A) (*Tol 9981303*), en el que se propone como cuestión de interés casacional objetivo para la formación de la jurisprudencia *«[d]eterminar si en las escisiones totales y no proporcionales de sociedades es conforme con el Derecho de la Unión Europea que la aplicación del régimen de neutralidad fiscal (diferimiento de la ganancia patrimonial) régimen especial del Capítulo VIII del Título VII del TRLIS de 2004 se condiciones a que los patrimonios adquiridos constituyan ramas de actividad diferenciadas, a falta de que la jurisprudencia comunitaria admita previsines legislativas nacionales de ainaplicación»*.

2. REFERENCIAS BIBLIOGRÁFICAS

García-Torres Fernández, M. J. «"Motivos económicos válidos" como concepto de referencia en el Impuesto sobre Sociedades». *Quincena Fiscal*, núm. 17/2019, pp. 19-58.

Sanz Gadea, E. *La jurisprudencia del Tribunal de Justicia de la Unión Europea y del Tribunal Supremo respecto del régimen fiscal de las operaciones de reestructuración empresarial.* Instituto de Estudios Fiscales. Documento de trabajo 1/2022.

27 Sala de lo Contencioso-administrativo con sede en Valladolid (recurso 1434/2021, ES:TSJCL:2023:2775).

PRESCRIPCIÓN TRIBUTARIA Y SEGURIDAD JURÍDICA

Ernesto Eseverri Martínez
Catedrático Emérito de Derecho Financiero y Tributario
Universidad de Granada

SUMARIO: 1. PLANTEAMIENTO. 2. LA PRESCRIPCIÓN DE UNOS DERECHOS INEXISTENTES DE LA ADMINISTRACIÓN TRIBUTARIA. 3. EXISTENCIA DE UN SOLO PLAZO PRESCRIPTIVO PARA EXIGIR EL TRIBUTO, INDEPENDIENTEMENTE DE LA POSICIÓN OCUPADA POR EL DEUDOR. 4. LA IMPRESCRIPTIBILIDAD DE LA FACULTAD DE COMPROBAR. 5. LAS CAUSAS DE INTERRUPCIÓN DE LA PRESCRIPCIÓN. REVISIÓN. 6. NULIDAD Y ANULABILIDAD DE ACTOS Y SUS EFECTOS SOBRE EL PLAZO PRESCRIPTIVO. 7. CONCLUSIONES. SIGLAS Y ACRÓNIMOS.

1. PLANTEAMIENTO

La prescripción es una institución creada por el Derecho al servicio de la seguridad jurídica para evitar la dilación en el tiempo del ejercicio de los derechos y el cumplimiento de las obligaciones nacidos de la ley o de las relaciones entre particulares. El Derecho tributario la adoptó y reguló en ley en su modalidad de prescripción extintiva de las deudas tributarias, reconociendo que estas se extinguen con el discurrir del tiempo.

La Ley 230/1963 (*Tol 221160*), en el momento de su publicación, condicionada por el escaso desarrollo de los estudios del Derecho público entorno a la institución, pasó a regularla en sus arts. 64 y ss., tomando como referente la ofrecida por la prescripción civil y esta fórmula extintiva de derechos y obligaciones entre particulares regulada en el Código Civil (*Tol 220310*) tomó cuerpo en el orden tributario como forma extintiva de los derechos de la Administración y del contribuyente, perdurando este modelo en la vigente Ley 58/2003 (*Tol 327278*) con las deficiencias de técnica jurídica, que sería conveniente corregir en una futura reforma de la Ley cabecera de nuestro ordenamiento tributario.

La Ley tributaria confundiendo el efecto jurídico que produce la prescripción —la extinción de la deuda tributaria por el transcurso del tiempo— con la causa que la provoca —la prolongada inactividad administrativa en orden a liquidar y recaudar los tributos— vino a declarar —y sigue haciéndolo— la prescripción por el paso del tiempo de unas facultades administrativas, imprescriptibles por su misma naturaleza; ha convertido en derechos subjetivos de los órganos de la Administración tributaria, el ejercicio de tales facultades administrativas; ha regulado como causas de interrupción del plazo de prescripción circunstancias que, en buena técnica jurídica, no suponen la ruptura del silencio en la relación jurídico-tributaria; ha diferenciado dos períodos de prescripción de la única deuda tributaria según sea la posición ocupada por el deudor tributario, articulando un plazo de prescripción para el deudor principal y otro diferente para el responsable tributario; ha desvinculado el régimen jurídico de la prescripción de la deuda tributaria según se trate del ejercicio de la acción administrativa para comprobarla y liquidarla, con el argumento artificioso de que la Ley solo prevé la prescripción del derecho a liquidar el tributo (art. 66, a) LGT), deduciendo de ello la imprescriptibilidad del derecho a comprobar; y, en fin, ha establecido un régimen de conexión entre obligaciones a los efectos de entender interrumpido el plazo prescriptivo sembrado de lagunas y por ello mismo, contrariando la finalidad a la que sirve la institución.

Repasemos alguna de las incongruencias reguladas en la LGT a propósito de la prescripción.

2. LA PRESCRIPCIÓN DE UNOS DERECHOS INEXISTENTES DE LA ADMINISTRACIÓN TRIBUTARIA

La Ley 230/1963 en su art. 64 se refirió con cierta ambigüedad a la prescripción de *"derechos y acciones"*, y el art. 66 de la Ley 58/2003 omite cualquier referencia a la prescripción de las *"acciones"* y declara que el objeto de la prescripción extintiva son los *"derechos"*, tanto de la Administración tributaria en orden a determinar la deuda tributaria mediante la oportuna liquidación, y exigir el pago de la deuda tributaria, como del particular a solicitar y exigir la devolución de ingresos, debidos e indebidos. Y resultando cierto que la ley reconoce un derecho personal del obligado tributario a recuperar lo que pagó de más o lo que no debió hacerlo en concepto de tributo y somete este derecho de particular a plazo prescriptivo, daña a la buena técnica jurídica afirmar que la Administración tributaria es titular de un derecho a liquidar y un derecho a recaudar los tributos, pues lo que la ley reconoce a sus órganos actuantes es el ejercicio de unas facultades para alcanzar tales fines, y las facultades de los órganos administrativos —actuaciones que exclusivamente a ellos corresponde ejercitar— vienen reconocidas en ley con vocación de permanencia y son, por lo tanto, imprescriptibles sin perjuicio de su modificación o revocación. La ley otorga a los órganos de la Administración tributaria la facultad de liquidar y recaudar los tributos porque tratándose de obligaciones legales, sus elementos de cuantificación y circunstancias de exigencia vienen dados en la ley, haciéndose imprescindible la actuación de los órganos facultados para determinar deudas tributarias mediante la oportuna liquidación, y seguidamente para recaudarlas.

Ocurre, como antes anuncié, que la ley cabecera del ordenamiento tributario al regular la prescripción *"de la deuda tributaria"*, ha venido sistemáticamente confundiendo la causa que la provoca con el efecto que la produce. La prescripción produce el efecto de dar por extinguida *"la deuda tributaria"* por el paso del tiempo —como reconoce el vigente art. 59.1 LGT—, y tal efecto jurídico tiene por causa la inactividad de los órganos de la Administración en el ejercicio de sus facultades dirigidas a determinar y exigir deudas tributarias. Algo tan sencillo de entender (prescribe la deuda tributaria y lo hace por ausencia de acción administrativa para cuantificarla y exigirla) ha distorsionado el régimen jurídico de la prescripción, con la sola finalidad de acoger la cualidad que acompaña al plazo de prescripción de los derechos de poder quedar interrumpido, con la ruptura del silencio mantenido por quienes intervienen como actores en el desarrollo de la relación jurídica. Sin duda, temerosos de la influencia jurídica que ejerce la caducidad sobre la inactividad administrativa en el ejercicio de sus facultades.

Tal estado de confusión que determina la deficiente técnica legislativa empleada en la regulación de esta institución, ha venido provocado al adaptar la ley tributaria el molde de una institución pensada para la extinción de los derechos nacidos de relaciones entre particulares, y trasladarlo al ámbito de una obligación legal en la que rige la indisponibilidad de los elementos que la integran, haciéndose imprescindible el control y la actuación de los órganos de la Administración tributaria sobre dicha obligación legal.

La obligación tributaria viene fijada en la ley que faculta a los órganos de gestión e inspección para determinarla y liquidarla, y a los órganos de recaudación para exigir su cumplimiento de suerte que, si nacida la obligación y finalizado el plazo para su declaración por el obligado tributario, los órganos de la Administración permanecen sin activar sus facultades, al transcurrir cuatro años no es posible ejercitarlas ya y *"la deuda tributaria"* se tiene por extinguida. No se extinguen las facultades (*"derechos"* según la Ley) de los órganos administrativos que no sucumben al paso del tiempo, lo que se extingue es la *"deuda tributaria"* por desidia, abulia, dejadez o falta de interés en cuantificarla y exigirla por los órganos administrativos que tienen la competencia legal para hacerlo.

Al hallarnos ante una deuda que nace de la ley, conforme a sus disposiciones es necesario proceder, primero, a cuantificarla, y después, a recaudarla, y quedando atribuidas tales funciones a órganos distintos de la Administración tributaria, la inactividad administrativa que provoca el efecto prescriptivo de la deuda tributaria puede ser apreciada en aquel primer estadio en que se tiene por iniciada la facultad administrativa para liquidar la deuda a cargo de los órganos de gestión e inspección, o bien, en la segunda fase en que, ya determinada su cuantía (deuda líquida) es necesario exigir el pago de lo adeudado, actuaciones que corren a cargo de los órganos de recaudación. Como la falta de acción administrativa puede ser objeto de reproche a distintos órganos de la Administración tributaria con competencias propias e intransferibles, se explica por qué la falta de actividad administrativa que permite el progreso de la prescripción de la deuda tributaria ha de ser apreciada en diferentes fases de su discurrir temporal, cada una de ellas limitada en su ejercicio en el espacio temporal de cuatro años.

Para mí, en una futura regulación legal de la prescripción tributaria debería ceñirse a decir algo así como que *"a los cuatro años* —o los que considere oportuno establecer el legislador haciendo uso de su libertad de disposición— *prescribe la deuda tributaria por inactividad de los órganos administrativos facultados para su liquidación y recaudación"*. Para pasar después a regular la prescripción —estos sí— de los derechos de los contribuyentes a solicitar devoluciones tributarias debidas o indebidas y a exigir su pago.

Resultando ser el objeto de la prescripción la *"deuda tributaria"* y no la actuación de los órganos administrativos encargados de liquidarla y recaudarla, el plazo prescriptivo sería siempre uno solo porque única es la deuda tributaria a determinar y a exigir; sin perjuicio de que debido al carácter legal de la obligación tributaria, la falta de actividad administrativa susceptible de causar el efecto prescriptivo de la deuda tributaria, se manifieste en dos momentos diferentes, uno primero, en orden al desarrollo de las facultades administrativas dirigidas al control y cuantificación de la deuda tributaria (actuaciones de liquidación tributaria), y un segundo momento, en que la acción administrativa debe dirigirse a exigir el cobro de la deuda liquidada.

Las actuaciones administrativas encauzadas a determinar la deuda no provocan el efecto interruptor la acción recaudadora y viceversa, por corresponder al ejercicio de facultades administrativas diferentes. De modo que, las facultades desplegadas por los órganos de liquidación tributaria solo despliegan efectos jurídicos en la determinación de la deuda tributaria. Y por lo mismo, las facultades dirigidas a exigir su pago, solo producen efectos jurídicos en el ámbito recaudatorio. Cada una de esas actuaciones dirigidas con un fin propio, solo produce efectos interruptores del plazo de prescripción proyectada en su ámbito natural de aplicación.

No se trataría, entonces, de considerar que los órganos de la Administración tributaria disponen de un plazo de cuatro años para liquidar el tributo y de otros cuatro años para exigirlo, sino de que, si en el transcurso de ese tiempo no ha existido acción administrativa para liquidar el tributo, la deuda habrá prescrito por ausencia de acto administrativo de liquidación tributaria y no sería posible exigir pago de una deuda que lo ha sido liquidada administrativamente. Y en igual sentido, si la deuda ha quedado "determinada" (liquidada) en plazo, pero transcurren cuatro años sin que se haya iniciado actuación administrativa para recaudarla, la deuda tributaria habrá prescrito por inexistencia de actuación recaudatoria.

Siendo ello así, por ejemplo, en el desarrollo de las actuaciones dirigidas a cuantificar la deuda tributaria (actuaciones de comprobación y de liquidación) la falta de actividad administrativa en su ejercicio, sería determinante del efecto prescriptivo de la deuda tanto si esta inacción se ha producido en la comprobación de los elementos constitutivos de la obligación tributaria, como se produce en orden a su cuantificación (liquidación), abandonando el criterio conforme al cual, lo que la LGT establece como objeto de la prescripción es el *"derecho"* a liquidar, no el de comprobar deudas tributarias, pues una y otra actuación administrativa resultarían inescindibles en su desarrollo y consideración temporal.

3. EXISTENCIA DE UN SOLO PLAZO PRESCRIPTIVO PARA EXIGIR EL TRIBUTO, INDEPENDIENTEMENTE DE LA POSICIÓN OCUPADA POR EL DEUDOR

En fase recaudatoria de la deuda tributaria, permite la ley situar junto al obligado principal a otros deudores que califica de "responsables" de primer grado (solidarios) o de segundo grado (subsidiarios), diferencia que significa que la preceptiva acción administrativa derivando la deuda a los responsables es posible ejercitarla en distintos momentos a saber, con la finalización del período voluntario de pago cuando se trata de responsables solidarios, o tras la última acción recaudatoria llevada a cabo con el obligado principal —o los responsables solidarios si los hubiere— en el caso de responsables subsidiarios.

De la regulación en la ley de la figura del responsable, se desprende con toda claridad que se trata de un deudor tributario colocado en garantía del cobro de una deuda tributaria que ya es líquida y exigible, es decir, una deuda tributaria ya liquidada al obligado principal. Lo que significa que el responsable nunca interviene ni está legitimado para entender de las actuaciones administrativas seguidas con el deudor principal para "liquidar" la deuda tributaria, al menos, en el momento en que esta se está desarrollando, no es parte legitimada para intervenir en el procedimiento de liquidación de la deuda tributaria. Tan es así, que el art. 174.2 LGT (modificado por la Ley 13/2023 (*Tol 9568822*)) atribuye en exclusiva a los órganos de recaudación tributaria la facultad de ejercicio de la acción declarativa de responsabilidad.

En definitiva, lo que pretendo señalar es que, en el régimen jurídico de los responsables tributarios, no existe el ejercicio de una acción administrativa para liquidarles una deuda tributaria que ya ha sido cuantificada en sede del obligado principal. Lo que la ley prevé es que para posicionar al responsable como deudor tributario es necesario el ejercicio de una acción administrativa que declare su responsabilidad y derivándole la deuda tributaria liquidada contraída en período voluntario a cargo del deudor principal. Por ello, el ejercicio de esta acción (frente a lo que algún sector doctrinal sostiene e incluso ha dicho el Tribunal Supremo) encierra un carácter declarativo de la posición deudora del responsable que, al mismo tiempo es requerimiento de pago de la deuda que se le deriva.

En consecuencia, no es posible pensar en la existencia de un plazo de prescripción para declarar la posición deudora del responsable al que prosigue otro de prescripción para exigirle el pago de la deuda que se le deriva, y no es posible hacerlo, en primer término, porque la ley no lo tiene así previsto, pero además, porque el contenido de la acción derivativa de la deuda al responsable es a un tiempo, declarativo de su posición deudora y para requerirle el pago de la deuda que se le deriva.

De ahí que no sea necesario que la ley establezca un plazo de prescripción autónomo para el responsable y diferente al marcado para el deudor principal como hace actualmente la LGT en el art. 67.2, porque una vez líquida la deuda tributaria es exigible a cualquiera de los deudores que, legalmente, se encuentren configurados como tales, disponiendo el órgano de recaudación de un plazo de cuatro años para activar el ejercicio de la acción recaudatoria de modo tal, que si la acción se dirige al deudor principal pero, por ejemplo, existiendo responsables solidarios no quedan declarados como deudores tributarios junto al obligado principal y han transcurrido más de cuatro años, la posición deudora de esos responsables solidarios se habrá desvanecido no pudiéndoles exigir el pago de la deuda tributaria porque, para ellos, esta se encuentra prescrita.

De ahí entonces, que las actuaciones administrativas seguidas pretendiendo el pago del deudor principal, provocarán el efecto interruptor de la prescripción en la posición deudora ocupada por el responsable y matizo *"posición deudora ocupada por el responsa-*

ble" —como dispone el art. 68.8 LGT— siempre que, con carácter previo, el responsable haya sido declarado como deudor tributario con el ejercicio de la acción derivativa de la responsabilidad. Si no ha existido ejercicio administrativo de la acción declarativa de la responsabilidad, las actuaciones recaudatorias seguidas ante el deudor principal no producen el efecto de interrumpir el plazo de prescripción a exigir la deuda en sede del responsable tributario (SSTS de 18 de julio de 2023, recursos de casación 6669/2021 y 999/2022 (*Tol 9657833*), y 15 de septiembre de 2023, casación 2851/2021 (*Tol 9712835*)). Y sin perjuicio de que, una vez declarada la posición del responsable como deudor tributario, la eficacia interruptora de la acción recaudadora frente al deudor principal solo produciría tal efecto en la posición del deudor responsable si, al tiempo que se notifica la acción al deudor principal, también se extiende esta hacia el responsable tributario.

Tomando como punto referente de la prescripción a la *"deuda tributaria"*, no sería necesario —como en la actualidad sucede— establecer un plazo de prescripción de la deuda que se deriva al responsable diferente al abierto frente al deudor principal, en el bien entendido que las actuaciones seguidas ante este último pretendiendo el cobro de lo adeudado, han producido el efecto interruptor del plazo de prescripción también para el responsable siempre que frente a él se haya dirigido la acción administrativa declarando su responsabilidad, cuyo ejercicio no supondría el inicio de un plazo prescriptivo respecto del responsable, sino la interrupción del plazo de prescripción de la *"deuda tributaria"* que se venía persiguiendo frente al deudor principal. La acción de derivación de la deuda hacia el responsable, produce el efecto de interrumpir su plazo de prescripción respecto al responsable, no el inicio frente a él del plazo prescriptivo. Si, habiéndolo podido hacer, el órgano de recaudación (art. 174.2 LGT) no acciona ante el responsable la derivación de la deuda tributaria, al transcurrir cuatro años la deuda habrá prescrito para este deudor.

En resumen, lo que se pretende evidenciar a través de estas líneas es lo innecesario del mandato del vigente art. 67.2 LGT cuando establece el *dies a quo* del plazo de prescripción para los responsables de primer o segundo grado dado que, considerando que frente a ellos la acción declarativa de la responsabilidad (art. 41.5 LGT) solo puede ejercitarse una vez que exista deuda liquidada frente al deudor principal, y habiendo quedado depositado en exclusiva su ejercicio a cargo de los órganos de recaudación (art. 174.2 LGT, tras reforma de la Ley 13/2023), será a partir de ese momento —con el ejercicio de esa acción administrativa— cuando se podrá entender interrumpido el plazo de prescripción para exigir la deuda tributaria a los responsables.

Es cierto que la vigente LGT en su art. 68.8 ordena que interrumpido el plazo de prescripción para el obligado principal, dicho efecto se extiende a los restantes obligados *"incluidos los responsables"*, sin embargo y a mi entender, el referido precepto está haciendo referencia a los casos de solidaridad tributaria de su art. 35.7 por concurrencia de varios deudores en la realización de un mismo presupuesto de hecho referido a una obligación tributaria, de ahí que seguidamente, se apresure a excepcionar de tal efecto expansivo de la interrupción del plazo de prescripción, el caso en que la obligación tributaria sea exigible de forma mancomunada supuesto en que la interrupción del plazo prescriptivo solo se produce en la posición de aquel obligado tributario frente a quien se haya dirigido la acción de cobro.

La referencia que en el art. 68.8 LGT se hace a los responsables lo es para aquellos casos en que la solidaridad tributaria se produce por concurrencia de varios responsables en el mismo presupuesto de responsabilidad solidaria o subsidiaria, de suerte que si junto al deudor principal existen varios responsables por concurrencia en el presupuesto de hecho de la responsabilidad (solidaria o subsidiaria) la acción recaudatoria dirigida a uno de ellos produce la interrupción del plazo de prescripción que estaba corriendo para los restantes, por ejemplo, en un caso de responsabilidad "en cadena" y, naturalmente, siempre que cada uno de estos responsables según su modalidad solidaria o subsidiaria, haya sido declarado como deudor tributario mediante el ejercicio de la acción declarativa de su responsabilidad en la deuda contraída por el deudor principal, que se le deriva.

En suma, como prescribe la deuda tributaria que es única, entiendo que no existe un plazo de prescripción autónomo para el responsable tributario que, según sea la modalidad de su responsabilidad, se inicie con el vencimiento del plazo voluntario del pago de la deuda al deudor principal, o con la última actuación recaudatoria seguida frente a este, sino que desde cualquiera de estos momentos según la condición de responsable de primero o segundo grado, el órgano de recaudación dispone de un plazo de cuatro años para el ejercicio de la acción declarativa de responsabilidad que al producirse produce el efecto de interrumpir el plazo prescriptivo de la facultad para exigir la deuda tributaria al responsable, entendiendo que si en ese vano temporal dicha acción administrativa no resulta ejercitada, habrá perdido toda su eficacia frente al responsable para situarlo como deudor tributario. Por ello, si en el referido lapso temporal la acción declarativa de la responsabilidad es ejercitada por el órgano de recaudación, no se inicia ningún plazo prescriptivo de la deuda tributaria ya iniciado en relación con el deudor principal, sino que se produce la interrupción de dicho plazo en relación ahora con el responsable. El ejercicio de esta acción administrativa hacia el responsable tributario provoca un doble efecto, declarativo de su posición deudora, y ejecutivo para exigirle la acción de pago de la deuda en período voluntario.

4. LA IMPRESCRIPTIBILIDAD DE LA FACULTAD DE COMPROBAR

La comprobación de los elementos de la obligación tributaria no es una actividad administrativa final sino vicaria de la encaminada a la regularización de estas obligaciones a través de las oportunas actuaciones de liquidación de las deudas tributarias. Se comprueban administrativamente las obligaciones tributarias para proceder a liquidarlas, y se liquidan las obligaciones tributarias porque, previamente, los elementos que las integran han sido objeto de comprobación administrativa. Una y otra facultad administrativa son imprescriptibles por ser manifestaciones de potestad tributaria y las dos se hallan entrelazadas por sus respectivos efectos jurídicos, resultando ser el ejercicio de la facultad de liquidar una consecuencia de las actuaciones administrativas previas de comprobación, y, asimismo, estas tienen como finalidad la correcta determinación de la deuda tributaria. Así, el desarrollo tardío de las actuaciones empleadas en el desarrollo de un procedimiento de gestión o de inspección provocando su liquidación extemporánea, influye en el cómputo del plazo de prescripción de esa deuda tributaria.

La incorrecta descripción en las letras a) y b) LGT de las acciones administrativas susceptibles de prescribir, confundió al Tribunal Supremo cuando en sentencia de 21 de julio de 2005, recurso de casación núm. 1233/2002, anunció lo que más tarde se ha convertido en doctrina imperturbable: «*la actividad que prescribe es el derecho de la Administración a determinar la deuda tributaria mediante la liquidación, y la acción para exigir el pago de las deudas liquidadas, no la actividad de comprobación, que se ha de sujetar al contenido legal de tal facultad*».

Si la LGT en lugar de sustentar el instituto jurídico de la prescripción sobre la acción liquidadora y recaudadora de los órganos de la Administración, lo hubiera dirigido a la deuda tributaria, probablemente, el Tribunal Supremo no hubiera concluido que aquello que prescribe es la acción liquidadora de la Administración.

En efecto, si aquello que se extingue por el paso del tiempo es la deuda tributaria por inactividad investigadora de la Administración, la falta de tal acción administrativa impediría a sus órganos no solo liquidar la deuda tributaria, sino también comprobar situaciones pretéritas con ella relacionadas. No porque haya prescrito el derecho o la facultad comprobadora de sus órganos actuantes (las facultades son imprescriptibles) sino porque extinguida la deuda tributaria por el paso del tiempo a causa de la inactividad administrativa, nada hay que comprobar a propósito del contenido de una deuda tributaria extinguida; tan solo cabe verificar lo sucedido en el pasado para constatarlo y precisar su incidencia en el presente. La deuda tributaria prescrita queda inamovible cualquiera que fuera el resultado de la constatación de los datos que llegaron a determinarla, y la vuelta al pasado sobre el que se construyó solo era permisible a fin de verificar los elementos que llevaron a cuantificarla, proyectándose sus resultados en la comprobación de la deuda tributaria no prescrita para determinar los elementos atraídos de aquella que hayan podido influir en su cuantificación.

5. LAS CAUSAS DE INTERRUPCIÓN DE LA PRESCRIPCIÓN. REVISIÓN

En reciente sentencia de 27 de julio de 2023, casación núm. 6723/2021 (*Tol 9694444*), el Tribunal Supremo nos recuerda que: «*Las causas de interrupción de la prescripción, en tanto inciden negativamente sobre el principio de seguridad jurídica, evitando la prescripción y dando lugar a la permanencia de situaciones jurídicas que se alargan en el tiempo creando incertidumbres, además de venir tasadas legalmente deben ser serias y reales con virtualidad suficiente para enervar la inactividad desencadenante de la prescripción, sin que sea suficiente que se adopten formalmente sino que deben poseer sustantividad adecuada y suficiente al efecto*».

Varias ideas se desprenden del párrafo transcrito a propósito de la interrupción de la prescripción.

La primera, que al igual que a la institución a la que sirve, los actos de interrupción del plazo de prescripción encuentran fundamento en el principio de seguridad jurídica, aunque incidiendo negativamente sobre aquel.

Segunda, las causas que originan la interrupción del plazo de prescripción suponen efectos gravosos para el contribuyente en cuanto cercenan el transcurrir temporal del plazo prescriptivo, con el efecto inevitable de regenerar su cómputo de duración.

Tercero, las causas de interrupción del plazo prescriptivo suponen la prolongación en el tiempo de situaciones jurídicas que crean incertidumbres no acordes con el criterio de la seguridad jurídica que inspira la institución.

Cuarto, para que enerven la inactividad administrativa que desencadena la prescripción, las causas que propicien la interrupción del plazo prescriptivo han de ser ciertas y reales, con sustantividad propia y suficiente efecto, no teniendo por tales aquellas que se adoptan con carácter meramente formal con la sola finalidad de alcanzar ese efecto interruptor del plazo prescriptivo.

Si aplicamos tales criterios a las vigentes causas que, según el art. 68, 1 y 2 LGT permiten la interrupción del plazo de prescripción de los mal llamados legalmente *"derechos"* de la Administración tributaria, llegaremos a la convicción de que algunas de ellas deben ser reformuladas en su calificación legal como causas determinantes de la interrupción del plazo de prescripción.

Concretamente me refiero al efecto interruptor del plazo prescriptivo por la interposición de recursos de cualquier clase y por la remisión del tanto de culpa a la jurisdicción penal, o la presentación de una denuncia ante el Ministerio fiscal, así como cuando existe orden judicial de paralizar el procedimiento administrativo en curso (letra b) de los apartados 1 y 2 del art. 68 LGT).

Como base para cuestionar estas causas interruptoras del plazo de prescripción se deben tener en cuenta estas dos ideas previas esenciales en el discurrir de la prescripción extintiva de las obligaciones.

Por un lado, que solo cabe apreciar la inactividad administrativa causante de la prescripción cuando sus órganos se encuentren en disposición de ejercitar sus facultades de comprobación, liquidación y recaudación de la deuda tributaria. Nada hay que reprocharle al órgano administrativo que, dentro de plazo, desarrolla el ejercicio de sus facultades, y por lo mismo, ejercitadas estas facultades en plazo, la consideración de su posible prescripción pierde todo su sentido.

De otro, que si aquello que ocasiona la prescripción es la falta de ejercicio de las facultades administrativas en orden a liquidar y recaudar los tributos, los actos de particular no deberían provocar el efecto de interrumpir su recorrido. Y en cualquier caso, si quienes se hallan en posición de romper el silencio de la relación tributaria son los agentes que en ella intervienen, únicamente pueden provocar el efecto interruptor del plazo prescriptivo quienes de forma activa intervienen en su desarrollo.

Desarrollaré estas dos ideas.

Una vez dictado el acto de liquidación tributaria, la facultad administrativa para determinar la deuda a cargo de los órganos de la Administración ha quedado abatida y por tal causa, no es posible apreciar la existencia de inactividad administrativa susceptible de provocar la prescripción por el no ejercicio de una facultad ya consumada. El plazo de prescripción del ejercicio de la facultad para liquidar tributos es susceptible de ser interrumpido pero siempre, antes de que se haya dictado el acto de liquidación tributaria, porque solo se puede interrumpir aquello que ha dado comienzo y aún no ha acabado. Se puede interrumpir el recorrido de un vehículo que está en tránsito, no cuando ha llegado a su destino.

Tras la notificación del acto de liquidación, el ejercicio de esa facultad administrativa se ha consumado y no puede ser interrumpido el plazo de prescripción de la deuda tributaria por la inactividad de un órgano administrativo que ya ha dejado de actuar en el ejercicio de sus funciones. De no entenderse así, se estaría admitiendo la supervivencia del ejercicio de dicha facultad administrativa una vez finiquitadas las actuaciones en que ya quedó materializada.

Si con la interposición de un recurso contra el acto de liquidación tributaria quedara de nuevo abierto el plazo de prescripción para liquidar la deuda, se estaría resucitando el ejercicio de esta facultad. Y al igual que si el contribuyente se aquieta ante el acto de liquidación tributaria, el plazo de prescripción para el ejercicio de la facultad liquidadora no se reaviva, por lo mismo, el recurso que se deduce frente a un acto de liquidación no puede revitalizar los efectos del plazo prescriptivo para el ejercicio de unas facultades administrativas que ya han concluido su desarrollo.

A lo anterior se ha de añadir, que el ejercicio del derecho de un contribuyente a la tutela judicial efectiva, no puede ser la causa que alargue sine die la posibilidad de volver a cuantificar una deuda tributaria, entendiendo que el plazo prescriptivo quedó interrumpido con la interposición de un recurso en el que se cuestiona la validez del acto administrativo de liquidación tributaria.

La interposición de recursos o reclamaciones únicamente podría ser considerada como causa de interrupción del plazo de prescripción cuando se deduzcan frente a actos de trámite causantes de indefensión al interesado, nunca cuando el recurso se dirige a poner en cuestión la presunción de legalidad del acto resolutorio del procedimiento de liquidación tributaria. Para que el plazo de prescripción pueda quedar interrumpido ha de subsistir el ejercicio de la facultad liquidadora de la Administración, y si su ejercicio ya ha concluido, nada hay que interrumpir a propósito del plazo concedido para practicar una liquidación tributaria que ya lo ha sido.

La extinción de la deuda tributaria por el paso del tiempo viene causada por la falta de actividad administrativa dirigida a liquidar o a recaudar su importe, en consecuencia, la prescripción tributaria trata de sancionar la falta de diligencia en la actuación administrativa encaminada a cuantificar y exigir el pago de deudas tributarias. Dicho de otro modo, con la institución de la prescripción se ha pretendido castigar el poco diligente comportamiento de los órganos administrativos encargados de cuantificar y exigir las deudas tributarias, de donde, carece de sentido que la actuación del particular, del obligado tributario, dirigida al ejercicio de su derecho a la tutela judicial efectiva mediante la interposición de recursos y reclamaciones, sea causa interruptora del plazo de prescripción.

Y no tiene sentido porque se sanciona en sede del contribuyente, un comportamiento que es reprochable a la falta de actuación de los órganos de la Administración tributaria. Ya he dicho que, para mí, la prescripción castiga la indolencia de los órganos administrativos en orden a liquidar y exigir los tributos, no la inactividad del contribuyente dirigida a permitir el ejercicio de esas facultades administrativas por medio de la presentación de autoliquidaciones tributarias, pues el irregular comportamiento del obligado tributario en estos menesteres ya los sanciona el ordenamiento tributario previa calificación de su conducta como infractora.

En un segundo orden de consideraciones, debe entenderse que solamente puede Interrumpir el plazo de prescripción quien se halla facultado para poder hacerlo.

El traslado al Ministerio Fiscal de la denuncia por presunción de delito fiscal o el traslado a la jurisdicción penal del tanto de culpa por tal causa, no pueden ser considerados como actos del órgano de liquidación tributaria susceptibles de interrumpir el plazo de prescripción, sino en todo caso de suspender el ejercicio de la facultad liquidadora o recaudadora de la deuda tributaria.

Cuando el apartado 7 del art. 68 LGT señala que el plazo de prescripción se reanuda tras la interposición de recursos contencioso-administrativos o con la denuncia ante el Ministerio Fiscal o el traslado de culpa a la jurisdicción penal, así lo ordena porque está suponiendo que, previamente, el procedimiento de liquidación tributaria se ha visto suspendido como consecuencia de estas actuaciones y, por lo tanto, aún no ha sido dictado el acto de liquidación tributaria, por lo que el efecto que produce la remisión de las actuaciones administrativas de liquidación a la jurisdicción penal o al Ministerio Fiscal, no es el de interrumpir el plazo de prescripción con el efecto de reanudarlo *ab initio,* sino de suspender su recorrido para reanudarlo allí donde había quedado tras la desaparición de la causa de suspensión del procedimiento de liquidación tributaria.

En consecuencia, uno y otro tipo de proceder por los órganos administrativos de liquidación, nunca debieron ser recogidas en la ley como causas que interrumpen el plazo de prescripción, porque tanto la calificación del posible delito fiscal como su represión, escapan de las facultades administrativas que provocan la prescripción tributaria.

6. NULIDAD Y ANULABILIDAD DE ACTOS Y SUS EFECTOS SOBRE EL PLAZO PRESCRIPTIVO

La tesis sustentada sobre el diferente grado de eficacia de los actos administrativos contrarios a ley atendiendo a su gravedad —no prevista en disposición legal alguna— es fruto de la doctrina jurisprudencial que extiende la eficacia del acto anulado a la interrupción del plazo de prescripción tributaria, no en cambio la del acto radicalmente nulo.

En sentencia de 22 de octubre de 2009 (recurso de casación núm. 6766/2003) (*Tol 1747627*), el Tribunal Supremo estableció como doctrina legal que: «*la anulación de una liquidación tributaria por causa de anulabilidad no deja sin efecto la interrupción del plazo de prescripción producida anteriormente por consecuencia de las actuaciones realizadas ante los Tribunales Económicos Administrativos, manteniéndose dicha interrupción con plenitud de efectos*», con fundamento, en esencia, en los siguientes razonamientos:

«*La doctrina afirmada en la sentencia de instancia, en el sentido de que es irrelevante el que la anulación de los actos de la Administración sea por causa de anulabilidad, o, por razón de nulidad, es claramente inasumible. En primer término, porque contradice la doctrina de esta Sala sentada, entre otras, en su sentencia de 19 de junio de 2004, sentencia en la que claramente se distinguen los actos anulables y los nulos a efectos de apreciar la interrupción de prescripción que de ellos pueda derivarse; en segundo lugar, porque tal distinción no es irrelevante para el ordenamiento jurídico que considera no convalidables los actos nulos, siendo imprescriptible (en principio) la acción para exigir su anulación. Por el contrario, los actos anulables son convalidables y son susceptibles de impugnación en los plazos (breves) legalmente establecidos.*

Pudiera argüirse que, aunque sean ciertas esas diferencias las mismas se vuelven irrelevantes cuando de la prescripción se trata. Pero esta tesis carece de fundamento legal si se tiene presente que el artículo 66.1 a) al regular la interrupción de la prescripción se refiere a "cualquier acción administrativa" expresión que pone de relieve que lo trascendente, a efectos de interrumpir la prescripción, es el silencio de la relación jurídica, lo que no se puede afirmar cuando el acto de la Administración es meramente anulable, como es el caso».

A mi modo de ver la tesis en que fundamenta su razonamiento el Tribunal Supremo propugnando la eficacia interruptora de la prescripción de los actos anulables, no es acertada. De un lado, porque el hecho de que en relación con los actos radicalmente nulos no resulte posible su convalidación, no hace de mejor condición al acto anulable que, aun cuando pudieran ser objeto de convalidación o de conservación aquellas actuaciones que no se han visto afectadas por el vicio de anulabilidad, la derivación de sus efectos jurídicos sobre el plazo de prescripción procurando su interrupción deberían ser objeto de análisis y reflexión, cuanto menos, para determinar el momento a partir del cual el acto anulado despliega sus efectos jurídicos, que debían serlo no cuando fue dictado con el vicio de contenido, sino cuando es objeto de convalidación. Hasta este momento, el vicio que afecta al acto administrativo impide considerarlo con relevancia jurídica.

Pero, además, discrepo del criterio sustentado por el alto Tribunal en el modo de interpretar los términos del art. 68.1, letra a) LGT. Creo que, no *"cualquier acción de la Administración"* tiene eficacia para interrumpir el plazo de prescripción, porque para alcanzar tal efecto no basta con que la actuación administrativa vaya efectivamente dirigida al ejercicio del derecho susceptible de prescribir (la determinación de la deuda tributaria o su exigibilidad) dado que la acción administrativa debe ser, además, válida no resultando admisible que una acción viciada de validez pueda ocasionar la interrupción del plazo prescriptivo de la acción para liquidar o a recaudar el tributo, por muy convalidables que puedan resultar las actuaciones administrativas tras su anulación pues, hasta que no queden subsanadas no cobrarán plena eficacia jurídica.

El argumento expuesto resulta extremadamente formalista en su planteamiento pues, sin necesidad de que expresamente la LGT se refiera a la necesidad del acto administrativo *"válido"* para producir el efecto interruptor del plazo prescriptivo, es de sentido común entender que no cualquier actuación administrativa es suficiente para provocar tal efecto jurídico, pues tratándose de actuaciones presididas por el principio de buena administración, lo exigible es que la actuación administrativa interruptora del plazo prescriptivo reúna los requisitos de validez que la hagan eficaz en toda su extensión. En este sentido, traigo a colación el criterio mantenido por el propio Tribunal Supremo en sentencia de 16 de julio de 2009 (recurso de casación núm. 1627/2003) (*Tol 1602474*) cuando dijo: «*solo tienen eficacia interruptiva los actos **jurídicamente válidos** y notificados al sujeto pasivo que estén tendencialmente ordenados a iniciar o proseguir los respectivos procedimientos, y siempre, claro está, que no respondan meramente a* *la finalidad dilatoria de interrumpir la prescripción, sino que efectivamente contribuyan a la liquidación, recaudación o imposición de sanciones, según los casos».*

Sería deseable por ello, que en una futura redacción del articulado de la Ley General Tributaria y en punto a la eficacia interruptora de las actuaciones administrativas, se especificara que solo la tendrá cualquier acción administrativa *"válidamente realizada"* y dirigida a liquidar o a exigir la deuda tributaria.

En cuanto a la conservación de actuaciones administrativas atraídas de un acto anulado a la instrucción de un nuevo procedimiento administrativo que sustituya al dejado sin efecto por causa de anulabilidad, según dispone el art. 39.3 de la Ley 39/2015 (*Tol 5494102*), solo es posible cuando con la anulación del acto administrativo se ordene retrotraer lo actuado, y en el ámbito de los tributos conforme dispone el art. 239.3 LGT, ello solo sucede si el acto tributario queda anulado por vicio de forma causante de indefensión al obligado tributario. Dicho de otro modo, si el acto tributario queda anulado por vicio formal no causante de indefensión al interesado, no es posible ordenar la retroacción de actuaciones —salvo que así lo haya solicitado expresamente la parte recurrente en vía administrativa—, por lo que los actos conservados del procedimiento anulado e incorporados al nuevo que se instruya con causa en la orden de retroacción, solamente cobrarán eficacia jurídica desde el momento en que se dicte la nueva resolución dictada en sustitución de la anulada, solo a partir de ahí, si no se ha consumado el plazo prescriptivo, se puede considerar interrumpido.

7. CONCLUSIONES

Todas las ideas que preceden a esta página, se sintetizan en diez conclusiones que paso a sintetizar.

Primera, se hace imprescindible una regulación profunda de la prescripción tributaria que tome como referencia la idea de que aquello que prescribe no son unos inexistentes derechos de los órganos de la administración a liquidar y recaudar tributos, sino que prescribe la deuda tributaria por falta de ejercicio de las facultades liquidadoras y recaudadoras a cargo de esos órganos administrativos.

Segunda, el ejercicio de las facultades comprobadoras de los órganos de la Administración tributaria están indisolublemente unidas al ejercicio de sus facultades de liquidación de la deuda tributaria, y tan susceptibles son unas y otras de verse afectadas por falta de actividad de los órganos que las pueden ejercitar. Por lo tanto, no existe un diferente régimen del plazo de prescripción según se trate del ejercicio de las facultades comprobadoras y de las facultades liquidadoras de los órganos de la Administración tributaria, siendo así además que aquello que prescribe es la deuda tributaria, no las facultades administrativas que llevan a su determinación y a su exigencia.

Tercera, el plazo de prescripción tributaria no se diversifica según sea la posición ocupada por el deudor tributario, por lo que se trata de un plazo único proyectado sobre una sola deuda tributaria independientemente de la posición ocupada por el deudor tributario, sea este el obligado principal, sea un deudor secundario de primero o segundo grado.

Cuarta, como consecuencia de lo anterior, la acción de derivación de la deuda tributaria al responsable es acto que interrumpe —no que inicia— el plazo prescriptivo, sin perjuicio de que su ejercicio deba realizarse desde el vencimiento del período voluntario de pago de la deuda tributaria abierto al deudor principal (caso de los responsable solidarios), o en el caso de los responsables subsidiarios, desde que se haya producido el último acto recaudatorio ante el deudor principal o los responsables solidarios si los hubiere.

Quinta, la expansión de los efectos interruptores del plazo de prescripción a los restantes obligados tributarios —incluidos los responsables— por actuación administrativa dirigida a uno de ellos, es efecto referido solamente a los casos de solidaridad tributaria.

Sexta, las causas de interrupción de la prescripción tributaria en la medida que suponen la permanencia en el tiempo de las situaciones jurídicas y actúan agravando la posición del contribuyente, incidiendo de forma negativa sobre el principio de seguridad jurídica, deben responder a causas reales y efectivas y como tales han de tener reflejo en la ley.

Séptima, por lo tanto, la interposición de recursos y reclamaciones contra actos de liquidación o de recaudación, no pueden ser causas que interrumpan el plazo de prescripción de la deuda tributaria, porque cuando se recurre frente al acto de liquidación o de recaudación tributaria, el ejercicio de las facultades administrativas dirigidas a liquidar y recaudar la deuda tributaria ya ha quedado consumado y no se interrumpir un plazo que ya quedó agotado en su recorrido.

Octava, caso de ser apreciada la posible existencia de delito fiscal, tampoco debe ser considerada como causa que interrumpe el plazo de prescripción la denuncia al Ministerio fiscal o la elevación del tanto de culpa a la jurisdicción penal, pues en tales supuestos la interrupción no se ha debido a los agentes protagonistas de la relación jurídico tributario, cuyas actuaciones pueden romper con el silencio mantenido en la relación jurídico-tributaria.

Novena, convendría reflexionar sobre los efectos que, en relación con al plazo de prescripción, provocan los actos administrativos (de liquidación o de recaudación) declarados anulables por los órganos jurisdiccionales o de revisores en sede administrativa, para equipararlos con los producidos por los actos nulos de pleno derecho.

Décima, no es de recibo continuar admitiendo que "cualquier" actuación administrativa es suficiente para entender interrumpido el plazo de prescripción, porque tendría que matizarse que solo producen este efecto las actuaciones administrativas válidamente dirigidas a liquidar o a recaudar deudas tributarias.

LA RESPONSABILIDAD TRIBUTARIA

Gloria Marín Benítez
Socia-Abogada de Uría Menéndez
Profesora de Derecho Financiero y Tributario
Universidad Pontificia de Comillas

SIGLAS Y ACRÓNIMOS

CC: Código Civil
CE: Constitución Española
CEDH: Convenio para la Protección de los Derechos Humanos y de las Libertades Fundamentales, firmado en Roma el 4 de noviembre de 1950.
Ley 11/2021: Ley 11/2021, de 9 de julio, de medidas de prevención y lucha contra el fraude fiscal, de transposición de la Directiva (UE) 2016/1164, del Consejo, de 12 de julio de 2016, por la que se establecen normas contra las prácticas de elusión fiscal que inciden directamente en el funcionamiento del mercado interior, de modificación de diversas normas tributarias y en materia de regulación del juego
Ley 34/2015: Ley 34/2015, de 21 de septiembre, de modificación parcial de la Ley 58/2003, de 17 de diciembre, General Tributaria
LGT: Ley 58/2003, de 17 de diciembre, General Tributaria
LIS: Ley 27/2014, de 27 de noviembre, del Impuesto sobre Sociedades
LIVA: Ley 37/1992, de 28 de diciembre, del Impuesto sobre el Valor Añadido
LME: Ley 3/2009, de 3 de abril, sobre modificaciones estructurales de las sociedades mercantiles
LSC: Texto refundido de la Ley de Sociedades de Capital, aprobado por el Real Decreto Legislativo 1/2010, de 2 de julio
LRJSP: Ley 40/2015, de 1 de octubre, de Régimen Jurídico del Sector Público
RGAT: Reglamento General de las actuaciones y los procedimientos de gestión e inspección tributaria y de desarrollo de las normas comunes de los procedimientos de aplicación de los tributos, aprobado por Real Decreto 1065/2007, de 27 de julio
RGR: Reglamento General de Recaudación, aprobado por Real Decreto 939/2005, de 29 de julio
TRLIRNR: Texto refundido de la Ley del Impuesto sobre la Renta de No Residentes, aprobado por Real Decreto Legislativo 5/2004, de 5 de marzo
TRLITPAJD: Texto refundido de la Ley del Impuesto sobre Transmisiones Patrimoniales y Actos Jurídicos Documentados, aprobado por Real Decreto Legislativo 1/1993, de 24 de septiembre

1. INTRODUCCIÓN

La LGT (*Tol 327278*) dedica a la regulación de la responsabilidad tributaria los artículos 35.5, 41, 42 y 43, dentro del capítulo II (*Obligados tributarios*), y los artículos 67.2 y 68.8, dentro de la sección 3.ª del capítulo IV (*La deuda tributaria*), de su Título II (*Los tributos*). También dedica los artículos 174, 175 y 176, al procedimiento frente a los responsables, dentro de la subsección 1.ª, de la sección 3.ª, del capítulo V (*Actuaciones y procedimientos de recaudación*) del Título III (*La aplicación de los tributos*), y su artículo 258 dentro del Título VI (*Actuaciones y procedimientos de aplicación de los tributos en supuestos de delito contra la Hacienda pública*). Al procedimiento frente a los responsables también le dedica el RGR el capítulo I de su Título IV (artículos 124 a 126). Que estas normas resultan insuficientes para abordar la problemática que esta figura plantea en la práctica se pone de manifiesto en la gran conflictividad que su aplicación administrativa ha generado en los últimos tiempos y en las numerosas ocasiones que ha merecido la atención de algunas instituciones que cuentan entre sus objetivos, el de velar por la calidad del ordenamiento jurídico[1].

El presente trabajo tiene por objeto diseccionar la problemática común a todos los supuestos de responsabilidad tributaria. En el apartado 1, abordaremos su concepto y su delimitación con otras instituciones; el apartado 2 revisará las distintas visiones que se han ofrecido sobre su naturaleza; el 3, las dudas interpretativas que en la práctica ha ofrecido la regulación de la prescripción de la acción administrativa (o de las acciones, por ser más precisos) para dirigirse frente al responsable; y el 4, las situaciones que se plantean por la confluencia de varios obligados tributarios al pago de una misma deuda.

2. DELIMITACIÓN CONCEPTUAL. SUPUESTOS CONFLICTIVOS

La responsabilidad tributaria es aquella institución que permite exigir el pago de la deuda tributaria, y en algunos casos también de la sanción, a sujetos *distintos* de quienes realizan el presupuesto de hecho que determina el nacimiento de la obligación tributaria. El primer inciso del artículo 41.1 de la LGT dispone así que "la ley podrá configurar como responsables solidarios o subsidiarios de la deuda tributaria, *junto a los deudores principales*, a otras personas o entidades".

El hecho de que de la deuda tributaria responda el responsable *junto al* deudor principal permite distinguir a los *responsables tributarios* de los *sucesores* puesto que estos últimos, según se desprende de la tipología de situaciones previstas en los artículos 39 y 40 de la LGT, responden de las deudas tributarias *en lugar del* deudor principal cuando

---

1 La primera reunión del Foro técnico de debate impulsado por el Consejo de Defensa del Contribuyente y por el Instituto de Estudios Fiscales, con la participación asimismo de asociaciones y colegios profesionales, y de la Administración tributaria, abordó la problemática de esta figura, materializándose las conclusiones en la Propuesta 1/2022, sobre la mejora de los procedimientos de declaración de la responsabilidad tributaria, disponible en Consejo para la Defensa del Contribuyente - Propuestas normativas, informes, notas informativas y sugerencias (1997-2022) (hacienda.gob.es). También el grupo de trabajo creado en la Fundación FIDE para abordar la evaluación de la Ley 10/2021 revisó algunos de los problemas que plantea en los dos informes que elaboró, disponibles en Grupo de Trabajo: Evaluación de la Ley 11/2021-Fundacion Fide (thinkfide.com).

este ha dejado de existir (por fallecimiento, si era una persona física; por disolución, con o sin liquidación, si se trata de entidades con o sin personalidad jurídica)[2]. Ha de tenerse en cuenta, no obstante, que caben algunos supuestos de sucesión con subsistencia del sucedido —v. gr., la cesión global de activos y pasivos del art. 40.3 *in fine* de la LGT cuando la contraprestación no es recibida por los socios de la cedente, o los supuestos de sucesión previstos en el artículo 84 de la LIS (*Tol 4554400*)— y esto propicia algunas situaciones de superposición con la responsabilidad tributaria tipificada en el artículo 42.1 c) de la LGT para quien sucede en la titularidad o ejercicio de la actividad[3].

El hecho de que los responsables no sean quienes, al realizar el presupuesto de la obligación tributaria, tienen atribuida la condición de deudor principal, también permite distinguir la figura de la responsabilidad tributaria de aquella situación de *concurrencia de obligados tributarios* en la realización del presupuesto de hecho de la obligación tributaria. En esta última, salvo previsión legal expresa en contrario, todos los obligados concurrentes *responden* solidariamente de la deuda en aplicación de lo previsto en el artículo 35.7 de la LGT. Se ha planteado en la práctica a cuál de estas dos categorías (pura responsabilidad tributaria vs. concurso en la realización del hecho imponible) deben adscribirse los supuestos de responsabilidad solidaria previstos para las sociedades que forman parte de un mismo grupo en el Impuesto sobre Sociedades o en el IVA (arts. 57 LIS y 166 nonies Seis LIVA (*Tol 224743*), respectivamente). Es este sentido, si bien es cierto que las sociedades que forman parte de un mismo grupo no son ajenas a la capacidad económica que se pone de manifiesto en el hecho imponible, no mantienen frente a la Administración tributaria una posición equivalente a la de la sociedad dominante, siendo así que en otros supuestos del artículo 35.7 de la LGT, todos los obligados que concurren en el nacimiento de la obligación tributaria tienen reconocidos los mismos derechos (audiencia, defensa, capacidad de impugnación) frente a ella.

Nótese que la concurrencia de obligados tributarios, no en el presupuesto de hecho de la obligación tributaria, sino en la comisión de un ilícito tributario viene tipificado en la LGT como un supuesto de responsabilidad solidaria (art. 42.1 a) de la LGT), separándose del tratamiento que en derecho penal se da a esta circunstancia[4].

---

2 La única excepción a esa regla general de extinción del sucedido se encuentra en el artículo 40.3 de la LGT para las cesiones globales del activo y pasivo. En ellas, la sociedad cedente solo queda extinguida cuando la contraprestación fuese recibida total y directamente por los socios (art. 81.2 LME (*Tol 1468831*)).

3 Algunas disfunciones de la confluencia de preceptos para una misma situación ya las abordé en Marín Benítez, G. (2016). "La sucesión de empresa y la subrogación del sucesor en la relación jurídico-tributaria del anterior empresario", *Revista Contabilidad y Tributación. CEF*, (401-402).

4 García Novoa ha abogado por una regulación de la participación en la comisión de la infracción como tal. C. García Novoa (2022). "Anomalías de la responsabilidad tributaria", *Taxlandia*.

3. NATURALEZA. LA ESPECIALIDAD DE LOS RESPONSABLES FRENTE A LOS RESTANTES OBLIGADOS TRIBUTARIOS

Los responsables tienen la condición de obligados tributarios pues así lo dice el apartado 5 del artículo 35 de la LGT. No se incluyen, sin embargo, en el elenco de obligados tributarios mencionados en el apartado 2 de este precepto, a saber: contribuyentes, sustitutos del contribuyente, sucesores, obligados a realizar pagos fraccionados, a retener o soportar la retención, a realizar ingresos a cuenta o a soportarlos, a repercutir o a soportar la repercusión. Diferencia a unos y otros, entre otras circunstancias, el hecho de que las obligaciones de *hacer* o *dar* (presentar declaraciones, retener, ingresar) que se imponen a los mencionados en el artículo 35.2 de la LGT —esto es, a los deudores tributarios principales, que realizan el presupuesto de hecho de la correspondiente obligación tributaria— traen causa directa de la ley, mientras que los segundos —los responsables— solo asumen una obligación de *dar* o *hacer* frente a la Administración tributaria cuando existe un acto administrativo previo que declara que efectivamente han realizado el presupuesto de hecho de la norma que tipifica su responsabilidad. Así, el artículo 41.5 de la LGT dispone que "salvo que una norma con rango de ley disponga otra cosa, la derivación de la acción administrativa para exigir el pago de la deuda tributaria a los responsables requerirá un acto administrativo en el que, previa audiencia al interesado, se declare la responsabilidad y se determine su alcance y extensión, de conformidad con lo previsto en los artículos 174 a 176 de esta ley"[5].

Otra diferencia importante radica en los rasgos propios que permiten calificar esta responsabilidad como *tributaria*. La obligación de todos a contribuir al sostenimiento de los gastos públicos, siendo como es una obligación *ex lege*, no tiene su fundamento (su porqué) en el mero capricho del legislador. El fundamento de la imposición se encuentra en la *capacidad económica* de los llamados a contribuir (art. 31.1 CE (*Tol*

---

5 Según la sentencia del Tribunal Supremo de 17 de marzo de 2021 (ES:TS:2021:1148) (*Tol 8378822*), esta declaración no es necesaria para exigir de forma solidaria a una sociedad la deuda del grupo del que forma parte al amparo del artículo 166 nonies Seis de la LIVA. En extrapolación de este criterio, el Tribunal Económico-Administrativo Central ha concluido (RRTEAC de 19.1.2023 y 14.9.2023, RG 4118/2020 y RG 2703/2021), que tampoco es necesario acto declarativo de la responsabilidad alguno cuando se trata de exigir de forma solidaria a una sociedad la deuda del grupo del IVA al amparo del artículo 166 nonies Seis de la LIVA. Este criterio parece estar fundado en la consideración de las sociedades del grupo no como "responsables tributarios" del artículo 41, sino como obligados del artículo 35.7 de la LGT, que responden solidariamente de una deuda a cuyo nacimiento concurren, en línea con lo que hemos apuntado previamente. Sin perjuicio de que esa consideración pueda tener sentido a algunos efectos, la innecesaridad del procedimiento para declarar la responsabilidad que proclaman estos pronunciamientos puede determinar una vulneración del derecho de defensa de esas entidades del grupo, si se les priva de la posibilidad de recurrir la deuda tributaria a cuyo pago son requeridas.

173304)), de forma exclusiva o predominante cuando se contribuye mediante impuestos (art. 2.2 c) LGT) o con apoyo esencial en el principio de beneficio cuando se contribuye mediante tasas o contribuciones especiales (art. 2.2 a) y b) LGT). El artículo 31.1 de la CE dispone así que todos contribuirán al sostenimiento de los gastos públicos de acuerdo con *su* capacidad económica mediante un sistema tributario justo inspirado en los principios de igualdad y progresividad que, en ningún caso, tendrá alcance confiscatorio. La capacidad económica del llamado a sostener los gastos públicos es, por ello, fundamento y medida de la imposición (STC 182/2021 (*Tol 8641521*)).

Sin embargo, los responsables, que no realizan el presupuesto de hecho de la obligación tributaria principal, no manifiestan la capacidad económica que el legislador pretende gravar. Es obvio, por tanto, o al menos así nos lo parece a nosotros, que la razón de ser de la responsabilidad tributaria (sus porqués y sus paraqués) no hunde sus raíces en el mandato constitucional del artículo 31.1 de la CE. La función que están llamados a desempeñar los responsables tributarios no se puede identificar, de forma simplista, a la de *contribuir al sostenimiento de los gastos públicos* puesto que nuestro texto constitucional veda que pueda hacerse un llamamiento para cumplir tan alta función con arreglo a la capacidad económica de un tercero.

3.1. LA FUNCIÓN DE LA RESPONSABILIDAD: SUS PARAQUÉS

A la responsabilidad tributaria se le ha venido atribuyendo una *función de garantía* del crédito tributario. De hecho, no son pocas las voces que en la academia han establecido un paralelismo entre esta figura (la responsabilidad tributaria) y la fianza en el ámbito civil[6]. El paralelismo llega hasta el punto de que la propia LGT (art. 41.6) reconoce a los responsables tributarios el derecho de reembolso que la legislación civil reconoce al fiador que paga la deuda de otro (art. 1838 CC (*Tol 220310*)). La LGT, en cambio, no reconoce al responsable el derecho de subrogación en todos los derechos que el acreedor tuviera contra el deudor (art. 1839 CC), quizá porque la relación entre el deudor principal y la Administración tributaria se encuentra regida por normas de derecho público en las que el acreedor público tiene, como *potentior persona* que es, unos privilegios que no puede asumir un mero particular (el responsable) frente a otro.

La fianza en el ámbito civil (art. 1822 primer párrafo CC) es aquella garantía personal por la que uno se obliga a pagar o a cumplir por un tercero *en el caso de no hacerlo*

---

6 V. gr., Calvo Ortega, R. (2015). *Curso de Derecho financiero. I. Derecho tributario. Parte general y parte especial*, Aranzadi; Arias Abellán, M. D. (2004). "El régimen jurídico del responsable en la nueva Ley General Tributaria", *Revista Española de Derecho Financiero Cívitas*, (123); Pérez Royo, F. (2013). *Curso de Derecho tributario. Parte general*, Aranzadi.

este. Hace falta, por tanto, una situación de incumplimiento del deudor principal, para que la deuda pueda reclamarse al fiador, incluso cuando este es solidario. Así, aunque el artículo 1822, párrafo segundo, del CC establece la aplicación de lo dispuesto para las obligaciones solidarias cuando *el fiador se obligare solidariamente con el deudor principal,* la Sala Primera del Tribunal Supremo ha sostenido (STS, Sala 1.ª, de 12.11.2020, ES:TS:2020:3638, FJ 5.º (*Tol 8209342*)) que "la subsidiariedad es un elemento típico de la fianza, en el sentido de que *el fiador*, en principio, *solo debe cumplir su obligación en caso de que el deudor incumpla la suya*" y que "incluso en el supuesto de la denominada «fianza solidaria» no existe una obligación única con pluralidad de deudores (en que se puedan entender refundidas la principal y la accesoria), sino que subsiste la concurrencia de dos vínculos obligatorios de naturaleza distinta)".

Si esto es así en el ámbito civil, con mayor razón debería serlo en el ámbito tributario pues la conversión en deudor solidario (y no ya en un mero garante) a quien no manifiesta la capacidad económica implícita en la realización del hecho imponible resulta —de forma palmaria, en nuestra opinión— contraria al principio de capacidad económica. En nuestra opinión, la figura de la responsabilidad tributaria contradice el mandato del artículo 31.1 de la CE cuando, alejándose de la función de garantía que justifica su existencia, el responsable tributario es llamado a pagar la deuda del deudor principal antes de que este se encuentre en situación de incumplimiento: esto es, cuando es tratado como un deudor solidario de una deuda que no responde a su capacidad económica.

Sin embargo, tras la reforma introducida en el artículo 175.1 de la LGT por la Ley 11/2021, de 9 de julio, de medidas de prevención y lucha contra el fraude fiscal (*Tol 8501334*), esto (que el responsable tributario pueda ser llamado a pagar la deuda de un deudor principal que no se encuentra en situación de incumplimiento) es algo que puede llegar a suceder en nuestro ordenamiento[7]. Así, se permite exigir el pago al responsable solidario en situaciones en las que el deudor principal, que ha conseguido una suspensión o aplazamiento de su deuda dentro de las posibilidades que el propio ordenamiento ofrece, alarga el período voluntario de pago (el vencimiento en términos civiles) de su deuda más allá del original previsto en el artículo 62, apartados 1, 2 y 3, de la LGT.

En concreto, tras la reforma de la Ley 11/2021, el artículo 175.1 de la LGT dispone que cuando la responsabilidad haya sido declarada y notificada al responsable antes del vencimiento del período voluntario de pago *original* de la deuda que se deriva, bastará

---

7 Y que ha sido objeto de la atención crítica, entre otros, de Rodríguez Márquez, J. (21 enero 2021). "La transformación sustantiva de la figura del responsable solidario en el Proyecto de Ley de medidas de prevención y lucha contra el fraude fiscal", *Taxlandia*; García Novoa, C. ("Anomalías de la responsabilidad (...)", *op. cit.*).

con requerirle el pago una vez transcurrido dicho período; y que, en los demás casos, una vez transcurrido el período voluntario de pago *original* de la deuda que se deriva, el órgano competente dictará acto de declaración de responsabilidad que se notificará al responsable. Se explica en la Exposición de Motivos de esa ley que ese cambio se introduce "con el objetivo de clarificar (...) que las vicisitudes acaecidas frente al deudor, como suspensiones o aplazamientos, deban proyectarse sobre el procedimiento seguido con el responsable".

Si se tiene en cuenta lo que dice la propuesta normativa 1/2022 del Consejo de Defensa del Contribuyente 1517/2023, de 2 de noviembre (*Tol 10000813*) sobre la responsabilidad tributaria, parecería que el cambio trae causa de lo que, en nuestra opinión, constituye un error de concepción de los perfiles de la fianza solidaria en el ámbito civil. Parecería haber entendido así nuestro prelegislador que la remisión que el CC realiza a las obligaciones solidarias cuando se refiere a la fianza solidaria debe llevar a equiparar la figura del fiador solidario a la de un deudor de tal naturaleza. No es así y la sentencia del Tribunal Supremo, Sala de lo Civil, de 12 de noviembre 2020 citada previamente lo aclara. El fiador solidario en el ámbito civil no tiene nada que pagar mientras la obligación principal no esté vencida.

De la propuesta normativa 1/2022 del Consejo para la Defensa del Contribuyente también se infiere que el cambio normativo trata de atajar situaciones abusivas y que la voluntad del aplicador de la norma es corregir las disfunciones que en la figura de la responsabilidad tributaria genera la reforma introducida por la Ley 11/2021 con una apelación al principio de proporcionalidad, de forma que —citamos del documento— "la utilización del precepto debería limitarse, siguiendo dicho principio de proporcionalidad, a los supuestos para los que ha sido concebido, como, por ejemplo, los que, sin garantía alguna obtienen una suspensión cautelar que se dilata por un período muy largo, como consecuencia de la sucesiva interposición de recursos contra la denegación de la justicia cautelar". Sin embargo, la promulgación de normas de aplicación general para corregir situaciones abusivas que solo se plantean en el caso particular no parece aconsejable en términos de eficiencia, entendida al modo paretiano, y de justicia, como ideal al que debería tender todo ordenamiento jurídico, en cuanto generan distorsiones para las que el principio de proporcionalidad no siempre ofrece solución. Y es que, sin perjuicio de esa eventual vulneración del principio de capacidad económica, este cambio, de afirmarse su constitucionalidad, produciría otros efectos difícilmente conciliables con la justicia. Nos referimos, concretamente, al empobrecimiento injusto que se genera al responsable al que se le obliga a pagar la deuda antes de que haya vencido el período voluntario de pago no-original del deudor tributario (esto es, al que se le obliga a pagar la deuda de un deudor tributario al que se le ha concedido suspensión o aplazamiento), habida cuenta de que la legislación civil, en el marco de la cual ha de ejercitarse el derecho al reembolso, no permite al responsable reclamar al deudor principal antes del vencimiento[8]. También resulta difícil cohonestar esta situación con las consecuencias que el ordenamiento civil deduce del beneficio de orden al que todo fiador (solidario o subsidiario) tiene derecho: la imposibilidad de obligarse a más que el deudor principal, tanto en la cantidad como en lo oneroso de las condiciones, de forma que si se hubiera obligado a más, se reducirá su obligación a los límites de la del deudor (art. 1826 CC); la ineficacia, *contra su voluntad*, de la transacción hecha entre el deudor principal y el acreedor (art. 1835 CC); o la extinción de su obligación por la prórroga concedida al deudor por el acreedor sin su consentimiento (art. 1851 CC).

No parece un sistema tributario justo el que, para regular las obligaciones de quien está llamado a garantizar el crédito público, se aparta de los criterios de justicia que desde siempre han regido la figura de los garantes.

3.2. EL FUNDAMENTO DE LA RESPONSABILIDAD: LOS PORQUÉS DE LA EXIGENCIA DE LA DEUDA TRIBUTARIA A UN TERCERO

Ya hemos apuntado que, a nuestro juicio, resulta evidente tanto que ninguno de los fundamentos admitidos para la imposición (el principio de capacidad económica, o el principio de beneficio) pueden predicarse de la figura de la responsabilidad tributaria, como que para que esta figura se engarce en un sistema tributario *justo* ese fundamento ha de existir; no puede ser fruto del mero capricho del legislador ni incurrir en arbitrariedad.

Por ello, también a nuestro juicio, el fundamento de la responsabilidad tributaria, la razón por la que resulta admisible que la deuda tributaria se exija a alguien diferente a quien realiza el presupuesto que determina su nacimiento, hay que buscarlo en las causas por las que el ordenamiento jurídico permite hacer surgir una obligación de pago que no tenga origen en la autonomía de la voluntad; que no traiga causa del *pacta sunt servanda*. Esas causas suelen ser tres: (i) el haber participado en la comisión de una infracción administrativa o penal (responsabilidad sancionadora, con origen en la necesidad de reprobar y prevenir el incumplimiento de un deber jurídico), (ii) el haber causado un daño antijurídico a tercero con culpa o negligencia (responsabilidad civil aquiliana, con origen en la necesidad de indemnizar el daño causado a un tercero), (iii) el estar en una posición que por imperativo especial exige una especial vigilancia y que anuda la responsabilidad por los daños incurridos dentro de la esfera de control (responsabilidad civil objetiva, con origen en la necesidad de asegurar la especial diligencia en el cumplimiento de ciertas obligaciones).

---

8 Art. 1841 CC: Si la deuda era a plazo y el fiador la pagó antes de su vencimiento, no podrá exigir reembolso del deudor hasta que el plazo venza.

A veces, la ley civil establece un supuesto de responsabilidad que puede ahondar en varias de estas causas. En el ámbito mercantil, por ejemplo, ha sido controvertido si la responsabilidad de los administradores por deudas sociales (art. 367 LSC (*Tol 6435814*)) tiene su fundamento en la responsabilidad civil aquiliana o en una responsabilidad objetiva por incumplimiento[9]. Por otro lado, a veces un mismo hecho (el fraude de acreedores, por ejemplo) puede ser origen de diversas acciones (en un único orden jurisdiccional o en órdenes distintos) que responden a un fundamento o causa diferente.

Encontrar la causa de cada uno de los supuestos de responsabilidad previstos en el ordenamiento tributario es esencial, en nuestra opinión, para determinar los criterios (requisitos, límites, garantías) que han de orientar su aplicación. Dicho esto, no siempre resulta fácil establecer la correspondencia entre los supuestos de responsabilidad tributaria y los establecidos en otros órdenes.

Un ejemplo reciente de ello es la naturaleza del supuesto de responsabilidad previsto en el art. 42.2 a) LGT, al que se venía atribuyendo, por su parecido con el tipo del delito de alzamiento de bienes, una naturaleza sancionadora que la reciente STS de 28 de abril de 2023 [ES:TS:2023:1849] (*Tol 9551858*), con un muy interesante y crítico voto particular, ha venido a rechazar, en un caso en el que el responsable era el adquirente de los bienes del sujeto pasivo, y en el que no había sanciones que derivar[10].

Otro ejemplo podría ser el art. 43.1 a) LGT que parecería ser un supuesto especial del artículo 42.1 a) LGT, y por tanto, con naturaleza también sancionadora[11], pero que

---

9 V. sobre esta cuestión, Fernández del Pozo, L. (2023). "Acerca de la conveniente derogación de la regla de la responsabilidad de los administradores por las deudas sociales. Una propuesta alternativa, *Revista de Derecho Mercantil,* (329); Alfaro Águila-Real, J. (15 de octubre de 2023) "La responsabilidad de los administradores por las deudas sociales", *Almacén de Derecho*, dic. 28, 2020). Las sentencias de la Sala Primera del Tribunal Supremo 1512/2023, de 31 de octubre (*Tol 9764259*), y 1517/2023, de 2 de noviembre, parecerían inclinarse por una responsabilidad objetiva.

10 No terminamos de compartir la posición mayoritaria de esta sentencia pues, enjuiciada la naturaleza del supuesto de responsabilidad, con los criterios Engel que el Tribunal Europeo de Derechos Humanos utiliza para determinar si una sanción tiene naturaleza penal, entendemos que la ponderación de esos criterios apunta a esa naturaleza sancionadora, sobre todo teniendo en cuenta la naturaleza de su presupuesto de hecho (de la infracción). Esta cuestión la traté más detenidamente en Marín Benítez, G.: Las amistades (nada) peligrosas. Libro VII. Sobre la naturaleza de la responsabilidad tipificada en el artículo 42.2 a) de la LGT y otras cuestiones más o menos relacionadas - *FiscalBlog*. Recuperado el 14 ene 2024.

11 La naturaleza sancionadora de la responsabilidad tributaria de quien participa o colabora en la comisión de una infracción tributaria es incontrovertida. Así ha sido reconocido por las sentencias de la Sala Tercera del Tribunal Supremo de 10 de diciembre de 2008, (ES:TS:2008:7359) (*Tol 1438863*); 8 de noviembre de 2010, (ES:TS:2010:6125) (*Tol 1994603*); 6 de julio de 2015, rec. en unificación de doctrina n.º 3418/13 (*Tol 5219273*); de 15 de junio de 2016,

a veces se ha tratado de hacer corresponder con la acción individual de responsabilidad frente a los administradores. Ha de hacerse notar que la cuestión sobre su naturaleza se admitió a trámite mediante ATS de 29 de junio de 2021 [ES:TS:2022:10116A] (*Tol 9108217*) y que la reciente sentencia de 2 de octubre 2023 [ES:TS:2023:4094] (*Tol 9737714*) ha concluido que, efectivamente, su naturaleza es sancionadora.

El hecho de que una misma causa (*v. gr.*, el fraude de acreedores) pueda dar lugar a supuestos que se encuentran específicamente tipificados como de responsabilidad tributaria pero que también se encuentran protegidos por acciones previstas y reguladas en otros órdenes jurídicos plantea la duda de cuándo puede la Administración tributaria ejercitar sus potestades de autotutela declarativa y ejecutiva para declarar la responsabilidad y exigirla al responsable tributario, y cuándo ha de acudir a la jurisdicción civil, como un acreedor más, en defensa de sus derechos.

En nuestra opinión, las potestades de autotutela declarativa y ejecutiva solo pueden ser ejercitadas cuando la ley tributaria dispone expresamente su ejercicio: cuando el supuesto que determina el nacimiento de la responsabilidad tributaria se encuentra expresamente definido como tal en la LGT. Los casos paradigmáticos en que ello sucede son los supuestos de responsabilidad tributaria solidaria o subsidiaria tipificados, respectivamente, en los apartados 1 y 2 del artículo 42, o en los apartados 1 y 2 del artículo 43 de la LGT, pero también existen otros casos tipificados como supuestos específicos de responsabilidad tributaria (solidaria o subsidiaria) en otras normas tributarias.

Entre esas otras normas *tributarias* que prevén otros supuestos de responsabilidad *tributaria* se encuentra, por ejemplo, el artículo 9.1 del TRLIRNR, según el cual responderán solidariamente del ingreso de las deudas tributarias correspondientes a los rendimientos que haya satisfecho o a las rentas de los bienes o derechos cuyo depósito o gestión tenga encomendado, respectivamente, el pagador de los rendimientos devengados sin mediación de establecimiento permanente por los contribuyentes o el depositario o gestor de los bienes o derechos de los contribuyentes no afectos a un establecimiento permanente. También el artículo 9.4 del TRLIRNR, según el cual responderán solidariamente del ingreso de las deudas tributarias correspondientes a los contribuyentes a que se refiere el apartado 1 del artículo 10 de esta Ley, que operen por mediación de un establecimiento permanente o en los supuestos del artículo 38, quienes hayan sido designados como sus representantes. O el artículo 87.Cinco.1 de la LIVA, según el cual serán responsables subsidiarios de las cuotas tributarias correspondientes a las operaciones gravadas que hayan de satisfacer los sujetos pasivos aquellos destinatarios de las

---

(ES:TS:2016:2797) (*Tol 5756274*); de 20 de septiembre de 2016, (ES:TS:2016:4144) (*Tol 5831918*); de 17 de septiembre de 2020, (ES:TS:2020:2871) (*Tol 8091146*); de 5 de noviembre de 2020, (ES:TS:2020:3742) (*Tol 8209351*) y de 25 de marzo de 2021, (ES:TS:2021:1369) (*Tol 8403862*), amén de por las sentencias del Tribunal Constitucional 76/1990 y 80/2006.

mismas que sean empresarios o profesionales, que debieran razonablemente presumir que el Impuesto repercutido o que hubiera debido repercutirse por el empresario o profesional que las realiza, o por cualquiera de los que hubieran efectuado la adquisición y entrega de los bienes de que se trate, no haya sido ni va a ser objeto de declaración e ingreso. O el artículo 9 del TRLITPAJD, según el cual serán subsidiariamente responsables del pago del impuesto: (a) en la constitución de préstamos, el prestamista si percibiera total o parcialmente los intereses o el capital o la cosa prestada, sin haber exigido al prestatario justificación de haber satisfecho este impuesto; (b) en la constitución de arrendamientos, el arrendador, si hubiera percibido el primer plazo de renta sin exigir al arrendatario igual justificación; y, en todo caso, (c) el funcionario que autorizase el cambio de sujeto pasivo de cualquier tributo estatal, autonómico o local, cuando tal cambio suponga directa o indirectamente una transmisión gravada por el presente impuesto y no hubiera exigido previamente la justificación del pago del mismo.

A nuestro juicio, cuando tanto el artículo 42 de la LGT (que relaciona los supuestos de responsabilidad tributaria solidaria) como el artículo 43 (que hace lo propio para la subsidiaria) disponen en su apartado 3 que "*las leyes* podrán establecer *otros supuestos de responsabilidad* [solidaria / subsidiaria] distintos de los previstos en los apartados anteriores" se refieren a los concretos supuestos de responsabilidad *tributaria* previstos en normas de esa naturaleza. No creemos que este apartado 3 de los artículos 42 y 43 de la LGT autorice el ejercicio a través de un procedimiento administrativo de derivación de responsabilidad, en el que la Administración puede hacer uso de sus potestades de autotutela declarativa y ejecutiva, de acciones (civiles, mercantiles o penales) que el ordenamiento jurídico establece en beneficio de cualquier acreedor (y no en beneficio exclusivo del acreedor público), y para las que no hay previsto un cauce específico en el ordenamiento tributario. En nuestra opinión, el ejercicio de las potestades de autotutela declarativa y ejecutiva por parte de la Administración tributaria siempre debería tener un fundamento específico *ad hoc* en la normativa tributaria, de forma que el apartado 3 de estos preceptos (arts. 43 y 43 de la LGT) no debería entenderse como una suerte de habilitación en blanco para el ejercicio de acciones reguladas en otras parcelas del ordenamiento a través de procedimientos de responsabilidad tributaria.

Pensamos así que un procedimiento de derivación de responsabilidad *solidaria* frente al administrador de una entidad por deudas devengadas después de que acaeciera la causa legal de disolución, en aplicación del artículo 42.3 de la LGT en relación con los artículos 367 y 363 de la LSC no debería tener cauce en nuestro ordenamiento[12].

Entendemos también que esta es la razón por la que, por ejemplo, cuando el deudor principal se encuentra en concurso, se haya admitido la posibilidad de iniciar un proce-

---

12 No se suscitó la cuestión, sin embargo, en el procedimiento que desembocó en la sentencia del Tribunal Supremo 22 de junio de 2023 (ES:TS:2023:2966) (*Tol 9638210*).

dimiento de responsabilidad frente a la administración concursal, cuando se entendía que su conducta podía subsumirse en lo previsto en los artículos 43.1 c) o 42.2 a) de la LGT. Otra cosa es que esta posibilidad —que nos parece impecable e indiscutible cuando el daño del que pretende resarcirse la Administración tributaria a través del procedimiento de declaración de responsabilidad es suyo y solo suyo [como sucedía en los casos enjuiciados en las sentencias del Tribunal Supremo, Sala Especial de Conflictos de Jurisdicción, de 3/2013 de 9 de abril de 2013 (ES:TS:2013:2808), 1/2016 de 27 de abril de 2016 (ES:TS:2016:2037) (*Tol 5724585*) y 2/2018 de 21 de marzo de 2018 (ES:TS:2018:1224) (*Tol 6566219*)—, pueda merecer un reproche —si no es posible *de lege lata*, habrá que reconducirlo a los *de lege ferenda*— cuando el daño que se imputa al administrador concursal no es un daño directo a la AEAT sino a la masa activa de la concursada, como sucedía en el caso examinado por la sentencia del Tribunal Supremo, Sala Especial, 2/2022 de 14 de noviembre de 2022 (ES:TS:2022:4286) (*Tol 9305600*), en el que se concluyó que la Administración podía reclamar por sí y para sí, a través del procedimiento de derivación de responsabilidad, la reparación del daño causado a la masa activa de la concursada en una venta de unidad de negocio autorizada por el juez concursal[13].

4. LA PRESCRIPCIÓN Y LOS RESPONSABLES

La prescripción es una institución tributaria que tiene como razón de ser proteger la seguridad jurídica y evitar que un deudor pueda verse sorprendido por reclamaciones intempestivas. Su interpretación en todas las parcelas del ordenamiento tiene muy presente la doctrina de la *actio nata* recogida en el artículo 1969 del CC, según el cual, y como regla general, el tiempo para la prescripción de toda clase de acciones se contará desde el día en que pudieron ejercitarse. Esta doctrina de la *actio nata* tiene una doble vertiente: por un lado, protege al acreedor, que no verá correr la prescripción mientras no se reúnan las condiciones para ejercitar su acción; por otro lado, protege al deudor, que no verá paralizado el plazo de prescripción cuando sí se reúnen las circunstancias para que el acreedor pueda ejercitarla.

La regulación de la prescripción suele estar vinculada a la concreta acción que el acreedor pretende hacer valer frente al deudor. Un ejemplo claro de ello se encuentra en la propia legislación tributaria cuando regula de forma separada —acciones declarativas, por un lado, y los de las acciones ejecutivas, por otro— el *dies a quo* y las causas de prescripción tanto de las acciones que la Administración tributaria puede ejercer frente

---

13 Para una crítica más detallada a esta sentencia, v. mi trabajo previo Marín Benítez, G. Las amistades (nada) peligrosas. Libro III. Sobre la competencia para declarar al administrador concursal responsable tributario ex artículo 42.2 a) de la LGT - *FiscalBlog*. Recuperado el 10 feb. 2023.

a los obligados tributarios (la acción declarativa para determinar y liquidar la deuda tributaria; la ejecutiva para exigir el pago de la deuda ya liquidada) y viceversa (la acción declarativa para solicitar devolución de ingresos indebidos; la ejecutiva para obtener el ingreso indebido cuya devolución ha sido ya solicitada). En el caso de la responsabilidad tributaria, sin embargo, la ley no distingue entre las dos diferentes acciones (declarativa vs. ejecutiva) que ejercita la Administración cuando se dirige frente al responsable tributario. Ambas acciones, aunque normalmente se ejercitan de forma simultánea, son distintas; de hecho, para el caso de la responsabilidad solidaria, está expresamente prevista en la ley (art. 175 LGT) su eventual ejercicio disparejo en el tiempo. Esta falta de distinción ya ha obligado a la jurisprudencia a realizar una labor interpretativa de las normas que existen sobre el *dies a quo* y las causas de interrupción de la prescripción de la exigencia de la obligación de pago al responsable para determinar cuándo se refieren a la una y cuándo a la otra. Sería también deseable que la interpretación de las normas reguladoras de la prescripción en la responsabilidad tributaria siguiera teniendo en cuenta la existencia de estas dos diferentes acciones frente al responsable, y que una futura reforma normativa en la materia las tuviera presente de forma más expresa. En concreto, pensamos que desde consideraciones *de lege ferenda*, sería deseable que la regulación de la acción declarativa (para subsumir las circunstancias en el presupuesto de hecho de la responsabilidad tras dar trámite de audiencia al supuesto responsable) tuviera presente, también en materia de prescripción, la naturaleza del fundamento (del porqué) del supuesto de responsabilidad tributaria concernida, mientras que, en cambio, la regulación de la acción ejecutiva (para exigir el pago al ya declarado responsable) tuviera presente, también en materia de prescripción, la función (el paraqué) de la responsabilidad tributaria.

4.1. DIES A QUO EN LA RESPONSABILIDAD SOLIDARIA

La norma que regula el *dies a quo* del plazo de prescripción de la *exigencia* de la obligación de pago a los responsables se encuentra en el artículo 67.2 de la LGT. Su tenor literal dice que "el plazo de prescripción *para exigir la obligación de pago* a los responsables solidarios comenzará a contarse desde el día siguiente a la finalización del plazo de pago en período voluntario del deudor principal" y que "no obstante, en el caso de que los hechos que constituyan el presupuesto de la responsabilidad se produzcan con posterioridad al plazo fijado en el párrafo anterior, dicho plazo de prescripción se iniciará a partir del momento en que tales hechos hubieran tenido lugar".

Como puede verse, este precepto establece el *dies a quo*, como regla general, en el día siguiente a la finalización del plazo de pago en período voluntario del deudor principal. Como regla especial, el *dies a quo* se fija en el momento en que tengan lugar los hechos constitutivos de la responsabilidad solo si se producen después del vencimiento del período voluntario de pago del deudor principal.

En la redacción anterior a la reforma introducida por la Ley 34/2015 (*Tol 5431731*), la regla especial fijaba el *dies a quo* en la fecha en la que tuvieran lugar los hechos constitutivos de la responsabilidad. La STS de 14 de octubre de 2022 (ES:TS:2022:3819) (*Tol 9274460*) concluyó que la redacción introducida por la Ley 34/2015 no fue meramente aclaratoria sino modificativa de una situación previa.

Interesa subrayar que si el artículo 67.2 de la LGT señala el *dies a quo* del plazo de prescripción *para exigir* la responsabilidad tributaria, su artículo 174 (que regula *la declaración* de responsabilidad) permite que sea *declarada* "en cualquier momento posterior a la práctica de la liquidación o a la presentación de la autoliquidación" y, cuando se trata de una responsabilidad solidaria, el 175 de la LGT (que regula el procedimiento para *exigirla*) admite la posibilidad de que haya sido "declarada y notificada al responsable en cualquier momento anterior al vencimiento del período voluntario de pago original de la deuda que se deriva". En este último caso (que la declaración de la responsabilidad tributaria haya tenido lugar antes de que venciera el período voluntario de pago original del deudor principal), el artículo 175 de la LGT dispone que "bastará [para exigírsela, se entiende] con requerirle el pago una vez transcurrido dicho período". A la vista de este artículo 175 de la LGT, pensamos que el artículo 67.5 de la LGT no se acomoda bien (ni en su letra ni en su espíritu) a la acción declarativa de responsabilidad.

En efecto, la literalidad de la norma (*exigir*, *obligación de pago*) y la doctrina de la *actio nata* abogan por limitar su mandato a la acción ejecutiva. Fijar el *dies a quo* del plazo de prescripción de la acción para *declarar* la responsabilidad tributaria en el día del vencimiento del período voluntario de pago [sin epítetos, o sea, no el *original*, sino el que resulte de las suspensiones o aplazamientos que haya podido obtener el deudor principal] cuando la propia LGT (art. 175) reconoce la posibilidad de que mucho antes de esa fecha se haya podido no ya solo declarar, sino también exigir, la deuda al responsable, resulta tan palmaria y manifiestamente contrario a las ideas de justicia que laten detrás de la doctrina de la *actio nata* que no pensamos que sea la lectura que haya de hacerse de la doctrina sentada por la sentencia del Tribunal Supremo de 15 de septiembre de 2023 (ES:TS:2023:3679) (*Tol 9712835*)[14].

De hecho, para determinados supuestos de responsabilidad, sostener una interpretación que permitiera fijar el *dies a quo* del plazo de prescripción al vencimiento de un período voluntario de pago que ha quedado suspendido o aplazado frente al deudor

---

14 En lo que aquí interesa, la doctrina interpretativa sentada en la sentencia dice textualmente lo siguiente: "El cómputo del plazo de prescripción para exigir la obligación de pago a los responsables solidarios debe situarse en el día siguiente a la finalización del plazo de pago en período voluntario del deudor principal. A los efectos de dicho computo, cuando la responsabilidad tributaria comporte la derivación de la liquidación y de la sanción, dicho plazo de pago en período voluntario es el que correspondía al deudor principal con relación a la liquidación".

principal, resultaría contrario, no ya solo a la doctrina de la *actio nata*, sino también al derecho a un proceso equitativo reconocido en el artículo 6 del CEDH (*Tol 55951*) —que incluye el derecho de toda persona a que *su* causa sea oída dentro de un plazo razonable—. Pensemos, por ejemplo, en el supuesto de responsabilidad solidaria tipificado en el artículo 42.1 a) de la LGT para el colaborador en una infracción tributaria. ¿Cómo se puede considerar justo, o razonable, o conforme a derecho, un sistema que admite que la Administración pueda dirigirse frente al supuesto "cómplice" en una infracción tributaria mucho más de cuatro años después de realizados los hechos ilícitos que se le reprochan, cuando para dirigirse frente a su *autor* la LGT solo ofrece un plazo de seis meses —de caducidad y no de prescripción— desde que se notifica el acuerdo de liquidación?

Entendemos así que la regla general del artículo 67.2 de la LGT para la prescripción de la responsabilidad solidaria se acomoda mejor, también en su literalidad, a la acción *ejecutiva* de reclamar o *exigir* el pago a quien ya se sabe que es responsable, que, a la acción previa, puramente declarativa, que permite concluir, tras el correspondiente trámite de audiencia, que las circunstancias concurrentes deben subsumirse en el presupuesto de una responsabilidad solidaria prevista en la ley. La acción *para declarar* la responsabilidad tributaria solidaria no tendría cabida en el artículo 67.2 de la LGT y, por ello, en aplicación de la doctrina general de la *actio nata* y teniendo en cuenta lo dispuesto por el artículo 175 de la LGT, el *dies a quo* de la prescripción para declararla debe situarse en el momento en que pueda ser declarada; sea anterior o posterior al vencimiento del período voluntario de pago (original o no) del deudor principal, sabiendo que, en todo caso, ha de ser posterior al de determinación del importe de la deuda (mediante liquidación o autoliquidación). Esta interpretación, como puede verse, haría ociosa la regla especial que para la responsabilidad solidaria contiene el artículo 67.2 de la LGT, según la cual "en el caso de que los hechos que constituyan el presupuesto de la responsabilidad se produzcan con posterioridad al plazo fijado en el párrafo anterior, dicho plazo de prescripción se iniciará a partir del momento en que tales hechos hubieran tenido lugar".

En cuanto al *dies a quo* para *exigir* una responsabilidad solidaria ya declarada (para el ejercicio de la acción ejecutiva frente al responsable), la regla contenida en el artículo 67.2 de la LGT lo sitúa, como hemos apuntado ya, en el momento del vencimiento del período voluntario de pago (sin epítetos) del deudor principal. Esta regla tampoco parece muy conforme a la doctrina de la *actio nata* cuando la propia LGT autoriza, en su artículo 175, que esa *exigencia* pueda tener lugar al vencimiento del período voluntario de pago *original*. Quizá se hace necesario insistir de nuevo en las distorsiones, inconsistencias y efectos contrarios a la racionalidad de un sistema tributario justo que pueden producirse por tratar de atajar abusos que se producen en el caso particular mediante normas que tienen proyección general. *De lege ferenda*, lo que parece razonable es que la acción para exigir a quien ya ha sido declarado responsable solidario solo pueda ejercitarse cuando el deudor principal está en situación de incumplimiento (esto es, vencido el período voluntario de pago —sin epítetos— que corresponde a este). Sería este momento en el que, con arreglo a la doctrina de la *actio nata*, debería situarse el *dies a quo* de la acción *para exigir* la deuda al responsable. O sea, la misma solución que provee el artículo 67.2 de la LGT si se suprimiera la posibilidad, introducida en el artículo 175 de la LGT por la Ley 11/2021, de que la exigencia tenga lugar antes de esa fecha al vencimiento del período voluntario de pago original.

En cualquier caso, si la declaración de responsabilidad solidaria se produjo después del vencimiento del período voluntario de pago del deudor principal, el *dies a quo* del plazo de prescripción para exigir el pago debería fijarse, con arreglo a la doctrina de la *actio nata*, en el vencimiento del período voluntario de pago del propio responsable. La regla especial del artículo 67.2 de la LGT no da respuesta a este caso.

4.2. DIES A QUO EN LA RESPONSABILIDAD SUBSIDIARIA

Tratándose de responsables subsidiarios, el artículo 67.5 de la LGT dispone que el plazo de prescripción comenzará a computarse desde la notificación de la última actuación recaudatoria practicada al deudor principal o a cualquiera de los responsables solidarios. Por su parte, el artículo 176 de la LGT condiciona el acto de declaración de responsabilidad a la declaración de fallido del deudor principal, y "en su caso" los responsables solidarios.

La interpretación de estas dos normas de forma coherente a la doctrina de la *actio nata*, y diferenciando entre la razón de ser de las dos diferentes acciones (declarativa y ejecutiva), debería llevar a establecer el *dies a quo* de la prescripción de la acción *para declarar* la responsabilidad subsidiaria en la declaración de fallido. Consideramos alineadas con esta interpretación las recientes sentencias del Tribunal Supremo de 7 de febrero y 8 de junio de 2022 (ES:TS:2022:492; ES:TS:2022:2273) (*Tol 8804162*) y (*Tol 9009872*)), en la que ya se afirmó que las actuaciones recaudatorias frente al deudor principal, una vez declarado fallido, no interrumpen el plazo de prescripción para dirigir la acción contra el responsable subsidiario.

Cabe plantear si, siendo la declaración de fallido un requisito de procedibilidad del ejercicio de la acción para declarar la responsabilidad subsidiaria, puede la Administración —a quien compete su emisión— retrasarla *sine die* una vez que conoce que el patrimonio del deudor principal es insuficiente para el pago de cualquiera de las deudas que tiene contraídas con la Administración.

La ley no contiene ninguna norma sobre el plazo en el que se debe dictar la declaración de fallido. El artículo 61.1 del RGR se limita así a señalar que "se considerarán fallidos aquellos obligados al pago respecto de los cuales se ignore la existencia de bienes o derechos embargables o realizables para el cobro del débito"; que "se considerará fallido por insolvencia parcial el deudor cuyo patrimonio embargable o realizable conocido tan solo alcance a cubrir una parte de la deuda"; y que "la declaración de fallido podrá referirse a la insolvencia total o parcial del deudor". En nuestra opinión, la declaración de fallido debería hacerse una vez que se puede hacer. En esta línea interpretamos el pronunciamiento de nuestro Tribunal Supremo, de 22 de diciembre de 2022 (ES:TS:2022:4927) (*Tol 9365220*), que declara que no es necesario ultimar todos los trámites del procedimiento ejecutivo respecto de todas y cada una de las deudas del deudor principal, para proceder a esa declaración; que la insolvencia del deudor puede ser constatada como resultado de las actuaciones ejecutivas o de comprobación realizadas con respecto a alguna de las deudas; y que una vez constatada suficientemente esta situación, la circunstancia de que el deudor no haya evacuado el requerimiento administrativo de información sobre sus bienes y derechos previsto en el artículo 162.1 de la LGT, no es óbice para la declaración de fallido.

Si la declaración de fallido puede dictarse cuando se conoce la insuficiencia del patrimonio del deudor principal para afrontar la totalidad del pago de las deudas, el *dies a quo* del plazo de prescripción *para declarar* la responsabilidad subsidiaria debería situarse en esa fecha pues repugna al orden jurídico que el inicio de un plazo de prescripción (pensado para proteger al deudor de reclamaciones intempestivas) pueda quedar en manos del acreedor[15].

Dicho todo esto, pensando en el derecho de defensa de aquel a quien se dirige el procedimiento de declaración de responsabilidad subsidiaria, no parece acertado que el ejercicio de la acción declarativa pueda demorarse de forma indefinida en el tiempo. Cuando la responsabilidad subsidiaria tiene naturaleza sancionadora (por ejemplo, en el caso del artículo 43.1 a) LGT, como señala la sentencia del Tribunal Supremo 2 de octubre de 2023, (ES:TS:2023:4094) (*Tol 9737714*), la compatibilidad de esa demora con los principios y derechos que deben regir los procedimientos sancionadores suscita alguna duda. En consideraciones *de lege ferenda*, quizá tendría más sentido anticipar el ejercicio de la acción declarativa de responsabilidad, cualquiera que sea su naturaleza, y establecer las garantías de prelación para los responsables subsidiarios (declaración de fallido y demás) respecto del ejercicio de la acción ejecutiva.

Dicho esto, en cuanto al *dies a quo* para exigir una responsabilidad subsidiaria ya declarada, no encontramos grandes obstáculos a que el artículo 67.5 de la LGT disponga la regla aplicable para la acción ejecutiva (que el plazo de prescripción comenzará a computarse desde la notificación de la última actuación recaudatoria practicada al deudor principal o a cualquiera de los responsables solidarios), pues parece una solución razonablemente coherente (i) con el principio de excusión que rige para la fianza

---

15 Algunas reflexiones adicionales sobre esta cuestión pueden encontrarse en Marín Benítez, G. Las amistades (nada) peligrosas. Libro IV. La declaración de fallido y la prescripción de la acción para declarar la responsabilidad subsidiaria - *FiscalBlog*. Recuperado el 21 abr. 2023.

subsidiaria en el orden civil, (ii) con la interpretación que debe hacerse de las causas de interrupción.

4.3. CAUSAS DE INTERRUPCIÓN

El artículo 68.8 de la LGT dispone que "interrumpido el plazo de prescripción para un obligado tributario, dicho efecto se extiende a todos los demás obligados, *incluidos los responsables*". El Tribunal Supremo ha interpretado que la mención a los responsables debe entenderse como aquellos que han sido ya declarados como tales; esto es, que la norma del artículo 68.8 de la LGT solo tiene eficacia respecto del plazo de prescripción de la acción ejecutiva, no de la declarativa —SSTS de 18 de julio de 2023 (ES:TS:2023:3309 y 3308) (*Tol 9657790*) y (*Tol 9658041*)) y de 15 de septiembre de 2023 (ES:TS:2023:3679) (*Tol 9712835*)—. En el caso concreto de la responsabilidad subsidiaria, se ha negado por la jurisprudencia que actuaciones ejecutivas posteriores a la declaración de fallido (momento en el que ya puede declararse la responsabilidad subsidiaria) puedan interrumpir la acción para declarar la responsabilidad [SSTS 7 de febrero de 2022 (ES:TS:2022:492) (*Tol 8804162*) y 8 de junio de 2022 (ES:TS:2022:2073)].

La interpretación jurisprudencial tiene su trasunto en la jurisprudencia civil. Recordemos así que, si bien el artículo 1974 del CC dispone que "la interrupción de la prescripción de acciones en las obligaciones solidarias aprovecha o perjudica por igual a todos los acreedores y deudores", la Sala Primera del Tribunal Supremo (SSTS, Sala 1.ª, de 18 de julio de 2011 y 20 de mayo de 2008) ha sostenido que este efecto interruptivo solo resulta aplicable a lo que denomina "solidaridad propia" —aquella en la que la obligación, el deber de dar o de hacer, surge directamente de la ley o de un contrato» y lo ha negado, en cambio, para la "solidaridad impropia", en la que ese deber de dar o de hacer surge de una declaración —que en el ámbito civil es de naturaleza judicial— de que el presupuesto previsto en una norma ha tenido lugar.

Esta jurisprudencia tiene pleno sentido sobre todo en casos de responsabilidad de naturaleza sancionadora, pues todos los procedimientos de esa naturaleza exigen el conocimiento del interesado para dotar de virtualidad a actuaciones interruptivas de la prescripción. Así, según el artículo 189.3 de la LGT, el plazo de prescripción para imponer la responsabilidad derivada de la comisión de una infracción tributaria se interrumpe, además de por las acciones administrativas conducentes a la regularización de la situación tributaria del obligado tributario, "por cualquier acción de la Administración tributaria realizada con conocimiento formal del interesado, conducente a la imposición de la imposición de la sanción tributaria", y por "la interposición de reclamaciones o recursos de cualquier clase, por la remisión del tanto de culpa a la jurisdicción penal, así como por las actuaciones realizadas con conocimiento formal del obligado tributario en el curso de esos procedimientos". Sin conocimiento formal del interesado, no cabe admitir la existencia de interrupción del plazo de prescripción para sancionar. También el artículo 30.2 de la LRJSP (*Tol 5494100*) también exige conocimiento del interesado para que los actos interruptivos de la prescripción de las infracciones puedan tener virtualidad: "Interrumpirá la prescripción la iniciación, con conocimiento del interesado, de un procedimiento administrativo de naturaleza sancionadora".

El artículo 68.8 de la LGT también dispone que "la suspensión del plazo de prescripción contenido en la letra b) del artículo 66 de esta Ley, por litigio, concurso u otras causas legales, respecto del deudor principal o de alguno de los responsables, causa el mismo efecto en relación con el resto de los sujetos solidariamente obligados al pago, ya sean otros responsables o el propio deudor principal, sin perjuicio de que puedan continuar frente a ellos las acciones de cobro que procedan". No se entiende la razón de ser de esta norma, que se aparta de la aplicable en el orden civil (art. 155.2 LC), y de la lógica jurídica en la medida en que se reconoce en la misma norma que el concurso del deudor principal no constituye óbice alguno *declarar* la responsabilidad o *exigir* la deuda al responsable. En cualquier caso, la referencia en la propia norma a la letra b) del artículo 66 permitiría postular por una restricción de su aplicación a la acción ejecutiva y no a la declarativa, como han entendido nuestra doctrina administrativa (RTEAC de 13 de diciembre de 2022, rec. 6421/2021) y nuestra jurisprudencia (STS de 15 de septiembre de 2023, (ES:TS:2023:3679) (*Tol 9712835*).

5. CONCURRENCIA DE OBLIGADOS TRIBUTARIOS Y RESPONSABILIDAD

La concurrencia de obligados tributarios para pagar una misma deuda también es origen de una problemática diversa y muy compleja.

5.1. LA SELECCIÓN DE LOS RESPONSABLES Y EL ORDEN DE PRELACIÓN ENTRE ELLOS

La concurrencia de una pluralidad de personas en la realización del mismo presupuesto de hecho de responsabilidad determina (ex art. 35.7 LGT) que todos ellos quedan solidariamente obligados frente a la Administración tributaria (sea como responsables solidarios o como subsidiarios). Bajo las normas civiles que rigen las obligaciones solidarias, la Administración podría dirigirse frente a cualquiera de ellos para exigirles el total de la deuda, pero cabe plantear si esa posibilidad existe realmente bajo los principios de buena administración y prohibición de la arbitrariedad que rigen el derecho administrativo; esto es, si la Administración tributaria no está en realidad obligada a dirigir su acción (primero declarativa) frente a todos. Y ello porque, aunque la obligación tributaria sea solidaria frente a la Administración, las relaciones que se establecen luego entre esos obligados que se encuentran en la misma posición no se rigen por las reglas de la solidaridad, sino por las de la mancomunidad (v. art. 1145 CC) que permiten al deudor que paga reclamar su parte al resto.

La posibilidad de elección administrativa resulta más reprobable, incluso, cuando los responsables no se encuentran en un plano de igualdad sino que existe un orden de prelación entre ellos, como parece evidente que es el caso entre responsables solidarios y subsidiarios a la luz de los artículos 41.5 y 176 de la LGT, que exigen la previa declaración de fallido, no solo del deudor principal, sino también de los responsables solidarios, para poder dictar el acto de declaración de la responsabilidad subsidiaria. En esta línea parece situarse la resolución del TEAC de 19 de enero de 2023 (rec. 5328/2020), que estima la reclamación interpuesta frente a una declaración de responsabilidad basada en el art. 43.1 g) de la LGT por entender que "los hechos en que se sustenta el acuerdo aquí impugnado tienen un encaje más que preciso en el supuesto establecido en el art. 42.1.c) de la LGT, por lo que la Administración *debía haber desplegado su actividad investigadora para constatar o, en su caso desechar, la existencia de dicha responsabilidad*; que siendo solidaria es, además, de preferente exigencia"[16].

En nuestra opinión, debe rechazarse la existencia de discrecionalidad administrativa en la selección de los obligados tributarios a los que derivar la acción administrativa, cuando son varios los que han realizado el presupuesto de hecho de la responsabilidad. En este sentido, aunque la norma prevista en el artículo 1852 del CC ["los fiadores, aunque sean solidarios, quedan libres de su obligación siempre que por algún hecho del acreedor no puedan quedar subrogados en los derechos, hipotecas o privilegios del mismo"] no tiene parangón en el ordenamiento tributario, las justificaciones subyacentes del precepto —evitar que una actuación o abstención del acreedor (privado) perjudique injustamente a un tercero (privado)— deberían hacer que su mandato resulte igualmente aplicable cuando es la falta de diligencia administrativa del acreedor tributario la que produce el daño, sea a resultas del principio de buena administración, sea como resultante del *turpitudinem propriam*. No es esta, sin embargo, la posición que a día de hoy parece haber adoptado nuestra jurisprudencia pues la sentencia del Tribunal Supremo de 24 de abril de 2024 (rec. cas. 9119/2022), tras negar que "la Administración pueda optar por no dirigirse contra determinados obligados tributarios, pues si entiende que los hay y que lo son debe declararlos como tales", sostiene (i) que el mero hecho de que el expediente aparezcan identificados posible responsables solidarios ello

16 La cuestión ha llegado al Tribunal Supremo [ATS 5 de julio de 2023, (ES:TS:2023:9294A) (*Tol 9638468*)]. Entre las cuestiones de interés casacional que se identifican se encuentra la de si "el artículo 176 de la Ley General Tributaria otorga libertad a la Administración tributaria para elegir a quién derivar la responsabilidad; o si, por el contrario, la acción recaudatoria debe dirigirse, en primer lugar, a los responsables solidarios y, solo descartados estos, a los responsables subsidiarios".

implique automáticamente que lo sean, ni que la Administración deba por tanto declararlos como tales; (ii) que ningún precepto de la Ley General Tributaria "prevé que no se pueda declarar la responsabilidad tributaria sin antes agotar los supuestos de responsabilidad solidaria y declarar la responsabilidad de todos los que puedan serlo en esta condición"; y (iii) que corresponde a la Administración tributaria declarar la responsabilidad tributaria "sin que pueda quedar condicionada o limitada en el ejercicio de dicha función por la valoración que puedan realizar otros posibles responsables, sin perjuicio de la ulterior revisión jurisdiccional, en su caso, de tal declaración".

5.2. LA SEPARACIÓN E INDEPENDENCIA DE PROCEDIMIENTOS Y LA FALTA DE TRANSPARENCIA INFORMATIVA

Buena parte de la problemática que plantea la responsabilidad tributaria trae causa de la existencia de tantos procedimientos de derivación de responsabilidad como obligados tributarios haya. Se trata de procedimientos absolutamente independientes y separados, sin que ni siquiera se ponga en conocimiento de los interesados la existencia de otros llamados a responder de la misma deuda. Esta situación dificulta a los obligados tributarios tanto el ejercicio de los derechos que el ordenamiento les reconoce, como el cumplimiento de sus obligaciones.

Cuando los obligados tributarios concurren en el mismo supuesto de responsabilidad, el desconocimiento del resto de obligados tributarios genera un riesgo no menor de quiebra del principio de igualdad cuando las pruebas que aporta uno de los llamados a responder para acreditar la inexistencia del supuesto de responsabilidad no son tenidas en cuenta para el resto.

Esta quiebra del principio de igualdad puede llevar aparejada una vulneración del derecho a la tutela cautelar cuando quien ve estimadas sus pretensiones es el responsable que pagó (extinguiendo para todos) la deuda tributaria. Un responsable al que se le archiva su solicitud de suspensión por haber quedado extinguida la deuda con el pago de otro responsable, debería tener la posibilidad no ya de pagar en período voluntario de pago la deuda que, de estimarse el recurso de ese otro responsable, vuelve de nuevo a la vida, sino también la posibilidad de solicitar su suspensión. Si su recurso se encuentra en casación cuando se produce esa resurrección de la deuda, esa posibilidad se ve muy dificultada en la práctica.

También dificulta, cuando no imposibilita, la revisión de la liquidación de intereses practicada por la Administración cuando son varios obligados tributarios los que pagan la deuda y los intereses se liquidan solo a uno de ellos, teniendo en cuenta los pagos realizados por todos.

La falta de conocimiento sobre el resto de llamados a pagar la misma deuda, también **entorpece el ejercicio del derecho de reembolso** por quien pagó la deuda frente al resto de responsables.

Por último, la independencia de procedimientos imposibilita el **derecho a la individualización de la pena**, cuando se trata de responsabilidad de naturaleza sancionadora.

5.3. LA INEFICIENCIA EN LOS PROCEDIMIENTOS DE SUSPENSIÓN Y APLAZAMIENTO

Como hemos señalado, la relación entre el responsable y el deudor principal debería ser siempre de accesoriedad, incluso en la responsabilidad solidaria, pues dada la función de garantía que constituye la razón de ser de la responsabilidad tributaria, el beneficio de orden debería ser característico de ella y aplicarse en todo caso. Pensamos que el reconocimiento a esta nota de accesoriedad es lo que subyace en la doctrina interpretativa que sienta la sentencia del Tribunal Supremo de 25 de noviembre de 2022 (ES:TS:2022:4382) (*Tol 9310372*) en el sentido de que la garantía ofrecida por el deudor principal beneficia a los responsables, aunque si la garantía no es suficiente deben completarla. Y es que no parece conciliable con la eficiencia (entendida en sentido paretiano) exigir a los responsables garantizar la totalidad de la deuda, cuando esa deuda ya se encuentra garantizada por quien primordialmente está llamado al pago.

El pago de la deuda por cualquiera de los llamados a responder de ella, la extingue para todos. Cuando el pago no es total sino parcial, el desconocimiento de que ese pago se ha producido puede dificultar el ejercicio por los restantes obligados tributarios de su derecho a la tutela cautelar, si el patrimonio que pueden aportar como garantía para la suspensión es insuficiente para cubrir la totalidad de la cantidad a garantizar con la deuda inicial, pero no para cubrir la cantidad que corresponde a la deuda viva después del pago. La falta de conocimiento del responsable de los avatares de procedimientos seguidos frente al resto, y en los que tiene intereses más que legítimos, puede llevarle a pensar que no tienen la posibilidad de acceder a la suspensión de la deuda más que por la vía de la dispensa parcial de garantías, que exige evidenciar unos perjuicios de difícil o imposible reparación de muy difícil, o cuando no imposible, acreditación si el solicitante de la medida cautelar es una persona física.

En cuanto a las relaciones entre los distintos responsables en los procedimientos de aplazamiento o suspensión, el artículo 124 del RGR dispone que "las solicitudes de aplazamiento o fraccionamiento de deudas o las solicitudes de suspensión del procedimiento de recaudación efectuadas por un responsable no afectarán al procedimiento de recaudación iniciado frente a los demás responsables de las deudas a las que se refieran dichas solicitudes". En aplicación de esta norma, la Administración había entendido que, pese a ser la deuda a pagar una, la diversidad de procedimientos de derivación de responsabilidad autorizaba para exigir tantos recargos de apremio como responsables hubiera, con un efecto de multiplicación exponencial del crédito público sin sentido. Frente a esta práctica la jurisprudencia del Tribunal Supremo ha sostenido que la Administración no tiene derecho a exigir a cada uno de los responsables del artículo 42.2 a) de la LGT el recargo de apremio ordinario cuando este recargo ha sido satisfecho por uno de ellos [STS 10 de diciembre de 2020 (ES:TS:2020:4312) (*Tol 8249312*)] o que el aplazamiento o la suspensión solicitado en período voluntario por uno de los responsables excluye la posibilidad de girar recargo de apremio a los restantes [STS 14 de octubre de 2020 (ES:TS:2020:3302) (*Tol 8148362*)].

6. ALGUNA REFLEXIÓN FINAL

El repaso que hemos realizado en las líneas precedentes a la problemática común que presenta la figura de la responsabilidad tributaria, sin entrar, por tanto, la específica que suscitan muchos de los concretos supuestos de responsabilidad tipificados por la legislación tributaria, lleva a concluir en la conveniencia de una reforma legislativa en la materia.

En particular, pensamos que la práctica forense ha puesto de manifiesto la necesidad regular de forma diferenciada el tratamiento de las dos acciones que la Administración puede dirigir frente al responsable. Pensamos que esa regulación sería más equilibrada y justa si la regulación de la acción declarativa tuviera en cuenta la naturaleza de la responsabilidad (su porqué) y la de la acción ejecutiva su función (su paraqué). Y quizá sería aconsejable repensar si los requisitos de procedimientos que la ley establece para poder dirigir la acción frente a los responsables subsidiarios deberían circunscribirse al ejercicio de esta última (la ejecutiva), evitando que el procedimiento de declaración de responsabilidad tributaria pueda demorarse años en el tiempo.

También pensamos que sería conveniente regular la concurrencia de diferentes obligados en el pago de la deuda tributaria para posibilitar y facilitar a cada uno de ellos los derechos que el ordenamiento les concede.

7. REFERENCIAS BIBLIOGRÁFICAS

Arias Abellán, M. D. (2004). "El régimen jurídico del responsable en la nueva Ley General Tributaria", *Revista Española de Derecho Financiero Cívitas*, (123).

Calvo Ortega, R. (2015). *Curso de Derecho financiero. I. Derecho tributario. Parte general y parte especial*, Aranzadi.

García Novoa ha abogado por una regulación de la participación en la comisión de la infracción como tal. C. García Novoa (2022). "Anomalías de la responsabilidad tributaria", *Taxlandia*.

Marín Benítez, G. (2016). "La sucesión de empresa y la subrogación del sucesor en la relación jurídico-tributaria del anterior empresario". *Revista Contabilidad y Tributación. CEF*, (401-402).

Pérez Royo, F. (2013). *Curso de Derecho tributario. Parte general*, Aranzadi.

Rodríguez Márquez, J. (21 enero 2021). "La transformación sustantiva de la figura del responsable solidario en el Proyecto de Ley de medidas de prevención y lucha contra el fraude fiscal", *Taxlandia*.

LOS SUCESORES DE LA DEUDA TRIBUTARIA*

César Martínez Sánchez
Profesor Titular de Derecho Financiero y Tributario
Universidad Autónoma de Madrid

* Este trabajo es resultado del proyecto de investigación "Retos de la Hacienda local ante la transición ecológica y la aplicación de las nuevas reglas fiscales" (PID2023-147345NB-I00 B), otorgado por la Agencia Estatal de Investigación y financiado por el Ministerio de Ciencia, Innovación y Universidades y por el Fondo Social Europeo Plus.

1. INTRODUCCIÓN: LA SUCESIÓN EN EL DERECHO TRIBUTARIO[1]

Uno de mis primeros trabajos académicos, que mi compañero entonces de doctorado Domingo Jiménez-Valladolid generosamente compartió conmigo[2], fue una primera aproximación al fenómeno jurídico de la sucesión tributaria, con una especial atención a los supuestos de cesión global de activo y pasivo. Este trabajo se incluyó en el Tratado sobre la LGT que homenajeó al profesor Rodríguez Bereijo. Tal y como la ocasión merecía, el capítulo comenzaba con una cita del homenajeado[3], quien puso de relieve, hace ya prácticamente sesenta años, que la sucesión en materia tributaria «será siempre idéntica, en el plano conceptual, abstracto, a la sucesión en Derecho privado», aclarando, no obstante, «que no significa que neguemos la existencia de un fenómeno sucesorio autónomo, sino que los institutos jurídicos, en lo que tienen de "supraconceptos", se

---

1 Abreviaturas utilizadas: art.(s): artículo(s); CC: Código Civil; dir.: director; ECLI: *European Case Law Identifier*; FD: fundamento de derecho; FJ: fundamento jurídico; *Ibid.*: *ibidem*; ICIO: Impuesto sobre Construcciones, Instalaciones y Obras; LECiv: Ley 1/2000, de 7 de enero, de Enjuiciamiento Civil (*Tol 172336*); LFund: Ley 50/2002, de 26 de diciembre, de Fundaciones (*Tol 224721*); LGS: Ley 38/2003, de 17 de noviembre, General de Subvenciones (*Tol 318687*); LGT: Ley 58/2003, de 17 de diciembre, General Tributaria (*Tol 327278*); LIRPF: Ley 35/2006, de 28 de noviembre, del Impuesto sobre la Renta de las Personas Físicas y de modificación parcial de las leyes de los Impuestos sobre Sociedades, sobre la Renta de no Residentes y sobre el Patrimonio (*Tol 1009222*); LISD: Ley 29/1987, de 18 de diciembre, del Impuesto sobre Sucesiones y Donaciones (*Tol 224744*); LSC: Real Decreto Legislativo 1/2010, de 2 de julio, por el que se aprueba el texto refundido de la Ley de Sociedades de Capital (*Tol 1880028*); nº.: número; *op.cit.*: *opere citato*; pág.(s): página(s); rec.: recurso; ss.: siguientes; RGR: Real Decreto 939/2005, de 29 de julio, por el que se aprueba el Reglamento General de Recaudación (*Tol 675844*); STS: Sentencia del Tribunal Supremo; TJUE: Tribunal de Justicia de la Unión Europea; TRLHL: Real Decreto Legislativo 2/2004, de 5 de marzo, por el que se aprueba el texto refundido de la Ley Reguladora de las Haciendas Locales (*Tol 346505*); *vid.*: *vide*.

2 Jiménez-Valladolid de L'Hotellerie-Fallois, D. J.; y Martínez Sánchez, C. (2010), en Arrieta Martínez de Pisón, J.; Collado Yurrita, M. A. y Zornoza Pérez, J. (dirs.), *Tratado sobre la Ley General Tributaria: homenaje a Álvaro Rodríguez Bereijo*, Tomo I, Thomson Reuters Aranzadi, Cizur Menor, pp. 895-916.

3 No en vano, con el objeto de fijar las diferencias entre responsabilidad tributaria, sustitución tributaria y sucesión en la obligación tributaria y trazar los caracteres del mecanismo de la transmisión de las deudas tributarias (según sus propias palabras), llevó a cabo su tesis doctoral el profesor Rodríguez Bereijo bajo el título "*La Successione nell'obbligazione tributaria*", *vid.* Rodríguez Bereijo, A. (1982). "Artículo 72", en Amorós Rica, N. (dir.), *Comentarios a las Leyes Tributarias y Financieras*, Tomo I, Ley General Tributaria, Artículos 1 a 89, Editorial de Derecho Financiero/ Editoriales de Derecho Reunidas, p. 639.

mantienen sustancialmente inalterados cuando son trasplantados de una a otra rama del Derecho»[4].

Al igual que entonces, aprovechando esta oportunidad que se me brinda para reflexionar acerca de la sucesión en las obligaciones tributarias con ocasión del vigésimo aniversario de la promulgación de la LGT, entiendo que se ha de acudir al Derecho Civil para hallar cuál es la definición técnica del concepto en cuestión. En este sentido, la doctrina civilista ha sostenido que la sucesión «supone subentrar una persona en el puesto de otra, en una relación jurídica que, no obstante tal transmisión, sigue siendo la misma»[5]. Por tanto, en apretada síntesis, cabe afirmar que dos son los elementos característicos de la sucesión: i) la modificación subjetiva (el causahabiente se coloca en el lugar del causante, el cual desaparece); y ii) la permanencia de la anterior relación jurídica o, lo que es lo mismo, que no exista una novación.

Por su parte, la LGT dedica su Capítulo II del Título II a la regulación de los obligados tributarios. Entre los anteriores, la sección segunda (arts. 39 y 40) se encarga del tratamiento autónomo de la figura del sucesor. En el momento de aprobación de la actual LGT, la doctrina se felicitó tanto por la nueva ubicación de la figura del sucesor (el antiguo art. 89 se encontraba en el capítulo relativo a las infracciones y sanciones tributarias), cuanto por la elevación del rango normativo de las disposiciones que anteriormente se encontraban en normas de carácter reglamentario (especialmente lo que se refiere al art. 15 del antiguo Reglamento General de Recaudación)[6]. Sin embargo, como se verá a continuación, a lo largo de estas dos décadas de aplicación se ha puesto de manifiesto que la regulación de esta cuestión presenta aspectos claramente mejorables.

En particular, en esta contribución se va a ofrecer en primer lugar una somera precisión conceptual, en la que se delimitará la figura del sucesor frente a los otros tres principales obligados tributarios: el contribuyente, el sustituto del contribuyente y el responsable. A continuación, siguiendo la sistemática de la propia LGT en sus artículos 39 y 40, se expondrá la sucesión de las personas físicas y, a continuación, la de las personas jurídicas, distinguiendo aquellos casos en los que las sociedades se encuentren o no liquidadas. El trabajo culminará con unas conclusiones que condensen lo esencial de esta aportación.

---

4 Rodríguez Bereijo, A. (1965). "La sucesión en las relaciones tributarias", *Revista de Derecho Financiero y Hacienda Pública*, (57), p. 24.

5 Lacruz Berdejo, J. L; Sancho Rebullida, F. A.; Luna Serrano, A.; Delgado Echeverría, J.; Rivero Hernández, F.; Rams Albesa, J. (2007). *Elementos de Derecho Civil V. Sucesiones*, tercera edición, Dykinson, p. 1.

6 *Vid. inter alia* Calvo Ortega, R. (2009). "Capítulo III Obligados tributarios", en Calvo Ortega, R. (dir.), *Comentarios a la Ley General Tributaria*, segunda edición, Civitas/Thomson Reuters, p. 158.

Se trata de una materia notablemente compleja, sobre la que se ha escrito mucho. En particular, la gran dificultad para abordar la sucesión de las deudas tributarias tiene que ver con el constante reenvío que el Derecho Tributario ha de realizar al Derecho Civil, que en España es especialmente complicado a causa de las peculiaridades forales, y al Derecho Mercantil, en particular al Derecho Concursal, cuya regulación cambia de continuo. Con todo, puesto que en tan breve espacio no se puede ser exhaustivo, trataré al menos de ser claro y sistemático.

2. UNA DELIMITACIÓN CONCEPTUAL: EL SUCESOR FRENTE A OTROS OBLIGADOS TRIBUTARIOS

2.1. EL SUCESOR FRENTE AL CONTRIBUYENTE

Toda vez que en el pasado no ha sido infrecuente la confusión entre el sucesor y otras figuras afines, es necesario realizar una previa delimitación conceptual, que refleja las categorías existentes en la LGT, sobre la que se construirá el resto del trabajo.

En primer lugar, comenzando por lo más evidente, se han de distinguir la figura del contribuyente de la del sucesor. El contribuyente, tal y como se afirma en el art. 36.2 LGT, es el «sujeto pasivo que realiza el hecho imponible», mientras que el sucesor, a pesar de asumir la deuda tributaria del contribuyente, nunca será quien realice el hecho imponible. La coexistencia de contribuyente y sucesor es lógicamente imposible, ya que se requiere la desaparición de aquel para que pueda aparecer este. Así, se ha afirmado que el causante se encontraba obligado de un «modo originario», en tanto que el heredero lo es de un «modo derivativo»[7].

La posibilidad de que el sucesor se convierta en obligado tributario sin que haya realizado el hecho imponible y, por tanto, sin que haya llevado a cabo un hecho revelador de riqueza, ha generado algunas dudas respecto de su encaje con el principio de capacidad económica que se consagra en el art. 31 CE[8].

Ahora bien, a mi juicio hay que tener en cuenta que la capacidad económica se ha de apreciar en el momento en que nace la obligación tributaria, esto es, en vida del causante. En ese instante no parece que *a priori* pueda aducirse ninguna tacha de inconstitucionalidad.

Una vez que la obligación tributaria ya ha nacido y el contribuyente fallece, el sucesor pasa a estar obligado frente a la Hacienda, no ya por llevar a cabo un hecho revelador de riqueza, como sería propio del Derecho Tributario, cuanto por constituirse en suce-

---

7 Rodríguez Bereijo, A. (1965). "La sucesión...", *op. cit.*, p. 29.

8 *Vid.* González Sánchez, M. (1993). *La sucesión en la deuda tributaria*, Aranzadi, pp. 57 y ss.

sor del causante, conforme a las normas de Derecho Civil, y, por tanto, por subentrar en su puesto y, en su caso, asumir todas las deudas pendientes (entre ellas, también, las deudas tributarias)[9]. Aquí es donde, sin duda, demuestra todo su potencial la distinción entre encontrarse obligado de modo originario (contribuyente) o de modo derivativo (sucesor), puesto que es el primero y no el segundo el que ha de revelar capacidad económica para que nazca la obligación tributaria. En este sentido entiendo que se ha de interpretar el art. 39.1 LGT, cuando afirma que las obligaciones tributarias pendientes se transmitirán a los herederos «sin perjuicio de lo que establece la legislación civil en cuanto a la adquisición de la herencia». Así, entre otras consecuencias relevantes, la prevalencia de la relación privada causante-causahabiente permitirá, como se verá más adelante, que este último haga uso del beneficio de inventario (arts. 1010 y ss. CC) para limitar el alcance de las deudas tributarias heredadas[10].

2.2. EL SUCESOR FRENTE AL SUSTITUTO

Asimismo, son claramente distintas las figuras del sucesor y del sustituto. Tal y como se establece en el art. 36.3 LGT, es sustituto «el sujeto pasivo que, por imposición de la ley y en lugar del contribuyente, está obligado a cumplir la obligación principal, así como las obligaciones formales inherentes a la misma».

En este caso, existe también un desplazamiento del contribuyente, ya que el sustituto está obligado a cumplir la obligación tributaria «en lugar del» sustituido. El desplazamiento es de tal naturaleza que el sustituto ha de atender tanto las obligaciones materiales como las formales, de suerte que, como ha señalado el Tribunal Supremo en relación al ICIO, «la Administración tributaria carece de la facultad de elegir si exige la deuda o comprueba o investiga al contribuyente o al sustituto, aunque el primero haya cumplido alguna de las obligaciones que pesan sobre el segundo»[11].

Ahora bien, la principal diferencia que existe entre el fenómeno de la sucesión y el de la sustitución reside en el hecho de que el sustituido, a diferencia de lo que ocurría con el causante, no desaparece sino que coexiste, lo cual, como es lógico, acarrea notables consecuencias jurídicas. Buena prueba de ello es que en el mismo precepto citado se establece que el sustituto «podrá exigir del contribuyente el importe de las obligaciones tributarias satisfechas», potestad que, desde luego, es de imposible cumplimiento en el

---

9 En este sentido, se ha afirmado que «[e]l heredero no debe porque ha realizado un hecho imponible, sino porque ha sucedido en todo al causante: también en las eventuales obligaciones tributarias que existieran a la muerte del causante», Cortés, M. (1985). *Ordenamiento tributario español*, Vol. I, cuarta edición, Civitas, p. 368.

10 *Vid.* Calvo Ortega, R. (2009). "Capítulo III Obligados tributarios", *op. cit.*, pp. 159-160.

11 STS de 19 de noviembre de 2020, ECLI:ES:TS:2020:3955 (*Tol 8227366*).

caso del sucesor[12]. Esta potestad, a juicio del TC, es la que justifica la constitucionalidad de esta peculiar figura. Así, en el caso de que no existiera este derecho de reembolso, el sustituto se convertiría en realidad en «el único llamado a contribuir en el marco de esa relación jurídica tributaria», lo cual solo podría ser admisible si es quien efectivamente realiza el hecho imponible del tributo en cuestión (por tanto, ya no debería ser calificado como sustituto sino como contribuyente)[13].

Como se puede apreciar, en el caso del sustituto únicamente existe un desplazamiento "temporal" *ope legis* del contribuyente, con una evidente intención de facilitar la gestión y el cobro de la deuda tributaria[14]. Satisfecha la misma, el desplazamiento que se ha operado en el ámbito tributario da lugar a un derecho de crédito por el importe de la deuda tributaria que se ha pagado. Esta acción de regreso viene a significar que las relaciones entre el sustituto y el sustituido pasan a convertirse en las propias del acreedor y el deudor. Por el contrario, en el ámbito de la sucesión, el desplazamiento tiene un carácter "permanente" en tanto que el sucesor viene a situarse en el lugar de un sujeto que ya no existe y, en consecuencia, ninguna acción resarcitoria podrá entablarse entre causante y sucesor.

2.3. EL SUCESOR FRENTE AL RESPONSABLE. ESPECIAL CONSIDERACIÓN DE LA SUCESIÓN EN LA TITULARIDAD O EJERCICIO DE EXPLOTACIONES ECONÓMICAS

Asimismo, no cabe confundir al sustituto tributario con el responsable quien, subsidiaria o solidariamente, responderá de las deudas que no hayan sido satisfechas por el contribuyente (arts. 41-43 LGT). En el caso de la responsabilidad, a diferencia de lo que hemos visto anteriormente, se produce una ampliación, y no una sustitución o sucesión en sentido técnico, del círculo de los sujetos pasivos de la relación tributaria[15]. En este sentido, es bastante elocuente la diferencia entre las expresiones que aparecen en la norma: colocarse *junto a* (en el caso de la responsabilidad) o *en lugar de* (en el caso de la sucesión).

---

12 También se ha sostenido que «[s]ucesor y sustituto se diferencian además por la situación jurídica subjetiva, cada una nace de supuestos de hecho diferentes, aunque estén relacionados en alguna medida con el hecho imponible, pues mientras el sustituto aparece vinculado al pago por hechos que guardan una relación directa con el hecho imponible y son coetáneos a él, el sucesor aparece vinculado por un supuesto de hecho posterior al hecho imponible y con el que no presenta otra conexión que el cambio de titularidad por la desaparición del titular anterior», González Sánchez, M. (1993). *La sucesión..., op. cit.*, p. 30.

13 *Vid.* STC 94/2017, FJ 7º (ECLI:ES:TC:2017:94) (*Tol 6319350*).

14 *Vid.* ATC 456/2007, FJ 7º (ECLI:ES:TC:2007:456A).

15 *Vid.* Rodríguez Bereijo, A. (1982). "Artículo 72", *op. cit.*, p. 640.

En los supuestos de responsabilidad, al igual que sucede en los casos de sustitución, la Ley (art. 41.6 LGT) prescribe que los responsables, en tanto que han satisfecho una deuda ajena, tendrán derecho a exigir, conforme a la normativa civil[16], el reembolso de las cantidades satisfechas a los deudores principales.

Por la confusión que se ha generado durante años[17], cumple referirse de forma particular a los supuestos de sucesión en la titularidad o ejercicio de explotaciones económicas que se contienen en el art. 42.1.c) LGT. La actual regulación determina que se trata de un supuesto de responsabilidad solidaria y no de sucesión *strictu sensu*, tanto es así que el último inciso del precepto excluye expresamente de la aplicación del mismo a aquellos nuevos titulares que lo sean en virtud de sucesión por causa de muerte, a los que remite a lo dispuesto en el art. 39 LGT. De hecho, si nos hallásemos ante un caso estricto de sucesión, tanto de personas físicas como jurídicas, calificar al sucesor como responsable sería una redundancia inútil.

En particular, en el citado precepto se hace alusión a tres circunstancias distintas que pueden dar lugar al nacimiento de la responsabilidad tributaria. En primer lugar, se menciona una continuación en la actividad «por cualquier concepto», lo que pretende englobar todos aquellos negocios jurídicos que no supongan estrictamente una sucesión de la persona jurídica que era la anterior titular de la explotación económica ya que, como se acaba de decir, si se tratase de un sucesor no tendría sentido calificarlo como responsable[18].

En segundo lugar, siguiendo la exposición realizada por el TEAC y posteriormente asumida por el TS, se encuentra la sucesión en el ejercicio de la actividad económica que puede llamarse "de facto", y consiste en que «una empresa, aparentemente, cesa en

---

16 Esta remisión al Derecho Civil, en lugar de la articulación de «un cauce específico que agilice la legítima reparación del patrimonio del responsable» es criticada en Navarro Egea, M. (2006). *El responsable tributario*, Iustel, p. 73.

17 La confusión traía causa de la dicción del antiguo art. 72.1 de la Ley 230/1963, General Tributaria (*Tol 221160*), en el que se establecía que «[l]as deudas y responsabilidades tributarias derivadas del ejercicio de explotaciones y actividades económicas por personas físicas, Sociedades y Entidades Jurídicas serán exigibles a quienes les sucedan por cualquier concepto en la respectiva titularidad, sin perjuicio de lo que para la herencia aceptada a beneficio de inventario establece el Código civil». Un resumen de las críticas que la doctrina científica realizó acerca de este precepto puede consultarse en Ruibal Pereira, L. (2005), "La nueva regulación de la sucesión en la titularidad o ejercicio de explotaciones o actividades económicas como supuesto de responsabilidad tributaria", en Fernández Junquera, M. *et alia*, *Estudios de Derecho Financiero y Tributario en homenaje al Profesor Calvo Ortega*, Tomo I, Lex Nova, pp. . 460 y ss.

18 Así, resulta muy criticable que se siga afirmando que en este primer grupo de casos existe «una auténtica sucesión jurídica» como, por ejemplo, se hace en la Resolución del TEAC de 17 de febrero de 2022, FD 3º (nº. 00/00620/2019/00/00) (*Tol 8882312*)

su actividad, pero en verdad la continúa bajo una apariencia distinta, utilizando buena parte de los elementos personales y materiales de la anterior, y amparándose en la aparente falta de título jurídico de transmisión para eludir la asunción de responsabilidades tributarias imputables a la desaparecida»[19].

En relación con esta continuación fáctica de la actividad económica, el Tribunal Supremo ya había afirmado que la determinación de la existencia o inexistencia de sucesión «es una cuestión de hecho que requiere una individualización concreta en cada caso, por lo que habrá que acudirse para su determinación a los datos obrantes en el expediente y a los consignados en el propio acto de derivación habida cuenta de que su contenido goza de la presunción de acierto y validez»[20].

En particular, en lo que se refiere a la acreditación de la situación de hecho determinante de la responsabilidad solidaria, destaca la relevancia de la prueba de presunciones y, entre otros hechos relevantes que atestiguan la existencia de continuidad en la explotación económica, pueden tenerse en cuenta los siguientes: «similitud en los objetos sociales de la actividad; epígrafe de tributación en el Impuesto sobre Actividades Económicas, y domicilio de la actividad, transmisión de materias primas, existencias, elementos de inmovilizado y fondo de comercio de la sucedida a la sucesora, continuidad en las relaciones con clientes y proveedores de la sucedida por la sucesora y traspaso de los trabajadores de la sucedida a la reclamante», precisando a continuación el Alto Tribunal que «la apreciación y valoración de la prueba debe ser algo integral y de conjunto y ponderarse con arreglo a las reglas de la sana crítica»[21].

Por último, la tercera forma en la que la continuación en la actividad económica podría producirse, y dar lugar a la correspondiente responsabilidad solidaria en materia tributaria, tendría lugar en aquellos supuestos en los que una empresa adquiere elementos aislados de la sociedad deudora y, gracias a ello, aun sin transmisión jurídica de la titularidad, puede proseguir la explotación o actividad de la empresa desaparecida.

Como se puede apreciar, en estos supuestos no existe una sustitución del sujeto pasivo, que es muy posible que subsista, sino que se extiende la responsabilidad de las deudas contraídas por el anterior titular a aquella persona física o jurídica que pasa a hacerse con el control de la explotación económica. En esta ocasión, como ya hiciera el art. 13.3 del antiguo Reglamento General de Recaudación[22], el legislador ha optado

19 STS de 28 de abril de 2014, FJ 8º, ECLI:ES:TS:2014:1656 (*Tol 4264208*).

20 STS de 21 de enero de 2011, FJ 8º, ECLI:ES:TS:2011:416 (*Tol 2044917*).

21 *Ibid*., FJ 9º.

22 Real Decreto 1684/1990, de 20 de diciembre, por el que se aprueba el Reglamento General de Recaudación (*Tol 224748*). No obstante, la calificación como solidaria de la responsabilidad establecida en este precepto reglamentario fue declarada nula por el Tribunal Supremo, quien

por establecer la solidaridad de la responsabilidad del nuevo titular de la explotación económica, aspecto que ha sido criticado por buena parte de la doctrina[23].

No obstante, el rigor de este precepto se ve aminorado por el derecho que asiste al adquirente, conforme a lo dispuesto en el art. 175.2 LGT, en virtud del cual podrá solicitar a la Administración tributaria, con carácter previo a la adquisición de la explotación económica en cuestión, una certificación detallada de las deudas, sanciones y responsabilidades tributarias derivadas de su ejercicio. La importancia de esta certificación es notable toda vez que la responsabilidad solidaria del nuevo titular se limitará a lo contenido en la misma. Igualmente, en la propia LGT, con el objeto de facilitar la liquidación de las empresas en estos supuestos, se establece expresamente que esta responsabilidad solidaria no será aplicable a los adquirentes de explotaciones o actividades económicas pertenecientes a un deudor concursado cuando la adquisición tenga lugar en un procedimiento concursal.

En cualquier caso, a lo que a estos efectos importa, ha de concluirse que la expresión "sucesión" en la explotación económica del art. 42.1.c) LGT se ha de entender en su sentido genérico y no en un sentido jurídico-técnico y, en consecuencia, el nuevo titular será obligado tributario bajo la especie de responsable solidario y no bajo la de sucesor, con las consecuencias jurídicas que ya se han apuntado.

En definitiva, este supuesto de responsabilidad solidaria tiene una inequívoca finalidad antielusiva[24], en el sentido de que pretende abarcar todas aquellas situaciones en las que, a pesar de que estrictamente no exista una sucesión entre personas jurídicas, sí existe una continuación en la realización de la explotación económica.

3. LA SUCESIÓN DE LAS OBLIGACIONES TRIBUTARIAS PENDIENTES

3.1. LA SUCESIÓN *MORTIS CAUSA* DE PERSONAS FÍSICAS

Como ya se ha señalado, y se confirmará detalladamente a continuación, la sucesión *mortis causa* de las obligaciones tributarias pendientes de las personas físicas se rige por lo dispuesto en el ámbito civil para las deudas hereditarias. En este sentido, la mayoría

---

fijó que debía entenderse que se trataba, siguiendo el criterio general, de una responsabilidad subsidiaria (STS de 15 de julio de 2000, rec. nº. 2971/1995 (*Tol 1701111*)).

23 Entre otros, así lo ha hecho Ruibal Pereira, L. (2005). "La nueva regulación...", *op.cit.*, pp. 469 y ss.

24 En este sentido, *vid.* Calvo Vérgez, J. (2012). "La responsabilidad tributaria solidaria derivada de la sucesión en la titularidad o ejercicio de explotaciones o actividades económicas", *Crónica Tributaria*, (143), p. 34.

de las dudas que se susciten en el ámbito tributarios necesitarán, para su correcta resolución, de un previo estudio de la cuestión desde el punto de vista del Derecho de Sucesiones. Tanto es así que, en este ámbito, el Tribunal Supremo ha afirmado que «es el Derecho Tributario que debe interpretarse conforme al Derecho Civil y no viceversa»[25].

Como es sabido, nuestro sistema jurídico es de tradición romanista[26] y, en consecuencia, «no pretende la liquidación de los bienes del causante; por el contrario, mantiene la posición del causante para que le sustituya en todos los derechos y obligaciones el heredero»[27], tal y como se refleja en el tenor de los arts. 659 y 661 CC.

En función de los efectos que despliega, la sucesión *mortis causa* puede serlo a título universal o a título particular. En el primer caso, el heredero asume la totalidad de los bienes, derechos y obligaciones del causante, siempre que no se extingan con su muerte (*v.gr.* el usufructo o la renta vitalicia). En el segundo caso, el legatario sucede únicamente en un bien o bienes concretos. Asimismo, por su relevancia en el ámbito tributario, se expondrá la posibilidad de exigir las deudas tributarias durante el tiempo en el que la herencia se encuentre yacente.

3.1.1. El heredero

En el art. 39.1 LGT se establece que, a la muerte de los obligados tributarios, las obligaciones tributarias pendientes «se transmitirán a los herederos, sin perjuicio de lo que establece la legislación civil en cuanto a la adquisición de la herencia». En efecto, en el Código Civil no se establece un plazo, por lo que el llamado a heredar puede aceptarla o repudiarla en cualquier momento, siempre que, de acuerdo con lo establecido en el art. 1016 CC, no haya prescrito la acción para reclamar la herencia (treinta años de acuerdo con la doctrina reiterada del Tribunal Supremo[28]). Igualmente, si no se hubiera presentado ninguna demanda contra el heredero, podrá este aceptar a beneficio de inventario, o con el derecho de deliberar, mientras no prescriba la acción para reclamar la herencia.

Así, pueden darse tres situaciones distintas: que el heredero acepte pura y simplemente la herencia; que la acepte a beneficio de inventario; o, por último, que la repudie.

---

25 STS de 12 de septiembre de 2022, FD 4º, ECLI: ES:TS:2022:3299.

26 Para una explicación del principio de la universalidad de la institución de heredero en el Derecho romano, *vid.* Vallet de Goytisolo, J. B. (1987). *Estudios de Derecho sucesorio*, Vol. 1., segunda edición, Montecorvo, Madrid, pp. 73 y ss.

27 Martínez Ortega, J. C. y Rodríguez Domínguez, R. (2023). *El testamento y la herencia*, segunda edición, Bosch, p. 31.

28 Entre muchas otras, *vid.* STS (Sala de lo Civil) de 23 de junio de 2015, ECLI:ES:TS:2015:3154 (*Tol 5205655*).

En cuanto a la aceptación pura y simple, que puede ser expresa o tácita tal y como se recoge en el art. 999 CC, implica que el heredero pasa a asumir todas las deudas del causante (incluidas, por tanto, las tributarias), por las que tendrá que responder incluso con sus propios bienes (art. 1003 CC).

Por su parte, la aceptación de la herencia a beneficio de inventario es una institución que limita la responsabilidad del heredero de las deudas del causante «únicamente al patrimonio relicto, no afectando al patrimonio del heredero»[29]. Así, en el caso en el que el heredero manifieste su intención de hacer uso de este beneficio, se formará un inventario fiel y exacto de todos los bienes de la herencia. Tras lo anterior, se dispone en el artículo 1.026 del CC que «hasta que resulten pagados todos los acreedores conocidos y los legatarios, se entenderá que la herencia se halla en administración». Así las cosas, de acuerdo con lo dispuesto en el art. 1.023 CC, el beneficio de inventario produce en favor del heredero los siguientes efectos: el heredero no queda obligado a pagar las deudas de la herencia sino hasta donde alcancen los bienes de la misma; conserva contra el caudal hereditario los derechos y acciones que tuviera contra el causante; y, por último, no se produce una confusión entre los patrimonios del causante y del causahabiente.

Tras la administración del caudal hereditario así aceptado, pueden darse dos situaciones[30]: lo habitual es que los bienes hereditarios no alcancen para el pago de las deudas y legados, de lo que se dará cuenta por el administrador a acreedores y legatarios que no hubiesen cobrado por completo (art. 1.031 CC), pero también cabe la posibilidad de que haya habido superávit o, en los propios términos del Código Civil, un «remanente de la herencia», el cual pasa al «pleno goce del heredero» (1.032 CC). En este sentido, las deudas tributarias del causante es posible que sean satisfechas en el momento de administración al que se acaba de hacer referencia, sin perjuicio de la posibilidad que asiste a la Administración tributaria, al igual que al resto de acreedores, de pedir la retención o el embargo del remanente que pueda resultar a favor del heredero (ar. 1.034 CC). Si tras lo anterior aún existiesen deudas tributarias por cobrar, estas no podrán ser exigidas al heredero que hizo uso del beneficio de inventario.

En tercer lugar, cabe que el heredero renuncie a la herencia, lo que tendrá efectos retroactivos desde el mismo momento del fallecimiento del causante, esto es, se entenderá que nunca ha sido heredero (arts. 440 y 989 CC). Igualmente, se distingue entre la renuncia pura y simple (o abdicativa) y la renuncia traslativa. En este último caso, se debe recordar que, de acuerdo con el art. 1.000.2 CC, se entiende aceptada la herencia cuando «el heredero la renuncia, aunque sea gratuitamente, a beneficio de uno o más de sus coherederos». A pesar de que en relación con el Impuesto de Sucesiones y Dona-

---

29 Martínez Ortega, J. C. y Rodríguez Domínguez, R. (2023). *El testamento y..., op.cit.*, p. 287.

30 *Vid.* Zurdo Ruiz-Ayúcar, J. (2018). "La herencia a beneficio de inventario: Problemática fiscal de una figura anómala", *Revista de Contabilidad y Tributación CEF*, (422), p. 68.

ciones las consecuencias fiscales son distintas[31], a los efectos de este trabajo los efectos no difieren: tras ambas modalidades de renuncia no se podrá exigir al heredero que ha repudiado la herencia que se haga cargo de las deudas tributarias del causante.

Lo que se acaba de exponer tiene evidentes consecuencias en el ámbito de los procedimientos tributarios. Así, en buena lógica con la subrogación del heredero en la posición jurídica del causante, en el art. 127.1 RGR se establece que el procedimiento de recaudación continuará con sus herederos «sin más requisitos que la constancia del fallecimiento de aquel y la notificación al sucesor del requerimiento para el pago de la deuda y costas pendientes del causante, con subrogación a estos efectos en la misma posición en que se encontraba el causante en el momento del fallecimiento».

Ahora bien, al igual que anteriormente se apuntó que el heredero asumía todas las deudas y derechos que no se extinguieran con la muerte, se debe poner de manifiesto que no se responderá de las sanciones impuestas al causante, ya que, en aplicación del principio de personalidad de las penas[32], estas se extinguen con su fallecimiento (art. 182.3 LGT).

En cuanto a la condición de responsable, de acuerdo con lo dispuesto en el art. 39.1 *in fine* LGT, no se transmitirá la obligación del responsable «salvo que se hubiera notificado el acuerdo de derivación de responsabilidad antes del fallecimiento». Asimismo, aunque se hubiera notificado el acuerdo de derivación de responsabilidad antes de la muerte del causante, los herederos solo responderán de la deuda tributaria que al cau-

---

31 En este sentido, se debe recordar que el artículo 28 de la LISD se refiere a la repudiación de la herencia del siguiente modo: «1. En la repudiación o renuncia pura, simple y gratuita de la herencia o legado, los beneficiarios de la misma tributarán por la adquisición de la parte repudiada o renunciada aplicando siempre el coeficiente que corresponda a la cuantía de su patrimonio preexistente. En cuanto al parentesco con el causante, se tendrá en cuenta el del renunciante o el del que repudia cuando tenga señalado uno superior al que correspondería al beneficiario. 2. En los demás casos de renuncia en favor de persona determinada, se exigirá el impuesto al renunciante, sin perjuicio de lo que deba liquidarse, además, por la cesión o donación de la parte renunciada. 3. La repudiación o renuncia hecha después de prescrito el impuesto correspondiente a la herencia o legado se reputará a efectos fiscales como donación». Para una interpretación de este precepto, puede verse la respuesta a la Consulta Vinculante de la Dirección General de Tributos de 27 de enero de 2021 (V0094-21).

32 La aplicación de este principio al ámbito tributario quedó refrendada hace décadas por el TC, al declarar la inconstitucionalidad de un precepto que permitía que «la Administración se dirija para el cobro de la deuda tributaria, incluidas las sanciones, no solo al miembro o miembros de la unidad familiar que resulten responsables de los hechos que hayan generado la sanción, sino también a otros miembros que no hayan cometido ni colaborado en la realización de las infracciones y vulnera, por ello, el aludido principio de personalidad de la pena o sanción protegido por el artículo 25.1 de la Constitución, incurriendo así en vicio de inconstitucionalidad», STC 146/1994, FJ 4º, ECLI:ES:TC:1994:146 (*Tol 82552*).

sante le correspondiera por su condición de responsable, pero no de las sanciones que también se le hubiesen derivado[33] en aquellos supuestos excepcionales en los que la responsabilidad alcanza también a las sanciones [*v.gr.* arts. 42.1.a), 42.2 y 43.1.a) LGT].

3.1.2. El legatario

De acuerdo con la doctrina civilista, el legado es una «disposición *mortis causa* por la que el testador deja en concreto alguno (o algunos) de sus bienes o derechos a una persona, que lo recibe a título singular, es decir, sucediendo al difunto en él en particular, y no tomándolo, como el heredero, porque ocupe en general el puesto del causante»[34].

En cuanto a la responsabilidad, en general, del legatario respecto de las deudas y cargas de la herencia, solo se le podrá exigir que responda de las mismas en tres supuestos: 1° si se le ha impuesto el deber de soportar alguna o algunas de las deudas; 2° si no hay herederos, sino que toda la herencia se ha distribuido en legados; y 3°, si en la herencia faltase activo suficiente para cubrir las legítimas. En todo caso, la responsabilidad del legatario nunca podrá exceder del valor del legado (art. 858 CC).

En un sentido semejante a la regulación civil, aunque no exactamente igual como se detallará a continuación, en el art. 39.1 LGT se establece que las deudas pendientes de las personas físicas fallecidas se transmitirán a los legatarios «en las mismas condiciones que las establecidas para los herederos cuando la herencia se distribuya a través de legados y en los supuestos en que se instituyan legados de parte alícuota».

En el primer caso, esto es, en aquellos supuestos en los que toda la herencia se distribuya por medio de legados, los legatarios se colocan en una situación similar a la de los herederos puesto que estos no existen y, en consecuencia, asumen la parte prorrateada de las deudas que les corresponda (art. 891 CC). En este sentido, hay armonía entre la regulación civil y tributaria.

Sin embargo, en el caso del legatario de parte alícuota la normativa civil y tributaria difieren. El legado de parte alícuota no está expresamente recogido en el Código Civil pero sí ha sido admitido por la jurisprudencia. Se trata de un legado que no se refiere a un bien o bienes en concreto, sino a una cuota del saldo hereditario activo[35]. Así, civilmente este tipo de legatario, al que se le reconocen algunas potestades específicas como la petición de partición (art. 782 LECiv) o la reducción de las donaciones inoficiosas (art. 655 CC), no es responsable frente a los acreedores hereditarios, sin perjuicio de

---

33 A esta conclusión se llegó en la STSJ de Cataluña, de 9 de marzo de 2015, ECLI: ES:TSJCAT:2015:777 (*Tol 4831381*).

34 Albaladejo, M. (2015). *Curso de Derecho civil, Vol V. Sucesiones*, undécima edición, Edisofer, p. 290.

35 *Ibid.*, p. 23.

que el pasivo de la herencia le afecte en la medida en que puede influir en el valor de lo que finalmente vaya a adquirir. Sin embargo, en el citado art. 39 LGT se dice que los legatarios de parte alícuota responderán «en las mismas condiciones que las establecidas para los herederos», lo que supone un tratamiento autónomo de las deudas tributarias respecto del resto de deudas del causante.

Esta particular figura del legatario de parte alícuota ha suscitado también dudas procedimentales. En particular, el TS ha tenido que pronunciarse acerca de si los legatarios de parte alícuota cuentan con un interés legítimo y, por consiguiente, están legitimados, al amparo del artículo 232.3 LGT en relación con el artículo 39.1 de la misma norma, para comparecer en un procedimiento económico-administrativo suscitado originariamente por el causante y pendiente de resolución en el momento del fallecimiento de este, cuando ya se han personado los herederos que han aceptado pura y simplemente la herencia y la deuda tributaria controvertida en dicho procedimiento se encuentra abonada. Frente a la opinión del TEAC que, adoptando el punto de vista civil, veía solo un mero interés económico indirecto en el legatario de parte alícuota, tanto la Audiencia Nacional como el Tribunal Supremo han entendido que, conforme el artículo 39.1, párrafo 2º de la LGT, este tipo de legatario sucede al causante en sus obligaciones tributarias en las mismas condiciones que las establecidas para los herederos y adquiere, como tal sucesor, la condición de obligado tributario al amparo del artículo 35.2.j) de la LGT, lo que supone que sí cuenta con un interés legítimo a estos efectos[36].

3.1.3. *La herencia yacente*

Desde que la muerte del causante deja sin titular a su patrimonio, «hasta que el sucesor lo adquiere y ocupa el puesto que aquél dejó vacío, la herencia no tiene dueño, sino simplemente persona llamada a serlo en el futuro»[37]. En este sentido, se afirma que la herencia se encuentra yacente.

Por su parte, del tenor de la Ley General Tributaria, establecido con una evidente finalidad pragmática tendente a facilitar el cobro de las deudas, se extraen cuatro consecuencias relativas a la herencia yacente. En primer lugar, en el art. 39 LGT se explicita que, en tanto la herencia permanezca yacente, el cumplimiento de las obligaciones tributarias del causante corresponderá al representante de misma. En este sentido, todas las actuaciones administrativas que tengan por objeto la cuantificación, determinación y liquidación de las obligaciones tributarias del causante deberán realizarse o continuarse con el representante de la herencia yacente. Es más, si después de realizadas estas actuaciones no se conocieran todavía los herederos, las liquidaciones (aunque corres-

---

36 STS de 17 de julio de 2023 (ECLI:ES:TS:2023:3313) (*Tol 9657504*).

37 Albaladejo, M. (2015). *Curso de Derecho..., op. cit.*, p. 42.

ponden a hechos imponibles realizados por el causante) se realizarán a nombre de la herencia yacente.

En segundo lugar, se aclara que, con cargo a los bienes que constituyen la herencia yacente, se podrán satisfacer tanto las deudas tributarias liquidadas antes del fallecimiento del causante, como aquellas que se hayan liquidado con posterioridad.

En tercer lugar, la propia herencia yacente podrá ser un obligado tributario, a pesar de carecer de personalidad jurídica diferenciada, en aquellos tributos donde la ley expresamente así lo establezca. Así, por ejemplo, la herencia yacente no puede ser, con carácter general, contribuyente del IRPF (art. 8.3 LIRPF) y sí lo es, en cambio, en el IBI (art. 63.1 TRLHL).

Por último, como garantía añadida del cobro de las deudas, se ha establecido que los coherederos serán responsables solidarios, en proporción a sus respectivas participaciones, respecto a las obligaciones tributarias materiales de las herencias yacentes [art. 42.1.b) LGT].

3.2. LA SUCESIÓN DE PERSONAS JURÍDICAS Y ENTIDADES SIN PERSONALIDAD JURÍDICA

Como ya se ha afirmado anteriormente, a diferencia de lo que ocurre en la sucesión *mortis causa* de las personas físicas, en el fenómeno de la «sucesión» regulada en el art. 40 LGT, existe una mayor divergencia entre la regulación tributaria y la mercantil[38]. Así, el instituto sucesorio, tal y como se ha establecido en el mencionado precepto, cumple una función de garantía del crédito tributario, en lugar de responder a los posibles vacíos que en la relación jurídico-tributaria se podría producir con la extinción de una persona jurídica. Buena muestra de esta función puede apreciarse en el supuesto regulado en el art. 40.1 LGT, en el cual se atribuye la condición de sucesor por las obligaciones tributarias pendientes a los socios de personas jurídicas disueltas y liquidadas, a pesar de que en el plano mercantil no «suceden» a la sociedad extinta.

Como consecuencia de lo anterior, puede sostenerse que el único nexo en común que presentan los tres supuestos que se distinguen en el art. 40 LGT (sucesión en el caso de sociedades disueltas y liquidadas; de sociedades disueltas y no liquidadas; y, por último, de disolución de fundaciones y entidades sin personalidad jurídica) es la desaparición de la persona jurídica o entidad que integraba originariamente el aspecto pasivo de la relación jurídico-tributaria. En puridad, como se explicará a continuación, incluso en algunos supuestos excepcionales ni siquiera existe ese nexo común, puesto que es posible que subsista la entidad original.

---

[38] Jiménez-Valladolid de L'Hotellerie-Fallois, D.J.; y Martínez Sánchez, C. (2010). *op. cit.*, p. 902.

3.2.1. Sociedades disueltas y liquidadas

En el art. 40.1 LGT se dispone que las obligaciones tributarias pendientes de las sociedades y entidades con personalidad jurídica disueltas y liquidadas se transmitirán a sus socios, partícipes o cotitulares. Como ya se ha adelantado, no se trata en puridad de un supuesto de sucesión de la entidad o sociedad ya liquidada, ya que «el acuerdo de disolución va seguido de la liquidación de la sociedad o entidad, no cumpliéndose, por lo tanto, la exigencia de mantenimiento de la identidad del aspecto objetivo de la relación jurídica»[39]. En efecto, lo que la ley ha instaurado es un mecanismo para reforzar el cobro de deudas pendientes, atribuyéndoselas a quienes hayan podido recibir bienes o derechos de las entidades ya liquidadas.

A primera vista, se trata de un supuesto que solo tendría sentido si el proceso de liquidación de la sociedad o entidad no se hubiese desarrollado correctamente. En efecto, la cuota de liquidación solo puede ser positiva si se han satisfecho (o garantizado) previamente todas las deudas de la entidad. En este sentido, en lo que se refiere a las sociedades de capital, los liquidadores no podrán «satisfacer la cuota de liquidación a los socios sin la previa satisfacción a los acreedores del importe de sus créditos o sin consignarlo en una entidad de crédito del término municipal en que radique el domicilio social» (391.2 LSC).

Ahora bien, no se debe olvidar que también es posible, y no necesariamente infrecuente, que se puedan liquidar con posterioridad deudas tributarias de la sociedad ya extinta, como consecuencia, por ejemplo, de procedimientos de comprobación finalizados tras la liquidación de la entidad o sociedad. Es precisamente en este tipo de supuestos donde cobra sentido lo previsto expresamente en el art. 40.2 LGT, en el que se establece que el hecho de que la deuda tributaria «no estuviera liquidada en el momento de producirse la extinción de la personalidad jurídica de la sociedad o entidad no impedirá la transmisión de las obligaciones tributarias devengadas a los sucesores, pudiéndose entender las actuaciones con cualquiera de ellos».

El alcance de la transmisión de las deudas a los exsocios, cotitulares o partícipes diferirá en función del tipo de sociedad o entidad de que se trate. Así, en buena lógica con la normativa civil y mercantil, en los casos en los que la ley limita la responsabilidad patrimonial de los socios, partícipes o cotitulares, estos solo responderán de las deudas de la sociedad o entidad ya liquidada hasta el límite del valor de la cuota de liquidación que les corresponda. Asimismo, se ha establecido una cláusula antielusión específica, en virtud de la cual se extiende la responsabilidad más allá de la cuota de liquidación estricta, incluyendo también las «demás percepciones patrimoniales recibidas por los

---

[39] Castillo Solsona, M. M., (2007). "La sucesión en las obligaciones tributarias pendientes", *Crónica Tributaria*, (124), p. 69.

mismos en los dos años anteriores a la fecha de disolución que minoren el patrimonio social que debiera responder de tales obligaciones».

Por su parte, en los casos en los que la ley no limita la responsabilidad patrimonial de los socios, partícipes o cotitulares, estos responderán íntegra y solidariamente de las deudas de la sociedad o entidad ya liquidada.

Junto con esta peculiar condición de sucesor, también se ha previsto que serán responsables subsidiarios de las deudas tributarias, devengadas antes del concurso o liquidación de una entidad o sociedad, los integrantes de la administración concursal y los liquidadores que no hubiesen realizado las gestiones necesarias para el íntegro cumplimiento de las obligaciones tributarias[40] [art. 43.1.c) LGT].

3.2.2. Sociedades disueltas y no liquidadas

La normativa tributaria contiene una previsión específica para las deudas pendientes de sociedades o entidades con personalidad jurídica que, habiéndose extinguido o disuelto, no se encuentran liquidadas. En estos casos, las deudas pendientes se transmitirán a las personas o entidades que sucedan o que sean beneficiarias de la correspondiente operación.

En principio, el precepto está pensado para los supuestos de fusión o escisión sin liquidación. Sin embargo, este régimen también se aplicará, como expresamente se dice en el art. 40.3 LGT, «a cualquier supuesto de cesión global del activo y el pasivo de una sociedad y entidad con personalidad jurídica». Es importante recalcar que se refiere «a cualquier supuesto», dado que la extinción de la sociedad cedente no tendrá lugar en todos los casos de cesión global de activo y pasivo, salvo cuando la contraprestación entregada por la transmisión del patrimonio «fuese recibida total y directamente por los socios»[41]. Como ya expusimos hace años, resulta contradictorio que se aplique este

[40] Un ejemplo de esta situación fue resuelto en la Resolución del TEAC nº 4554/2016, de 22 de noviembre de 2018, en la que se confirmó la existencia de responsabilidad a causa de que los liquidadores «no realizaron las gestiones necesarias para el cumplimiento de las obligaciones tributarias devengadas, dado que ni siquiera inscribieron en el Registro Mercantil la escritura de disolución de la sociedad, no llevaron a cabo las operaciones de liquidación necesarias, y tampoco solicitaron la declaración de concurso, en el caso de insuficiente patrimonio de la entidad, lo que ocasionó un retraso injustificado en la liquidación de la sociedad, impidiendo a la Hacienda Pública la defensa de sus derechos».

[41] Art. 72.2 del Real Decreto-ley 5/2023, de 28 de junio, por el que se adoptan y prorrogan determinadas medidas de respuesta a las consecuencias económicas y sociales de la Guerra de Ucrania, de apoyo a la reconstrucción de la isla de La Palma y a otras situaciones de vulnerabilidad; de transposición de Directivas de la Unión Europea en materia de modificaciones estructurales de sociedades mercantiles y conciliación de la vida familiar y la vida profesional de los proge-

precepto a los supuestos en los que la cesión global de activo y pasivo no implica la disolución de la cedente, ya que se produciría la paradoja de que el cesionario sería sucesor *ex* art. 40.3 LGT de una entidad que pervive[42]. En estos casos, desde un punto de vista conceptual, tendría más sentido que el cesionario fuera considerado como responsable solidario por sucesión en la explotación económica previsto en el art. 42.1.c) LGT, pero no como sucesor en sentido estricto.

Asimismo, en los supuestos en los que sí se produzca la extinción de la cedente al haber sido recibida la contraprestación total y directamente por parte de los socios, la normativa mercantil asimila esta contraprestación a la cuota de liquidación[43]. Así, en estos casos, los socios, en la medida en que la cesión global de activo y pasivo suponga una liquidación material de la sociedad cedente, deberían responder como sucesores de aquella en virtud del art. 40.1 LGT, estudiado con anterioridad. Al mismo tiempo, el cesionario sería considerado sucesor en virtud del art. 40.3 LGT. Ante esta situación, cabe preguntarse si en estos supuestos podemos estar ante una pluralidad de sucesores, uno en virtud de lo dispuesto en el art. 40.1 LGT y otro como consecuencia de lo previsto en el art. 40.3 LGT, o si, por el contrario, no cabe la aplicación simultánea de ambos preceptos.

Se trata de una cuestión compleja, cuya solución no es obvia[44]. No obstante, entiendo que la interpretación literal del art. 40.3 LGT lleva a la conclusión de que en los supuestos de cesión global de activo y pasivo en los que, por haber recibido los socios la contraprestación completa y directamente, pueden asimilarse a una liquidación, el sucesor de las deudas tributarias pendientes habrá de ser únicamente el cesionario. En efecto, en el precepto elocuentemente se especifica que la norma también será aplicable «a cualquier supuesto» de cesión global del activo y pasivo. Ante esta dicción literal resulta muy complicado entender que existe "algún supuesto" al que no deba aplicarse este precepto. En este sentido, se puede sostener que el art. 40.3 LGT opera como *lex specialis*, frente al art. 40.1 LGT que se constituye como *lex generalis* para los supuestos en los que haya existido liquidación, por lo que debe prevalecer lo previsto en el art. 40.3 LGT (*lex specialis derogat generali*). Esta conclusión se ve reforzada por el hecho de que no exista en el art. 40.3 LGT ninguna mención explícita a una aplicación conjunta con

---

nitores y los cuidadores; y de ejecución y cumplimiento del Derecho de la Unión Europea (*Tol 9619853*).

42 Jiménez-Valladolid de L'Hotellerie-Fallois, D.J.; y Martínez Sánchez, C. (2010). *op. cit.*, p. 908.

43 A este respecto, *vid.* Alonso Ureba, A. (2009). en Rodríguez Artigas, F. *et al.* (dirs.), *Modificaciones estructurales de las sociedades mercantiles*, Tomo II, Aranzadi/Thomson Reuters, pp. 654 y ss.

44 No en vano, la interpretación que aquí se propone difiere de la que dimos en Jiménez-Valladolid de L'Hotellerie-Fallois, D.J.; y Martínez Sánchez, C. (2010). *op. cit.*, pp. 911-913.

el art. 40.1 LGT, como por ejemplo sí ocurre en este último precepto en relación con lo previsto en el art. 42.2.a) LGT.

Como se puede apreciar fácilmente, una de las diferencias más importantes entre el sucesor *ex* art. 40.1 LGT y el del art. 40.3 LGT es la posibilidad que tiene el primero de ellos, en aquellos supuestos en los que la ley limita la responsabilidad de los socios de la sociedad extinta, de contraer el pago de la deuda pendiente al importe obtenido como cuota de liquidación. Teniendo en cuenta las importantes consecuencias prácticas que supone, el Tribunal Supremo ha establecido como doctrina jurisprudencial que en los supuestos en los que la Administración Tributaria comunique a un socio, partícipe o cotitular su calidad de sucesor al amparo del art. 40 LGT, en las obligaciones tributarias pendientes de la sociedad o entidad en la que la Ley limita la responsabilidad patrimonial de los socios, partícipes o cotitulares, la Administración «debe precisar en esa comunicación, si le consta que la sociedad está disuelta y liquidada y la limitación de la responsabilidad de los socios, partícipes o cotitulares conforme a lo previsto en el párrafo 1 del art. 40 LGT, con indicación, en su caso, de los límites a que alcanzaría la responsabilidad de los socios, o, si por el contrario se está en un supuesto de extinción o disolución sin liquidación de la sociedad o entidad prevista en el párrafo 3 del art. 40 LGT en la que no se limita la responsabilidad de los socios, partícipes o cotitulares»[45].

Como ha puesto de manifiesto recientemente la doctrina, esta jurisprudencia resulta muy oportuna porque la Administración suele utilizar la misma expresión genérica en todos los procedimientos de reclamación de deuda al sucesor, sin especificar si el fundamento de la exigencia de pago es el art. 40.1 o el 40.3 LGT, y sin señalar, por tanto, si la responsabilidad es limitada o ilimitada, «lo que constituye un claro déficit en la motivación del acto administrativo»[46].

3.2.3. Disolución de fundaciones y entidades sin personalidad jurídica

Como complemento de la anterior regulación, en el art. 40.4 se establece una norma específica para los supuestos de disolución de fundaciones o entidades a las que se refiere el art. 35.4 LGT. En estos casos, las obligaciones tributarias pendientes se transmitirán a los destinatarios de los bienes y derechos de las fundaciones o a los partícipes o cotitulares de dichas entidades.

A este respecto, se debe tener presente que, por mandato legal, la extinción de las fundaciones ha de conducir necesariamente a su liquidación, salvo en los supuestos de

---

45 STS de 23 de octubre 2023, FJ 8º (ECLI:ES:TS:2023:4357) (*Tol 9750846*).

46 Marín-Barnuevo Fabo, D. (2024). "La necesaria reforma del procedimiento para reclamar el pago al sucesor tributario. (Análisis de la STS de 23 de octubre de 2023, rec. núm. 556/2022)", *Revista de Contabilidad y Tributación CEF*, (491), p. 130.

fusión con otras fundaciones (art. 33.1 LFund). La liquidación habrá de realizarla el patronato de la fundación bajo el control del protectorado. En este sentido, se ha de tener en cuenta que no se podrá dar ningún destino a los bienes y derecho resultantes de la liquidación «sin que hayan sido satisfechos todos los acreedores o sin haber consignado el importe de sus créditos», aclarándose a continuación que, cuando existan «créditos no vencidos, se asegurará previamente el pago» (art. 39.6 RFund). Así pues, parece que la existencia de deudas tributarias pendientes tras la liquidación y reparto de los bienes sobrantes solo puede darse en supuestos patológicos.

Sin embargo, es llamativo que, a diferencia de lo previsto en el apartado segundo del art. 40 LGT, no exista para las fundaciones y las entidades del art. 35.4 LGT un precepto que específicamente haga referencia a las obligaciones tributarias devengadas pero no liquidadas en el momento de la extinción de la fundación o de la entidad. Esta omisión legislativa puede ser interpretada en dos sentidos opuestos.

Por un lado, una interpretación literal del art. 40 LGT podría llevar a la conclusión de que la previsión del art. 40.2 LGT solo es de aplicación a las sociedades y entidades con personalidad jurídica, en tanto que se refiere exclusivamente a «sociedad y entidad» y, atendiendo a su colocación en el precepto, únicamente se estaría refiriendo a los supuestos enumerados con anterioridad, lo que excluiría a las fundaciones y a las entidades sin personalidad jurídica del art. 35.4 LGT, que se regulan en el apartado posterior.

Por otro lado, una interpretación sistemática y teleológica del artículo en su conjunto conducen a la conclusión contraria. Esto es, no parece existir ninguna razón que justifique un tratamiento diferenciado de las deudas devengadas y no liquidadas de las fundaciones y entidades sin personalidad jurídica. Bien al contrario, este tratamiento privilegiado sería difícilmente asumible a la luz del principio de igualdad (art. 31.1 CE). Asimismo, este tipo de deudas pueden asimilarse a los «créditos no vencidos», cuyo aseguramiento —como ya se ha apuntado— es obligado en el procedimiento de liquidación de las fundaciones (art. 39.6 RFund). Por tanto, parece más convincente esta segunda interpretación, aun reconociendo que se trata de una cuestión dudosa.

3.2.4. La transmisión de las sanciones a los sucesores

Contrariamente a lo que ocurre en el caso de las personas físicas, en el art. 40.4 LGT se establece que las sanciones que pudieran proceder por las infracciones cometidas por las sociedades y entidades «serán exigibles a los sucesores de las mismas, en los términos establecidos en los apartados anteriores y, en su caso, hasta el límite del valor determinado conforme a lo dispuesto en el apartado 1 de este artículo».

Efectivamente, el principio de personalidad de las penas, y la consecuente intransmisibilidad de las sanciones, tiene una proyección estricta en la sucesión *mortis causa* de las personas físicas, pero no en el caso de las personas jurídicas, en las que, como se ha visto, el concepto de sucesión presenta unos rasgos más difusos. Esta diferente aplicación a las personas físicas y jurídicas tiene que ver, entre otras razones, con el hecho de que «la construcción distinta de la imputabilidad de la autoría de la infracción a la persona jurídica nace de la propia naturaleza de ficción jurídica a la que responden estos sujetos». Así, siguiendo con el razonamiento expresado por el Tribunal Constitucional, en las personas jurídicas falta «el elemento volitivo en sentido estricto, pero no la capacidad de infringir las normas a las que están sometidos»[47]. En este sentido, la transmisión de las sanciones a los sucesores de las entidades o sociedades persigue asegurar una eficaz y efectiva salvaguarda de los bienes jurídicos protegidos por las normas infringidas, constituyéndose así en una específica norma antielusión.

No debe olvidarse que la transmisión de las sanciones a las entidades o sociedades sucesoras en determinados supuestos no es algo extraño en el Derecho Administrativo Sancionador ni en el Derecho Penal[48], sino que está amparada por la jurisprudencia del TS y del TJUE[49]; y tiene reflejo en otros ámbitos sectoriales como, por ejemplo, en materia de subvenciones[50].

Por último, cabe preguntarse si los sucesores solo deberán responder de las sanciones que se impusieron a las sociedades o entidades ya extinguidas, o si también es posible que deban asumir las sanciones que con posterioridad se pudieran imponer por las infracciones que cometieron antes de su extinción. La respuesta no es clara y, a nuestro juicio, no puede ser categórica.

Por un lado, tanto en el art. 40.4 LGT como en el art. 182.3 LGT se hace referencia a la transmisión de «sanciones», lo que parece estar indicando que las mismas deberían estar impuestas antes de la extinción de la entidad o sociedad. En este sentido, una interpretación literal de ambos preceptos parece conducir a la negación de la posibilidad de que se abra un procedimiento sancionador una vez ya hayan desaparecido las infractoras.

Sin embargo, una interpretación teleológica podría alumbrar la conclusión contraria. Esto es, si de lo que se trata es de evitar operaciones societarias que supongan la impunidad de las sociedades o entidades infractoras, entonces la conclusión debería ser que sí es posible abrir procedimientos sancionadores a las sucesoras por infracciones

---

47 STC 246/1991, FJ 2º (*Tol 5006445*).

48 En particular, en el art. 130.2 CP se especifica que «[l]a transformación, fusión, absorción o escisión de una persona jurídica no extingue su responsabilidad penal, que se trasladará a la entidad o entidades en que se transforme, quede fusionada o absorbida y se extenderá a la entidad o entidades que resulten de la escisión».

49 Por ejemplo, *vid.* STS de 13 de marzo de 2019, ECLI:ES:TS:2019:815 (*Tol 7119069*); y STJUE de 11 de diciembre de 2007 (asunto C-280/06) (*Tol 4627146*).

50 *Vid.* art. 69 LGS.

cometidas por las sociedades o entidades a las que suceden, siempre y cuando no se haya producido la prescripción de aquellas[51]. Ahora bien, lo anterior ha de tener como límite la generación de indefensión en las sucesoras. Esta indefensión podría darse, por ejemplo, en aquellos supuestos en los que las entidades o personas sucesoras no puedan acceder, o les resulte desproporcionadamente gravoso hacerlo, a elementos probatorios que puedan utilizar en su descargo. En este sentido, solo cabe dar una respuesta condicionada a la cuestión que antes se formuló: es posible sancionar a los sucesores por infracciones no prescritas de las entidades o sociedades a las que suceden, siempre que, en atención a las circunstancias del caso, no se les genere indefensión.

4. CONCLUSIÓN

Como se anticipaba al comienzo de este trabajo, el estudio de los sucesores de las deudas tributarias necesita de un constante reenvío a otros sectores del ordenamiento jurídico, señaladamente al Derecho Civil y al Derecho Mercantil.

En lo que se refiere a la sucesión *mortis causa* de personas físicas, las reglas de la Ley General Tributarias son muy escasas, en tanto que hay una remisión completa a la normativa civil. En ese sentido, las deudas tributarias que el causante tuviese recibirán el mismo tratamiento que el resto de deudas pendientes en el momento de su fallecimiento, salvo en el caso del legatario de parte alícuota, cuya regulación tributaria difiere de la civil. Sin perjuicio de lo anterior, no se transmitirán las sanciones, en aplicación del principio de personalidad de las penas.

Para los supuestos en los que se dilate la aceptación de la herencia, la Ley General ha previsto que, en tanto la herencia permanezca yacente, el cumplimiento de las obligaciones tributarias del causante corresponderá al representante de misma. En este sentido, todas las actuaciones administrativas que tengan por objeto la cuantificación, determinación y liquidación de las obligaciones tributarias del causante deberán realizarse o continuarse con el representante de la herencia yacente.

Sin embargo, el fenómeno sucesorio presenta unas características diferentes en relación con las personas jurídicas. De hecho, como se ha puesto de manifiesto anteriormente, la sucesión de las deudas tributarias entre las sociedades y el resto de entidades no refleja tanto el concepto técnico de sucesión, sino que más bien se constituye como un conjunto de normas que persiguen evitar la elusión que produciría la extinción in-

---

51 En este sentido, en materia de prevención de blanqueo de capitales, el Tribunal Supremo entendió que era adecuado sancionar al Banco Santander por una conducta llevada a cabo por el Banco Popular, puesto que, tras su absorción, apreció una sucesión universal entre ambas entidades, STS de 25 de noviembre de 2021, ECLI:ES:2021:4383 (*Tol 8674444*).

tencionada de las personas jurídicas. En este sentido, la regulación del art. 40 LGT a veces resulta contradictoria con la propia institución sucesoria, llegando incluso a señalar la existencia de un sucesor en negocios jurídicos en los que el sucedido sigue existiendo.

En particular, sería deseable una regulación más exhaustiva de los tres supuestos de sucesión de personas jurídicas que distingue la ley (sociedades liquidadas, sociedades extinguidas, pero no liquidadas y fundaciones), de forma que se diese cumplida respuesta no solo al destino de las deudas pendientes al momento de la extinción, sino también en relación a las que pudieran surgir posteriormente con ocasión, por ejemplo, de un procedimiento de comprobación o inspección. Igualmente, sería necesario desarrollar un procedimiento específico para la notificación a los sucesores de las deudas que han de asumir, de forma que se conjuguen los derechos de los contribuyentes con la eficaz acción recaudatoria de la Administración. Por último, también es necesario una regulación más completa de la transmisión de las sanciones, de forma que se aclare en qué casos es posible y con qué alcance.

En definitiva, en la regulación de esta materia —como en la de cualquier otra que se refiera al Derecho Tributario— se debe huir de una visión maniquea que contraponga el interés de la Administración al del obligado tributario, de suerte que se han de diseñar una reglas jurídicas tales que persigan el efectivo e íntegro cumplimiento del deber de contribuir (art. 31.1 CE), por medio de unos procedimientos que garanticen que lo anterior se logra sin menoscabar los legítimos derechos de los contribuyentes.

5. REFERENCIAS BIBLIOGRÁFICAS

Albaladejo, M. (2015). Curso de Derecho civil, Vol V. Sucesiones, undécima edición, Edisofer.

Alonso Ureba, A. (2009). en Rodríguez Artigas, F. et al. (dirs.), Modificaciones estructurales de las sociedades mercantiles, Tomo II, Aranzadi/Thomson Reuters.

Calvo Ortega, R. (2009). "Capítulo III Obligados tributarios". Calvo Ortega, R. (dir.), Comentarios a la Ley General Tributaria, segunda edición, Civitas/ Thomson Reuters, pp. 133-212.

Calvo Vérgez, J. (2012). "La responsabilidad tributaria solidaria derivada de la sucesión en la titularidad o ejercicio de explotaciones o actividades económicas". Crónica Tributaria, (143), pp. 7-56.

Castillo Solsona, M.M., (2007). "La sucesión en las obligaciones tributarias pendientes". Crónica Tributaria, (124), pp. 57-80.

Cortés, M. (1985). Ordenamiento tributario español, Vol I, cuarta edición, Civitas.

González Sánchez, M. (1993). La sucesión en la deuda tributaria, Aranzadi.

Jiménez-Valladolid de L'Hotellerie-Fallois, D.J.; y Martínez Sánchez, C. (2010). en Arrieta Martínez de Pisón, J.; Collado Yurrita, M.A. y Zornoza Pérez, J. (dirs.), Tratado sobre la Ley General Tributaria: homenaje a Álvaro Rodríguez Bereijo, Tomo I, Thomson Reuters Aranzadi, pp. 895-916.

Lacruz Berdejo, J.L.; Sancho Rebullida, F.A.; Luna Serrano, A.; Delgado Echeverría, J.; Rivero Hernández, F.; Rams Albesa, J. (2007). *Elementos de Derecho Civil V. Sucesiones*, tercera edición, Dykinson.

Marín-Barnuevo Fabo, D. (2024). “La necesaria reforma del procedimiento para reclamar el pago al sucesor tributario. (Análisis de la STS de 23 de octubre de 2023, rec. núm. 556/2022)”. Revista de Contabilidad y Tributación CEF, (491), pp. 125-134.

Martínez Ortega, J.C. y Rodríguez Domínguez, R. (2023). *El testamento y la herencia, segunda edición*, Bosch.

Navarro Egea, M. (2006). *El responsable tributario*, Iustel.

Rodríguez Bereijo, A. (1965). “La sucesión en las relaciones tributarias”, Revista de Derecho Financiero y Hacienda *Pública*, (57), pp. 23 y ss.

Rodríguez Bereijo, A. (1982). “Artículo 72”, en Amorós Rica, N. (dir.), *Comentarios a las Leyes Tributarias y Financieras*, Tomo I, Ley General Tributaria, Artículos 1 a 89, Editorial de Derecho Financiero/ Editoriales de Derecho Reunidas, pp. 639 y ss.

Ruibal Pereira, L. (2005). “La nueva regulación de la sucesión en la titularidad o ejercicio de explotaciones o actividades económicas como supuesto de responsabilidad tributaria”. Fernández Junquera, M. *et alia*, *Estudios de Derecho Financiero y Tributario en homenaje al Profesor Calvo Ortega*, Tomo I, Lex Nova, pp. 460 y ss.

Vallet de Goytisolo, J.B. (1987). *Estudios de Derecho sucesorio*, Vol. 1., segunda edición, Montecorvo.

Zurdo Ruiz-Ayúcar, J. (2018). “La herencia a beneficio de inventario: Problemática fiscal de una figura anómala”. *Revista de Contabilidad y Tributación CEF*, (422), pp. 61-80.

PLURALIDAD DE OBLIGADOS Y PACTOS Y CONVENIOS ENTRE LOS PARTICULARES

AITOR ORENA DOMÍNGUEZ
Profesor Titular de Derecho Financiero y Tributario
Universidad del País Vasco

1. PACTOS ENTRE PARTICULARES

1.1. LOS PACTOS ENTRE PARTICULARES NO VINCULAN A LA ADMINISTRACIÓN

En el ámbito tributario son frecuentes los pactos entre las partes de un negocio en virtud de los cuales, una parte (sujeto pasivo) impone a la otra la carga de pagar los impuestos generados por dicho negocio, ante lo cual el art. art. 17.5 de la *Ley 58/2003, de 17 de diciembre, General Tributaria* (*Tol 327278*) (en adelante LGT) ya establece que "5. *Los elementos de la obligación tributaria no podrán ser alterados por actos o convenios de los particulares, que no producirán efectos ante la Administración, sin perjuicio de sus consecuencias jurídico-privadas*".

Estos pactos son muy proclives en el ámbito de la tributación local, y especialmente en el Impuesto sobre Incremento de Valor de Terrenos de Naturaleza Urbana (en adelante IIVTNU), frente a lo cual la Administración tributaria apela al transcrito art. 17.5 de la LGT, para señalar que no es posibles alterar los elementos de la obligación tributaria, por lo que el sujeto pasivo del IIVTNU será el transmitente, con independencia de lo que hubiera pactado con la parte adquirente, sin perjuicio de las consecuencias jurídico civiles entre las partes.

1.2. LEGITIMACIÓN

Estos pactos entre particulares han generado discusiones en cuanto a la legitimación para instar la rectificación de la liquidación del IIVTNU y la devolución de ingresos del obligado al pago en virtud de pacto o convenio con el sujeto pasivo, así como cuando las desestimaciones en la vía administrativa han llegado a instancias judiciales[1]. Dicha problemática, ha sido objeto de pronunciamientos del TS en los que deja bien claro que, siendo el ámbito contencioso administrativo donde la legitimación es más amplia, la misma no puede ser inferior en el ámbito previo administrativo, independientemente de si el recurso de reposición es o no impugnable en la vía económico-administrativa ante los Tribunales Económico Administrativos Municipales.

Marco legal de legitimación:

Orden jurisdiccional contencioso administrativo: conforme establece el art. 19.1 a) de la Ley 29/1998, de 13 de julio, reguladora de la Ley de la Jurisdicción Contencioso Administrativa (*Tol 257547*) (en adelante LJCA), están legitimados ante el orden jurisdiccional contencioso-administrativo las personas físicas o jurídicas que ostenten un derecho o interés legítimo.

---

1 Véase Martín Valero, A. I. (2023). "Sobre la legitimación para impugnar los actos tributarios", *Actualidad Administrativa*, (10).

Recurso de reposición:

"Artículo 223 LGT. Iniciación y tramitación del recurso de reposición

3. A los legitimados e interesados en el recurso de reposición les serán aplicables las normas establecidas al efecto para las reclamaciones económico-administrativas".

A su vez, el art. 14.2 del *Real Decreto Legislativo 2/2004, de 5 de marzo, por el que se aprueba el Texto Refundido de la Ley de Haciendas Locales* (*Tol 346505*) (en adelante TRLRHL) tras establecer el carácter preceptivo del recurso de reposición[2], señala respecto a la legitimación que "*Podrán interponer el recurso de reposición: 1.º Los sujetos pasivos y, en su caso, los responsables de los tributos, así como los obligados a efectuar el ingreso de derecho público de que se trate. 2.º Cualquiera otra persona cuyos intereses legítimos y directos resulten afectados por el acto administrativo de gestión*".

Reclamaciones económico administrativas

"Artículo 232 LGT. Legitimados e interesados en las reclamaciones económico-administrativas

1. Estarán legitimados para promover las reclamaciones económico-administrativas:

a) Los obligados tributarios y los sujetos infractores.

b) Cualquier otra persona cuyos intereses legítimos resulten afectados por el acto o la actuación tributaria.

2. No estarán legitimados:

d. Los que asuman obligaciones tributarias en virtud de pacto o contrato".

Tal y como puede apreciarse, existe una contradicción entre los apartados 1º y 2º del art. 232 de la LGT, contradicción que, en cuanto a la legitimación, tal y como señala la STS de 28 de marzo de 2023 (*Tol 9505275*)[3], no puede correr diferente suerte que la judicial.

A continuación, se pone de manifiesto cuál ha sido la postura del TS a la hora de resolver aquellas cuestiones suscitadas sobre la legitimación tanto para instar la rectificación de la liquidación y la devolución de ingresos indebidos del obligado tributario al

---

2 *"Contra los actos de aplicación y efectividad de los tributos y restantes ingresos de derecho público de las entidades locales, solo podrá interponerse el recurso de reposición que a continuación se regula. a) Objeto y naturaleza.– Son impugnables, mediante el presente recurso de reposición, todos los actos dictados por las entidades locales en vía de gestión de sus tributos propios y de sus restantes ingresos de derecho público. Lo anterior se entiende sin perjuicio de los supuestos en los que la ley prevé la posibilidad de formular reclamaciones económico-administrativas contra actos dictados en vía de gestión de los tributos locales; en tales casos, cuando los actos hayan sido dictados por una entidad local, el presente recurso de reposición será previo a la reclamación económico-administrativa.".*

3 ROJ 1419/2023 rec. 8419/2021.

pago en virtud de pacto o convenio con el sujeto pasivo, así como cuando las desestimaciones en la vía administrativa han llegado a instancias judiciales.

1.2.1. Legitimación en la vía contencioso administrativa

Tal y como se puede apreciar en la casuística que se expone a continuación, el TS considera que en aquellos supuestos en los que el obligado al pago del IIVTNU lo es en virtud de pacto o contrato con el sujeto pasivo, se encuentra legitimado procesalmente para impugnar en la vía contencioso-administrativa el pago del impuesto, siempre que hubieran estado legitimados para interponer el recurso de reposición tributario local, en aquellos casos, en que dicho recurso agote la vía administración, y ello tanto si la solicitud de la rectificación de la autoliquidación fuese desestimada sin posibilidad de interponer recurso de reposición frente a lo que se interpuso un recurso contencioso-administrativo, como cuando se desestimó el recurso de reposición.

A) Desestimación de la solicitud de rectificación de la autoliquidación, haciéndose saber a los interesados que ponía fin a la vía administrativa y que contra el mismo cabía recurso contencioso-administrativo ante los Juzgados de lo Contencioso-administrativo, sin indicar la procedencia de interponer recurso de reposición

La STS de 30 de octubre de 2019 (*Tol 7571611*)[4] analiza la siguiente cuestión: "*Determinar si se debe reconocer o no legitimación para recurrir en la vía contencioso-administrativa por ostentar un interés legítimo a quienes sin ser los sujetos pasivos asuman en virtud de pacto o contrato la obligación tributaria principal de pago de un tributo local —como el impuesto sobre incremento de valor de los terrenos de naturaleza urbana—, teniendo en cuenta, por un lado, que no está expresamente proscrita su legitimación para interponer el recurso de reposición tributario local y que dicho recurso agotará la vía administrativa previa en buena parte de los casos —en todos los que no existan reclamaciones económico administrativas locales—; y, por otro lado, que el derecho a la tutela judicial efectiva impone a los tribunales la obligación de interpretar con amplitud las fórmulas que las leyes procesales utilicen en orden a la atribución de legitimación activa —principio pro actione—*".

En el supuesto analizado por la STS, se solicitó la rectificación de la autoliquidación presentada por el IIVTNU debida a la transmisión del inmueble vendido en escritura pública, al considerar que dicha operación no está sujeta al impuesto por haberse producido un decremento del valor de la parcela, por lo que debía ser anulada la deuda tributaria autoliquidada. Dicha solicitud fue desestimada, haciéndose saber a los interesados que ponía fin a la vía administrativa y que contra el mismo cabía recurso contencioso-administrativo ante los Juzgados de lo Contencioso-administrativo de Madrid,

4 ROJ 3488/2019 rec. 3738/2018.

sin indicar la procedencia de interponer recurso de reposición conforme a la Ley de Haciendas Locales, ante lo cual se interpuso recurso contencioso-administrativo por parte de la entidad compradora, ya que si bien no era el sujeto pasivo para la liquidación, por parte expreso entre las partes reflejado en la escritura pública de compraventa, asumió la obligación de pagar el IIVTNU.

El Juzgado de lo contencioso-administrativo inadmitió a trámite el recurso por falta de legitimación activa, argumentando, en síntesis, que "*la recurrente no ostenta la condición de sujeto pasivo del impuesto, no fue parte en el previo expediente administrativo ni interpuso recurso de reposición preceptivo a la vía jurisdiccional, por lo que ninguna legitimación activa le alcanza al corresponder, en su caso, a la transmitente Consorcio Urbanístico Leganés Tecnológico*". El auto de inadmisión fue recurrido en apelación ante el TSJ de Madrid, revocándolo y ordenando la continuación del proceso hasta la sentencia, que fue recurrida en casación por el Ayuntamiento.

El TS, tras recordar que el concepto de legitimación procesal es una manifestación del derecho al acceso a la jurisdicción, reconocido en el artº 24.1 de la CE, señala que "*El derecho a la tutela judicial efectiva contiene un mandato implícito al legislador, y al intérprete, consistente en promover la defensa en la medida de lo posible, mediante la correspondiente contradicción. El primer contenido, en un orden lógico y cronológico, del derecho a obtener la tutela judicial efectiva de los Jueces y Tribunales que reconoce el art. 24.1 CE es el acceso a la jurisdicción, que se concreta en el derecho a ser parte en un proceso para poder promover la actividad jurisdiccional que desemboque en una decisión judicial sobre las pretensiones deducidas*".

Por ello, establece la siguiente doctrina de interés casacional: "*se debe reconocer legitimación para recurrir en la vía contencioso-administrativa por ostentar un interés legítimo a quienes, sin ser los sujetos pasivos, asuman en virtud de pacto o contrato la obligación tributaria principal de pago de un tributo local —como el impuesto sobre incremento de valor de los terrenos de naturaleza urbana—, al estar legitimados para interponer el recurso de reposición tributario local en aquellos casos, como el presente, en que dicho recurso agota la vía administrativa local*").

B) Impugnación del pago mediante recurso de reposición y ante cuya desestimación se interpuso recurso contencioso administrativo.

A la misma conclusión y remitiéndose a la comentada STS de 30 de octubre de 2019 (*Tol 7571611*)[5] se llega en la STS de 17 de septiembre de 2020 (*Tol 8091142*)[6] en la que, tras asumir, en virtud de pacto o contrato la obligación tributaria principal de pago

[5] ROJ 3488/2019 rec. 3738/2018.

[6] ROJ 2863/2020 rec. 991/2019.

del IIVTNU, impugnó el pago mediante recurso de reposición y ante cuya desestimación interpuso recurso contencioso administrativo.

Como puede apreciarse, el TS ha reconocido, en las dos sentencias mencionadas, que hay legitimación activa procesal (art. 19.a) LJCA) para recurrir judicialmente, por ostentar un interés legítimo a quienes, sin ser los sujetos pasivos, asuman en virtud de pacto o contrato la obligación tributaria principal de pago de un tributo local —como el impuesto sobre incremento de valor de los terrenos de naturaleza urbana—, al estar legitimados para interponer el recurso de reposición tributario local en aquellos casos en que dicho recurso agota la vía administrativa local (STS de 28 de abril de 2023)[7].

El TS (17 de septiembre de 2020 (*Tol 8091142*)[8]) además se pronuncia sobre la limitación en cuanto a la legitimación prevista en el art. 33.1 del *Real Decreto 939/2005, de 29 de julio, por el que se aprueba el Reglamento General de Recaudación*[9], señalando que "*por su rango y por su contenido objetivo, no es una norma adecuada para establecer o regular el régimen de la legitimación procesal activa ad causam para acceder al litigio, basada en el interés legítimo, aunque haya sido invocado como infringido en el recurso de casación*". Del mismo parecer la STS de 28 de marzo 2023 (*Tol 9505275*)[10].

1.2.2. Legitimación en las vías impugnatorias previas al proceso judicial

El TS viene a señalar que no tiene sentido, ni resulta posible conforme al art. 24 de la Constitución, el hecho de que la legitimación en la vía administrativa sea más restrictiva que en la vía judicial. Así, independientemente de que la legitimación activa entre unos ayuntamientos y otros, sea diferente en función de si la modalidad impugnatoria de sus actos sea el recurso de reposición o la reclamación económico-administrativa, no tiene sentido que, frente a la inadmisión en la vía administrativa, posteriormente se impugne en la vía contencioso-administrativa donde sí se tenga legitimación. Y es que negar la legitimación en la vía económico-administrativa (en aquellos ayuntamientos que cuentan con Tribunales Económico Administrativos) y admitirla en la vía judicial, supondría una antinomia.

---

7 ROJ 1419/2023 rec. 8419/2021.

8 ROJ 2863/2020 rec. 991/2019.

9 "*Artículo 33. Legitimación, lugar de pago y forma de pago*
1. Puede efectuar el pago, en período voluntario o período ejecutivo, cualquier persona, tenga o no interés en el cumplimiento de la obligación, ya lo conozca y lo apruebe, ya lo ignore el obligado al pago.
El tercero que pague la deuda no estará legitimado para ejercitar ante la Administración los derechos que corresponden al obligado al pago".

10 ROJ 1419/2023 rec. 8419/2021.

A) La solicitud de rectificación de la autoliquidación y de devolución de ingresos indebidos fue desestimada por silencio administrativo, al igual que el recurso de reposición.

La STS de 28-3-2023[11] analiza "*si quien resulta obligado al pago del impuesto sobre el incremento del valor de los terrenos de naturaleza urbana en virtud de pacto o contrato con el sujeto pasivo del tributo, se encuentra legitimado para instar la rectificación de la autoliquidación tributaria y para solicitar la devolución del eventual ingreso indebido derivado de aquella*".

La mencionada STS analiza el siguiente supuesto: la adquirente del inmueble, que asumió en virtud de pacto contenido en la escritura pública de compraventa, formulo solicitud de fraccionamiento de la deuda tributaria ante el Ayuntamiento, quien se lo concedió. Sin perjuicio del fraccionamiento y no estando conforme con la autoliquidación practicada al considerar que no se había producido plusvalía gravable por el tributo, presentó solicitud de rectificación de la autoliquidación y de devolución de ingresos indebidos. Entendiendo desestimada la solicitud por silencio administrativo, la mercantil presentó recurso de reposición que, igualmente, no fue atendido por el Ayuntamiento. Contra la desestimación presunta del recurso de reposición, se interpuso recurso contencioso-administrativo que fue resuelto mediante sentencia del Juzgado de lo Contencioso-Administrativo, en cuyo fallo se declaró la inadmisibilidad del recurso, sentencia que fue recurrida en apelación ante el TSJ, revocando la sentencia del Juzgado y desestimando, al mismo tiempo, el recurso interpuesto.

Es decir, el obligado al pago del IIVTNU en virtud de pacto o contrato con el sujeto pasivo del tributo, instó la rectificación de la autoliquidación tributaria y la devolución del eventual ingreso indebido derivado de aquella, frente a lo que la Administración no contestó explícitamente dicha solicitud de rectificación ni tampoco el recurso de reposición, por lo que el asunto llegó al contencioso administrativo, sede en la que la Administración tributaria adujo la falta de legitimación administrativa, cosa que pudo haberlo hecho en vía administrativa, vulnerando de este modo las más elementales exigencias de la buena fe y del principio de buena administración.

En opinión del TS, negar la legitimación en la vía económico-administrativa (en aquellos ayuntamientos que cuentan con Tribunales Económico Administrativos) y admitirla en la vía judicial, supondría una antinomia que "*no es admisible ni jurídicamente lógica, teniendo en cuenta, además, que la legitimación activa, como presupuesto procesal entroncada con el acceso al proceso (art. 24 CE), posee un carácter expansivo que no puede quedar cercenado ni entorpecido mediante interpretaciones restrictivas de la obtención de una decisión de fondo en la vía obligatoria previa. En otras palabras, supone que el pagador*

[11] ROJ 1419/2023 rec. 8419/2021.

interesado en la devolución habría de acudir a la Administración a que le negara legitimación —atendido el criterio sentado por la Sala de Madrid—, para luego dar paso a un recurso jurisdiccional en que, contrariamente a lo que sucede en esa vía preceptiva previa al proceso —y, dependiente, en su existencia y fines, de este, en que no tendría vedado el acceso por falta de legitimación—, sí se le reconocería tal derecho al acceso".

Por todo ello, establece la siguiente jurisprudencia:

"*1) El obligado al pago del impuesto sobre el incremento del valor de los terrenos de naturaleza urbana en virtud de pacto o contrato con el sujeto pasivo del tributo se encuentra legitimado para instar la rectificación de la autoliquidación tributaria y la devolución del eventual ingreso indebido derivado de aquella, por ser incompatible la falta de legitimación administrativa con la judicial, necesariamente unida a la previa, reconocida por nuestra jurisprudencia.*

2) La Administración que no ha contestado explícitamente la solicitud de rectificación de la autoliquidación ni tampoco el recurso de reposición, no puede después aducir en el proceso judicial la falta de legitimación administrativa que, pudiendo haberlo hecho, no declaró, sin faltar a las elementales exigencias de la buena fe y del principio de buena administración.

3) En cualquier caso, el régimen del recurso de reposición establecido en el art. 14.2 del TRLHL no establece una taxativa prohibición equivalente a la prevista en el art. 232 LGT, que es precepto aquí inaplicable".

B) La inadmisión de solicitud de devolución de ingresos indebidos fue ratificada por el Tribunal Económico-Administrativo Municipal.

La STS de 18 de abril de 2023 (*Tol 9514658*)[12] analiza el problema que reside en el hecho de que la Administración municipal inadmitió la solicitud de devolución de ingresos indebidos, por falta de legitimación que asiste al tercero que no es sujeto pasivo para pedir la devolución de un tributo, criterio que fue ratificado por el Tribunal Económico-Administrativo Municipal de Madrid —TEAMM—, con fundamento directo en el artículo 232.2.d) LGT.

El TS considera que la legitimación administrativa y la judicial no son instituciones inconexas, que pueden dar lugar a situaciones distintas entre sí, así como que no "*es posible concebir que una persona física o jurídica que ha satisfecho, ante la Administración, el pago de un impuesto, por pacto con quien tiene la condición de sujeto pasivo, carezca de legitimación administrativa pero sí posea la judicial*".

---

12 ROJ 1463/2023 rec. 2309/2021: "*[...] Determinar si quien resulta obligado al pago del impuesto sobre el incremento del valor de los terrenos de naturaleza urbana en virtud de pacto o contrato con el sujeto pasivo del tributo, se encuentra legitimado para instar la rectificación de la autoliquidación tributaria y para solicitar la devolución del eventual ingreso indebido derivado de aquella [...]*"".

El TS alude a los diferentes escenarios en los que puede suscitarse la controversia, en función de la modalidad impugnatoria existente en uno u otro ayuntamiento, intentado poner sentido común y señalando la necesidad de interpretar de forma global y sistemática el art. 232 LGT, extensiva, sin forzar el sentido lógico normativo, a todos los casos de interés legítimo, que resulta evidente:

"6) Existe, además de tan indeseable incoherencia entre instituciones conexas e interdependientes, otra añadida, la que resulta de los diferentes regímenes aplicables, en cuanto a legitimación activa, entre unos ayuntamientos y otros, en función de que la modalidad impugnatoria de sus actos sea el recurso de reposición (art. 14.2 TRLHL) o la reclamación económico-administrativa, tal como ya ha interpretado, para el recurso de reposición, este Tribunal Supremo. Por ello, hay que desdeñar toda interpretación de las normas que conduzca al absurdo, aunque ellas mismas, en su disparidad, lo propicien, como la de que sea factible al tercero que ha asumido obligaciones fiscales mediante pacto o contrato acudir al recurso de reposición, sin cortapisas derivadas de una eventual falta de legitimación que la ley no prevé específicamente, mientras no pueda hacerlo si el Ayuntamiento es otro y está sometido a la disciplina de las reclamaciones económico— administrativas en materia local.

7) De aceptarse tal antinomia, el adquirente de un inmueble que asume por pacto privado el pago del impuesto tendría que acudir a la vía previa —reposición o TEAM, según los casos— a que le indicaran que no está legitimado para ejercitar esa vía, para después, frente a la inadmisión, poder acudir al contencioso-administrativo, donde sí tendría legitimación. Esto no tiene sentido y el Derecho no puede quedar indiferente".

Por todo ello, establece la siguiente jurisprudencia:

"Hemos de dar respuesta a la cuestión planteada en el auto de admisión, partiendo de que la legitimación administrativa no puede correr diferente suerte de la judicial, a la que sirve y a la que se anticipa y condiciona, como trámite preceptivo, máxime cuando la prohibición contenida en el artículo 232.2 LGT, conforme al cual "...2. No estarán legitimados:...d) Los que asuman obligaciones tributarias en virtud de pacto o contrato...", no puede desconocer la prioridad de la regla general más amplia, y no incompatible con ella, establecida en el apartado 1 del artículo citado, conforme al cual "1. Estarán legitimados para promover las reclamaciones económico-administrativas:

a) Los obligados tributarios y los sujetos infractores.

b) Cualquier otra persona cuyos intereses legítimos resulten afectados por el acto o la actuación tributaria".

Es decir, que quienes no son obligados tributarios stricto sensu ni sujetos infractores no pueden ver cegada su vía de acceso al examen y eventual satisfacción de sus intereses legítimos, máxime a la vista de que se ha abonado una cantidad recibida en concepto de impuesto luego declarado inexistente, cuya percepción genera un enriquecimiento injusto.

A la vista de todo ello, procede establecer como doctrina la siguiente:

1) El obligado al pago del impuesto sobre el incremento del valor de los terrenos de naturaleza urbana en virtud de pacto o contrato con el sujeto pasivo del tributo se encuentra legitimado para instar la rectificación de la autoliquidación tributaria y la devolución del eventual ingreso indebido derivado de aquella, por ser incompatible la falta de legitimación administrativa con la judicial, necesariamente unida a la previa, reconocida por nuestra jurisprudencia".

2. PLURALIDAD DE OBLIGADOS TRIBUTARIOS

El art. 35.1 de la LGT define a los obligados tributarios como "*las personas físicas o jurídicas y las entidades a las que la normativa tributaria impone el cumplimiento de obligaciones tributarias*", pudiendo abarcar diferentes presupuestos de hecho vinculados con la consecuencia jurídica del cumplimiento de una obligación material y/o formal relacionada, directa o indirectamente, con la Hacienda Pública[13]. Siendo muy amplia la variedad de obligados tributarios, en las próximas líneas nos vamos a centrar en la solidaridad tributaria pasiva.

2.1. SOLIDARIDAD TRIBUTARIA PASIVA

En este apartado vamos a analizar una de las garantías personales que confieren a la administración acreedora un derecho de naturaleza personal o una facultad que no se dirige hacia una cosa determinada, sino hacia la misma persona del deudor o hacia un tercero: la solidaridad tributaria pasiva que, junto con la responsabilidad tributaria, permiten asegurar el cobro por parte de la Administración. La solidaridad tributaria pasiva se manifiesta a través de varias modalidades, como son: la solidaridad de dos o más titulares en la realización del hecho imponible, prevista en el apartado 7 del art. 35 de la LGT; y la solidaridad entre responsables del tributo[14].

La solidaridad tributaria pasiva es una forma de sujeción de diferentes patrimonios que pertenecen a sujetos diversos, que se manifiesta a través: de la solidaridad de dos o más titulares del hecho imponible, y la solidaridad de varios responsables tributarios[15].

Es decir, la LGT prevé, entre otras, dos garantías personales: por un lado, la responsabilidad tributaria, solidaria o subsidiaria, regulada en los arts. 41 a 43 de la LGT y,

13 Menéndez Moreno, A. (2017). "Repasando la noción de obligado tributario y sus diferentes modalidades". *Quincena Fiscal*, (1).

14 Fernández Caballero, Z. (2014). *Las garantías del crédito tributario*, Bosch, p. 118.

15 Fernández Caballero, Z. (2014). *Las garantías del* ..., ci., pp. 118 y 119.

por otro lado, la solidaridad tributaria pasiva, prevista en el art. 35.7 de la LGT[16]. Estas dos instituciones jurídicas, nada tienen que ver entre sí, tal y como ya lo señaló en su momento la STS de 22 de septiembre de 2002 (*Tol 1702150*)[17]:

"El Derecho Tributario que es fundamentalmente un derecho de obligaciones de carácter público, con el fin de asegurar el cobro de las obligaciones tributarias, regula figuras peculiares del deudor tributario (sujetos pasivos), como son el sujeto sustituto, el retenedor, el responsable tributario, y diversas modalidades de garantías, y, en cuanto interesa a este caso, establece en el artículo 34 de la Ley General Tributaria, en contra de lo dispuesto en el artículo 1137 del Código Civil (Tol 220310)[18]*, que "la concurrencia de dos o mas titulares en el hecho imponible determinará que queden solidariamente obligados frente a la Hacienda Pública".*

De este precepto se deduce, y esto es muy importante, que cada uno de ellos es sujeto pasivo, obligados "in solidum", es decir deudores tributarios, solidarios, por lo que de conformidad con lo dispuesto en el artículo 1144 del Código Civil, el acreedor podrá dirigirse y exigir el cumplimiento de la obligación completa a cualquiera de ellos o contra todos ellos simultáneamente, y así lo ha reconocido tácitamente el artículo 11, apartado 2, del Reglamento General de Recaudación, aprobado por Real Decreto 1684/1990, de 20 de Diciembre (Tol 224748), que se ha remitido al artículo 34 de la Ley General Tributaria.

En relación con lo anterior, es menester distinguir dos fases distintas, la primera es la de constitución de la obligación tributaria, para la cual si existen varios sujetos pasivos por realización del mismo hecho imponible, es decir existe "eadem causa obligandi", todos y cada uno de ellos individualmente, debe ser incluido en la liquidación y, por supuesto, noti-

---

16 Rodríguez-Borlado Domínguez, L. M. (2022). "Responsabilidad solidaria en el Impuesto sobre la Renta de no Residentes", *Cuadernos de Formación Instituto de Estudios Fiscales*, (28), p. 214.

17 ROJ 6029/2002 rec. 7602/1997.

18 "Este precepto distingue perfectamente entre la «mancomunidad» y la «solidaridad» al señalar que la primera consiste en un deudor que solo debe y solo se le puede exigir una parte de la deuda, mientras que la solidaridad consiste en que, ante una pluralidad de deudores, cada deudor debe la totalidad de la deuda por lo que el acreedor puede exigir a cada uno la totalidad de la misma.
En definitiva, ante una pluralidad de deudores, la «mancomunidad» consiste en una deuda divisible, de tal forma que en la práctica habrá tantas deudas como deudores, tal como señala el artículo 1138 Cc, mientras que en la «solidaridad» hay una deuda única, de tal modo que puede ser reclamada a voluntad a cualquiera de los deudores separada o conjuntamente, tal como viene a señalar el artículo 1144 Cc, sin que ningún deudor pueda exigir la división de la deuda en tantas partes como deudores haya. Igualmente, en el caso de la «solidaridad», en el supuesto de que pague la totalidad de la deuda uno de los deudores extingue la misma, sin perjuicio de que pueda pedir su parte a los demás, tal como establece el artículo 1145 CC" (Martínez Lozano, J. M. (2017). "La solidaridad tributaria (art. 35.7 LGT. La apariencia oculta la realidad)". Carta Tributaria, (33), p. 2.

ficado de la misma, única manera de ser declarado y constituirse formalmente como sujeto pasivo. La segunda fase es la de exigencia del cumplimiento de la obligación, a cuyo efecto la Administración Tributaria, siguiendo en esta materia las normas comunes del Derecho Civil, puede dirigirse a cualquiera de ellos.

Conviene aclarar que la existencia de varios sujetos pasivos solidarios, por aplicación del artículo 34 de la Ley General Tributaria, nada tiene que ver con la peculiaridad propia del Derecho Tributario de sujetos responsables, en la que existe un deudor principal que es el que ha realizado el hecho imponible y un tercero relacionado con él, al cual la Ley tributaria le obliga como responsable solidario o subsidiario".

Nos encontramos ante dos realidades jurídicas, diferentes, que, en palabras del TS, "*nada tienen que ver*"[19]:

– Por un lado, la responsabilidad solidaria prevista por el art. 35.7 párrafo primero de la LGT, que tiene su origen en que dos o más titulares concurren en el hecho imponible, y que, de acuerdo con la STS citada, es una solidaridad de tipo civil, es decir, nos encontramos con obligados in solidum, por lo que el acreedor podrá dirigirse, y exigir el cumplimiento de la obligación completa a cualquiera de ellos, o contra todos ellos simultáneamente, de conformidad con lo dispuesto en el artículo 1.144 del CC.

"*Artículo 35. Obligados tributarios*

7. La concurrencia de varios obligados tributarios en un mismo presupuesto de una obligación determinará que queden solidariamente obligados frente a la Administración tributaria al cumplimiento de todas las prestaciones, salvo que por Ley se disponga expresamente otra cosa.

Las Leyes podrán establecer otros supuestos de solidaridad distintos del previsto en el párrafo anterior.

Cuando la Administración solo conozca la identidad de un titular practicará y notificará las liquidaciones tributarias a nombre del mismo, quien vendrá obligado a satisfacerlas si no solicita su división. A tal efecto, para que proceda la división será indispensable que el solicitante facilite los datos personales y el domicilio de los restantes obligados al pago, así como la proporción en que cada uno de ellos participe en el dominio o derecho trasmitido".

– Y, por otro lado, los responsables solidarios o subsidiarios, contenidos fundamentalmente en los arts. 42 y 43 de la LGT, en los que junto al deudor principal se encuentran otras personas, los responsables, a los que la ley configura como tal y les obliga a responder de la deuda tributaria. Ahora bien, podría darse el caso en el que concurran una pluralidad de responsables en la realización del presupuesto de hecho de la responsabilidad, solidaria o subsidiaria, y una vez cumplidos los requisitos de exigibilidad de

---

19 Rodríguez-Borlado Domínguez, L. M. (2022). *Responsabilidad solidaria...* cit., pp. 214 y 215.

sus respectivas obligaciones, conformarán una solidaridad de tipo civil, como la que señalábamos en el punto anterior, de conformidad con el art. 35.7 de la LGT[20].

Es decir, encontrándonos ante dos figuras jurídicas diferentes, en determinadas ocasiones puede que una de ellas (la responsabilidad tributaria —arts. 41 a 43 de la LGT—) encaje en la responsabilidad solidaria prevista en el art. 37.5 de la LGT.

En cualquiera de sus modalidades, la finalidad de la solidaridad es conseguir un refuerzo de la posición jurídica de la Administración tributaria, cuyo derecho de crédito resulta garantizado en la medida en que todos los deudores solidarios asumen una responsabilidad completa del cumplimiento de la obligación de cada uno de ellos, de modo que así es posible acceder a más patrimonios de una manera razonable[21].

La solidaridad que el legislador ha previsto en el art. 35.7 de la LGT no supone que la Administración tenga que dirigirse contra todos los responsables, ni que se multiplique el importe a cobrar. Así lo establece la SAN 29 de marzo de 2022 (*Tol 8915162*)[22], en un supuesto en el que varios obligados tributarios puedan ser declarados responsables subsidiarios y resulte aplicable en consecuencia el art. 35.7 de la LGT al señalar lo siguiente: "*En cuanto a la supuesta pluspetición por haberse declarado responsables subsidiarios a todos los integrantes del Consejo de Administración, debe mencionarse que el único límite es el que establece el artículo 176 de la LGT "Una vez declarados fallidos el deudor principal y, en su caso, los responsables solidarios, la Administración tributaria dictará acto de declaración de responsabilidad, que se notificará al responsable subsidiario".*

La declaración de responsabilidad subsidiaria no impone que se proceda a la ejecución respecto de todos los deudores subsidiarios ni que se que se multiplique el importe a cobrar por parte de la Administración; el mismo articulo 35.7 de la LGT que cita la parte recurrente no ampara que se produzca pluspetición; "La concurrencia de varios obligados tributarios en un mismo presupuesto de una obligación determinará que queden solidariamente obligados frente a la Administración tributaria al cumplimiento de todas las prestaciones, salvo que por ley se disponga expresamente otra cosa".

---

20 "*Recordar que los responsables no se encuentran en una situación de solidaridad con el deudor principal —sin perjuicio de la consideración de la responsabilidad como obligación secundaria que se beneficia de los pagos, suspensión o aplazamientos obtenidos por el deudor principal, al menos hasta la reforma del art. 174.5 por Ley 11/2021—. Esta solo se produce, art. 35.7 de la LGT, cuando concurren varios sujetos en el mismo presupuesto de hecho de una obligación. En los supuestos responsabilidad la situación del responsable es de segundo plano en relación con el deudor principal, y son responsables en cuanto concurre el presupuesto de hecho desencadenante de la consecuencia jurídica, en definitiva, está presente la idea de la solidaridad pasiva* (STS de 15 de febrero de 2023 ROJ 541/2023 rec. 4596/2021 (*Tol 9425018*)).

21 Fernández Caballero, Z. (2014). *Las garantías del crédito* ..., cit., p. 119.

22 Rec. 1886/2019.

2.1.1. La solidaridad de dos o más titulares en la realización del hecho imponible[23]

Cuando el hecho imponible es realizado por varios sujetos habrá un solo acreedor, la Administración tributaria, y varios deudores principales. En este supuesto se cuestiona cómo deben responder estos deudores principales, de forma mancomunada (cada uno de los deudores solo está obligado a cumplir la parte de la deuda que le corresponde) o solidariamente (todos y cada uno de los deudores quedan sometidos a cumplir íntegramente la obligación cuando el acreedor compela a ello).

El Código Civil, de manera general, aboga por la aplicación de la mancomunidad en los casos en que se produce la concurrencia de más de un deudor, como se aprecia en el artículo 1.138 ("*Si del texto de las obligaciones a que se refiere el artículo anterior no resulta otra cosa, el crédito o la deuda se presumirán divididos en tantas partes iguales como acreedores o deudores haya, reputándose créditos o deudas distintos unos de otros*".). En cambio, en el ordenamiento tributario la regla general es la solidaridad, como se desprende del art. 35.7 de la LGT.

Del supuesto de solidaridad que contiene el último precepto se desprenden varias consecuencias importantes:

1. La Administración tributaria puede requerir el pago indistintamente a cualquier obligado tributario, es decir, puede dirigirse contra cualquier deudor mientras no cobre su crédito completamente.

2. Alcance de la solidaridad: si Hacienda se dirige contra uno de los deudores este sujeto está obligado a responder del importe total de la deuda, con todos sus elementos.

3. El pago hecho por alguno de los deudores solidarios extingue la obligación.

4. Derecho de reembolso. Uno de los elementos definitorios de las obligaciones solidarias consiste en que al nacer de un solo hecho imponible, existe únicamente una relación jurídica tributaria, pero esta circunstancia no evita que existan relaciones internas entre los coobligados que se rigen por el derecho privado, siendo la principal el derecho de reembolso a favor de quién realizó el pago que liberó a los demás frente a la Administración tributaria, de manera que el sujeto que efectúa el pago puede dirigirse contra los demás obligados buscando su resarcimiento. El sujeto que ingresa el tributo solo puede reclamar a cada uno de los coobligados la parte que le corresponda del pago realizado y no puede dirigirse contra uno de ellos para que le reembolse el conjunto de las cuotas de todos los deudores. Esto significa que una vez satisfecho el acreedor la obligación solidaria se convierte en mancomunada.

A continuación, se analiza alguna casuística al respecto:

---

[23] Fernández Caballero, Z. (2014). *Las garantías del crédito* ..., cit., pp. 119 y 120.

A) Prestación de servicios consistente en la recogida de residuos sólidos en el caso de que varias personas sean cotitulares del derecho de propiedad sobre un inmueble.

La Consulta Vinculante V3281-20, de 4 de noviembre de 2020 de la Subdirección General de Tributos Locales SGTL, analiza el supuesto de si en caso de varios cotitulares de un inmueble, existe obligación por parte del ayuntamiento de dividir el recibo de la tasa de recogida de residuos sólidos entre todos los copropietarios, de forma análoga al Impuesto sobre Bienes Inmuebles.

La SGTL considera que en aplicación de los arts. 20.4 s) y 23 del TRLRHL, se facultad a las Entidades Locales para el establecimiento de tasas por la utilización privativa o el aprovechamiento especial del dominio público local, así como por la prestación de servicios públicos o la realización de actividades administrativas de competencia local que se refieran, afecten o beneficien de modo particular a los sujetos pasivos, como es la "*s) Recogida de residuos sólidos urbanos, tratamiento y eliminación de estos, monda de pozos negros y limpieza de calles particulares*", siendo sujetos pasivos de las mismas la persona o entidad que sea propietaria del inmueble, bien como contribuyente o bien como sustituto en el caso de que tenga cedido el uso de ese inmueble por cualquier título.

Considera la SGTL que en aplicación de lo dispuesto en el art. 35.7 de la LGT, en el caso de que varias personas sean cotitulares del derecho de propiedad sobre un inmueble, todos ellos son obligados tributarios de la tasa por recogida de residuos sólidos y, además, todos quedan solidariamente obligados frente a la Administración tributaria al cumplimiento de todas las prestaciones, pudiéndose solicitar la división de la liquidación tributaria, solicitud que podría hacer cualquiera de los sujetos pasivos siempre que se cumplan los requisitos previstos en dicho artículo.

Ahora bien, en el caso en que la prestación del servicio de recogida de residuos sólidos no se realice directamente por el propio ayuntamiento, sino a través de alguna de las formas de gestión directa con personificación diferenciada (sociedad mercantil o entidad pública empresarial de capital íntegramente público) o mediante gestión indirecta (como es la concesión administrativa), la contraprestación exigida a los usuarios no tendrá la condición de tasa, sino de prestación patrimonial de carácter público no tributario (art. 20.6 del TRLRLH), de modo que dada dicha naturaleza de una prestación patrimonial de carácter público no tributario, no teniendo la consideración de tributo, no le resulta de aplicación directamente lo dispuesto en el art. 35.7 de la LGT, por lo que, a efectos de la división de la liquidación entre los distintos obligados a satisfacerla, habrá que estar a lo dispuesto en la norma que regule dicha prestación patrimonial de carácter público no tributario.

B) En los supuestos en los que tras el fallecimiento de una persona se exigen las obligaciones tributarias pendientes a uno de sus sucesores, si pretende la división de la deuda debe identificar al resto.

El supuesto de responsabilidad solidaria previsto en el art. 37.5 de la LGT puede tener lugar en aquellos casos en los que fallece una persona física teniendo pendientes obligaciones tributarias (art. 39 de la LGT), pudiendo la Administración tributaria dirigirse contra cualquier de ellos, frente a lo que podrá exigir la división de la deuda tributaria, tal y como establece el último párrafo del art. 35.7 de la LGT (STSJ de la Comunidad de Madrid de 29 de julio de 2019 (*Tol 7532112*))[24].

C) No cabe supeditar la división de la deuda tributaria del IBI, que pertenece pro indiviso a varios titulares, a que se aporten los datos necesarios para la domiciliación de los recibos resultantes de todos los cotitulares.

La STSJ de Asturias, de fecha 19 de febrero de 2018 (*Tol 6567893*)[25], analiza el supuesto en el que perteneciendo pro indiviso a varios titulares un inmueble, se solicitó la división de la deuda tributaria, solicitud que fue denegada por el Jefe de Área de Gestión Tributaria, ya que no se aportaron los datos necesarios para la domiciliación de los recibos resultantes de todos los cotitulares, y ello en virtud de lo establecido en el art. 10 de la Ordenanza fiscal 1.02 del Ayuntamiento de Gijón, referida al IBI, según el cual "*será necesario que todos los obligados tributarios domicilien en una entidad financiera el pago de las cuotas individuales resultantes*".

El TSJ considera que el art. 35.7 "*facilita el legislador la gestión de un tributo cuando existen varios obligados solidariamente al pago del tributo, disponiendo la posibilidad de que se divida la deuda tributaria exigiendo exclusivamente que se facilite por el solicitante de la división los datos de los obligados tributarios*". Sin embargo, con lo que no está de acuerdo es con la exigencia establecida por "*La Ordenanza Municipal que se recurre exige para la división de la deuda a efectos de IBI, en los supuestos de cotitularidad del inmueble que constituye el hecho imponible, que se faciliten además los datos de la cuenta bancaria, obligación que establece con carácter necesario y sin especificar si esa carga le corresponde al que solicita la división o a todos los obligados solidariamente. Esta dicción literal del precepto ha dado lugar a que en el acto administrativo enjuiciado en los autos en los que dimana esta cuestión de ilegalidad se exigiera a uno de los cotitulares los datos bancarios de otro cotitular, datos además protegidos, exigencia que al no ser atendida, impidió la división de la deuda tributaria. Ciertamente cabría la posibilidad de patrocinar una interpretación distinta que entendiera que esa obligación de comunicar los datos de la cuenta bancaria no le corresponde a los demás cotitulares y obligados solidariamente, sino a cada uno de ellos por separado. Sin embargo, la literalidad del precepto que establece en términos*

---

24 Rec. 568/2018; el art. 35.7 de la LGT también resulta aplicable a los legatarios que no renuncien expresamente, los cuales deben responder con lo recibido vía legado y con su propio patrimonio (Fernández Amor, J. A. (2014). "El procedimiento de recaudación frente a sucesores". *Procedimientos tributarios: aspectos prácticos*, Bosch, p. 405).

25 Rec. 924/2017.

imperativos e insoslayables esa obligación para los obligados tributarios en general, sin mayor distinción y especificidad, hace que esta Sala considere que el artículo de la Ordenanza, en los particulares litigiosos, deba reputarse contrario a la legislación básica en materia de procedimiento tributarios, Ley 58/2003, de 17 de diciembre (RCL 2003, 2945) (Tol 327278), General Tributaria, con la necesaria sanción de nulidad de pleno derecho, que es el único vicio en el que incurren las disposiciones generales contrarias a derecho, tal y como establece el art. 47.2 de la Ley 39/2015, de 1 de octubre (RCL 2015, 1477) (Tol 5494102), de Procedimiento Administrativo Común de las Administraciones Públicas".

Por ello, el TSJ considera necesario que el precepto impugnado sea erradicado del ordenamiento jurídico, procediendo en consecuencia a dictar una sentencia que declarando la nulidad de pleno derecho del art. 10 de la Ordenanza Fiscal Municipal del IBI del Ayuntamiento de Gijón, en los particulares que señalan literalmente "*será necesario que todos los obligados tributarios domicilien en una entidad financiera el pago de las cuotas individuales resultantes*".

Del mismo parecer la STSJ de Asturias de 9 de mayo de 2019 (*Tol 7271848*)[26], relativa al Ayuntamiento de Ribadesella.

D) La división de la liquidación tributaria no puede solicitarse una vez que la misma haya sido impugnada mediante un recurso de reposición.

La solicitud de la división de la liquidación (último párrafo del art. 35.7 de la LGT) tiene que tener lugar con anterioridad a la impugnación de la misma: "*Basa la parte apelante el presente recurso en que la sentencia de instancia incurre en una infracción del artículo 35.7 de la LGT en relación con el artículo 118.1 de la Ley 39/2015, de 1 de octubre, del Procedimiento Administrativo Común de las Administraciones Públicas, de aplicación supletoria, pues según argumenta, en esencia, la primera vez que la ahora apelada interesa la división de las cuotas del IBI del ejercicio 2014 fue en el recurso de reposición interpuesto contra las 34 liquidaciones, por lo que la resolución administrativa confirmatoria de su desestimación no vulnera el citado artículo 35.7 de la LGT, que aunque viene a admitir que la solicitud de división pueda tener lugar con posterioridad a la liquidación, ello no es posible utilizando el sistema de recursos administrativos, según el razonamiento que desarrolla, y con cita de las resoluciones judiciales que recoge y que la mercantil apelada ha omitido la exigencia impuesta por aquel precepto, lo que hace intranscendente los términos en que la solicitud de división de la liquidación pudiera estar contemplada en el artículo 8 de la Ordenanza Fiscal 1.02 del IBI del Ayuntamiento de Gijón, por lo que solicita se dicte sentencia estimatoria de la apelación y se revoque la mencionada sentencia*" (STSJ de Asturias de 30 de enero de 2018 (*Tol 6532029*))[27].

---

26 Rec. 1/2009.

27 Rec. 318/17.

E) La procedencia de la división de la liquidación no exige la conformidad expresa de todos los cotitulares.

El art. 6 de la Ordenanza Fiscal Reguladora del Impuesto sobre Bienes Inmuebles del Ayuntamiento de León (*Tol 355220*), exigía a efectos de la división de la liquidación entre todos los titulares del inmueble (art. 35.7 último párrafo de la LGT), la conformidad expresa de todos los titulares, precepto que "*es claramente nulo al exigir la conformidad de la división de todos los copropietarios. Nunca la necesaria simplificación de la gestión del tributo puede desconocer la verdadera naturaleza de la acción de división de la cosa común, obligatoria para todos los comuneros. Y si ello es así para el derecho que es fundamento de la base imponible, difícilmente se puede exigir una unanimidad para la gestión de un tributo local que lo grava. Y de nuevo, esa necesidad de unanimidad es un requisito exorbitante de la regulación que se contiene en el art. 35.7 LGT —actual—*" (STSJ de Valladolid de 26 de mayo de 2014 (*Tol 4426032*))[28].

F) La solidaridad del art. 35.7 de la LGT queda deshecha desde el momento en que se solicita la división de la liquidación tributaria.

Conforme establece la STSJ de Madrid de 17 de diciembre de 2017[29], desde el momento en que se solicita la división de la liquidación tributaria, y se cumplan los requisitos exigidos en el último párrafo del art. 35.7 de la LGT, la solidaridad desaparece: "*Cita la Sentencia 1699/2013 del Tribunal Superior de Justicia de Madrid de 30 de diciembre de 2013, Recurso núm. 560/2011 (Tol 4097045)*[30]*. Esta Sentencia señala de forma clara que ante una solicitud de división de deuda que cumple los requisitos del artículo 35.7 de la Ley 58/2003, de 17 de diciembre, General Tributaria, el principio de solidaridad en el pago de deudas tributarias queda deshecho ipso iure, debiendo proceder la Administración Tributaria a exigir el pago a los distintos obligados en proporción a sus distintas participaciones*".

28 Rec. 656/2013.

29 Rec. 415/2016.

30 "*Pero esta regla general de solidaridad puede excepcionarse, tal y como prevé el art. 35.6 LGT, aquí aplicado por el TEAR, si ese deudor solidario —en este caso, el heredero del sujeto pasivo— solicita la división de la obligación tributaria de la que es sucesor entre los restantes sucesores en dicha obligación con los que le unía la solidaridad que ahora se rompe, siempre que dé cumplimiento a los requisitos exigidos, de forma indispensable, por el último inciso del párrafo tercero del art. 35.6 LGT, esto es, que el solicitante de la división "facilite los datos personales y el domicilio de los restantes obligados al pago, así como la proporción en que cada uno de ellos participe en el dominio o derecho trasmitido ", que es lo que aquí ha ocurrido,*" (STSJ de Madrid de 30 de diciembre de 2013 rec. 560/2011).

Sin embargo, más que desaparecer la solidaridad, lo que sucede es que se pasa de una única liquidación a varias en función de la información que aporte el solicitante de la división.

G) ¿Beneficia al representante indirecto la solicitud de aplazamiento y posterior pago en periodo no voluntario de la deuda tributaria realizada por el deudor (importador)?

La STS de 10 de noviembre de 2021(*Tol 8650236*)[31] versa sobre si la solicitud de aplazamiento y posterior pago en periodo voluntario de la deuda tributaria, en concepto de renta de aduanas, efectuada por el importador, beneficia o no al representante indirecto, dada su consideración de deudor solidario de aquel y, en consecuencia, en el supuesto de que no le beneficie, si cabe exigirle el recargo ejecutivo si no hubiera aplazado dicha deuda.

Nos encontramos ante un supuesto de concurrencia de dos obligados tributarios en una misma obligación (deuda aduanera), ya que existen dos deudores principales (codeudores) solidarios: el representante indirecto y la persona por cuya cuenta se presenta la declaración.

Para entender mejor el supuesto de hecho, el TS trae a colación una serie de conceptos del entorno aduanero:

– Las liquidaciones en concepto de "Derechos Antidumping Unión Europea", derivan de la aplicación a DUAS fechados entre enero de 2012 y enero de 2013, lo cual determina que sea aplicable el Reglamento CEE nº 2913/1992, del Consejo, de 12 de octubre de 1992, por el que se aprueba el Código Aduanero Comunitario (CAC) (*Tol 1942900*).

– El artículo 4 del CAC define, en su apartado 9, la deuda aduanera, en su aparatado 10, los derechos de importación, en su apartado 12, deudor ante la aduana y en su apartado 19, el declarante. Así, "*deuda aduanera*" es la obligación, que tiene una persona, de pagar los derechos de importación (deuda aduanera de importación) o los derechos de exportación (deuda aduanera de exportación) aplicables a unas determinadas mercancías con arreglo a las disposiciones comunitarias vigentes. "*Derechos de importación*" son los derechos de aduana y exacciones de efecto equivalente, establecidos por la importación de las mercancías. "*Deudor ante la aduana*" es toda persona obligada al pago del importe de la deuda aduanera. Y "*declarante*" es la persona que efectúa la declaración en nombre propio o la persona en cuyo nombre se realiza la declaración en aduana.

---

31 Rec. 2486/2020 ROJ 4205/2021.

– A su vez, el artículo 5, apartado 2, del CAC dispone: "*la representación podrá ser: —directa, en el caso de que el representante actúe en nombre y por cuenta ajena, o bien —indirecta, en el caso de que el representante actúe en nombre propio, pero por cuenta ajena*".

– Por otro lado, el artículo 201 del CAC establece: "*1. Dará origen a una deuda aduanera de importación el despacho a libre practica de una mercancía sujeta a derechos de importación 2. La deuda aduanera se originará en el momento de la admisión de la declaración en aduana de que se trate 3. El deudor será el declarante. En caso de representación indirecta, será también deudora la persona por cuya cuneta se haga la declaración (...)*".

– De acuerdo con lo anterior, cuando las declaraciones de importación se presenten mediante representante indirecto, existen dos deudores solidarios de deuda aduanera: el representante indirecto y la persona por cuya cuenta se presenta la declaración (generalmente, el importador) concurriendo ambos en el presupuesto de hecho de una misma obligación.

– Por lo demás, el artículo 213 del CAC establece que "*cuando existan varios deudores para una misma deuda aduanera, estarán obligados al pago de dicha deuda con carácter solidario*"[32].

La doctrina ha entendido que, aun cuando el actual art. 84 CAU le otorgue el calificativo de "responsables de manera conjunta y solidaria" a las distintas personas obligadas al pago del importe de los derechos de importación o de exportación, dicha hipótesis no es equiparable a la responsabilidad solidaria regulada en la LGT, sino que se asemeja más al caso de la solidaridad pasiva de su art. 35.7, lo que desde luego permite que las autoridades aduaneras se dirijan indistintamente contra cualquiera de los deudores o coobligados exigiéndole la totalidad de la prestación tributaria[33].

– Por tanto, en el caso de la deuda aduanera, existen dos deudores principales (codeudores) solidarios: el representante indirecto y la persona por cuya cuenta se presenta la declaración.

Dicho esto, en el caso analizado por el TS, el importador solicitó el aplazamiento/fraccionamiento de la deuda aduanera, y antes de que se resolviese dicha solicitud, realizó fuera del plazo voluntario de pago, el correspondiente ingreso de dicha deuda. Ahora bien, al no haber formulado el representante indirecto solicitud de aplazamien-

32 Actualmente el art. 84 del *Reglamento (UE) nº 952/2013 del Parlamento Europeo y del Consejo, de 9 de octubre de 2013, por el que se establece el código aduanero de la Unión* (*Tol 3961371*).

33 Fernández López, R.I. (2023). "La deuda aduanera por incumplimiento de obligaciones relacionadas con las zonas francas". *Nueva Fiscalidad*, (2), p. 162.

to/fraccionamiento, ni haber procedido al ingreso de la deuda aduanera, se notificó a este providencia de apremio exigiendo el pago del recargo de periodo ejecutivo del 5 %.

Antes de analizar la cuestión objeto del debate, coincidimos en lo que establece el TS al señalar que es contraria al principio de buena administración, la actuación de la AEAT, ya que la Administración no puede iniciar el procedimiento de apremio respecto de una deuda aduanera sin analizar y dar respuesta motivada a la solicitud de aplazamiento (o fraccionamiento) efectuada por otro codeudor solidario en relación con esa misma deuda y, mucho menos, iniciar tal procedimiento de apremio cuando la deuda ya ha sido satisfecha por dicho codeudor.

Como puede apreciarse, lo que se dirime es determinar si una solicitud de aplazamiento, presentada por un importador de una deuda aduanera, beneficia o no al representante indirecto y si impide o no iniciar el procedimiento de apremio, con imposición, en su caso, del recargo ejecutivo que proceda, respecto de este último, quien ni presentó tal solicitud ni procedió al pago en periodo voluntario.

A partir de ahí, el TS recuerda que cuando las declaraciones de importación se presenten mediante representante indirecto, existen dos deudores solidarios de deuda aduanera: el representante indirecto y la persona por cuya cuenta se presenta la declaración (generalmente, el importador) concurriendo ambos en el presupuesto de hecho de una misma obligación. De modo que, en el caso de la deuda aduanera, existen dos deudores principales (codeudores) solidarios: el representante indirecto y la persona por cuya cuenta se presenta la declaración, recalcando que lo son respecto de la misma deuda aduanera, por lo que la solicitud de aplazamiento, y posterior pago en periodo voluntario de la deuda tributaria, en concepto de deuda aduanera, efectuada por el importador beneficia al representante indirecto y, viceversa.

El TS utiliza un argumento suyo recogido en la STS de 24 de junio de 2015 (rec. cas. 1491/2013) (*Tol 5205891*), según el cual, "*desde el punto de vista de la solidaridad, regulada en el Código Civil, no se puede decidir de modo diferente el núcleo de la solidaridad según se contempla a acreedor u obligados solidarios, pues si la solidaridad es una garantía del acreedor, es evidente que cuando uno de los obligados paga la deuda, esta se extingue para todos los obligados, creándose un nuevo vínculo entre ellos distinto e independiente al que les unía con el acreedor. Del mismo modo, si se presta la garantía, esta ha de aprovechar a todos los obligados, pues la garantía lo es de la "deuda" objetivamente considerada, pasando frente al acreedor a segundo plano las relaciones personales entre los obligados.*

Esto justifica que la "deuda" que es "una" por esencia, no puede ser exigida a todos los obligados, pues una cosa es que todos los obligados respondan del cumplimiento de la "única" deuda, y otra, bien diferente, y esto es lo que se pretende, es que la "única" deuda, o la garantía de su cumplimiento, pueda ser exigida íntegramente a "todos" los obligados".

A su vez, se remite a lo declarado en otra STS de 10 de diciembre de 2020 (*Tol 8249312*)[34], referida a un supuesto de responsabilidad tributaria, según la cual, siendo los recargos del periodo ejecutivo el carácter de obligaciones tributarias accesorias (art. 25.1 de la LGT), que tienen como referencia obligada la deuda no ingresada en periodo voluntario, sin perjuicio de su autonomía respecto de la deuda principal, su vinculación con esta resulta inescindible, al punto que de no existir esta, no puede existir obligación accesoria alguna, ni, claro está, recargo alguno.

Por todo ello, el TS fija la siguiente doctrina, que compartimos: "*la solicitud de aplazamiento y posterior pago en periodo voluntario de la deuda aduanera, efectuados por el importador, beneficia al representante indirecto, dada su consideración de codeudor solidario y, en consecuencia, no cabe exigirle el recargo ejecutivo al representante indirecto por no haber realizado el pago en periodo voluntario, aun cuando no haya solicitado el aplazamiento del mismo*".

H) La responsabilidad tributaria pasiva no requiere una declaración de responsabilidad.

La STS de 17 de marzo de 2021 (*Tol 8378822*)[35] establece que en los supuestos en los que el legislador ha establecido obligaciones solidarias no es necesaria una previa declaración de responsabilidad, declaración que sí se requiere en supuestos de responsabilidad tributaria: "*Este régimen, propio de las obligaciones solidarias, es el que se aplica al art. 163 nonies, apartado 6 de la Ley del IVA (RCL 1992,2786) (Tol 224743)*[36]*, sin que sea necesaria una declaración de responsabilidad. El acreedor puede dirigirse contra cualquiera de los deudores solidarios que es lo que respecto de estas obligaciones estipula el Código Civil (LEG 1889,27).*

La Sala como decimos comparte este criterio, una cosa es la solidaridad de los obligados tributarios establecida ex lege, y otra el establecimiento legal de una serie de casos en los que es posible declarar esta solidaridad, que exige como es lógico determinar que el hecho puede incardinarse en los supuestos de responsabilidad solidaria establecidos en la ley".

2.1.2. *La solidaridad tributaria pasiva en supuestos de responsabilidad tributaria*

Ya hemos adelantado con anterioridad que, una vez declarada la responsabilidad tributaria, entre el deudor principal y el resto de responsables —solidarios o subsidiarios— puede darse la responsabilidad tributaria pasiva. Dicho de otro modo, tras el

---

34 ROJ 4312/2020 rec. 2189/2018.

35 ROJ 1148/2021 rec. 7975/2019.

36 "*Artículo 163 nonies. Obligaciones específicas en el régimen especial del grupo de entidades Seis. Las entidades que apliquen el régimen especial del grupo de entidades responderán solidariamente del pago de la deuda tributaria derivada de este régimen especial*".

acuerdo de derivación de responsabilidad, concurriendo varios obligados tributarios, surge entre ellos la responsabilidad tributaria pasiva del art. 35.7 de la LGT prevista en el primer párrafo: "*7. La concurrencia de varios obligados tributarios en un mismo presupuesto de una obligación determinará que queden solidariamente obligados frente a la Administración tributaria al cumplimiento de todas las prestaciones, salvo que por Ley se disponga expresamente otra cosa*".

A) La solicitud de aplazamiento de una deuda tributaria por parte de un responsable impide el inicio del periodo ejecutivo —con las consiguientes providencias de apremio— para el resto de responsables.

En el caso analizado por la STSJ de Islas Baleares de 18 de julio de 2022 (*Tol 9180126*)[37], tras derivarse la responsabilidad subsidiaria de las deudas tributarias de una mercantil a los administradores (art. 43 de la LGT), habiéndose abonado las 4/5 partes de la deuda derivada en periodo voluntario, uno de los responsables solicitó un aplazamiento de la cantidad restante —sin garantía alguna al no ser necesario por la cuantía—, siendo concedido. Sin embargo, se emitieron cuatro providencias de apremio respecto de los cuatro responsables subsidiarios diferentes al que había interesado el aplazamiento.

Es cierto que todos los responsables subsidiarios de la deuda tributaria contraída por el deudor principal son obligados tributarios (art. 35.7 de la LGT) y que en virtud de lo dispuesto en el art. 41.3 de la LGT, "*Cuando haya transcurrido el plazo voluntario de pago que se conceda al responsable sin realizar el ingreso, se iniciará el período ejecutivo y se exigirán los recargos e intereses que procedan*", siendo no menos cierto que si uno de los responsables subsidiarios pagaba la deuda íntegra o parcialmente, este abono se entiende que disminuye el crédito de la Hacienda Pública para todos ellos.

A su vez, conforme a lo dispuesto en el art. 65.5 de la LGT "*5. La presentación de una solicitud de aplazamiento o fraccionamiento en período voluntario impedirá el inicio del período ejecutivo, pero no el devengo del interés de demora (...)*". Por otro lado, respecto de la recaudación en el período ejecutivo, el art. 161.2 establece que: "*2. La presentación de una solicitud de aplazamiento, fraccionamiento o compensación en período voluntario impedirá el inicio del período ejecutivo durante la tramitación de dichos expedientes (...)*".

Por consiguiente, en el supuesto aquí analizado, concurrían varios responsables subsidiarios en el mismo presupuesto de responsabilidad para el abono de una misma deuda tributaria de la mercantil obligada principal. Estos cinco responsables subsidiarios respondían solidariamente del cumplimiento de esta obligación derivada para con la Hacienda Pública, y si uno de ellos pedía el aplazamiento, por este título de solidaridad en las obligaciones, extensivo también a los derechos y efectos entre los responsables

[37] Rec. 197/2020.

situados en el mismo plano de garantía del cumplimiento de la obligación tributaria, esta solicitud producía consecuencias para todos los responsables subsidiarios. Así se desprende de la STS de 14 de octubre de 2020 (*Tol 8148362*)[38]: *"La cuestión con interés casacional objetivo debe contestarse en el sentido de que no cabe exigir a un responsable subsidiario del deudor principal un recargo de apremio cuando antes de que finalice el período voluntario de pago otro responsable subsidiario —y solidariamente obligado con aquel— ha solicitado el aplazamiento o fraccionamiento de la deuda en el periodo voluntario de ingreso de la misma, sin perjuicio de lo dispuesto en el art. 65.5* in fine de la LGT.

Todo lo dicho conlleva la desestimación del recurso de casación, en tanto que uno de los administradores solicitó antes de la finalización del periodo de pago voluntario el aplazamiento o fraccionamiento, cuando aún estaba pendiente de finalizar el período en voluntaria de la parte recurrida en este".

"En consecuencia, como se desprende de los preceptos y doctrina jurisprudencial expuesta, cuando uno de los responsables subsidiarios en virtud de la misma causa de derivación ex art. 43 LGT que los cuatro recurrentes en el mismo litigio, solicitó el aplazamiento de la deuda restante en período voluntario, esta petición producía como efecto la paralización del período ejecutivo para todos ellos, en virtud de los arts. 35.7, 65.5 y 161.2 LGT, sin que, en consecuencia, pudiesen emitirse providencias de apremio, ni tampoco, coherentemente, generar recargos de apremio para todos ellos".

De modo que esta infracción implica que pudiesen impugnarse las providencias de apremio, en virtud del art. 167.3 b) de la LGT (*"3. Contra la providencia de apremio solo serán admisibles los siguientes motivos de oposición: (...) b) Solicitud de aplazamiento, fraccionamiento o compensación en período voluntario y otras causas de suspensión del procedimiento de recaudación (...)".*

Y todo ello, con independencia de lo establecido en el art. 124.2 del *Real Decreto 939/2005, de 29 de julio, por el que se aprueba el Reglamento General de Recaudación* (*"2. Las solicitudes de aplazamiento o fraccionamiento de deudas o las solicitudes de suspensión del procedimiento de recaudación efectuadas por un responsable no afectarán al procedimiento de recaudación iniciado frente a los demás responsables de las deudas a las que se refieran dichas solicitudes"*), ya que el mismo no puede interpretarse en sentido opuesto a los preceptos incluidos en la LGT, sino que se debe entender referido a supuestos en los que concurren responsables tributarios en virtud de distintos títulos de derivación, no incluidos en el presupuesto del art. 35.7 de la LGT.

---

[38] Rec. 2785/2018.

B) La Administración no tiene derecho a exigir a cada uno de los responsables del artículo 42.2.a) LGT[39] el recargo de apremio ordinario cuando este recargo ha sido satisfecho por uno de ellos.

La STS de 10 de diciembre de 2020[40] analiza la cuestión relativa a si la Administración tiene o no derecho a exigir a cada uno de los responsables del artículo 42.2.a) LGT el recargo de apremio ordinario cuando este recargo ha sido satisfecho por uno de ellos.

El TS establece que "*la deuda es única, sin que sea procedente su multiplicación, y en el momento en que cualquiera de los responsables satisfaga la deuda y el recargo del período ejecutivo, este pago liberará y aprovechará al resto de los obligados. Lo que sin duda indica que no estamos estrictamente y en puridad ante un problema de solidaridad y, en concreto de solidaridad tributaria regulada en el art. 35.7 y su alcance, sino de delimitación de las categorías tributarias en juego*".

El TS considera que, a diferencia de lo mantenido por el Abogado del Estado, no resulta posible multiplicar exponencialmente el crédito tributario a favor de la Hacienda Pública en función del número de responsables solidarios, ya que si bien pueden iniciarse varios procedimientos como responsables solidarios existan, nos encontramos ante una única deuda vinculada a su impago.

A los recargos del período ejecutivo se le otorga legalmente el carácter de obligaciones tributarias accesorias (art. 25.1 de la LGT) que tienen como referencia obligada la deuda no ingresada en período voluntario; por consiguiente, sin perjuicio de su autonomía respecto de la deuda principal, en tanto que se configuran legalmente a través de un presupuesto fáctico propio y distinto del que deriva la deuda principal, su vinculación con esta resulta inescindible, pues de no existir la deuda principal no es posible que exista una obligación que respecto de la misma es accesoria. De modo que, de no existir la obligación principal, no existir esta no puede existir obligación accesoria alguna, ni claro está recargo alguno.

De todo lo dicho debe concluirse que la Administración no tiene derecho a exigir a cada uno de los responsables del artículo 42.2.a) LGT el recargo de apremio ordinario cuando este recargo ha sido satisfecho por uno de ellos.

---

39 *2. También serán responsables solidarios del pago de la deuda tributaria pendiente y, en su caso, del de las sanciones tributarias, incluidos el recargo y el interés de demora del período ejecutivo, cuando procedan, hasta el importe del valor de los bienes o derechos que se hubieran podido embargar o enajenar por la Administración tributaria, las siguiente personas o entidades:*
a) Las que sean causantes o colaboren en la ocultación o transmisión de bienes o derechos del obligado al pago con la finalidad de impedir la actuación de la Administración tributaria".

40 ROJ 4312/2020 rec. 2189/2020.

Cosa diferente es el recargo de apremio exigido a cada responsable respecto de la deuda derivada por su incumplimiento en período voluntario de pago: "*En consecuencia entiende esta Sala que las reglas de la solidaridad tributaria previstas en el art. 35.7 LGT, que liberan a los restantes codeudores de su obligación de pago una vez que este se haya realizado en su integridad por uno de ellos, no pueden invocarse para liberar a los apremiados de dicho pago respecto de los recargos del período ejecutivo, cuyo devengo solo depende de su particular comportamiento en la solvencia de la deuda derivada y que, al no realizarla en período voluntario de pago, provocan la acción administrativa en vía de apremio frente a cada uno de esos deudores solidarios. En estos casos, además, no es posible hablar de "anatocismo ejecutivo" porque los recargos del período ejecutivo que cada uno de los codeudores están llamados a pagar solo le son requeridos a título individual sin considerar la cuantía exigible a los restantes por el mismo concepto*" (STSJ de Andalucía de 3 de marzo de 2020 (*Tol 8029375*))[41].

C) El carácter interruptivo de actuaciones recaudatorias solo es apto y eficaz para la exigencia del cobro al responsable de una deuda ya derivada.

El cómputo del plazo de prescripción para exigir la obligación de pago a los responsables solidarios no puede ser interrumpido por actuaciones realizadas frente al deudor principal o frente al obligado respecto de cuyas deudas se deriva la responsabilidad, hasta que se adopte el acto formal de derivación, no cabe hablar en sentido propio de obligado tributario ni de responsable o responsabilidad. Así lo establece la STS de 18 de julio de 2023 (*Tol 9657833*)[42] que analiza un supuesto de derivación de responsabilidad (art. 42.2 a) de la LGT), en el que la cuestión con interés casacional consiste en "*Determinar si el cómputo del plazo de prescripción para exigir la obligación de pago a los responsables solidarios puede ser interrumpido por actuaciones realizadas frente al deudor principal o frente al obligado respecto de cuyas deudas se deriva la responsabilidad*".

A esos efectos, el TS analiza el art. 68.7 (actualmente el art. 68.8) de la LGT, relativo a la "*Interrupción de los plazos de prescripción*", según el cual "*Interrumpido el plazo de prescripción para un obligado tributario, dicho efecto se extiende a todos los demás obligados, incluidos los responsables. No obstante, si la obligación es mancomunada y solo se reclama a uno de los obligados tributarios la parte que le corresponde, el plazo no se interrumpe para los demás*".

El TS considera que deben distinguirse entre la facultad para declarar la derivación de responsabilidad solidaria y la de exigir el pago al ya declarado responsable —acciones distintas y sucesivas—, porque los hechos interruptivos, según la ley, son diferencias en uno y otro caso. Así, "*para interrumpir la facultad de la Administración para derivar*

---

41 Rec. 961/2017.

42 ROJ 3311/2023 rec. 6669/2021.

la responsabilidad solo valdrían los actos orientados o dirigidos a la determinación de la condición de responsable, no los recaudatorios, en tanto no son homogéneos ni eficaces para determinar la condición de responsable, sino para exigirle el pago de lo debido en virtud de tal responsabilidad", mientras que las actuaciones recaudatorias (las conducentes al reconocimiento, regularización, comprobación, inspección, aseguramiento y liquidación de la obligación tributaria) solamente interrumpen la prescripción del cobro de la deuda al responsable de una deuda ya derivada. De lo contrario, "*cualquier interrupción, por cualquier origen —o sea, lo fuera para declarar o para recaudar, que son funciones distintas y sucesivas—; que se proyectase sobre cualquier obligado, afectaría a todos ellos, indistintamente, con inclusión de los responsables (tanto para declarar la responsabilidad —en cuyo caso, aún no lo serían, en modo alguno— o para, ya declarada, exigir el pago de lo debido por tal título)*" (art. 68,7, en relación con los aparatos 68.1[43] y 2[44], ambos a su vez derivados del art. 66.a) y b) LGT[45]).

De ahí que el TS llega a la conclusión de que "*el cómputo del plazo de prescripción para exigir la obligación de pago a los responsables solidarios no puede ser interrumpido por actuaciones realizadas frente al deudor principal o frente al obligado respecto de cuyas deudas se deriva la responsabilidad, salvo en aquellos casos en que la interrupción —es de reiterar, conforme al propio auto, de la facultad para exigir el pago— se dirija a quien previamente ha sido declarado responsable pues, hasta que se adopte el acto formal de derivación, no cabe hablar en sentido propio de obligado tributario ni de responsable o responsabilidad*". Es decir, las actuaciones llevadas a cabo contra el deudor principal únicamente interrumpen la prescripción para poder dirigirse contra los responsables tributarios, cuando previamente se hubiera llevado a cabo la derivación de la acción administrativa para exigir el pago de la deuda tributaria a los responsables —la acción de derivación de responsabilidad—, tal y como exige el art. 41.5 de la LGT, pues hasta que no tenga lugar la misma, no tendrán los responsables el carácter de obligados tributarios (art. 35.5 de la LGT)[46].

---

43 "*1. El plazo de prescripción del derecho a que se refiere el párrafo a) del artículo 66 de esta Ley se interrumpe:*".

44 "*2. El plazo de prescripción del derecho a que se refiere el párrafo b) del artículo 66 de esta Ley se interrumpe:*".

45 "*Artículo 66. Plazos de prescripción*
Prescribirán a los cuatro años los siguientes derechos:
a) El derecho de la Administración para determinar la deuda tributaria mediante la oportuna liquidación.
b) El derecho de la Administración para exigir el pago de las deudas tributarias liquidadas y autoliquidadas".

46 En relación al art. 35.5 de la LGT, ya el TSJ de Andalucía de 18 de marzo de 2021 (rec. 1033/2018) (*Tol 8741344*) señaló que "*Sin esa previa declaración de responsabilidad subsidiaria*

Por ello, el TS considera que el art. 68.8 LGT, parece solo referido, "*dada su redacción, a la prescripción de la acción de cobro frente al ya declarado responsable, no frente a quien aún no lo es*".

Una interpretación contraria del art. 68.8 de la LGT, supondría dejar en manos de la Administración los plazos de prescripción: "*9.– De no ser interpretado el precepto de este modo, perfectamente acomodado a la interpretación meramente gramatical —así como a la lógica, sistemática y teleológica— de las normas examinadas (art. 68,7, en relación con los aparatos 68.1 y 2, ambos a su vez derivados del art. 66.a) y b) LGT) la prescripción estaría en manos de la Administración jugar a placer con el plazo de prescripción, incluso con de su inactividad, pues bastaría con efectuar actos interruptivos del cobro de la deuda al deudor principal —o al responsable de primer grado—, para que la declaración de derivación al responsable quedara pospuesto sine die, a veces durante muchos años, lo que carece de sentido en una institución cuya finalidad es, precisamente, la de reforzar la garantía del pago de la deuda, en el ámbito irrenunciable de la seguridad jurídica (art. 9.3 CE), que se ve notablemente perturbada con tal exégesis, en tanto posterga indefinidamente una eventual declaración de responsabilidad, aun cuando ya se pudo establecer.*

No tiene sentido dejar pasar el tiempo sin declarar la responsabilidad del art. 42.2.a) LGT cuando se poseen inequívocamente datos concluyentes para declararla —en virtud de la llamada actio nata— y tratar al mismo tiempo de obtener beneficio de una posible interrupción basada en actos que no guardan relación con aquella —ya que no tienden a esclarecer la causa legal para declarar la responsabilidad, sino a percibir la deuda principal, actos desconectados de esta finalidad—. Así lo distinguen, ya lo dijimos, los apartados a) y b) del art. 68.1 LGT".

A la misma conclusión, llega la STS de 18 de julio 2023 (*Tol 9657790*)[47] que se remite a la mencionada STS de la misma fecha, relativa a un supuesto de responsabilidad previsto en el art. 42.1 c) de la LGT; así como la STS de 15 de septiembre de 2023 (*Tol 9712835*)[48], relativo a un supuesto de responsabilidad previsto en el art. 42.1 a) de la LGT.

En el mismo sentido también, la RTEAC de 13 de diciembre de 2022 (Criterio de 1 de la resolución: 00/06421/2021/00/00), que sigue el criterio de la STS de 14 de octubre de 2022 dictada en el recurso de casación nº 6321/2020 (*Tol 9274460*).

---

el administrador no pasa a ser obligado tributario y, por consiguiente no puede hablarse de solidaridad entre ellos respecto a la exigencia y pago de la deuda tributaria por sanción".

47 ROJ 3309/2023 rec. 999/2022.

48 ROJ 3679/2023 rec. 2851/2021.

2.1.3. *La división de la liquidación entre los obligados tributarios, no supone que no resulte de aplicación la solidaridad*

Para abordar esta cuestión se ha de comenzar señalando que podría entenderse que existe una contradicción entre los párrafos primero y tercero del art. 35.7 de la LGT. Así, mientras que en el primero de ellos se establece por regla general la solidaridad, cabría entender que el tercero permite la responsabilidad mancomunada una vez se hubiera solicitado la división de la liquidación tributaria. Analicemos dicho artículo[49]:

– En el párrafo primero, como regla general, y a diferencia de la normativa civil, establece la solidaridad, lo que conlleva que todos los deudores responden por la totalidad de la deuda, aunque, también se permite que la ley pueda establecer mancomunidad.

– En el párrafo segundo permite la existencia de supuestos de solidaridad distintos a los del párrafo anterior.

– El párrafo tercero posibilita que la deuda tributaria pueda ser dividida, aunque para ello exige determinados requisitos a aquel que pretenda tal división.

Una interpretación aislada del último párrafo del art. 37.5 de la LGT podría hacer pensar que, una vez solicitada la división de la liquidación tributaria, con lo que la Administración tributaria practicaría una liquidación tributaria individual a cada obligado tributario, la regla de la solidaridad pasa a ser mancomunada, de modo que cada deudor solo debe y solo se le puede exigir una parte de la deuda —la suya—. Sin embargo, no parece ser esta la opinión ni de la DGT, ni la de los Tribunales de Justicia ni de parte de la doctrina.

Así, la DGT tras señalar que el tercer párrafo del art. 35.7 de la LGT regula la división de la liquidación entre los obligados tributarios, viene a establecer que, sin embargo, eso no supone que en caso de división no resulte de aplicación la solidaridad establecida en el primer párrafo del mismo precepto legal. "*La división de la deuda entre los obligados al pago de la misma no es una excepción a la obligación solidaria de todos ellos.*

Esta responsabilidad solidaria establecida en el primer párrafo del artículo 35.7 de la LGT para el caso de concurrencia de varios obligados tributarios en un mismo presupuesto de la obligación, es una garantía del crédito tributario, que no puede ser desvirtuada por la simple voluntad de dichos obligados mediante la solicitud de la división de la liquidación.

Por tanto, aunque se haya procedido a la división de la liquidación tributaria entre ambos obligados tributarios, si uno de ellos no satisface la parte de la liquidación que le corresponde, una vez transcurrido el período voluntario, esta podrá exigirse al otro obligado tributario, con independencia de que también pueda exigirse al obligado incumplidor mediante el procedimiento de apremio.

49 Martínez Lozano, J. M. (2017). *La solidaridad tributaria ...*, cit., pp. 2 y 3.

Ahora bien, si esta deuda es satisfecha por el otro obligado tributario, este tendrá derecho de reembolso frente al obligado incumplidor en los términos previstos en la legislación civil (artículo 41.6 LGT)" (Consulta de la DGT de 1 de febrero de 2016 V0399-2016).

Así lo considera también el TSJ de Castilla y León de 8 de junio de 2023 (*Tol 9661563*)[50]: "*En cualquier caso, el artículo invocado establece la regla de la solidaridad y esta no deja de ser aplicable por el hecho de que uno o varios de los obligados tributarios solicite la división de la deuda en proporción al porcentaje de la misma que le pueda corresponder, solicitud que exige no solo cumplir unos determinados requisitos sino que opera en un momento posterior al de la determinación de la deuda, que es imprescindible para poder saber qué es lo que hay que dividir*".

Es más, esta opinión sería refrendada si se analiza el *iter* normativo que condujo a la redacción del art. 35.7 de la LGT en sus actuales términos. En tal sentido, el texto original remitido por el gobierno a las Cortes no contenía el párrafo tercero, párrafo que fue introducido por dos enmiendas promovidas por los grupos Socialista y de Izquierda Unida, siendo su finalidad en ambos casos idéntica: "*Sería muy conveniente aclarar cuántas liquidaciones se han de practicar y a quién debemos notificar, pues en la gestión de los tributos locales es frecuente que existan sentencias contradictorias*". Obsérvese que lo que se pretendía no era hacer divisible las deudas solidarias, sino la de aclarar cuántas liquidaciones había de practicarse y la de identificar a los deudores, lo que supone que el párrafo va referido a aquellas situaciones en las que la deuda es susceptible de ser dividida, porque si no es así, no cabe aclarar «*cuantas liquidaciones se han de practicar y a quién debemos notificar*» puesto que la deuda será solo una. De modo que, la introducción del tercer párrafo para nada ataca a la idea de la solidaridad, como se ha pretendido establecer por algunas interpretaciones[51].

Ello significa que la división de la liquidación no convierte a la obligación en mancomunada, y en consecuencia no resulta aplicable lo dispuesto en el art. 68.8 de la LGT para las obligaciones mancomunadas:

"*Artículo 68. Interrupción de los plazos de prescripción*

8. Interrumpido el plazo de prescripción para un obligado tributario, dicho efecto se extiende a todos los demás obligados, incluidos los responsables. No obstante, si la obligación es mancomunada y solo se reclama a uno de los obligados tributarios la parte que le corresponde, el plazo no se interrumpe para los demás".

---

50 Rec. 1437/2021.

51 Martínez Lozano, J. M. (2017). *La solidaridad tributaria...*, cit., p. 6.

2.1.4. *Personas con las que deben entenderse las actuaciones administrativas en supuestos de pluralidad de obligados tributarios en un mismo presupuesto de una obligación tributaria*

Es el art. 106 del *Real Decreto 1065/2007, de 27 de julio, por el que se aprueba el Reglamento General de las actuaciones y los procedimientos de gestión e inspección tributaria y de desarrollo de las normas comunes de los procedimientos de aplicación de los tributos* (en adelante RGAT) (*Tol 1126658*) donde se regula esta materia:

"*Artículo 106. Actuaciones en caso de solidaridad en el presupuesto de hecho de la obligación.*

1. En el supuesto previsto en el artículo 35.7, párrafo primero, de la Ley 58/2003, de 17 de diciembre, General Tributaria, las actuaciones y procedimientos podrán realizarse con cualquiera de los obligados tributarios que concurran en el presupuesto de hecho de la obligación objeto de las actuaciones o procedimientos.

2. Una vez iniciado un procedimiento de comprobación o investigación, se deberá comunicar esta circunstancia a los demás obligados tributarios conocidos que podrán comparecer en las actuaciones. El procedimiento será único y continuará con quienes hayan comparecido. Las sucesivas actuaciones se desarrollarán con quien proceda en cada caso.

3. Las resoluciones que se dicten o las liquidaciones que, en su caso, se practiquen se realizarán a nombre de todos los obligados tributarios que hayan comparecido y se notificarán a los demás obligados tributarios conocidos.

4. En el ámbito de la deuda aduanera, lo dispuesto en los apartados anteriores se entenderá sin perjuicio de las especialidades previstas en su normativa específica. En particular, las actuaciones realizadas con cualquiera de las personas o entidades que con arreglo a la normativa de la Unión Europea tengan la consideración de deudores de la deuda aduanera serán válidas siempre que respecto a la persona o entidad con la que se hayan realizado se hayan respetado las disposiciones que resulten aplicables al procedimiento de que se trate, independientemente de que pudieran existir otros deudores. A estos efectos, la comunicación de la existencia del procedimiento a la que se refiere el apartado 2 anterior podrá realizarse en cualquier momento siempre que se garantice el derecho a ser oído en los términos establecidos en la normativa de la Unión Europea"[52].

A) En supuestos solidaridad en el presupuesto de hecho de la obligación tributaria (art. 35.7 de la LGT), el inicio de las actuaciones de los procedimientos y las liquidaciones resultantes han de notificarse a todos los obligados tributarios conocidos (art. 106 del RGAT).

---

[52] *SECCIÓN 2ª. Intervención de los obligados en las actuaciones y procedimientos tributarios SUBSECCIÓN 1ª. Personas con las que deben entenderse las actuaciones administrativas*

La STSJ de Castilla y León, Valladolid de 29 de mayo de 2020 (*Tol 8012535*)[53] analiza el supuesto en el que uno de los miembros de la unidad familiar en tributación conjunta fallece al tiempo de iniciarse el procedimiento de comprobación. Nos encontramos ante un caso de transmisión a los herederos de las obligaciones tributarias pendientes del cónyuge fallecido, supuesto de responsabilidad solidaria del art. 35.7 de la LGT por concurrencia de varios obligados tributarios —sucesores del artículo 35.2.j)— en el mismo presupuesto de la obligación —fallecimiento del sujeto pasivo—,

De entrada, debe señalarse que el art. 84.6 de la *Ley 35/2006, de 28 de noviembre, del Impuesto sobre la Renta de las Personas Físicas y de modificación parcial de las leyes de los Impuestos sobre Sociedades, sobre la Renta de no Residentes y sobre el Patrimonio* (*Tol 1009222*) ("*Todos los miembros de la unidad familiar quedarán conjunta y solidariamente sometidos al impuesto, sin perjuicio del derecho a prorratear entre sí la deuda tributaria, según la parte de renta sujeta que corresponda a cada uno de ellos*"), incorpora al específico ámbito del IRPF la previsión contenida con carácter general en el artículo 35.7 LGT[54].

En estos supuestos, en los que procede la transmisión a los herederos de las obligaciones tributarias pendientes del cónyuge fallecido, supuesto de responsabilidad solidaria del art. 35.7 LGT por concurrencia de varios obligados tributarios —sucesores del artículo 35.2.j)— en el mismo presupuesto de la obligación —fallecimiento del sujeto pasivo—, si bien se permite entender las actuaciones con cualquiera de ellos (art. 39.2 de la LGT), sin embargo, el inicio de las actuaciones y la liquidación que resulte de dichas actuaciones deberá notificarse a todos los interesados que consten en el expediente (art. 106 del RGAT)[55].

En el caso analizado, tras el fallecimiento del marido, las actuaciones sobre el IRPF, en tributación conjunta, se siguieron exclusivamente con la viuda, cuando sin embargo la Oficina Gestora debió comunicar a los demás herederos o, en su caso, al representante de la herencia yacente, no solo el inicio de Administraciones actuaciones sino también la liquidación practicada[56].

En el mismo sentido se pronuncia la STSJ de Castilla-La Mancha de 22 de julio de 2022 (*Tol 9252033*)[57], en la que la Oficina de Gestión Tributaria decidió derivar la responsabilidad y la exigencia del pago de la deuda tributaria a los hijos de los deudores

---

53 Rec. 583/2019.

54 STSJ de Castilla y León, Valladolid de 29 de mayo de 2020 rec. 583/2019.

55 STSJ de Castilla y León, Valladolid de 29 de mayo de 2020 rec. 583/2019.

56 STSJ de Castilla y León, Valladolid de 29 de mayo de 2020 rec. 583/2019.

57 Rec. 280/2020.

—cónyuges que presentaron una declaración conjunta del IRPF—, omitiendo el procedimiento previsto en el art. 106 del RGAT.

La STSJ de Castilla-La Mancha de 22 de julio de 2022[58], establece respecto a la solidaridad de los cónyuges que presentaron la declaración conjunta del IRPF, que "*no se trata de una derivación de responsabilidad, sino de un supuesto de responsabilidad propia derivada del hecho de ser integrante de la unidad familiar*" previsto en el art. 84.6 de la LIRPF, responsabilidad que surge desde el mismo momento en que se presenta la liquidación en su modalidad de declaración conjunta, y no exige procedimiento especial alguno para su nacimiento, siendo de aplicación en consecuencia lo dispuesto en el art. 35.7 de la LGT.

En los casos en los que concurren las circunstancias previstas en el art. 37.5 de la LGT, es decir, la existencia de varios obligados en el presupuesto de la misma obligación tributaria, cualquiera de ellos puede ser objeto del procedimiento de inspección o de otros procedimientos de aplicación de los tributos, pudiendo generar tales procedimientos deudas tributarias a las que deberá hacer frente el propio obligado objeto del procedimiento, pero también los demás obligados, si los hubiera. "*Ante esta situación el artículo 106 del RGAT permite al resto de obligados personarse en el procedimiento, lo que les confiere a partir de ese momento el carácter de parte del mismo, con los correspondientes derechos y obligaciones, en particular la posibilidad de presentar alegaciones antes de que se dicte cualquier resolución, eliminando así toda posibilidad de indefensión. De esta forma, se deja al obligado la decisión de comparecer o no en el procedimiento, lo cual no afectará a su condición de obligado al pago, que seguirá manteniendo en todo caso. Si decide no comparecer, no adquiere la condición de parte en el procedimiento, pero mantiene su obligación de pago, sin que ello suponga indefensión alguna pues tuvo la opción de comparecer y presentar alegaciones. El artículo 106 del RGAT pretende garantizar que, en caso de solidaridad en el presupuesto de hecho de la obligación y precisamente porque los concurrentes en dicho presupuesto quedan solidariamente obligados frente a la Administración, todos ellos puedan alegar cuanto les convenga en defensa de su derecho. De ahí la razón por la que permitiendo que las actuaciones puedan realizarse con cualquiera de los obligados, la norma obligue a la Administración a comunicar el inicio del procedimiento a todos ellos a fin de que puedan comparecer como parte en el mismo o, en caso de no querer comparecer, a notificarles al menos la liquidación final a efectos de presentar en su caso el correspondiente recurso. La consecuencia de la falta de notificación del inicio del procedimiento a alguno de los obligados solidarios conocidos determina necesariamente la anulación de la liquidación con la consiguiente retroacción de las actuaciones a fin de subsanar tal deficiencia generadora de indefensión. Y es que, tal como indica el artículo 106.2 del RGAT, el procedimiento de comprobación o investigación en caso de solidaridad en el presupuesto de hecho de la*

[58] Rec. 280/2020.

obligación es único. Precisamente por ser único la norma pretende garantizar que todos los obligados tributarios, aunque no se hayan iniciado con ellos las actuaciones, tengan conocimiento de la existencia del procedimiento a fin de que si lo desean puedan comparecer, ser parte en el mismo y alegar cuanto convenga a su derecho. No cabe invocar aquí que existe una presunción de representación en el procedimiento a favor del obligado con quien se inició el procedimiento, al amparo del artículo 46.6 de la LGT, pues al no haberse notificado el inicio al otro obligado conocido no tuvo la posibilidad de manifestarse expresamente en contra de tal representación.

Precisamente, en el caso de autos, no consta dicha comunicación "ab initio", sino que directamente se practica la comunicación adjuntando la liquidación provisional, ocasionando con ello una situación de indefensión real a los recurrentes, dado que se les ha privado de la posibilidad de presentar alegaciones antes de que se dicte cualquier resolución, determinando la nulidad del procedimiento" (STSJ de Castilla-La Mancha de 22 de julio de 2022)[59].

B) ¿Puede considerarse que la presunción de representación prevista en el art. 46.6 de la LGT excepciona el deber de comunicar al resto de obligados tributarios el inicio de un procedimiento, tal y como exige el art. 106 del RGT?

La respuesta ha de ser negativa. Y es que, si bien podría considerarse que, en virtud de lo establecido en el art. 46.6 de la LGT ("Representación voluntaria"), *"cuando, de acuerdo con lo previsto en el apartado 6 del artículo 35 de esta ley, concurran varios titulares en una misma obligación tributaria, se presumirá otorgada la representación a cualquiera de ellos, salvo que se produzca manifestación expresa en contrario. La liquidación que resulte de dichas actuaciones deberá ser notificada a todos los titulares de la obligación"*, una vez iniciadas actuaciones y procedimientos en caso de solidaridad en el presupuesto de hecho de la obligación, se entiende otorgada la representación a cualquiera de los titulares de la obligación tributaria, nada más lejos de la realidad: "*Y es que, tal como indica el artículo 106.2 del RGAT, el procedimiento de comprobación o investigación en caso de solidaridad en el presupuesto de hecho de la obligación es único. Precisamente por ser único la norma pretende garantizar que todos los obligados tributarios, aunque no se hayan iniciado con ellos las actuaciones, tengan conocimiento de la existencia del procedimiento a fin de que si lo desean puedan comparecer, ser parte en el mismo y alegar cuanto convenga a su derecho. No cabe invocar aquí que existe una presunción de representación en el procedimiento a favor del obligado con quien se inició el procedimiento, al amparo del artículo 46.6 de la LGT, pues al no haberse notificado el inicio al otro obligado conocido no tuvo la posibilidad de manifestarse expresamente en contra de tal representación"* (STSJ de Castilla-La Mancha de 22 de julio de 2022)[60].

---

59 Rec. 280/2020.

60 Rec. 280/2020.

En la misma línea la STSJ de Cataluña de 3 de mayo de 2022 (*Tol 9114393*)[61] al señalar sobre la previsión del art. 46.6 de la LGT que "*que tal inciso únicamente constituye una previsión relativa a la acreditación de la representación, presumida en el caso de que, comunicada la existencia del procedimiento a todos, solo uno compareciese, entendiéndose en tal caso concedida la representación a favor del compareciente por el resto de obligados, pero no puede ser una regla que, en contra de la previsión del artículo 71 del Código Civil, juegue cuando al otro cónyuge ni siquiera le ha sido puesta en conocimiento la existencia del procedimiento inspector*".

3. REFERENCIAS BIBLIOGRÁFICAS

Fernández Amor, J. A. (2014). "El procedimiento de recaudación frente a sucesores". Procedimientos tributarios: aspectos prácticos, Bosch, p. 405.

Fernández López, R.I. (2023). "La deuda aduanera por incumplimiento de obligaciones relacionadas con las zonas francas". Nueva Fiscalidad, (2), p. 162.

Martín Valero, A. I. (2023). "Sobre la legitimación para impugnar los actos tributarios", Actualidad Administrativa, (10).

Martínez Lozano, J. M. (2017). "La solidaridad tributaria (art. 35.7 LGT. La apariencia oculta la realidad)". Carta Tributaria, (33), p. 2.

Menéndez Moreno, A. (2017). "Repasando la noción de obligado tributario y sus diferentes modalidades". Quincena Fiscal, (1).

Rodríguez-Borlado Domínguez, L. M. (2022). "Responsabilidad solidaria en el Impuesto sobre la Renta de no Residentes", Cuadernos de Formación Instituto de Estudios Fiscales, (28), p. 214.

---

61 Rec. 2969/2020.

APLICACIÓN DE LOS TRIBUTOS Y LÍMITES AL DEBER DE COLABORACIÓN DE LOS OBLIGADOS TRIBUTARIOS*

Germán Orón Moratal
Catedrático de Derecho Financiero y Tributario
Universidad Jaume I

* Este trabajo es resultado del proyecto de investigación "Retos de la Hacienda local ante la transición ecológica y la aplicación de las nuevas reglas fiscales" (PID2023-147345NB-I00 B), otorgado por la Agencia Estatal de Investigación y financiado por el Ministerio de Ciencia, Innovación y Universidades y por el Fondo Social Europeo Plus.

1. HITOS MÁS RELEVANTES EN LA EVOLUCIÓN DE LA APLICACIÓN DE LOS TRIBUTOS

1.1. DE LA LIQUIDACIÓN PROVISIONAL A LA AUTOLIQUIDACIÓN

En relación con la aplicación de los tributos, uno de los cambios más importantes que se han producido en España respecto de lo inicialmente establecido en la LGT de 1963 fue la pérdida de protagonismo de la liquidación provisional, pasando esta a ser un actor de reparto, y a ocupar el lugar protagonista, la autoliquidación. Esta no es otra cosa que un deber de colaboración en que se comunican hechos a la Administración, y a la vez se aplica el derecho a esos hechos, con la consecuencia de cuantificar una deuda que, en su caso, se deberá ingresar. De modo que, por su generalización, en la mayoría de los tributos la Hacienda Pública obtiene los ingresos públicos sin haber intervenido en absoluto para ello.

Con ese cambio de protagonistas se produce una traslación, por tanto, de la gestión tributaria y de costes al contribuyente, con un incremento de presión fiscal indirecta, que debiera tener la misma proporcionalidad que la contribución al gasto público, puesto que ya no se contribuye solo con el ingreso público, sino también con la asunción de costes que antes tenía la Administración y que esta reduce pudiendo ser más eficiente. Esto dio lugar a la necesidad de más y mayor asesoramiento al contribuyente, incluso asumido también por la propia Administración tributaria (sin responsabilidad), y el crecimiento de la actividad profesional de asesor fiscal, este sí con responsabilidad.

Con claridad meridiana, apuntaba Martín Delgado, que "es curioso observar cómo han cambiado las cosas: antes las garantías pasaban por asegurar que la Administración se ajustara a la ley en el momento de la aplicación de los tributos, y era el contribuyente el que instaba los procedimientos garantistas; ahora, es la Administración la que tiende a conseguir la garantía de que el contribuyente cumpla capilarmente la ley cuando realiza sus autoliquidaciones"[1].

Como recordaba recientemente Litago Lledó[2], en la STS de 28 de marzo de 2003 (ECLI:ES:TS:2003:2149) (*Tol 335061*), siglo XXI ya, en su FJ 3° vino a "resaltar lo que ha significado la implantación de la declaración autoliquidación como sistema de gestión de la totalidad de los impuesto(s) que ha convertido en liquidadores a los sujetos pasivos, por ello es menester admitir que en la aplicación de las normas tributarias pueden mantener una interpretación de esas normas diferentes a la sostenida por la Ad-

---

1 Martín Delgado, J. M. (1983). *Derecho Tributario y sistema democrático*, Universidad de Málaga, p. 150.

2 Litago Lledó, R. (2023). "La rectificación de las autoliquidaciones tributarias como derecho de los contribuyentes", *Revista Forum Fiscal*, (298), Editorial CISS.

ministración, y sobre todo la posibilidad de errores de hecho y de derecho", entendiendo a su vez que el régimen de rectificación de autoliquidaciones "hay que entenderlo no como un recurso o enfrentamiento entre el sujeto pasivo y la Administración tributaria, sino como una norma de amparo, de tutela y protección del sujeto pasivo-liquidador de los tributos, por qué no decirlo, que debería ir seguido del obligado agradecimiento por el trabajo inherente a toda autoliquidación".

Los aspectos sustantivos y aplicativos del tributo en la LGT de 1963 sufrieron variaciones importantes a partir de la reforma fiscal de 1977/78, así como la existencia de situaciones subjetivas pasivas surgidas de presupuestos de hecho distintos del hecho imponible, y a cargo de personas que no tienen la consideración de sujetos pasivos, sino que se enmarcan en los deberes de colaboración que se recondujeron a la categoría más amplia de obligados tributarios, entre los que están, como uno más, los sujetos pasivos.

La Ley de derechos y garantías del contribuyente de 1998 (*Tol 997268*) proclamaba en su art. 2 que la aplicación del sistema tributario se basará, entre otros, en el principio de eficacia y limitación de costes indirectos derivados del cumplimiento de obligaciones formales, que como no podía ser de otro modo por lo que se refiere a su proclamación también se incluyó en la LGT de 2003, en su art. 3, aunque parece que la realidad evidencia que esa limitación de costes es en muchos casos una quimera, mientras avanza la eficacia para la Administración en la aplicación del sistema tributario por ella, pero partiendo en gran medida de los actuado debida y coactivamente con carácter previo por los obligados tributarios, como trataremos de poner de relieve.

1.2. DEBERES DE INFORMACIÓN

Más allá de las autoliquidaciones, los deberes de colaboración consistentes en facilitar información con trascendencia tributaria a la Administración han ido creciendo a lo largo de los años, tanto los establecidos con carácter general para informar periódicamente de las circunstancias que en cada caso selecciona la norma (por ej., quienes realicen actividades económicas, relaciones con terceras personas, arts. 31 y ss RGGIT; entidades de crédito de cuentas, préstamos, créditos, movimiento de efectivo, tarjetas de crédito o débito; entidades depositarias de valores, seguros y rentas; depositarias de claves de criptomonedas de saldos y movimientos; cuentas y otros activos situados en el extranjero; mecanismos de planificación fiscal, cesión de uso de viviendas con fines turísticos..., bienes situados en el extranjero), sino a través de requerimientos individualizados para facilitar información de terceros, o incluso propia, siendo el art. 93 de la vigente LGT el que da cobertura a ese cada vez mayor ámbito de los deberes de información, así como las Directivas de la Unión, significativamente las rutilantes DAC 7 y

DAC 8[3]. Deberes que sobre todo en los casos de requerimientos individualizados han de estar adecuadamente motivados.

La variedad de censos tributarios ha conllevado la pérdida de relevancia en el control que históricamente tuvo el Impuesto sobre Actividades Económicas, e incluso el Impuesto sobre el Patrimonio. Contar con un NIF, que si no se facilita conlleva más obligaciones de información, e incluso un código identificador específico habilitante para realizar determinadas actividades económicas, que puede equivaler a la necesidad de autorización para el desarrollo de esas actividades, o al menos con carácter internacional, es algo más que un deber de colaboración, y su exigencia debiera derivar de normas con rango de ley.

En cualquier caso, la existencia de un fundamento constitucional que explique la atribución de diversos deberes a sujetos particulares, aun cuando no demuestren capacidad económica alguna, no justifica que dicha atribución sea indiscriminada, sino que debe realizarse con idénticos criterios de justicia que los que se persiguen, pues si fuese la Administración quien realizase dichas funciones, sus respectivos costes se financiarían con el grado de equidad alcanzado por el sistema tributario. "La tarea de graduar estos deberes —señalaba Martín Delgado— en función de la distinta capacidad económica de sus titulares es una tarea que incumbe al legislador pero que debe ser tenida muy en cuenta si no se quiere introducir un elemento de regresión en el sistema que precisamente responde a una concepción progresista de la justicia tributaria"[4], pero la limitación de costes indirectos en el cumplimiento de obligaciones formales expresada en la LGT no es que se dé, es que a juicio de los implicados lo que padecen es un incremento de los mismos[5], incluso la creación de barreras en el mercado cuando afectan a empresas que operan en distintos Estado miembros y han de cumplir requisitos nacionales distintos[6]. En cualquier caso, siempre queda el consuelo para el obligado tributario de que esos costes, cuando se concretan en una contraprestación, son gasto deducible para la determinación del rendimiento neto.

Pero, si esos deberes de información han ido creciendo, estamos en un momento que no deja de dejar perplejo al observador, pues el cumplimiento de esos deberes o

---

3 La variedad de informaciones a facilitar y su régimen que depara la actuación telemática es tratada con profusión en diversas colaboraciones en: Pita Grandal, A. M.; Malvárez Pascual, L. A; y Ruiz Hidalgo, C. (dirs.) (2023), *La digitalización en los procedimientos tributarios y el intercambio automático de información*, Aranzadi.

4 Ob. Cit. p. 151.

5 Referido a estos casos y a otros de naturaleza distinta, Ruiz-Jarabo Colomer, I. (2022). *Impuestos o libertad*, Editorial Gaveta, habla de "hernia fiscal".

6 Así lo apunta Aneiros Pereira, J. (2023). "El IVA en la era digital: nuevas medidas para luchar contra la elusión y la evasión", *Los modelos de negocio en la era digital,* Aranzadi, p. 235.

la exigibilidad de los mismos está reduciendo el número de obligados a ello, porque la información que estos pueden facilitar se obtiene por otras vías, que van ampliándose conforme se dan avances tecnológicos[7] y el tratamiento informatizado de datos, y un claro ejemplo de ello lo encontramos en el reciente Reglamento que establece los requisitos que deben adoptar los sistemas y programas informáticos o electrónicos que soporten los procesos de facturación de empresarios y profesionales, y la estandarización de formatos de los registros de facturación, aprobado por el Real Decreto 1007/2023, de 5 de diciembre (*Tol 9792066*).

Nos encontramos ante un paso más respecto de lo que comportaron la implantación de sistemas informatizados, como el SII en el IVA, o el SILICIE en los IIEE, que se presentan, el primero, con las ventajas de no tener que presentar otras declaraciones informativas, como los modelos 347 (operaciones con terceras personas), 340 (libros registro) y 390 (resumen anual del IVA), así como por ofrecer la posibilidad de contrastar la información de sus Libros Registro con la información suministrada por sus clientes y proveedores incluidos en el sistema. Y el segundo, que supone llevar la contabilidad de los Impuestos Especiales a través de la sede electrónica de la Agencia Tributaria, también reduce las declaraciones informativas.

La lectura de la exposición de motivos del citado Real Decreto, en la que se declara que el horizonte es la completa digitalización del empresariado español, que permitirá un significativo ahorro de costes y una mejora acelerada de la competitividad en una economía cada vez más digitalizada y global, despierta muchas dudas sobre lo plasmado en ella y la adecuación a la realidad y la situación de muchos empresarios, incluso los que lo son únicamente a efectos fiscales, como los agricultores que por variedad de circunstancias están haciéndose oír en casi toda Europa en este primer trimestre de 2024. Pero es que ese horizonte puede ser incluso una irrelevancia ante lo que también se anuncia en la misma exposición de motivos que justifica las reformas y su contenido, pues su propósito encuentra "su sentido en un objetivo aún más amplio que desde las organizaciones internacionales (OCDE y Unión Europea) han dado en llamar «cumplimiento tributario por diseño». Se trata de asegurar una conexión sencilla, barata, segura y eficiente entre administrados y administración en entornos digitalizados. El desarrollo de estos sistemas informáticos debe permitir a medio plazo un significativo ahorro de los costes de cumplimiento de toda índole y, en particular, por lo que se refiere al presente real decreto, de los costes de cumplimiento tributario".

---

7 Sobre estas cuestiones, ya apunté problemas atendiendo a las circunstancias sociales del momento en "La obtención de información y comunicaciones por vía telemática", en *Administraciones tributarias: nuevas tecnologías y colaboración y asistencia mutua*. Delta Publicaciones Universitarias S.L. Madrid, 2004, resultado de las Jornadas sobre Nuevas tecnologías y Administración tributaria, organizadas por la Universidad Internacional del Mar (Universidad de Murcia), en Lorca del 16 al 20 de septiembre de 2002.

Es una nueva variante de lo que comportaron las autoliquidaciones, traslación al contribuyente de unas tareas, a desarrollar de forma digitalizada, que sin duda tiene costes de establecimiento iniciales para el contribuyente, que facilitará los datos a la Administración, que los tratará y cruzará para llevar a cabo un control remoto de los contribuyentes, pero que no parece que vaya a servir para que a partir de toda esa información se pueda, ni se quiera, volver a que sea la Administración quien practique la primera liquidación que genere el ingreso público tributario.

Si lo indicado se proyecta sobre empresarios y profesionales, estamos también ante la proyección de cumplimiento de deberes de forma telemática para ciudadanos que no tienen dicha condición, y que ya tiene sus antecedentes en nuestro ordenamiento, en concreto en el Impuesto especial sobre Determinados medios de transporte[8]. La sentencia del TS 953/2023, de 11 de julio de 2023 (ECLI:ES:TS:2023:3295) (*Tol 9657738*), entendió que no es ajustada a Derecho la imposición a los obligados tributarios de relacionarse electrónicamente con la Administración, recogida en la Orden HAC/277/2019, de 4 de marzo (*Tol 7098445*), que la estableció de manera general para todos los obligados tributarios del IRPF sin determinar los supuestos y condiciones que justifiquen, en atención a razones de capacidad económica, técnica, dedicación profesional u otros motivos, y tal obligación a juicio del Tribunal constituye una excepción al derecho de los ciudadanos a ejercer sus derechos y cumplir con sus obligaciones a través de técnicas y medios electrónicos, informáticos o telemáticos con las garantías y requisitos previstos en cada procedimiento, reconocido en el art. 96.2 LGT. Dictada la sentencia, como tantas veces ocurre, se ha producido el cambio normativo, pues para el mismo IRPF, impuesto representativo de la esencia del deber de contribuir, con una urgencia difícil de entender y más aún de justificar, la disposición final segunda del Real Decreto-ley 8/2023, de 27 de diciembre (*Tol 9813475*), modificó los apartados 5 y 6 del artículo 96 de la Ley 35/2006, para recoger legalmente que se podrá establecer la obligación de declaración a través de medios electrónicos siempre que la Administra-

8 Si en "Los obligados tributarios en la Ley 58/2003, de 17 de diciembre, General Tributaria: principales novedades", *La reforma de la Ley General Tributaria*, Colección: *Estudios de Derecho Judicial*; 57; 2004, p. 120, ya apuntaba que podía suponer un exceso la autorización dada al Ministro para que determinara los supuestos y condiciones en que los obligados tributarios "deberán" presentar por medios telemáticos sus declaraciones, con posterioridad en "Nuevas tecnologías y gestión tributaria", en *La administración electrónica en España. Experiencias y perspectivas de futuro.* Universitat Jaume I, Castellón, 2007, sin poco éxito, a la vista de lo acontecido, razonaba sobre el carácter desproporcionado de "establecer que el adquirente de un vehículo nuevo (o aún no matriculado en España) se provea de un certificado de usuario o acuda necesariamente a un tercero colaborador, que actuará mediante contraprestación, para cumplir el deber de contribuir". Sobre ello también ha incidido Sánchez Blázquez, V. M. (2021). *Las declaraciones y autoliquidaciones tributarias electrónicas en el ordenamiento jurídico alemán,* Tirant lo Blanch, pp. 397-402.

ción tributaria asegure la atención personalizada a los contribuyentes que precisen de asistencia para la cumplimentación de la declaración por tales medios, y en la Orden Ministerial que aprueba el modelo de declaración del IRPF de 2023 se indica que "Se trata de una norma que afecta al modo de cumplimiento de una obligación tributaria de carácter formal, cual es la obligación de declaración del IRPF a través de medios electrónicos". Se extiende así por ley la obligación para todos los contribuyentes en el IRPF de relacionarse telemáticamente para el deber de declarar, con la salvaguarda de que sea así siempre que la Administración tributaria asegure la atención personalizada a quien necesite la asistencia para cumplimentar la declaración por tales medios. Quizás hubiera sido preferible que para quienes no están obligados a relacionarse telemáticamente con la Administración, la Administración tributaria estatal en ese caso, se convirtiera en el colaborador social contemplado en el art. 92, modificando el precepto para que tenga ese deber legalmente asignado, y que exima de responsabilidad a quien solicite la colaboración si ésta no se presta tempestivamente. Es más, a la vista de cómo se gestionan en la actualidad algunos servicios públicos, ello podría abrir la puerta, como en los servicios de sanidad o educación concertada, a privatizar el servicio y que sean profesionales que acepten la tarea quienes sean compensados económicamente por la Administración tributaria.

Entre los deberes de información ha habido una importante producción jurisprudencial que, ha afectado a algunos de carácter general[9], pero sobre todo a requerimientos individualizados, y que en la medida que ha podido ha enmarcado la actuación del Ejecutivo y de la propia Administración tributaria dentro de los límites normativos, legales e incluso constitucionales, y que no podemos traer aquí de forma detallada[10].

---

9 Por ejemplo, en un primer momento el deber de informar con carácter general sobre la cesión de uso de viviendas con fines turísticos, se anuló por el TS por haberse incumplido, en su aprobación, trámites exigidos por el Derecho de la Unión (STS de 23-07-2020, núm. 1106/2020 ECLI:ES:TS:2020:2494 (*Tol 8030761*)).

10 En este punto me remito a Peña Amorós, M.ª M. (2021). "Algunas cuestiones en torno a la utilización de los requerimientos individualizados por parte de la Administración". *Revista de Contabilidad y Tributación.* CEF, (456), pp. 101 y ss.
No pudiendo dejar de señalar que atender requerimientos con un resultado distinto al que pretendía la propia Administración Tributaria no ha de ser motivo de sanción (ej., STSJ Madrid, de 7 de octubre de 2021, núm. 537/2021, rec.1661/2019 ECLI:ES:TSJM:2021:10610 (*Tol 8706434*)) o cuando se requiere la presentación de la declaración de alta en el IAE, y la entidad requerida alega que está exenta y no presenta la declaración.

1.3. PLAZOS DE LOS PROCEDIMIENTOS, DEBER DE INFORMACIÓN E INTERRUPCIÓN DE LA PRESCRIPCIÓN

Una luz en la evolución de la LGT de 1963 a la actualidad se dio con el establecimiento de plazos para finalizar los procedimientos tributarios y los efectos que los actos de la Administración tienen para interrumpir la prescripción, y que se incorporaron con la Ley de Derechos y garantías del contribuyente de 1998, o no surtiendo el efecto interruptivo si no finaliza el procedimiento en el plazo establecido. Lo que fue especialmente relevante, dado que hasta ese momento cualquier acto administrativo del que conociese formalmente el obligado interrumpía la prescripción y el plazo debía comenzar a computarse de nuevo, siendo frecuente que se dictaran actos sin más continuidad y con el efecto exclusivo de interrumpir la prescripción.

A pesar de que dicho cambio alumbra desde 1998, nos encontramos ante tics de la Administración que parece revitalizar aquellos efectos, puesto que ha pretendido que el cumplimiento de deberes generales de información pudiera tener los efectos interruptivos de la prescripción, a pesar de no estar enmarcados en procedimiento alguno, tentativa que se consideró contraria a Derecho por el TS en sentencia de 18 de mayo de 2020 (ECLI:ES:TS:2020:969) (*Tol 7939060*).

Todo ello indica que la AEAT no siempre se ajusta a la verdadera finalidad de las potestades que se atribuyen, que no es la de actuar para recaudar más, sino para que se contribuya de acuerdo con la capacidad económica, y en cumplimiento de la ley. Si, como dice V. Verdú, "el mundo occidental está colmado de medios, pero desertizado de fines"[11], podemos decir que la AEAT está colmada de medios, pero no siempre se utilizan con el fin para el que se le dotan, pues aquí sí hay un fin constitucionalmente establecido y delimitado, la contribución al sostenimiento del gasto público de una forma justa, y son numerosas las sentencias que dejan sin efectos actos de la AEAT por separarse o pretender ir más allá de lo que el Ordenamiento le permite.

2. EVOLUCIÓN Y PROBLEMAS FUTUROS CON LAS AUTOLIQUIDACIONES

Donde cabe centrar la atención para destacar las luces y las sombras de los deberes de colaboración, a la vista de los recientes acontecimientos, es en relación con la evolución de las autoliquidaciones. Como ya se ha dicho, la autoliquidación conllevó que en un primer momento la Administración dejara de aplicar el Derecho, al no tener que dictar ya liquidaciones normalmente provisionales tras la declaración tributaria de los

---

11 Verdú, V. (2003). *El estilo del mundo*, Anagrama, p. 81. Pensamiento que comparte Chirbes, R. (2022). *Diarios II*, Anagrama, p. 475.

contribuyentes, dejando en manos de estos la aplicación del Derecho, para en su caso después poder comprobar la corrección de lo actuado por aquellos, en los diversos procedimientos de gestión o inspección.

La autoliquidación no es un acto administrativo, es un acto del particular que puede iniciar un procedimiento de devolución (art. 124 LGT), aunque para algunos efectos se asimila a los del acto administrativo, esto es, como si fuese un acto administrativo a tiempo parcial, pues si no se ingresa la cantidad autoliquidada, se inicia el periodo ejecutivo. Sorprende, por tanto, que el art. 167.3 LGT, siga contemplando los mismos supuestos de impugnación de la providencia de apremio que tenía el art. 137 de la LGT 1963, sin hacer mención a los casos de autoliquidaciones no ingresadas y seguir contemplando como motivo de oposición la falta de notificación de la liquidación.

Durante el periodo de prescripción, la Administración puede iniciar los procedimientos tributarios que considere. El contribuyente se encuentra en una situación de pendencia, pues su propuesta de aplicación de derecho no se ve confirmada o desmentida hasta que se inicie un eventual procedimiento, e incluso en el caso de que conlleve la solicitud de devolución, la práctica de la misma nada significa en relación con la correcta aplicación del Derecho por el obligado tributario. Si no se inicia procedimiento tributario alguno, la situación de pendencia se dará hasta que sea imposible su revisión por el transcurso del tiempo, esto es, por haberse dado la prescripción.

La autoliquidación inicial puede contener deficiencias, que el propio contribuyente puede apreciar o descubrir después de haberla presentado, y conforme al régimen general previsto en la LGT proceder a presentar una nueva complementaria si debiera ingresar una cantidad mayor, o puede instar la rectificación de la presentada, cuando crea que la primera perjudica sus derechos.

Esta última posibilidad es la que podía darse cuando el contribuyente, conocedor de criterios interpretativos de la propia Administración, presenta una autoliquidación ajustada a esos criterios para impedir que se le pueda sancionar en su caso, o exigir intereses o recargos después, e insta la rectificación para poder hacer valer el criterio que él considera más ajustado a derecho, y obtener una respuesta de la Administración que le permita acceder a la tutela judicial efectiva impugnando dicha respuesta. Obedezca a esas razones, o a la simple advertencia de una actuación inadecuada en la presentación de la autoliquidación inicial que corregida daría lugar a un menor ingreso o mayor devolución, lo cierto es que la autoliquidación presentada no puede ser modificada directamente por el contribuyente, ni puede obtener una respuesta sobre la corrección de la misma si no insta su rectificación.

La respuesta a la solicitud de rectificación, desde el punto de vista de la seguridad jurídica, es realmente importante, porque el pronunciamiento que se dé, fija la posición en Derecho de la Administración tributaria, y la situación que declare no podrá ser empeorada como consecuencia de posteriores impugnaciones o recursos que interponga el contribuyente. Obviamente, ello no impedirá que dentro del periodo de prescripción se puedan iniciar los procedimientos tributarios correspondientes y descubrir nuevos o distintos hechos a los tenidos en cuenta en el procedimiento de rectificación de autoliquidaciones.

Por tanto, ese pronunciamiento provocado por el contribuyente, será el que impedirá una *reformatio in peius*, que, en los casos de liquidaciones provisionales, comportaba y comporta en general que, si no se recurren, solo pueden modificarse si se descubren nuevos hechos y no meramente por una distinta calificación jurídica.

Pues bien, sobre las autoliquidaciones tal y como las conocemos hasta ahora, se han dado unos cambios, y otros que pueden darse, que alteran radicalmente su papel en la aplicación de los tributos. Por un lado, está el cumplimiento cooperativo, al que me referiré brevemente, y por otro lado está las ya incorporadas a la LGT, autoliquidaciones rectificativas, ayunas de regulación en dicha Ley, pero presentes y reguladas por vía reglamentaria en distintos impuestos.

2.1. CUMPLIMIENTO COOPERATIVO Y CUMPLIMIENTO NORMATIVO

A finales del siglo XX, con la pretendida simplificación de la aplicación del sistema tributario y los avances tecnológicos, como hemos apuntado anteriormente, comienza a poder utilizarse medios telemáticos. Y para ello adquiere relevancia la colaboración social para facilitar a los contribuyentes el cumplimiento de sus deberes por esos medios, primero de forma voluntaria, y después cada vez con más obligados a su utilización. Los problemas de representación fueron los primeros contemplados por la LGT en la reforma de 1995 (hoy art. 46 LGT).

La vigente LGT, en el art. 92 ya se refiere al cumplimiento cooperativo, y a partir de ahí comienza un relato dirigido desde la Administración Tributaria en el que se pretende implicar a esos colaboradores sociales, institucionales, corporativos, y a sus miembros, en actuaciones que en muchas ocasiones parece que esos colaboradores han de servir a los objetivos que pretende la Administración, más que a la representación de los intereses de los clientes o miembros.

Así se instaura un Foro de Asociaciones y Colegios de Profesionales Tributarios, como un Marco de relación y diálogo con las personas que ejercen la colaboración social como representantes de la ciudadanía y que cooperan con la Agencia Tributaria en la prevención del fraude fiscal. Hay otros 3 foros (grandes empresas, Pymes y federaciones y asociaciones de trabajadores autónomos). Se trata de un órgano de relación cooperativa basada en la transparencia y la confianza mutua, de modo que redunde en última instancia en beneficio del contribuyente, favoreciendo y facilitando el cumplimiento voluntario de sus obligaciones fiscales. Y del que han surgido un Código de Buenas Prácticas de Asociaciones y Colegios de Profesionales Tributarios y otro Código de

Buenas Prácticas de Profesionales Tributarios, en los que se asumen unos compromisos por ambas partes, de mayor contenido y sustancia para las asociaciones y asociados, que los que asume la AEAT, dado que ésta en el cumplimiento de la Ley no debe, ni puede discriminar por estar o ser miembro del Foro, o haber suscrito o haberse adherido al citado Código. No obstante, "Determinados compromisos de la Agencia Tributaria serán efectivos para los intermediarios fiscales en tanto se realice la suscripción de la Adenda de este Código de Buenas Prácticas por las Asociaciones y Colegios de Profesionales Tributarios de los que sean asociados o colegiados".

¿Esos canales de comunicación y su participación en los mismos, son una contribución en especie? Sin duda tiene un coste, facilitan la tarea de la AEAT, y sus partícipes saben la utilidad que les puede reportar, pero no pueden dejar de ser críticos ¿Puede permitir acceder a información que de otro modo no se tendría? No debiera ser así, por ser contrario al art. 103 CE. No obstante, hay opiniones contrapuestas, pues no todos los colectivos han asumido esos códigos de buenas prácticas. En cualquier caso, son las asociaciones y colegios los que deben valorar la eficacia e interés del Foro y Códigos. ¿Mejorar la funcionalidad de la cita previa para los intermediarios fiscales adheridos, y no para el resto, no es discriminatorio?

Y cada miembro del colectivo, y en su caso, los representantes de los mismos, han de saber hasta dónde han o pueden llegar, valorando la circunstancia de quién es el que les permite el desarrollo de su actividad económica, y en definitiva el que, vía precio, va a soportar la traslación del coste que para el colectivo y sus miembros tiene, tanto la colaboración social, como el cumplimiento cooperativo.

Al fin, ello incide, advertida o inadvertidamente, en una situación en que los contribuyentes se vuelven menos conflictivos, con incentivos por no recurrir, o dejando en manos de la Administración los resultados que esta le propone en borradores de autoliquidaciones que, en última instancia, de momento, siguen siendo responsabilidad del contribuyente, y que quizás sean un ejemplo primerizo del denominado "cumplimiento tributario por diseño".

A todo ello hay que añadir el denominado cumplimiento normativo o programas de *compliance* fiscal, en los que la empresa, o mejor el responsable designado por la empresa para supervisar el cumplimiento fiscal, debe identificar y evaluar los riesgos de incumplimiento, así como establecer los correspondientes controles y protocolos para prevenirlos, para así poder obtener la Certificación de *Compliance* Tributario conforme a la UNE 19602, por entidades que hayan obtenido la acreditación para certificar por la Entidad Nacional de Acreditación (ENAC)[12]. Aunque la legislación tributaria,

---

12 A fecha 12 de marzo de 2024 en la web de la ENAC solo se informa de la existencia de una entidad certificadora acreditada https://www.enac.es/entidades-acreditadas/buscador-de-acreditados?p_p_id=buscadoralcances_WAR_BuscadorAlcancesportlet&p_p_

a diferencia de la penal, nada dice aún sobre el *compliance* fiscal[13], si se han producido manifestaciones de responsables de la AEAT en el seno de alguno de los Foros anteriormente citados, sobre la posibilidad de poder evitar inspecciones tributarias si se dispone de estos sistemas de *compliance*[14].

2.2. LAS AUTOLIQUIDACIONES RECTIFICATIVAS

La modificación de la LGT por la ley 13/2023, de 24 de mayo (*Tol 9568822*), modificó el núm. 3 y añadió el núm. 4 al art. 120, con la siguiente redacción:

3. Cuando un obligado tributario considere que una autoliquidación ha perjudicado de cualquier modo sus intereses legítimos, podrá instar la rectificación de dicha autoliquidación de acuerdo con el procedimiento que se regule reglamentariamente. No obstante, cuando lo establezca la normativa propia del tributo, la rectificación deberá ser realizada por el obligado tributario mediante la presentación de una autoliquidación rectificativa, conforme a lo dispuesto en el apartado 4 de este artículo.

Cuando la rectificación de una autoliquidación origine una devolución derivada de la normativa del tributo y hubieran transcurrido seis meses sin que se hubiera ordenado el pago por causa imputable a la Administración tributaria, ésta abonará el interés de demora del artículo 26 de esta Ley sobre el importe de la devolución que proceda, sin necesidad de que el obligado lo solicite. A estos efectos, el plazo de seis meses comenzará a contarse a partir de la finalización del plazo para la presentación de la autoliquidación o, si éste hubiese concluido, a partir de la presentación de la solicitud de rectificación o de la autoliquidación rectificativa.

Cuando la rectificación de una autoliquidación origine la devolución de un ingreso indebido, la Administración tributaria abonará el interés de demora en los términos señalados en el apartado 2 del artículo 32 de esta Ley.

No obstante, cuando la rectificación de una autoliquidación implique una minoración del importe a ingresar de la autoliquidación previa y no origine una cantidad a devolver,

---

lifecycle=1&p_p_state=normal&p_p_mode=view&p_p_col_id=column-1&p_p_col_count=1&_buscadoralcances_WAR_BuscadorAlcancesportlet_javax.portlet.action=searchURL, aun cuando en esa misma fecha se puede encontrar publicidad de otras entidades que manifiestan que pueden otorgar la certificación.

13 No es ello la referencia al cumplimiento fiscal internacional y la implementación de la Foreign Account Tax Compliance Act - FATCA, de la D.Ad. 22ª.

14 Aldea Gamarra, A. (2023). "*Tax compliance*: una perspectiva general sobre sus principales elementos", en *Sobre la prevención y lucha contra el fraude fiscal,* coordinado por Corucera Torres, A. y Aníbarro Pérez, S., Aranzadi, p. 89 en nota.

se mantendrá la obligación de pago hasta el límite del importe a ingresar resultante de la rectificación.

4. Cuando lo establezca la normativa propia del tributo, el obligado tributario deberá presentar una autoliquidación rectificativa, utilizando el modelo normalizado de autoliquidación que se apruebe conforme a lo previsto en el apartado 3 del artículo 98 de esta Ley, con la finalidad de rectificar, completar o modificar otra autoliquidación presentada con anterioridad.

En relación con las autoliquidaciones complementarias o sustitutivas de las presentadas anteriormente, la modificación llevada a cabo en el art. 122 lo fue para indicar que fuera de los casos en los que sea aplicable el supuesto, se estará a lo dispuesto en los números 3 y 4 del art. 120, añadiendo la referencia al número 4.

Sin embargo, la exposición de motivos de la ley, haciendo gala de que tiene como objeto seguir avanzando en la asistencia al contribuyente y en la mejora de la gestión tributaria, señala que "se establece un sistema único para la corrección de las autoliquidaciones, regulando con esta finalidad la nueva figura de la autoliquidación rectificativa, que sustituirá, en aquellos tributos en los que así se establezca, el actual sistema dual de autoliquidación complementaria y solicitud de rectificación. De esta forma, mediante la presentación de una autoliquidación rectificativa el obligado tributario podrá rectificar, completar o modificar la autoliquidación presentada con anterioridad, con independencia del resultado de la misma, sin necesidad de esperar la resolución administrativa".

Y esa mención de que no haya necesidad de esperar la resolución administrativa es lo que evidencia la verdadera trascendencia de lo que pueden ser las autoliquidaciones rectificativas, pues esa característica no está expresada en la Ley General Tributaria.

En efecto, de este modo, el régimen general de la rectificación de autoliquidaciones se ve alterado, e incluso puede convertirse en marginal, si cada tributo en particular incorpora en su normativa el régimen específico de sus correspondientes autoliquidaciones rectificativas, algo que ya ha sucedido para los principales impuestos estatales, como son los que gravan la Renta de las Personas Físicas, la de las Sociedades, el Impuesto sobre el Valor Añadido, y también los Impuestos Especiales, y también, aunque no tan principal, para el Impuesto sobre los Gases Fluorados de Efecto Invernadero.

Por tanto, si de la lectura apresurada del art. 120 podía pensarse que en un futuro se pretendía homogeneizar en una misma denominación lo que hasta ahora son las declaraciones complementarias y las solicitudes de rectificación de autoliquidaciones, esto es, que el cambio era nominal, la realidad es muy distinta, pues hay un incremento de casos que pasan a tener el régimen propio de las complementarias, pues se presenta una nueva autoliquidación, que sustituye o complementa la anterior, pero sin que tenga como consecuencia que la Administración se deba pronunciar o que su silencio sea relevante, con lo cual el contribuyente seguirá estando pendiente de una eventual comprobación por parte de la Administración, y si lo que hizo con la complementaria fue rectificar la anterior con criterios no compartidos por la Administración que incluso puede dar lugar al inicio de un procedimiento de devolución, será posible que pueda llegar a ser sancionado, pues esta sustituye a la anterior, y si no responde al resultado de la "correcta autoliquidación" (art. 191 LGT, por ejemplo), esa podría ser la consecuencia.

De este modo se cierra normativamente la posibilidad de que necesariamente se deba dar respuesta al contribuyente, quedando en manos de la Administración, y durante el periodo de prescripción, hacerlo o no. Con ese amparo normativo puede saltarse la proyección del principio de buena administración, que por ejemplo ha llevado a que se debe llevar a cabo una regularización íntegra cuando así lo inste el contribuyente objeto de procedimiento inspector, no pudiendo alegar la Administración que es ella quien decide el inicio o no de tales procedimientos según sus recursos disponibles.

Y ese amparo normativo también comporta la demora, cuando no la imposibilidad, y esto es más grave, de acudir a la tutela judicial efectiva, pues así se dará si la Administración no actúa tras la presentación de una autoliquidación, en la medida que el régimen hasta ahora general de la rectificación de autoliquidaciones puede no ser aplicable. Si bien, como veremos sí está previsto que, si se alega una vulneración de "norma de rango superior legal, constitucional, de Derecho de la Unión Europea o de un Tratado o Convenio internacional", se seguirá el régimen hasta ahora establecido en el LGT.

Y no solo ello, es que el nuevo régimen de las autoliquidaciones rectificativas, al impedir la solicitud de rectificación del régimen general, impedirá que el contribuyente pueda estar en la situación que el Tribunal Constitucional permite poder obtener la devolución de un tributo que haya sido declarado inconstitucional, porque no se habrá podido solicitar la rectificación de la autoliquidación, a pesar del equívoco nombre de las "autoliquidaciones rectificativas". Por ejemplo, en la más reciente sentencia que limita los efectos a la declaración de inconstitucionalidad, Sentencia 11/2024, de 18 de enero de 2024 (*Tol 9863870*), lo resuelve así: "Por exigencias del principio de seguridad jurídica (art. 9.3 CE), no pueden considerarse situaciones susceptibles de ser revisadas con fundamento en la presente sentencia aquellas obligaciones tributarias devengadas por el impuesto sobre sociedades que, a la fecha de dictarse la misma, hayan sido decididas definitivamente mediante sentencia con fuerza de cosa juzgada (art. 40.1 LOTC) o mediante resolución administrativa firme. Tampoco podrán revisarse aquellas liquidaciones que no hayan sido impugnadas a la fecha de dictarse esta sentencia, ni las autoliquidaciones cuya rectificación no haya sido solicitada a dicha fecha [STC 182/2021, de 26 de octubre, FJ 6 b (*Tol 8641521*)]". Como quiera que en el IS, salvo en los supuestos que se permite aplicar el régimen general de rectificación de la LGT, quien no hubiera alegado en su solicitud de rectificación la vulneración constitucional o legal, no podrá acogerse a la situación que ampararía la revisión por inconstitucionalidad declarada.

Que la gestión tributaria se haya desplazado al contribuyente, y que se le suprima el cauce para poder acudir a los tribunales cuando discrepe de lo que hizo en un primer momento, es algo que no puede ser conforme a la Constitución, al privarle del derecho a la tutela judicial, como certeramente apuntaba Litago Lledó antes de la publicación a información pública del primer proyecto de Real Decreto que pergeñaba el nuevo régimen, y que se separa del criterio del TS, para quien como hemos visto anteriormente, el régimen de rectificación de autoliquidaciones "hay que entenderlo no como un recurso o enfrentamiento entre el sujeto pasivo y la Administración tributaria, sino como una norma de amparo, de tutela y protección del sujeto pasivo-liquidador de los tributos".

Pues bien, el Real Decreto aprobado y que en su extenso título no hace mención expresa a la modificación de la normativa de impuesto alguno (es el 117/2024, de 30 de enero (*Tol 9847966*), por el que se desarrollan las normas y los procedimientos de diligencia debida en el ámbito del intercambio automático obligatorio de información comunicada por los operadores de plataformas, y se modifican el Reglamento General de las actuaciones y los procedimientos de gestión e inspección tributaria y de desarrollo de las normas comunes de los procedimientos de aplicación de los tributos, aprobado por el Real Decreto 1065/2007, de 27 de julio (*Tol 1126658*), en transposición de la Directiva (UE) 2021/514 del Consejo de 22 de marzo de 2021 (*Tol 10000808*) por la que se modifica la Directiva 2011/16/UE (*Tol 2043932*) relativa a la cooperación administrativa en el ámbito de la fiscalidad, y otras normas tributarias), en su exposición de motivos añade alguna precisión que no está así expresada en la Ley, al afirmar que la nueva figura de la autoliquidación rectificativa se puede implantar "en aquellos tributos en que su normativa reglamentaria expresamente lo prevea", cuando la circunstancia de que sea reglamentaria no está así dicho en la Ley, que se refiere únicamente a la normativa propia del tributo (art. 120.4 LGT), lo que puede dar lugar en un futuro a recursos sobre el adecuado cauce normativo empleado para su regulación.

En esencia, también se dice en la exposición de motivos, que el tradicional sistema de rectificación de las autoliquidaciones en estos impuestos será el aplicable "cuando el motivo de la rectificación alegado sea la eventual vulneración por la norma aplicada en la autoliquidación previa de los preceptos de otra norma de rango superior", algo que tampoco es exactamente así, atendido el tenor de los distintos preceptos que se incluyen en los respectivos reglamentos de los impuestos afectados, pues ha de ser exclusivamente una "norma de rango superior legal, constitucional, de Derecho de la Unión Europea o de un Tratado o Convenio internacional", y si esa circunstancia concurre con motivos de distinta naturaleza, por estos últimos se deberá presentar una autoliquidación rectificativa, provocándose una bifurcación en las eventuales consecuencias de la rectificación instada. Por tanto, si se han aplicado criterios de una Orden Ministerial, o de una Consulta tributaria, o del programa INFORMA, que el obligado considera que vulnera un Real Decreto, no cabe el régimen general de la LGT para instar la rectificación, y si lo que se produce es una discrepancia interpretativa, por ejemplo, con criterios de consultas de la Dirección General de Tributos, tampoco. Cabe citar como ejemplo de ello, y que en principio impediría la aplicación del régimen general de la LGT, lo que ha ocurrido con el criterio de la DGT sobre el rescate en forma de capital de los planes de pensiones con aportaciones anteriores a 2007 a la que se refiere la resolución: 00/08719/2021/00/00, de 24 de octubre de 2022.

En la regulación para los distintos impuestos en que se introduce la autoliquidación rectificativa (DF 3ª a 7ª del RD 117/2024) incorporan nuevos artículos en los reglamentos de los distintos impuestos afectados)[15], y en particular en el IS, IVA y en

---

15 En esencia el régimen diseñado para el IRPF, es el siguiente, conforme al nuevo art. 67— bis de su vigente Reglamento: «Artículo 67 bis. Autoliquidaciones rectificativas. 1. Los contribuyentes deberán rectificar, completar o modificar las autoliquidaciones presentadas por este Impuesto mediante la presentación de una autoliquidación rectificativa, utilizando el modelo de declaración aprobado por la persona titular del Ministerio de Hacienda y Función Pública.
2. La autoliquidación rectificativa de una autoliquidación previa se podrá presentar antes de que haya prescrito el derecho de la Administración para determinar la deuda tributaria mediante liquidación o el derecho a solicitar la devolución que, en su caso, proceda. Cuando se presente fuera del plazo de declaración tendrá el carácter de extemporánea.
3. En la autoliquidación rectificativa constará expresamente esta circunstancia y la obligación tributaria y período a que se refiere, así como la totalidad de los datos que deban ser declarados. A estos efectos, se incorporarán los datos incluidos en la autoliquidación presentada con anterioridad que no sean objeto de modificación, los que sean objeto de modificación y los de nueva inclusión.
4. La autoliquidación rectificativa podrá rectificar, completar o modificar la autoliquidación presentada con anterioridad. En particular:
a) Cuando de la rectificación efectuada resulte un importe a ingresar superior al de la autoliquidación anterior o una cantidad a devolver o a compensar inferior a la anteriormente autoliquidada se aplicará el régimen previsto para las autoliquidaciones complementarias en el artículo 122.2 de la Ley 58/2003, de 17 de diciembre, General Tributaria, y su normativa de desarrollo.
b) En los casos no contemplados en la letra anterior, cuando del cálculo efectuado en la autoliquidación rectificativa resulte una cantidad a devolver, con la presentación de la autoliquidación rectificativa se entenderá solicitada la devolución, que se tramitará conforme al régimen del procedimiento previsto en los artículos 124 a 127 de la Ley 58/2003, de 17 de diciembre (*Tol 327278*), General Tributaria, y su normativa de desarrollo, sin perjuicio de la obligación de abono de intereses de demora conforme a lo establecido en el apartado 3 del artículo 120 de dicha Ley.
El plazo para efectuar la devolución será de seis meses contados desde la finalización del plazo reglamentario para la presentación de la autoliquidación o, si éste hubiese concluido, desde la presentación de la autoliquidación rectificativa.
Si con la presentación de la autoliquidación previa se hubiera solicitado una devolución por cuantía distinta a la que resulte de la autoliquidación rectificativa y aquella devolución no se hubiera efectuado al tiempo de presentar la autoliquidación rectificativa, con la presentación de esta última se considerará finalizado el procedimiento iniciado mediante la presentación de la autoliquidación previa.

los IIEE se establecen algunos supuestos que se excluyen de este régimen y para los que subsiste el general. El nuevo régimen dará lugar a la aprobación de un modelo de autoliquidación rectificativa, que deberá incluir los datos requeridos, y según el resultado de la rectificación los efectos jurídicos serán los mismos que hubieran correspondido a la autoliquidación rectificada, esto es volver al punto de salida con la presentación de la nueva autoliquidación. Así si se pretende una devolución, se dará paso al procedimiento de devolución previsto en los arts. 124 ss., de la LGT sin que la práctica de la devolución conlleve pronunciamiento alguno sobre la corrección o no de la autoliquidación por la que se solicita.

Así pues, ni posibilidad de recurrir mientras no se pronuncie la Administración, dado que no está obligada y ya no existe el plazo de seis meses para estimar desestimada la rectificación solicitada, ni posibilidad de encontrar una primera decisión que no pueda ser empeorada por la Administración, dado que antes no habrá dicho nada.

3. REFERENCIAS BIBLIOGRÁFICAS

Aldea Gamarra, A. (2023). "*Tax compliance*: una perspectiva general sobre sus principales elementos". *Sobre la prevención y lucha contra el fraude fiscal,* coordinado por A. Corcucera Torres y S. Aníbarro Pérez, Aranzadi.

Aneiros Pereira, J. (2023). "El IVA en la era digital: nuevas medidas para luchar contra la elusión y la evasión". *Los modelos de negocio en la era digital,* Aranzadi.

Litago Lledó, R. (2023). "La rectificación de las autoliquidaciones tributarias como derecho de los contribuyentes". *Revista Forum Fiscal* (298), CISS.

Martín Delgado, J. M. (1983). *Derecho Tributario y sistema democrático*, Universidad de Málaga.

---

c) Cuando de la rectificación efectuada resulte una minoración del importe a ingresar de la autoliquidación previa y no proceda una cantidad a devolver, se mantendrá la obligación de pago hasta el límite del importe a ingresar resultante de la autoliquidación rectificativa.

Si la deuda resultante de la autoliquidación previa estuviera aplazada o fraccionada, con la presentación de la autoliquidación rectificativa se entenderá solicitada la modificación en las condiciones del aplazamiento o fraccionamiento conforme a lo previsto en el segundo párrafo del apartado 3 del artículo 52 del Reglamento General de Recaudación, aprobado por Real Decreto 939/2005, de 29 de julio (*Tol 675844*).

5. La autoliquidación rectificativa no producirá efectos respecto a aquellos elementos que hayan sido regularizados mediante liquidación definitiva o provisional en los términos a que se refieren los apartados 2 y 3 del artículo 126 del Reglamento General de las actuaciones y los procedimientos de gestión e inspección tributaria y de desarrollo de las normas comunes de los procedimientos de aplicación de los tributos, aprobado por el Real Decreto 1065/2007, de 27 de julio (*Tol 1126658*), respectivamente.

Orón Moratal, G. (2004). "La obtención de información y comunicaciones por vía telemática". *Administraciones tributarias: nuevas tecnologías y colaboración y asistencia mutua.* Delta Publicaciones Universitarias S.L.

Orón Moratal, G. (2004). "Los obligados tributarios en la Ley 58/2003, de 17 de diciembre, General Tributaria: principales novedades". *La reforma de la Ley General Tributaria,* Colección: *Estudios de Derecho Judicial* (57).

Orón Moratal, G. (2007). "Nuevas tecnologías y gestión tributaria", en *La administración electrónica en España. Experiencias y perspectivas de futuro.* Universitat Jaume I, Castellón.

Peña Amorós, M. M. de la (2021). "Algunas cuestiones en torno a la utilización de los requerimientos individualizados por parte de la Administración". *Revista de Contabilidad y Tributación* (456). CEF.

Pita Grandal, A. M., Malvárez Pascual, L. A. y Ruiz Hidalgo, C., dirs. (2023). *La digitalización en los procedimientos tributarios y el intercambio automático de información,* Aranzadi.

Ruiz-Jarabo Colomer, I. (2022). en *Impuestos o libertad,* Gaveta.

Sánchez Blázquez, V. M. (2021). *Las declaraciones y autoliquidaciones tributarias electrónicas en el ordenamiento jurídico alemán,* Tirant lo Blanch.

Verdú, V. (2003). *El estilo del mundo,* Anagrama.

LOS PRINCIPIOS DE BUENA ADMINISTRACIÓN E ÍNTEGRA REGULARIZACIÓN

Juan Arrieta Martínez de Pisón
Catedrático de Derecho Financiero y Tributario
Universidad Autónoma de Madrid

1. INTRODUCCIÓN: PRINCIPIOS, REGLAS, NORMAS Y DERECHOS

Si el objeto de nuestro estudio es analizar el *principio* de buena administración y el *principio* de regularización íntegra, resulta obligado preguntarnos sobre el alcance, naturaleza y régimen de los *principios* frente a otras categorías como pueden ser las reglas, las normas o los derechos. Estamos obligados a delimitar sus contornos, aunque sea simplemente, porque tales principios —especialmente el primero de ellos—, se configura a veces como un derecho.

Con las dificultades que encierra simplificar esta distinción, podemos considerar comúnmente admitido que los principios son reglas o normas de carácter general o universal que orientan la acción de los poderes públicos (principio de capacidad económica) o del individuo (libertad de pensamiento o libertad de cátedra), frente a los derechos y deberes que encarnan, representan o materializan tales principios. En terminología de Manuel Atienza y Juan Ruíz, el «*principio*» debe ser entendido como *regula iuris,* esto es, como un enunciado o máxima de la ciencia jurídica con un considerable grado de generalidad y que permita la sistematización del ordenamiento jurídico o de un sector del mismo. Frente al principio, la «*regla*» se identifica con la norma o el precepto concreto, y correlaciona entre casos genéricos (conjuntos de propiedades) y soluciones (esto es, la calificación normativa de una determinada conducta)[1].

Además de ello, el régimen jurídico-constitucional que se atribuye a los principios y a los derechos es distinto, entre otras razones porque varía el valor normativo que se otorga a los derechos fundamentales y a los principios. Por ejemplo, (i) los principios suelen ser de distinta naturaleza y no siempre aparecen caracterizados o definidos como tales, en cambio los derechos sí; (ii) los principios suelen ser, como ya hemos advertido, delimitadores de la actuación de los poderes públicos, y los derechos suelen atribuirse a los ciudadanos; finalmente, (iii) los derechos cuentan con fuertes sistemas de garantía de su contenido esencial, frente a los principios que tienen un modelo más diluido.

La distinción es relevante porque la doctrina científica y jurisprudencial española se refiere siempre a la buena administración o la regularización íntegra como un *principio* pese a que no existe un *principio* como tal recogido ni en la Constitución española de 1978 (*Tol 173304*) (CE) ni en nuestro ordenamiento jurídico tributario. Además, los textos normativos no nacionales que lo contemplan lo regulan como un *derecho*. Para-

---

1 *Cfr.*, Atienza, M. y Ruiz Manero, J. (1991). "Sobre principios y reglas", *Cuadernos de Filosofía del Derecho,* (10). (1991), Edición digital a partir de *Doxa,* 107-108. También lo expresaba en Arrieta Martínez de Pisón, J. (2018). "La doctrina de los actos propios en el procedimiento de inspección", en el Libro colectivo dirigido por Diego Marín-Barnuevo Fabo, *La doctrina de los actos propios en Derecho Tributario*, Civitas, Thomson-Reuters, Aranzadi, p. 217.

digmático de ello es la Carta de Derechos Humanos de la Unión Europea (*Tol 131225*) (CDHUE) que regula en su art. 41 del Capítulo V el *Derecho a una buena administración* afirmando que "*toda persona tiene derecho a que las instituciones y órganos de la Unión traten sus asuntos imparcial y equitativamente y dentro de un plazo razonable*".

2. EL PRINCIPIO DE BUENA ADMINISTRACIÓN

2.1. FORMULACIÓN Y ALCANCE

Ya hemos afirmado que en España *no existe* un precepto que contemple ni un principio ni un derecho a una buena administración; ni la CE ni nuestra LGT [Ley 58/2003, de 17 de diciembre, General Tributaria (*Tol 327278*)] aluden directamente a ello. Ahora bien, cuando se estudia el enunciado y la formulación del antes mencionado derecho a una buena administración del art. 41 de la CDFUE, descubrimos que gran parte de su contenido es reconducible a derechos que sí están reconocidos en nuestro ordenamiento jurídico legal y constitucional.

En efecto, el citado art. 41 tiene cuatro apartados. El *primero* exige a las instituciones y órganos de la Unión a que traten —porque "*toda persona tiene* [ese] *derecho*"— sus asuntos de forma "*imparcial y equitativamente y dentro de un plazo razonable*". Tales derechos los tenemos recogidos en nuestro ordenamiento, por ejemplo, en el art. 9.3 de la CE (principio de seguridad jurídica e interdicción de la arbitrariedad), en el art. 103.1 de la CE (principios de objetividad, coordinación y eficacia de las Administraciones Públicas), en el art. 31.2 de la CE (principios de economía, eficiencia y asignación equitativa de los recursos públicos), en el art. 106 de la CE (control judicial de la legalidad de la actuación administrativa), o el art. 3.1.e) de la LRJSP [Ley 40/2015, de 1 de octubre, de Régimen Jurídico del Sector Público (*Tol 5494100*), referido a los principios de buena fe y confianza legítima].

El apartado *segundo* del art. 41 contempla tres tipos de derechos diferenciables: el derecho a *ser oído*, el derecho al *acceso al expediente* y a su *confidencialidad*, y el derecho a que le *motiven* los actos o actuaciones de las instituciones y órganos de la Unión Europea (UE)[2]. Y también tales derechos encuentran un fácil correlato en nuestro ordena-

---

2 El apartado 2 del art. 41 literalmente señala lo siguiente: "*2. Este* derecho [a una buena administración] *incluye en particular:*
– el derecho de toda persona a ser oída antes de que se tome en contra suya una medida individual que le afecte desfavorablemente,
– el derecho de toda persona a acceder al expediente que le afecte, dentro del respeto de los intereses legítimos de la confidencialidad y del secreto profesional y comercial,
– la obligación que incumbe a la administración de motivar sus decisiones".

miento jurídico; así, y siguiendo ese orden enumerado, "*el derecho de toda persona a ser oída*" coincide con nuestro art. 34.1 m) y l) de la LGT que enumera entre los derechos y garantías de los obligados tributarios, el derecho a "*ser oído*" y a "*formular alegaciones*". El "*derecho de toda persona a acceder al expediente*" no es más que el derecho reconocido en nuestro art. 34.1.e) de la LGT a "*conocer el estado de tramitación de los procedimientos*". La protección de "*la confidencialidad y del secreto profesional y comercial*" recogido también en el art. 41.2 de la CDFUE es parejo al que se contempla en el art. 34.1.i) de la LGT cuando regula el "*carácter reservado de los datos, informes o antecedentes*". Y, finalmente, la "*obligación que incumbe a la administración* [de la UE] *de motivar sus decisiones*", encuentra su homónimo —entre otros muchos preceptos— en el art. 103.3 de la LGT cuando obliga a "*motivar con referencia sucinta a los hechos y fundamentos de derecho*".

El apartado *tercero* del art. 41 de la CDFUE establece el derecho de "*toda persona* (...) *a la reparación por la Comunidad de los daños causados por sus instituciones o sus agentes en el ejercicio de sus funciones, de conformidad con los principios generales comunes a los Derechos de los Estados miembros*". Y tal derecho encuentra coincidencia con la responsabilidad patrimonial establecida en los arts. 32 y ss. de la LRJSP (responsabilidad patrimonial) y con el "*derecho a obtener* (...) *las devoluciones de ingresos indebidos que procedan con abono del interés de demora*" así como el "*derecho a ser reembolsado (...) del coste de los avales y otras garantías aportados para suspender la ejecución de un acto*", reconocidos, ambos, en el art. 34.1.b) y c) de la LGT.

Finalmente, el apartado *cuarto* establece el derecho de toda persona a poder "*dirigirse a las instituciones de la Unión en una de las lenguas de los Tratados y deberá recibir una contestación en esa misma lengua*", derecho este que también se recoge a nivel nacional en el art. 34.1.d) de la LGT cuando regula el "*derecho a utilizar las lenguas oficiales en el territorio de su comunidad autónoma*"[3].

Siendo este el contenido del principio de buena administración en el seno de la UE[4], y no existiendo ninguna alusión directa ni en la CE ni en la LGT a dicho principio, aunque sean reconocibles y reconducibles los derechos que integran tal principio

---

3 Realiza un detallado estudio sobre el encaje legal del principio de buena administración en nuestro ordenamiento jurídico, Orena Domínguez, A. (2020). "El Principio de buena administración en el ámbito tributario: un paso más allá en los derechos y garantías de los obligados tributarios". *Revista Quincena Fiscal*, (22), diciembre 2020.

4 Un interesante análisis de la jurisprudencia del Tribunal Europeo de Derechos Humanos (TEDH) y del Tribunal de Justicia de la Unión Europea (TJUE) sobre el "*principio de buena administración o «buena gobernanza»* (...) *como parámetro para valorar la actuación administrativa en situaciones que afectan o pueden afectar a los derechos fundamentales y limitar la discrecionalidad administrativa*", lo realiza Rodríguez-Bereijo León, M. (2023). "La proyección de la Carta de los Derechos Fundamentales de la Unión Europea al ámbito tributario en el sistema

a derechos de nuestro Ordenamiento jurídico, la siguiente pregunta obligada es la referida a la naturaleza jurídica del mandato a una buena administración ¿es un principio de buena administración o es un derecho a una buena administración?[5]; ¿es un *supra* derecho que integra diferentes derechos o es simplemente un derecho, un nuevo derecho?; ¿o es, por qué no, un *supra* principio o, al menos un principio nuevo importado de la UE?

2.2. NATURALEZA JURÍDICA

Aunque pudiera pensarse que no tiene consecuencias jurídicas relevantes atribuir la naturaleza de principio o de derecho, lo cierto es que sí que la debe tener[6]. En todo caso, existe un consenso claro en la doctrina científica y jurisprudencial en admitir su reconocimiento implícito, no como un derecho ni como un *supra* derecho sino como un principio. Se trata de un principio, del principio de buena administración. Y varias son las razones que justifican esta deducción, razones que han sido antes mencionadas cuando tratábamos de diferenciar conceptualmente entre principios, reglas y derechos, Los argumentos se pueden condensar fundamentalmente en cinco.

En primer lugar, porque se trata de una norma (o de un conjunto de normas) dirigida primariamente a los poderes públicos, esto es, no se trata de un precepto directamente enunciado a los ciudadanos sino a los poderes del Estado. Consecuencia de ello, en segundo lugar, porque es una norma de carácter general o universal que orienta o guía la acción de los poderes públicos y delimita su actuación. En tercer lugar, porque cuenta

---

europeo de protección multinivel". *Revista Técnica Tributaria,* (142), (julio-septiembre 2023), pp. 53 y ss.

5 Igualmente se plantea la naturaleza jurídica como *principio* o *derecho,* González Aparicio, M. (2024). "Principios limitadores de las actuaciones de la Administración tributaria: el principio de buena administración". AAVV. *Presente y futuro del Derecho Financiero y Tributario: cuestiones críticas,* VIII Reunión de Profesores de Derecho Financiero y Tributario celebradas en Sevilla, 9 y 10 de noviembre de 2023, Documentos de Trabajo 2/2024, del Instituto de Estudios Fiscales, pp. 31-53, en especial, pp. 40-43.

6 Como pone de manifiesto Álvarez Martínez, J. (2022). "El principio de buena administración como nuevo paradigma jurídico y su aplicación en el ámbito tributario: régimen normativo, naturaleza jurídica y contenido", *Nueva Fiscalidad,* (1/2022), pp. 33-36. Otros autores, por el contrario, hablan indistintamente "*del principio de buena administración o el derecho a una buena administración*" puesto que se puede hacer "*referencia al mismo bien como principio bien como derecho, sin que ello haya impedido* (...) *su eficacia y relevancia jurídica vinculante, así como su exigencia judicial*"; *cfr.*, Orena Domínguez, A. (2023). "El principio de buena administración como derecho y garantía de los obligados tributarios", en el Libro dirigido por Moreno González, S., Carrasco Parrilla, P.J., y Coordinado por Gómez Requena, J.A., *Los principios del cumplimiento cooperativo en materia tributaria*, Atelier, p. 23.

con un sistema de garantía de su contenido esencial más diluido que si se tratara de derechos atribuidos a los obligados tributarios. Ciertamente el principio condensa un conjunto variado de derechos concretos reconocidos en nuestro ordenamiento jurídico legal y constitucional como hemos visto, pero si se invoca el principio ante los tribunales debe hacerse con un esfuerzo argumental para reforzar su contenido material. Por otro lado, en cuarto lugar, el principio no atribuye concretos y específicos derechos a los ciudadanos, sino que, como hemos señalado, establece un mandato dirigido a los poderes públicos (al legislador y a las administraciones públicas). Reiteramos que el principio aglutina derechos particulares, pero, en tanto enunciado integrador de tales derechos singulares, se proyecta y dirige fundamentalmente hacia los poderes públicos antes que hacia el ciudadano. Y finalmente, porque la norma o normas que desarrollan y concretan el principio, lo que vienen es a establecer reglas y criterios que deben presidir las actuaciones normativas (en la creación y aplicación normativa) llevadas a cabo por tales poderes en beneficio de los destinatarios de estas[7].

Por estas cinco razones debemos considerar ontológicamente que estamos ante un principio y no ante un derecho; si se quiere, de un *supra* principio o, en terminología de Miguel Cruz, de un "*metaprincipio inspirador de otros*"[8].

Y un principio encuadrable en la categoría de los principios generales del derecho, más en concreto, un principio del ordenamiento jurídico[9]. Desde esta perspectiva referida a su naturaleza jurídica, el principio de buena administración sería asimilable a un principio como el de seguridad jurídica reconocido en nuestro art. 9.3 de la CE, esto es, un *supra* principio aglutinador de otros tantos. Recuérdese sino la sentencia del Tribunal Constitucional (STC) 173/1996, de 31 de octubre (*Tol 83102*), que en su Fundamento de Derecho (FD) 3 expresamente reconocía que,

---

7 Vid., Pagès i Galtés, J. (2023). "La raíz iusnaturalista de la buena administración y su configuración jurisprudencial como principio tributario", *Civitas. Revista española de derecho financiero*, (200), pp. 155-196.

8 Cruz Amorós, M. (2021). "Los principios en la aplicación de los tributos". Tribuna 19-07-2021 de ELDERECHO.COM (Noticias Jurídicas y Actualidad) Editorial LEFEBVRE. Literalmente advierte que "*el principio de buena administración cursaría así como una especie de metaprincipio jurídico inspirador de otros, como el de que nadie se puede beneficiar de sus propias torpezas, incompatible con la concepción de que el silencio administrativo es una opción administrativa legítima o con la de que el recurso de reposición es una institución inútil*".

9 Así lo categoriza acertadamente Joaquín Huelin Martínez de Velasco en su estudio que amablemente me ha cedido sobre "*Los principios generales del Derecho en la jurisprudencia del Tribunal de Justicia de la Unión Europea, con especial referencia al ámbito tributario*". Aunque inédito, una parte del mismo se puede encontrar, con fecha de 1 de julio de 2023, en https://www.cuatrecasas.com/es/spain/competencia-derecho-ue/art/principios-derecho-jurisprudencia-tjue

"la seguridad jurídica «es la suma de certeza y legalidad, jerarquía y publicidad normativa, irretroactividad de lo no favorable, e interdicción de la arbitrariedad, pero que, si se agotara en la adición de estos principios, no hubiera precisado de ser formulada expresamente. La seguridad jurídica es la suma de estos principios, equilibrada de tal suerte que permita promover, en el orden jurídico, la justicia y la igualdad, en libertad», «sin perjuicio del valor que por sí mismo tiene»"[10].

Por eso se dice que el principio de seguridad jurídica es un principio *suma-síntesis*, pues engloba y aglutina diferentes principios como son el de prescripción, irretroactividad, motivación, etc., cada uno con contenido propio y susceptibles de ser vulnerados de forma individual y, por tanto, invocados y defendidos ante los órganos jurisdiccionales o ante el Tribunal Constitucional (TC).

Desde esta perspectiva, el principio de seguridad jurídica, como también le ocurre al principio de buena administración, integra una doble dimensión conceptual; una dimensión conceptual genérica, a modo de «*principio suma*» o «*principio síntesis*» de otros principios constitucionales con los que aparece ligado, y una dimensión conceptual diferenciada de la resultante de esa suma, de modo que cabe identificar un contenido propio del mismo[11].

Esta idea del principio de buena administración como principio general del derecho o del ordenamiento jurídico, encaja perfectamente en la concepción diseñada por el TC en relación con el principio de seguridad jurídica:

"el principio de seguridad jurídica [es] (...) *«un principio general del ordenamiento jurídico y* (...) *un mandato dirigido a los poderes públicos, pero sin configurar derecho alguno en favor de los ciudadanos» «que pueda interesarse en el proceso constitucional de amparo conforme al art. 53.2 CE y al art. 41.1 LOTC». Todo ello, sin perjuicio de que dicho principio, en cuanto denominador común de numerosas categorías jurídicas y exigencia objetiva del ordenamiento que se impone al funcionamiento de todos los órganos del Estado, entre en conexión con otros derechos constitucionales que sí son susceptibles de amparo constitucional"*[12].

---

10 En el mismo sentido, *vid.*, STC 235/2000, de 5 de octubre, FD 8 (*Tol 56865*).

11 Ugartemendia Eceizabarrena, J.I. (2006). "El concepto y alcance de la seguridad jurídica en el Derecho constitucional español y en el Derecho comunitario europeo: un estudio comparado", *Cuadernos de Derecho Público*, (28), mayo-agosto 2006, pp. 21-22.

12 *Cfr.*, entre otras muchas, las sentencias del TC (SSTC) 3/2002, de 14 de enero (*Tol 123267*); 26/2001, de 29 de enero (*Tol 81403*); 1/2001, de 15 de enero (*Tol 81385*); 124/2000, de 16 de mayo (*Tol 117291*); 200/1999, de 8 de noviembre (*Tol 81235*); 137/1998, de 29 de junio (*Tol 80992*); 159/1997, de 2 de octubre (*Tol 80782*); 130/1993, de 19 de abril (*Tol 82153*); 119/1988 de 20 de junio (*Tol 79968*); 32/1987, de 10 de marzo; 10/1985, de 28 de enero; 62/1982, de 22 de noviembre; y Auto del TC (ATC) 261/2004, de 12 de julio.

2.3. CONTENIDO

Ya hemos identificado antes los derechos que conforman el principio de buena administración (o al menos, los derechos que encarnan ese principio en el enunciado del art. 41 de la CDFUE). Conforme a ello, se puede afirmar que el principio de buena administración engloba o aglutina en nuestro ordenamiento jurídico constitucional una serie de principios claramente identificables, como son, el principio de seguridad jurídica e interdicción de la arbitrariedad (art. 9.3 de la CE), los principios de objetividad, coordinación y eficacia de las administraciones públicas (art. 103.1 de la CE), los principios de economía, eficiencia y asignación equitativa de los recursos públicos (art. 31.2 de la CE), el control judicial de la legalidad de la actuación administrativa (art. 106 de la CE), o los principios de buena fe y confianza legítima [art. 3.1.e) LRJSP].

Tal conjunto de principios se traduce en "*deberes plenamente exigibles*" por los obligados tributarios a los poderes públicos, deberes que suponen correlativos derechos de tales obligados tributarios. De ello no deja ninguna duda nuestro Tribunal Supremo (TS), cuando en su sentencia de 29 de octubre de 2020 señaló:

"*el principio de buena administración implícito en nuestra Constitución, no constituye una pura fórmula vacía de contenido, sino que se impone a las Administraciones Públicas, de suerte que el conjunto de derechos que de aquel principio derivan (audiencia, resolución en plazo, motivación, tratamiento eficaz y equitativo de los asuntos, buena fe) tiene —debe tener— plasmación efectiva y lleva aparejado, por ello, un correlativo elenco de deberes plenamente exigible por el ciudadano a los órganos públicos*"[13].

Desde el punto de vista del contenido del principio de buena administración, se ha dicho que éste presenta una doble dimensión, una material y otra formal o procedimental. La vertiente *material* del principio permite llenar vacíos o lagunas normativas ante una defectuosa o incompleta regulación de los procedimientos aplicables. Habilita, en definitiva, la posibilidad de resolver problemas con criterios de justicia sin violentar una norma o el ordenamiento jurídico, o en palabras de Marín-Barnuevo, permite "*hacer justicia del caso concreto, especialmente eficaz en los supuestos en que no existe una clara vulneración del ordenamiento jurídico tributario*"[14].

---

13 Sentencia del TS (STS) 1430/2020, de 29 de octubre de 2020 (rec. cas. núm. 5442/2018, FD 6) (ECLI:ES:TS:2020:3734) (*Tol 8209568*). En el mismo sentido STS 1309/2020, de 15 de octubre de 2020 (rec. cas. núm. 1652/2019, FD 3) (ECLI: ES:TS:2020:3279) (*Tol 8148283*).

14 Marín-Barnuevo Fabo, D. (2020). "El principio de buena administración en materia tributaria". *Revista española de Derecho Financiero*, (186), (Abril-Junio), 2020, p. 2. En el mismo sentido, Cudero Blas, J. (2019). "El principio de buena administración en la reciente jurisprudencia de la Sala Tercera del Tribunal Supremo en materia tributaria". *Anuario del Buen Gobierno y de la Calidad de la Regulación*, p. 93, observa que el principio exige un modo de conducirse a la Administración tributaria que haga más efectivos los derechos en juego, evitando efectos inde-

La vertiente *formal* o *procedimental*, no persigue hacer un control de legalidad del acto o de la actuación administrativa, sino que, más allá, exige un cumplimiento cabal, tanto de principios, reglas y normas procedimentales, como de los derechos y garantías de los obligados tributarios. Esta dimensión ha sido observada y exigida tanto por la propia Administración tributaria, como por nuestro TS.

La Administración tributaria, en el Informe emitido por el Consejo para la Defensa del Contribuyente de la Secretaría de Estado de Hacienda de 18 de mayo de 2022 sobre "*los efectos del criterio de los TEAR en los órganos de aplicación de los tributos*", considera abiertamente que,

"*el principio de buena administración va más allá del respeto escrupuloso de la legalidad, exigiendo un procedimiento administrativo (y tributario) justo desde la perspectiva jurídica, es decir, un procedimiento en el que la actuación administrativa se desenvuelva con la debida diligencia o el debido cuidado para garantizar una decisión congruente y proporcionada, fruto de una racional ponderación (expresada a través de una adecuada motivación), así como la tutela efectiva de los derechos y garantías de los particulares*" (p. 6).

Conclusión esta que asume gracias a la STS de 17 abril de 2017 (*Tol 6057622*) que exigía a la Administración tributaria "*una conducta lo suficientemente diligente como para evitar definitivamente las posibles disfunciones derivadas de su actuación, por así exigirlo el principio de buena administración que no se detiene en la mera observancia estricta de procedimiento y trámites, sino que más allá reclama la plena efectividad de garantías y derechos reconocidos legal y constitucionalmente al contribuyente*"[15].

2.4. FUNDAMENTO

Pero una vez identificados los derechos que conforman e integran el principio de buena administración, el debate surge en torno a la virtualidad del principio o *supra* principio como un principio autónomo, esto es, como un principio independiente —con abstracción de los derechos concretos que lo conforman— y con poder y capacidad propia de proyección y de ser invocado ante los tribunales. Planteado en términos inte-

seados o absurdos, no solo para el administrado, sino también para lo que debe entenderse como una Administración eficiente y con vinculación plena a los mandatos constitucionales.

15 STS 665/2017, de 17 de abril de 2017 (rec. cas. núm. 785/2006, FD 3) (ECLI:ES:TS:2017:1503) (*Tol 6057622*). Desde esta perspectiva, el principio de buena administración va mucho más allá de lo que sería una mera concepción de la actuación de la Administración o de la gestión pública centrada en una "*buena Administración* y *buen gobierno*". Esta perspectiva la analiza Juan Lozano, A.M. y Fuster Asencio, C. (2016). *Buena administración tributaria y seguridad jurídica: cumplimiento tributario y aplicación del sistema como factores de competitividad y legitimidad*, Documentos del Instituto de Estudios Fiscales, DOC. (5/2016), especialmente p. 7.

rrogativos, ¿es idóneo este principio sin reflejo normativo para ser *directamente* invocado y aplicado en el ámbito del derecho tributario?

Frente a ese debate, existen dos posiciones claramente confrontadas; la primera sería aquella que niega la virtualidad del principio como un principio autónomo o como principio informador o general del ordenamiento jurídico yendo más allá de la virtualidad que sí tienen los diferentes derechos que encierra el principio.

Los argumentos que sustentan esta posición se centran, fundamentalmente, en el carácter reglado no discrecional de la Administración tributaria, toda vez que la materia tributaria —el Derecho tributario singularmente— es un Derecho sin ámbito de discrecionalidad y ordenado a la efectiva realización del crédito tributario. Y esa especial naturaleza obliga a la Administración tributaria a que ejerza sus potestades con reglas precisas, con un contenido reconocible, con un claro objetivo, y con un orden de valores preexistente.

Y, ciertamente, la Administración no tiene ámbitos de discrecionalidad en su actuación; salvo supuestos muy reglados en plazos o actuaciones concretas, la Administración tributaria únicamente debe cumplir una norma de contornos muy precisos y ha de servir de la mejor manera posible a los intereses generales.

Lo contrario —señala esta doctrina— sería innovar o crear libremente *derecho* con fundamento en un supuesto principio general del ordenamiento jurídico sumamente impreciso en su configuración y en su proyección. Sería, en definitiva, sustituir el mandato del legislador (o el contenido en un precepto o de una norma) por el criterio variable de cada interprete. Todo lo cual implicaría privar de una garantía básica al obligado tributario cual es el saber que la Administración tributaria está sometida al imperio de la norma (de la Ley) en vez de a un principio general (de Derecho) de difícil delimitación.

Frente a este razonamiento, se ha abogado de forma mayoritaria por atribuir en el ámbito del Derecho tributario plena idoneidad al principio de buena administración. Desde luego, la doctrina del Tribunal Supremo ha sido *activista* e impulsora de la proyección del principio en el ámbito tributario, hasta el punto de que dicho principio está teniendo un protagonismo creciente en el control judicial de la actividad de la Administración tributaria.

Desde este planteamiento, y frente al argumento de la falta o escaso ámbito de discrecionalidad administrativa, se afirma que la Administración puede estar y de hecho está también en el ámbito tributario legalmente habilitada para elegir una solución concreta entre varias legalmente posibles. No se debe olvidar —afirma esta doctrina— que a la Administración se le exige por el ordenamiento jurídico, "*servir de la mejor manera posible los intereses generales*" (arts. 9.3, 31.2 y 103.1 de la CE), de forma que sirve a los intereses generales ejerciendo sus potestades discrecionales de conformidad con el principio de buena administración.

No existe, por tanto, identidad entre discrecionalidad administrativa y creación libre del derecho; o entre buena administración y ausencia de sometimiento al ordenamiento jurídico. Como señala Joaquín Tornos, la buena administración está directamente conectada con el ejercicio de la *potestad discrecional* y la sujeción de la Administración a un procedimiento riguroso para la toma de decisiones, lo que conlleva "*la obligación jurídica de resolver atendiendo a las circunstancias concurrentes, a los hechos determinantes y a los diferentes intereses implicados*"[16].

Y finalmente sirve de argumento en defensa de la plena aplicación del principio de buena administración en el ámbito tributario, lo que afirmó tempranamente el TS el 28 de mayo de 2020 (*Tol 7966258*) al advertir que el "*principio de buena administración (...) no sólo juega en el terreno de los actos discrecionales ni en el de la transparencia, sino que, como presupuesto basal, exige que la Administración cumpla sus deberes y mandatos legales estrictos y no se ampare en su infracción —como aquí ha sucedido— para causar un innecesario perjuicio al interesado*"[17].

Decíamos antes que nuestro Tribunal Supremo ha ejercicio cierto *activismo* en la proyección del principio en el ámbito tributario ya que se ha servido en numerosas ocasiones de dicho principio para realizar el control judicial de la actividad de la Administración tributaria. Desde este planteamiento, es enormemente interesante analizar y visualizar cómo se *proyecta* dicho principio en las diferentes actuaciones administrativas y en los distintos procedimientos tributarios. De los muchos supuestos que pueden ser objeto de análisis, nosotros nos detendremos en cuatro diferentes actuaciones administrativas que han sido enjuiciadas bajo el principio de buena administración; (i) la obligación y el deber de una regularización íntegra (o principio de íntegra regularización); (ii) la duración y los plazos en los procedimientos tributarios; (iii) la prescripción del derecho a la devolución de ingresos indebidos (la llamada doctrina de la *actio nata*); y (iv) los efectos en materia de apremiar deudas cuando no se resuelven expresamente los recursos de reposición. Veamos cada uno de estos supuestos analizando la doctrina del TS existente sobre los mismos.

---

16 Tornos Más, J. (2008). "El principio de buena administración o el intento de dotar de alma a la Administración Pública". *Derechos fundamentales y otros estudios en homenaje al Profesor Dr. Lorenzo Martín-Retortillo*, Editorial El Justicia de Aragón, Vol. 1, p. 637.

17 STS 586/2020, de 28 de mayo, (rec. cas. núm. 5751/2017, FD 2) (ECLI:ES:TS:2020:1421).

3. LA OBLIGACIÓN DE UNA REGULARIZACIÓN ÍNTEGRA: EL PRINCIPIO DE ÍNTEGRA REGULARIZACIÓN

El principio de regularización íntegra o completa o principio de íntegra regularización se ha conformado como un principio deducido de su superior principio de buena administración[18] y que impone el deber a los órganos de la Administración tributaria —ya sean los órganos de gestión o de inspección— a que cuando desarrollen con sus actuaciones una actividad comprobadora o investigadora —cualquier procedimiento de regularización— tomen en consideración todos los componentes, aspectos o elementos del objeto de dichas actuaciones, también los que puedan resultar favorables al obligado tributario[19]. En definitiva, cualquier regularización fiscal resultante de un procedimiento de comprobación o investigación tributaria debe alcanzar tanto a los aspectos desfavorables como a los favorables para el obligado tributario, pues —en palabras de nuestro TS— la regularización ha de ser *íntegra, "alcanzando tanto a los aspectos positivos como a los negativos para el obligado tributario"*[20].

Su formulación surge como respuesta a unas prácticas administrativas censurables[21] en las que la Administración tributaria desarrolla una comprobación que da lugar a una regularización parcial, a menudo generadora de situaciones de doble imposición para

[18] Así lo considera también, Martínez Lafuente, A. (2023). "Un principio general de Derecho Tributario", *Carta Tributaria. Revista de Opinión,* (98), Sección Observatorio, Mayo 2023 (CISS LA LEY 4355/2023), para quien el principio de íntegra regularización es "*la plasmación del principio de «buena administración» también de creación jurisprudencial*".

[19] Cordero González, E.M. (2023). "La expansión del principio de regularización íntegra en materia tributaria", Revista Técnica Tributaria, (143), pp. 25-80.

[20] Expresión esta que utilizó nuestro TS por vez primera en su sentencia de 10 de mayo de 2010, (rec. cas. núm. 1454/2005 FD 2) (*Tol 1912836*) y que desde entonces ha reiterado en numerosas ocasiones como veremos. La STS de 10 de mayo de 2010 es citada por Longas Lafuente, A. (2020). "Regularización íntegra del IVA en procedimientos de comprobación limitada. Análisis de las RRTEAC de 26 de febrero de 2020, RG 2449/2017, y de 17 de septiembre de 2020, RG 281/2018, y de la STS de 26 de mayo de 2021, rec. núm. 574/2020", *Revista de Contabilidad y Tributación. CEF,* (463), octubre, 2021, p. 115.

[21] La ya lejana STS de 5 de marzo de 2004 (rec. cas. núm. 10108/1998, FD 2) (ES:TS:2004:1530) (*Tol 443511*) se refiere a esta práctica en estos expresivos términos respecto de un supuesto de discrepancia sobre el criterio de imputación temporal utilizado, limitándose a regularizar el ejercicio en el que se dedujo el gasto: "*Nos hallamos ante una conducta seguida una y mil veces por la Administración Tributaria que debe ser objeto de una crítica acerba, consistente en que cuando el sujeto contribuyente aumenta la base imponible declarada, porque imputa gastos a ejercicios siguientes, por considerarlos amortizables, aunque la Administración es sabedora de que no lo son calla y otorga, y espera a los ejercicios siguientes para negar la deducción como gasto a los imputados en ellos* (...); [y] *no es de recibo que estos gastos, sustancialmente deducibles, no los haya deducido la Administración, «a modo de juego de manos», ni en 1988, ni en 1989*".

el contribuyente y enriquecimiento injusto para la Administración, por lo que han sido corregidas por los tribunales en numerosas ocasiones, exigiendo una regularización no parcial sino completa[22].

De las diferentes sentencias de nuestro TS que se refieren al principio[23], debemos analizar al menos cuatro por presentar un especial interés. En primer lugar nos debemos referir a la STS 736/2021, de 26 de mayo de 2021 (rec. cas. núm. 574/2020) (*Tol 8464048*)[24], que exige que la regularización que determine la improcedencia de una deducción del IVA soportado debe inexorablemente extenderse a la devolución de esas cuotas soportadas, regularizando de forma íntegra la situación del reclamante. Lo cual significa que el principio de regularización íntegra opera, tanto en actuaciones de alcance general como en las de alcance parcial, de manera que obliga a atender todos los componentes que conformen el ámbito material sobre el que se desarrolle la actuación[25].

El fundamento que encuentra la sentencia para aplicar el principio de íntegra regularización no lo residencia fundamentalmente en su superior principio de buena administración si no en principios concretos que integran tal principio, porque,

"*además, sin perjuicio del soporte que proporciona la seguridad jurídica, una elemental consideración de los principios de economía procedimental, de eficacia de la actuación ad-*

---

22 Ramírez Gómez, S. (2021). "El principio de regularización íntegra en la jurisprudencia del Tribunal Supremo: aspectos sustantivos y procedimentales". *Revista Quincena Fiscal*, (6/2021), (BIB 2021\1530), pp. 2 y 7.

23 Aunque debemos advertir que otros tribunales han contemplado dicho principio de igual forma. Así, en el ámbito de la Unión Europea, varias son las sentencias que se refieren al mismo, como la sentencia del TJUE de 21 de octubre de 2021 (Asunto C-396/20) (ECLI:EU:C:2021:867) (*Tol 8618982*) que analiza Pérez Pombo, E. (2021). El principio de buena administración. El unicornio tributario. *FiscalBlog* de 26 de octubre de 2021. En el caso de tribunales nacionales, la Audiencia Nacional (AN), en su Sentencia 2892/2014, de 26 de junio de 2014 declaró que "*la Administración Tributaria está obligada a la regularización íntegra tributaria de la situación del sujeto pasivo, lo que implica el examen de una posible doble tributación, aun cuando el recurrente no aportase la documentación*"; o el Tribunal Superior de Justicia (TSJ) de Madrid, en su sentencia 2966/2019, de 10 de abril de 2019. Sobre ellas, *vid.*, Vazquez, Alberto. (2019). "Sobre el principio de regularización íntegra", *Fiscal Blog*, 03/07/2019, de quien se toma la cita.

24 ECLI:ES:TS:2021:2242.

25 La posterior STS 160/2023, de 10 de febrero de 2023 (rec. cas. núm. 5441/2021) (ECLI:ES:TS:2023:419) (*Tol 9416062*) también en materia de IVA, contesta afirmativamente la cuestión que analiza sobre si, habiéndole negado la Administración tributaria a un sujeto pasivo la deducibilidad de determinadas cuotas soportadas del IVA por no considerarse probados ciertos servicios declarados, debe tal Administración tributaria, conforme al principio de íntegra regularización, efectuar las actuaciones de comprobación necesarias para determinar si el mismo sujeto tiene derecho a la devolución de las cuotas indebidamente repercutidas, regularizando de forma íntegra la situación del reclamante con respecto al IVA.

ministrativa (artículo 103 CE) y de proporcionalidad en la aplicación del sistema tributario (artículo 3.2 LGT) refuerza el entendimiento que sostenemos del principio de íntegra regularización"[26].

La sentencia llega a conclusiones más explicitas que su anterior [STS 1247/2019, 25 de septiembre de 2019 (rec. cas. núm. 4786/2017) (*Tol 7595834*)][27] que analizó si en los expedientes en los que se cuestiona la realidad de operaciones entre sociedades del grupo o entre las que existe algún tipo de vinculación, la Administración debe efectuar una regularización completa, íntegra y bilateral de la situación, porque de no hacerlo, con los otros sujetos pasivos intervinientes en la operación les generaría un exceso de tributación y en la Administración un enriquecimiento injusto. En este caso, el TS, a la luz del principio de regularización íntegra, concluye afirmando que, cuando en el seno de un procedimiento de inspección la Administración regularice la situación tributaria de quien se dedujo las cuotas de IVA que le fueron indebidamente repercutidas, deberá analizar también la concurrencia de los requisitos necesarios para, en su caso, declarar su derecho a la devolución de las cuotas que indebidamente soportó. Es decir, no solo debe procederse a la regularización de la situación tributaria de quien se dedujo el IVA, sino que, también, debe analizarse si concurren los requisitos necesarios para declarar su derecho a la devolución de las cuotas que soportó indebidamente[28].

Hemos dicho que el principio se proyecta sobre cualquier procedimiento de regularización, lo que significa que el mismo se aplica, naturalmente, en el supuesto, no solo de gastos deducibles o imputaciones temporales, sino también de retenciones respecto del obligado tributario y la Administración tributaria. En la STS 1503/2017, de 17 de abril de 2017 (rec. cas. núm. 785/2016) (*Tol 6375447*)[29] se plantea un supuesto de regularización parcial realizado por la Administración tributaria en relación solo con el retenedor, pero sin una regularización completa, lo que provocaba un enriquecimiento injusto de la Administración tributaria dado que el contribuyente no había descontado de su cuota líquida las retenciones.

En este caso, el TS anula los actos impugnados "*pues le era exigible a la Administración una conducta lo suficientemente diligente como para evitar definitivamente las posibles disfunciones derivada de su actuación, por así exigirlo el principio de buena ad-*

---

26 STS 736/2021, de 26 de mayo de 2021 (rec. cas. núm. 574/2020, FD 2) (ECLI:ES:TS:2021:2242) (*Tol 8464048*).

27 ECLI:ES:TS:2019:3705.

28 *Vid.*, el comentario de Orena Domínguez, A. (2020). "El principio de regularización íntegra, la seguridad jurídica, el enriquecimiento injusto y la devolución de ingresos indebidos". *Revista Forum Fiscal, núm. 261, Sección Doctrina y jurisprudencia / Punto de vista*, Wolters Kluwer (LA LEY 1224/2020).

29 ECLI:ES:TS:2017:3483.

ministración que no se detiene en la mera observancia estricta de procedimiento y trámites, sino que más allá reclama la plena efectividad de garantías y derechos reconocidos legal y constitucionalmente al contribuyente"[30].

Más reciente en el tiempo es la STS 247/2023, de 28 de febrero de 2023 (rec. cas. núm. 4598/2021) (*Tol 9437747*)[31], referida a un sencillo supuesto de imputación temporal de un pago, en concreto, del pago de una tasa del Instituto de Contabilidad y Auditoría de Cuentas (ICAC) que fue improcedentemente abonada en un ejercicio posterior al que correspondía y la Administración tributaria regulariza en un procedimiento de comprobación limitada exigiendo la misma tasa en el ejercicio correcto, pero sin regularizar el ejercicio anterior a efectos de la devolución.

Lo relevante de la citada sentencia radica en la expresa manifestación de que el principio de regularización íntegra es de aplicación, no solo a los procedimientos de inspección, sino también a cualquier otro procedimiento de regularización o de aplicación de los tributos[32], en este caso, a los procedimientos de gestión tributaria. Aunque no por evidente debemos dejar de aplaudir el fallo porque viene a manifestar de forma rotunda algo que es consustancial o está implícito en el propio principio, pues lo contrario significaría avalar situaciones de doble imposición o de enriquecimiento injusto con el argumento formal de la naturaleza del procedimiento de regularización.

La sentencia tiene también interés porque analiza las dos vertientes del principio de regularización íntegra, la vertiente sustantiva y la procedimental[33]. En el *plano sustantivo*, analiza si el principio es aplicable cuando la Administración regulariza un hecho imponible imputándolo al periodo procedente, habiendo procedido el contribuyente previamente a autoliquidar el tributo debatido, aunque en un período posterior al del devengo. Desde esta perspectiva, para el TS el principio es plenamente aplicable a los supuestos en los que se comprueba por la Administración un hecho imponible, imputándolo al ejercicio que corresponde, sin tener en cuenta que el contribuyente ya había satisfecho el importe de la deuda, fuera del plazo legal, pero con carácter previo al inicio de la regularización. La evitación de que se pague dos veces por la misma deuda tributaria obliga a considerar, en el seno de la comprobación, esa circunstancia, debiendo contemplar la Administración tanto los aspectos desfavorables como los favorables

---

[30] STS 1503/2017, de 17 de abril de 2017 (rec. cas. núm. 785/2016, FD 3) (ECLI:ES:TS:2017:3483).

[31] ECLI:ES:TS:2023:644.

[32] Sobre ello, Luchena Mozo, G.M. y Sánchez López, M.E. (Directoras). (2023). *La proyección de la buena administración sobre los procedimientos de aplicación de los tributos*, Tirant lo Blanch.

[33] Un análisis de la vertiente procedimental del principio regularización íntegra lo realiza Gil Cruz, E.M. (2023). "Vertiente procedimental del Principio de regularización íntegra tributaria". *Quincena Fiscal*, (14), 2023.

para el contribuyente. Y en este caso —concluye la sentencia—, debió la Administración hacer todo lo posible, de oficio[34], para evitar ese doble pago, ajustando la deuda única a la realidad de la autoliquidación tardía, sin remitir al sujeto pasivo al inicio de una solicitud para obtener aquello que podía derivar —y reconocerse— del propio procedimiento abierto.

Por otro lado, desde la *perspectiva procedimental*[35] la sentencia examina, como hemos dicho, la aplicabilidad de tal principio, no sólo en los procedimientos de inspección sino también en los procedimientos de gestión tributaria, incluido el de comprobación limitada[36], sin que sea admisible remitir al contribuyente, para obtener la devolución del importe doblemente ingresado a un procedimiento nuevo de rectificación de la autoliquidación y devolución de ingresos indebidos, totalmente innecesario y contrario a los principios de eficacia, economía y proporcionalidad en la aplicación de los tributos[37].

Y concluye afirmando que debe ser la Administración quien compruebe tanto la correcta imputación pretendida, como la procedencia de la devolución de las cantidades indebidamente ingresadas por el contribuyente en el año siguiente; y es que —añade—, si se ha iniciado un procedimiento, nunca ha de exigirse al contribuyente que inicie un procedimiento de rectificación de la autoliquidación y devolución de ingresos indebidos para obtener la devolución de la cantidad incorrectamente autoliquidada.

Rechaza, igualmente, los argumentos esgrimidos por el Tribunal Económico Administrativo Central (TEAC) y la AN referidos a la imposibilidad de aplicar el principio de regularización íntegra por el carácter estanco de los periodos tributarios, independientes entre sí, y por la inexistencia de un supuesto de doble imposición. Los rechaza al

---

34 Ávila Guzmán, S. (2023). "La regularización integra como obligación de la administración tributaria: análisis jurisprudencial y propuestas de reforma normativa", *Revista Nueva Fiscalidad,* (4), Octubre-Diciembre 2023.

35 Destaca los problemas que el principio de regularización íntegra provoca en materia procedimental y de competencia territorial (especialmente con las administraciones forales), Pérez Milla, A. (2024). "La regularización integra; problemas prácticos". *Crónica Tributaria, Blog Fiscal,* 10 de enero de 2024.

36 Lo que ya demandaba García Moreno, V.A. (2015). "Obligaciones conexas y principio de regularización integral". *Carta Tributaria. Revista de Opinión*, (8), Noviembre 2015, Editorial Wolters Kluwer (LA LEY 6538/2015) al afirmar que el principio, "*donde realmente resultaría extraordinariamente operativa, sería si se considerasen en el mismo procedimiento de comprobación*".

37 Equipo Económico, Observatorio Legal Ee. (2023). "*La Sentencia del Tribunal Supremo de 28 de febrero de 2023*", en https://www.equipoeconomico.com/publicaciones/observatorio-legal-ee-el-tribunal-supremo-ha-determinado-que-el-principio-de-regularizacion-integra-resulta-de-aplicacion-tambien-en-los-procedimientos-de-gestion-tributaria/

igual que rechaza la solución ofrecida por la AN de recuperar el importe indebidamente ingresado a través del inicio de un procedimiento de rectificación de autoliquidación con solicitud de devolución de ingresos indebidos. La STS de 247/2023, de 28 de febrero de 2023 le exige a la Administración tributaria una actuación mucho más eficiente y servicial con el interés público, toda vez que —señala con sorna— "*no parece un esfuerzo sobrehumano, lejos del alcance de una Administración servicial de los intereses generales, la mera comprobación de la realidad de ese doble pago y la posibilidad de regularización íntegra, a fin de evitar esa indebida y perturbadora doble imposición, que es evidente, y el enriquecimiento injusto de aquella*"[38].

Y ello porque la Administración tributaria "*no es la dueña del procedimiento ni de los tributos, sino un mero servidor instrumental de uno y otros, incluso debiendo actuar de oficio para ello —estricto deber legal que no es frecuente observar—, con más razón se impone aquí el derecho de la recurrente, si se tiene en cuenta la extraordinaria simplicidad de los hechos acaecidos y la evidencia con que se ha producido una doble imposición*" (FD 5)[39].

Por tanto, la íntegra regularización es la que evita recurrir a un procedimiento de rectificación de la autoliquidación y devolución de ingresos indebidos, o incluso a un procedimiento de compensación de deudas, ya que "*la compensación es un modo de extinguir las deudas mediante la neutralización entre acreedor y deudor de las que recíprocamente se deban entre sí. Aquí, por el contrario, se trata de otro fenómeno distinto, no difícil de distinguir del anterior: se ha satisfecho la tasa, por el sujeto pasivo, de modo extemporáneo y luego, en una comprobación que no es íntegra, ni siquiera atenta o diligente, se vuelve a exigir la misma tasa, relativa al mismo periodo y afectante a unos mismos informes, sin tener en cuenta el pago previo. Dicho de modo sencillo, no cabe la compensación de una deuda con la misma deuda*"[40].

4. PLAZOS Y DURACIÓN DE LOS PROCEDIMIENTOS Y PRINCIPIO DE BUENA ADMINISTRACIÓN

El principio de buena administración se proyecta recurrentemente en la forma en la que se computan los plazos y la duración de los procedimientos de regularización. Existen, entre otras muchas, otras cuatro sentencias que de forma llamativa avalan esta

---

38 FD 5. ECLI:ES:TS:2023:644.

39 *Vid.*, el comentario a la sentencia que se realiza en la Editorial CEF (2023). "El principio de íntegra regularización implica que no sea admisible remitir al contribuyente, para obtener la devolución de la cantidad doblemente percibida a un procedimiento nuevo de rectificación". *CEF (Centro de Estudios Financieros)*, 16/03/2023.

40 Sobre ello, *cfr.*, Álvarez Barbeito, P. (2023). El principio de regularización íntegra: aspectos sustantivos y procedimentales. *GA_P (Gómez Acebo y Pombo)*, 13 de abril de 2023.

afirmación. En primer lugar, la STS 1280/2019, de 30 de septiembre de 2019 (rec. cas. núm. 785/2016) (*Tol 7523783*)[41], referida a un supuesto en el que la Administración tributaria iba a superar el plazo máximo de 24 meses de duración máxima del procedimiento de inspección[42]. Conforme al art. 99.8 de la LGT que señala que "*el trámite de alegaciones no podrá tener una duración inferior a 10 días ni superior a 15*", el obligado tributario incurso en el procedimiento de inspección solicitó 15 días de ampliación del plazo para la presentación de alegaciones, ante lo cual la Administración tributaria solo concedió 10 días dado que, de haber concedido más, se habría superado el plazo máximo de los 24 meses.

Al TS se le plantea el conflicto de tener que discernir si cuando la norma establece un plazo mínimo y máximo para el trámite de alegaciones, la Administración goza de discrecionalidad absoluta para fijar el plazo, de manera que, si se concede el plazo mínimo, la solicitud de ampliación del plazo es un beneficio que se otorga al obligado tributario y debe computarse como dilación no imputable a la Administración.

La sentencia resuelve con fundamento en el principio de buena administración estimando que "*la actuación administrativa no ha sido proporcionada, alejándose de las elementales exigencias del principio a una buena administración tributaria que, en el presente caso, ha determinado la preterición de varios derechos del contribuyente (del artículo 34 LGT), lo que conduce a considerar integrados los referidos cinco días adicionales en el decurso de las actuaciones inspectoras y, por tanto, a apreciar que la Administración excedió el plazo de los referidos 24 meses, con la consecuencia de resultar inoperantes para la interrupción de la prescripción*" (FD 8).

En un supuesto de hecho similar a este último, el TS llega a la misma conclusión. La STS 1114/2023, de 12 de septiembre de 2023 (rec. cas. núm. 3720/2019) (*Tol 9712903*)[43] declara la nulidad de aquella liquidación que ha sido practicada sin haber valorado las alegaciones o los documentos aportados porque, de haberlo hecho, se hubiera incumplido el plazo máximo del procedimiento de inspección y abocaría a la pres-

---

41 ECLI:ES:TS:2019:3037.

42 Conforme a la redacción del art. 150.1 de la LGT anterior a la modificación sufrida por el art. único.27 de la Ley 34/2015, de 21 de septiembre, de modificación parcial de la LGT (*Tol 5431731*).

43 ECLI: ES:TS:2023:3639. *Vid.*, el comentario de la AEDAF. (2024). "Dilaciones injustificadas en las notificaciones de resoluciones económico-administrativas en su ejecución: Vulneración del principio de buena administración. Comentario a la sentencia del Tribunal Supremo de 14 de marzo de 2024 (nº rec. 3050/2022)", *Documentos-Gabinete de Estudios*, 8 de Abril de 2024, pp. 1-5.

cripción del derecho de la Administración tributaria a regularizar y liquidar[44]. Y ya se trate de las alegaciones o documentos presentados antes de la extensión de un acta en disconformidad o tras la incoación del acta en disconformidad; el TS considera que si se dicta el acto de liquidación en un procedimiento de inspección sin contestar las alegaciones presentadas o sin valorar la documentación aportada porque de hacerlo abocaría a la prescripción de la deuda regularizada por exceder del plazo máximo del procedimiento de inspección, el acto de liquidación es nulo porque transforma en irrelevante e ineficaz la fase de alegaciones del procedimiento:

"*es nula de pleno derecho la liquidación practicada sin valorar las alegaciones previas del contribuyente, presentadas en tiempo y forma, precedida de la extensión de un acta en disconformidad en la que tampoco se valoraron sus alegaciones ni los documentos aportados, al resultar absolutamente ineficaces cada uno de estos trámites, concebidos como una garantía real del contribuyente, y cuya efectividad debe preservar la Administración en el seno de las actuaciones tributarias, a la luz del derecho al procedimiento administrativo debido, interpretado conforme al principio de buena administración. En tales circunstancias, debe presumirse la existencia de una indefensión material, incumbiendo acreditar a la Administración, en consecuencia, que la misma no se produjo*"[45].

Igualmente debemos mencionar la interesante doctrina de la STS 1909/2017, de 5 de diciembre 2017 (rec. cas. núm 1727/2016) (*Tol 6461966*)[46] en la que se le plantea la eventual prescripción de la potestad administrativa para liquidar una deuda como consecuencia de un prolongado período de tiempo de inactividad transcurrido entre la resolución del TEAC y los actos dictados por la Administración tributaria para su ejecución. Aunque concluye declarando la no prescripción, sí llama la atención sobre los posibles efectos por un *abuso* de los plazos o de la excesiva duración de las actuaciones administrativas[47].

---

44 Un análisis de dicha sentencia lo realiza Huelin Martínez de Velasco, J. (2023). "Un paso adelante en la jurisprudencia del tribunal supremo sobre el principio de buena administración: STS de 12 de septiembre de 2023, rec. núm. 3720/2019". *Revista Técnica Tributaria,* (143), pp. 233-240. También en (2023). "Principio de buena administración y los efectos de su inobservancia". *Boletín Cuatrecasas,* 19 de octubre de 2023.

45 STS 1114/2023, de 12 de septiembre de 2023 (rec. cas. núm. 3720/2019, FD 9) (ECLI: ES:TS:2023:3639). Un poco antes, señala igualmente que "*la Administración estaba obligada a valorar ambos escritos de alegaciones del contribuyente, incluso, aunque ello hubiera determinado que la notificación de la liquidación se produjera excedido el plazo máximo establecido. Dicha circunstancia, determinante del riesgo de prescripción, en modo alguno puede operar contra el contribuyente*" (FD 8).

46 ECLI:ES:TS:2017:4499.

47 En parecidos términos respecto de un supuesto similar se expresa la STS 1111/2020, de 23 de julio de 2020 (rec. cas. núm. 7483/2018, FD 5 y 6) (ECLI:ES:TS:2020:2715) (*Tol 8037327*).

De forma muy resumida, el supuesto de hecho respondía a una Resolución del TEAC de 31 de enero 2013 que anulaba una liquidación al tiempo que ordenaba la *retroacción de actuaciones*. Apenas un mes después, el 20 febrero 2013, el propio TEAC notifica al interesado la anulación de la liquidación con retroacción, y, seis meses después, el 10 de julio de 2023, hace lo mismo con el Tribunal Económico Administrativo Regional (TEAR), esto es, notifica al Tribunal Regional el fallo ordenando su ejecución. El TEAR, a su vez, notifica el 29 de julio de 2013 al órgano encargado de la ejecución, la obligación de ejecutar la Resolución del TEAC. Finalmente, el órgano de la Administración tributaria notifica al obligado tributario la liquidación dictada en ejecución el 29 de octubre de 2013, esto es, nueve meses desde que el TEAC notifica la anulación de la liquidación y ordena la retroacción de actuaciones.

El TS, aunque dicta un fallo desestimatorio del recurso de casación, advierte de forma relevante que,

"*no es aceptable, pues, que los órganos económico administrativos queden sólo sometidos al plazo prescriptorio para remitir el expediente al órgano ejecutor.*

A la Administración, y claro está, a los órganos económico administrativos conformadores de aquella, le es exigible una conducta lo suficientemente diligente como para evitar posibles disfunciones derivada de su actuación, por así exigirlo el principio de buena administración que no se detiene en la mera observancia estricta de procedimiento y trámites, sino que más allá reclama la plena efectividad de garantías y derechos reconocidos legal y constitucionalmente al contribuyente"[48].

Finalmente, la STS 361/2021, de 15 de marzo de 2021 (rec. cas. núm. 526/2020) (*Tol 8379116*)[49] se debe posicionar sobre si, a la luz del principio de buena administración, las dilaciones del procedimiento por causa no imputable a la Administración tributaria deben constar expresamente motivadas en el acuerdo de derivación de responsabilidad a fin de constatar la caducidad del procedimiento o, por el contrario, la exigencia de motivación se satisface, igualmente, cuando esas dilaciones se justifican posteriormente en la resolución del Tribunal Económico-Administrativo que revisa el acuerdo de derivación. La sentencia se muestra abiertamente a favor de la necesidad de dicha motivación a la luz del principio de buena administración. En concreto entiende que la exigencia de motivación no se satisface cuando las dilaciones se justifican en vía

---

48 STS 1909/2017, de 5 de diciembre 2017 (rec. cas. núm 1727/2016, FD 4) (ECLI:ES:TS:2017:4499) (*Tol 6461966*). Y continúa señalando con relación a dicho principio que, "*del derecho a una buena Administración pública derivan una serie de derechos de los ciudadanos con plasmación efectiva, no es una mera fórmula vacía de contenido, sino que se impone a las Administraciones públicas de suerte que a dichos derechos sigue un correlativo elenco de deberes a estas exigibles)*".

49 ECLI:ES:TS:2021:1149.

revisora por el TEAR, correspondiéndole al órgano que dicta la resolución que finaliza el procedimiento e impone el gravamen al obligado tributario. Y añade que, si se permitiera que el TEAR pudiera subsanar esta deficiencia, se podría causar indefensión al recurrente al no permitirle defenderse en sede económico-administrativa sobre unas supuestas dilaciones surgidas *ex novo*, obligándole a acudir a la vía judicial[50].

5. LA DOCTRINA DE LA *ACTIO NATA* EN LA DEVOLUCIÓN DE INGRESOS INDEBIDOS Y EL PRINCIPIO DE BUENA ADMINISTRACIÓN

El principio de buena administración es, también, un principio hábil e idóneo para determinar en supuestos concretos el momento en el que nace la acción o el derecho para solicitar la devolución de ingresos indebidos. Porque, más allá de entender, conforme al art. 66.c) de la LGT, que prescribirá a los cuatro años "*el derecho a solicitar* (...) *las devoluciones de ingresos indebidos*" comenzando a contarse dicho plazo de prescripción "*desde el día siguiente a aquel en que se realizó el ingreso indebido*" (art. 67.1 de la LGT), más allá de eso —decíamos—, cabe entender —como así ha hecho nuestro TS— que la acción nace, no *solo* cuando se efectúa indebidamente dicho ingreso, sino también, cuando el obligado tributario *tiene conocimiento* de que el mismo era indebido, pues es ese el único momento posible en el que surge su derecho a solicitar la devolución o iniciar la reclamación.

La STS 741/2020, de 11 de junio de 2020 (rec. cas. núm. 3887/2017) (*Tol 7980053*)[51] fija como criterio la plena aplicabilidad de la doctrina de la *actio nata* en materia de devolución de ingresos indebidos, de modo que, hasta que el ingreso no se reputa o se conoce como indebido, *no nace* el derecho a solicitar su devolución. En dicha sentencia, el TS determina cuál es el *dies a quo* para el cómputo del plazo de prescripción del derecho a solicitar la devolución de ingresos indebidos cuando estos tienen su origen en la regularización practicada a un obligado tributario distinto del titular del derecho a obtener tal devolución.

Y aplica, como decimos, el principio de buena administración al establecer que el derecho a solicitar la devolución de ingresos indebidos puede surgir, no solo cuando

---

50 *Cfr.*, Garín Ballesteros, B. (2021). "La interpretación del deber de buena administración en la jurisprudencia del Tribunal Supremo. Análisis de la STS de 15 de marzo de 2021, rec. núm. 526/2020", *Revista de Contabilidad y Tributación. CEF*, 463 (octubre 2021), pp. 141-152.

51 ECLI:ES:TS:2020:1884.

se efectúa dicho ingreso, sino también cuando el contribuyente tiene conocimiento de que el mismo era indebido[52].

La STS 430/2020, de 18 de mayo de 2020 (rec. cas. núm. 6950/2018) (*Tol 7939057*)[53] resuelve un supuesto similar al anterior, aunque desde una perspectiva algo diferenciada. En este caso, se le plantea al tribunal la cuestión referida a la forma de operar la prescripción en los tributos de gestión compartida, fundamentalmente, en los tributos con dualidad en la gestión tributaria y catastral. En estos casos, y dada la incidencia que tiene el resultado de uno (el catastral) sobre el otro (el tributario), se plantea la duda de si la prescripción opera en ambos ámbitos de forma conjunta o de manera autónoma. Para el tribunal de instancia, había prescrito el derecho del obligado tributario para solicitar las devoluciones del Impuesto sobre Bienes Inmuebles (IBI), ya que habían transcurrido más de nueve años desde que tales cuotas se ingresaron. Sin embargo, el TS, aplica principio de buena administración y, pese a la dicción del antes citado art. 66.c) y art. 67.1 de la LGT, concluye afirmando que las liquidaciones del IBI giradas por la Administración tributaria (local) con fundamento en unos valores catastrales que han sido declarados nulos por la propia Administración tributaria (estatal), son también nulas de pleno derecho:

"*La Hacienda Local, por tanto y en un supuesto como el que nos ocupa, precisamente por la vigencia en nuestro sistema fiscal de aquella dualidad, debe atemperarse a la decisión que adopte el órgano competente de «gestión catastral» y, si esta es anulatoria de la valoración que le permitió girar el tributo, debe dejar sin efecto las liquidaciones correspondientes sin esperar a que se produzca un expresa modificación del padrón, a salvo su derecho, en los términos que legalmente procedan, a emitir nuevas liquidaciones conforme a los valores que, finalmente, sean declarados ajustados a Derecho*"[54].

---

52 La STS 741/2020, de 11 de junio de 2020 (rec. cas. núm. 3887/2017, FD 3) (ECLI:ES:TS:2020:1884) (*Tol 7980053*), literalmente señala que "*el principio de buena administración (implícito en nuestra Constitución y positivizado ahora en la Carta de Derechos Fundamentales de la Unión Europea) impone a la Administración una conducta lo suficientemente diligente como para evitar definitivamente las posibles disfunciones derivadas de su actuación, sin que baste para dar cobertura a sus deberes la mera observancia estricta de procedimientos y trámites, sino que, más allá, reclama la plena efectividad de garantías y derechos reconocidos legal y constitucionalmente al contribuyente y ordena a los responsables de gestionar el sistema impositivo, a la propia Administración Tributaria, observar el deber de cuidado y la debida diligencia para su efectividad y la de garantizar la protección jurídica que haga inviable el enriquecimiento injusto*".

53 ECLI:ES:TS:2020:966.

54 STS 430/2020, de 18 de mayo de 2020 (rec. cas. núm. 6950/2018, FD 8) (ECLI:ES:TS:2020:966) (*Tol 7939057*).

6. LOS EFECTOS DE NO RESOLVER EXPRESAMENTE LOS RECURSOS DE REPOSICIÓN Y EL PRINCIPIO DE BUENA ADMINISTRACIÓN

El principio de buena administración tiene también su proyección cuando se trata de atribuir efectos concretos a la no resolución en plazo —en el plazo de un mes— de los recursos de reposición. Y desde esta perspectiva, debemos mencionar de forma pionera la STS 586/2020, de 28 de mayo de 2020 (*Tol 7966258*)[55], que amplía claramente los efectos de la falta de resolución en plazo del recurso de reposición al prohibir, no solo ya dictar providencias de apremio hasta tanto se resuelva el recurso de reposición, sino incluso, realizar cualquier actuación distinta a la de resolver el recurso de reposición de forma expresa.

El supuesto de hecho es bien sencillo; un obligado tributario interpone un recurso de reposición potestativo contra un acuerdo de liquidación sin solicitar la suspensión de la ejecución del acuerdo de liquidación. La Administración tributaria no resuelve el recurso en el plazo del mes, pero, acogiéndose al silencio negativo previsto en el art. 225.5 de la LGT[56], dicta una providencia de apremio.

El TS considera que el acto surgido por silencio "*no es un acto propiamente dicho, sino una ficción cuya principal virtualidad es la de permitir al afectado la posibilidad de impugnarlo, impidiendo el bloqueo que supone la creación de situaciones indefinidas u obstinadas de falta de respuesta*" (FD 2). Pero tal posibilidad impugnatoria no altera el deber de la administración de resolver expresamente el recurso, de manera que hasta que no resuelva expresamente, no puede dictar una providencia de apremio, pues de lo contrario —concluye el TS—, se estarían permitiendo "*dos prácticas viciadas de la Administración y contrarias a principios constitucionales*": una primera consistente en convertir el silencio administrativo en una opción legítima para la Administración, de manera que podría contestar o no a voluntad propia. La segunda, en convertir el recurso de reposición en una institución vana e inservible para que la Administración revise la licitud del acto[57]. Y estas dos prácticas viciadas, vulneran dos principios básicos, el principio a la tutela judicial efectiva y el principio de buena administración[58].

---

55 Sentencia del STS 586/2020, de 28 de mayo de 2020 (rec. cas. núm. 5751/2017) (ECLI:ES:TS:2020:1421).

56 Que prevé que, "*transcurrido el plazo de un mes desde la interposición, el interesado podrá considerar desestimado el recurso*".

57 Ibáñez, Isaac. (2020). "La buena administración en materia tributaria", *Blog El Almacén de Derecho*, 20 de agosto de 2020.

58 Más en concreto señala que, de "*la recta configuración legal del principio de ejecutividad y de sus límites, así como del régimen del silencio administrativo* —(...) *los artículos 21 a 24 de la LPAC y sus concordantes; de los artículos 9.1, 9.3, 103 y 106 LJCA; así como el principio de buena admi-*

Así de explícito se pronuncia la STS 586/2020, de 28 de mayo de 2020:

"*Tal posibilidad impugnatoria no altera el deber de la Administración de resolver expresamente el recurso* (...).

No se comprende bien que se apremie la deuda tributaria antes de resolverse de forma expresa el recurso de reposición que, teóricamente, podría dar al traste con el acto de cuya ejecución se trata; y, una vez, en su caso, desestimado explícitamente este, cabría, entonces sí, dictar esa providencia de apremio, colocando así el carro y los bueyes —si se nos permite la expresión— en la posición funcionalmente adecuada. El mismo esfuerzo o despliegue de medios que se necesita para que la Administración dicte la providencia de apremio podría dedicarse a la tarea no tan ímproba ni irrealizable de resolver en tiempo y forma, o aun intempestivamente, el recurso de reposición, evitando así la persistente y recusable práctica del silencio negativo como alternativa u opción ilegítima al deber de resolver" (FD 2).

Para la sentencia del TS, entenderlo de otra manera abocaría a descartar de forma apriorística la posibilidad de que, examinado el recurso de reposición que tiene una pretensión de anulación del acto, fuera estimado o atendible el *petitum*. Por tanto, la Administración tributaria, conforme al brocado latín *allegans turpitudinem propriam non auditur* (nadie se puede beneficiar de sus propias torpezas), no puede ser *premiada* o favorecida cuando no contesta tempestivamente las reclamaciones o recursos, toda vez que la ejecutividad no es un valor absoluto, y uno de sus elementos de relativización es la existencia de acciones impugnatorias de las que la Administración no puede desentenderse.

En definitiva, el TS entiende que, de la recta configuración legal del principio de ejecutividad y de sus límites, así como del régimen del silencio administrativo y del principio de buena administración, la Administración no puede dictar providencias de apremio si con carácter previo se ha interpuesto ante ella un recurso o impugnación administrativa, potestativo u obligatorio, y no ha resuelto este de forma expresa, pues además de que "*es su deber*" resolver, "*el silencio administrativo no es sino una mera ficción de acto a efectos de abrir frente a esa omisión las vías impugnatorias pertinentes en cada caso*" (FD 3)[59].

---

nistración (...)—, puede concluirse [que] *la Administración, cuando pende ante ella un recurso o impugnación administrativa, potestativo u obligatorio, no puede dictar providencia de apremio sin resolver antes ese recurso de forma expresa, como es su deber*" (FD 3).

59 En relación a ello es interesante consultar la Resolución del TEAC de 16 de marzo de 2021 (Recurso de alzada en unificación de criterio número 00-06715-2020) dictada para la adopción de la doctrina del TS sobre el principio de buena administración y los límites a la ejecutividad de una deuda tributaria cuando reclamada en reposición no se resuelve expresamente. En el Antecedente de Hecho Tercero, Apartado 7 se dice expresamente en un tono molesto, que, "*puede afirmarse que la sentencia del Tribunal Supremo de 28 de mayo de 2020 no está aplicando*

Esta más que *innovadora* doctrina del TS[60] ha comenzado a ser asumida y acogida por tribunales inferiores, no tanto anulando providencias de apremio por no haber resuelto con carácter previo el recurso de reposición interpuesto, cuanto con relación a otros efectos negativos ante incumplimientos por parte de la Administración tributaria de resolver expresamente las impugnaciones de sus actos. Paradigmático de ello es la sentencia 95/2021, de 1 de marzo de 2021 del Juzgado de lo Contencioso Administrativo (JCA) número 13 de Madrid (Procedimiento Abreviado 344/2019), en la que, tras solicitar la parte demandada la inadmisión del recurso al JCA por no haber agotado la recurrente la vía administrativa ante el Tribunal Económico-Administrativo Municipal de Parla, resuelve el Juzgado en el sentido de no considerar al silencio negativo como un mecanismo que deba beneficiar *per se* a la Administración cuando existe por parte de ésta una fragrante inactividad:

"*Hay que partir del acto impugnado, que no es un acto expreso sino la ficción legal del silencio administrativo negativo, esto es, la demanda se dirige contra la desestimación por silencio administrativo no solo del recurso de reposición interpuesto, sino de una petición de exención nunca contestada. Es decir, no se recurre una resolución expresa y ello es fundamental a efectos precisamente de analizar la correcta utilización de los mecanismos de impugnación y la inadmisión del Juzgado* (...).

La parte actora no solo impugnaba la desestimación presunta del recurso de reposición sino una petición de fecha 28 de octubre de 2010 sobre la que nunca la administración resolvió, y el silencio nunca puede favorecerla, hasta el extremo de exigir que ante el otro silencio que se produce del recurso de reposición interpuesto, se pretenda ahora tras dos años reclamar, que estaría en plazo, ante el TEAM, para con toda seguridad obtener otro silencio como contestación".

Ciertamente, es palmario que, en más ocasiones de las que pudiera parecer una anécdota, la Administración tributaria ejerce sus potestades inherentes a su condición de

---

el principio de buena administración, pues no ha acreditado sus dos pilares, a saber, la quiebra de la «plena efectividad de garantías y derechos reconocidos legal y constitucionalmente al contribuyente», y la ausencia de «una conducta lo suficientemente diligente como para evitar posibles disfunciones derivadas de su actuación»". Y concluye el recurso de alzada interpuesto ante el TEAC afirmando que, "*la STS de 28 de mayo de 2020* [ECLI:ES:TS:2020:1421] *no aplica el principio de buena administración, aunque lo diga, y lo que es seguro es que no sigue el principio de buena jurisdicción*" (Antecedente de Hecho Tercero, Apartado 9).

60 De la que ya di noticia y analicé en Arrieta Martínez de Pisón, J. (2023). "Las garantías de los obligados en los procedimientos tributarios (El inicio del procedimiento de aplicación de los tributos y del sancionador y los efectos de no resolver los recursos de reposición)", en el Libro Colectivo dirigido por Jose Manuel Almudí Cid y Miguel Angel Martínez Lago, *Litigación tributaria y protección de los derechos de los contribuyentes*, Tirant lo Blanch, pp. 111-133, en especial, pp. 127-133.

potentior persona forzando e, incluso, abusando de las instituciones y de su privilegiado régimen jurídico, de tal manera que los límites que vienen establecidos en la Ley han de ser recordados por nuestros tribunales para reducir un desmedido e inapropiado uso —o abuso— de sus potestades administrativas. De ahí que la labor de los tribunales en orden a preservar las garantías de los obligados tributarios en los procedimientos tributarios sea decisiva, hasta el punto de que se puede considerar que hoy en día es prácticamente el único poder que limita seriamente y de forma real y efectiva la actuación de la Administración tributaria.

Pero siendo ello así, y como ya dijimos[61], se ha de llamar la atención al mismo tiempo sobre el peligro real de que el ejercicio de dicho poder, en su objetivo de limitar o contrarrestar el uso abusivo de sus potestades en contra de las garantías del contribuyente, se torne en una acción de puro normativismo, esto es, asumiendo el juzgado o tribunal el papel de legislador en dicha labor de limitación de la actuación administrativa, mutando al juez-decisor en una suerte de juez-legislador[62].

Un peligro que se aprecia en la STS 586/2020, de 28 de mayo de 2020 que analizamos[63], y que tiene una significativa trascendencia teórica y práctica dado que, con una finalidad plausible, innova de tal manera que concluye conformando un criterio que en el mejor de los casos no encuentra respaldo normativo, y en el peor contradice abiertamente la norma[64].

Contradice la norma porque, el art. 117.1 y 3 de la LPAC de 2015[65], señala literalmente que "*la interposición de cualquier recurso* (...) *no suspenderá la ejecución del acto impugnado*", y que "*la ejecución del acto impugnado se entenderá suspendida si transcu-*

---

61 "Las garantías de los obligados en los procedimientos tributarios (El inicio del procedimiento de aplicación de los tributos y del sancionador y los efectos de no resolver los recursos de reposición)", *ob. ult. cit.*, pp. 131 y 132.

62 Alerta de ello, del riesgo de colisión del principio de buena administración con el principio de legalidad, Litago Lledó, R. (2021). "Eficacia práctica del «Principio» de buena administración formulado por el Tribunal Supremo", *Revista Técnica Tributaria,* (133), abril-junio, 2021, pp. 147 a 152; y también en (2024). *La revisión jurisdiccional de la inactividad de la administración tributaria conforme a los principios de tutela judicial efectiva y buena administración*, Aranzadi.

63 Sentencia del STS 586/2020, de 28 de mayo de 2020 (rec. cas. núm. 5751/2017) (ECLI:ES:TS:2020:1421).

64 No lo entiende así y aplaude la sentencia llegando incluso a compartir la afirmación del TS de considerar el principio de buena administración como el "*paradigma del Derecho del siglo XXI*", Canovaca Sillero, J. L. (2021). "El principio de buena administración: el siglo XXI y la configuración de un nuevo principio «sub specie aeternitatis»", *Taxlandia, Blog Fiscal y de Opinión Tributaria*, 25 de Febrero de 2021.

65 Ley 39/2015, de 1 de octubre, del Procedimiento Administrativo Común de las Administraciones Públicas (*Tol 5494102*).

rrido un mes desde la solicitud de suspensión (...), el órgano a quien competa resolver el recurso no ha dictado y notificado resolución expresa al respecto". Y además, de ello, el art. 224.1 de la LGT, el cual advierte que "*la ejecución del acto impugnado quedará suspendida automáticamente a instancia del interesado si se garantiza el importe de dicho acto (...). Si la impugnación afectase a una sanción tributaria, su ejecución quedará suspendida automáticamente sin necesidad de aportar garantías*".

Frente a estos nítidos e inteligibles preceptos, la citada STS 586/2020, de 28 de mayo de 2020, *innova* el ordenamiento jurídico al establecer un nuevo requisito para que los actos sean ejecutivos, en concreto, que el acto que se va a ejecutar no se haya recurrido o si se ha recurrido, se haya resuelto el recurso; y ello —además— con independencia de que el recurrente haya solicitado o no la suspensión.

Por muy de acuerdo que se pueda estar con el sentido o finalidad perseguida por el TS, por muy promotor que se pueda ser de las virtudes del principio de buena administración, no puede nunca el principio ignorar o, por qué no, contradecir, una norma imperativa; en este supuesto concreto, llama la atención el grado de desvinculación que existe en la sentencia citada con la LPAC y la LGT, dado que aquella concluye, más allá de lo que exige tanto la LPAC como la LGT que, interpuesto recurso administrativo —sea obligatorio o potestativo—, hasta que no medie resolución que confirme el acto, éste no puede ser ejecutado[66].

7. REFERENCIAS BIBLIOGRÁFICAS

AEDAF. (2024). "Dilaciones injustificadas en las notificaciones de resoluciones económico-administrativas en su ejecución: Vulneración del principio de buena administración. Comentario a la sentencia del Tribunal Supremo de 14 de marzo de 2024 (nº rec. 3050/2022)", *Documentos-Gabinete de Estudios*, 8 de Abril de 2024.

Álvarez Barbeito, P. (2023). "El principio de regularización íntegra: aspectos sustantivos y procedimentales", *GA_P (Gómez Acebo y Pombo)*, 13 de abril de 2023.

66 Se muestra enormemente crítico también, Germán Fernández Farreres cuando denuncia que la sentencia "*se trata de una auténtica «creación» judicial, en verdad calificable no ya* praeter legem, *sino clara y estrictamente* contra legem. *Como es obvio, la Ley para nada establece semejante regla —más bien dispone lo contrario, ex. artículo 117.1 LPAC—*". *Cfr.*, Fernández Farreres, G. (2020). "Recurso administrativo y ejecutoriedad del acto recurrido (Comentario a la STS 1421/2020, de 28 de mayo)". *Actualidad Administrativa*, núm. 10, Editorial Wolters Kluwer, 1 de octubre de 2020. Del mimo autor, *cfr.*, (2023). "El principio de buena administración según la doctrina de la Sala Tercera del Tribunal Supremo". *Revista española de derecho administrativo*, (230), pp. 11-34.

Álvarez Martínez, J. (2022). "El principio de buena administración como nuevo paradigma jurídico y su aplicación en el ámbito tributario: régimen normativo, naturaleza jurídica y contenido", *Nueva Fiscalidad*, (1/2022).

Arrieta Martínez de Pisón, J. (2023). "Las garantías de los obligados en los procedimientos tributarios (El inicio del procedimiento de aplicación de los tributos y del sancionador y los efectos de no resolver los recursos de reposición)", en el Libro Colectivo dirigido por Jose Manuel Almudí Cid y Miguel Ángel Martínez Lago, *Litigación tributaria y protección de los derechos de los contribuyentes*, Tirant lo Blanch.

Arrieta Martínez de Pisón, J. (2018). "La doctrina de los actos propios en el procedimiento de inspección". Libro colectivo dirigido por Diego Marín-Barnuevo Fabo, *La doctrina de los actos propios en Derecho Tributario*, Civitas, Thomson-Reuters, Aranzadi.

Atienza, M. y Ruiz Manero, J. (1991). "Sobre principios y reglas", *Cuadernos de Filosofía del Derecho*, Edición digital a partir de *Doxa*, (10).

Ávila Guzmán, S. (Octubre-Diciembre 2023). "La regularización integra como obligación de la administración tributaria: análisis jurisprudencial y propuestas de reforma normativa". *Revista Nueva Fiscalidad*, (4).

Canovaca Sillero, J.L. (2021). "El principio de buena administración: el siglo XXI y la configuración de un nuevo principio «sub specie aeternitatis»". *Taxlandia, Blog Fiscal y de Opinión Tributaria*, 25 de Febrero de 2021.

CEF. (2023). "El principio de íntegra regularización implica que no sea admisible remitir al contribuyente, para obtener la devolución de la cantidad doblemente percibida a un procedimiento nuevo de rectificación", *CEF, Centro de Estudios Financieros*, 16/03/2023.

Cordero González, E.M. (2023). "La expansión del principio de regularización íntegra en materia tributaria". Revista Técnica Tributaria, (143).

Cruz Amorós, M. (2021). "Los principios en la aplicación de los tributos", Tribuna 19-07-2021 de ELDERECHO.COM (Noticias Jurídicas y Actualidad) Editorial LEFEBVRE.

Cudero Blas, J. (2019). "El principio de buena administración en la reciente jurisprudencia de la Sala Tercera del Tribunal Supremo en materia tributaria". *Anuario del Buen Gobierno y de la Calidad de la Regulación*.

Equipo Económico, Observatorio Legal Ee (2023). "*La Sentencia del Tribunal Supremo de 28 de febrero de 2023*". https://www.equipoeconomico.com/publicaciones/observatorio-legal-ee-el-tribunal-supremo-ha-determinado-que-el-principio-de-regularizacion-integra-resulta-de-aplicacion-tambien-en-los-procedimientos-de-gestion-tributaria/

Fernández Farreres, G. (2023). "El principio de buena administración según la doctrina de la Sala Tercera del Tribunal Supremo". *Revista española de derecho administrativo*, (230).

Fernández Farreres, G. (2020). "Recurso administrativo y ejecutoriedad del acto recurrido (Comentario a la STS 1421/2020, de 28 de mayo)". *Actualidad Administrativa*, núm. 10, Editorial Wolters Kluwer, 1 de octubre de 2020.

García Moreno, V.A. (2015). "Obligaciones conexas y principio de regularización integral". *Carta Tributaria. Revista de Opinión*, (8), Noviembre 2015, Editorial Wolters Kluwer (LA LEY 6538/2015).

Garín Ballesteros, B. (octubre 2021). "La interpretación del deber de buena administración en la jurisprudencia del Tribunal Supremo. Análisis de la STS de 15 de marzo de 2021, rec. núm. 526/2020", *Revista de Contabilidad y Tributación. CEF*, (463).

Gil Cruz, E.M. (2023). "Vertiente procedimental del Principio de regularización íntegra tributaria". *Quincena Fiscal*, (14).

González Aparicio, M. (2024). "Principios limitadores de las actuaciones de la Administración tributaria: el principio de buena administración", en AAVV. *Presente y futuro del Derecho Financiero y Tributario: cuestiones críticas*, VIII Reunión de Profesores de Derecho Financiero y Tributario celebradas en Sevilla, 9 y 10 de noviembre de 2023, Documentos de Trabajo 2/2024, del Instituto de Estudios Fiscales.

Huelin Martínez de Velasco, J. (2023). "*Los principios generales del Derecho en la jurisprudencia del Tribunal de Justicia de la Unión Europea, con especial referencia al ámbito tributario*". Aunque inédito y cedido amablemente por su autor, una parte del mismo se puede encontrar. https://www.cuatrecasas.com/es/spain/competencia-derecho-ue/art/principios-derecho-jurisprudencia-tjue. Recuperado el 1 de julio de 2023.

Huelin Martínez de Velasco, J. (2023). "Principio de buena administración y los efectos de su inobservancia". *Boletín Cuatrecasas,* 19 de octubre 2023.

Huelin Martínez de Velasco, J. (2023). "Un paso adelante en la jurisprudencia del tribunal supremo sobre el principio de buena administración: STS de 12 de septiembre de 2023, rec. núm. 3720/2019". *Revista Técnica Tributaria,* (143).

Ibáñez, Isaac (2020). "La buena administración en materia tributaria", *Blog El Almacén de Derecho,* 20 de agosto 2020.

Juan Lozano, A.M. y Fuster Asencio, C. (2016). *Buena administración tributaria y seguridad jurídica: cumplimiento tributario y aplicación del sistema como factores de competitividad y legitimidad,* Documentos del Instituto de Estudios Fiscales, DOC. Núm. 5/2016.

Litago Lledó, R. (2024). *La revisión jurisdiccional de la inactividad de la administración tributaria conforme a los principios de tutela judicial efectiva y buena administración*, Aranzadi.

Litago Lledó, R. (2021). "Eficacia práctica del «Principio» de buena administración formulado por el Tribunal Supremo". *Revista Técnica Tributaria,* (133), abril-junio 2021.

Longas Lafuente, A. (2020). "Regularización íntegra del IVA en procedimientos de comprobación limitada. Análisis de las RRTEAC de 26 de febrero de 2020, RG 2449/2017, y de 17 de septiembre de 2020, RG 281/2018, y de la STS de 26 de mayo de 2021, rec. núm. 574/2020", *Revista de Contabilidad y Tributación. CEF*, (463), octubre, 2021.

Luchena Mozo, G.M. y Sánchez López, M.E. (dirs.). (2023). *La proyección de la buena administración sobre los procedimientos de aplicación de los tributos,* Tirant lo Blanch.

Marín-Barnuevo Fabo, D. (2020). "El principio de buena administración en materia tributaria", *Revista española de Derecho Financiero,* (186), abril-junio 2020.

Martínez Lafuente, A. (2023). "Un principio general de Derecho Tributario". *Carta Tributaria. Revista de Opinión,* (98), Sección Observatorio, (CISS LA LEY 4355/2023), mayo 2023.

Orena Domínguez, A. (2023). "El principio de buena administración como derecho y garantía de los obligados tributarios", en el Libro dirigido por Moreno González, S., Carrasco Parrilla, P.J., y Coordinado por Gómez Requena, J.A., *Los principios del cumplimiento cooperativo en materia tributaria,* Atelier.

Orena Domínguez, A. (2020). "El Principio de buena administración en el ámbito tributario: un paso más allá en los derechos y garantías de los obligados tributarios", *Revista Quincena Fiscal,* (22), diciembre 2020.

Orena Domínguez, A. (2020). "El principio de regularización íntegra, la seguridad jurídica, el enriquecimiento injusto y la devolución de ingresos indebidos", *Revista Forum Fiscal, núm. 261, Sección Doctrina y jurisprudencia / Punto de vista,* Wolters Kluwer (LA LEY 1224/2020).

Pagès i Galtés, J. (2023). "La raíz iusnaturalista de la buena administracion y su configuración jurisprudencial como principio tributario", *Civitas. Revista española de derecho financiero,* (200).

Pérez Milla, A. (2024). "La regularización integra; problemas prácticos", *Crónica Tributaria, Blog Fiscal,* 10 de enero de 2024.

Pérez Pombo, E. (2021). El principio de buena administración. El unicornio tributario. *FiscalBlog* recuperado el 26 de octubre de 2021.

Ramírez Gómez, S. (2021). "El principio de regularización íntegra en la jurisprudencia del Tribunal Supremo: aspectos sustantivos y procedimentales", *Revista Quincena Fiscal* núm. 6/2021 (BIB 2021\1530).

Rodríguez-Bereijo León, M. (2023). "La proyección de la Carta de los Derechos Fundamentales de la Unión Europea al ámbito tributario en el sistema europeo de protección multinivel", *Revista Técnica Tributaria,* (142), julio-septiembre 2023.

Tornos Más, J. (2008). "El principio de buena administración o el intento de dotar de alma a la Administración Pública", en *Derechos fundamentales y otros estudios en homenaje al Profesor Dr. Lorenzo Martín-Retortillo,* Editorial El Justicia de Aragón, Vol. 1.

Ugartemendia Eceizabarrena, J.I. (2006). "El concepto y alcance de la seguridad jurídica en el Derecho constitucional español y en el Derecho comunitario europeo: un estudio comparado", *Cuadernos de Derecho Público,* (28), mayo-agosto 2006.

Vázquez, Alberto. (2019). "Sobre el principio de regularización íntegra", *Fiscal Blog,* 03/07/2019.

LA DERIVA DE LA COMPROBACIÓN DE VALORES TRAS LOS EFECTOS DE LA APLICACIÓN DEL VALOR DE REFERENCIA EN LOS IMPUESTOS SOBRE TRANSMISIONES PATRIMONIALES Y SUCESIONES Y DONACIONES

María Teresa Mories Jiménez
Profesora Titular de Derecho Financiero y Tributario
Universidad de Sevilla

DE REFERENCIA. 3.1. Limitaciones en la impugnación del valor de referencia. 3.2. La aplicación de los principios de capacidad económica y reserva de ley en la definición del valor de referencia como base imponible en el ITPAJD e ISD. 4. CONCLUSIONES. 5. REFERENCIAS BIBLIOGRÁFICAS.

1. LA COMPROBACIÓN DE VALORES Y LA DIFICULTAD DE CONCRETAR EL "VALOR REAL" EN LAS TRANSACCIONES INMOBILIARIAS[1]

Una de las cuestiones que más controversias suscita en materia tributaria es la valoración de los bienes y derechos en los impuestos que gravan la circulación y titularidad de los elementos patrimoniales. Al no existir un único valor en nuestro sistema tributario que pueda servir para todos los tributos[2], por mucho que el legislador trate de buscar soluciones específicas para cada figura tributaria concreta, estas nunca serán perfectas y seguirán generando conflictos entre contribuyentes y Administración[3]. Compartimos la expresión recogida en el Libro blanco sobre la reforma del sistema tributario respecto de la valoración de los bienes inmuebles: "puede decirse que ya está todo dicho, pero al mismo tiempo, es probable que todavía quede mucho por decir"[4].

Es evidente que realizar una adecuada valoración de un inmueble no es una cuestión baladí, pues además de las dificultades técnicas que ello conlleva, tal y como señala el profesor Varona Alabern[5], hay que tener en cuenta las singularidades del mercado inmobiliario y la especial sensibilidad social que despierta esta clase de bienes, especialmente si se trata de la vivienda habitual, así como la complicación de obtener un valor fiable que evite, tanto la extensión del fraude fiscal generando bolsas de dinero oculto,

---

1 El presente trabajo se enmarca en el Proyecto de investigación sobre "Las difusas fronteras en la regulación de los distintos procedimientos tributarios. Mejoras técnicas necesarias en su delimitación. Seguridad jurídica versus litigiosidad" (PID2021-125061NB-I00), concedido popr el Ministerio de Ciencia e Innovación.

2 En este punto surge el tradicional debate entre el principio de unicidad y estanqueidad en la valoración de los bienes inmuebles. Vid. Varona Alabern, J.E., (2021). "El valor comprobado por la Administración tributaria: crisis e incidencia en otros impuestos distintos", *Quincena Fiscal*, 8/2021 (BIB 2021\1523).

3 En palabras de Ramos Prieto, "ninguna fórmula de medición del valor de los bienes y derechos será nunca perfecta y totalmente exacta. Ante esta certeza, en la normativa de cada tributo se procura buscar una solución que sea (...), justa, equilibrada, operativa y lo menos conflictiva posible", a lo que añadiríamos nosotros, sin perder de vista, el objetivo último de la recaudación (Ramos Prieto, J. (2020). "El Impuesto sobre Transmisiones Patrimoniales y Actos Jurídicos Documentados: una reforma necesaria", en *Reformas recientes y pendientes del sistema tributario español*. (Dir.) Cordero González, E., Aranzadi, Thomson Reuters, pp. 152 y ss.

4 Vid. Comité de personas expertas (2022). *Libro Blanco sobre la Reforma Tributaria*, Instituto de Estudios Fiscales, Ministerio de Hacienda y Función Pública, pp. 679 y ss.

5 Son varios los trabajos del profesor Varona Albern, J.E. (2022). en los que de forma magistral se ocupa de esta cuestión, destacando por su amplio contenido: *El valor de referencia y el valor comprobado por la Administración tributaria*, Thomson Reuters Aranzadi.

como una sobrevaloración de los bienes gravados que dé lugar a una injusta sobrecarga para el contribuyente que pudiera ser contraria al principio de capacidad económica.

Pues bien, si antes la mayoría de los conflictos se generaban por la utilización de un concepto jurídico indeterminado (*valor real*), como base imponible de los tributos que gravan las transmisiones patrimoniales onerosas o lucrativas de bienes inmuebles, Impuesto sobre Transmisiones Patrimoniales y Actos Jurídicos Documentados (en adelante, ITPAJD) e Impuesto sobre Sucesiones y Donaciones (en adelante, ISD); tras los cambios introducidos en esta materia por la Ley 11/2021, de 9 de julio (*Tol 8501334*) de medidas de prevención y lucha contra el fraude fiscal (en adelante, Ley 11/2021), se empieza a constatar que los litigios ahora vendrán motivados por la aplicación del *valor de referencia* como base imponible en dichas transmisiones inmobiliarias, fundamentalmente cuando este último supere al valor de mercado.

Con la reforma se ha dejado atrás una valoración basada en un concepto jurídico indeterminado para establecer un método de valoración objetivo e indiciario (justo lo denostado por el Tribunal Supremo y el TC), que solo de manera aproximada tiene en cuenta las características individuales de los bienes inmuebles[6]. Ante un cambio de esta magnitud es normal que surjan dudas sobre la bondad del sistema, pues no sabemos si será el que mejor sirva para definir la capacidad económica que gravan estos impuestos, ya que solo de forma aproximada se podrá atender a las circunstancias particulares que rodean cada una de las transmisiones inmobiliarias que se produzcan.

Es cierto que aspirar a luchar contra el fraude y disminuir la litigiosidad evitando la difícil y costosa actividad comprobadora de la Administración tributaria buscando la máxima eficiencia de los recursos públicos —art. 31.2 CE— es una aspiración muy digna[7], pero como ya se indicara en la STS 23 de mayo 2018 (ECLI: ES:TS:2018:2185) (*Tol 6640180*), ese objetivo no se puede buscar "a toda costa" y no puede servir sin más para amparar o legitimar cualquier sistema de valoración y eliminar la tarea de la Administración que ya no se verá obligada a probar mediante el procedimiento de comprobación de valores que el valor declarado no es el valor real.

Estos cambios introducidos van a implicar una importante consecuencia respecto al procedimiento de comprobación de valores, pues la Ley 11/2021 no permite iniciar

---

6 Vid. Palao Taboada, C. "Los métodos indiciarios de valoración tras las sentencias del Tribunal Supremo de 23 de mayo de 2018", Estudio Jurisprudencial, *Revista Técnica Tributaria,* núm. 124/2018, pp. 119-120, que, aunque se refiere al "valor de referencia del mercado" plantea ya los problemas que se proyectan con la aprobación de este tipo de reglas indiciarias para determinar la base imponible en los referidos impuestos.

7 En el Preámbulo de la Ley 11/2021 abiertamente se reconoce la imposibilidad o dificultad de llevar a cabo las comprobaciones de valores siguiendo las directrices señaladas por el Tribunal Supremo.

este procedimiento en los casos en que los bienes inmuebles tengan asignado un valor de referencia, de forma que queda relegada a los supuestos en los que no existe o no se puede certificar dicho valor de referencia. Se elimina por esta vía la realización de una comprobación individualizada y motivada de los bienes inmuebles que son objeto de transmisión[8]. Por todo ello, el valor de referencia va a restar protagonismo al valor comprobado, pero ello no significa que este último haya perdido su operatividad o se haya quedado arrinconado, si bien es cierto que la aparición de este nuevo parámetro de valoración viene a incrementar el daño reputacional que este procedimiento de comprobación de valores ya padecía desde hace algunos años, y habrá que ver si es o no la solución a los problemas que se han venido derivando de ello.

1.1. LA COMPROBACIÓN DE VALORES EN LA LEY GENERAL TRIBUTARIA

El artículo 117 LGT contempla expresamente, entre las funciones propias de la gestión tributaria, "las actuaciones de comprobación de valores" (117.1.g LGT) y, desarrolla como uno de los procedimientos de gestión tributaria el de comprobación de valores (artículos 134 y 135 LGT, desarrollados por los artículos 157 a 162 del Real Decreto 1065/2007, de 27 de julio que aprueba el Reglamento General de las actuaciones y procedimientos de gestión e inspección tributaria y de desarrollo de las normas comunes de los procedimientos de aplicación de los tributos (*Tol 1126658*), en adelante RGGI). La finalidad de este procedimiento es constatar la exactitud y legalidad de las bases imponibles declaradas por los obligados tributarios; si bien también se puede considerar como una especie dentro de las potestades y funciones de comprobación e investigación a las que hace referencia el artículo 115 LGT, encaminada a comprobar la exactitud de la valoración del hecho imponible efectuada por el sujeto pasivo. Nos encontramos con una diferente consideración de la comprobación de valores que puede contemplarse como un procedimiento independiente o como una parte dentro de otro procedimien-

---

8 Los inmuebles que tienen valor de referencia son los de uso residencial, los garajes y trasteros, y los bienes rústicos sin construcciones. Pero existen razones de carácter técnico jurídico que impiden certificar el valor de referencia de un bien inmueble, sería el caso de los inmuebles que no se encuentren incluidos en el ámbito de aplicación de la correspondiente Resolución de la Dirección General del Catastro sobre elementos precisos para la determinación del valor de referencia, o cuando concurran las causas de tipo técnico que se prevean en la misma, por lo que en estos supuestos si será aplicable el procedimiento de comprobación de valores. En la actualidad se refieren a ellos las Resoluciones de 25 de octubre de 2023 de la Dirección General del Catastro, sobre elementos precisos para la determinación de los valores de referencia de los bienes inmuebles urbanos y rústicos del ejercicio 2024, en las que se recogen una serie de supuestos que pueden implicar que un inmueble no tenga asignado valor de referencia (Vid.https://www1.sedecatastro.gob.es/Accesos/SecACCResolucion.aspx?resolucion=resolucion&ejercicio=2022&tipo=B)

to tributario, constituyendo una fase o parte de este, según se desprende del artículo 159 RGGI, la distinción atenderá al objeto concreto de esa comprobación administrativa.

Es evidente que la comprobación de valores no procede cuando la ley del impuesto contiene unas reglas suficientemente específicas de las que directamente dimana un valor concreto sobre el que no cabe realizar apreciaciones subjetivas, porque la precisión de la norma jurídica cerraría la posibilidad de entablar cualquier discusión sobre la magnitud que debe imperar[9]. Así los artículos 134.1 LGT y 157.1 b) del RGGI expresamente indican que no procede la comprobación de valores en los casos en los que el obligado tributario hubiera declarado utilizando los valores publicados por la propia Administración actuante en aplicación de alguno de los citados medios; tampoco cuando el contribuyente utiliza un valor informado por la propia Administración con carácter previo a la operación (arts. 157.1.a) RGGI, 90 y 91 LGT). Específicamente se subraya en el artículo 159.5 RGGI, que no se consideran actuaciones de comprobación de valores aquellas en las que el valor de las rentas, productos, bienes o elementos de la obligación tributaria resulte directamente de una ley o de un reglamento. En todos estos supuestos, solo cabría comprobar si el valor declarado es el que se deriva de una correcta interpretación y aplicación de la Ley; pero una vez verificado este extremo, ya no tendría lugar proponer uno alternativo.

Por su parte, el artículo 57 LGT establece que "el valor de las rentas, productos, bienes y demás elementos determinantes de la obligación tributaria podrá ser comprobado por la Administración tributaria" con arreglo a una serie de medios que especifica a continuación, sin establecer un orden de prelación entre ellos, ni reglas o criterios para el uso preferente de un medio u otro en función de la naturaleza del bien, derecho, valor o renta cuyo valor vaya a ser comprobado, de manera que existe una discrecionalidad técnica por parte de la Administración que tendrá que utilizar en cada caso el medio que mejor se adecue al bien objeto de valoración[10].

En relación con los medios de comprobación hay que hacer mención a la modificación introducida en la LGT por la Ley 36/2006, de 29 de noviembre (*Tol 1009226*) de medidas para la prevención del fraude fiscal, que añade un segundo párrafo a la letra b del artículo 57.1 LGT referido al medio de comprobación por la "estimación por referencia a los valores que figuren en los registros oficiales de carácter fiscal", para concretar que "dicha estimación por referencia podrá consistir en la aplicación de los coeficientes multiplicadores que se determinen y publiquen por la Administración tributaria competente en los términos que se establezcan reglamentariamente, a los valores que figuren en el registro oficial de carácter fiscal que se tome como referencia a efectos de la valoración de cada tipo de bienes. Tratándose de bienes inmuebles, el registro oficial

---

9 Vid. Varona Alabern, J. E. (2021). *El valor comprobado...,* cit. pp. 3-4.

10 Vid. Varona Alabern, J. E. (2022). cit., *Valor de referencia...,* p. 111.

de carácter fiscal que se tomará como referencia a efectos de determinar los coeficientes multiplicadores para la valoración de dichos bienes será el Catastro Inmobiliario".

De esta forma se daba cobertura legal al sistema que venían empleando las Comunidades Autónomas encargadas de la gestión de los ITPAJD e ISD que, atosigadas por el aumento de reclamaciones y recursos contra sus valoraciones, y ante una insuficiencia de medios personales y materiales para poder hacer frente a los cada vez más rigurosos requisitos exigidos por los Tribunales en relación con los procedimientos de comprobación individualizados y exhaustivos, venían utilizando fórmulas masivas de valoraciones en aras de una mayor eficiencia administrativa, aplicando los famosos coeficientes multiplicadores sobre el valor catastral de forma automática y masiva, incapaces de acreditar determinadas características y particularidades de los bienes inmuebles objeto de transmisión[11].

1.2. EL PAPEL DE LA JURISPRUDENCIA EN LA DELIMITACIÓN DE LA FUNCIÓN COMPROBADORA DE LA ADMINISTRACIÓN RESPECTO DEL VALOR REAL EN TRANSMISIONES DE INMUEBLES

Es importante destacar la labor que ha venido realizando la Sala Tercera del Tribunal Supremo sobre todo en la última década, pues a través de múltiples pronunciamientos, ha matizado con buen criterio diversos aspectos relacionados con esas actuaciones de comprobación de valores por parte de la Administración en relación con estas figuras tributarias y las transmisiones de inmuebles. Fundamentalmente viene exigiendo una adecuada motivación del valor comprobado que supone una garantía para que el contribuyente pueda ejercer correctamente su derecho a defenderse ante los tribunales, ya que de lo contrario se le priva de la información necesaria y se le obliga a probar, sin ofrecerle unos datos suficientes que el valor de la Administración no es correcto, invirtiendo injustificadamente la carga de la prueba[12].

---

11 En este sentido, Toribio Bernárdez, L. (2017):"Comprobación de valores e índices aprobados por las comunidades autónomas. Una distorsión formalizada del concepto legal de base imponible", en *La delimitación de los elementos esenciales del tributo ante el impacto de las reformas legales* / García Berro, F. (Dir.), Aranzadi, pp. 177-192, en concreto p. 182 y ss. También puede consultarse el comentario de Martín Rodríguez, J. M. (2017). "El empleo de los coeficientes multiplicadores como método de comprobación de valores. Análisis de las SSTS 1358/2017 y 1361/2017 de 6 de abril", *Nueva Fiscalidad*, (2), pp. 235-246.

12 Vid. Varona Alabern (2022). *El valor de referencia...*, cit., pp. 103 y ss. Remitimos a su trabajo para un análisis más detallado de la necesidad de motivación y de los efectos invalidantes de la motivación insuficiente, pues se discute también si la falta o insuficiente motivación del valor comprobado pueda ser constitutiva de causa de nulidad de pleno derecho o anulabilidad y, si procede en su caso la retroacción de actuaciones por considerar que la falta de motivación sea un

Con anterioridad, tanto el TC como el propio Tribunal Supremo, ya habían tratado de delimitar el concepto de valor real y analizar hasta qué punto era conveniente que un elemento fundamental del tributo, como lo es la base imponible, sea definido por un concepto jurídico indeterminado como es el valor real. Es conocido el debate en torno a la concreción del concepto de valor real en la STC 194/2000, de 19 de julio (ECLI: ES:TC:2000:194) (*Tol 81355*), en la que se indicaba su carácter como una magnitud indeterminada "razón por la cual las discrepancias en relación con la valoración de los bienes y derechos no solo son lógicas y razonables, sino incluso frecuentes" (FJ 7º). Por su parte la postura mayoritaria de la jurisprudencia ha sido entender que no existe un valor real considerando este como "un guarismo exacto, único y necesario, sino como una franja admisible entre un mínimo y un máximo", estableciendo que cuando exista un mercado de los bienes de que se trate, el valor real coincida con el valor de mercado, entendido como "...precio que sería acordado en condiciones de mercado entre partes independientes..."[13], pero no con el precio que se hubiera pactado en la concreta transmisión generadora del gravamen[14].

Refiriéndonos a los principales pronunciamientos del Tribunal Supremo que han sido claves y que han motivado la reacción del legislador para intentar escapar de esa costosa tarea comprobadora de la Administración, hemos de comenzar aludiendo a las Sentencias del Tribunal Supremo 842/2018, de 23 de mayo (Rec. núm. 1880/2017, ECLI:ES:TS: 2018:2185) (*Tol 6640180*) y 843/2018, de 23 de mayo (Rec. núm. 196/2017, ECLI:ES:TS:2018:843) a las que han seguido otras muchas sentencias idénticas consolidando una clara corriente jurisprudencial[15]. En ellas, con intención de frenar la práctica que venían desarrollando las CCAA a la hora de aplicar los *coeficientes*

defecto formal y no sustantivo. En relación con esta última cuestión véase: Rodríguez Márquez, J. (2023). "Sobre la retroacción de actuaciones en los procedimientos de inspección, tras una comprobación de valores anulada por vicio de forma", *Blog Taxlandia,* entrada 16 de mayo de 2023.

13 Vid. Por todas STS 4224/2012, de 18 de junio (rec. 224/2009, ECLI:ES:TS:2112:4224) (*Tol 2571605*)

14 Compartimos las críticas que realiza la profesora Toribio Bernárdez (2017, cit., pp. 188 y ss.), al afirmar que el valor de mercado no tiene por qué coincidir con el verdadero valor pactado entre las partes de un negocio jurídico en el que concurran concretas circunstancias que lo aparten de una situación normal de mercado (la urgencia en vender, la crisis del mercado inmobiliario o la habilidad negociadora del comprador...), que pueden afectar a la verdadera capacidad económica que se quiere gravar en estos impuestos.

15 Hay que indicar que previamente el TS se había pronunciado validando este medio de comprobación, véase: SSTS 640/2017, de 6 de abril (Rec. 1183/2016, ECLI:ES:TS:2017:1361) (*Tol 6033392*) y STS 736/2017, de 6 de abril (Rec. 736/2016, ECLI:ES:TS:2017:1327) (*Tol 6033482*). Vid. Martín Rodriguez, J. M., (2017, cit.). y otro trabajo posterior: "El medio de comprobación a partir del valor catastral y los coeficientes multiplicadores no puede emplearse

multiplicadores o actualizadores de los valores recogidos en los registros oficiales de carácter fiscal, de forma contundente se rechazaba la inamovilidad de los citados coeficientes y su separación del sistema de comprobación individual, exigiendo una adecuada motivación y una observación directa de los bienes[16]. En definitiva, se consideraba que el método de comprobación de valores del artículo 57.1 b) LGT no era el adecuado para valorar los inmuebles a los efectos de los impuestos cuya base imponible lo constituye legalmente su valor real. Para el TS la interpretación de este medio de comprobación del valor debiera haber sido "un punto de partida estimativo, con el necesario complemento para la asignación final del valor concreto, de una verdadera comprobación singular, motivada y basada en la observación directa e inmediata del bien comprobado"[17].

En otro orden de consideraciones, fundamentales son también los pronunciamientos referidos al *dictamen de peritos de la Administración* como medio de comprobación de valores. Podríamos entender que es el instrumento más adecuado para proceder a la comprobación del bien inmueble de forma singularizada (art. 57.1 e LGT). En esta línea es constante y reiterada la doctrina del Tribunal Supremo en relación con la necesi-

---

para comprobar el valor real de los inmuebles. Análisis de las STS 1051/2018, de 19 de junio de 2018", *Nueva Fiscalidad*, 3/2018.

16 Vid. Ruíz Garijo, M., sintetiza acertadamente esta jurisprudencia, y recoge estas SSTS a las que siguieron otras muchas. Véase su trabajo: ("Causas determinantes de la judicialización de los valores de referencia establecidos en la Ley 11/2021, de medidas de lucha y prevención contra el fraude fiscal", *Tributos Locales*, (156/2022) pp. 277. En relación con esta STS de 23 de mayo 2018, puede consultarse: Falcón y Tella, R. (2018). "Valor real y comprobación por aplicación de coeficientes a los valores catastrales: STS de 23 de mayo de 2018", *Quincena Fiscal*, núm. 15/2018 (BIB 2018\11881). Otros pronunciamientos más recientes: STS 259/2021, de 25 de febrero (Rec. 2197/2019; ECLI:ES:TS:2021:729) (*Tol 8344440*); STS 1232/2020, de 1 de octubre (Rec. 74/2018, ECLI:ES:TS:2020:3100) (*Tol 8112152*); SRS 1199/2020, de 23 de septiembre (Rec. 2286/2018; ECLI:ES:TS:2020:2974) (*Tol 8094910*); STS 1097/2020, de 23 de julio (Rec.3382/2019, ECLI:ES:TS:2020:2725) (*Tol 8037337*); STS 1107/2020, de 23 de julio (Rec. 920/2018; ECLI:ES:TS:2020:2686) (*Tol 8037310*); STS 275/2020, de 26 de febrero, (Rec. 5857/2018, ECLI:ES:TS:2020:630) (*Tol 7805619*).

17 En relación con esta línea jurisprudencial, tenemos que citar la STS 870/2023, de 27 de junio (Rec. núm. 7667/2021, ECLI: ES:TS:2023:3036) (*Tol 9638274*), que fija como doctrina en el empleo del método del artículo 57.1.b) de la LGT, que "la inobservancia absoluta del deber de complementar la aplicación mecánica del coeficiente multiplicador del valor catastral con la realización de una actividad estrictamente comprobadora relacionada con el inmueble singular que se somete a avalúo constituye una infracción material, en tanto no determinante del expresado valor real", por ello, no habilitaría la retroacción de actuaciones para efectuar una nueva comprobación respetuosa con el art. 57.1.b) LGT, pues según viene reiterando el TS, "la indefensión determinante de la posible retroacción de actuaciones está supeditada a la existencia probada y razonada de infracciones meramente formales, causantes de indefensión al administrado y alegadas por este como concurrentes en el procedimiento revisor" (FD 6ª).

dad de que el perito de la Administración efectúe una comprobación directa y personal del bien que se valora mediante su visita si es inmueble, pues solo así es posible constatar el estado en que se encuentra el mismo. Solo en supuestos excepcionales y justificados caso por caso, se podría dispensar de tal regla general, imperativa e inexcusable[18].

La STS 39/2021, de 21 de enero (Rec. núm. 5352/2019, ECLI:ES:TS:2021:110) (*Tol 8299454*) recoge los principales pronunciamientos en relación con esta cuestión y mantiene la jurisprudencia histórica sobre la exigencia de visita de comprobación por parte del perito de la Administración, porque es precisamente esa visita al inmueble por parte del perito la que constituye una garantía indispensable de que se tasa realmente el bien concreto y no una especie de bien abstracto, común o genérico (FD 5ª). Asimismo, este dictamen no es útil si el perito no aporta un criterio fundado en su experiencia o destreza, excluidas al órgano decisor, y se limita a aplicar tablas, comparaciones o datos generales que podría establecer para cada caso cualquier otro funcionario, aunque careciera de la solvencia técnica exigible al perito[19].

Por último, debemos mencionar la STS 184/2023, de 23 de enero (Rec. núm. 1381/2021, ECLI: ES:TS:2023:184) (*Tol 9379637*) que subraya la necesidad de que la Administración motive en la comunicación de inicio del procedimiento de comprobación las razones que justifican su realización y ello con fundamento en la presunción de veracidad de los datos declarados conforme a lo dispuesto en el art. 108.4 LGT[20].

---

18 Especialmente crítico con la exigencia por parte de los jueces y tribunales de una serie de requisitos no establecidos específicamente en la normativa tributaria para aplicar los medios de comprobación de valores del artículo 57 LGT, se muestra Pérez-Fadón Martínez, J.J., (2021). "Impuesto sobre Sucesiones y Donaciones e Impuesto sobre Transmisiones Patrimoniales y Actos Jurídicos Documentados. Jurisprudencia reciente sobre el valor real y la comprobación de valores. Sentencia nº 39/2021, de 21 de enero, del Tribunal Supremo, Sala de lo Contencioso-Administrativo, Sección Segunda y Sentencia nº 199/2020, de 31 de enero, del Tribunal Superior de Justicia de la Comunidad Valenciana", *Carta tributaria. Revista de opinión*, núm. 74/2021)

19 En un mismo sentido, pueden verse las recientes STS 908/2023, de 4 de julio (Rec.7756/2021, ECLI: ES:TS:2023:2969) (*Tol 9638646*), así como la STS 1353/2023, de 30 de octubre (ECLI:ES:TS:2023:4490) (*Tol 9764075*), esta última referida a bienes inmuebles rústicos indicando que no está prevista ninguna diferencia expresa para la valoración de inmuebles urbanos o rústicos por parte del perito de la Administración, ya que ambos deben ser visitados in situ, salvo que ello se justifique individualmente

20 Vid. García-Oviés, I. (2023). "La STS 184/2023, de 23 de enero (rec. 1381/2021): un paso más en la exigencia de motivación en la comprobación de valores", *AEDAF*, Grupo de Expertos en Haciendas Locales y Catastro, febrero, 2023. Otros comentarios a la STS 23 de enero de 2023, han sido realizados por: Eseverri Martínez, E. (2023). "Antes de comprobar hay que justificar la necesidad de hacerlo: STS de 23 de enero de 2023, Rec. Núm. 1381/2021", *Revista Técnica Tributaria*, núm. 141/2023; y Pérez-Fadón Martínez, J.J., (2023). "Doctrina sobre comprobación

Es importante destacar que todas estas consideraciones recogidas en relación con la jurisprudencia del TS están referidas al procedimiento de comprobación de valores que se inicia como consecuencia de declarar el valor real como base imponible en el ITPAJD y en el ISD. El hecho de que la Ley 11/2021 haya sustituido el valor real por el valor de referencia como base imponible en las transmisiones de inmuebles en estos impuestos (cuando lo tengan asignado), hace pensar que todo lo expuesto por el TS ya no pueda ser aplicable a este nuevo parámetro de valor que ya no se configura como un medio de comprobación de valor, sino como la base imponible en sí misma considerada. Este detalle es muy importante porque el legislador haciendo uso de su amplio margen de discrecionalidad para configurar el ordenamiento jurídico, ha dado cobertura legal justamente a lo que estaba siendo rechazado por los Tribunales, estableciendo en las transacciones inmobiliarias sujetas a ITPAJD e ISD, un método objetivo de determinación de la base imponible que ya nada tiene que ver con el valor real.

Por tanto, se tratará de constatar si esta nueva configuración normativa de un elemento esencial del tributo como es la base imponible respeta o no los principios y garantías que están previstos en nuestro ordenamiento, pues ahora la motivación y la carga para rechazar la aplicación de ese valor de referencia corresponde al contribuyente. En cualquier caso, hay que recordar que en los casos en los que el inmueble no tenga asignado valor de referencia, el valor declarado por el contribuyente seguirá siendo susceptible de comprobación resultando aplicable toda la doctrina jurisprudencial en relación con el procedimiento de comprobación de valores.

2. LA COMPROBACIÓN DE VALORES TRAS LA CONFIGURACIÓN DEL VALOR DE REFERENCIA COMO BASE IMPONIBLE EN LOS IMPUESTOS QUE GRAVAN LAS TRANSMISIONES PATRIMONIALES

La postura del legislador, en lugar de seguir la línea marcada por el Tribunal Supremo e intentar dotar de más medios personales y materiales a la propia Administración en aras a mejorar en su eficacia en esta materia tan compleja de valorar inmuebles, no

de valores de inmuebles", *Carta Tributaria*, núm. 95/2023; Salcedo Benavente, J. M. (2023). "Una lectura entre líneas de la STS de 23-1-2023 sobre comprobación de valores... ¿Afecta también al valor de referencia de Catastro?", *Comentarios/en Blog Hay Derecho*, 15 de febrero de 2023/3, https://www.hayderecho.com/2023/02/15/una-lectura-entre-lineas-de-la-sts-de-23-1-2023-sobre-comprobacion-de-valores-afecta-tambien-al-valor-de-referencia-de-catastro/; Marzo Fernández, L. (2023). "Motivación en la comunicación de inicio de procedimiento de comprobación de valores: Comentario a la STS 75/2023, de 23 de enero, Rec. 1381/2021, *AEDAF, Grupo de Expertos en Impuestos indirectos*, abril, 2023.

ha sido otra que reaccionar y buscar una alternativa a ese valor real y valor comprobado, aprobando por la Ley 11/2021 el *valor de referencia*[21] (*Tol 8501334*) que, desde el 1 de enero de 2022 constituye la base imponible en el caso de transmisiones de bienes inmuebles en el ITPAJD e ISD (con implicaciones en otros impuestos, como el IP[22]), permitiendo así sortear los rigurosos requisitos del procedimiento de comprobación de valores por parte de la Administración. Aunque a partir de ahora, la utilización de un

---

21 Han existido distintas propuestas anteriores a este valor de referencia finalmente aprobado, citaremos: *Informe de la Comisión de Expertos para la reforma del sistema tributaria español* de 2014 en cuya propuesta núm. 10 planteaba implantar un sistema anual de asignación de valores de referencia para todos los bienes inmuebles rústicos y urbanos (https://www.hacienda.gob.es/es-ES/Prensa/En%20Portada/2014/Paginas/20140313_CE.aspx); *Informe de la Comisión de Expertos para la reforma del sistema de financiación autonómica de 2017,* que planteaba en el ámbito del ITPAJD la incorporación de valoraciones objetivas de los bienes inmuebles, definiendo mejor el concepto de valor real y acercándolo al valor de mercado, aunque dadas las dificultades para conocer los precios reales de las transmisiones se admitía "la publicación de un criterio explícito de fijación de las bases imponibles a partir del valor catastral revisable anualmente en función de las condiciones de mercado de cada población y siempre bajo la posibilidad de impugnación motivada" (Ministerio de Hacienda y Función Púbica, Madrid, https://www.hacienda.gob.es/CDI/sist%20financiacion%20y%20deuda/informaci%C3%B3nccaa/informe_final_comisi%C3%B3n_reforma_sfa.pdf). Por último, hay que hacer referencia al *Libro Blanco sobre la reforma del sistema tributario* (cit. 2022, pp. 679 y ss. https://www.ief.es/docs/investigacion/comiteexpertos/LibroBlancoReformaTributaria_2022.pdf), que señalaba en relación con el nuevo "valor de referencia" el impacto de este nuevo concepto en la valoración de los bienes inmuebles en el ámbito de la imposición patrimonial, indicando en la propuesta 99 que "en relación con la valoración de los bienes inmuebles, este Comité entiende que, siendo este un tema nuclear que afecta a una aplicación efectiva y justa del impuesto, la reciente aprobación por la Ley 11/2021 del nuevo criterio basado en el valor de referencia aconseja, en relación con posibles reformas del impuesto, un tiempo de espera razonable que permita evaluar los resultados de aplicar este criterio".

22 Aunque en este trabajo solo nos estamos refiriendo a los ITPAJD y ISD, indirectamente la introducción del valor de referencia en el ITPAJD y en el ISD tendrá repercusión en el IP, ya que según establece el art.10.1 de la Ley 19/1991, de 6 de junio, del Impuesto sobre el Patrimonio, los bienes inmuebles se computarán "por el mayor valor de los tres siguientes: el valor catastral, el determinado o comprobado por la Administración a efectos de otros tributos o el precio, contraprestación o valor de la adquisición". Ello implica que cuando el valor de referencia haya sido base imponible en el tributo que grave la adquisición de un inmueble, este se tomará en cuenta para aplicar la regla de determinación de la base imponible del Impuesto sobre el Patrimonio al que, en su caso, se esté sujeto. Por tanto, el valor de referencia solo podrá afectar al Impuesto sobre el Patrimonio en lo que se refiera a inmuebles adquiridos a partir de 1 de enero de 2022, en ningún caso al patrimonio preexistente. Vid. Ruíz Garijo (2022). El valor de referencia en el Impuesto sobre el Patrimonio", *en Comentarios a la Ley 11/2021, de 9 de julio de medidas de prevención y lucha contra el fraude fiscal,* dirs.) Chico de la Cámara, P. y Galán Ruíz, J., Thomson Reuters Aranzadi, pp. 225-233.

valor inferior al valor de referencia será sancionado por ser contrario a lo dispuesto por la ley, compartimos las realizadas por García Moncó, al señalar que una ley antifraude no parece ser la más adecuada para regular el valor de referencia e introducir una nueva forma de configurar la base imponible en estos impuestos[23].

En síntesis, las principales modificaciones que se introducen son las siguientes:

– La regla general para determinar la base imponible en estos impuestos es el "valor" de los bienes o derechos que se transmiten, considerando como tal valor, el "valor de mercado" (desaparece el "valor real"), salvo que el valor declarado, precio o contraprestación pactada sea superior, en cuyo caso, se tomará la mayor de estas magnitudes.

– Se establece una importante excepción, ya que en el caso de los bienes inmuebles que tengan asignado el valor de referencia previsto en la normativa del catastro inmobiliario, la base imponible desde el 1 de enero de 2022 se determinará por el valor de referencia en la fecha del devengo del impuesto o una magnitud superior a este (valor declarado o precio o contraprestación en las transmisiones onerosas, arts. 10 TRITPAJD y 9 LISD).

– Se excluye en el ITPAJD e ISD la aplicación del procedimiento de comprobación de valores cuando se declare en las transmisiones de inmuebles el valor de referencia u otro valor superior a este (arts. 46 TRITPAJD y 18 LISD). Tan solo en el caso de los bienes inmuebles que, por sus características especiales no tengan asignado un valor de referencia y utilicen el valor de mercado como base imponible, se podrá realizar un procedimiento de comprobación de valores aplicando la jurisprudencia que se ha vertido sobre esta cuestión en estos últimos años.

Digamos que se ha cedido ante la dificultad de establecer ese valor real individualizado para cada inmueble y se ha optado por un valor objetivo para configurar la base imponible de dichas figuras tributarias que no podrá superar el valor de mercado (se limita al 90% de este). No se permite al obligado tributario declarar un valor inferior, pues para evitar una sanción tendrá que declarar el valor de referencia y posteriormente impugnarlo, aun cuando pudiera probar que el valor declarado ha sido el precio cierto de la operación y que se corresponde con el valor de mercado del inmueble concreto por las circunstancias propias de este último que no tienen por qué coincidir con las genéricas del mercado inmobiliario. Solo cuando el precio sea superior, podrá el obligado tributario declarar un valor distinto al de referencia.

---

23 Vid. García Moncó, A. (2022). "Los valores de referencia ¿con referencia a qué? El problema de la comprobación y la base imponible de los Impuestos de Sucesiones, Donaciones y Transmisiones", en *Comentarios a la Ley 11/2021, de 9 de julio, de medidas de prevención y lucha contra el fraude fiscal* (dirs.) Chico de la Cámara/Galán Ruíz, Thomson Reuters, Navarra, p. 686.

Ante esta realidad nos surgen varias preguntas: ¿es el valor de referencia el parámetro más idóneo para medir la capacidad económica en estos impuestos que gravan las transmisiones de inmuebles? ¿es adecuado sustituir los conceptos jurídicos indeterminados del valor real/valor de mercado tan problemáticos, por un único sistema indiciario, objetivo y generalista que no atienda a las particularidades del inmueble que se transmite y que no admita una opción por un sistema de estimación directa? ¿cuáles son los efectos de la aplicación del valor de referencia en el procedimiento de comprobación de valores? Para resolver estas dudas, debemos empezar comentando algunos aspectos básicos del valor de referencia que nos permitan entender su significado y la repercusión que tiene la consagración de este nuevo sistema de valoración de inmuebles en el procedimiento de comprobación de valores en el ITPAJD y en el ISD.

2.1. EL VALOR DE REFERENCIA COMO NUEVO MÉTODO DE DETERMINACIÓN DE LA BASE IMPONIBLE EN LAS TRANSMISIONES INMOBILIARIAS EN EL ITPAJD Y EN EL ISD: ¿ES LA MEJOR ALTERNATIVA AL "VALOR REAL"?

La regulación actual del valor de referencia se recoge en la Disposición Final 3ª del Real Decreto Legislativo 1/2004, de 5 de marzo, por el que se aprueba el texto refundido de la Ley del Catastro Inmobiliario (*Tol 346465*) (en adelante TRLCI) tras la modificación introducida por el artículo 14.8 de la Ley 11/2022, pues en la redacción anterior dada por la disposición final 20.4 de la Ley 6/2018, de 3 de julio (*Tol 6654935*), se utilizaba una expresión distinta "valor de referencia de mercado". Con esta reforma se refuerzan las facultades de la DGC, y se centraliza definitivamente en este organismo la competencia del acto de fijación de valor de los bienes inmuebles[24].

Creemos que, dado que el nuevo valor de referencia se configura por la propia Ley 11/2021 como base imponible para las transmisiones de bienes inmuebles que tengan asignado ese valor tanto en el ITPAJD como en el ISD, a estas alturas ya se debería haber aprobado un desarrollo normativo que precise mejor algunos de los aspectos necesarios para la determinación del citado valor, para así entender que esta es respetuosa con el principio de reserva de ley, por mucho que en este ámbito pueda tener carácter relativo. Al menos hasta ahora ese desarrollo no se ha producido y la determinación y concreción del valor de referencia se remite a la normativa catastral[25] y a disposiciones

---

[24] En este sentido: Lasarte López, R. (2021). "La nueva configuración legal de la base imponible en los impuestos patrimoniales. El valor de referencia", Tributos Locales, (153/2021).

[25] Véase Real Decreto 1020/1993, de 25 de junio, por el que se aprueban las normas técnicas de valoración y el cuadro marco de valores del suelo y de las construcciones para determinar el valor catastral de los bienes inmuebles de naturaleza urbana (*Tol 149470*) (https://www.boe.es/eli/es/rd/1993/06/25/1020/con)

poco claras y transparentes dictadas por la Dirección General del Catastro, complejas y difíciles de comprender que consideramos que plantean ciertas dudas respecto de los mínimos exigidos en cuanto al principio de reserva de ley en la definición de un elemento esencial del ITPAJD y del ISD, como es la base imponible.

Así, en la citada DF 3ª del TRLCI de forma escueta se recogen los aspectos esenciales del citado valor de referencia en los siguientes términos:

a) El órgano encargado de determinar el valor de referencia será la Dirección General del Catastro.

b) La determinación del valor de referencia se realizará de forma objetiva, a partir de los datos obrantes en el Catastro, resultantes del análisis de los precios comunicados por los fedatarios públicos en las compraventas inmobiliarias efectuadas. A este efecto, incluirá las conclusiones del análisis de los citados precios en un informe anual del mercado inmobiliario, y en un mapa de valores que contendrá la delimitación de ámbitos territoriales homogéneos de valoración, a los que asignará módulos de valor medio de los productos inmobiliarios representativos. El citado mapa se publicará en la sede electrónica de la Dirección General del Catastro[26].

c) El valor de referencia no puede superar el valor de mercado, a tal fin, mediante orden de la ministra de Hacienda, se establecerá un factor de minoración al mercado para los bienes de una misma clase[27].

d) Con periodicidad anual, la Dirección General del Catastro aprobará, mediante Resolución, los elementos precisos para la determinación del valor de referencia de cada inmueble por aplicación de los citados módulos de valor medio y de los factores de minoración correspondientes, en la forma en la que reglamentariamente se determine (aún no se ha aprobado ninguna normativa al efecto). Esta resolución se publicará por edicto en la Sede Electrónica de la Dirección General del Catastro antes del 30 de octubre del año anterior a aquel en que deba surtir efecto, previo trámite de audiencia colectiva[28]. A este efecto, se publicará un edicto en el «Boletín Oficial del Estado» en

---

26 Los mapas de valores urbanos, así como el informe anual del mercado inmobiliario para 2024, se han publicado con fecha de 27 de septiembre de 2023 (pueden consultarse en: https://www1.sedecatastro.gob.es/Accesos/SECAccvr.aspx)

27 Vid. Orden HFP/1104/2021, de 7 de octubre, por la que se aprueba el factor de minoración aplicable para la determinación de los valores de referencia de los inmuebles (*Tol 8610780*), que fija el factor de minoración en un 0.9. (https://www.boe.es/eli/es/o/2021/10/07/hfp1104)

28 Para el año 2024 se han aprobado las Resoluciones de la Dirección General del Catastro sobre elementos precisos para la determinación de los valores de referencia de los bienes inmuebles urbanos y rústicos del ejercicio 2024, con fecha 25 de octubre de 2023 (pueden consultarse en: https://www1.sedecatastro.gob.es/Accesos/SecACCResolucion.aspx?resolucion=resolucion&ejercicio=2024&tipo=B)

el que se anunciará la apertura del mencionado trámite por un periodo de diez días, durante el cual los interesados podrán presentar las alegaciones y pruebas que estimen convenientes. La citada resolución será recurrible en vía económico-administrativa, o potestativamente mediante recurso de reposición, por los interesados y en el plazo de un mes desde su publicación, sin que la interposición de la reclamación suspenda su ejecución.

e) En los 20 primeros días del mes de diciembre, la Dirección General del Catastro publicará en el "Boletín Oficial del Estado" anuncio informativo para general conocimiento de los valores de referencia de cada inmueble, que, al no tener condición de datos de carácter personal, podrán ser consultados de forma permanente a través de la Sede Electrónica del Catastro.

Por su parte, la DT 9ª del TRLCI establece, en tanto no se apruebe el desarrollo reglamentario, un régimen transitorio para la determinación del valor de referencia de cada inmueble que, esperemos que no se quede en definitivo, pues la transitoriedad para el legislador tributario en ocasiones abarca un tiempo demasiado extenso y vamos casi con tres años de retraso ya. Dicho régimen transitorio regula las directrices que se utilizan para la aplicación de los módulos de valor medio previstos en la disposición final tercera para la determinación del valor de referencia de cada inmueble, que son las siguientes:

a) "Para los bienes inmuebles urbanos, los criterios y reglas de cálculo se ajustarán a lo previsto en las normas técnicas de valoración y cuadro marco de valores del suelo y de las construcciones para determinar el valor catastral de los bienes inmuebles de naturaleza urbana.

Serán de aplicación los módulos básicos de suelo y construcción de cada municipio, que se aprueben de acuerdo con las directrices dictadas para la coordinación de valores.

Los valores de suelo de zona permitirán la reproducción de los módulos de valor medio de los productos inmobiliarios representativos en cada ámbito territorial homogéneo de valoración.

La resolución que apruebe la Dirección General del Catastro definirá su ámbito de aplicación y concretará criterios y reglas de cálculo, módulos básicos de suelo y construcción, valores de suelo de zona y costes de construcción, así como, en su caso, campos de aplicación de coeficientes correctores.

b) Para los inmuebles rústicos sin construcciones, la resolución a aprobar por la Dirección General del Catastro definirá su ámbito de aplicación, y concretará criterios y reglas de cálculo, así como, en su caso, importes y campos de aplicación de coeficientes correctores de localización, agronómicos y socioeconómicos.

El informe anual del mercado inmobiliario al que hace referencia la disposición final tercera determinará los coeficientes correctores aplicables, así como sus importes".

De esta escasa regulación se desprenden los caracteres principales del valor de referencia: *valor administrativo*, lo determina la Dirección General del Catastro; *objetivo*, se calcula en bases a abundantes datos catastrales y precios que comunican los fedatarios públicos; *generalista*, se prescinde de algunas características concretas de los inmuebles; se *aprueba de forma masiva* y se debe *revisar anualmente*, siguiendo un procedimiento que se asemeja en parte con el de revisión del valor catastral, aunque a diferencia de este último, no finaliza con una notificación individual, sino con una *publicación* dado que el valor de referencia solo tiene virtualidad práctica cuando surge la obligación tributaria en el ITPAJD e ISD, y de forma derivada en el IP, IRPF, e IMIVTNU.

Teniendo en cuenta estas características queda aún más patente que el valor de referencia viene a ser un reconocimiento de la imposibilidad por parte de la Administración de afrontar las exigencias del procedimiento de comprobación de valores y, aunque inicialmente en la idea del legislador parece que estaba utilizarlo como un mecanismo de apoyo y prevención de lucha contra el fraude fiscal que redujera la litigiosidad y facilitara las tareas de valoración de este tipo de bienes —es decir, como un verdadero "valor de referencia del mercado"[29]—, su configuración actual como un elemento de cuantificación de ciertos tributos evitando el temible "valor real" supone un paso más y abre una puerta para huir del procedimiento de comprobación de valores. Como señala Varona Alabern, el éxito del valor de referencia pasará porque sitúe su cuantía por debajo del valor de mercado porque si en un número importante de casos supera este último o se aleja considerablemente de este, perdería credibilidad y sería rechazado por los contribuyentes, en lugar de encontrar en él un sistema ágil y fiable para autoliquidar estos impuestos[30].

En la práctica se viene constatando que el "valor de referencia" como base mínima en los ITPAJD e ISD funciona relativamente bien cuando nos encontramos ante inmuebles que podíamos llamar "normales": viviendas, plazas de garaje, trasteros que no presenten circunstancias de depreciación extraordinaria. También funciona cuando el contribuyente se ve "favorecido" por el "valor de referencia", pues genera un efecto positivo directo, ya que cuando el valor declarado es superior al "valor de referencia" en transmisiones ordinarias, sean sujetas al ISD y al ITPAJD, el valor de referencia es un elemento "asegurador" de la tributación en ambos impuestos, generando un efecto "tranquilizador" enorme en dichas transmisiones. Si bien en estos casos se puede

---

29 Tal y como se recogía en la Ley 6/2018, de 6 de julio de Presupuestos Generales del Estado para el año 2018 (*Tol 6654935*), Disposición final vigésima. Modificación del Texto Refundido de la Ley del Catastro Inmobiliario, aprobado por Real Decreto Legislativo 1/2004, de 5 de marzo y este era el sentido que consideraba más adecuado por el Consejo de Estado.

30 Vid. Varona Alabern (2022). "Análisis constitucional e impugnación del valor de referencia", *Quincena Fiscal*, núm.9/2022, BIB 2022\1345, pp. 7 y ss.., que señala que se necesita ahora que el Catastro esté a la altura, lo que supone sin duda un gran reto.

generar un efecto indeseado indirecto, pues puede propiciar pagos opacos, ya que, si se declara un valor igual o superior al valor de referencia, el adquirente está libre de repercusiones tributarias, pero, no así el vendedor, que según el artículo 35 LIRPF, no se podrá aprovechar de este valor de referencia y tendrá que declarar el importe real por el que se haya efectuado la enajenación[31].

Es evidente, como señala Ruíz Garijo[32], que el valor de referencia en su actual configuración, se aleja claramente de la necesidad de individualizar el valor de un bien inmueble atendiendo a sus caracteres particulares y a las circunstancias de la transmisión o adquisición —como venía indicando el Tribunal Supremo—, y cuando genere un perjuicio al contribuyente, en lugar de reducir la litigiosidad va a producir (de hecho, ya está produciendo) el efecto contrario, pues es evidente el rechazo que genera en los contribuyentes que se ven obligados a utilizarlo en su autoliquidación, para acto seguido iniciar los trámites que permiten su impugnación. Si a todo esto, se suman las dudas que rodean a su determinación y cálculo, a nuestro juicio nos encontramos con un fallido intento para solucionar el inevitable problema de la valoración fiscal de los inmuebles, ya que es probable que, tanto el Tribunal Supremo como el Tribunal Constitucional, tengan que aclarar y resolver cuestiones relacionadas con este nuevo valor que atentan contra principios como el de capacidad económica y reserva de ley. Pero para llegar a esto aún debemos esperar un tiempo.

2.2. VALOR COMPROBADO VERSUS VALOR DE REFERENCIA: CONSECUENCIAS EN EL PROCEDIMIENTO DE COMPROBACIÓN DE VALORES EN EL ITPAJD E ISD

Como acertadamente ha señalado Varona Alabern, autor al que seguimos en este apartado[33], "el valor comprobado por la Administración tributaria es el resultado de un previo procedimiento de comprobación de valores, de ello deriva su carácter de valor administrativo que concreta un concepto jurídico indeterminado y que corrige el valor que ha declarado previamente el contribuyente". Frente a dicho valor, nos encontramos con el valor de referencia que es también un valor administrativo, pero no es un valor comprobado, porque su determinación no va encaminada a modificar un previo valor

---

31 Así lo indica Máximo Juárez, J. (2022). "Informe Fiscal Julio 2022. El «valor de referencia» a los seis meses de su entrada en vigor", entrada en *Blog Notarios y Registradores*, 2 agosto 2022 https://www.notariosyregistradores.com/web/secciones/fiscal/informes-mensuales-fiscal/informe-fiscal-julio-2022-el-valor-de-referencia-a-los-seis-meses-de-su-entrada-en-vigor/#TERCERAPARTE. Este autor constata que estas afirmaciones no se producen cuando no existe valor de referencia o cuando este sufre unas desviaciones relevantes porque el contribuyente se siente lesionado por el valor de referencia.

32 Vid. (2022). "Causas determinantes...", cit., pp. 277-278.

33 Véase Varona Alabern (2021). "Valor de referencia...", cit., p. 19.

declarado cuya existencia ni es necesaria ni se exige, como sí sucede con el valor comprobado.

Compartimos con Varona Alabern que "comprobar un valor no es igual que fijar o determinar el mismo. En la comprobación se pretende verificar que el valor de un bien se corresponde con el declarado o propuesto inicialmente por el particular, circunstancia que no se produce en el procedimiento de determinación de los valores de referencia y catastral en los que la Administración unilateralmente calcula de forma masiva el valor de los inmuebles prescindiendo de previas propuestas formuladas por los contribuyentes en sus declaraciones o autoliquidaciones". Sin embargo, "el valor de referencia y el catastral son magnitudes precisas que no exigen mayor concreción; de ahí que cuando se utilicen por el particular en una declaración o autoliquidación tributarias, no podrán ser objeto de una comprobación de valores por la Hacienda"[34].

Es cierto que cuando por primera vez se mencionaba el valor de referencia en la Ley de Presupuestos Generales para 2018 que modificaba el TRLCI, se aludía al «valor de referencia de mercado», sin embargo la Ley 11/2021 suprimió la mención «de mercado», lo que llevó al traste la idea que hubiera podido fraguar en el caso de que, como indica Rozás Valdés, "ese «valor de referencia» hubiera sido en verdad en todo caso eso mismo, una «referencia» a tener en cuenta para determinar el valor del bien inmueble al configurar la base imponible del ITPAJD y del ISD"[35].

Como precisa el citado autor, "si así se hubiera planteado y se hubiera establecido para todo el territorio nacional por el Catastro un sistema homogéneo —transparente y de acceso electrónico—, con una base de datos estadísticos provenientes de fuentes fiables, como las notarías, las inmobiliarias o los registros, dicho valor de referencia del mercado hubiera sido útil para la Administración como una mera «referencia» para planificar su actividad comprobadora, que se mantendría intacta. En la medida en que el valor declarado se hubiera movido en esa «referencia», lo lógico sería que se diese por aceptable. De lo contrario, se debería de llevar a cabo una comprobación detallada y minuciosa en cuyo desarrollo se cotejase con el contribuyente, la razonabilidad de lo declarado a partir de todos los elementos de prueba que se puedan aportar para delimitar el valor específico del bien concreto en el contexto particular de la transacción, y no limitándose a aplicar los coeficientes de la zona sin ni siquiera asomarse al inmueble,

---

34 *Ibidem*, p. 19.

35 Vid. Rozás Valdés, J.A., (2021). "El valor de referencia desde la jurisprudencia del Tribunal Supremo" *Revista Técnica Tributaria*, núm. 134/2021. También puede consultarse su trabajo: "¿Un valor tributario unitario", en *Fiscal Blog BITplus* núm. 255, 25 abril 2021 http://www.registradorescantabria.com/boletines/BITplus_255.pdf; así como el de Espejo Poyato, I., "¿Es posible un valor unitario? La valoración de inmuebles en el Derecho tributario español", *Crónica tributaria: Catastro,* (5/1990).

cuando es bien sabido que toda transacción inmobiliaria está rodeada de numerosos sesgos y cada operación es única, siendo necesario atender a las particularidades que rodean dicho inmueble objeto de transmisión".

Sin embargo, el legislador no ha utilizado esta opción en la última reforma, ya que el citado valor de referencia se ha transformado en la base imponible objetiva de los impuestos que gravan las transmisiones patrimoniales por disposición legal expresa (sin tener en cuenta su razón de ser y su capacidad económica), buscando sin duda incrementar la recaudación como fin último y oculto tras la idea de reducir la litigiosidad y aumentar la eficiencia de la Administración, bajo la idea de tomar siempre el mayor valor de:

– El declarado o el de referencia, en el ISD;

– El declarado o el de referencia o el precio o contraprestación pactada en el caso del ITPAJD;

Pero no se ha quedado ahí el legislador, pues una vez consagrado el valor de referencia como valor objetivo a declarar en los dos impuestos que gravan su transmisión entre particulares, ha restringido expresamente la facultad de las Administraciones autonómicas tributarias competentes para iniciar procedimientos de comprobación de valores en los casos en que exista para el inmueble un valor de referencia, o en aquellos casos en los que se declare un valor superior a este. En estos supuestos ya no se comprobará otra cosa que no sea la adecuación del valor de referencia a los criterios e indicios objetivos que lo configuran (aspectos que hoy aún no están suficientemente regulados), limitándose la Administración en estos casos a aplicar de oficio el valor de referencia como base imponible de las transacciones inmobiliarias que se produzcan, siempre que los bienes inmuebles tengan asignado dicho valor.

Ante esto, como indica Rozás Valdés "son los interesados si consideran que el valor de referencia no se ajusta a la realidad del mercado, los que deben asumir la carga de impugnar su autoliquidación o recurrir la liquidación mediante recurso de reposición o reclamación en vía económico-administrativa, ya que el valor de referencia en sí como magnitud no puede ser objeto de impugnación hasta que no genera una obligación tributaria concreta. En cualquiera de los casos, la Administración actuante solicitará informe de la Dirección General del Catastro para que ratifique o enmiende la magnitud del valor de referencia", sin necesidad de emplear los medios de comprobación previstos en la LGT, porque ya no estamos ante una comprobación de valores dado que no hay nada que concretar por parte de la Administración[36].

36 Vid. Rozás Valdés, (2021). cit., "El valor de referencia...".

2.3. EL COMPLICADO ENCAJE DE LA TASACIÓN PERICIAL CONTRADICTORIA CUANDO RESULTA OBLIGATORIO APLICAR EL VALOR DE REFERENCIA

Con la actual regulación del valor de referencia, nos parece difícil recurrir a la tasación pericial contradictoria, al menos en el marco del recurso de reposición o del procedimiento de rectificación de la autoliquidación, pues la tasación pericial contradictoria sirve para corregir las valoraciones resultantes de la aplicación de los medios de comprobación de valores del artículo 57.1 LGT, pero no es un mecanismo dirigido a combatir un valor administrativo que constituye por ley el importe mismo de la base imponible, como es el caso del valor de referencia[37].

Así lo viene considerando un amplio sector doctrinal que tiene fundadas dudas en que pueda utilizarse la tasación pericial contradictoria, pues entiende que en los casos de impugnación del valor de referencia no se está instruyendo un procedimiento de comprobación de valores de los previstos como tal en el art. 134 LGT utilizando los medios de comprobación referidos en el art. 57 LGT, sino que lo que se persigue es "ajustar la correcta dimensión del «valor de referencia» en el marco de un procedimiento de rectificación de autoliquidación o de reposición, y en los estrictos márgenes señalados en los preceptos de la LISD o de la LITPAJD en el que se regula este novedoso trámite. En definitiva, se trata de «determinar» el valor de referencia del bien inmueble no de «comprobar» su valor de mercado. No se olvide que para estos impuestos la base imponible ya no está definida como el «valor» (de mercado) del inmueble sino como su «valor de referencia», de resultar este ya fijado por el Catastro"[38].

---

37 Para profundizar en el estudio de esta figura puede consultarse: Álvarez Martínez, J. (2020). *La tasación pericial contradictoria; cuestiones generales y aspectos sustantivos,* Ed. Reus.

38 Vid. Rozás Valdés, (2021). cit., "El valor de referencia...". Manifiestan dudas en relación con el uso de la tasación pericial contradictoria en estos casos: Malvárez Pascual, L. A. (2021). "Comentarios al Proyecto de Ley de Medidas de Prevención y Lucha contra el Fraude Fiscal" (I), *Quincena Fiscal,* núm. 3/2021, p. 150, nota 27; Patón García, G. (2021). "Causas y posibles efectos de la dualidad en la valoración de inmuebles: ¿es el valor de referencia la solución?", *Civitas, REDF,* núm. 190/2021, p. 4; Sánchez Pedroche, J.A., (2021). "Comentarios a la nueva Ley de represión del fraude fiscal", *Revista de Contabilidad y Tributación, CEF,*461-462, agosto-septiembre 2021, p. 150; Ruiz Garijo, M. (2022). "Causas determinantes...", cit., pp. 281-282; Puyal Sanz, P.: "El Catastro como instrumento de lucha contra el fraude inmobiliario: el valor de referencia de mercado", *Crónica Tributaria 169/2018,* p. 170; Marín-Barnuevo Fabo, D. y Herrero de Egaña Espinosa de los Monteros, J. M. "La impugnación del valor de referencia", *Revista Técnica Tributaria,* n.º 134/2021, p. 41; Varona Alabern (2022). *El valor de referencia...,* cit., pp. 60 y ss.; Sánchez Pino (2023). "El valor de referencia: ¿medida de prevención y lucha contra el fraude fiscal?, en *Estudios sobre la prevención y lucha contra el fraude fiscal. Homenaje al Dr. D. Alejandro Menéndez Moreno,* (Dir.) Corcuera Torres, A., Aranzadi, pp. 895-918; Del Blanco García, A., "Análisis de la situación actual del valor de referencia de los inmuebles y su impacto fiscal", *Tributos Locales,* núm. 166/2024, pp. 169-193

Para Rozás Valdés esto supone el fin del art. 134 LGT, los medios del art. 57 LGT, la intervención de peritos y la tasación pericial contradictoria para los casos en los que se utiliza el valor de referencia. Ya no estamos ante un procedimiento encaminado a determinar el valor de mercado del inmueble (art. 134 LGT), sino de un trámite preceptivo incidental (la emisión de un informe vinculante) a solventarse por las oficinas catastrales, cuyo objeto es "ajustar, corregir, aquilatar, afinar el importe del valor de referencia, que, para los inmuebles, constituye la base imponible de los impuestos"[39]. Por ello entiende, que si el Tribunal Supremo ya apuntaba la irrelevancia de la tasación pericial contradictoria cuando se partía del automatismo de los valores medios calculados a partir de los valores catastrales multiplicados por unos coeficientes (STS 843/2018, FJ 4ºe (*Tol 6640167*)), en el marco de la reforma, que directamente prescinde de la comprobación de valores para reconducir todo el procedimiento a la mera determinación del valor de referencia, es evidente que la tasación pericial contradictoria ya no es que sería vana, es que, sencillamente, carecería de objeto y no sería procesalmente viable[40].

Dado que nuestro legislador ha limitado la tasación pericial contradictoria al ámbito de los valores comprobados, se necesitaría forzar la interpretación de la expresión contenida en el artículo 135.1 LGT cuando señala que los interesados podrán promover la tasación pericial contradictoria "en corrección de los medios de comprobación fiscal de los valores señalados en el artículo 57.1 LGT", para entender que la tasación pericial contradictoria permite atacar dichos medios de comprobación. Si así se entendiera este precepto, como señala Varona Alabern[41] , podría admitirse la tasación pericial contradictoria para oponerse al valor de referencia, ya que este valor figura en el Catastro y por ello constituye uno de los medios de comprobación de valores subsumible en aquel precepto (concretamente, en el art. 57.1.b LGT).

Sin embargo, para este autor si se toma en consideración el contenido completo del art. 135.1 de la LGT es más complicado alcanzar esta conclusión, "porque este precepto deja claro que este expediente se debe emplear para atacar un valor comprobado, ya indirectamente, a través de la impugnación de la liquidación (caso habitual), ya directamente contra el mismo acto de comprobación, pero en uno y otro caso se pretende combatir el valor comprobado por la Administración. Sucede que para ello es necesario corregir el medio que la Administración haya empleado para calcular aquel valor; es decir, se corrige el medio para atacar el fin (valor comprobado), ahora bien, eso no significa que tal medio sea el objeto de la tasación pericial contradictoria, pues solo lo será el valor comprobado que haya utilizado uno de esos medios; de ahí que no se pueda invocar el art. 135.1 de la LGT para defender la viabilidad de la tasación pericial con-

39 Vid. Rozás Valdés (2021). cit., "El valor de referencia...".

40 *Ibidem,* nota 15.

41 Vid. "Análisis constitucional...", cit. (2022). pp. 32 y ss.

tradictoria en este caso". Por otra parte, el propio funcionamiento del procedimiento de la tasación pericial contradictoria en el que la actividad comprobadora de la Administración se proyecta sobre el previo valor declarado por el contribuyente a efectos de asignar los gastos del tercer perito a la Administración o al sujeto pasivo (135.3 LGT), viene a demostrar que dicho valor es esencial en la estructura de la tasación pericial contradictoria.

Si el valor de referencia no es un valor comprobado y este mecanismo impugnatorio se ha concebido para atacar este último valor, no parece que este expediente resulte aplicable para oponerse al valor de referencia. Ello no implica que el contribuyente no pueda atacar jurídicamente ese valor y defender sus derechos para evitar una indefensión, pues siempre podría utilizar las pruebas (incluidas las periciales), los datos y los razonamientos que estimase más adecuados para fundamentar su pretensión en los correspondientes recursos y reclamaciones. Si bien es cierto que esa defensa, tal y como indican Marín-Barnuevo y Herrero de Egaña, tendría que hacerse en el procedimiento de determinación del valor de referencia de manera que, si la Administración hubiera asignado a los inmuebles transmitidos un valor de referencia superior a su valor de mercado, el contribuyente podrá denunciar esa irregularidad y lograr la anulación del valor de referencia. Será en el procedimiento de impugnación y revisión, donde el contribuyente podrá aportar las pruebas adecuadas, incluidas las periciales que pongan de manifiesto la incorrecta valoración del inmueble y, por tanto, la nulidad del valor de referencia[42].

Todas estas consideraciones, nos llevan a pensar en que es ciertamente difícil que se acepte la tasación pericial contradictoria en sede administrativa o económica-administrativa, habrá que esperar para que en el ámbito de lo tribunales puedan admitirla destacando más su naturaleza impugnatoria que la finalidad correctora de un valor comprobado; lo cual se acentúa teniendo en cuenta el peculiar régimen impugnatorio del valor de referencia que no se activa cuando este se publica, sino cuando integra la base imponible de una obligación tributaria concreta.

Varona Alabern[43] da un paso más y plantea algunas dudas en relación con la postura que vayan a adoptar al respecto los Tribunales cuando dentro de un tiempo tengan que referirse a estas cuestiones, alegando algunas razones que podrían justificar su admisión en vía contencioso-administrativa:

– En primer lugar, teniendo en cuenta que el valor de referencia solo es recurrible cuando genera una específica obligación tributaria y no cuando se publica de forma masiva anualmente, la suspensión que provocaría la tasación pericial contradictoria no

42 Vid. (2021). "La impugnación...", cit., pp. 42-43. En un mismo sentido, Varona Alabern (2022). *El valor de referencia...*, cit.; pp. 60-63.

43 Varona Alabern (2022). *El valor de referencia...*, cit.; pp. 60-63.

llegaría a paralizar masivamente el procedimiento de aprobación y publicación de los valores de referencia. Este hecho no acontece en el procedimiento para determinar el valor catastral, pues pese a su carácter de valoración colectiva, finaliza con una notificación de valores individuales que son impugnables en ese momento y cuya suspensión masiva derivada de la utilización de la tasación pericial contradictoria podría paralizar aquel procedimiento, lo que ocasionaría a la Administración un grave perjuicio, lo cual no ocurre respecto al valor de referencia. Por tanto, lo que no es viable en el valor catastral sí puede serlo en el valor de referencia.

– En segundo lugar, el carácter instantáneo del ISD y el ITPAJD que gravan actos concretos producidos en un singular momento generando obligaciones tributarias aisladas, facilitaría la operatividad de la tasación pericial contradictoria.

– Por último, el carácter peculiar del mecanismo de impugnación del valor de referencia previsto en el ISD y en el ITPAJD, que obliga al contribuyente a plasmar en todo caso aquel valor en su declaración o autoliquidación para luego oponerse a él, alargando los trámites necesarios para poderlo atacar y generando una mayor carga en el contribuyente. Dicha carga adicional podría compensarse concediendo al contribuyente la agilidad que otorga la tasación pericial contradictoria.

2.4. INAPLICACIÓN DEL VALOR DE REFERENCIA: POSIBILIDAD DE COMPROBAR EL VALOR DE MERCADO CUANDO ESTE SE UTILIZA COMO BASE IMPONIBLE EN ITPAJD E ISD

Aunque la Ley 11/2021 establece como base imponible en las transmisiones de bienes inmuebles en los ITPAJD e ISD el valor de referencia previsto en la normativa reguladora del Catastro Inmobiliario a la fecha del devengo del impuesto, nos vamos a encontrar con que no siempre es posible aplicar el citado valor, y en ocasiones habrá que utilizar la regla general y declarar por el valor de mercado de dichos bienes, lo que permitirá la aplicación del procedimiento de comprobación de valores. Veamos cuáles son dichas situaciones.

La primera se produce cuando *el valor del bien inmueble declarado por los interesados es superior a su valor de referencia*. En este caso se tomará aquel como base imponible en el ISD (art. 9.3, 2º párrafo LISD) y en el caso del ITPAJD, se tomará el valor declarado por el contribuyente o el precio o contraprestación pactada si resultasen mayores que el valor de referencia (art. 10.2, 2º párrafo TRITPAJD). En estos casos, no es posible iniciar un procedimiento de comprobación de valores por parte de la Administración, dado que estamos ante magnitudes concretas que pueden constatarse en cada caso, sin que se haga referencia a conceptos jurídicos indeterminados.

La segunda excepción se produce cuando *no exista valor de referencia o este no pueda ser certificado por la Dirección General del Catastro*, ya que en estos casos la base imponible, sin perjuicio de la comprobación administrativa, será la mayor de las siguientes magnitudes: el valor declarado por los interesados o el valor de mercado en el ISD, o en el caso del ITPAJD, también se tendría en cuenta el precio o contraprestación pactada si fuese superior[44]. Si no se puede certificar un valor de referencia y no existe un valor alternativo establecido por un juez o por la propia Administración, no hay obstáculo para que la Administración autonómica pueda iniciar un procedimiento de comprobación de valores, ya que la propia Ley adopta como base imponible un concepto jurídico indeterminado como es el valor de mercado. En coherencia con este planteamiento, tanto la LISD como el TRITPAJD reconocen expresamente esta posibilidad ("sin perjuicio de la comprobación administrativa...", arts. 9.3 LISD y 10.2 TRITPAJD), de manera que en estos casos seguiremos como hasta ahora: valor declarado por el contribuyente sujeto a comprobación de valores por los medios del art. 57 LGT en los términos configurados por la jurisprudencia del Tribunal Supremo.

Lo mismo ocurriría en aquellos supuestos en los que el *contribuyente impugne el valor de referencia* y a la vista de la documentación y alegaciones presentadas por este o de la constatación de una incorrecta aplicación de la normativa que determina el valor de referencia en su caso, el Catastro considere que carece de la información necesaria para certificar dicho valor de referencia del inmueble. En estos casos se producirá un cambio de criterio en la base imponible del tributo siendo aplicable la regla del mayor valor entre el declarado y el de mercado en el ISD, o entre el valor declarado, precio, contraprestación y valor de mercado en ITPAJD, lo que también permitiría a la Administración iniciar un procedimiento de comprobación de valores.

Este hecho es fácil que se produzca porque en una valoración masiva de inmuebles difícilmente se podrán tener en cuenta todos los factores que son relevantes para obtener su adecuada cuantificación. Sería el caso de que el contribuyente ponga en conocimiento circunstancias singulares de su inmueble que pueden ser desconocidas por el Catastro, a veces este hecho podrá integrarse corrigiendo los algoritmos, pero en otras no podrá ser así y será más prudente no asignar un valor de referencia al citado inmueble en ese momento (por ejemplo, en el caso de que existan graves y probadas humedades en un piso).

Ahora bien, sería conveniente vigilar casos en los que la impugnación del valor de referencia ante situaciones complejas se volviera en contra del contribuyente, pues como

44 Para saber en qué casos se puede producir esta situación para el ejercicio 2024, hay que acudir a las Resoluciones de la Dirección General del Catastro sobre elementos precisos para la determinación de los valores de referencia de los inmuebles urbanos y rústicos, que han sido aprobadas el 25 de octubre de 2023. Ambas pueden consultarse en https://www1.sedecatastro.gob.es/Accesos/SECAccvr.aspx

señala Varona Alabern[45], podría suceder que el Catastro hubiera fijado un valor de referencia muy bajo por desconocer alguna circunstancia que revalorizara especialmente al inmueble (p.e., posibilidad excepcional de edificar en terrenos rústicos), en cuyo caso solo podría modificar ese valor utilizando determinados procedimientos (revisión de oficio, subsanación de discrepancias,...). En estos casos, sería extraño que el contribuyente hubiese solicitado la rectificación de la autoliquidación, pero si así fuera no cabría propiamente corregirlo al alza porque la *reformatio in peius* está prohibida, pero el Catastro podría entender que carece de la información suficiente para determinar su valor de referencia y, en consecuencia, al no poderlo certificar le obligaría a aplicar el valor de mercado, lo cual permitiría a la Administración incoar el correspondiente procedimiento de comprobación de valores mediante el cual intentaría corregir aquel error. En cualquier caso, si el Catastro lo corrigiera entendemos que el nuevo valor de referencia sería eficaz en el futuro, pero no se podría aplicar a la operación que provocó su revisión.

Por último, nos podemos encontrar con situaciones en las que *el valor declarado es inferior al valor de referencia,* en cuyo caso la Administración considerará de oficio como base imponible el valor de referencia, sin que esa aplicación constituya un procedimiento de comprobación de valores. En estos casos, se podría sancionar al contribuyente por aplicación del artículo 191.1 LGT[46]. También serían sancionables los casos en los que el contribuyente no declarara por encima del valor de referencia si el precio de la operación fuese superior a este, pero en esos casos al tratarse de una magnitud precisa (recogida en escritura pública) no se podría iniciar un procedimiento de comprobación de valores, si la imposición de la sanción por la parte de cuota no ingresada por no declarar el mayor valor de los establecidos en la ley. No obstante, salvo que se incurra en simulación, difícilmente se podrá cometer esta infracción si la aplicación informática correspondiente escoge de manera automática el mayor valor de aquella terna.

2.5. CRITERIOS DE LA DIRECCIÓN GENERAL DE TRIBUTOS EN RELACIÓN CON VALORES TASADOS POR LA PROPIA ADMINISTRACIÓN EN LOS ITPAJD E ISD: LIMITACIONES A LA FUERZA EXPANSIVA DEL VALOR DE REFERENCIA

Para terminar con este apartado creemos oportuno comentar una serie de contestaciones de la DGT en relación con ciertos supuestos en los que aun existiendo un valor

---

45 Véase, "Análisis constitucional..." (2022). cit., pp. 23 y ss.

46 El citado precepto establece: "Constituye infracción tributaria dejar de ingresar dentro del plazo establecido en la normativa de cada tributo la totalidad o parte de la deuda tributaria que debiera resultar de la correcta autoliquidación del tributo, salvo que se regularice con arreglo al artículo 27 o proceda la aplicación del párrafo b) del apartado 1 del artículo 161, ambos de esta ley",

cierto fijado por la Administración inferior al de referencia, el contribuyente podría verse obligado a consignar el importe resultante de su autoliquidación y posteriormente impugnar el valor de referencia utilizando cualquiera de las vías posibles. Esto constituye una disfunción clara del sistema, pues lo correcto sería proceder a la modificación inmediata de dicho valor sin hacer recaer en el contribuyente la tarea de su impugnación. Si en estos casos el valor de referencia es superior al valor de mercado tasado por la propia Administración, nos parece excesivo hacer que el contribuyente declare con arreglo al primero y luego proceda a impugnar dicho valor de referencia, manifestando una cierta incongruencia entre la Dirección General del Catastro y la Dirección General de Tributos, que difícilmente se resuelve al no existir una normativa concreta al respecto ni pronunciamientos de los tribunales, por lo que es esta una cuestión que debiera precisarse no solo en ese futuro desarrollo de la norma sino en el propio texto legal[47].

Sería el caso de la aplicación del valor de referencia en las transmisiones de viviendas protegidas sujetas a precio máximo de venta, a las que se refieren las consultas de la DGT V0690-22 de 30 de marzo; V0298-22, de 17 de febrero. En ellas, la DGT entiende que estando la transmisión sujeta a la modalidad de TPO, aunque se trate de la transmisión de una vivienda de protección pública de precio máximo inferior al valor de referencia, se debe autoliquidar por el valor de referencia, si bien el sujeto pasivo puede instar la rectificación de la autoliquidación haciendo valer el precio máximo.

Otro tanto ocurría en el caso de transmisiones realizadas en subastas públicas, para las que se preveía un valor de referencia en la Resolución de 10 de noviembre de 2021, de la Dirección General del Catastro, sobre elementos precisos para la determinación de los valores de referencia de los bienes inmuebles urbanos del ejercicio 2022. De esta forma la DGT en contestación a las consultas V0453-22, de 9 de marzo, V1867-23, de 27 de junio y V2302-23, de 1 de agosto, consideraba que: "en las transmisiones de bienes inmuebles que tengan el valor de referencia previsto en la normativa reguladora del catastro inmobiliario realizadas mediante subasta pública, notarial, judicial o administrativa, la base imponible se determinará conforme a lo dispuesto en el artículo 10.2 del TRLITPAJD, por lo que será el valor de referencia previsto en la normativa reguladora del catastro inmobiliario, a la fecha de devengo del impuesto, salvo que el valor del bien inmueble declarado por los interesados, el precio o contraprestación pactada, o ambos sean superiores a su valor de referencia, en cuyo caso se tomará como base imponible la mayor de estas magnitudes".

La doctrina fue crítica en este punto porque esto suponía entender tácitamente derogado el art. 39 del RITPAJD, que establece una regla aplicable a la transmisión de todo tipo de bienes realizada mediante subasta pública, notarial, judicial o administrativa, determinando que, en tal caso, servirá de base el valor de adquisición. Para la

47 Crítico con esta situación se muestra también Sánchez Pino (2023, cit.).

DGT, aunque no cabe considerar que el artículo 39 del RITPAJD haya perdido su vigencia por la nueva redacción del artículo 10 del TRLITPAJD introducido por la Ley 11/2021, es cierto que se reducía su ámbito de aplicación en la medida que el valor de referencia es aplicable a los bienes inmuebles, por lo que considera que en el caso de transmisiones de inmuebles mediante subastas, salvo que ceda esa regla especial en el caso de que el valor del bien inmueble declarado por los interesados, el precio o contraprestación pactada, o ambos sean superiores a su valor de referencia —en cuyo caso la base imponible la mayor de estas magnitudes—, o en el caso de que no exista valor de referencia o este no pueda ser certificado por la Dirección General del Catastro, en cuyo caso se acude a la regla general, y la base imponible será la mayor de las siguientes magnitudes: el valor declarado por los interesados, el precio o contraprestación pactada o el valor de mercado. En este último caso sí será aplicable lo dispuesto en el artículo 39 del RITPAJD.

Finalmente, en la Resolución de 26 de octubre de 2022, de la Dirección General del Catastro, sobre elementos precisos para la determinación de los valores de referencia de los bienes inmuebles urbanos del ejercicio 2023 se ha incorporado el supuesto de inmuebles con precio de transmisión fijado por subasta pública, notarial, judicial o administrativa como caso en el que no se asigna un valor de referencia, de manera que ya no será de aplicación al doctrina de la DGT, manteniéndose como criterio general que implica fijar la base imponible atendiendo a la mayor de las magnitudes: valor declarado, precio o contraprestación pactada o el valor de mercado, en este caso, será el valor de adquisición del inmueble[48].

Igualmente entendemos que sigue plenamente en vigor, con rango de ley y como norma especial, no quedando afectado por el valor de referencia, el número 5 del art. 46 del TRITPAJD, referido a las enajenaciones en procedimientos concursales dando prioridad al valor individualizado del inmueble fijado por un juez: "Se considerará que el valor fijado en las resoluciones del juez del concurso para los bienes y derechos transmitidos corresponde a su valor, no procediendo en consecuencia comprobación de valores, en las transmisiones de bienes y derechos que se produzcan en un procedimiento concursal, incluyendo las cesiones de créditos previstas en el convenio aprobado judicialmente y las enajenaciones de activos llevadas a cabo en la fase de liquidación".

---

48 Así lo recoge Del Blanco García (2024). ob. cit., p. 180, como actuación acertada por parte de la Resolución comentada, evitando esa interpretación forzada de la normativa afectada.

3. EL FUTURO DE LA COMPROBACIÓN DE VALORES ANTE LAS DUDAS QUE PLANTEA EL VALOR DE REFERENCIA

La aplicación del valor de referencia en los ISD e ITPAJD no está exenta de problemas tanto formales como materiales. Es evidente que si el legislador hubiera alcanzado la solución perfecta con la introducción de este valor de referencia en estos tributos no habría motivos ni necesidad de impugnarlo, pero ello no es así y existen algunas razones para rechazar en determinados casos la aplicación del valor de referencia a través de un complejo procedimiento de impugnación que puede hacer en ocasiones que algunos contribuyentes desistan de ello.

Creemos que es urgente que se apruebe un desarrollo normativo que precise de forma más concreta los mínimos aspectos regulados por la ley en materia del valor de referencia (DA 3ª y DF 9ª TRLCI) para no depender de los criterios que los órganos del catastro entienden adecuados aplicando los preceptos referidos al valor catastral. Solo así se solventarían las dudas que se plantean en relación con los principios constitucionales de justicia tributaria y de reserva de ley. Sin este desarrollo normativo es probable que sean los tribunales los que, cuando resuelvan los recursos que les planteen los obligados tributarios, concreten esos criterios y quién sabe, si al cabo de cierto tiempo, vuelvan a propiciar una nueva reforma de esta regulación[49].

3.1. LIMITACIONES EN LA IMPUGNACIÓN DEL VALOR DE REFERENCIA

Tal y como establecen los artículos 9.4 LISD y 10.3 TRITPAJD, "el valor de referencia solo se podrá impugnar cuando se recurra la liquidación que en su caso realice la Administración tributaria o con ocasión de la solicitud de rectificación de la autoliquidación, conforme a los procedimientos regulados en la Ley 58/2003, de 17 de diciembre, General Tributaria"[50]. Ello es consecuencia de su configuración legal como

49 Véase al respecto el análisis de las Resoluciones del TEAC de 21 de diciembre de 2022 (Sala cuarta, procedimiento: 00-08964-2021; procedimiento: 00-08965-2021; procedimiento 00-08967-2021; procedimiento 00-08968-2021) realizadas por Del Blanco García (2024). ob. cit., pp. 187-191. En ellas, el órgano administrativo, como es lógico desestima las reclamaciones planteadas en el asunto, ya que utilizaban como base de las alegaciones las principales críticas planteadas por la doctrina a las que hemos hecho referencia en estas páginas. Actualmente las resoluciones del TEAC han sido objeto de impugnación ante la Audiencia Nacional, por lo que habrá que esperar a que pasen unos años para ver en qué sentido resuelven los tribunales.

50 Varona Alabern entiende que el hecho de que no se permita la impugnación del valor de referencia cuando se publican los valores de referencia no causa indefensión, porque el impacto que presenta la mera publicación de aquellos valores en la esfera jurídica del titular del inmueble es mínimo. De hecho, si se admitiera la impugnación en ese momento no se derivaría un efecto

una auténtica regla de valoración que no admite un procedimiento de comprobación de valores y determina que el principal motivo para la impugnación del valor de referencia consista en acreditar que la Administración ha incumplido las reglas legalmente establecidas para su determinación, lo cual supone la inversión de la carga de la prueba en el contribuyente que tendrá que soportar los costes económicos que ello conlleva e intentar acreditar el verdadero valor de mercado de los bienes, probando ante los tribunales la ilegalidad del acto impugnado.

En efecto el hecho de que el valor de referencia se determine de forma objetiva y con el límite del valor de mercado a partir de los datos obrantes en el Catastro (Disp. Final 3° TRLCI) va a suponer que los principales motivos que permitirán impugnar el citado valor de referencia se puedan resumir en estos tres, tal y como señalan Marín-Barnuevo y Herrero de Egaña: considerar que no se determinó de forma objetiva, que supera el valor de mercado o que se cuantificó sin tomar en consideración los datos obrantes en el Catastro[51]. De estos tres, el que más posibilidades tiene de prosperar quizá sea el segundo de los motivos indicados, puesto que sería muy difícil acreditar que el valor de referencia no se determinó de forma objetiva o se hizo sin tomar en consideración los datos del Catastro, al menos hasta que no exista un desarrollo normativo específico para el valor de referencia que concretara esos datos y permitiera impugnar los actos generales de determinación del valor de referencia[52].

---

positivo o negativo suficientemente preciso como para reconocer la existencia de un interés legítimo. Téngase en cuenta que aquella publicación no da vida a ningún tipo de obligación ex lege; y si en el ámbito privado las partes quieren otorgarle cierta relevancia (p.e., a efectos de fijar el precio de un inmueble en una compraventa), su eficacia procederá exclusivamente de la voluntad de los sujetos implicados, que libremente pueden tenerlo en cuenta o prescindir absolutamente de él. (Vid. "Análisis constitucional...", cit. 2022.)

51 En este punto es importante destacar que según el artículo 13.2 TRLCI son los titulares de los derechos a que se refiere el artículo 9 los que están sujetos a la obligación de "formalizar las declaraciones conducentes a la incorporación en el Catastro Inmobiliario de los inmuebles y de sus alteraciones, excepto en los supuestos de comunicación previstos en este Capítulo. Asimismo, están obligados a colaborar con el Catastro Inmobiliario suministrándole cuanta información resulte precisa para su gestión, bien sea con carácter general, bien a requerimiento de los órganos competentes de aquel conforme a lo reglamentariamente establecido. Cuando fueran varios los obligados a declarar un mismo hecho, acto o negocio, cumplida la obligación por uno, se entenderá cumplida por todos"

52 Vid. Marín-Barnuevo y Herrero de Egaña (2021), pp. 34 y ss. indican una serie de cuestiones que afectarían a la impugnación de los actos generales de determinación del valor de referencia que se contienen en la regulación básica del procedimiento de determinación del valor de referencia, y así se alude a: el *informe anual del mercado inmobiliario* que carece de la necesaria regulación jurídica en una disposición general susceptible de control judicial, pues una Circular no es una disposición normativa de general aplicación, sino una instrucción interna; la *orden ministerial que establece el límite del valor de mercado,* y aprueba el factor de minoración, la dificultad

Como señala Varona Alabern[53], es necesario que el contribuyente pueda conocer "el itinerario argumental que ha seguido el Catastro para calcular el valor de referencia, lo que exige explicitar los datos, coeficientes y demás elementos necesarios" para tener la base suficiente para poder impugnarlo y a nuestro juicio, hasta ahora la regulación es demasiado parca y escueta.

A estos tres supuestos, habría que añadir aquellos casos en los que la Administración se hubiera basado en datos erróneos del inmueble para determinar el valor de referencia (localización, superficie...), respecto de los que el contribuyente podría impulsar un procedimiento de rectificación de errores, cuando el dato sea claro y evidente y diera lugar a un error material, aritmético o, de hecho. Cabría también la posibilidad de que el Catastro ignorase determinados elementos del inmueble relevantes para su correcta valoración, pues pese a la obligación por parte del contribuyente de declarar las modificaciones en relación con los datos del inmueble, este no lo hubiera hecho[54]. En estos casos, el Catastro podría admitir ese dato desconocido e introducirlo en sus algoritmos

---

sería constatar que el factor de minoración no es el más adecuado para que todos los inmuebles no superen el valor de mercado; la *Resolución DGC que establece los elementos determinantes del valor de referencia,* que debe estar suficientemente motivada, aunque nada dice la Ley, para que el contribuyente pueda impugnarla como acto administrativo que es; el *valor de referencia de cada inmueble se publican por un anuncio informativo* que no puede ser impugnados hasta que se utilicen en la liquidación de los ISD e ITPAJD, lo cual pudiera ser también cuestionable; *la vigencia anual de los valores de referencia* puede plantear dudas respecto a su fiabilidad cuando se alejan en el tiempo de los datos tomados en consideración para determinar ese valor, o en el caso de que un año no se aprobasen surgen dudas sobre una posible prórroga sobre la que nada se prevé en la parca normativa aprobada hasta la fecha que, sigue teniendo carácter transitorio al menos hasta que se produzca el desarrollo reglamentario de la misma (vid. DT 9ª y DF 3ª TRLCI)

53 Vid. (2022). *El valor de referencia...*, cit. pp. 63-65.

54 Un ejemplo podría ser el hecho de que la vivienda estuviera ocupada por terceros de forma ilegal, que debidamente acreditado debería servir para corregir el citado valor de referencia, alude también a este caso Sánchez Pino (2023, cit.). Al respecto hemos de señalar que la Consulta de la DGT V2716-20, de 4 de septiembre, aunque no referida al valor de referencia, entiende que "aunque el hecho de que un inmueble se encuentre ilegalmente ocupado no altera el concepto jurídico que constituye la base imponible del impuesto; sin embargo, es razonable suponer que su cuantificación se vea afectada por el estado de hecho y de derecho del inmueble". Al respecto hay que indicar que la Resolución de 25 de octubre de 2023, de la Dirección General del Catastro, sobre elementos precisos para la determinación de los valores de referencia de los bienes inmuebles urbanos del ejercicio 2024, prevé en su disposición segunda entre las situaciones que pueden implicar que un inmueble no tenga asignado un valor de referencia: "cuando se trate de bienes inmuebles de uso residencial, en los que no exista régimen legal que regule la relación entre propietario y ocupante (cuando ambos no sean coincidentes), y esto impida la libre disposición del inmueble por parte del propietario".

modificando el valor de referencia, aunque en ocasiones puede ser que considere que carece de los medios necesarios para valorar convenientemente el inmueble, y entienda que no puede certificar dicho valor, lo que daría lugar a que el inmueble se valorara por el valor de mercado, admitiendo en eses supuesto la posibilidad de iniciar un procedimiento de comprobación de valores.

En cuanto a los mecanismos para impugnar las liquidaciones que utilizan este valor de referencia, se prevén tres alternativas posibles: recurso de reposición o reclamación económico-administrativa en los casos en los que el contribuyente declare aplicando el valor de referencia, o bien a través de la rectificación de autoliquidaciones (arts. 9.5 LISD y 10.4 TRITPAJD). En dichos preceptos se contienen ciertas especialidades que debieran precisarse en el desarrollo normativo que en un futuro se apruebe.

Nos referimos, por ejemplo, a las circunstancias que rodean al informe que tiene que emitir la DGC para resolver tanto el recurso de reposición como la reclamación económico-administrativa[55]; al establecimiento del plazo del mes para resolver el recurso de reposición que nos parece absolutamente inviable por su brevedad para que la Administración tributaria pueda cumplir todos los trámites que le puedan permitir emitir la resolución final; o a las dudas que podría plantear este procedimiento respecto a una posible alteración de las competencias reconocidas al Estado y a las Comunidades Autónomas en la gestión con los tributos cedidos, pues la reforma en materia del recurso de reposición que obliga a resolverlo en el sentido marcado por el informe elaborado por la Dirección General del Catastro podría contravenir lo dispuesto en los Estatutos de Autonomía y cercenar las competencias reconocidas a las Comunidades Autónomas en el ámbito de la gestión de los tributos cedidos.

3.2. LA APLICACIÓN DE LOS PRINCIPIOS DE CAPACIDAD ECONÓMICA Y RESERVA DE LEY EN LA DEFINICIÓN DEL VALOR DE REFERENCIA COMO BASE IMPONIBLE EN EL ITPAJD E ISD

La regulación del valor de referencia por remisión a las DF 3ª y DT 9ª del TRLCI, su falta de desarrollo reglamentario y su concreción por normas de menor rango y actos administrativos nos parece que es una clara muestra de la poca atención que el legislador ha prestado a las exigencias que derivan de los principios de capacidad económica y reserva de ley, olvidando el papel que el valor de referencia juega en la determinación de la base imponible en el ITPAJD e ISD (arts. 31.3 y 133 CE, art. 8.a) LGT)[56].

---

[55] Vid. Varona Alabern (2022). *El valor de referencia...* cit., pp. 56-57. Marín-Barnuevo y Herrero de Egaña (2021). *La impugnación...*, pp. 38 y 39.

[56] Se refieren a esta cuestión: Varona Alabern (2022). *El valor de referencia...*, cit., pp. 76 y ss.; Marín-Barnuevo y Herrero de Egaña, (2021). ob. cit., pp. 21 y ss.; Ruíz Garijo, (2022). *Causas*

Puesto que el valor de referencia es un método objetivo e indiciario que sirve para definir la base imponible en las transmisiones de inmuebles en los citados impuestos, conviene vigilar que su regulación técnica y jurídica realmente sirva para medir correctamente la capacidad económica del obligado tributario, porque si esto no fuera así se incumpliría la exigencia del artículo 31.1 CE y cabría plantearse su eliminación, lo que podría suponer la recuperación del valor de mercado y del procedimiento de comprobación de valores en estos casos. El hecho de que el valor de referencia pueda ser impugnado por el contribuyente no legitima ni garantiza la bondad del nuevo sistema, por lo que habrá que prestar debida atención a la normativa reguladora del valor de referencia y determinar si con ella se cumple o no esa correcta medición de la base imponible, pues en caso negativo se podría estar gravando una riqueza inexistente o sensiblemente inferior al valor de mercado de los inmuebles, por mucho que mediante el factor de minoración se quiera evitar que esto se produzca.

Compartimos la opinión de aquellos que consideran que no se puede afirmar a priori que la identificación de la base imponible con el valor de referencia en las transacciones inmobiliarias constituya una vulneración del principio de capacidad económica[57]. En nuestro sistema existen tributos que utilizan otros valores objetivos para determinar la base imponible y ello no vulnera el principio de capacidad económica, si bien es cierto que en otros casos existe una regulación más precisa (p. e. valor catastral) si se compara con las normas que definen el valor de referencia que se limitan a señalar que este debe situarse por debajo del valor de mercado sin definir los parámetros que garantizarían esta obligación (DF 3ª TRLCI)[58].

La STC 182/2021, de 26 de octubre (ECLI:ES:TC:2021:182) establece la doctrina del Alto Tribunal en relación con el principio de capacidad económica mostrándose más exigente respecto de la viabilidad de esta clase de métodos indiciarios para

determinantes de judicialización..., cit., pp. 280 y ss.

57 Vid. Marín-Barnuevo y Herrero de Egaña (2022). "Impugnación del valor de referencia, cit., p. 33; Sánchez Pino (2023). cit.; Varona Alabern (2022). *El valor de referencia...*, cit., pp. 69 y ss. Otros autores se muestran algo más críticos: Arana Landín (2021). "Aviso a navegantes: sobre la posible inconstitucionalidad del Impuesto sobre Sucesiones y Donaciones, el Impuesto sobre el Patrimonio y el Impuesto sobre Transmisiones patrimoniales y Actos Jurídicos Documentados", *Tributos Locales*, núm. 154/2022.Ob. cit., p. 20; Ruíz Garijo (2022). "Causas determinantes...", cit., p. 281.

58 En el caso del valor catastral, las reglas de determinación son públicas y aparecen recogidas en el Real Decreto 1020/1993, de 25 de junio, por el que se aprueban las normas técnicas de valoración y el cuadro marco de valores del suelo y de las construcciones para determinar el valor catastral de los bienes inmuebles de naturaleza urbana. De esta forma los administrados y los propios jueces pueden comprobar la aptitud de estas reglas para calcular el valor de los inmuebles. En el caso del valor de referencia son normas desconocidas, por lo que no resulta fácil determinar si son aptas o no para determinar la base imponible en estos impuestos que comentamos.

determinar la base imponible que lo que venía exigiendo en sentencias anteriores[59], concluyendo que el principio de capacidad económica no solo es fundamento y medida de la imposición de los tributos, sino que es exigible en cada tributo en particular, especialmente en el caso de los impuestos, de modo que la proporción de la contribución que cada individuo deba realizar al sostenimiento de los gastos públicos se determine también en atención a su capacidad económica. Es cierto, que este principio puede operar con distinta intensidad en determinados casos, pero este alejamiento de la realidad económica no puede ser arbitrario "sino que exige una justificación objetiva y razonable; justificación que debe ser más sólida cuanto más se aleje de la realidad el método objetivo elegido normativamente" (FJ 5.B).

Y, continúa señalando que, aunque el legislador es libre para elegir entre opciones diversas en qué forma quiere medir esa capacidad económica, solo serán válidas aquellas fórmulas que permitan medir correctamente la capacidad económica en un determinado tributo, por lo que surgen dudas sobre si el valor de referencia es técnicamente capaz de medir de forma adecuada la capacidad económica del contribuyente, sobre todo si trasladamos la doctrina del TC en relación con la plusvalía según la cual "el mantenimiento del actual sistema objetivo y obligatorio de determinación de la base imponible, por ser ajeno a la realidad del mercado inmobiliario y de la crisis económica y, por tanto, al margen de la capacidad económica gravada por el impuesto y demostrada por el contribuyente, vulnera el principio de capacidad económica como criterio de imposición" (STC 182/2021 de 26 de octubre (*Tol 8641521*)).

Aunque la implantación del valor de referencia en el ITPAJD e ISD pueda encontrar justificación en la finalidad de reducir el fraude fiscal inmobiliario y en lograr una mayor simplificación de la gestión tributaria, el legislador debe garantizar en todo momento que el valor de referencia se aproxime verdaderamente al valor de mercado de cada inmueble situándose siempre por debajo de él. El valor de referencia debe tener como referencia siempre el mercado, siendo una estimación a la baja y no al alza de este, determinado a través de un procedimiento adecuadamente regulado, transparente y comprensible que evite margen de discrecionalidad por parte de la DGC que, en

---

59 Cfr. STC 11 de mayo 2017 (ECLI:ES:TC:2017:59) (*Tol 6092482*) y 31 de octubre de 2019 (ECLI:ES:TC:2019:126) (*Tol 7587398*), en la que se recoge la postura del TC anterior al cambio de criterio de 2021, entendiendo este principio de capacidad económica como fundamento de imposición de todos los tributos, pero criterio y medida de la imposición solo del sistema tributario en su conjunto y en los impuestos más relevantes de muestro sistema. Es probable que, de no haberse producido el cambio de criterio respecto de impuestos menos relevantes, como sería el caso del ITPAJD y del ISD, aquel principio constitucional no sería criterio o parámetro de imposición lo que hubiera permitido al legislador actuar con mayor libertad para establecer el valor de referencia como base imponible en ellos, sin requerir su aplicación de especiales justificaciones.

ausencia de desarrollo normativo, es quien está imponiendo sus criterios a través de instrucciones y resoluciones que están adquiriendo un protagonismo que se aparta de su verdadera naturaleza jurídica y que no garantizan suficientemente el respeto de los principios de capacidad económica ni de reserva de ley[60].

Si nos atenemos a la regulación del valor de referencia en la DF 3ª TRLCI nos encontramos con que en ella se produce una remisión para la determinación de la base imponible a la Dirección General del Catastro a partir de instrumentos propios de dicho órgano administrativo[61], sin fijar unas reglas básicas de actuación. Podríamos afirmar que estamos ante una remisión en blanco a las determinaciones de un órgano administrativo, lo que a nuestro juicio constituye un claro y grave incumplimiento del principio de reserva de ley pudiendo incidir en la capacidad económica del contribuyente si los datos que se toman en cuenta están sesgados o no responden a la realidad del mercado inmobiliario pues ya sabemos que se prescinde de la comprobación de las características singulares de los bienes inmuebles. Esto se hace aún más patente si se compara esta DF 3ª TRLCI con el artículo 23.1 TRLCI mucho más preciso al regular los criterios que deben regir la determinación del valor catastral, por lo que se requeriría una mayor precisión en la DF 3ª y un adecuado desarrollo normativo al respecto[62].

Esto es aún más evidente cuando se constata que, entre la parca normativa legal y la decisión del órgano administrativo no existe aún una normativa que regule expresamente los dos instrumentos que tienen que servir para la determinación del valor de referencia puesto que la genérica remisión a lo dispuesto en la normativa reguladora del

60 El Tribunal Constitucional se ha referido a estas cuestiones en múltiples ocasiones para concretar los diferentes aspectos del principio de reserva de ley, admitiendo en relación con la base imponible que "algunos de los elementos configuradores de la base" —no todos— pueden quedar determinados en normas reglamentarias, pero en ningún caso permite que el legislador ceda completamente de su función y permite que la normativa reglamentaria la total definición del elemento esencial del tributo. Cfr. en relación con el significado y fundamento de la reserva de ley (STC 83/1984, de 24 de julio (*Tol 79372*)), el alcance respecto a la creación de los tributos y determinación de los elementos esenciales (STC 6/1983, de 4 de febrero (*Tol 79174*); STC 83/1984, de 14 de julio (*Tol 79372*); STC 179/1985 (*Tol 100383*); STC 19/1987, de 17 de febrero (*Tol 79728*); STC 221/1992 de 11 de diciembre (*Tol 110155*); STC 102/2005, de 26 de abril) (*Tol 636315*).

61 Vid. Circular de la Dirección General del Catastro de 4.01/2021, de 9 de septiembre, sobre el valor de referencia de los bienes inmuebles (http://www.catastro.minhap.gob.es/documentos/04012021.pdf) Entre otras cuestiones referidas al informe anual se precisa que "resume la observación y análisis que realiza la Dirección General del Catastro sobre los precios comunicados por los fedatarios públicos" y constituye "la base de la determinación de los diferentes módulos de valor medio asignados a los productos inmobiliarios representativos para cada uno de los ámbitos definidos en el mapa de valores".

62 Varona Alabern (2022). *El valor de referencia...*, cit., p. 78.

valor catastral tampoco puede considerarse suficiente para satisfacer esas exigencias de los principios de capacidad económica y reserva de ley. En primer lugar, porque no se ha aprobado una norma jurídica que regule el contenido, formación y estructura del Informe anual del mercado inmobiliario, ya que las circulares del Catastro no son normas jurídicas sino instrucciones internas dirigidas por la Dirección General del Catastro a los órganos inferiores[63]. En segundo lugar, porque no existe normativa alguna que determine los criterios a los que debe ajustarse la resolución de la Dirección General del Catastro en materia de bienes inmuebles rústicos y en materia de bienes inmuebles urbanos, y la normativa que se está aplicando no es tampoco suficiente al ser la prevista para la determinación de un valor distinto como es el valor catastral[64].

Otra cuestión que merece ser destacada y que supone una invasión al ámbito de actuación reservado a las disposiciones de carácter general, es el hecho de que las Resoluciones de la Dirección General del Catastro ante la ausencia de desarrollo normativo, se comportan como si se trataran de disposiciones generales y pese a tener carácter de acto administrativo contienen aspectos que innovan el ordenamiento jurídico apartándose de la normativa vigente, creando categorías y conceptos nuevos que modifican la normativa existente y que no cumplen con lo dispuesto en la DT 9ª TRLCI que al establecer el régimen transitorio para la determinación del valor de referencia de cada inmueble, prevé que "los criterios y reglas de cálculo se ajustarán a lo previsto en las normas técnicas de valoración y cuadro marco de valores del suelo y de las construcciones para determinar el valor catastral de los bienes inmuebles de naturaleza urbana".

Buen ejemplo de ello es que las citadas Resoluciones establecen los supuestos en los que no existirá valor de referencia, crean coeficientes correctores nuevos (como el "estado de vida" del inmueble), y regulan solo una parte de los coeficientes correctores del valor del suelo omitiendo otros, lo cual incide directamente en la medición de la capacidad económica que se pretende gravar. Por ejemplo, omiten aspectos como: parcelas con varias fachadas a la vía pública, longitud de la fachada, forma irregular del inmue-

---

63 Echamos en falta una adecuada regulación sobre cuál deba ser la información utilizada como base del informe anual del mercado inmobiliario que podría parecer que es insuficiente, puesto que toma en consideración un número de compraventas que representan un porcentaje mínimo del total de inmuebles existentes en nuestro país que no parece que sea muy representativa; tampoco se especifican los datos técnicos que determinan cuando la muestra del mercado es suficientemente representativa y cuál es el mínimo número de comparables que deben tenerse en cuenta para poder determinar el valor de referencia de un inmueble; ni siquiera el carácter anual queda claro, pues se tienen en cuenta compraventas realizadas en un periodo de tiempo superior al año, concretamente las realizadas en los dos años anteriores, con lo que de alguna manera hay que creerse que lo que se señala en el citado informe anual es respetuoso con el citado principio de capacidad económica.

64 Marín-Barnuevo y Herrero de Egaña (2021). cit., pp. 22 y ss.

ble, inedificabilidad temporal, afección a suelos destinados a viviendas de protección oficial, calificación del bien como "bien de interés cultural" o "patrimonio histórico artístico", existencia de un arrendatario con contrato de larga duración, existencia de un vecino molesto que perturbe el uso normal y pacífico de la vivienda (por ejemplo, una discoteca o un bar nocturno con mucha animación, o un establecimiento que genera malos olores), o que el inmueble haya sido objeto de una reforma integral o esté pendiente de reforma.

Por último, creemos que también plantea un serio problema de deslegalización la aprobación del factor de referencia por una Orden ministerial, sin que se precisen en la ley algunos parámetros al respecto que permitan garantizar que la decisión de establecer dicho factor de minoración en un 0,9 o en otra cuantía distinta, no depende de la discrecionalidad de un ministro, pues no olvidemos que este coeficiente es fundamental al incidir directa y sustancialmente en la determinación del valor de referencia y su vinculación con el valor de mercado.

Por todo lo expuesto, consideramos que sería necesario introducir mejoras en los preceptos legales que se refieren a este valor y aprobar sin más demora su desarrollo normativo. Así se garantizaría que, ante la imposibilidad de atender a las concretas y reales circunstancias físicas y jurídicas de cada inmueble, la opción por un sistema de estimación objetiva de valoración masiva y generalizada de bienes inmuebles, permite gravar una capacidad económica existente y adecuadamente cuantificada, evitando que el verdadero valor de la transacción o el valor de mercado del inmueble esté por debajo del valor de referencia y el contribuyente se vea obligado a su impugnación con la carga que ello conlleva. En ausencia de esa regulación habrá que esperar a que los Tribunales se vayan pronunciando al respecto, y quién sabe si no volveremos en breve al denostado "valor de mercado" con las consiguientes comprobaciones de valores que tan poco gustan a nuestra Administración[65].

Creemos que la simplificación del sistema ante la dificultad que supone realizar comprobaciones de valores por parte de la Administración para luchar contra actitudes fraudulentas o para lograr una más eficaz gestión de los recursos públicos, no es causa

---

65 A fecha de cierre de estas páginas tenemos noticia del trabajo de Del Blanco García, A., "Análisis de la situación actual del valor de referencia de los inmuebles y su impacto fiscal", Tributos Locales, (166/2024), pp. 169-193, en el que comenta varias Resoluciones del TEAC que desestiman las reclamaciones planteadas sobre los elementos precisos para la determinación de los valores de referencia tanto de bienes rústico y urbanos. En dichas resoluciones el TEAC valida la Resolución de la DGC, considerando que es plenamente legal y constitucional. Como señala el autor, que comparte alguno de los argumentos del TEAC, habrá que esperar a los futuros pronunciamientos de la Audiencia Nacional y previsiblemente del Tribunal Supremo, para constatar si existe o no algún problema de legalidad subyacente en la normativa reguladora del valor de referencia.

suficiente para que este valor de referencia sea el único método válido para determinar la base imponible en los impuestos señalados impidiendo consignar el valor de mercado cuando este sea inferior al valor de referencia. El legislador podría haber buscado otras soluciones tales como el establecimiento de valores orientativos que sirvan no como base imponible, sino como un valor mínimo que opcionalmente puede utilizar el contribuyente para determinar su base imponible en las transacciones inmobiliarias, dejando abierta la posibilidad de que si el bien inmueble objeto de la transmisión tiene un valor por debajo del valor de mercado se pueda iniciar un procedimiento de comprobación de valores. Ejemplos de ello serían: el "valor de referencia del mercado" que proponía el Consejo de Estado, el "valor mínimo atribuible" aplicado en Bizkaia[66] o la propuesta que realizó la AEDAF para la reforma del sistema tributario: "valor declarado ponderado"[67].

4. CONCLUSIONES

Los cambios introducidos en la regulación de los ITPAJD e ISD al imponer el "valor de referencia" objetivo y de carácter masivo como base imponible en las transmisiones de inmuebles, han venido a reducir el ámbito del denostado procedimiento de comprobación de valores que tantos problemas venía generando para la Administración sometida a los rigurosos requisitos que la jurisprudencia del Tribunal Supremo ha exigido en los últimos años. A partir de la entrada en vigor del citado valor de referencia, el contribuyente deberá determinar su obligación tributaria consignando el citado valor de referencia y posteriormente, si existe algún motivo de impugnación, proceder a ello asumiendo el coste que supone, ya que se ha invertido la carga de la prueba que ahora recaerá en el obligado tributario. Cuando los inmuebles tengan certificado un valor de referencia ya no se podrá iniciar un procedimiento de comprobación de valores, pues

66 Vid. Arana Landín, S. (2021). "Sobre las valoraciones objetivas de la base imponible de bienes inmuebles: propuesta para un cambio inesperado, pero extremadamente urgente y necesario", *Quincena Fiscal,* núm. 22/2021 (BIB 22\2021); Varona Alabern, J.E. y Latorre Pedret, F.J. (2002). "El llamado valor mínimo atribuible en la Diputación Foral de Bizkaia", *Revista del Catastro,* (44/2002); Barreiro Carril, M. C. (2023). "El valor de los bienes inmuebles y el procedimiento de comprobación de valores. Consideraciones en torno al valor de referencia", Revista *Forum Fiscal,* (302/2023).

67 Ver AEDAF (2021). Documento *Propuestas para una reforma legal,* AEDAF, Julio de 2021, en el que se planteaba un "valor declarado ponderado" que se calcularía aplicando la metodología del valor de referencia, sin ser tratarse de un valor impuesto obligatoriamente al contribuyente, sino que a título informativo serviría para informar a los contribuyentes del valor de referencia vigente para esa bien en una zona concreta de valor ante una concreta transacción.

se dejan de utilizar conceptos como "valor real" o "valor de mercado" que haya que concretar y comprobar.

En los casos en que los inmuebles no tengan asignado un valor de referencia es probable que se tenga que acudir al valor de mercado, estando legitimada la Administración para iniciar un procedimiento de comprobación de valores y el contribuyente para instar la tasación pericial contradictoria, siendo válida toda la jurisprudencia que existe al respecto.

Creemos que el éxito o no del valor de referencia pasará por una mejora en la escueta regulación existente hasta ahora, siendo urgente el desarrollo normativo que precise los aspectos que no quedan suficientemente claros, y que ya empiezan a plantear problemas[68]. No parece adecuado dejar que la concreción de esta parca normativa siga estando en manos de la DGC que establece sus criterios aplicando los preceptos referidos al valor catastral, extralimitándose en ocasiones de sus funciones, al precisar aspectos que no están reflejados en la citada normativa y que no benefician al contribuyente. Solo con una adecuada regulación de esta materia que evite errores en su aplicación y permita al contribuyente conocer el proceso de determinación del citado valor de referencia de forma clara y transparente, se evitarán las impugnaciones de este o si las hay, habrá argumentos sólidos para plantear recursos y determinar con garantías si, el valor de referencia responde a la realidad del mercado inmobiliario y a la capacidad económica que se pretende gravar.

De lo contrario tendremos que esperar a que sean los Tribunales los que resuelvan estos recursos estableciendo de nuevo exigencias sobre esta materia, y quien sabe si esto pudiera ser el detonante de una futura reforma que suponga la vuelta a una estimación directa basada en el valor de mercado de los bienes inmuebles con la consiguiente revitalización del procedimiento de comprobación de valores en las transacciones inmobiliarias en los ITPAJD y ISD.

---

68 Ya hay una primera evaluación de los efectos de la Ley contra el Fraude Fiscal, en el que se evalúa la incorporación del valor de referencia como nueva base imponible de los impuestos patrimoniales.https://www.hacienda.gob.es/Documentacion/Publico/GabineteMinistro/Varios/30-12-22-Informe-Evaluacion-intermedia-efectos-Ley-LuchaContraFraude.pdf (últ. consulta: 12 marzo 2024). Del Blanco García destaca dos aspectos interesantes: por un lado, las críticas realizadas por los expertos fiscales en relación con el hecho de que este método de cálculo genera una "subida impositiva, falta de singularidad y de consideración de factores inmobiliarios en las valoraciones, falta de claridad en su proceso de formación, posible gravamen de riqueza inexistente", y por otro, la tendencia decreciente del número de reclamaciones. Por ello creemos, que sigue existiendo un margen de mejora en esta regulación.

5. REFERENCIAS BIBLIOGRÁFICAS

Álvarez Martínez, J. (2020). *La tasación pericial contradictoria; cuestiones generales y aspectos sustantivos.* Reus.

Arana Landín, S. (2022). "Aviso a navegantes: sobre la posible inconstitucionalidad del Impuesto sobre Sucesiones y Donaciones, el Impuesto sobre el Patrimonio y el Impuesto sobre Transmisiones patrimoniales y Actos Jurídicos Documentados", *Tributos Locales*, (154).

Barreiro Carril, M. C. (2023). "El valor de los bienes inmuebles y el procedimiento de comprobación de valores. Consideraciones en torno al valor de referencia", Revista *Forum Fiscal*, (302).

Calvo Vergez, J. (2022). ¿Servirá el nuevo concepto de "valor de referencia" para poner fin a la tradicional litigiosidad que afecta a las comprobaciones de valores?", *Quincena Fiscal*, (4).

Comisión de Expertos, (2017). *Informe de la Comisión de Expertos para la reforma del sistema de financiación autonómica de 2017,* Ministerio de Hacienda y Función Pública.

Comité de Personas Expertas, (2022). *Libro Blanco sobre la Reforma Tributaria,* Instituto de Estudios Fiscales, Ministerio de Hacienda y Función Pública.

Del Blanco García, A., "Análisis de la situación actual del valor de referencia de los inmuebles y su impacto fiscal", *Tributos Locales,* (166/2024), pp. 169-193.

Eseverri Martínez, E. (2023). "Antes de comprobar hay que justificar la necesidad de hacerlo: STS de 23 de enero de 2023, Rec. Núm. 1381/2021", *Revista Técnica Tributaria,* (141).

Espejo Poyato, I. (1990). "¿Es posible un valor unitario? La valoración de inmuebles en el Derecho tributario español", *Crónica tributaria: Catastro,* (5).

Falcón y Tella, R. (2018). "Valor real y comprobación por aplicación de coeficientes a los valores catastrales: STS de 23 de mayo de 2018", *Quincena Fiscal,* núm. 15/2018 (BIB 2018\11881).

García Moncó, A. (2022). "Los valores de referencia ¿con referencia a qué? El problema de la comprobación y la base imponible de los Impuestos de Sucesiones, Donaciones y Transmisiones", en *Comentarios a la Ley 11/2021, de 9 de julio, de medidas de prevención y lucha contra el fraude fiscal,* (Dirs.) Chico de la Cámara/Galán Ruíz, Thomson Reuters.

García Ovies, I. (2023). "La STS 184/2023, de 23 de enero (rec. 1381/2021): un paso más en la exigencia de motivación en la comprobación de valores", *AEDAF, Grupo de Expertos en Haciendas Locales y Catastro,* (febrero/2023).

González González, A.I. (2022). "Comprobación de valores y valor de referencia de bienes inmuebles. consecuencias de la ley de medidas de prevención y lucha contra el fraude fiscal", Civitas, *Revista española de Derecho Financiero,* num.195 (BIB 2022\2980).

Lagares, M. y AA.VV. (2014). *Informe de la Comisión de Expertos para la reforma del sistema tributaria español del 2014,* Ministerio de Hacienda y Función Pública.

Lasarte López, R. (2021). "La nueva configuración legal de la base imponible en los impuestos patrimoniales. El valor de referencia", *Tributos Locales,* (153).

Malvárez Pascual, L.A. (2021). "Comentarios al Proyecto de Ley de Medidas de Prevención y Lucha contra el Fraude Fiscal" (I), *Quincena Fiscal,* (3/2021).

Marín-Barnuevo Fabo, D. y Herrero De Egaña Espinosa De Los Monteros, J. M. (2021). "La impugnación del valor de referencia", *Revista Técnica Tributaria,* (134).

Martín Rodríguez, J. M. (2017). "El empleo de los coeficientes multiplicadores como método de comprobación de valores. Análisis de las SSTS 1358/2017 y 1361/2017 de 6 de abril", *Nueva Fiscalidad*, (2/2017).

Martín Rodríguez, J. M. (2018). "El medio de comprobación a partir del valor catastral y los coeficientes multiplicadores no puede emplearse para comprobar el valor real de los inmuebles. Análisis de las STS 1051/2018, de 19 de junio de 2018", *Nueva Fiscalidad*, (3/2018).

Marzo Fernández, L. (2023). "Motivación en la comunicación de inicio de procedimiento de comprobación de valores: Comentario a la STS 75/2023, de 23 de enero, Rec. 1381/2021, AEDAF, Grupo de Expertos en Impuestos indirectos, (abril/2023).

Máximo Juárez, J. (2022). "Informe Fiscal Julio 2022. El «valor de referencia» a los seis meses de su entrada en vigor", entrada en *Blog Notarios y Registradores*, 2 agosto 2022.

Palao Taboada, C. (2018). "Los métodos indiciarios de valoración tras las sentencias del Tribunal Supremo de 23 de mayo de 2018", Estudio Jurisprudencial, *Revista Técnica Tributaria*, (124).

Patón García, G. (2021). "Causas y posibles efectos de la dualidad en la valoración de inmuebles: ¿es el valor de referencia la solución?", Civitas, *Revista española de Derecho Financiero*, (190).

Pérez-Fadón Martínez, J. J. (2021). "Impuesto sobre Sucesiones y Donaciones e Impuesto sobre Transmisiones Patrimoniales y Actos Jurídicos Documentados. Jurisprudencia reciente sobre el valor real y la comprobación de valores. Sentencia nº 39/2021, de 21 de enero, del Tribunal Supremo, Sala de lo Contencioso-Administrativo, Sección Segunda y Sentencia nº 199/2020, de 31 de enero, del Tribunal Superior de Justicia de la Comunidad Valenciana", *Carta tributaria. Revista de opinión*, (74).

Pérez-Fadón Martínez, J. J. (2023). "Doctrina sobre comprobación de valores de inmuebles", *Carta Tributaria*, (95).

Puyal Sanz, P. (2018). "El Catastro como instrumento de lucha contra el fraude inmobiliario: el valor de referencia de mercado", *Crónica Tributaria*, (169).

Ramos Prieto, J. (2020). "El Impuesto sobre Transmisiones Patrimoniales y Actos Jurídicos Documentados: una reforma necesaria", en *Reformas recientes y pendientes del sistema tributario español.* Directora: Eva Cordero González. Aranzadi, Thomson Reuters.

Rodríguez Márquez, J. (2023). "Sobre la retroacción de actuaciones en los procedimientos de inspección, tras una comprobación de valores anulada por vicio de forma", *Blog Taxlandia*, entrada 16 de mayo de 2023.

Rozas Valdés, J. A. (2021). "El valor de referencia desde la jurisprudencia del Tribunal Supremo" *Revista Técnica Tributaria*, (134).

Rozas Valdés, J. A. (2021). "¿Un valor tributario unitario"? *Fiscal Blog BITplus* (255), publicado 25 abril 2021.

Ruíz Garijo, M. (2022). "El valor de referencia en el Impuesto sobre el Patrimonio", en *Comentarios a la Ley 11/2021, de 9 de julio de medidas de prevención y lucha contra el fraude fiscal,* Chico de la Cámara, P. Y Galán Ruiz, J., Thomson Reuters Aranzadi (dirs.).

Ruíz Garijo, M. (2022). "Causas determinantes de la judicialización de los valores de referencia establecidos en la Ley 11/2021, de medidas de lucha y prevención contra el fraude fiscal", *Tributos Locales,* (156).

Salcedo Benavente, J. M. (2023): "Una lectura entre líneas de la STS de 23-1-2023 sobre comprobación de valores... ¿Afecta también al valor de referencia de Catastro?", *Comentarios/en Blog HAY DERECHO*, 15 de febrero de 2023.

Sánchez Pedroche, J. A., (2021). "Comentarios a la nueva Ley de represión del/ fraude fiscal". *Revista de Contabilidad y Tributación, CEF,* (461-462), agosto-septiembre 2021.

Sánchez Pino, A.J. (2023). "El valor de referencia: ¿medida de prevención y lucha contra el fraude fiscal?, en *Estudios sobre la prevención y lucha contra el fraude fiscal. Homenaje al Dr. D. Alejandro Menéndez Moreno,* (Dir.) Corcuera Torres, A., Aranzadi, pp. 895-918.

Toribio Bernárdez, Leonor (2017). "Comprobación de valores e índices aprobados por las comunidades autónomas. Una distorsión formalizada del concepto legal de base imponible". *La delimitación de los elementos esenciales del tributo ante el impacto de las reformas legales* / Florián García Berro (Dir.), Aranzadi.

Varona Alabern, J. E. (2022). *El valor de referencia y el valor comprobado por la Administración tributaria,* Thomson Reuters Aranzadi.

Varona Alabern, J. E. (2022). "Análisis constitucional e impugnación del valor de referencia", *Quincena Fiscal*, núm. 9/2022 (BIB 2022\1345)

Varona Alabern, J. E. (2021). "El valor comprobado por la Administración tributaria: crisis e incidencia en otros impuestos distintos". *Quincena Fiscal,* núm. 6/2021 (BIB 2021\1523).

Varona Alabern, J. E. (2021). "El valor de referencia y el valor catastral: su incidencia en el sistema impositivo español". *Tributos Locales,* (153).

Varona Alabern, J. E. y Latorre Pedret, F. J. (2002). "El llamado valor mínimo atribuible en la Diputación Foral de Bizkaia". *Revista del Catastro,* (44).

ALGUNAS REFLEXIONES SOBRE LA INTERVENCIÓN DE LA ADMINISTRACIÓN TRIBUTARIA EN LOS DERECHOS FUNDAMENTALES[1]

Francisco José Navarro Sanchís
Magistrado del Tribunal Supremo

---

1 Ponencia desarrollada por el autor en el Congreso titulado "20 + 40 años de la Ley General Tributaria: luces y sombras", celebrado en la Escuela de Práctica Jurídica de la Universidad Complutense de Madrid los días 14 y 15 de noviembre de 2023.

1. INTRODUCCIÓN

El comentario de la mencionada sentencia del Tribunal Supremo sirve de base para una reflexión más amplia que abarca diversos aspectos del problema que, en el asunto que allí se debatió, son de gran interés para una adecuada comprensión del problema, en cierta medida innovador, que involucra la percusión en diversos derechos fundamentales del contribuyente, con ocasión del copiado, precinto y utilización de datos contenidos en un dispositivo de almacenamiento de datos, sea en el curso de una entrada domiciliaria —donde junto al derecho fundamental a la inviolabilidad del domicilio, inequívocamente concernido, pueden quedar lesionados otros derechos— sea fuera de su ámbito, en cuyo caso esa protección decae claramente por falta de objeto al que dirigirse. De ahí que, cabría empezar por decir, no es un problema atinente al domicilio y su protección constitucional (art. 18.2 CE) el que debe examinarse a los fines de su protección, sino uno o varios distintos de él.

2. LOS HECHOS ENJUICIADOS EN LA REFERIDA SENTENCIA DEL TRIBUNAL SUPREMO

2.1. INCIDENCIA RELATIVA A LA OBTENCIÓN DE LA INFORMACIÓN CONTENIDA EN UN DISPOSITIVO ELECTRÓNICO Y ADOPCIÓN POR LA INSPECCIÓN DE MEDIDA CAUTELAR RESPECTIVA

La AEAT en Murcia inició un procedimiento inspector al recurrente, referido a varios impuestos y conceptos —IRPF, IP, declaración informativa de bienes en el extranjero, y también IS e IVA, en que actuaba en representación de personas jurídicas—.

El 30 de junio de 2020, en el curso de una de las comparecencias del comprobado a las oficinas de la Inspección tributaria, en el curso de un procedimiento de inspección cuyo inicio le había sido notificado el 16 de abril de 2018, esto es, que en la expresada fecha se encontraba bastante avanzado, los actuarios, considerando que no se había dado respuesta o se había realizado una aportación incompleta de la documentación requerida —no queda claramente establecido el fundamento—, le solicitaron al contribuyente, recurrente más adelante, que permitiera a la Unidad de Auditoría Informática interna realizar una copia del contenido albergado en el dispositivo portátil que llevaba consigo, el cual consultaba su propietario de forma frecuente en sus visitas a la inspección, para el examen de su información, de cuya actitud infirieron los funcionarios un contenido potencialmente relevante para la regularización emprendida.

Como quiera que el interesado no consintió la entrega del ordenador para cumplimentar la solicitud administrativa, los actuarios adoptaron ciertas medidas cautelares —amparadas pretendidamente en el artículo 146 LGT, bien con la copia de la información del ordenador, bien con su precinto—; y, de no permitirse la copia, se acordaba la incautación y precinto del ordenador, una vez autorizado por el juez.

La medida cautelar se materializó, finalmente, en la obtención de una copia completa de la información contenida en el equipo portátil en un disco duro y en su precinto, actuaciones que quedaron documentadas en la correspondiente diligencia.

2.2. ALEGACIONES Y RATIFICACIÓN DE LA MEDIDA CAUTELAR

Evacuado por el comprobado el trámite de alegaciones previsto en el artículo 181.5 del Real Decreto 1065/2007, de 27 de julio, Reglamento General de las actuaciones y los procedimientos de gestión e inspección tributaria de actuaciones (*Tol 1126658*), el Inspector Regional ratificó, el 13 de julio de 2020, la citada medida cautelar adoptada, conforme a lo establecido en el artículo 146.3 de la LGT.

Esas medidas no fueron notificadas al interesado con expresión de los recursos que frente a ellas fueran procedentes, con la indicación orientadora pertinente.

2.3. SOLICITUD DE AUTORIZACIÓN JUDICIAL PARA EL ACCESO Y COPIA DE LOS DATOS CON TRANSCENDENCIA TRIBUTARIA

El 14 de octubre de 2020, casi cinco meses después, la Inspección pide autorización judicial para el acceso y copia de los datos del disco duro precintado, que fue resuelta por el Juzgado n.º 5 de Murcia mediante auto de igual fecha, cuya parte dispositiva es del siguiente tenor[2]:

"AUTORIZO la solicitud de acceso y copia de los datos con transcendencia tributaria que se encuentren en el disco duro copiado del ordenador portátil de don...en el día y hora señalado para una vez realizadas las copias de trabajo pueda de nuevo precintarse la copia inicial en presencia del obligado tributario para garantizar su integridad y la preservación de la misma por si fuera necesaria posteriormente en caso de dictámenes periciales, fijando como plazo para la ejecución de tal apertura el período comprendido entre los días cuatro de noviembre de dos mil veinte y los siguientes que fueren estrictamente necesarios para la copia, volcado y discriminación del disco duro intervenido, con citación del interesado, solicitud que ha dado lugar a la incoación de la ED 378/2020".

---

2 La solicitud formulada al juez de lo contencioso-administrativo y la respuesta de este a través del auto autorizatorio de la "entrada" y la del órgano judicial *ad quem* que la ratificó en virtud de recurso de apelación parten de la errónea calificación de la medida solicitada como un caso de entrada en domicilio constitucionalmente protegido, frente a la aparente evidencia de las cosas.

2.4. RECURSO DE APELACIÓN CONTRA EL ANTERIOR AUTO

Contra el auto en que se autorizó la entrada en el contenido del dispositivo, el recurrente interpuso recurso de apelación, nº 36/2021, ante la Sala de lo contencioso-administrativo del Tribunal Superior de Murcia.

La sentencia confirma el auto impugnado, pronunciándose en los siguientes términos:

"PRIMERO.– [...] Llega a la convicción esta Sala de que la medida cautelar que da lugar a la posterior autorización de entrada se toma en un procedimiento inspector ya iniciado. Como señala la Abogacía del Estado, los hechos que dan lugar a la señalada medida son la sexta actuación documentada en el procedimiento inspector. Además, debe señalarse que, efectivamente, se tomaron las medidas necesarias para obtener la autorización de la copia del disco duro a la que, inicialmente, el apelante se opuso, lo cual justifica la procedencia de la medida. Dicha medida se llevó a cabo en su presencia, en fecha determinada y con acceso de la Inspección de Tributos.

La necesidad del acceso al mencionado disco duro deviene evidente por la propia conducta del demandante que, al ser citado por la inspección, llevó consigo un ordenador portátil que consultaba continuamente a los requerimientos de respuesta hechos por la inspección; lo que hacía necesario el acceso al disco duro, a lo que el apelante se negó; y por lo que resultó necesaria la autorización judicial. Aunque están detallados en el auto apelado los motivos por los que la inspección necesitaba la entrada en el disco duro referido, están delimitados también por la propia inspección, y el juez de instancia los tuvo en cuenta. Así, la imposibilidad de información sobre la sociedad Navis por otro medio que no fuera a través del obligado tributario, la dificultad de obtener información de fondos percibidos por el apelante de la sociedad Ansola Madrid Inmobiliaria, S.A., cuyo detalle está también en el auto recurrido, y, en fin, los correos electrónicos sobre cuentas de inversión facilitados por la entidad Morgan Stanley, cuya descripción está también en el auto y constan en las actuaciones.

Acertadamente dice el auto recurrido que el entorno digital constituye un lugar donde se puede desarrollar parte de la intimidad de los ciudadanos, lo cual es para esta Sala una evidencia. Y es original la afirmación que hace el auto de que ese "lugar" digital es asimilable al hogar o domicilio personal, advirtiéndonos la Abogacía del Estado que estamos ante la "garantía de la intimidad informática", lo que constituye la novedad de la necesidad de autorización judicial para la realización de copias de discos duros en orden a la obtención de copias de datos tributarios, insistiendo el AE en que el matiz de la autorización para adaptarse a la cuestión que nos ocupa "es indudable que va a crear jurisprudencia".

Y el dato esencial es la ***proporcionalidad*** *sobre la cual ya advierte el auto de instancia que la medida tiene el alcance que ya se ha señalado respecto de las eventuales pruebas, y que se adoptó "respetando escrupulosamente" el derecho a la intimidad del apelante "en* *tanto que ni se ha visualizado (sic) el contenido de lo copiado, ni se hará sin la autorización judicial correspondiente". Y abunda, aún más, el auto de instancia en la necesidad de que la referida autorización judicial garantice un juicio de proporcionalidad entre los derechos y deberes en juego, extremo en el que esta Sala muestra su acuerdo expreso con las consideraciones atinadas del auto al respecto, para lo que es imprescindible discriminar la información que tenga transcendencia tributaria, de manera que no quede vulnerado el art. 18 1 y 3 de la CE.*

SEGUNDO.– La resolución recurrida hace cita expresa de los arts. 91.2 de la LOPJ y 8.6 de la LJCA, cuyo texto reproduce para fundamentar su decisión; y se refiere especialmente a los requisitos que debe cumplir una petición de entrada inaudita parte, en este caso acceso y copia de datos con transcendencia tributaria que se encuentren en el disco duro copiado del ordenador del apelante. De manera que, una vez realizadas las copias de trabajo, pueda de nuevo precintarse la copia inicial en presencia del obligado tributario. Además, hace expresa mención de la Jurisprudencia al respecto del TS (S. 3286/2019) señalando que se trata de una excepción constitucional y legal del principio de autotutela administrativa en los términos de la señalada sentencia que el propio auto apelado recoge. Y hace, a continuación, un exacto resumen de los criterios del TC y del Tribunal Europeo de Derechos Humanos sobre la cuestión de la que ahora se trata, a cuya literalidad se remite esta sala.

Y basándose en la cita jurisprudencial, se refiere la resolución recurrida a que tanto la solicitud de la medida cautelar como el auto que la autoriza, deben ofrecer la garantía de que no hay otras medidas menos incisivas o coercitivas que afecten a un derecho fundamental para lograr la misma finalidad, concretando de esta manera el respeto al principio de subsidiariedad que impone la efectiva constatación de lo antedicho. Abunda, en relación con ese fin legítimo de la entrada en el domicilio, en la doctrina del Tribunal Europeo de Derechos Humanos, también detallada en el auto.

Estima la Sala que el armazón jurídico sobre el que se asienta el auto objeto de esta apelación es claro, exacto y suficiente; y cumple con los requisitos sentados por la jurisprudencia de la que hace extensa cita y amplia reproducción a la cual esta Sala se remite expresamente. Tiene razón la resolución apelada en el extremo de que, entre todos los requisitos expuestos, es especialmente relevante para la resolución de este litigio el de la necesidad de la entrada y registro, concluyendo, como lo hace esta Sala, que fue el único medio apto para obtener la finalidad legitima que la perseguía la Administración, como es la obtención de los datos que estaban allí en el disco duro tantas veces referido, que se juzgan como imprescindibles, que no pudieron obtenerse, por la actitud del apelante, por otro medio menos invasivo y que sirvieron para determinar la existencia del efectivo comportamiento ilícito del apelante en relación con el incumplimiento de las obligaciones tributarias que le incumben.

Estima la Sala, asimismo, que la resolución apelada hizo el triple juicio, ya aludido en esta sentencia, respecto a la observación del triple requisito que ha de producirse para otorgar la autorización de que se trata; es decir la ***idoneidad*** *de la medida, la* ***necesidad*** *de la misma y la estricta* ***proporcionalidad****. Todo ello se advierte en la propia literalidad de la parte dispositiva de la resolución apelada en la que se especifica día y hora señalados, el nuevo precintado de la copia inicial, la presencia del apelante... Cautelas todas que velan también por la aplicación del* ***principio de subsidiariedad*** *ya señalado, tras la adecuada constatación, como ya se ha dicho, de que para obtener la finalidad perseguida no había medidas de carácter menos coercitivo o incisivo. Explica el auto apelado que quedó probado que la medida cautelar (ex art. 146.1 LGT) es proporcional para el acceso a la información perseguida por la Administración tributaria, al no existir otra manera de hacerlo, pues se trataba de actuaciones en paraísos fiscales que no colaboran en el suministro de información necesaria por la negativa del apelante ante la previsibilidad de la información que acerca de su conducta se pudiera obtener; en este sentido se refiere el auto apelado a la "escasa colaboración del contribuyente". Considera el juez de instancia que la medida cautelar adoptada supone una intervención mínima en el ámbito de derechos del contribuyente; y así lo entiende esta Sala.*

Debe confirmarse asimismo la apreciación del auto recurrido respecto del plazo, pues se limita al mínimo posible para la necesaria intervención y siempre con citación del interesado.

En virtud de los razonamientos ofrecidos debe ser desestimado el recurso y confirmada en todos sus extremos la resolución apelada".

La sentencia indicada constituyó el objeto del recurso de casación que estudió y decidió la Sección Segunda de la Sala Tercera del Tribunal Supremo, que es objeto ahora de comentario.

3. LAS INTERROGANTES DEL AUTO DE ADMISIÓN

3.1. PARA DAR RESPUESTA A TALES HECHOS, EL AUTO DE ADMISIÓN PROPONE A LA SALA EL ESCLARECIMIENTO DE LAS SIGUIENTES CUESTIONES

"[...] Determinar si la doctrina legal sentada por la Sección Segunda de la Sala Tercera del Tribunal Supremo en relación con las exigencias de la autorización de acceso y entrada a domicilios constitucionalmente protegidos, es extensible a aquellas otras actuaciones administrativas que, sin constituir un acceso al domicilio constitucionalmente protegido, tengan por objeto el acceso y tratamiento de la información almacenada en dispositivos electrónicos (ordenadores, teléfonos móviles, tabletas, memorias, etc.) que pueda resultar protegida por los derechos fundamentales a la intimidad personal y familiar y al secreto de las comunicaciones.

En caso de responder afirmativamente a la primera cuestión, determinar si resulta compatible con la referida doctrina legal una autorización en la que se establece un plazo para el de acceso y copiado de los datos con transcendencia tributaria pero cuyo término final es incierto y se hace depender de la propia actuación administrativa.

Aclarar si el juzgado de lo contencioso-administrativo que autoriza el acceso a una información que resulta constitucionalmente protegida, ***debe efectuar un control a posteriori*** *de la actuación llevada a cabo por la Inspección en ejecución de su autorización, a fin de verificar que la misma se ha ejecutado en sus propios términos, precisando, en su caso, en qué consiste ese control y cómo se debe llevar a efecto [...]".*

3.2. LA SALA DE CASACIÓN EFECTÚA ALGUNAS CONSIDERACIONES PRELIMINARES QUE SON IMPORTANTES PARA LA ADECUADA FIJACIÓN DE LOS HECHOS, EN ORDEN A LA CORRECTA RESOLUCIÓN DEL RECURSO Y LA FIJACIÓN DE JURISPRUDENCIA, ANTES DE ACOMETER EL ESTUDIO DE LAS CUESTIONES ACOTADAS COMO DE INTERÉS CASACIONAL PARA FORMAR JURISPRUDENCIA EN EL AUTO DE ADMISIÓN

A) En primer lugar, no existe el expediente administrativo y, desde luego, el Tribunal Supremo no ha tenido oportunidad de conocerlo. Lo remitido en tal concepto se limita a las resoluciones judiciales —auto de autorización de entrada, recurso de apelación y sentencia—, pero no consta ninguna actuación o documento de la AEAT atinente al procedimiento de inspección en cuyo seno se incautó el ordenador personal: ni constan las diligencias del procedimiento inspector; ni el acta en que se documentó, según se afirma, el acuerdo de la Administración sobre copiado de datos y precinto, como medida cautelar —acto formal que debió ser motivado, plasmado en una resolución y notificado al titular del aparato objeto de la medida, pues constituiría con toda evidencia un acto de trámite impugnable—; ni conocemos la solicitud de entrada, que tampoco se nos ha hecho llegar; como no tenemos conocimiento de las actas y liquidaciones con que finalizó la inspección. Sí está, por excepción, el informe de dación de cuenta al juez —posterior al autoautorizatorio— sobre el resultado de la apertura y copia de los datos.

Esta ausencia virtualmente total y completa, priva al Tribunal Supremo, por completo, y así lo manifiesta, de la posibilidad de comprobar lo sucedido y juzgar con plenitud de conocimiento el recurso de casación, analizando las interrogantes que presenta el auto de admisión, pues esa ausencia de datos esenciales, concretados en documentos cuya existencia solo fueron conocidas indirectamente, por la mención que de ellos se efectúa en otros, forzosamente llevaría a suponer, sin posibilidad de crítica o refutación, *iuris et de iure*, que el juicio de necesidad, adecuación y proporcionalidad se asienta sobre un *factum* real y correcto, de lo que cabe dudar seriamente. En otras palabras, la falta de constancia de documentos esenciales lleva, en cierto inaceptable modo, a decidir a ciegas.

B) En segundo lugar, es preciso aclarar qué derecho fundamental es el aquí concernido. Según la sentencia de instancia, ya lo hemos anticipado, es el de inviolabilidad del domicilio, que abarcaría *lugares* como los dispositivos electrónicos que contienen información, prescindiendo de la incidencia de otros derechos fundamentales, como el secreto de la correspondencia (art. 18.3 CE); el de la intimidad personal y familiar (art. 18, 1 y 4 CE; derecho a la protección de datos de carácter personal; incluso cabe acoger la doctrina acuñada en la jurisprudencia penal sobre un nuevo derecho al entorno virtual que haría innecesario diferenciar cada concreto derecho).

A tal respecto, claramente, la Sección Segunda de la Sala Tercera considera, que toda evidencia, que no estamos ante la inviolabilidad del domicilio (art. 18.1 CE) —pues ni un ordenador es un domicilio, ni su variado contenido informático almacenado guarda una relación directa y necesaria con los bienes jurídicos que hacen del domicilio un lugar digno y necesitado del máximo nivel de protección constitucional—.

Distinta es la cuestión, relacionada con la anterior, de que la doctrina jurisprudencial ya establecida en relación con el artículo 18.2 CE sea o no extensible a un caso distinto del allí tipificado, el de copiado, incautación o precinto de datos dispositivos electrónicos que cita el auto como posibles (ordenadores, teléfonos móviles, tabletas, memorias, etc.).

C) En relación con el mismo punto —qué derecho fundamental se ve comprometido por la adopción de las medidas cautelares acordadas— hay otro problema no suficientemente planteado: ni la ley procesal de la jurisdicción contencioso-administrativa —LJCA— ni la LOPJ fijan normas de competencia y procedimiento en relación con el precinto, incautación, volcado y examen de los datos de un dispositivo de gestión y almacenamiento —aquí, un ordenador portátil— que apodere al juez administrativo para autorizar la medida fuera del ámbito de la autorización de entrada en domicilio constitucionalmente protegido, incluso en los términos establecidos a partir de la reforma operada por la Ley 11/2021, inaplicable *ratione temporis*.

Habría, pues, que preguntarse si los actos judiciales —auto de autorización y sentencia de apelación— están amparados por atribución de competencia jurisdiccional alguna. Dada, además, la afectación del contenido esencial de derechos fundamentales, es de constatar, además de esas carencias, la de una norma sustantiva que desarrolle el contenido esencial de los derechos comprendidos en el ámbito de la autorización judicial.

Esto es, debería existir una regulación, procedimental y sustantiva, por ley orgánica (como la reforma de 2015 de la LECr) que no solo completase las muy embrionarias disposiciones sobre competencia y procedimiento que existen en nuestro ordenamiento positivo, sino que regulase de modo sustantivo los casos en que queda justificada la incidencia en un derecho fundamental, lo que afectaría no solo a las limitaciones legítimas de este, en aras de la consecución de un fin constitucionalmente válido, sino a las atribuciones de la Administración y de los Tribunales de Justicia. En todo caso, la regulación —que no existe— para dirimir la cuestión con plenitud habría de tener rango de ley orgánica (art. 81.1 CE).

La cuestión se complica aún más si se tiene en cuenta que el auto judicial de entrada, además de permitir esta, sirve para ratificar unas medidas cautelares (art. 146 LGT) adoptadas en el curso de una inspección cuya revisión, administrativa y judicial, no le corresponden a aquél, o no necesariamente. En cualquier caso, adoptadas y ratificadas sin presencia del afectado en sus derechos.

D) Hay otra cuestión susceptible, al menos, de reflexión: si las exigencias materiales y formales que el art. 588 sexies, a), b) y c) de la LECrim., en la redacción dada por la Ley Orgánica 13/2015, de 5 de octubre, de modificación de la expresada ley para el fortalecimiento de las garantías procesales y la regulación de las medidas de investigación tecnológica, que la norma impone como reglas limitativas de las potestades de intervención en manos del juez de instrucción, en una causa abierta por delito, son también preceptivas —a falta de toda regulación específica, formal y sustantiva— para el juez administrativo en defecto de norma aplicable.

Esto es, si el registro o captación de datos contenidos en dispositivos electrónicos está sujeto a estrictas garantías y formalidades en favor del investigado penal —cuya posición, por fuerza, ha de ser más aflictiva—, en mayor medida deberían operar, al menos como garantías intrínsecas, como límite infranqueable, en el seno de una comprobación fiscal meramente administrativa, a fin de no hacer de peor condición al ciudadano en su calidad de comprobado fiscal que al encausado penal.

Lo contrario sería tanto como aceptar que esa ausencia de específica regulación fiscal permite a la Administración crear a su propia voluntad los límites de una potestad invasora de los derechos de los ciudadanos. En otras palabras, que la ausencia de regulación concreta beneficia a la Administración, al configurar potestades abiertas y, en la medida en que ello sea así, dificultadas de control judicial.

Todo ello, obviamente, reiterando que no hay una regulación expresa, estricta y completa de la autorización, en vía judicial administrativa, que regule la competencia, el procedimiento y las garantías precisas para conciliar la medida de intervención con los derechos fundamentales, tanto si se refieren a la autorización de entrada en domicilio —que al menos cuenta con una regulación incipiente en cuanto a competencia y procedimiento— como si aluden a otros derechos fundamentales —en cuyo caso, la autorización judicial se basaría en una atribución implícita (e insatisfactoria, pues) de competencia y procedimiento—.

4. CONCLUSIONES DEL TRIBUNAL SUPREMO EN ORDEN AL ESTABLECIMIENTO DE DOCTRINA JURISPRUDENCIAL, A PARTIR DE TALES REFLEXIONES

A) Puede asimilarse —a los solos efectos dialécticos— a la autorización judicial de entrada en domicilio constitucionalmente protegida —con la finalidad de supeditar a control previo de la autoridad judicial la adopción de una medida invasora de algún derecho fundamental— la autorización aquí concernida para captar datos informáticos del ordenador que llevaba consigo el inspeccionado, con relevancia tributaria.

B) Los requisitos de necesidad, adecuación y proporcionalidad de la medida han de atender a la naturaleza de los derechos fundamentales que se podrían ver afectados por la injerencia estatal: aquí, antes de abrir cada archivo no se conoce su contenido. Para ello, el deber de proporcionalidad impone separar antes del copiado los datos que tengan trascendencia fiscal de los que no la tengan, pues solo los primeros pueden ser examinados. Es por la afectación, en esos datos con trascendencia tributaria, de derechos fundamentales, por lo que se justifica la necesidad de autorización judicial.

C) No basta con la garantía autoexigida en la resolución administrativa de las medidas cautelares de copiado y precinto del disco, *cuando ni se ha adoptado acto alguno de constancia, ni sabemos en qué consiste, a falta de información bastante, el precinto de una copia* (si lo es del disco, de los datos que en él se contienen, qué sucede con el almacenamiento en la nube, etc.). Sobre todo, no consta, en modo alguno, que el precinto acordado impidiera a la Administración examinar, a voluntad, la documentación *precintada* antes de que lo autorice el juez.

D) La información suministrada por la Inspección para obtener la autorización del juez debe necesariamente someterse a contraste o verificación por este, como condición previa imprescindible para calibrar la presencia indispensable de los tres requisitos tan repetidos de necesidad, adecuación y proporcionalidad *stricto sensu*, a cuya probada concurrencia ha de supeditarse la adopción de una medida invasiva de un derecho fundamental que ha de ser rigurosamente reglada y razonable.

Pues bien, esa tarea judicial deviene imposible cuando la Administración ya ha copiado los datos que ha tenido por conveniente, sin discriminación objetiva de clase alguna, antes de autorizarse esa captación —o mero conocimiento— de los datos almacenados, por lo que el juez queda completamente maniatado por la previa conducta de la Administración.

En otras palabras, con el mero copiado —masivo— al margen del juez, ya cabe entender violado el derecho fundamental de que se trate en cada caso, en función de la naturaleza de los datos y la afectación efectiva de alguno de estos.

Es necesario incorporar una reflexión añadida, pertinente para una justa comprensión del papel del juez no limitado a ser un mero ratificador de la medida intervencionista propuesta por la Administración sobre la base de unos hechos si aquél los da por apodícticamente ciertos e incontrovertibles: que los requisitos antedichos —necesidad, adecuación y proporcionalidad— se ven enturbiados al proyectarse sobre unos hechos no sometidos a crítica. Además, en un contexto en que el titular de los derechos no le ofrece el ordenamiento, en esa fase, ninguna posibilidad de alegación, defensa y prueba.

E) *No es libre un consentimiento obtenido del titular del dispositivo como una especie de trágala:* como no se consiente en entregar el disco para su copiado, se advierte de la incautación o requisa del aparato, sin posible tercera opción. Pero el copiado ya es invasor de los derechos fundamentales.

F) Es de notar, además, la incorrección en el caso debatido de uno de los supuestos factores desencadenantes de la adopción de la medida, el hecho de que St. Kitts & Nevis fuera un paraíso fiscal, afirmación desmentida por la evidencia.

G) *Habría que decantarse, al menos como reflexión, en favor de la aplicación subsidiaria del art. 588 sexies LECrim., a falta de una completa regulación del contenido esencial de algunos derechos fundamentales y su incidencia por la Administración*, objeto de rigurosa excepcionalidad y control, para dotar al ciudadano de unas garantías judiciales mínimas en esta clase de actuaciones que resultan muy invasivas para sus derechos fundamentales (intimidad, propia imagen, secreto de las comunicaciones, protección de datos, etc.).

H) El nuevo derecho al *entorno virtual* como algo distinto y nuevo respecto de los derechos concernidos, permite considerar que la reforma de la LECrim. 2015[3] y la jurisprudencia constitucional y del Tribunal Supremo (Sala Segunda, de lo Penal) refuerzan la limitación de la intervención en estos derechos fundamentales, e impiden el conocimiento indiscriminado del contenido de dispositivos informáticos que pueden afectar a derechos fundamentales.

5. LA JURISPRUDENCIA QUE SE ESTABLECE

A) A partir de las consideraciones efectuadas, se concluye con la afirmación central de que las reglas de competencia y procedimiento que la LJCA prevé para la autorización judicial de entrada por la Administración en domicilio constitucionalmente protegido son *prima facie* inidóneas para autorizar el copiado, precinto, captación, posesión o utilización de los datos contenidos en un ordenador, cuando esa actividad se produce

[3] Ley Orgánica 13/2015, de 5 de octubre, de modificación de la Ley de Enjuiciamiento Criminal para el fortalecimiento de las garantías procesales y la regulación de las medidas de investigación tecnológica (*Tol 5497670*).

fuera del domicilio del comprobado y puede afectar al contenido de derechos fundamentales.

Tal aseveración conlleva, no es difícil inferirla, la de que si no es ese el derecho fundamental comprometido con la actuación de la Administración, cualquiera de los otros quedaría sin cobertura de competencia y procedimiento, pues la atribución de la primera al juez de lo contencioso-administrativo (art. 8.6 LJCA) no comprende ningún otro derecho. Y solo el secreto de las comunicaciones, concepto necesitado de una mayor concreción en nuestros días, dado el imparable desarrollo tecnológico experimentado desde 1978, año de promulgación de nuestra Constitución, tiene una directa referencia en el art. 18.3 CE, pero con una gran inconcreción.

B) La jurisprudencia sobre la autorización de acceso y entrada a domicilio —principios de necesidad, adecuación y proporcionalidad de la medida—, se extiende a las actuaciones que, sin entrañar acceso a tal domicilio, afecten al conocimiento, control y tratamiento de la información almacenada en dispositivos electrónicos (ordenadores, teléfonos móviles, tabletas, memorias, etc.) protegida por los derechos a la intimidad personal y familiar; secreto de las comunicaciones y a la protección de datos.

Este punto segundo, pese a alguna duda suscitada al respecto, no es incompatible ni incongruente lógicamente con el pronunciamiento anterior. La conjunción de ambas razones, acumuladas, excluye reforzadamente la posibilidad de apreciar la regularidad de la actuación judicial sometida a debate. Dicho de otro modo, aun cuando en un ejercicio de imaginación jurídica aceptásemos que las reglas propias de la autorización judicial de entrada en domicilio protegido fueran extensibles —al margen de toda habilitación legal y de toda lógica— a intervenciones sobre el contenido informativo alojado en dispositivos móviles, aun en ese caso, la autorización judicial prestada y la sentencia que la confirma son contrarias a derecho, atendido el dato esencial de que no se han observado las exigencias mínimas a que se debe supeditar el sacrificio de derechos fundamentales, que solo debe ceder ante la probada presencia de un bien superior, en este caso no encontrado satisfactoriamente.

C) Tales exigencias, que deben someterse a un juicio ponderativo del juez, no pueden descansar en el relato de la Administración, sin someter la información a un mínimo contraste y verificación. En todo caso, el respeto a los derechos fundamentales (con máximo nivel de protección constitucional) prima sobre el ejercicio de potestades administrativas, máxime ante la falta de una regulación legal completa, directa y detallada.

La sentencia que se glosa ahora termina por aseverar que, establecida esta doctrina, es claro que el auto y la sentencia objeto de enjuiciamiento casacional no han observado aquellas exigencias, pues el acceso íntegro e indiscriminado, por parte de la Administración tributaria, a los datos de contenido personal en un ordenador, antes de toda autorización judicial, vulnera los derechos constitucionales como la intimidad personal y familiar, el secreto de las comunicaciones y la protección de datos de carácter personal.

Dada la naturaleza de la infracción, la actuación llevada a cabo es nula de pleno derecho, calificación que, fundada en el art. 217.1.a) LGT, deriva inexorablemente de la vulneración del contenido esencial de tales derechos fundamentales, como reiteradamente ha calificado este Tribunal Supremo en varias de sus secciones sentenciadoras.

LA EVOLUCIÓN DEL RÉGIMEN DE INFRACCIONES Y SANCIONES EN LA LEY GENERAL TRIBUTARIA

Gaspar de la Peña Velasco
Catedrático de Derecho Financiero y Tributario
Universidad Complutense de Madrid

1. INTRODUCCIÓN

El objeto de mi exposición en estas jornadas sobre las luces y las sombras de estos 40+20 años de Ley General Tributaria, se va a centrar en la evolución del régimen de infracciones y sanciones tributarias en esos últimos sesenta años y, antes de entrar en el análisis de tal evolución, interesa poner de manifiesto que si bien la regulación de 1963 supuso un hito puesto que, por primera vez se reguló el régimen general de infracciones y sanciones para todo tipo de tributos, como era lógico en una ley con pretensiones codificadoras, y que, hasta entonces era objeto de regulación específica para cada uno de los tributos del sistema, sin embargo, la Ley de 2003 vino a consolidar el contenido de la regulación anterior que, no era la establecida en 1963. Como es sabido, entre esas dos fechas se produjeron importantes modificaciones en dicho régimen, tanto en los años ochenta como noventa del pasado siglo, aunque unas y otras reformas respondieron a parámetros absolutamente diferentes.

De ahí que, en relación con lo sucedido en estos años, quepa hablar de movimientos pendulares en la regulación del régimen de infracciones y sanciones tributarias en función del interés preeminente que en cada caso informó las respectivas reformas. Expuesto en términos simples, el de la Hacienda Pública en la reforma de los años ochenta y el de los contribuyentes en las de los noventa.

Por último, se hará también referencia a una modificación posterior al año 2003, de un alcance, desde el punto de vista estructural de escasa importancia, pero que tuvo una notable trascendencia práctica: La relativa a las sanciones por la no declaración o la incorrecta declaración de los bienes situados en el extranjero.

A lo largo de estos sesenta años se han producido otras muchas modificaciones de detalle que no van a ser analizadas en este trabajo dada su escasa importancia en el marco global de la regulación de las infracciones y sanciones tributarias.

2. LA LEY GENERAL TRIBUTARIA DE 1963

Dado el alcance codificador de la materia tributaria que representó la aprobación de la ley, también en el ámbito concreto de las infracciones y sanciones, la ley tuvo como objeto fijar los criterios fundamentales reguladores de la materia ordenando sistemáticamente su régimen en los artículos 77 a 89.

El simple hecho de la regulación conjunta en un único texto de tal materia ya representó un notable avance sobre la situación existente con anterioridad por cuanto que, en la medida en que las infracciones y sanciones eran objeto de regulación en las normas propias de cada uno de los tributos del sistema, no había ni coordinación ni coherencia en la configuración de las unas y las otras, lo que determinaba que conductas infractoras similares recibieran sanciones diferentes en atención al tributo sobre el que dichas conductas se proyectaban.

Al margen de ello, es lo cierto que, la configuración abstracta que hace la LGT de las infracciones y sanciones determinó que volvieran a ser las normas propias de cada tributo las que concretaran con base en los criterios de la ley codificadora las distintas infracciones y sanciones y, a tal respecto ha de añadirse que algunas de tales normas no fueron excesivamente respetuosas con aquellos criterios generales.

Cabe mencionar como aspectos más destacables de aquella regulación los siguientes:

En lo que atañe a la definición de las infracciones tributarias, el artículo 77 las definió como "las acciones u omisiones voluntarias y antijurídicas tipificadas en las leyes de naturaleza fiscal y en los reglamentos de cada tributo". Con tal definición se suscitaron diversos debates:

En primer lugar, el relativo a si la existencia de una infracción requería la concurrencia de una conducta culpable (dolosa o culposa) en el sujeto activo de la infracción o si no era necesaria dicha exigencia con independencia de que ulteriormente fuera tenida en cuenta a la hora de sancionar.

La mención al término "voluntarias" llevó a considerar a un sector de la doctrina que con ello se estaba, implícitamente, exigiendo un cierto grado de culpa en la conducta del infractor, mientras que otro sector entendió que la voluntariedad de la conducta no representaba otra cosa que la concurrencia de una acción humana libremente realizada. En suma, que producido el resultado contrario al ordenamiento existía una infracción tributaria, una responsabilidad objetiva del infractor con independencia de que, concurriera o no la culpabilidad en su conducta.

La jurisprudencia, al menos en relación con las infracciones formales, participó de esta segunda interpretación, aunque paulatinamente fue imponiéndose la primera de las interpretaciones. Sin embargo, una de las razones que contribuyeron, desde el punto de vista práctico, a que se impusiera el criterio de la responsabilidad objetiva, fue la presunción contenida en el número dos del artículo 77, conforme al cual "toda acción u omisión constitutiva de una infracción tributaria se presume voluntaria salvo prueba en contrario". En definitiva, incluso en el caso de que el término "voluntaria" llevara implícita la exigencia de dolo o culpa en la conducta del infractor, la presunción iuris tantum establecida en este precepto hacía ocioso el debate en la mayor parte de los casos puesto que, ello representaba la presunción de culpabilidad y la prueba negativa de su ausencia suponía una suerte de *probatio diabolica* poco menos que imposible en la práctica.

Una derivada colateral de este debate sobre la responsabilidad objetiva en relación con la infracción y su consecuente sanción, se proyectó a su vez, en lo relativo a la posibilidad de la sucesión *mortis causa* en el importe de la sanción pecuniaria impuesta al causante. En la actualidad pocas dudas caben sobre el carácter personal de las sanciones y, en consecuencia, su extinción con ocasión del fallecimiento del infractor, sin embargo, si se parte de la consideración de la existencia de una infracción tributaria incluso sin que sea necesaria la concurrencia de culpabilidad en la conducta del infractor, la sanción que se imponga puede estar más próxima a la idea del ilícito civil y, por tanto, no extingue la responsabilidad derivada de dicho ilícito como consecuencia del fallecimiento del infractor.

Ciertamente la LGT no previó nada al respecto, sin embargo, uno de los Reglamentos de desarrollo de la ley, el Reglamento General de Recaudación, estableció que las sanciones que no estuvieren liquidadas y notificadas al infractor con anterioridad a la fecha del fallecimiento no serían exigibles a los causahabientes, por el contrario, las liquidadas y notificadas con anterioridad sí serían exigibles, sin perjuicio de la posibilidad de que aquellos solicitaran la condonación graciable de la sanción a que luego se aludirá.

Esta tesis "ecléctica" por virtud de la cual una sanción pecuniaria se "transmuta" en una deuda dineraria como cualquier otra en función de que hubiera sido notificada o no en la fecha del fallecimiento del infractor y, por tanto, exigible a los causahabientes, tuvo también un cierto apoyo doctrinal en aquella época.

En segundo lugar, interesa reseñar la deslegalización que dicho precepto operaba en la medida en la que la tipificación de las infracciones podía llevarse a cabo a través de disposiciones de carácter reglamentario. Curiosamente, en cambio el artículo 10 de la LGT exigía una norma de rango legal para la modificación de las sanciones reguladas en aquella

Para la sistematización de las infracciones, se acudió a una clasificación tripartita: Simples, de omisión y de defraudación. Las primeras eran, con carácter general, infracciones de carácter formal que, *per se*, no ocasionaban un perjuicio patrimonial a la Hacienda Pública (presentación fuera de plazo de declaraciones, incumplimientos de índole contable o registral, no atender los requerimientos, etc), mientras que en los otros dos tipos de infracciones sí se producía un daño patrimonial, siendo las infracciones de defraudación aquellas infracciones de omisión en las que concurría alguna de las circunstancias específicamente establecidas en el artículo 80 de la LGT (resistencia, negativa u obstrucción a la acción comprobadora o investigadora de la administración tributaria; que se aprecie en el infractor "mala fe" (¿conducta dolosa?) con el propósito de dificultar o imposibilitar que la administración pueda determinar la deuda tributaria; que existan anomalías o irregularidades en la contabilidad; reincidencia, etc.).

En aquella regulación, al margen de la clasificación tripartita, se contemplaron específicamente en el artículo 82, las infracciones de contrabando (importar o exportar mercancías sin presentarlas a despacho en la aduana; tener o circular con mercancías vulnerando los requisitos que acreditan su importación; o incumplir las obligaciones exigibles para realizar operaciones con productos estancados o prohibidos), lo cual era coherente con el afán codificador que la propia Exposición de Motivos contemplaba, sin embargo, el régimen sancionador se reenviaba a lo previsto en la ley propia de esa materia.

Las sanciones reguladas en la LGT fueron exclusivamente las de contenido pecuniario, remitiendo a la Ley propia de cada tributo la posibilidad de imponer otras sanciones especiales, con lo cual volvía a quebrar ese afán unificador del régimen tributario sancionador.

En cuanto al importe de las sanciones, para las simples la multa se situaba entre cien y quince mil pesetas, siendo compatible con las que se impusieran por las infracciones de omisión o defraudación (remitiendo nuevamente a una norma reglamentaria la concreción del importe de la multa); para estas últimas la sanción era del medio al tanto de la deuda tributaria "ocultada" (para las de omisión) y del tanto al triplo de la deuda tributaria "defraudada" (para las de defraudación). Pese a la dicción literal del precepto, la interpretación generalizada del mismo, plasmada incluso en una Circular de la Subsecretaria de Hacienda de 1965 y una Orden Ministerial de 1968, consideró que por deuda tributaria había de considerarse la cuota tributaria incrementada en su caso por los recargos legalmente exigibles a favor de entes públicos, con exclusión por tanto del interés de demora y recargos de prórroga o apremio.

En cuanto a los criterios de graduación de las sanciones, deslegalizando nuevamente la valoración concreta de cada uno de ellos, el artículo 84 previó los siguientes: Cuantía de la cuota, la repetición del hecho que diera origen a la infracción y la buena o mala fe del sujeto pasivo. Al margen de las deficiencias sustantivas inherentes a dichos criterios (el primer criterio ya está comprendido en el tipo de las infracciones de omisión o defraudación o en la propia sanción; el segundo integra también un elemento del tipo de la infracción de defraudación; en cuanto al tercero ¿podía existir a la vista de los propios preceptos de la LGT una infracción de buena fe?) es lo cierto que el desarrollo reglamentario no se produjo, como era de esperar, tras la aprobación de la Ley, de modo que, mediante Decreto de julio de 1965 (*Tol 137055*) se estableció que, en tanto aquel no se produjera, las sanciones de omisión o defraudación se aplicarían en su grado mínimo. De ello, como es obvio, se derivó una doble consecuencia: Los criterios de graduación de las sanciones no tuvieron la menor operatividad, y la cuantía de las sanciones se situó, en todo caso, en un cincuenta por ciento las infracciones de omisión y en un cien por cien para las de defraudación.

Algunos años después, un Decreto de 1976, concretó la graduación de las sanciones. Así, para las de omisión la sanción se impondría en su grado máximo cuando se tratara de una segunda reiteración de la infracción; en su grado medio cuando se tratara de la primera; en su grado mínimo en los demás casos. Las infracciones de defraudación se impondrían en su grado máximo cuando concurriera negativa u obstrucción a la actuación inspectora; en su grado medio cuando hubiera irregularidades contables; y en su grado mínimo en los demás casos.

Al margen de la valoración que desde un punto de vista sustantivo quepa hacer en relación con el Decreto, ha de destacarse nuevamente que, en términos finales es una disposición reglamentaria la que, en definitiva, vino a regular el régimen sancionador que, por lo demás, prescindió de integrar entre los criterios a considerar para la graduación de las sanciones los otros que contemplaba el artículo 84 de la LGT.

Dos consideraciones adicionales sobre los rasgos fundamentales del régimen de infracciones y sanciones del año 1963:

Por un lado, ha de mencionarse una posibilidad que se ha mantenido constante, aunque con algunas variaciones en cuanto a su importe, en la normativa posterior y que todavía está vigente en la actualidad, aunque con otra denominación: La condonación automática de las sanciones (artículo 88). En el caso de las infracciones simples cuando el sancionado sin previo requerimiento cumpliera sus obligaciones, aunque lo hiciera fuera de plazo; y en el caso de las de omisión o defraudación, cuando el sujeto pasivo diera su conformidad a la propuesta de liquidación que se le formulara.

En todos los casos la reducción o condonación (la norma la utiliza indistintamente los dos términos) era del cincuenta por ciento de su importe.

Condicionado a la concurrencia de determinados requisitos (que el solicitante no fuera reincidente y que renunciara al ejercicio de toda acción de impugnación) se podía solicitar la condonación graciable, compatible excepcionalmente con la automática, y cuya concesión correspondía al ministro de Hacienda, aunque la competencia era delegable

Por otro lado, la ausencia de norma alguna reguladora del procedimiento para imponer sanciones, aunque hay que recordar en este punto que aquella LGT no fue excesivamente prolija tampoco en la regulación de los distintos procedimientos de aplicación de los tributos pese a dedicar su título III a la gestión tributaria

En definitiva, luces y sombras en la regulación contenida en la LGT de 1963 de las infracciones y sanciones tributarias. Luces en la medida en que por primera vez se intentó establecer un régimen general en la materia, aplicable a todos los tributos integrantes del sistema, aunque dicho objetivo no se consiguiera totalmente. Entre las sombras, la falta de adecuación de dicho régimen a los criterios generales del derecho sancionador, la deficiente definición de las infracciones, la deslegalización de algunas materias, o la incorrecta técnica legislativa en la determinación de algunas cuestiones.

Como es lógico y ya se ha señalado, disposiciones reglamentarias posteriores, desarrollaron algunas cuestiones insuficientemente reguladas en la LGT, y también se produjeron modificaciones de rango legal, a través de las cuales se configuraron algunas sanciones privativas de derechos o se incrementaron los importes correspondientes a algunas infracciones simples, sin embargo, al margen de estos "parches", la necesidad de modificar el régimen de infracciones y sanciones recogido en la Ley de 1963, se manifestó con toda claridad con ocasión de la generalización a finales de los años setenta del sistema de autoliquidación en los grandes tributos del sistema y con la posibilidad de que el resultado de aquella no fuera la existencia de una cuota tributaria a ingresar, sino a devolver o la existencia de bases imponibles negativas a compensar en ejercicios futuros.

Las circunstancias mencionadas determinaron una cierta obsolescencia en aquella regulación, lo que originó que a primeros de los años ochenta se presentara algún proyecto de ley que pretendía modificar el régimen de infracciones y sanciones y que no llegaría a ver la luz. En 1984 se presenta un proyecto de ley para la represión del fraude tributario, en principio al margen de la LGT que, finalmente, se aprobó en 1985 como Ley de Reforma Parcial de la Ley General Tributaria.

3. LA LEY DE REFORMA PARCIAL DE LA LEY GENERAL TRIBUTARIA DE 1985 Y EL DECRETO DE DESARROLLO

Pese a que la Ley de 1985 (*Tol 120113*) modificó algunos puntos de la ley de 1963, en lo que se refiere al capítulo relativo a las infracciones y sanciones, la reforma afectó a todos los artículos que se recogían en aquel (77 a 89). Las modificaciones más destacables introducidas por esta ley fueron, en mi opinión, las siguientes:

Se excluyó de la regulación en la LGT las infracciones y sanciones en materia de contrabando que se regirían por su legislación específica. Lo cual era coherente con el previsible ingreso de España en la entonces Comunidad Económica Europea que, lógicamente, habría de incidir muy especialmente en la regulación de los tributos aduaneros.

La consagración —matizada— del principio de legalidad en materia de infracciones y sanciones. Así, el artículo 77 señaló que "son infracciones tributarias las acciones y omisiones tipificadas y sancionadas en las Leyes". La LGT anterior hacía mención a la tipificación en "las leyes de naturaleza fiscal y en los Reglamentos de cada tributo".

Ciertamente, venía siendo admisible para la doctrina la posibilidad de que una ley regulara los criterios generales para la configuración de las distintas infracciones así como el régimen sancionador y posteriormente una disposición reglamentaria concretara los distintos tipos infractores así como las sanciones correspondientes a esos tipos y así pareció hacerse es la nueva norma que, a la hora de regular las infracciones simples, en el número 2 del artículo 78 dispuso que "dentro de los límites establecidos por la Ley, las normas reglamentarias podrán especificar supuestos de infracciones simples, de acuerdo con la naturaleza y características de la gestión de cada uno de ellos". Sin embargo, es lo cierto que la nueva regulación no contenía ningún límite a este respecto y otro tanto cabe decir de las leyes reguladoras de los distintos tributos que se limitaron a recoger una remisión a la regulación de la LGT.

Se superó ya, en el marco jurídico positivo, el viejo debate sobre si para la existencia de una infracción tributaria era necesaria la concurrencia del elemento de culpa en la conducta del infractor o aquella se producía con el simple incumplimiento de la norma, siendo por tanto irrelevante la concurrencia o no de aquella. La mención contenida al final del número 1 del artículo 77 en el sentido de que las infracciones tributarias eran sancionables "incluso a título de simple negligencia". Permitió interpretar *a contrario sensu* que la ausencia de culpa (simple negligencia) implicaba la inexistencia de infracción.

Tras definir tautológicamente a los infractores como las personas físicas o jurídicas que realizasen "las acciones u omisiones tipificadas como infracciones en las Leyes", procedió a enumerar una serie de sujetos que ya no se circunscribían exclusivamente a los sujetos pasivos u obligados al cumplimiento de obligaciones formales sino que también mencionaba otros posibles infractores a través de cuya mención se atendía a las nuevas figuras surgidas de la regulación de los grandes impuestos (retenedores, sociedad dominante en el régimen de declaración consolidada o entidades en régimen de transparencia fiscal y sus socios o miembros). Tal mención era innecesaria. Al ser puramente enumerativa, cualquier sujeto que desarrollara la conducta descrita en el tipo, era infractor, estuviera específicamente recogido en la enumeración o no.

Por otra parte, sí que es de destacar las expresa mención a la condición de infractor para las personas jurídicas, adelantándose con ello o lo que bastantes años después sucedería en el Código Penal; Igualmente consideró infractor al representante legal de los sujetos pasivos que carecieran de capacidad de obrar.

Se recogieron una serie de circunstancias eximentes de la responsabilidad por infracción, aunque más bien calificables como supuestos de falta de acción de la conducta tipificada, criticables algunas de ellas, pero que han perdurado hasta nuestros días, aunque posteriormente habría de añadirse algún otro supuesto. En concreto las siguientes: Las que se realicen por quienes carezcan de capacidad de obrar en el orden tributario; cuando concurra fuerza mayor; o cuando deriven de una decisión colectiva por quienes hubieran salvado su voto o no asistido a la reunión en que se adoptó la misma.

En lo que se refiere a la clasificación de las infracciones se pasa de la clasificación tripartita anterior a una clasificación bipartita: simples (según las definía el artículo 78, tautológicamente, los incumplimientos que no son graves) y graves (que son objeto de enumeración en el artículo 78 y que se reconducen a aquellos supuestos en los que se causa un perjuicio económico, directo o indirecto, actual o futuro, a la Hacienda Pública).

En relación con las infracciones simples, ha de añadirse que se mantuvo la deslegalización en la tipificación de las mismas dado que el artículo 78, 2 permitió que dentro de los límites establecidos por la Ley —que no estableció límite alguno—, las normas reglamentarias de los tributos pudieran especificar supuestos de infracciones simples, de acuerdo con la naturaleza y características de la gestión de cada uno de ellos

Por lo que atañe a las sanciones son también numerosas las modificaciones que esta Ley introdujo respecto de la anterior regulación. Son de destacar las siguientes:

Dado que en la LGT se contenía una distinción entre infracciones de omisión y de defraudación que atendía a circunstancias que cabría considerar como agravantes de la conducta del infractor y, adicionalmente, se mencionaban algunas de esas mismas circunstancias y alguna otra como moduladoras de la sanción, la supresión de esa distinción llevó a que, se regularan exclusivamente y referidas a todo tipo de infracciones, tanto simples como graves, los criterios de graduación.

En relación con tales criterios hay que destacar que una parte de ellos estaban ya recogidos con anterioridad, bien para la calificación de la infracción como de omisión o de defraudación, bien para la graduación de aquellas (buena o mala fe, comisión repetida de infracciones, resistencia negativa u obstrucción a la acción investigadora de la administración, cuantía del perjuicio económico), y otros criterios de nuevo cuño (capacidad económica del infractor, cumplimiento espontáneo en el cumplimiento de los deberes formales y el retraso en el mismo; trascendencia para la gestión tributaria de los incumplimientos de deberes formales, obligaciones contables o registrales o deberes de información o colaboración).

Aun cuando, desde un punto de vista dogmático parece bastante más adecuada la nueva solución legislativa de agrupar conjuntamente todos esos criterios en orden a la graduación de la sanción, resulta llamativo que, pese a la expresa aceptación de la exigencia de culpabilidad en la conducta del infractor, se mantuviera el criterio de la buena o mala fe y se incorporara algún otro de extraña proyección como es el de la capacidad económica del sujeto infractor.

Lo que en la legislación anterior se regulaba como una condonación automática del 50 por ciento de la sanción en los supuestos de conformidad a la regularización, se convirtió en un criterio de graduación de la sanción, aunque a diferencia de lo que hasta entonces contemplaba la LGT la nueva norma no concretó el porcentaje de reducción que dicha conformidad debía representar.

Por último se regularon también una serie de sanciones accesorias —no recogidas en la LGT de 1963 aunque sí estaban reguladas, en parte, en un decreto-ley de 1969, aunque en la práctica apenas si se habían impuesto— siempre que concurrieran determinadas circunstancias adicionales en el infractor o en la cuantía de la cantidad que hubiera debido ingresarse (las previstas en la Ley de Ordenación Bancaria de 1946 para las entidades que desarrollen funciones bancarias o crediticias; La pérdida durante un determinado plazo de la posibilidad de obtener subvenciones públicas o crédito oficial o de gozar de beneficios o incentivos fiscales o de celebrar contratos con el Estado u otros entes públicos cuando la infracción representara más del 50 por ciento de la deuda que hubiera debido ingresarse y excediera de 500.000 pesetas, aunque también para algunas infracciones simples cuyas sanción superara esta última cantidad; y la suspensión de cargo o empleo durante un determinado plazo de tiempo, en función de que la sanción pecuniaria excediera de determinadas cuantías para las autoridades, funcionarios o personas que ejercieran profesiones oficiales.

La horquilla dentro de la cual se fijaron los importes de las sanciones pecuniarias era notablemente amplia, permitiendo además que las "multas fijas" se pudieran actualizar por la Ley de Presupuestos Generales del Estado. Para las infracciones simples, en ausencia de una regla específica, por defecto la sanción se situaba entre 1.000 y 150.000 pesetas, aunque en algunos supuestos de infracción expresamente contemplados en la Ley de Reforma de 1985, las sanciones eran notablemente más elevadas, así, la sanción era de 25.000 a 1.000.000 por determinadas infracciones contables; de 1.000 a 200.000 pesetas por cada dato, por la inexactitud u omisión o falta de completud de datos requeridos o que debieran figurar con ocasión del cumplimiento de determinadas obligaciones formales, etc.

Otro tanto sucedió con las infracciones graves, para las cuales la sanción pecuniaria se fijó entre el 50 y el 300 por ciento cuando aquella consistiera en dejar de ingresar o haber ingresado cantidades inferiores a las debidas o del importe de los beneficios o devoluciones indebidamente obtenidos, si bien cuando la cantidad no ingresada se refiriera a tributos repercutidos o a las cantidades retenidas o que se hubieran debido retener la sanción sería del 150 al 300 por ciento. Sin embargo para otras infracciones en las que también se producía un perjuicio económico mediato, como determinar cantidades, gastos o partidas negativas a compensar o deducir en la base imponible de declaraciones futuras, propias o de terceros se sancionó con el 10 por ciento de tales conceptos; y cuando la infracción consistiera en la indebida acreditación de partidas a compensar de la cuota o de créditos tributarios aparentes la sanción fue del 15 por ciento de las cantidades indebidamente acreditadas.

Como ya se ha expuesto, la Ley de Reforma reguló los criterios de graduación de las sanciones, sin embargo, en modo alguno reguló en qué forma habría de ponderar cada uno de ellos, limitándose por tanto a mencionarlos y sin establecer la posibilidad de que reglamentariamente se concretara el alcance de cada uno. Por ello, mediante el Decreto 2631/1985 (*Tol 118648*) sobre "procedimiento para sancionar las infracciones tributarias" tras señalar en su Exposición de Motivos que las garantías que deben rodear la imposición de sanciones evitando la discrecionalidad y asegurando la igualdad de los ciudadanos ante la norma, reconoció la necesidad de reglamentar los aspectos mencionados en la LGT "para asegurar una actuación coordinada y uniforme de los distintos órganos administrativos en la imposición de sanciones que prevé la Ley". Por ello, el Decreto, muy sumariamente expuesto, desarrolló una triple actuación:

En primer lugar, determinó la competencia de los distintos órganos y, de modo incipiente, los procedimientos para la imposición de sanciones.

En segundo lugar, se "interpretaron" alguno de los conceptos manejados por la Ley. Así, entre otros aspectos, se determinaron los supuestos de obligaciones o deberes formales de gran trascendencia para la gestión de los tributos; se establecieron los supuestos en los que había de presumirse la mala fe en la actuación del infractor; se reguló lo que había de entenderse por comisión repetida de infracciones o por resistencia, negativa u obstrucción a la acción investigadora de la administración tributaria

Por último, dicho Decreto concretó los puntos porcentuales en los que habría de incrementarse o reducirse la sanción en las infracciones graves por aplicación de cada uno de los criterios de graduación de las sanciones contempladas en la Ley.

Ciertamente el Decreto vino a reducir la amplia discrecionalidad de la que, en su ausencia, habría gozado la Administración tributaria a la hora de imponer las sanciones, sin embargo, es lo cierto que la ausencia de indicación alguna en la ley sobre cómo habrían de operar los criterios de graduación, dejó las manos libres al poder ejecutivo para concretar tales criterios de la manera en que le pareciera conveniente, con menoscabo del principio de legalidad que resulta procedente en esta materia.

Hubo tres cuestiones que parece conveniente comentar en relación con el régimen de infracciones y sanciones establecido por la Ley de 1985:

Se mantuvo la condonación graciable de las sanciones, con dos matices: De una parte, no era requisito para poder solicitarla que el infractor no fuera reincidente, como exigía la originaria LGT, y de otra, se añadió un requisito adicional: que la condonación no sería efectiva hasta su publicación en el Boletín Oficial del Estado. En cuanto a la condonación automática se convirtió, como ya se indicó, en criterio de graduación que el Decreto concretó en una reducción de 50 puntos porcentuales, que no del 50 por ciento como sucedía en la normativa anterior. En la medida en que la sanción mínima en las sanciones pecuniarias proporcionales iba del 50 al 150 por ciento según el caso, la cuantía de la reducción representaba en la práctica un porcentaje menor del 50 por ciento contemplado en la normativa para la condonación automática. En definitiva, en la práctica se redujo el importe de la condonación automática en la mayor parte de los casos.

Se estableció expresamente que las sanciones no serían transmisibles "en ningún caso a los herederos o legatarios". Ello supuso la derogación tácita de la anterior regulación contenida en el Reglamento General de Recaudación que, en los términos expuestos, permitía en determinados casos la transmisibilidad de las sanciones.

Por último, el Decreto estableció lo que cabría considerar el antecedente de la actual "lista de morosos", al regular el deber de los delegados de Hacienda de dar publicidad en dos diarios de la provincia o uno si no había más, de la lista de infractores, sancionados por resolución firme por infracciones tributarias graves de más de 5.000.000 de pesetas en el mes inmediato anterior. Las críticas realizadas a aquella lista son extensibles, en mi opinión, a esta regulación.

Nuevamente, el título de las jornadas encaja perfectamente a la hora de definir la reforma de 1985: Luces evidentes como son la incorporación de la culpabilidad a la definición de las infracciones; la mejor regulación desde un punto de vista dogmático del régimen sancionador; el mayor detalle en la identificación de los tipos infractores y también una mejor ordenación sistemática. También sombras, entre las que destacar la deslegalización de los criterios de graduación de las sanciones y algunos defectos arrastrados de la anterior regulación

Sin embargo, hay un dato, en principio carente de trascendencia desde el punto de vista de la dogmática del derecho sancionador pero que, en cambio, tuvo una notable trascendencia práctica: El notable incremento de las sanciones respecto de las previstas en la legislación anterior.

Ciertamente el legislador tiene la libertad de configurar el régimen sancionador, de las infracciones tributarias, de los delitos o de las demás infracciones administrativas, como le parezca oportuno, respetando, como es obvio, los principios que rigen en la materia. Puede por tanto agravar las sanciones a imponer cuando así lo considere conveniente, de la misma forma que puede agravar la pena de un delito contemplado en el Código Penal. Son decisiones de política criminal, de la misma manera que lo son las que definen la política legislativa en materia sancionadora en el ámbito tributario. Por tanto, en sí misma la política consistente en incrementar las sanciones a imponer por las infracciones tributarias que se comentan no es *per se* susceptible ni de crítica ni de alabanza, siempre que no supongan, reitero, la quiebra de los principios rectores de la materia.

Expuesto cuanto antecede, es fácil constatar como el nuevo régimen configurado en la Ley de 1985 supuso un notable incremento de las sanciones y su aplicación práctica generó un amplio debate tanto en la doctrina como en el ámbito político, lo que ocasionó que diez años después se produjera, conforme alguna expresión de la época, una "contrarreforma" en el régimen de infracciones y sanciones tributarias.

4. LA LEY DE REFORMA PARCIAL DE LA LEY GENERAL TRIBUTARIA DE 1995 Y LA LEY DE DERECHOS Y GARANTÍAS DEL CONTRIBUYENTE DE 1998

La reforma del régimen previsto en la LGT con la regulación dada en 1985 fue objeto de modificación en dos pasos: Por una parte, con la Ley de 1995 (*Tol 328685*) que dio nueva redacción a los artículos 77 a 89 de la LGT, aunque algunas de esas modificaciones fueron de escasa entidad, y por otra parte, incluso corrigiendo algunos aspectos de la reforma operada en 1995, a través de una Ley de 1998.

En puridad, cuando se habló de "contrarreforma", se estaba proyectando dicho término, casi exclusivamente sobre un único aspecto en relación con todas las modificaciones introducidas: El relativo a las sanciones pecuniarias para las infracciones graves que pasa del 50 al 300 por cien (con un mínimo del 150 por cien para los supuestos sanciones por falta de ingresos de las cantidades repercutidas o retenidas o que se hubiesen debido repercutir o retener) a una horquilla que mantiene el importe mínimo en el 50 por ciento, pero reduce el máximo al 150 por ciento

Los demás aspectos de la reforma de 1995 se centraron más en una depuración dogmática y sistemática de la anterior regulación, antes que en una vuelta atrás a los preceptos de la originaria LGT, aunque ha de destacarse en este punto que el legislador, tanto en 1995 como en 1998, perdió la ocasión de uniformar definitivamente el régimen tributario sancionador a las reglas y principios del derecho administrativo común contenido en la Ley de 1992 de Régimen Jurídico de las Administraciones Públicas y Procedimiento Administrativo Común, aunque sí se produjo un mayor acercamiento que el que se contenía en la anterior regulación.

Nuevamente, simplificando notablemente las modificaciones introducidas, los datos más destacables de esta Ley fueron los siguientes:

Pese a que mantuvo la definición de infracción tributaria con la referencia a la necesaria concurrencia, cuando menos, de simple negligencia, afianzó la tesis ya prácticamente unánime tanto en la doctrina como en la jurisprudencia de la exigencia de culpabilidad en la conducta del infractor, al añadir un nuevo supuesto de exención de responsabilidad, que por lo demás venían aplicando ya los tribunales de Justicia con anterioridad, "cuando se haya puesto la diligencia necesaria en el cumplimiento de las obligaciones y deberes tributarias", considerando expresamente el precepto que dicha diligencia concurriría cuando "el contribuyente haya presentado una declaración veraz y completa y haya practicado, en su caso, la correspondiente autoliquidación amparándose en una interpretación razonable de la norma". Aun cuando la referencia al "contribuyente" no es excesivamente correcta (como es sabido existían otros muchos posibles infractores no contribuyentes mencionados en la propia ley), la incorporación de esa "eximente jurisprudencial" a la Ley tuvo un efecto benéfico en la aplicación del régimen sancionador ya que claramente excluía toda sanción en aquellos supuestos en los que la culpa en la conducta del incumplidor era difícilmente apreciable.

En cuanto a la clasificación de las infracciones definió las simples en forma similar a la norma anterior —en síntesis, las que no son graves— pero añadiendo un requisito adicional también trascendente: "que no operen como elemento de graduación de la sanción". En otras palabras, se pone fin al debate sobre la posible convivencia de una infracción simple mediante una actuación medial para la comisión de otra infracción que, está sí, causa un perjuicio económico, directo o indirecto, mediato o inmediato, a la Hacienda Pública. En tales casos, se sancionaría exclusivamente por la infracción grave cometida.

Las infracciones graves mantuvieron los mismos cuatro tipos que se recogían en la norma anterior, aunque con pequeñas modificaciones en su descripción, y se añadió otro, que vino a contemplar un tipo específico que, la generalización del sistema de autoliquidaciones en nuestro ordenamiento tributario a finales de los setenta y principios de los ochenta, ocasionó que se olvidara su mención en la Ley de 1985 para todos los tributos que no se gestionaban mediante el aludido sistema. Dicha "nueva" infracción grave consistió en "no presentar, presentar fuera de plazo previo requerimiento de la Administración tributaria o de forma incompleta o incorrecta las declaraciones o documentos necesarios para que la Administración tributaria pueda practicar la liquidación de aquellos tributos que no se exigen por el procedimiento de autoliquidación".

En materia de sanciones son de destacar las siguientes modificaciones respecto de la regulación de 1985:

Las relativas a las infracciones simples, se estructuraron en forma parecida a como se contemplaban con anterioridad, manteniéndose la horquilla de entre 1.000 y 150.000 pesetas para aquellas para las que, por defecto, no se recogiera una sanción específica para esas infracciones concretas y se recogieron estas, conectada su mención expresa respecto de la sanción que les correspondía, de mucho más detallado.

Las sanciones por infracciones graves se redujeron a una horquilla situada entre el 50 y el 150 por ciento de la cantidad dejada de ingresar o el importe de los beneficios o devoluciones indebidamente obtenidos, y se precisaron los requisitos exigibles para la imposición de algunas de las sanciones accesorias.

Los criterios de graduación de las sanciones fueron objeto de modificación en un triple sentido: En primer lugar se suprimieron, en mi opinión acertadamente, algunos contemplados en la norma de 1985 (buena o mala fe; capacidad económica del sujeto infractor y cuantía del perjuicio económico referida en términos absolutos); en segundo lugar, se incorporaron nuevos criterios, uno aplicable exclusivamente a las infracciones graves (la ocultación a la Administración mediante la falta de presentación de declaraciones o la presentación de declaraciones incompletas o inexactas de los datos necesarios para la determinación de la deuda tributaria) y otro, aunque aplicable, de acuerdo con el artículo 82, a todo tipo de infracciones, en la práctica solo reconducible a las infracciones graves (la utilización de medios fraudulentos, considerándose como tales las anomalías sustanciales en la contabilidad o el empleo de facturas, justificantes u otros documentos falsos o falseados, o la comisión de la infracción por persona interpuesta); y por último, para otros dos criterios de graduación se limitó su aplicación a las infracciones simples (la falta de cumplimiento espontáneo o el retraso en el cumplimiento de los deberes formales y la trascendencia para la eficacia de la gestión de la información no facilitada y algún otro incumplimiento).

Hay que destacar en este punto que la nueva norma estableció, para cada uno de los criterios de graduación de las sanciones, una horquilla específica, un máximo y un mínimo, dentro del cual había de proyectarse el criterio en cuestión, de modo que, aunque también aquí se aprobó posteriormente un Decreto en 1998 de desarrollo del régimen sancionador tributario, efectivamente dicha norma concretó los criterios generales establecidos en la ley, de modo que ello representó una actuación notablemente más acorde con el principio de legalidad que la resultante de la Ley de 1985.

En la relación de los criterios se suprimió el relativo a la conformidad del infractor a la regularización que se le formulara, pero, en precepto separado, se contempló la reducción, ahora en un 30 por ciento del importe de la sanción (frente a la reducción de los 50 puntos porcentuales anterior).

Dos datos adicionales sobre las modificaciones introducidas por la Ley de 1995: Por una parte se mantuvo la condonación graciable de las sanciones pero se delimitó la discrecionalidad mediante la expresa mención de los requisitos exigibles para que aquella se pudiera conceder (que la ejecución de la sanción impuesta afectara grave y sustancialmente el mantenimiento de la capacidad productiva y nivel de empleo de un sector de la industria o economía nacional, o que produjera un grave quebranto para los intereses generales del Estado); y por otra parte, tomó partido en el debate sobre la ejecutividad de las sanciones administrativas con anterioridad a que se declarara su firmeza en esa vía, estableciendo expresamente que la ejecución de las sanciones tributarias no se suspendería por la interposición de un recurso o reclamación frente a ellas, sin perjuicio del régimen de la suspensión establecida por la normativa general en los supuestos de impugnación de los actos tributarios. Aunque esta previsión normativa, como se verá a continuación, fue derogada escaso tiempo después.

La reforma operada en la LGT en 1995 se complementó con los preceptos recogidos en la Ley de Derechos y Garantías de 1998, dedicados al Procedimiento Sancionador y que afectaron a tres ámbitos concretos: La prueba de la culpabilidad, la exigencia de un procedimiento separado y la suspensión de la ejecución de la sanción:

El artículo 33 de la Ley de 1998 tras establecer la presunción de buena fe en la actuación del contribuyente (una deficiente expresión para aludir a la presunción de inocencia) señaló que correspondía a la Administración la prueba de que concurren las circunstancias que determinan la culpabilidad del infractor en la comisión de infracciones tributarias. En definitiva, con ello no solo se ratificó la posición que descartaba la responsabilidad objetiva en las infracciones tributarias, sino que adicionalmente impuso la carga de la prueba de la concurrencia, no del hecho objetivo del incumplimiento, sino de la concurrencia de culpa en el responsable de dicho incumplimiento a la Administración tributaria. En definitiva, la imposición de sanciones por parte de la Administración requirió a partir de entonces, que esta motivara en su resolución los elementos probatorios con base en los cuales cabía apreciar esa concurrencia de culpa en el infractor. Motivación que daría lugar a numerosos pronunciamientos de los Tribunales al respecto, insistiéndose por éstos en la exigencia de que dicha motivación no consistiera simplemente en la mención de una serie de frases estereotipadas aplicables en abstracto a cualquier supuesto, sino que debía venir referida a la específica conducta del infractor en ese caso concreto.

En segundo lugar, se estableció la exigencia de un procedimiento separado ("un expediente distinto o independiente") del desarrollado para la comprobación o investigación de la situación tributaria del infractor, en el que se debía dar audiencia al interesado. Sin embargo, ese procedimiento separado, que venía reclamando reiteradamente la doctrina, quedó en agua de borrajas a la vista de lo establecido en el número 2 de ese artículo 34: "Cuando vayan a ser tenidos en cuenta datos, pruebas o circunstancias que obren o hayan sido obtenidos en el expediente instruido en las actuaciones de comprobación o investigación de la situación tributaria del sujeto infractor o responsable, aquellos deberán incorporarse formalmente al expediente sancionador antes del trámite de audiencia correspondiente a este último". En definitiva, se estableció una pura separación formal en la medida en la que la información facilitada por el obligado en orden a la regularización de su situación tributaria se incorporaba al procedimiento sancionador y, por tanto, podía ser utilizada como elemento de prueba de la infracción cometida. Con ello, el respeto al derecho constitucional a no autoincriminarse quedó en el aire, al menos, de acuerdo con la doctrina que a tal respecto establece el Tribunal Europeo de los Derechos Humanos.

Por último, dio un giro absoluto en el tema de la suspensión de la sanción en los supuestos de interposición de recurso o reclamación contra la misma, estableciendo la suspensión automática de aquella (en puridad, inejecutividad) hasta su firmeza en vía administrativa, alineándose con ello, con el resto de la normativa general reguladora de las sanciones en el ámbito administrativo, y tal y como venía exigiendo unánimemente la doctrina.

En definitiva, la reforma 1995-1998 del régimen de infracciones y sanciones en el ámbito tributario, pese a su calificación de "contrarreforma" de la reforma de 1985, con base en que aquella llevó aparejada una notable reducción de las sanciones, graves, fue, desde un punto de vista más global, continuista en el sentido de que supuso una mejora dogmática y sistemática de su regulación, con una importante depuración conceptual y con un mayor respeto del principio de legalidad, dejando mucho menos margen de decisión a las disposiciones reglamentarias o, si se quiere, precisando notablemente más que en la anterior regulación, el alcance de los criterios de graduación de las sanciones dentro de los cuales un real Decreto de 1998 reguló la modulación concreta de dichos criterios. Adicionalmente consagró explícitamente la separación de los procedimientos de liquidación y sancionador, aunque, como se acaba de señalar, sin que ello representara una mejora, desde un punto de vista sustantivo, de los derechos del ciudadano. Más luces que sombras pues en este hito de la evolución legislativa del régimen de infracciones y sanciones tributarias.

5. LA NUEVA LEY GENERAL TRIBUTARIA DE 2003 Y ALGUNA MODIFICACIÓN POSTERIOR

En lo que atañe a las infracciones y sanciones, la nueva LGT de 2003 (*Tol 327278*) reguló con notable detalle y prolijidad el régimen aplicable, dedicando el título IV de la Ley a la regulación de la potestad sancionadora (artículos 178 a 212). Un real Decreto de 2004 aprobaría el Reglamento del régimen sancionador tributario. Desde esas fechas, se han producido algunas ulteriores modificaciones de detalle, que se mencionarán posteriormente, al menos las más trascendentes de las mismas

Lo primero que habría que destacar de la nueva normativa es su alineamiento, en general, con los principios generales del derecho administrativo sancionador que, a su vez, bebe, con algún matiz, en los principios del derecho penal, sin que la existencia de un procedimiento de aplicación de los tributos alterara ese alineamiento. En este sentido, ya en la propia Exposición de Motivos se destacó la exclusión de la sanción del contenido de la deuda tributaria, declarándose así expresamente en el artículo 58, 3.

El primero de los artículos dedicado a regular la potestad sancionadora (artículo 178), ha ratificado, con matices, que el ejercicio de aquella potestad se ejercerá de acuerdo con los principios reguladores de la misma en materia administrativa.

El segundo párrafo de ese mismo artículo menciona en concreto los principios de legalidad, tipicidad, responsabilidad —desarrollado en el artículo siguiente de la ley—, proporcionalidad, no concurrencia e irretroactividad (salvo la retroactividad *in bonam partem* prevista en el artículo 10, 2 de la propia Ley). A este respecto, considero conveniente hacer algunos comentarios:

De una parte, la LGT suprime ya, casi en su totalidad, la pretendida excepcionalidad de la materia tributaria que algunos autores sostuvieron en el pasado que debía ser objeto de consideración a la hora de configurar el régimen sancionador en aquella ley.

De otra parte, hay que destacar que la expresa mención del principio de proporcionalidad casa mal con la minuciosidad con la que se regulan y sancionan los distintos tipos de infracciones tributarias que, en una primera aproximación, cabría pensar que no dejan margen a la proyección de dicho principio en orden a su aplicación práctica dado el casi automatismo en el cálculo de la sanción correspondiente. Sin embargo, cada vez con mayor frecuencia la jurisprudencia viene haciendo uso de este para "corregir" las consecuencias de esa automaticidad.

Finalmente, en relación con el principio de responsabilidad, se regulan los supuestos que "no dan lugar a responsabilidad", manteniendo los recogidos en la normativa anterior y añadiendo uno nuevo, por lo demás obvio y que representa una falta de acción: Cuando la inexistente infracción sea imputable "a una deficiencia técnica de los programas informáticos de asistencia facilitados por la Administración Tributaria para el cumplimiento de las obligaciones tributarias"

Por lo que atañe a la definición de las infracciones tributarias se incorpora a la misma la expresa mención de la concurrencia de culpabilidad ("acciones u omisiones dolosas o culposas en cualquier grado"), suprimiendo ya la necesidad de acudir a la interpretación a contrario ("sancionables incluso a título de simple negligencia"). Sin duda ello es mucho más correcto desde un punto de vista dogmático. La culpabilidad constituye un requisito para la existencia de la infracción, sin dolo o culpa no hay infracción. No se trata pues, de que exista una infracción incluso en ausencia de dolo o culpa pero que, ante tal ausencia no procede imponer sanción alguna, sino que ese dolo o culpa constituye un requisito indispensable de la infracción.

Frente a la situación anterior (que distinguía las infracciones en función de que existiera o no perjuicio económico, directo o indirecto, mediato o inmediato para clasificar las infracciones en simples y graves, o simples, de omisión o de defraudación, según fuera la clasificación bipartita o tripartita) la nueva LGT procede a realizar una clasificación de las infracciones (en los artículos 191 a 206, aunque en 2015 se añadió un artículo 201 bis y otro 206 bis) describiendo en cada caso la acción u omisión típica en la que consiste la infracción (añadiéndose en algunos casos una enumeración de supuestos concretos) y, a su vez, en orden a la determinación de la sanción a imponer, califica cada una de las infracciones tipificadas, como leve, grave o muy grave en atención a la concurrencia de determinadas circunstancias que se concretan de forma diferente para cada tipo.

Por tanto, con la clasificación de las infracciones en función de los distintos tipos, su calificación como leve, grave o muy grave no depende ya de la existencia o no de perjuicio económico, ya que puede haber infracciones graves sin perjuicio económico —por ejemplo, la consistente en el incumplimiento de las obligaciones relativas a la utilización del NIF— o leves con perjuicio económico (por ejemplo, dejar de ingresar la deuda tributaria que debiera resultar de una autoliquidación por debajo de determinada cantidad). En definitiva, el carácter leve, grave o muy grave de la infracción no sirve para determinar el tipo infractor, sino para modular la sanción en los distintos tipos definidos en los preceptos antes citados.

A su vez, con carácter general, se regulan los distintos criterios de graduación de las sanciones que, salvo el relativo al acuerdo o conformidad del "interesado", operan en puridad como mecanismos de incremento de la sanción, suprimiéndose varios de los contemplados en la legislación anterior.

Los recogidos son los relativos a la comisión repetida de infracciones; el perjuicio económico para la Hacienda Pública (determinado no en cifras absolutas sino porcentualmente en proporción a lo no ingresado o indebidamente devuelto, respecto del total que se debió ingresar o devolver); el incumplimiento sustancial de la obligación de facturación o documentación; y finalmente la reducción por acuerdo o conformidad, habiéndose incrementado el porcentaje de reducción por una Ley de 2021, por ello, la intensidad con la cual legalmente se favorece la presión sobre el obligado para que renuncie a recurrir o reclamar en relación con la regularización practicada es notable. Presión que se ve aumentada en la medida en que una segunda reducción adicional a la anterior (cuyo porcentaje también se ha incrementado en 2021) que es aplicable en la medida en que la sanción se pague en plazo o sea aplazada o fraccionada con determinadas garantías, se condiciona a que no se interponga recurso o reclamación contra la liquidación o sanción.

El nuevo régimen así diseñado, más complejo sin duda en su articulación, ofrece indudables ventajas desde el punto de vista de la seguridad jurídica, reduciendo el margen de discrecionalidad de la Administración tributaria a la hora de determinar el importe de la sanción a imponer, sin embargo, desde otros puntos de vista merece alguna crítica. En mi opinión, fundamentalmente dos:

Por un lado, el uso de enumeraciones, esto es, listas no cerradas en la tipificación de algunas infracciones, es difícilmente compatible con el principio de tipicidad que la propia ley consagra, máxime si ni siquiera se define con carácter global ese tipo de infracción. Por ejemplo, en la infracción tributaria por incumplir obligaciones contables o registrales, tras la denominación que el artículo 200 da a esa infracción, en el primero de sus números se señala que constituye tal infracción "entre otras" una serie de supuestos que pasa a enumerar ¿podría acaso haber más incumplimientos distintos de los no enumerados?

Y, por otro lado, la compartimentación en tantos tipos concretos, que a determinadas conductas aparentemente más graves que las tipificadas en otra infracción distinta y menos dañina para la aplicación del sistema tributario, reciban sanciones de importe menor a las que se imponen por conductas menos perjudiciales.

Dos últimos datos que destacar de la nueva regulación: el mantenimiento del procedimiento sancionador separado del procedimiento de aplicación del tributo y la supresión de la condonación graciable. Por lo que atañe a esta última, pese a que ya en 1995 se delimitó notablemente el ámbito dentro del cual aquella podía acordarse, sin ánimo de entrar en polémica en otros ámbitos sobre el ejercicio del derecho de gracia, en mi opinión, en lo que se refiere al derecho tributario sancionador, la supresión de aquella está perfectamente justificada.

En cuanto al procedimiento separado, pese a que tanto la LGT como el Reglamento de desarrollo han procedido a regular con gran minuciosidad el contenido del procedimiento, subsiste, si se me permite la expresión, el pecado de origen del mismo: Se trata de una separación más formal que real, que no garantiza el derecho a no autoinculparse del sujeto que es objeto del procedimiento, es más, si en la anterior regulación se estableció la obligatoriedad de incorporar al expediente todo tipo de elementos probatorios que hubieran de ser tenidos en cuenta para la imposición de la sanción y que hubieran sido obtenidos en los procedimientos de comprobación o investigación, dicho deber se reitera en la nueva LGT. ¿Cuál es entonces el sentido de la separación de procedimientos? Adicionalmente ha de señalarse que, en los procedimientos sancionadores que se inician como consecuencia de un procedimiento de inspección, aunque el Reglamento atribuye al inspector-jefe la libertad de encomendar la competencia al mismo equipo o unidad que inicio acordó el inicio u otro distinto, en la práctica, salvo escasísimas excepciones la atribución se realiza al que acordó el inicio, es decir, al equipo o unidad que desarrolló el procedimiento inspector. Ciertamente el procedimiento sancionador es un procedimiento administrativo y no penal y, en consecuencia, la separación que rige en la jurisdicción penal conforme al principio de que el que instruye no juzga, no es exigible en este ámbito, pero no se puede negar una cierta "contaminación" derivada de la concurrencia en los mismos funcionarios de regularizadores de la situación tributaria y de instructores en el procedimiento sancionador.

Curiosamente, una vez dictada resolución de manera separada en el procedimiento de administrativo de aplicación del tributo y en el procedimiento sancionador iniciado como consecuencia de aquel, en el supuesto de que se interponga reclamación económico-administrativa contra una y otra resolución, las reclamaciones deberán ser objeto de acumulación de acuerdo con el artículo 230, 1, d) de la LGT; sin embargo, precisamente porque la modificación que se produjo en 2021 del plazo para iniciar el procedimiento se elevó a seis meses desde los tres anteriores, desde que se hubiere notificado o se entendiese notificada la liquidación o resolución y, existiendo un plazo de seis meses para la terminación del procedimiento sancionador, en la práctica resulta materialmente imposible que la exigida acumulación legal se produzca o, si se produce, su único efecto es el de dilatar la terminación del procedimiento económico-administrativo ya que, cuando se resuelve sobre la sanción, la reclamación frente a la resolución dictada en el procedimiento de aplicación del tributo puede estar ya exclusivamente pendiente de fallo.

En definitiva, la separación formal de procedimientos, unido al amplio margen temporal, ampliado en 2021, que tiene la Administración tributaria para la iniciación del procedimiento sancionador, no permite apreciar ninguna mayor garantía para el presunto infractor frente a la situación que se produciría en el supuesto de tramitación conjunta. En cualquier caso, la regulación recogida en la LGT sigue sin ajustarse a las exigencias derivadas de la doctrina del Tribunal de los Derechos Humanos en relación con el derecho constitucional (y humano) a no autoinculparse, sin que hasta la fecha exista sentencia alguna de nuestro Tribunal Constitucional sobre dicha regulación.

Por último, interesa recordar que, con posterioridad a 2003 se han producido algunas modificaciones en la regulación de alcance menor, aunque una de ellas que tuvo lugar en el año 2012, representó una grave quiebra de los principios básicos del derecho sancionador y que ni siquiera se integró en el texto articulado de la ley, sino en una disposición adicional. Me estoy refiriendo, como es sabido, al incumplimiento de la obligación de la presentación o presentación incorrecta de la declaración de bienes situados en el extranjero, el famoso modelo 720, que puso en cuestión principios tales como el de la imprescriptibilidad de esa infracción tributaria.

Afortunadamente ya derogada y modificada por Ley de 2022 como consecuencia de sendas sentencias que la consideraban tanto contraria al Derecho de la Unión Europea como a nuestra Constitución y que ponen de manifiesto que, si bien en relación con nuestro sistema tributario hay y es normal que haya modificaciones normativas de carácter coyuntural, en la regulación del régimen de infracciones y sanciones la coyuntura difícilmente puede penetrar en las decisiones sobre aquella regulación.

En fin, como conclusión final en relación con la evolución de la normativa reguladora de las infracciones y sanciones en la LGT y conectando nuevamente con el título de las jornadas, cabría destacar que dicha evolución ha ido hacia la luz, aunque no hayan faltado algunas sombras en el camino recorrido. Se ha venido produciendo una paulatina mejora de la regulación con la progresiva equiparación a las reglas generales del derecho administrativo sancionador, aunque, en mi opinión, sigue quedando camino por recorrer, básicamente en dos materias ya señaladas: La configuración del procedimiento sancionador respetuoso con el derecho constitucional a no autoincriminarse; y la regulación de la conformidad y pronto pago de las sanciones de forma que no represente un mecanismo de coacción sobre el ciudadano para que, dada su magnitud, represente un menoscabo al derecho también constitucional a la tutela judicial efectiva. Ciertamente ya el Tribunal Constitucional se pronunció en los años noventa a favor de la adecuación de la reducción o condonación por conformidad a las exigencias de aquel derecho, sin embargo, en mi opinión, cabrían notables matices a dicha doctrina que no es del caso tratar en este momento.

EL DERECHO A NO AUTOINCULPARSE EN MATERIA TRIBUTARIA: ESTADO DE LA CUESTIÓN Y PERSPECTIVAS DE FUTURO A LA LUZ DE LA CARTA DE DERECHOS FUNDAMENTALES DE LA UNIÓN EUROPEA Y DEL CONVENIO EUROPEO DE DERECHOS HUMANOS

José Manuel Almudí Cid
Profesor Titular de Derecho Financiero y Tributario
Miembro del Instituto de Derecho Europeo e Integración Regional
Universidad Complutense de Madrid

SUMARIO: 1. TRASLACIÓN AL EXPEDIENTE SANCIONADOR DE DATOS PROCEDENTES DE LOS PROCEDIMIENTOS DE APLICACIÓN DE LOS TRIBUTOS. 2. EL DERECHO A NO AUTOINCULPARSE EN LA JURISPRUDENCIA DEL TRIBUNAL EUROPEO DE DERECHOS HUMANOS Y DEL TRIBUNAL DE JUSTICIA DE LA UNIÓN EUROPEA: ÁMBITO OBJETIVO Y SUBJETIVO. 3. LA POSICIÓN DEL TRIBUNAL CONSTITUCIONAL RESPECTO DEL DERECHO A NO AUTOINCRIMINARSE EN EL PROCEDIMIENTO SANCIONADOR TRIBUTARIO. 4. LA UTILIZACIÓN DE LA INFORMACIÓN APORTADA COACTIVAMENTE EN LOS PROCEDIMIENTOS DE APLICACIÓN DE LOS TRIBUTOS EN EL PROCEDIMIENTO SANCIONADOR A LA LUZ DE LA CARTA DE DERECHOS FUNDAMENTALES DE LA UNIÓN EUROPEA Y DEL CONVENIO EUROPEO DE DERECHOS HUMANOS. 5. REFERENCIAS BIBLIOGRÁFICAS.

1. TRASLACIÓN AL EXPEDIENTE SANCIONADOR DE DATOS PROCEDENTES DE LOS PROCEDIMIENTOS DE APLICACIÓN DE LOS TRIBUTOS

El artículo 210.2 de la vigente Ley General Tributaria (*Tol 327278*)[1] (en adelante, LGT) establece que los datos, pruebas o circunstancias que obren o hayan sido obtenidos en los procedimientos de aplicación de los tributos y vayan a ser tenidos en cuenta en el procedimiento sancionador tributario, necesariamente, deberán incorporarse formalmente al mismo antes de la propuesta de resolución. La ausencia de tales documentos en el expediente administrativo relativo al procedimiento sancionador determinará la imposibilidad de tomarlos en consideración de cara a dictar la correspondiente resolución, sin que resulte factible que la Administración aporte dicha documentación en fase revisora, ni siquiera en el marco de una acumulación de los procedimientos derivados de la concurrencia de recursos tanto contra la liquidación como frente a la sanción.

En este sentido, cabe traer a colación la resolución del Tribunal Económico-Administrativo Central de 8 de septiembre de 2016 (*Tol 6427530*)[2], en la que se declara que «(c)laro está que, una vez acumuladas las reclamaciones interpuestas en vía económico-administrativa frente a la liquidación principal y la resolución sancionadora, en el expediente administrativo 'acumulado' sí figuran tales documentos y pruebas (por haberlos traído a este los expedientes instruidos para regularizar la situación tributaria), pero esa no es la cuestión. Reiteramos que este órgano revisor tiene que valorar y examinar la procedencia de la resolución recurrida —que ratifica las resoluciones sancionadoras—, a la luz de las pruebas y documentos obrantes en los expedientes sancionadores instruidos en su día por la Inspección, sin que las normas procesales que imponen la posterior acumulación de reclamaciones económico-administrativas pueda paliar, corregir o subsanar la ausencia de documentos y pruebas en los expedientes sancionadores instruidos. No cabe revisar la procedencia de las resoluciones sancionadoras impugnadas a la luz de documentos y pruebas obtenidos por la Inspección que no se incorporaron al expediente sancionador instruido»[3].

---

1 Ley 58/2003, de 17 de diciembre, General Tributaria.

2 R.G. 7374/2015.

3 En el mismo sentido se ha pronunciado el Tribunal Económico-Administrativo Central en su Resolución de 10 de julio de 2008 (RG.1291/2007) (*Tol 1372516*), reiterando previos pronunciamientos, al afirmar que «(e)n cuanto a la falta de incorporación formal del expediente de comprobación al sancionador, obran en el expediente los documentos en los que se fundamental los datos, pruebas y circunstancias que se han tenido en cuenta para la tipificación de la conducta, la calificación y cuantificación de la infracción tributaria y, como se ha señalado por este Tribunal en la resolución de 25 de julio de 2007 (RG 1593/06) "la circunstancia de que no conste formalmente la diligencia de incorporación no constituye un defecto que acarre la

De este modo, la actuación en fase instructora resultará crucial para asegurar la adecuación a derecho del acuerdo de imposición de sanción con el que podrá culminar el procedimiento sancionador tributario, habida cuenta que los vicios formales acontecidos durante el mismo no podrán ser subsanados en una fase revisora ulterior. Precisamente, será en esta fase intermedia del procedimiento, en la que deberán incorporarse las evidencias probatorias que permitan a la Administración tributaria desvirtuar la presunción de inocencia del presunto infractor, acreditando, de forma indubitada, la concurrencia de los elementos objetivo (antijuricidad) y subjetivo (culpabilidad) de la infracción.

En la época en la que la que la imposición de las sanciones tributarias y la comprobación de los tributos se realizaba a través de un único procedimiento se plantearon importantes controversias relacionadas con el derecho a no autoinculparse. La mixtificación de los procedimientos de gestión e inspección con el procedimiento para la imposición de sanciones tributarias daba lugar, en buena parte de los casos, a una manifiesta merma de las garantías de los contribuyentes, dado que los datos aportados coactivamente en el ámbito de gestión o inspección se utilizaban indistintamente a los efectos de verificar el cumplimiento de las obligaciones tributarias y la imposición de sanciones[4].

---

nulidad de lo actuado, todo vez que lo esencial es que consten en el expediente los documentos incorporados y los mismos obra en él».

4 Resulta evidente que la incompatibilidad entre los derechos a no declarar contra sí mismo y a no confesarse culpable y las potestades administrativas de obtención de información no surgen respecto a la información aportada por terceros. En este sentido puede citarse la sentencia del Tribunal Constitucional 161/1997, de 2 de octubre (*Tol 80785*), en la que se señala, a propósito del análisis del artículo 380 del Código Penal (*Tol 223185*), que tipifica como delito la desobediencia grave a la autoridad la negativa a someterse a la prueba de impregnación alcohólica, «la perspectiva de los derechos a la no declaración y a la no confesión es, desde cierto punto de vista, más restringida, puede considerarse que comprende únicamente la interdicción de la compulsión de los testimonios contra uno mismo. Mayor amplitud tiene la prohibición de compulsión a la aportación de elementos de prueba que tengan o puedan tener en el futuro valor incriminatorio contra el así compelido, derivada del derecho a la defensa y del derecho a la presunción de inocencia. Esta amplitud, sin embargo, debe someterse a un doble tamiz en el complejo equilibrio de garantías e intereses que se concitan en el procedimiento sancionador: las garantías frente a la autoincriminación se refieren en este contexto solamente a las contribuciones del imputado, de quien pueda acabar siéndolo y solamente a las contribuciones que tienen un contenido directamente incriminatorio. Así, en primer lugar, tal garantía no alcanza, sin embargo, a integrar en el derecho a la presunción de inocencia la facultad de sustraerse a las diligencias de prevención, de indagación o de prueba que proponga la acusación o que puedan disponer las autoridades judiciales o administrativas. La configuración genérica de un derecho a no soportar ninguna diligencia de este tipo dejaría inermes a los poderes públicos en el desempeño de sus legítimas funciones de protección de la libertad y la convivencia, dañaría el valor de la justicia y las garantías de una tutela judicial efectiva y cuestionaría genéricamente

La separación de procedimientos operada por la Ley de Derechos y Garantías de los Contribuyentes (*Tol 217858*)[5] (en adelante, LDGC) y refrendada por la vigente LGT no ha conseguido solventar los problemas de índole constitucional o supraconstitucional que pueden suscitarse como consecuencia de que los datos obtenidos bajo coacción en los procedimientos de aplicación de los tributos se empleen por la Administración tributaria a efectos sancionadores[6].

La coacción a la que nos referimos es la sanción que cabrá imponer al obligado tributario en virtud del artículo 203 de la LGT, en el que se califica como infracción la resistencia, obstrucción excusa o negativa a las actuaciones de la Administración tributaria, añadiendo que, entre otras, constituyen resistencia, obstrucción, excusa o negativa las conductas consistentes en no facilitar el examen de documentos, informes, antecedentes, libros, registros, facturas, justificantes y asientos de contabilidad principal o auxiliar, programas y archivos informáticos, sistemas operativos y de control y cualquier otro dato con trascendencia tributaria, esto es, conductas que puedan traducirse en la denegación de pruebas.

---

la legitimidad de diligencias tales como la identificación y reconocimiento de un imputado, la entrada y registro en un domicilio, o las intervenciones telefónicas o de correspondencia». El profesor López Martínez ha definido los deberes de información tributaria de terceros como «aquellos vínculos jurídicos que pueden ser englobados en la genérica categoría de los deberes de colaboración, que se concretan en torno a un general deber de información, cuyo fundamento reside en la configuración del deber de contribuir, como principio básico de solidaridad que se dirige hacia la consecución de un interés fiscal, exponente de un interés colectivo o general, meramente objetivo, que delimita un específico vínculo jurídico, deber tributario en sentido estricto, que se proyecta sobre el obligado tributario por su simple pertenencia al ente público que los solicita y su posibilidad de coadyuvar a las funciones que este tiene atribuidas por las específicas relaciones económicas, profesionales o financieras que el obligado mantiene con terceras personas sobra las que efectuará la trascendencia tributaria de los datos objetos del deber. Este deber específico de información puede ser exigido por acción directa de la Ley, constituyendo deberes de información generales en los que la Administración se limitará a comprobar su cumplimiento y veracidad no mediante el ejercicio de la potestad de obtención de información que se concreta en un acto administrativo de requerimiento, originando de esta forma un específico deber principal y autónomo frente a los obligados tributarios así delimitados, concretándose en una pretensión de hacer que configura una auténtica prestación personal de carácter público, determinando el contenido deber para cuyo cumplimiento se efectuará un acto de ejecución consistente en la entrega a la Administración de datos, consignados en la Ley o requeridos individualmente, resultado este de una serie de actividades personales trascendentes a la efectiva realización de la prestación objeto del deber, con los que el obligado tributario evitará una reacción del ordenamiento de tipo sancionatorio». Cfr. López Martínez, J. (1992). *Los deberes de información tributaria de terceros,* Marcial Pons, p. 225.

5 Ley 1/1998, de 26 de febrero, de Derechos y Garantías de los Contribuyentes.

6 Cfr. artículo 210.2 LGT.

Las sanciones anudadas a tales incumplimientos pueden llegar a alcanzar, en no pocos supuestos, un importe máximo de 600.000 euros, resultando incuestionable, a la luz de su importe, su carácter compulsivo y, por ende, intimidatorio para aquel obligado tributario que se ve en la tesitura de colaborar con la Administración en el seno de un procedimiento de comprobación, facilitando datos o documentos que posteriormente pudieran llegar a incriminarle en el marco de un proceso sancionador o incluso penal.

2. EL DERECHO A NO AUTOINCULPARSE EN LA JURISPRUDENCIA DEL TRIBUNAL EUROPEO DE DERECHOS HUMANOS Y DEL TRIBUNAL DE JUSTICIA DE LA UNIÓN EUROPEA: ÁMBITO OBJETIVO Y SUBJETIVO

La relevancia que ha adquirido el principio *nemo tenetur se ipsum acusare* en el ámbito tributario viene de la mano de un conjunto de pronunciamientos del TEDH dictados en virtud de lo previsto en artículo 6 del CEDH, relativo al proceso equitativo, pese a que este no contempla expresamente al derecho a la no autoincriminación[7].

La sentencia *Funke v. Francia*, de 25 de febrero de 1993 (*Tol 168781*), reconoció que el derecho a no autoincriminarse se encontraba implícito en la noción de proceso equitativo. El TEDH consideró en el citado asunto que la sanción impuesta al recurrente, como consecuencia de la negativa a aportar a la Administración los documentos requeridos, vulneraba el derecho vigente en la esfera penal a no autoincriminarse.

En concreto se señaló que «las autoridades aduaneras provocaron la condena del señor Funke con el fin de conseguir ciertos documentos cuya existencia presumían, aunque no tenían la certeza de ello. Siendo incapaces o no queriendo obtenerlos por otros medios, intentaron obligar al demandante a que proporcionara las pruebas de las infracciones que supuestamente había cometido. Pero las características especiales de las leyes sobre derechos de aduana (...) no pueden justificar una infracción de toda persona acusada en materia penal, según el significado propio de esta expresión en el artículo 6 a no declarar y a no contribuir a su propia incriminación».

Un año más tarde, la sentencia dictada en el caso *Bendenoun v. Francia*, de 24 de febrero de 1994 (*Tol 123772*), admitió la posibilidad de invocar el principio *nemo tene-*

---

7 El Tribunal Europeo de Derechos Humanos ha señalado que, aunque el artículo 6 del Convenio Europeo de Derechos Humanos no menciona el derecho a guardar silencio, este constituye una norma internacional generalmente reconocida, que conforma la base del concepto de proceso equitativo. Al proteger al acusado de la coacción indebida por parte de las autoridades, este derecho contribuye a evitar errores judiciales y a garantizar el resultado perseguido por dicho artículo 6. Cfr. sentencia del TEDH de 8 de febrero de 1996, *John Murray v. Reino Unido*.

tur en el ámbito sancionador tributario. Así, de un lado, el imputado podrá invocar las garantías frente a la autoinculpación en los procedimientos que puedan concluir con la imposición de sanciones y, de otro, se priva de valor probatorio a las declaraciones y datos autoincriminatorios obtenidos bajo coacción.

Todavía más relevante resulta la sentencia dictada en el caso *Saunders v. Reino Unido*, de 17 de diciembre de 1996 (*Tol 123776*). Esta sentencia anuló las condenas impuestas al Sr. Saunders al considerar probado que las declaraciones con trascendencia penal vertidas por el contribuyente en el procedimiento de aplicación de los tributos se habían realizado mediante coacción. El derecho a principio *nemo tenetur* se consideró vulnerado en relación con el derecho a guardar silencio y presupone que las autoridades habrán de probar los hechos incriminatorios sin recurrir a métodos coercitivos o de presión en contra de la voluntad de la persona acusada[8].

En este pronunciamiento, el Tribunal introdujo una precisión en el ámbito de aplicación del Derecho a no autoinculparse, al señalar que este no abarca los datos que tengan una existencia independiente de la voluntad del sujeto al que se solicitan, afirmación que planteó la duda doctrinal en torno a si el contribuyente debía aportar información o documentos previstos legalmente (v. gr: contabilidad, libros registros y la documentación en las que estos se sustentan)[9].

Asimismo, en la sentencia *J.B. v. Suiza*, de 3 de mayo de 2001 (*Tol 9524648*), el TEDH reconoció que el *nemo tenetur* opera no solo en el ámbito de los procedimientos específicamente sancionadores, sino también en todos aquellos que tuvieran como resultado la imposición de una sanción tributaria. Concretamente, los hechos se referían a inversiones no declaradas por el demandante durante varios ejercicios fiscales y que, tras ser detectadas, dieron lugar al inicio del correspondiente procedimiento por evasión de impuestos. El demandante reconoció los hechos, pero se negó a facilitar los documentos que probaban el origen de sus recursos económicos lo que generó la imposición de una sanción por la Administración tributaria suiza. En este caso, nuevamente, el Tribunal consideró que el derecho a no autoincriminarse exige que las autoridades consigan fundamentar su decisión sin recurrir a métodos de coerción. Dado que no se trata de datos que tengan existencia independiente de la persona no podrán requerirse ni obtenerse bajo coacción.

---

8 Cfr. García Novoa, C. (2005). "Una aproximación del Tribunal Constitucional al derecho a no autoinculparse ante la Inspección tributaria en relación con los delitos contra la Hacienda Pública". *Jurisprudencia Tributaria,* (3), p. 12.

9 Cfr. Sánchez Ayuso, I. (2002). "El derecho a no autoinculparse: trascendencia práctica de la sentencia JB contra Suiza del Tribunal Europeo de Derechos Humanos". *Temas tributarios de actualidad*, AEDAF, p. 36.

En la sentencia del TEDH de 5 de abril de 2012 (*Tol 9064239*), dictada en el caso *Chambaz v. Suiza*, se declaró por el tribunal que el derecho a no autoinculparse resulta invocable también en aquellos procedimientos en los que se mixtifica la acción liquidadora con la sancionadora, exigiéndose la colaboración de los obligados tributarios bajo coacción. De este modo, como ya se había señalado en el caso *Shannon v Reino Unido*[10], el derecho a la no autoincriminación no es aplicable en los procedimientos de aplicación de los tributos, salvo que los datos obtenidos en el curso de los mismo bajo coacción puedan ser ulteriormente empleados en procedimientos sancionadores o penales[11].

Resulta relevante advertir que, a diferencia de lo que se había señalado en el asunto *Saunders*, el TEDH confirmó en el caso *Chambaz* que el derecho a no autoinculparse resulta invocable no solo respecto a las declaraciones potencialmente autoincriminatorias que pudiera verse forzado a realizar el obligado tributario (declaraciones orales o escritas), sino también en relación con los documentos que este se viera obligado a facilitar a la Administración tributaria de forma coactiva, incluso en el marco de un procedimiento de aplicación de los tributos distinto al específicamente sancionador, siempre y cuando los datos pudieran emplearse ulteriormente a efectos sancionadores o penales. Según precisa el Tribunal, la garantía rige incluso cuando los documentos recabados por la Administración podrían ser obtenidos por otros medios, situación en la que podría resultar dudosa su eficacia[12].

Tras la entrada en vigor de la CDFUE, hace más de una década, el Tribunal de Justicia de la Unión Europea (en adelante, TJUE) ha tenido ocasión de refrendar la ju-

10 STEDH de 4 de mayo de 2005.

11 Para un análisis de las principales sentencias del TEDH que se han ocupado de esta cuestión, cfr. Palao Taboada, C. (2008). *El derecho a no autoinculparse en el ámbito tributario*. Thomson-Civitas, pp. 27-46; Sanz Díaz-Palacios, A. (2008). "Elementos adicionales de análisis en materia de autoincriminación tributaria", Documentos de trabajo IEF, (19), pp. 8-11; del mismo autor (2012). "El derecho de los contribuyentes a no autoinculparse en el asunto Chambaz contra Suiza (comentario a la STEDH de 5 de abril de 2012). *Tribuna Fiscal*, (263), pp. 25 a 30; Lozano Serrano, C. (2015). "El deber de colaboración tributaria sin autoincriminación", *Quincena Fiscal*, (8), (documento consultado en línea a través de Aranzadi Instituciones); y Trigueros Martín, M.J. (2016). "Los límites a las actuaciones de información realizadas por la inspección: ineficaces unos, inexistentes otros". *Revista de Contabilidad y Tributación*, (401-402), pp. 40 a 47 y Hermosín Álvarez, M. (2018). "Los derechos de defensa y el deber de colaboración con la Administración tributaria". *Estudios de Deusto*, vol. 66/2, pp. 226-230

12 Sobre esta cuestión, haciendo referencia a la posibilidad de cuestionar la solicitud de documentación a la luz de la jurisprudencia del TEDH, vid. Baker, P. (2012). "Recent Cases of the European Court of Human Rights", *European Taxation*, (12), pp. 584-585.

risprudencia del TEDH relativa a la prohibición de autoincriminación, al tiempo que establecer un diferente nivel de protección para personas físicas y jurídicas[13].

En la sentencia de 2 de febrero de 2021 dictada en el caso *CONSOB*[14] *(Tol 8289239)*, el Tribunal de Luxemburgo analiza el alcance del Derecho derivado de la Unión y del Ordenamiento interno de los Estados miembros a la luz de los derechos fundamentales, pues la Directiva 2003/6 (*Tol 257833*)[15] y el Reglamento 596/2014 (*Tol 4422338*)[16] disponen que son los Estados miembros los que deben determinar las sanciones aplicables por la infracción del deber de colaboración, precisando que, en este contexto, la autoridad competente debe poder requerir información de cualquier persona y, en caso necesario, citar e interrogar al sujeto en cuestión.

En dicho marco, advierte el TJUE que el Derecho derivado de la Unión debe interpretarse, en la medida de lo posible, de manera que no cuestione su validez y de conformidad con el conjunto del Derecho primario y, en particular, con las disposiciones de la CEDH. Así, cuando el Derecho derivado de la Unión es susceptible de varias interpretaciones, procede dar preferencia a aquella que hace que la disposición se ajuste al Derecho primario, y no a la que conduce a considerarla incompatible con este[17].

En virtud de este principio, el Tribunal de Luxemburgo declaró que, tanto el artículo 14, apartado 3, de la Directiva 2003/6 como el artículo 30, apartado 1, letra b), del Reglamento 596/2014, se prestan a una interpretación conforme con los artículos 47 y 48 de la Carta, según la cual no requieren, como había planteado la Corte Constitucional italiana, que una persona física sea sancionada, en todo caso, por su negativa a dar a la autoridad competente respuestas de las que pueda derivarse su propia responsabilidad por una infracción que lleve aparejada sanciones administrativas de carácter penal o responsabilidad penal.

---

13 El derecho a guardar silencio se consagra por los artículos 47, párrafo segundo, y 48 de la Carta. Al igual que el artículo 6 del CEDH, estos preceptos de la CDFUE relativos, respectivamente, a la tutela judicial efectiva y a un juez imparcial, así como a la presunción de inocencia y los derechos de defensa, tampoco aluden expresamente al derecho a no autoincriminarse.

14 STJUE de 2 de febrero de 2021, *Commissione Nazionale per le Società e la Borsa* (CONSOB), C-481/19, apartado 50.

15 Directiva 2003/6/CE del Parlamento Europeo y del Consejo, de 28 de enero de 2003, sobre las operaciones con información privilegiada y la manipulación del mercado.

16 Reglamento 596/2014, del Parlamento Europeo y del Consejo, de 16 de abril de 2014, sobre el abuso de mercado y por el que se derogan la Directiva 2003/6/CE del Parlamento Europeo y del Consejo, y las Directivas 2003/124/CE, 2003/125/CE y 2004/72/CE de la Comisión.

17 STJUE de 2 de febrero de 2021, *Commissione Nazionale per le Società e la Borsa* (CONSOB), C-481/19, apartado 39.

De este modo, asumiendo la jurisprudencia previa del TEDH sobre el particular, se confirma que el Derecho originario de la Unión excluye la posibilidad de sancionar a aquellas personas físicas que se nieguen a colaborar con la Administración mediante la aportación de información que posteriormente podría ser utilizada en su contra[18]. Ahora bien, resulta obligado advertir que el Tribunal de Luxemburgo, en la sentencia de referencia, reitera la existencia de un doble nivel de protección para las personas físicas y jurídicas en relación con el derecho a no autoinculparse que ya se había puesto de relieve en su jurisprudencia previa[19].

Como ha señalado al respecto Alonso García, habrá que ver si tal diferenciación de trato pasará en el futuro, por lo que respecta a las personas jurídicas, la criba del TEDH. Por el momento, parece estar claro que una aproximación a la esfera de las personas jurídicas en términos más restrictivos de protección, con carácter general, comparada con la esfera de las personas físicas, no es vista con malos ojos ni por el legislador de la Unión ni por el TEDH[20].

---

18 *Ibidem*, apartados 39 a 42.

19 Vid. las sentencias de 18 de octubre de 1989, Orkem/Comisión, apartado 34; de 29 de junio de 2006, Comisión/SGL Carbón, C-301/04 P, apartado 41 (*Tol 4627936*); 25 de enero de 2007, Dalmine/Comisión, C-407/04 P, apartado 34 (*Tol 4627887*) y de 2 de febrero de 2021, Commissione Nazionale per le Società e la Borsa (CONSOB), C-481/19, apartados 46 a 48 (*Tol 8289239*).

20 Cfr. Alonso García, R. (2021). "La puesta en práctica por la Corte Constituzionale de la protección multinivel de los derechos en la UE", *Revista Española de Derecho Constitucional Europeo,* (35). Según advierte este autor, «por lo que respecta al legislador de la Unión, conviene llamar la atención sobre la Directiva (UE) 2016/343 del Parlamento y del Consejo, de 9 de marzo de 2016, por la que se refuerzan en los procesos penales determinados aspectos de la presunción de inocencia y el derecho a estar presente en el juicio, cuyo artículo 7 protege, por vez primera de manera expresa en el Derecho de la Unión, el "derecho a guardar silencio" y el "derecho a no declarar contra sí mismo". Pues bien, según reza el Considerando 13 de su Preámbulo: "La presente Directiva reconoce diferentes necesidades y grados de protección con respecto a determinados aspectos de la presunción de inocencia de las personas físicas y jurídicas. Por lo que respecta a las personas físicas, dicha protección se refleja en jurisprudencia reiterada del Tribunal Europeo de Derechos Humanos. No obstante, el Tribunal de Justicia ha reconocido que los derechos que dimanan de la presunción de inocencia no amparan a las personas jurídicas en idéntica medida que a las personas físicas". Y por lo que respecta al TEDH, si bien es cierto que hasta el momento no se ha pronunciado específicamente sobre el alcance del derecho a guardar silencio en relación con las personas jurídicas, sí que ha adoptado una aproximación restrictiva respecto de estas, si comparada con la concerniente a las personas físicas, en el contexto de otros derechos del CEDH, como, por ejemplo, del derecho a la inviolabilidad del domicilio (artículo 8 CEDH). Como reparó en sus Conclusiones el Abogado General Pikamäe, el TEDH, en su Sentencia Niemietz c. Alemania, de 16 de diciembre de 1992, apreció que un registro llevado a cabo por la policía en el despacho de un abogado independiente en el que este vivía constituía una violación de su "domicilio". No obstante, también declaró que el derecho de injerencia de

Desde la perspectiva española, esta cuestión fue abordada por la Sala segunda del Tribunal Supremo, en su sentencia de 8 de junio de 2018 (*Tol 6634012*)[21], de la que cabe colegir que el derecho a no aportar documentación incriminatoria, una vez que las sociedades son susceptibles de ser sancionadas penalmente[22], debe ser extrapolable a las personas jurídicas, si bien es cierto que, en el supuesto concreto, no se apreció la existencia de una conducta autoinculpatoria de la sociedad imputada.

Además, debe tenerse presente que la Ley de Enjuiciamiento Criminal (*Tol 214466*)[23] dispone, en su artículo 786 bis, que el representante especialmente designado para representar a la empresa podrá hacer uso del derecho a la no autoincriminación. En concreto, este precepto establece que «(d)icha persona podrá declarar en nombre de la persona jurídica si se hubiera propuesto y admitido esa prueba, sin perjuicio del derecho a guardar silencio, a no declarar contra sí mismo y a no confesarse culpable (...)»[24].

En esta línea se sitúa también la sentencia del Tribunal Constitucional 54/2015 (*Tol 4945892*)[25], en la que se declara la vulneración del derecho a no declarar en relación con el Impuesto sobre la Renta de las Personas Físicas, el Impuesto sobre Sociedades y el Impuesto sobre el Valor Añadido, sin ninguna referencia al hecho de que la información haya sido solicitada a la sociedad o a una persona distinta[26].

---

los Estados con arreglo al artículo 8.2 CEDH podría ir más lejos «en el caso de los locales o actividades profesionales o comerciales que en otros casos». En relación con la Directiva 2016/343 y el derecho a no autoinculparse, vid., asimismo, Sanz Díaz-Palacios, A. (2017). "La Directiva (UE) 2016/343 y el derecho a no autoinculparse en materia tributaria", *Crónica Tributaria*, (162), 2017, pp. 113-136.

21 Rec. núm. 1206/2017.

22 Carreras Manero, O. (2015). "El sujeto activo del delito contra la Hacienda Pública: Análisis de la autoría y otras formas de participación en el mismo", *Revista Española de Derecho Financiero*, (167), (documento consultado en línea a través de Aranzadi Instituciones).

23 Real Decreto de 14 de septiembre de 1882 por el que se aprueba la Ley de Enjuiciamiento Criminal.

24 Sin embargo, si el tribunal o las acusaciones citan como testigos a los administradores o miembros del consejo de administración de la persona jurídica, estarán obligados a prestar declaración y a no incurrir en falso testimonio. Por tanto, resulta contradictorio que el representante de la persona jurídica —que puede ser uno de los administradores— pueda acogerse a su derecho a no declarar y a no incriminar a la empresa con su testimonio —pudiendo no decir verdad—, y sin embargo los demás miembros del consejo de administración estén desprovistos de este beneficio, que en último caso puede perjudicar a la persona jurídica.

25 STC 54/2015, de 16 de marzo.

26 Vid. Falcón y Tella, R. (2015). "El derecho a no declarar y la inviolabilidad del domicilio: la STC 54/2015, de 16 de marzo", *Quincena Fiscal*, (13) (documento consultado en línea a través de Aranzadi Instituciones).

La citada sentencia afirma la plena aplicación del derecho a no autoincriminarse en los procedimientos administrativos sancionadores: «A diferencia del Convenio europeo para la protección de los derechos humanos y de las libertades fundamentales, nuestra Constitución sí menciona específicamente en su art. 24.2 los derechos a "no declarar contra sí mismos" y a "no confesarse culpables", que, como venimos señalando, están estrechamente relacionados con los derechos de defensa y a la presunción de inocencia, de los que constituye una manifestación concreta (STC 161/1997 de 2 de octubre, FJ 5). Este reconocimiento del derecho a no declarar contra sí mismo, en cuanto garantía instrumental del derecho de defensa, ha de ser respetado, en principio, en la imposición de cualesquiera sanciones administrativas, sin perjuicio de las modulaciones que pudiera experimentar en razón de las diferencias existentes ente el orden penal y el administrativo sancionador, precisando que "los valores esenciales que se encuentran en la base del art. 24.2 CE no quedarían salvaguardados si se admitiera que la Administración pudiera compeler u obligar al administrado a confesar la comisión o autoría de los hechos antijurídicos que se le imputan o pudieran imputar o a declarar en tal sentido" (entre otras, SSTC 272/2006, de 25 de septiembre, FJ 3 (*Tol 997595*); 70/2008, de 23 de junio, FJ 4 (*Tol 1341459*) y 142/2009, de 15 de junio, FJ 4)».

De confirmase el criterio que parece sentado mediante la sentencia 54/2015 del Tribunal Constitucional[27], en relación con la posibilidad de extender los efectos de la autoincriminación a las personas jurídicas, en contra del planteamiento del TJUE, estimamos deberá prevalecer la interpretación del órgano jurisdiccional nacional, toda vez que nada impide que los máximos interpretes constitucionales de los Estados miembros realicen una lectura más garantista de los derechos fundamentales múltiplemente reconocidos por la Constitución, el TDFUE y la CEDH, incluso cuando se aborda la aplicación de una normativa armonizada en el seno de la Unión Europea[28].

Con independencia de la respuesta que finalmente se acabe otorgando a esta relevante cuestión, que a nuestro juicio debería resolverse en el sentido de extender el derecho a la no autoincriminación también a la esfera de las personas jurídicas[29], hemos de destacar que la sentencia del TJUE dictada en el caso *CONSOB*, relativa a un supuesto de naturaleza no tributaria, también ha puesto de manifiesto, siguiendo la línea previamente trazada por el TEDH, que el derecho a la no autoinculpación podrá invocarse en el curso de los procedimientos de comprobación e investigación. En efecto, el TJUE afirma que «(e)l derecho a guardar silencio no puede limitarse razonablemente

---

27 STC 54/2015, de 16 de marzo.

28 Vid., a estos efectos, la STJUE de 24 de julio de 2023, *LIN*, C-107/23.

29 Más adelante nos referiremos a la STC 18/2005, de 1 de febrero (*Tol 570203*), en la que se confirma el doble nivel de protección para personas físicas y jurídicas al que alude el Tribunal de Luxemburgo en la sentencia dictada en el caso CONSOB.

a la confesión de actos ilícitos o a las observaciones que inculpen directamente al interesado, sino que abarca también información sobre cuestiones de hecho que puedan utilizarse posteriormente en apoyo de la acusación y afectar así a la condena o sanción impuesta a dicha persona»[30].

En los siguientes apartados abordaremos la respuesta de los tribunales españoles a la posibilidad de invocar el principio de no autoincriminación en los procedimientos de aplicación de los tributos que, como veremos, en buena medida se aparta de los postulados del TEDH y del TJUE previamente enunciados. Esto nos permitirá conocer el ámbito objetivo de la garantía procesal de referencia en la jurisprudencia nacional, significativamente más restrictiva que la que doctrina acuñada, a lo largo de las tres últimas décadas, por los Tribunales de Estrasburgo y Luxemburgo.

3. LA POSICIÓN DEL TRIBUNAL CONSTITUCIONAL RESPECTO DEL DERECHO A NO AUTOINCRIMINARSE EN EL PROCEDIMIENTO SANCIONADOR TRIBUTARIO

El punto de partida de la interpretación que se ha realizado del derecho a no autoincriminarse en el ordenamiento tributario español lo encontramos en la sentencia del Tribunal Constitucional 110/1984 (*Tol 79399*)[31], en la que no se descartó la existencia un derecho a la reserva de datos con trascendencia fiscal esgrimible frente a la Administración tributaria por cuanto «la Inspección va dirigida a verificar la conducta fiscal del contribuyente y, en particular, a constatar la veracidad declaraciones a la Hacienda Pública. Esa actividad investigadora conducirá a obtener pruebas, en su caso, de que el contribuyente ha defraudado al Fisco, pero es evidente que no se le exige al contribuyente la difícil prueba de su inocencia. Lo único que se le impone es el deber de aportar los datos que puedan ayudar a la investigación. (...) No se le exige, por tanto, que declare contra sí mismo (art. 24.2 de la Constitución), sino que se le faculta para entregar unos documentos que, en todo caso, tendrá que facilitar un tercero (la entidad de crédito)».

Por esta senda avanza la sentencia del Tribunal Constitucional 76/1990 (*Tol 80368*)[32]. Entre las diversas cuestiones que fueron examinadas en este relevante pronunciamiento, una de ellas se refería a la posible inconstitucionalidad del artículo 83.3 f) de la LGT de 1963 (*Tol 327278*). Dicho precepto constituye el antecedente inmediato del artículo 203 de la LGT en vigor, en el que se califica como infracción tributa-

30 STJUE de 2 de febrero de 2021, Commissione Nazionale per le Società e la Borsa (CONSOB), C-481/19, apartado 40.

31 STC 110/1984, de 26 de noviembre.

32 STC 76/1990, de 26 de abril.

ria la falta de aportación de pruebas y documentos contables requeridos por la Administración tributaria o la negativa a su exhibición.

Con carácter previo a la aparición de esta sentencia, el Tribunal Supremo tuvo ocasión de pronunciarse sobre esta cuestión en el auto de 20 de septiembre de 1988 mediante el que se elevó la cuestión de inconstitucionalidad, al declarar que «(...) el precepto legal meritado no ha de ser interpretado tan solo en el sentido de que mediante el deber de colaboración con la Administración de los contribuyentes y terceros respecto a las actuaciones de aquella, pues el referido deber, si bien ha de ser amplio respecto a la conducta de dichos terceros no contribuyentes, salvo en los supuestos de secreto profesional, sin embargo, en los propios contribuyentes no ha de rebasar el umbral donde comienza el derecho del ciudadano a no autoinculparse, como un elemento de protección de su presunción de inocencia, pues no ha de presumirse, en todo caso, su culpabilidad mientras no se demuestre lo contrario, sino que, más bien, ha de presumirse su inocencia hasta que su culpabilidad haya sido fijado a través de pruebas practicadas al efecto, pues la carga procedimental de superar el silencio del contribuyente para no autoinculparse y la destrucción de la presunción de inocencia ha de incumbir al que acusa y sanciona, ya que en caso de no ser así baldío sería el artículo 24.2 de la Constitución (*Tol 173304*), puesto que el ciudadano tiene derecho a reservarse, si entiende que una conducta procedimental distinta, antes de recibir instrucciones de sus derecho por los profesionales encargados de su asesoramiento y defensa, pudiera llegar a autoinculparle involucrándose indebidamente en una presunta infracción tributaria; por ello, amén de que no ha de constituir infracción autónoma —la norma llega a utilizarla incluso como adicional de una presunción de mala fe—, el precepto anteriormente analizado de la Ley General Tributaria da lugar a una interpretación jurídica que vulnera el artículo 24.2 de la Constitución española, que reconoce el derecho de todas las personas a utilizar los medios pertinentes para su defensa, no declarar contra sí mismos, no confesarse culpables, así como a la presunción de inocencia, lo que aconseja el planteamiento de su posible inconstitucionalidad ante el Tribunal Constitucional».

Pese a la opinión anticipada por el Tribunal Supremo en el auto reproducido, el Tribunal Constitucional desestimó dicha tacha de inconstitucionalidad por considerar que el deber de información tributaria no se encuentra dentro del ámbito protegido por el artículo 24.2 de la Constitución Española, al no poder equipararse con una declaración del contribuyente y encontrarse dentro del procedimiento de gestión tributaria, donde dicha colaboración es indispensable para el cabal cumplimiento de las tareas encomendadas a la Administración tributaria.

En concreto, el Tribunal Constitucional señaló, en el fundamento jurídico décimo de su sentencia, que «(...) la Sala (Tercera del Tribunal Supremo) no discute la presencia de un genérico deber de colaboración del contribuyente con la Administración tributaria, pero encuentra un límite de dicho deber en el derecho a no autoinculparse (...), la Sala parte en su razonamiento de una equívoca comprensión de lo que supone la aportación de documentos contables en el artículo 83.3 j) de la LGT. Los documentos contables son elementos acreditativos de la situación económica y financiera del contribuyente: situación que es preciso exhibir para hacer posible el cumplimiento de la obligación tributaria y su posterior inspección, sin que pueda considerarse la aportación o exhibición de esos documentos contables como una colaboración equiparable a la declaración comprendida en el ámbito de los derechos proclamados en los artículos 17.3 y 24.2 de la Constitución. Del mismo modo que el deber del ciudadano de tolerar que se le someta a una especial modalidad de pericia técnica (*verbi gratia* el llamado control de alcoholemia) no puede considerarse contrario al derecho a no declarar contra sí mismo y al de no declararse culpable (SSTT 103/1985, 145/1987, 21/1988, entre muchas otras), cuando el contribuyente aporta o exhibe los documentos contables pertinentes no está haciendo una manifestación de voluntad ni emite una declaración que exteriorice un contenido admitiendo su culpabilidad».

La analogía realizada por el Tribunal Constitucional entre el deber de tolerar el control alcoholímetro por parte de los conductores y el deber de colaboración tributaria en su forma de deber de información no nos parece afortunada y obliga a realizar determinadas matizaciones. En este sentido, Aguallo Avilés y García Berro han advertido que «(...) mientras que el acusado no puede ser obligado a aportar prueba, sí tiene el deber de soportar prueba, es decir de soportar la actividad probatoria de quien tiene la carga de probar, en nuestro ámbito la Administración tributaria»[33].

Esta distinción se refiere básicamente al tipo de conducta adoptada por el sospechoso sometido a un proceso de investigación. En este sentido, lo que resultaría atentatorio contra el derecho a no declarar contra uno mismo sería la exigencia de una conducta activa, es decir, la aportación de pruebas o evidencias por parte del sujeto investigado. Sin embargo, no habría ningún problema de constitucionalidad si el sujeto adopta una posición pasiva, según la cual no se exige ningún comportamiento activo, sino simplemente el sometimiento a distintos tipos de pericias técnicas, como lo serían la prueba alcoholométrica, exámenes de sangre, orina o ADN[34].

No obstante, interesa precisar, en primer lugar, que la distinción entre conductas activas y pasivas, o entre aportar y soportar prueba como criterio para apreciar la vulneración del derecho a no autoincriminarse, distan mucho de ser pacíficamente admitidas

---

33 Cfr. Aguallo Avilés, A. y García Berro, F. (1999). *Deber de colaboración con la Administración tributaria y Derecho a no autoincriminarse: un conflicto aparente*, Asociación Española de Asesores Fiscales, emoria del Congreso XXIII titulado "El asesor fiscal ante el nuevo siglo, p. 98.

34 Cfr. Herrera Molina, P.M. (1997). "Los derechos a guardar silencio y a no declarar contra sí mismo en el proceso inspector. Comentario y traducción de la sentencia del Tribunal Europeo de Derechos Humanos de 17 de diciembre de 1996 Saunders v. United Kingdom", *Impuestos*, (15 y 16), p. 132.

por la doctrina[35], e incluso en el seno del mismo Tribunal Constitucional[36]. En segundo lugar, aun admitiendo estas distinciones con tal finalidad, parece indudable que en el caso del deber de información tributaria nos encontramos en la categoría de conductas activas o de aportación de prueba.

Tampoco parece haber dificultades para admitir que la información tributaria carece de una existencia cierta e independiente de la voluntad del sospechoso o acusado[37].

---

35 En este sentido, se ha señalado que «la obligación que el artículo 118 de la Constitución española impone a todos los ciudadanos de prestar la colaboración requerida por los jueces y tribunales en el curso del procedo no exige al individuo una colaboración activa en la práctica de aquellas medidas que puedan incriminarlas, pues tan solo puede serle reclamada una actitud pasiva. Así lo ha reconocido el Bveerfg - Berfge, 27, 24 y la doctrina alemana para la cual el p. 81 a) St. P.O., obliga al afectado a soportar las intervenciones pasivamente. Por tanto (...), si el imputado se limita a adoptar una actitud pasiva, deseando que no desea someterse a las intervenciones corporales, o evitando simplemente prestar su colaboración en su ejecución no parece que pueda ser aplicado el artículo 237 del Código Penal, y menos aún el artículo 231, pues en estos casos se limitara a ejercitar su derecho a no contribuir a su propia incriminación». Cfr. Moner Muñoz, E. (1993). *Las restricciones de los derechos fundamentales de la persona en el proceso penal, Cuadernos de Derecho Judicia*l, Consejo General del Poder Judicial, pp. 169-170.

36 Cfr. el voto particular del Magistrado Ruiz Vadillo, al que se adhiere el Magistrado García-Mon y González Regueral, en la Sentencia 161/1997, de 2 octubre (*Tol 80785*), donde se señala que «obligar a una persona, bajo la amenaza de incurrir en un delito castigado con pena privativa de libertad, a someterse a las correspondientes pruebas de alcoholemia o de detección de drogas tóxicas, estupefacientes o sustancias psicotrópicas, que pueden llegar a la extracción de sangre para su posterior análisis clínico, representa en la práctica imponer al acusado (cfr. la relación del art. 380 con el 379 CP) la carga de colaborar con la acusación para el descubrimiento de la verdad en términos compatibles con la libertad del ejercicio del derecho de defensa. En este sentido, me apoyo en la doctrina reiterada de este tribunal (entre otras STC 124/1990 (*Tol 81808*), fundamento jurídico tercero) según el cual la presunción de inocencia libera precisamente al acusado de probar su propia inocencia y, por tanto, le permite mantener una posición de pasividad que excluye toda idea de colaboración coercitiva. (...) La falta de colaboración en el descubrimiento de otros delitos, mucho más graves, y sin desconocer la significación del que se castiga en el artículo 379, no se castiga, porque hacerlo, como ya he dicho, supone, ése es al menos mi punto de vista, exigir, de alguna manera, al acusado que colabore con la acusación, camino muy delicado que puede conducir a consecuencias especialmente importantes y con unos posibles efectos expansivos no previstos ni, sin duda, deseados».

37 No obstante, para Carmelo Lozano, al hilo de la jurisprudencia del Tribunal de Estrasburgo, no resultarán amparados por el principio de autoincriminación las declaraciones o autoliquidaciones y a los datos que estas contienen o deben contener, así como los justificantes y la documentación relativa a los datos susceptibles de declaración o autoliquidación. El mismo criterio se aplica a la aportación de contabilidad y a los libros registro, así como a las facturas y documentación acreditativa de las operaciones registradas. Vid. Lozano Serrano, C. (2015). "El deber de colaboración tributaria sin autoincriminación", *Quincena Fiscal*, (8), (documento consultado en línea a través de Aranzadi Instituciones).

Su existencia será siempre presunta a los ojos de la Administración tributaria, y su contenido nunca será independiente del contribuyente, puesto que es siempre, directa o indirectamente, el resultado de su propia actividad. Así se señaló en la sentencia del TEDH dictada en el caso *Funke v. Francia*[38], cuestión que se ha visto previamente confirmada en el asunto *Chambaz*.

Por otro lado, no parece acertado utilizar analógicamente los argumentos que se refieren a la prueba de la alcoholemia para resolver una cuestión referente a un procedimiento tributario, puesto que ni los bienes jurídicamente protegidos son asimilables, ni la intensidad de las actividades es comparable. Efectivamente, en el caso de la prueba alcoholométrica que se realiza a los conductores de vehículos el bien jurídico protegido se refiere a la vida y a la integridad física de las personas, mientras que, en el caso del deber de colaboración, el bien jurídico protegido se refiere al deber al sostenimiento de los gastos públicos.

Además, en buena parte de los supuestos, los datos aportados por el obligado tributario principal podrán haber sido obtenidos por la Administración a través de la colaboración de terceros. Es precisamente en este punto donde claramente reside la diferencia entre los dos supuestos equiparados por la doctrina del Tribunal Constitucional. El tipo delictivo contemplado en el artículo 379 del Código Penal exige conocer el nivel de alcohol en sangre del presunto infractor o delincuente, circunstancia que será imposible de determinar en el supuesto de que se negase a prestar colaboración. No obstante, es claro que la información que permitirá incriminar al presunto infractor o al delincuente en la esfera tributaria no se encuentra en exclusiva en poder de este, pues será factible obtenerla a través del ejercicio de las potestades que se confieren a la Administración tributaria[39].

Desde esta perspectiva, resulta particularmente controvertida la afirmación del Tribunal Constitucional en el sentido de que la "aportación o exhibición" de documentos contables «no puede considerarse contrario al derecho a declarar contra sí mismo y al de no declararse culpable (...), cuando el contribuyente aporta o exhibe los documentos contables no está haciendo una manifestación de voluntad ni emite una declaración que exteriorice un contenido admitiendo su culpabilidad»[40].

---

38 Cfr. Luna Rodríguez, R. (2002). *El derecho a no autoinculparse en el ordenamiento tributario español*, Universidad Complutense de Madrid, p. 272.

39 *Ibidem*.

40 A juicio de algunos autores, siguiendo la doctrina sentada por el Tribunal Constitucional, no cabrá invocar las garantías frente a la autoincriminación respecto a lo libros de contabilidad, registros y demás documentos que los sujetos pasivos están obligados a llevar y conservar. Como justificación a esta posición se señala que la existencia de ese deber legal es previa e independiente a la presunción de autoinculpación de la información que en ellos se contiene. Por ello,

Como afirma la profesora Soler Roch, «el derecho a permanecer en silencio implica el no facilitar información sobre la comisión de infracciones tributarias, pero no sobre la realización del hecho imponible. En este sentido, tiene razón nuestro Tribunal Constitucional al afirmar que cuando el contribuyente aporta datos o documentación no es esta una declaración de voluntad en la que admita su culpabilidad, pero no es menos cierto que el poner de manifiesto —aunque sea mediante una simple declaración de conocimiento— la realización de hechos imponibles no declarados en su día o declarado o valorados insuficientemente, aportando además la documentación justificativa de estos hechos, constituye, indefectiblemente, una declaración de conocimiento con aportación de pruebas sobre la comisión de conductas constitutivas de infracción tributaria»[41]. Esta es precisamente la línea seguida por el TEDH en el caso *Chambaz*, que extiende, según hemos advertido previamente, el ámbito objetivo de la garantía más allá de las manifestaciones del obligado tributario, extendiendo igualmente sus efectos a los documentos que este estuviera en disposición de aportar.

Sin embargo, no acaban aquí las objeciones a la citada sentencia 76/1990. En la misma se señala, al referirse al artículo 83.3 f) de la LGT de 1963, que «el sustantivo "pruebas" no es utilizado por dicho precepto en un sentido estricto o técnico-jurídico, sino más bien como un concepto equivalente, redundante y sinónimo de la expresión "documentos contables" que la propia norma emplea». En este aspecto, carece de sentido decir que los documentos contables no pueden obrar como pruebas, porque es precisamente basándose en ellos como se realiza gran parte de la inspección y fundamentación de las futuras sanciones. Resulta además contradictorio con lo previamente señalado por el Tribunal Constitucional, al afirmar que «ello no quita, sin embargo, que, en orden a la veracidad o certeza de los hechos sancionados el órgano judicial habrá de ponderar el contenido de las diligencias y actas de inspección de los Tributos, teniendo en cuenta que tales actuaciones administrativas, formalizadas en el oportuno expediente, no tienen la consideración de simple denuncia, sino que, como ha quedado dicho, son susceptibles de valorarse como prueba en la vía judicial contencioso-administrativa, pudiendo servir para destruir la presunción de inocencia sin necesidad de reiterar en la dicha vía la actividad probatoria de cargo practicada en el expediente administrativo»[42].

---

los datos obtenidos de la contabilidad podrán ser utilizados en un procedimiento sancionador sin que la coacción que implica sancionar la negativa a su exposición atente contra el derecho a no declarar. Cfr. Sesma Sánchez, B. (2001). *La obtención de información tributaria,* Elcano, Aranzadi, p. 104.

41 Cfr. Soler Roch, M.T. (1998). *La configuración autónoma del procedimiento sancionador tributario,* XIX Jornadas Latino-Americanas de Direito Tributario, vol. II.

42 Fundamento jurídico octavo de la STC 76/1990, de 26 de abril (*Tol 80368*).

Y dado que en el expediente administrativo obrarán todos los documentos que el contribuyente haya tenido que aportar, en deber del cumplimiento del deber de información, es claro no solo que revisten el carácter de pruebas, sino, además, que serán utilizadas para la ulterior imposición de sanciones. Por todo lo dicho, convenimos con Aguallo Avilés y García Berro cuando señalan que, «(...) a los efectos del derecho a no autoincriminarse, carece de importancia el medio —verbal o documental— empleado para aportar la información. Dicho de otro modo, estamos convencidos de que también puede vulnerar el derecho a no autoincriminarse la condena o sanción con fundamento en la información autoincriminatoria contenida en documentos (libros, registros, contabilidad) aportados bajo coacción»[43].

Pese a las consideraciones doctrinales previamente expuestas, conviene tener presente que el Tribunal Supremo, en su sentencia de 4 de marzo de 2004 (*Tol 392872*)[44], tomando como referencia la jurisprudencia constitucional antes señalada, se pronunció en relación con la naturaleza incriminatoria, o no, de los registros y la documentación contable. En concreto, el Tribunal señaló que «la garantía a la no autoincriminación del artículo 24.2 de la Constitución no alcanza sin embargo a integrar (...) la facultad de sustraerse a las diligencias de prevención, de indagación o de prueba que proponga la acusación o que puedan disponer las autoridades judiciales o administrativas. La configuración genérica de un derecho a no soportar ninguna diligencia de este tipo (...) cuestionaría genéricamente la legitimidad de diligencias tales como la identificación y reconocimiento de un imputado, la entrada y registro en un domicilio, o las intervenciones telefónicas o de correspondencia (...). Tal pretendido derecho haría virtualmente imposible la labor de comprobación de la veracidad de las declaraciones de los contribuyentes a la Hacienda Pública (...). Cuando el contribuyente aporta o exhibe los documentos contables pertinentes no está haciendo una manifestación de voluntad, ni emite una declaración admitiendo su culpabilidad».

Esta concepción del derecho a no autoincriminarse, según la cual mediante la aportación de documentos contables no se está haciendo una manifestación de voluntad y, en consecuencia, admitiendo la culpabilidad, difícilmente encaja con la jurisprudencia del TEDH y del TJUE previamente señalada, pues según hemos señalado, el derecho a la no autoinculpación «(...) abarca también información sobre cuestiones de hecho que pueden utilizarse posteriormente en apoyo de la acusación y afectar así a la condena o

43 Cfr. Aguallo Avilés, A. y García Berro, F., "Deber de colaboración con la Administración tributaria y Derecho a no autoincriminarse: un conflicto aparente", Asociación Española de Asesores Fiscales, *op. cit.*, p. 101.

44 Rec. núm. 11282/1998, ECLI:ES:TS:2004:1473.

sanción impuesta a dicha persona»[45]. Este mismo criterio se desprende de la sentencia dictada por el TEDH en el caso *Chambaz*, a la que nos hemos referido previamente.

De lo señalado por el Tribunal de Luxemburgo en la sentencia *CONSOB*, cabe alcanzar la conclusión de que el derecho a no autoincriminarse deberá hacerse efectivo en el propio procedimiento inspector o gestor, y no en un momento ulterior, debiendo advertirse al obligado tributario de su derecho a no aportar la documentación o información recabada por la Administración si lo estima oportuno para la mejor defensa de sus intereses. Esta es precisamente una de las cuestiones que ha suscitado mayor controversia a nivel doctrinal, pues las opciones para hacer efectiva la garantía constitucional a la no autoinculpación son múltiples y plagadas de matices.

A grandes rasgos, por una parte, cabría establecer la obligatoriedad de advertir al contribuyente en los procedimientos de aplicación de los tributos de su derecho a no declarar contra sí mismo, destipificando la infracción actualmente prevista en el artículo 203 de la LGT y haciendo uso de la estimación indirecta para determinar la base imponible de aquellos contribuyentes que no colaboren con la Administración tributaria.

No obstante, esta alternativa implicaría generalizar un sistema basado en el gravamen de una capacidad económica que, en no pocas ocasiones, diferirá de la real, extrapolando indebidamente a los procedimientos de gestión e inspección principios que, como hemos señalado en el primer capítulo, son exclusivos del ámbito sancionador, resultando factible en los procedimientos de aplicación de los tributos, según se ha señalado en la sentencia 76/1990 del Tribunal Constitucional[46], recabar datos bajo la amenaza de sanción[47].

Por otra parte, manteniendo la separación de procedimientos, cabe negar la virtualidad de los datos, documentos y pruebas de carácter incriminatorio obtenidos en los procedimientos de aplicación de los tributos en la medida en que hayan sido facilitados bajo coacción por el obligado tributario. Como veremos, esta segunda opción es la que nos resulta más convincente en un escenario, en el que, a diferencia del que dio lugar al caso *CONSOB*, es preciso ponderar el interés público plasmado en el artículo 31 de la Constitución en relación con el derecho fundamental a no autoinculparse.

---

45 STJUE de 2 de febrero de 2021, Commissione Nazionale per le Società e la Borsa (CONSOB), C-481/19, apartado 40.

46 STC 76/1990, de 26 de abril.

47 Entre otros, Cfr. Pérez-Piaya Moreno, C. (2008). *Procedimiento sancionador tributario*, Tirant lo Blanch, pp. 307-308 y Álvarez Echagüe, J. M. (2006). "El derecho a la no autoincriminación y su aplicación en el ámbito del Derecho sancionador tributario (La posibilidad de utilizar pruebas obtenidas en un proceso de verificación como fundamento de sanciones penales)", *Crónica Tributaria*, (118), p. 22.

4. LA UTILIZACIÓN DE LA INFORMACIÓN APORTADA COACTIVAMENTE EN LOS PROCEDIMIENTOS DE APLICACIÓN DE LOS TRIBUTOS EN EL PROCEDIMIENTO SANCIONADOR A LA LUZ DE LA CARTA DE DERECHOS FUNDAMENTALES DE LA UNIÓN EUROPEA Y DEL CONVENIO EUROPEO DE DERECHOS HUMANOS

A pesar de que la sentencia 76/1990 del Tribunal Constitucional declaró que la aportación de información tributaria durante el procedimiento de aplicación de los tributos no contrariaba al derecho a no autoincriminarse, sin embargo, no se pronunció sobre si resulta lícito utilizar esa misma información aportada coactivamente en un ulterior procedimiento sancionador tributario[48]. Desde esta perspectiva, el Tribunal hizo suya la afirmación del abogado del Estado al declarar que «carece de sentido invocar un supuesto derecho a no autoinculparse, ya que la aplicación de la presunción de inocencia no puede resultar de recibo en la esfera de la gestión tributaria, donde no tiene sentido hablar de culpables o inocentes en vez de contribuyentes».

Y es que, a juicio del Tribunal Constitucional, con la salvedad antes realizada, motivada por la reciente jurisprudencia del TJUE y del TEDH, mientras nos encontremos exclusivamente en la esfera de aplicación de los tributos, el derecho a la no autoincriminación no debe tener vigencia. Otra cosa será que el Tribunal pudo haber aprovechado la oportunidad brindada por el supuesto enjuiciado para clarificar que la información aportada bajo coacción por el contribuyente no podrá ser utilizada a efectos sancionadores o penales[49].

---

48 Cfr. Luna Rodríguez, R. *El derecho a no autoinculparse en el ordenamiento tributario español, op. cit.*, p. 246.

49 En este sentido, Herrera Molina ha señalado que «la STC de 26 de abril de 1990 parece haber llegado a otra conclusión, pero en realidad se limita a afirmar que el derecho a no autoinculparse no puede alegarse en el procedimiento de «gestión tributaria» (fundamento jurídico 10), pero no afirma en ningún momento que sea inaplicable en un procedimiento administrativo sancionador. El punto débil del argumento radica en la tradicional superposición de los procedimientos de comprobación e inspección de sanciones». Cfr. Herrera Molina, P.M. "Comentario y Traducción de la sentencia del Tribunal Europeo de Derechos Humano de 17 de diciembre de 1996 Saunders v. United Kingdom", *op. cit.*, p. 147. También Aguallo Avilés y García Berro se han pronunciado en un sentido similar al señalar que «(...) cuando la Administración tributaria exija información en el curso de un procedimiento de gestión tributaria, porque el bien jurídico tutelado en el artículo 24 de la Constitución no lo reclama y sin embargo lo exige la protección del interés público tutelado en el artículo 31 de la Constitución, deberá el obligado tributario colaborar aunque los elementos de prueba así obtenidos, si resultan autoincriminatorios, no podrán utilizarse contra él en un procedimiento punitivo. Esto es precisamente, desde nuestro punto de vista, lo que quería decir el Tribunal Constitucional cuando en la STC 76/1990 —

Según ha manifestado Luna Rodríguez, los bienes jurídicamente protegidos, tanto por el deber de contribuir como por el derecho a no autoincriminarse, no se encuentran enfrentados, pues operan en diferentes esferas. El deber de información tributaria brinda cobertura al deber de contribuir, pues facilita la obtención de la información necesaria para verificar el correcto cumplimiento de las obligaciones tributarias que corresponden a los contribuyentes, todo lo cual se haya inmerso, en su acepción más amplia, en los procedimientos de gestión e inspección tributaria[50].

Sin embargo, el derecho a no autoincriminarse se encuentra desvinculado de los referidos procedimientos. La incriminación solo tiene sentido en procesos en los cuales topemos con la presencia del *ius puniendi* del Estado, ya sea este en la esfera penal o administrativo-sancionadora. En la información empleada para liquidar correctamente los tributos no cabe hablar de autoincriminación, pues pagar los tributos debidamente nunca constituirá un "crimen", sino un deber constitucionalizado. Así las cosas, lo único sobre lo cabe incriminarse es sobre la comisión de un ilícito, ya sea penal o administrativo.

En otras palabras, el deber de contribuir del cual se deriva el deber de información tributaria no entra en conflicto con el derecho a no autoincriminarse en tanto sus efectos no sobrepasen los procedimientos de gestión tributaria. Pero las posibles sanciones pecuniarias derivadas de la comisión de ilícitos administrativos sancionadores no pretenden en ningún momento tal objetivo, sino que tienen una finalidad punitiva y disuasoria[51].

La profesora Juan Lozano, al analizar el proyecto de la LDGC a la luz de la sentencia de referencia, señaló que «(...) ambas fundamentaciones se basan, por tanto, en un reconocimiento por la doctrina constitucional de las diferencias conceptuales entre los procedimientos de aplicación del sistema tributario y los procedimientos que ofrecen el cauce formal a las manifestaciones del ius puniendi.

El problema radica en una falta total de concordancia entre la concepción que sostiene el Tribunal Constitucional y la solución positiva que se deriva de la exégesis de la normativa legal y reglamentaria (...) porque si se considera la vertiente de estos juicios de constitucionalidad no sobre las actuaciones inspectoras de comprobación e investigación sino sobre los expedientes sancionadores —leyendo el fallo, por así decirlo,

---

que, en este sentido, creemos que ha sido mal interpretada— negaba que exista un derecho a la reserva de la información con trascendencia tributaria tutelable en el artículo 24.2 CE». Cfr. Aguallo Avilés, A. y García Berro, F., "Deber de colaboración con la Administración tributaria y Derecho a no autoincriminarse: un conflicto aparente", *op. cit.*, p. 113.

50 Cfr. Luna Rodríguez, R. *El derecho a no autoinculparse en el ordenamiento tributario español, op. cit.*, p. 247.

51 *Ibidem.*

a sensu contrario— se llega a la inequívoca conclusión de que resulta inconstitucional que esa consolidación entre procedimientos ontológicamente diversos haya dotado de ambivalencia a las actuaciones que se enmarcan en las fases de comprobación, que suponga la equiparación material de la colaboración con la Inspección a un reconocimiento de la comisión de infracciones y a la reducción de la actividad probatoria de cargo desarrollada por la Administración a la aportación de un expediente de comprobación cuyos medios hayan sido obtenidos con la colaboración del presunto infractor. Porque se quiera o no estas y no otras son las consecuencias que se derivan de la atípica fusión de la fase instructora del expediente sancionador con las actuaciones de comprobación e investigación (...)»[52].

Como hemos venido anticipando, a la hora de determinar el valor que, en la actualidad, debe atribuirse a la sentencia 76/1990[53] sobre el derecho a no autoincriminarse del presunto infractor, debe tenerse presente que esta resulta anterior a las sentencias de TEDH y del TJUE en las que se reconoce la virtualidad práctica del referido derecho constitucional en el ámbito sancionador tributario. Asimismo, no puede perderse de vista que el artículo 10.2 del Texto Constitucional obliga a interpretar el derecho a no autoinculparse de conformidad con los tratados y acuerdos internacionales sobre la materia ratificados por España[54] y que la CDFUE, según veremos, resulta directamente invocable por los contribuyentes que soportan tributos, total o parcialmente, regulados por el derecho derivado de la Unión Europea.

La Audiencia Nacional, en sentencia de 30 de septiembre de 2004 (*Tol 505251*)[55], admitió expresamente que la jurisprudencia del TEDH relativa al derecho a no declarar contra uno mismo tiene eficacia en el ámbito administrativo sancionador, derecho que, obviamente debe tener virtualidad desde que existen indicios fundados de que una conducta va a determinar la apertura de un procedimiento sancionador.

No obstante, el citado órgano judicial consideró que el derecho a no declarar contra sí mismo no se vulnera por el hecho de que se incorporen al expediente sancionador

---

52 Cfr. Juan Lozano, A.M. (1997). "Una propuesta para la articulación entre los procedimientos tributarios sancionadores y los desarrollados por los órganos de gestión e inspección en orden a la aplicación de los principios constitucionales", *Revista de Contabilidad y Tributación*, núms. 173-1741997, p. 27.

53 STC 76/1990, de 26 de abril.

54 En relación con la eficacia de los pronunciamientos del TEDH en nuestro país, cfr. Martín Queralt, J. (2013). "El Derecho tributario español y el Tribunal Europeo de Derechos Humanos de Estrasburgo", en la obra colectiva *La recepción del Derecho de la Unión Europea en España: Derechos, mercado único y armonización fiscal en Europa (liber amicorum en homenaje a Antonio Martínez Lafuente)*, La Ley, pp. 93-113.

55 Rec. núm. 54/2002, ECLI:ES:AN:2004:6013.

pruebas y documentos del previo expediente de comprobación, aunque dichos medios de pruebas hayan sido aportados por el propio obligado tributario de manera obligatoria en el seno de las actuaciones inspectoras, pudiendo incurrir en responsabilidad administrativa en caso contrario.

El Tribunal fundamentó su conclusión en que «el obligado tributario no ha sido compelido en ningún momento del procedimiento a efectuar manifestación alguna de reconocimiento o a mantener una conducta que le pudiera perjudicar jurídicamente, en cuyo caso bien hubiera podido oponer como derecho el de guardar silencio, que debe entenderse, en cualquier caso, como independiente del deber de contribuir al sostenimiento de las cargas públicas con arreglo a los principios establecidos en el artículo 31.1 de la Constitución para cuya efectividad el ordenamiento jurídico instrumenta determinados deberes de colaboración que recaen sobre el propio contribuyente y cuya infracción puede hacerle incurrir, incluso, en responsabilidad administrativa».

Resulta claro, a nuestro modo de ver, que cuando al contribuyente es llamado a entregar a los órganos gestores o de inspección determinados datos que pudiera incriminarle, bajo la amenaza de una sanción, se le está obligando, utilizando los mismos términos empleados por la sentencia de referencia, a mantener una conducta susceptible de perjudicarle. Es posible que sin la colaboración del contribuyente contra el que se ha dirigido la imputación la Administración no cuente con las pruebas precisas para desvirtuar la presunción de inocencia que constitucionalmente le ampara. Ahora bien, en estos supuestos, la Administración deberá desplegar una actividad probatoria adicional encaminada a salvaguardar el principio acusatorio que rige en el ámbito administrativo sancionador.

En la actualidad, pese a la separación de procedimientos operada por el legislador en el año 1998, la posibilidad de trasvase de datos de los procedimientos de gestión e inspección tributaria al procedimiento sancionador provoca que continúe vigente el riesgo de autoinculpación del contribuyente. La redacción del artículo 210.2 de la LGT no contempla limitación alguna a la utilización de la información obtenida bajo coacción en los procedimientos de aplicación de los tributos en el procedimiento para la imposición de sanciones tributarias, lo que compromete la compatibilidad de este precepto con los artículos 24.2 de la Constitución y 6 del CEDH, así como con los artículos 47 y 48 de la CEDH[56].

El Tribunal Constitucional ha tenido nuevas oportunidades de pronunciarse respecto a la constitucionalidad de la utilización, en la esfera sancionadora o penal, de los

[56] El artículo 210.2 de la Ley General Tributaria establece que «los datos pruebas o circunstancias que hayan sido obtenidos en alguno de los procedimientos de aplicación de los tributos regulados en el titulo III de esta ley y vayan a ser obtenidos en cuenta en el procedimiento sancionador deberán incorporarse formalmente al mismo antes de la propuesta de resolución».

datos obtenidos bajo coacción en los procedimientos de gestión o inspección. No obstante, en la sentencia 18/2005 (*Tol 570203*)[57], el Tribunal consideró que no resultará vulnerado el derecho a no autoincriminarse cuando los datos aportados en un procedimiento de comprobación o investigación por una sociedad, a través de sus representantes legales, son utilizados posteriormente para incriminarlos, poniendo de manifiesto el doble nivel de protección que, según se ha dicho, el TJUE puso de relieve en la sentencia dictada en el caso *CONSOB*.

En concreto, en la citada sentencia, el Tribunal Constitucional enjuició un supuesto en el que el consejero delegado de una sociedad había sido condenado por un delito contra la Hacienda Pública por deudas tributarias de la entidad que administraba. En el recurso de amparo se alegó por el condenado que se había vulnerado su derecho a no declarar contra sí mismo y a no confesarse culpable en la medida que la documentación que sirvió como cargo de la condena penal fue obtenida por la Inspección de forma coactiva.

En su respuesta el Tribunal abandona la argumentación esgrimida en las sentencias 76/1990 y 197/1995 (*Tol 82934*)[58], para entrar a analizar si, en el supuesto enjuiciado resultaba aplicable la jurisprudencia del TEDH al que nos hemos referido en tantas ocasiones. No obstante, el Tribunal rehúye la cuestión de fondo señalando que «(p) uede afirmarse, sin necesidad de profundizar en otros aspectos de Derecho constitucional que se invoca, que no ha existido la vulneración denunciada en tanto que de los autos se desprende inequívocamente que, ni el procedimiento de comprobación e investigación tributaria en el que se obtuvo la información incriminatoria se siguió contra el solicitante de amparo, ni durante el curso del procedimiento le fueron reclamados al Sr... los documentos que contenían dicha información, ni se ejercitó coacción alguna contra él, ni, por último, el finalmente condenado aportó dato alguno que contribuyera a su propia incriminación».

Por lo tanto, a juicio del Tribunal no se aprecia «la existencia del requisito subjetivo de que la coacción hay sido ejercida por el poder público sobre la persona que facilitó la información incriminatoria y que finalmente fue la destinataria de las medidas punitivas (pues) la información que se utilizó para fundamentar la condena contra el ahora solicitante de amparo se requirió a una persona distinta del mismo —la entidad...—, que la acción prevista en la ley se ejerció exclusivamente contra la citada entidad y, finalmente, que dicha información fue aportada por los representantes de la misma, sin que, por otro lado, conste que la entidad de la que el recurrente en amparo era presidente y con-

57 STC 18/2005, de 1 de febrero.

58 SSTC 76/1990, de 26 de abril y 197/1995, de 21 de diciembre.

sejero delegado invocara en ningún momento durante el desarrollo del procedimiento inspector sus derechos a no declarar contra sí mismo y no declararse culpable»[59].

De lo señalado por el Tribunal Constitucional, cabe interpretar, *a contrario sensu*, que, si la documentación que fundamentó la condena penal hubiera sido requerida de manera coactiva directamente en las actuaciones inspectoras al reclamante en amparo, se habría vulnerado el derecho constitucional a no autoinculparse[60]. No obstante, hubiera resultado preferible un pronunciamiento directo del Tribunal que solventase, de una vez por todas, las dudas existentes en relación con los efectos que, a su juicio, se derivan de las sentencias del TEDH en los casos anteriormente citados.

Sin perjuicio de lo anterior, a nuestro modo de ver, resultan criticables los argumentos utilizados por el Tribunal para denegar el amparo al recurrente. El administrador de la sociedad está obligado legalmente a aportar la información requerida por la Inspección de los tributos. El hecho de que no se aporte por el consejero delegado la información recabada por la Inspección de los tributos puede llegar a convertirlo en responsable de la sanción tributaria prevista en el artículo 203.5 de la Ley General Tributaria en los términos previstos en los artículos 42 y 43 de la LGT.

Desde esta perspectiva, resulta manifiesto, a nuestro juicio, que concurre la coacción requerida por el Tribunal para que entre en juego el derecho a no autoinculparse, cabiendo la posibilidad, incluso, de que la administración exija el importe de la sanción frente al contribuyente sin necesidad de solicitar el pago de la sanción a la sociedad.

Dicho en otros términos, cuando el administrador resulta sancionado como consecuencia del incumplimiento de las obligaciones tributarias de una entidad mercantil será porque ha entrado en juego la figura jurídica de la responsabilidad. Sin perjuicio de las críticas que merece el hecho de que la vigente LGT permita que se exija una sanción al administrador a través de un procedimiento que se sitúa al margen de las garantías que constitucionalmente deben regir en un procedimiento sancionador[61], parece innegable que, si a través de dicho procedimiento de responsabilidad también cabe derivar al administrador las sanciones vinculadas a la falta de colaboración de la entidad en el procedimiento de aplicación de los tributos, estará servida la coacción exigida por el Tribunal en su sentencia 18/2005 para aplicar el derecho a no autoinculparse.

---

59 El mismo criterio se mantiene en la STC 68/2006, de 13 de marzo y en el Auto 186/2008, de 25 de junio.

60 En este sentido, cfr. García Novoa, C. "Una aproximación del Tribunal Constitucional al derecho a no autoinculparse ante la Inspección tributaria en relación con los delitos contra la Hacienda Pública", *op. cit.*, p. 15 y Martínez Lago, M.A. (2006). "Nuevo régimen sancionador. Cuestiones problemáticas", *Revista de contabilidad y tributación,* (274), p. 137.

61 Sobre esta cuestión, cfr. Martínez Lago, M.A. (2008). *La extensión de la responsabilidad a las sanciones tributarias,* Tirant lo Blanch.

En este sentido cabe citar la sentencia del Tribunal Supremo de 27 de febrero de 2003 (*Tol 1706877*)[62]. En el caso enjuiciado, quien había sido presidente del consejo de administración de una sociedad de valores colaboró con la Administración en el descubrimiento de infracciones de la sociedad por las que después fue sancionado él mismo, además de aquella. Este alegó que no había conocido la acusación contra él y que, «por no haber sido informado desde el primer momento, proporcionó a los instructores del expediente, con quienes colaboró activamente, datos que más tarde servirían para acusarle de las infracciones por las que fue sancionado».

No obstante, para Tribunal Supremo, el alegato del recurrente «incorpora sin los debidos matices exigencias propias de los procesos penales a los expedientes administrativos sancionadores» y entiende que no se vulnera el derecho a declarar contra sí mismo por el hecho de que infractor haga declaraciones autoinculpatorias antes de que se formule la acusación contra él en la fase de investigaciones previas y cuando todavía no se sabía contra quien se dirigía el expediente.

Otra cosa sería, señala el Tribunal Supremo, «que la Administración dilatase injustificada o irrazonablemente el momento de formular la acusación cuando tiene ya todos los elementos de juicio para sustentarla. Si tal dilación se produjera precisamente para lograr, antes de la formulación del pliego de cargos, (que) quien ignora su condición de acusado administrativo preste su declaración que no prestaría de conocer dicha circunstancia (...) podría resultar eventualmente afectado el derecho que todos tienen a no declarar contra sí mismos». Si así fuera, la consecuencia, señala el Tribunal sería «la irrelevancia de la declaración obtenida, pero no necesariamente la invalidez de la decisión sancionadora cuando esta venga sustentada por otros elementos objetivos de prueba (...) independientes de la declaración supuestamente incriminatoria. La imposibilidad, en términos jurídicos, de utilizar semejante declaración no obstaría a la validez del resto de las pruebas».

Desde esta perspectiva, la posición del administrador que colabora coactivamente con la Administración y que, como consecuencia de dicha colaboración, puede ser considerado responsable tributario de la infracción cometida por la sociedad, ya sea solidaria o subsidiariamente, determinará una autoinculpación contraria al 24 de la Constitución. Con lo cual se pone de manifiesto el elevado grado de artificiosidad de la construcción elaborada por el Tribunal Constitucional con el fin de evitar tener que pronunciarse acerca de la naturaleza autoincriminatoria de las declaraciones realizadas por los administradores sociales tanto en materia tributaria como en otros sectores del ordenamiento.

62 Rec. núm. 8747/1997, ECLI:ES:TS:2003:1345.

A la luz de lo anterior, hemos de concluir que lo que resultará constitucionalmente ilícito por violación del derecho a no autoincriminarse es la utilización de la información aportada coactivamente por los obligados tributarios, con la finalidad inicial de la verificación de sus obligaciones tributarias, en un posterior procedimiento de naturaleza punitiva. Desde esta perspectiva, estimamos que el problema planteado debe resolverse por la vía de impedir el uso de esa información —únicamente la aportada coactivamente por el contribuyente— con fines sancionatorios.

En este sentido, el profesor Falcón y Tella ha precisado que «en todo caso, si desde la perspectiva de asegurar la plena efectividad del deber de contribuir no se considerasen suficientes estos mecanismos, es decir, si se estimara imprescindible la obligación de proporcionar cuantos documentos con trascendencia tributaria se soliciten en el procedimiento inspector, ello también sería perfectamente posible sin vulnerar el derecho a no declarar consagrado en el artículo 24 de la Constitución, pero en tal caso el procedimiento inspector debería separarse totalmente del procedimiento para la imposición de sanciones, asegurando plenamente que los datos facilitados por el sujeto pasivo en el primero, a efectos de liquidación, no pudieran ser usados en el segundo, lo que, entre otras cosas, exigiría atribuir competencia a órganos distintos. Solo en este contexto sería admisible, a la luz de las sentencias Funke y Bendenoun atribuir a la Administración el derecho a obtener cualquier tipo de documentación con trascendencia tributaria en poder de los particulares en contra de la voluntad de estos, y de adoptar medidas cautelares para asegurar su conservación. Pero mientras no se produzca tal separación, la exigencia coactiva de documentos por parte la Inspección, aún más la imposición de sanciones por resistencia u obstrucción a la actuación inspectora (...) resulta, en principio, incompatible con el artículo 24 de la Constitución»[63].

Con posterioridad, tras la aparición de la sentencia del TEDH en el caso *Saunders* este mismo autor señalaba que «dado que el incumplimiento de la obligación de declarar constituye normalmente infracción tributaria (art. 83.3 LGT) hay que entender que los datos suministrados por el sujeto pasivo a la Inspección han sido suministrados coercitivamente, y no de forma voluntaria. Por tanto, dichos datos no pueden ser utilizados en contra del sujeto pasivo en un proceso penal ulterior, ya sea por delito fiscal o por cualquier otro delito, ni menos aún la información puede servir de base para iniciar la persecución penal[64]. Lo mismo cabe decir de los procedimientos administrativos san-

---

63 Cfr. Falcón y Tella, R. (1995). "Un giro trascendental en la jurisprudencia del Tribunal de Estrasburgo con incidencia inmediata en el procedimiento inspector: el derecho a no declarar", *Quincena Fiscal,* (2), p. 10.

64 En relación con esta cuestión, la Sala segunda del Tribunal Supremo, en su sentencia de 8 de junio de 2018 (rec. núm. 1206/2017, ECLI:ES:TS:2018:9098[a]), dictada en el caso "Nóos", ha cuestionado que exista coacción en la aportación de información en virtud de la posible imposición de la sanción tipificada en el artículo 83 LGT, cuestionando asimismo que la facilitación

cionadores, dado que los principios penales —y en particular el derecho a no declarar— se extienden igualmente a estos»[65].

De forma similar, aunque con otros matices, se han pronunciado Aguallo Avilés y García Berro al indicar que «así pues, cuando la Administración tributaria exija información en el curso de un procedimiento de gestión tributaria, porque el bien tutelado

de documentación dé lugar a una autoincriminación, declarado que «(e)l TEDH afirmó que la cuestión de si, a la luz de las circunstancias de la causa, el demandante fue víctima de una vulneración injustificable de su derecho a no contribuir a su propia incriminación dependerá del uso realizado por la acusación, durante el proceso, de las declaraciones obtenidas por los inspectores bajo amenaza de sanción. Pero advirtiendo que no prohíbe el uso, en un proceso penal, de datos que hayan podido obtenerse del acusado recurriendo a facultades coercitivas, pero que existan con independencia de la voluntad del sospechoso, como, por ejemplo, las muestras de aliento, sangre y orina. Estimado que lo que ocurrió en aquel caso es que se utilizaron declaraciones del acusado con finalidad incriminatoria, hipótesis muy diversa de la aportación de documentos. Y que por ello no entró a examinar la cuestión de las alegaciones del señor Saunders con arreglo a las cuales las autoridades instructoras retrasaron deliberadamente el inicio de la investigación policial para permitir a los inspectores recoger elementos de prueba en el ejercicio de sus facultades coercitivas. La compulsión (penal) que justificó la sentencia europea es inimaginable en el caso que ahora juzgamos, pues en absoluto podía dar lugar a estimar cometido el delito de desobediencia (A lo sumo la sanción administrativa prevista en el actual artículo 198 de la LGT o en el artículo 203 de la misma en la redacción vigente por ley de 2003). Ni lo utilizado en el proceso penal fueron declaraciones vertidas por el acusado, sino datos que existían previamente fijados en documentos y obtenibles en su caso al margen de la voluntad del acusado. Similar compulsión en la obtención de declaraciones en fase de investigación administrativa fue la que concurrió en el caso J. L., G. M. R. y A. K. P. contra Reino Unido en el que recayó la sentencia del TEDH de fecha 9 de septiembre de 2000. En efecto en tal asunto la premisa descalificada por el TEDH fue la de que los inspectores interrogaron separadamente a los solicitantes en varias ocasiones. La ley imponía a estos últimos la obligación de responder a las preguntas que se les planteaban. En su defecto, un Tribunal podía concluir que se había atacado la autoridad de la justicia e imponerles una multa o una pena de prisión que podía llegar hasta los dos años. La justificación de la sentencia radicaba en que la acusación realizó ante el jurado la lectura durante tres días de las actas de las entrevistas de los solicitantes con los inspectores del DTI, de manera que tendiera a acusarlos. Es decir, se usan declaraciones no equivalentes a documentos entregados. Ciertamente, en el caso Chambaz contra Suiza el TEDH (sentencia de 5 de abril de 2012) examinó la legitimidad de la imposición de una sanción pecuniaria a quien, requerido por la administración tributaria, no atendió el requerimiento de aportar documentación, porque de ella podía derivar responsabilidad penal. Desde luego la legitimidad de tal sanción es diversa de la que se cuestiona cuando, sí se aporta la documentación requerida, lo que se plantea es si cabe utilizar lo así aportado en el proceso penal. El TEDH estimó que tal derecho implica que las autoridades buscarán el fundamento de su argumentación sin recurrir a elementos de prueba obtenidos bajo presión o con desprecio de la voluntad del acusado».

65 Cfr. Falcón y Tella, R. (1997). "El carácter reservado de la información tributaria: la sentencia Saunders y sus consecuencias sobre el ordenamiento interno". *Quincena Fiscal,* (12), p. 6.

en el artículo 24 de la Constitución no lo reclama y sin embargo lo exige la protección del interés público constitucionalizado en el artículo 31 de la Constitución deberá el obligado tributario colaborar, aunque los elementos de prueba así obtenidos, si resultan incriminatorios, no podrán utilizarse en un procedimiento punitivo»[66].

También la profesora Soler Roch plantea esta circunstancia, al señalar que, «esta fatal ambivalencia de los efectos de la información suministrada por el sujeto pasivo constituye, sin duda, el nudo gordiano de la cuestión que solo podría deshacerse, a mi juicio, de dos formas: o prohibiendo expresamente la intercomunicabilidad de efectos probatorios entre el procedimiento de gestión tributaria, estrictamente destinado a determinar la existencia y cuantía de la deuda tributaria y los procedimientos o procesos penales, o bien, revisando el actual carácter punitivo del proceso de regularización tributaria»[67].

Obviamente, el problema que suscita esta construcción es constatar que realmente en el procedimiento sancionador no se han utilizado datos aportados coactivamente por el presunto infractor, así como la licitud o ilicitud del material que ha sido obtenido por la Administración y que deriva de esas declaraciones. Pero una vez constatada la información que ha sido aportada bajo coacción en el ámbito de los procedimientos de aplicación de los tributos, su virtualidad en la esfera sancionadora debe ser nula.

A estos efectos, el artículo 11.1 de la Ley Orgánica del Poder Judicial establece que «en todo tipo de procedimiento se respetarán las reglas de la buena fe. No surtirán efecto las pruebas obtenidas, directa o indirectamente, violentando derechos o libertades fundamentales». Este precepto consagra la llamada doctrina del fruto podrido o manchado (*tainted fruit*) o, genéricamente, doctrina de los frutos del árbol envenenado (*the fruit of the poisonous tree doctrine*), construida por la jurisprudencia norteamericana. En síntesis, consistiría en la inutilidad procesal no solo del material probatorio que se obtenga directamente mediante la violación de un derecho fundamental, sino de cualquier otro que tenga su origen en la ilicitud primigenia, contagiándose de su ineficacia.

La exclusión de la prueba indirecta o refleja supondría, extrapolando en una primera aproximación la doctrina citada en el ámbito del procedimiento sancionador, la incapacidad para fundamentar una sanción de aquellos elementos probatorios que trajeran causa de declaraciones autoincriminatorias realizadas en el procedimiento de aplicación de los tributos. Esta es la opinión de Falcón y Tella, para quien tal prohibición alcanza no solo a los datos pruebas aportados bajo coacción por el contribuyente, sino

66 Cfr. Aguallo Avilés, A. y García Berro, F. "Deber de colaboración con la Administración tributaria y Derecho a no autoincriminarse: un conflicto aparente", *op. cit.*, p. 113.

67 Cfr. Soler Roch, M.T. (1995). "Deberes tributarios y derechos humanos". *Revista Técnica Tributaria*, (30), p. 115.

también otros materiales probatorios que se basen, apoyen o deriven de modo directo o indirecto de prueba ilícita.

De este modo, «el deber de colaborar con la inspección contamina prácticamente la totalidad de las actuaciones inspectoras en orden a su utilización directa o indirecta a efectos penales, dada la dificultad de separar en el expediente lo que proviene de la colaboración del interesado o de un modo u otro cae causa de dicha colaboración, de lo que en todo caso hubiera obtenido la inspección si hubiera advertido del derecho a no declarar, por lo que, aunque en el expediente de la inspección pudieran existir "pruebas diferentes" a las obtenidas en el deber de colaboración del contribuyente, difícilmente se trataría de pruebas independientes»[68].

Esta posición doctrinal, con la que convenimos, arranca de la propia jurisprudencia del Tribunal Constitucional relativa a la prueba refleja. En su sentencia de 4 de julio de 1997, el Tribunal Supremo señaló que la prohibición del artículo 11.1 de la Ley Orgánica del Poder Judicial «alcanza tanto a la prueba en cuya obtención se haya vulnerado un derecho fundamental como a aquellas otras que, habiéndose obtenido lícitamente, se basan, apoyan o derivan de la anterior ("directa o indirectamente"), pues solo de este modo se asegura que la prueba ilícita inicial no surta efecto alguno en el proceso. Prohibir el uso directo de estos medios probatorios y tolerar su aprovechamiento indirecto constituiría una proclamación vacía de contenido efectivo (...). Los frutos del árbol envenenado deben estar y están (art. 11.1 de la LOPJ), jurídicamente contaminados»[69].

La posición de los tribunales españoles, hasta la fecha, ha resultado ajena a tal planteamiento doctrinal o, cuando menos, no ha sido asumida de forma expresa, si bien parece atisbarse un paulatino cambio de planteamiento, afín con los postulados de la doctrina científica previamente expuesta. En este sentido cabe traer a colación la sentencia del Tribunal Constitucional 54/2015[70], en la que se declara que «la conclusión alcanzada por el órgano judicial sobre la ruptura del nexo causal entre la prueba ilícita y el reconocimiento de los hechos se asienta en una extensión de la conformidad prestada en otro expediente con la finalidad de evitar la tramitación de un proceso penal. Entendemos que ello vulnera la garantía del expedientado a no declarar contra sí mismo, puesto que se otorga valor de confesión a un reconocimiento de hechos que fue realizado en otro expediente, con la finalidad de regularizar la situación en relación a unas liquidaciones y sanciones concretas, sin consideración a que las actas a que se refiere el recurso contencioso-administrativo fueron firmadas en disconformidad precisamente

---

68 Cfr. Falcón y Tella, R. (1998). "La imposibilidad de utilizar datos obtenidos por la Inspección Tributaria a efectos penales o sancionadores: la sentencia Saunders, de 17 de diciembre de 1996". en AA.VV., *A criminalizaçao das infraçoes fiscais*, pp. 491-492.

69 Rec. núm. 1376/1996, ECLI:ES:TS:1997:4754 (*Tol 5135664*).

70 STC 54/2015, de 16 de marzo.

por su conexión con los datos obtenidos de las diligencias practicadas con vulneración del art. 18.2 CE. Esta conformidad prestada para evitar un proceso penal, no se puede extender al consentimiento prestado en un procedimiento distinto de carácter administrativo sancionador, lo que suponía rebasar los límites de la declaración de voluntad en los concretos términos y a los fines que fue formulada».

A la luz de este pronunciamiento del Tribunal Constitucional, mientras se clarifica a nivel interno el uso que podrá a la información aportada por el obligado coactivamente por el obligado tributario en el seno de un procedimiento de aplicación de los tributos[71], no cabe descartar que los contribuyentes y los órganos jurisdiccionales nacionales planteen asimismo la adecuación al Derecho internacional de los artículos 203 y 210.2 de la LGT, cuestionando la posibilidad de tomar en consideración, en sede sancionadora, datos, elementos o pruebas aportadas coactivamente en el seno de un procedimiento de gestión o inspección, ya sea ante el Tribunal Europeo de Derechos Humanos o ante el Tribunal de Justicia de la Unión Europea.

Por lo que se refiere al Tribunal de Luxemburgo, a raíz de la doctrina sentada en el caso *Akerberg Fransson*, en los supuestos en los que las sanciones impuestas estén relacionadas con tributos total o parcialmente armonizados en la Unión Europea, será factible que la imposición de sanciones vinculadas con aquellos se revise a la luz de la Carta de Derechos Fundamentales de la Unión Europea. Recuérdese que, a la hora de interpretar las disposiciones de la Carta, los órganos jurisdiccionales nacionales tienen la posibilidad y, en su caso, la obligación de plantear una cuestión prejudicial ante el

71 La sentencia de la Sala segunda del Tribunal Supremo de 24 de mayo de 2017 (rec. núm. 1729/2016, ECLI:ES:TS:2017:1885) (*Tol 6110618*) considera que la sanción prevista en el artículo 203 de la LGT, pese a la significativa cuantía que puede alcanzar, no ejerce la compulsión suficiente para que resulte involucrado el principio de no autoincriminarse. Además, pese a citarse expresamente la sentencia del TEDH relativa al caso *Chambaz*, que según hemos visto se pronuncia en sentido contrario, condena al acusado como consecuencia de que «(...) ni lo utilizado en el proceso penal fueron declaraciones vertidas por el acusado, sino datos que existían previamente fijados en documentos y obtenibles, en su caso, al margen de la voluntad del acusado». La condena se funda, asimismo, por el Tribunal Supremo en el hecho de que los asesores fiscales del inculpado, y no este, entregaron la documentación requerida en fase de inspección de forma voluntario, lo cual resulta sorprendente pues la relación de la Administración tributaria con los asesores se entiende que se habrán realizado en el marco de la representación otorgada en el procedimiento inspector previo al proceso penal. En concreto, se advierte en el fallo de referencia que: «a) que no se alega ni consta que en la citación al recurrente se le advirtiera que de no atender el requerimiento se le sancionaría de ninguna manera; b) que el requerimiento fue voluntariamente aceptado por el recurrente una vez asesorado jurídicamente y cumplimentado por quien le representaba en su relación con la administración tributaria, y c) que ninguna sanción fue impuesta en relación con las respuestas dadas a los sucesivos requerimientos».

Tribunal de Justicia con arreglo al artículo 267 del Tratado de Funcionamiento de la Unión Europea, sin perjuicio de la posibilidad de que los obligados tributarios denuncien esta cuestión ante la Comisión[72].

Desde luego, a la vista de los antecedentes señalados, no cabe descartar que el criterio del TJUE y del Tribunal Constitucional español en relación con el derecho a no autoincriminarse, plasmado en la sentencia 76/1990, difieran sustancialmente. De no plegarse el Alto Tribunal español a un hipotético criterio del Tribunal de Luxemburgo más afín a la jurisprudencia del TEDH relativa a la vertiente objetiva del derecho a la no autoincriminación que se recoge en la sentencia dictada en el caso *Chambaz*, la crisis institucional estará servida, tal y como se está poniendo de manifiesto en relación con distintos "desplantes" protagonizados por los supremos intérpretes constitucionales de países como Alemania, Rumanía y Polonia[73]. El órgano encargado de hacer efectivos los mandatos del TJUE en estos supuestos de desavenencia será la Comisión Europea, a través del correspondiente procedimiento de infracción.

Sin lugar a dudas, una buena oportunidad para elevar esta cuestión al Tribunal de Luxemburgo por parte del Tribunal Supremo lo constituye el recurso de casación recientemente admitido a trámite por el Tribunal Supremo en relación con la sentencia de la Audiencia Nacional de 6 de febrero de 2023 (*Tol 9421561*)[74], habida cuenta de que el pronunciamiento objeto de casación tiene por objeto la anulación de sanciones tributarias derivadas de distintas liquidaciones de IVA, en las que el obligado tributario había facilitado diversas facturas a la Administración Tributaria bajo coacción, al resultar aplicable la sanción.

Concretamente, en el supuesto que da lugar a la sentencia impugnada, se impuso al obligado tributario una sanción de multa por importe 921.687,33 euros a raíz de la comisión de la infracción del artículo 201.3 de la LGT, es decir, por el incumplimiento de las obligaciones de facturación, consistente en expedir facturas o documentos sustitutivos con datos falsos o falseados. El órgano administrativo llegó a tal conclusión al poner en contraste, por un lado, las facturas emitidas aportadas por el contribuyente en

---

72 Cfr. STJUE de 26 de febrero de 2013, *Akerberg Fransson*, C-617/10, apartados 25 a 30 (*Tol 9916811*).

73 Sobre esta cuestión, cfr. Alonso García, R. (25 de julio de 2021). "Tiempos judiciales recios", *Diario La Razón*, p. 19, que, entre otros, pone como ejemplo el pronunciamiento del Tribunal Constitucional Federal alemán de 5 de mayo de 2020 en el que se niega a reconocer, por considerarla arbitraria, lo establecido por el TJUE en la sentencia de 11 de diciembre de 2008, Weiss y otros, C-493/17 (*Tol 6949859*), relativa al Programa de Compras del Sector Público (PSPP) que el Banco Central Europeo (BCE) puso en marcha el 4 de marzo 2015.

74 Rec. núm. 762/2018, ECLI:ES:AN:2023:714.

el procedimiento inspector y, por otro lado, la comprobación concerniente a la ausencia de medios personales y materiales para realizar la actividad empresarial declarada.

Según razona la Audiencia Nacional en la sentencia que es objeto de recurso de casación, «(...) no es cierto que la sola aportación de las facturas desencadenara o diera lugar a la imposición de las sanciones. Lo que las justificó fue la discordancia entre los documentos aportados y la realidad mercantil, comercial y laboral del sujeto pasivo, tras comprobar que carecía de los medios materiales y personales para desempeñar la actividad en la que expidió los documentos de facturación», circunstancia que, a su juicio, excluye la eventual vulneración del derecho a no autoinculparse.

No obstante, a la luz de la jurisprudencia del Tribunal de Luxemburgo y del Tribunal de Estrasburgo en relación con el derecho a no autoincriminarse previamente expuesta, el Auto de 10 de abril de 2024 del Tribunal Supremo (*Tol 9981623*)[75], exhibe otra sensibilidad, al declarar que procede esclarecer, por una parte, si la exigencia normativa de la obligación de emisión, conservación y exhibición ante la Administración tributaria de cierta documentación o información —como, por ejemplo, facturas— a los efectos de determinar la deuda tributaria, trae consigo que, por su virtud, dicha información resulte excluida de la esfera protectora del derecho fundamental a no autoincriminarse en un posterior procedimiento sancionador, aun habiendo sido aportada de forma coactiva (art. 203 LGT) por el eventual infractor en el previo procedimiento de regularización tributaria.

Por otra parte, se considera imprescindible aclarar si el derecho a no autoinculparse ampara solamente la aportación o el empleo en un procedimiento sancionador de información directamente autoincriminatoria o si se extiende también a datos o informaciones que, aun siendo necesarios, no son suficientes por sí mismos para fundar la imposición de la sanción.

Por consiguiente, a los veinte años de la aprobación de la vigente LGT y a los veinticinco de la entrada en vigor de la LDGC, nos encontramos próximos a que se dilucide por el Tribunal Supremo, previo planteamiento de cuestión prejudicial al Tribunal de Justicia de la Unión Europea, el verdadero alcance del derecho a no autoincriminarse en el Derecho tributario español.

A estos efectos resulta obligado advertir que, según se desprende de la sentencia del Tribunal de Luxemburgo de 20 de diciembre de 2017, dictada en el asunto *Global Starnet*, incluso si se considerase que el Tribunal Constitucional ya se ha pronunciado respecto a la incidencia del derecho a no autoincriminarse el ordenamiento tributario español, el tribunal contencioso-administrativo que albergue dudas relacionadas con la

---

75 Rec. núm. 2592/2023, ECLI:ES:TS:2024:4422A.

adecuación de esta interpretación con el Derecho de la Unión Europea, deberá elevar la correspondiente cuestión prejudicial ante el Tribunal de Luxemburgo.

En concreto, en un procedimiento que afectaba al Estado italiano, el TJUE ha declarado al respecto lo siguiente[76]:

«El hecho de que la Corte costituzionale (Tribunal Constitucional) se haya pronunciado acerca de la conformidad de las disposiciones de Derecho nacional con las disposiciones de la Constitución italiana que, según el órgano jurisdiccional remitente, son, en esencia, las mismas normas de referencia que los artículos 26 TFUE, 49 TFUE, 56 TFUE y 63 TFUE y que el artículo 16 de la Carta de los Derechos Fundamentales, no influye en modo alguno en la obligación, establecida en el artículo 267 TFUE, de plantear al Tribunal de Justicia las cuestiones relativas a la interpretación del Derecho de la Unión.

Habida cuenta de las anteriores consideraciones, procede responder a la primera cuestión prejudicial que el artículo 267 TFUE, párrafo tercero, debe interpretarse en el sentido de que el órgano jurisdiccional nacional cuyas resoluciones no sean susceptibles de ulterior recurso judicial está obligado, en principio, a plantear una cuestión prejudicial de interpretación del Derecho de la Unión aun cuando, en el marco del mismo procedimiento nacional, el tribunal constitucional del Estado miembro de que se trate haya apreciado la constitucionalidad de las normas nacionales a la luz de normas de referencia de contenido análogo a las del Derecho de la Unión».

Es más, conforme a los pronunciamientos más recientes del Tribunal de Justicia relativos a los efectos de las sentencia de los tribunales constitucionales de los Estados miembros, el órgano judicial que hubiese elevado la cuestión prejudicial, debe dejar de lado las valoraciones del órgano constitucional nacional si, habida cuenta de la interpretación dada por el Tribunal de Luxemburgo, estima que las referidas valoraciones no son compatibles con el Derecho de la Unión, dejando inaplicada, en caso de necesidad, la norma nacional que le obliga a atenerse a las resoluciones de dicho órgano jurisdiccional superior[77].

5. REFERENCIAS BIBLIOGRÁFICAS

Aguallo Avilés, A. y García Berro, F. (1999). *Deber de colaboración con la Administración tributaria y Derecho a no autoincriminarse: un conflicto aparente*, Asociación Española de Asesores Fiscales, emoria del Congreso XXIII titulado “El asesor fiscal ante el nuevo siglo, p. 98 y 113.

[76] STJUE de 20 de diciembre de 2017, *Global Starnet LTD*, C-322/16 (*Tol 6459266*).

[77] SSTJUE de 22 de febrero de 2022, *RS*, apartado 75 y de 24 de julio de 2023, C-107/23 PPU, *LIN*, apartado 133 (*Tol 9652904*).

Álvarez Echagüe, J. M. (2006). "El derecho a la no autoincriminación y su aplicación en el ámbito del Derecho sancionador tributario (La posibilidad de utilizar pruebas obtenidas en un proceso de verificación como fundamento de sanciones penales)", *Crónica Tributaria*, (118), p. 22.

Carreras Manero, O. (2015). "El sujeto activo del delito contra la Hacienda Pública: Análisis de la autoría y otras formas de participación en el mismo", *Revista Española de Derecho Financiero*, (167), (documento consultado en línea a través de Aranzadi Instituciones).

Falcón y Tella, R. (1995). "Un giro trascendental en la jurisprudencia del Tribunal de Estrasburgo con incidencia inmediata en el procedimiento inspector: el derecho a no declarar", *Quincena Fiscal*, (2), p. 10.

Falcón y Tella, R. (1997). "El carácter reservado de la información tributaria: la sentencia Saunders y sus consecuencias sobre el ordenamiento interno". *Quincena Fiscal*, (12), p. 6.

Falcón y Tella, R. (1998). "La imposibilidad de utilizar datos obtenidos por la Inspección Tributaria a efectos penales o sancionadores: la sentencia Saunders, de 17 de diciembre de 1996". en AA.VV., *A criminalizaçao das infraçoes fiscais*, pp. 491-492.

García Novoa, C. (2005). "Una aproximación del Tribunal Constitucional al derecho a no autoinculparse ante la Inspección tributaria en relación con los delitos contra la Hacienda Pública". *Jurisprudencia Tributaria*, (3), p. 12.

Herrera Molina, P. M. (1997). "Los derechos a guardar silencio y a no declarar contra sí mismo en el proceso inspector. Comentario y traducción de la sentencia del Tribunal Europeo de Derechos Humanos de 17 de diciembre de 1996 Saunders v. United Kingdom", *Impuestos*, (15 y 16), p. 132.

Juan Lozano, A. M. (1997). "Una propuesta para la articulación entre los procedimientos tributarios sancionadores y los desarrollados por los órganos de gestión e inspección en orden a la aplicación de los principios constitucionales", *Revista de Contabilidad y Tributación*, núms. 173-1741997, p. 27.

López Martínez, J. (1992). *Los deberes de información tributaria de terceros*, Marcial Pons, p. 225.

Lozano Serrano, C. (2015). "El deber de colaboración tributaria sin autoincriminación", *Quincena Fiscal*, (8), (documento consultado en línea a través de Aranzadi Instituciones).

Luna Rodríguez, R. (2002). *El derecho a no autoinculparse en el ordenamiento tributario español*, Universidad Complutense de Madrid, p. 246 y 272.

Martínez Lago, M. A. (2006). "Nuevo régimen sancionador. Cuestiones problemáticas", *Revista de contabilidad y tributación*, (274), p. 137.

Martínez Lago, M. A. (2008). *La extensión de la responsabilidad a las sanciones tributarias*, Tirant lo Blanch.

Pérez-Piaya Moreno, C. (2008). *Procedimiento sancionador tributario*, Tirant lo Blanch, pp. 307-308.

Sánchez Ayuso, I. (2002). "El derecho a no autoinculparse: trascendencia práctica de la sentencia JB contra Suiza del Tribunal Europeo de Derechos Humanos". *Temas tributarios de actualidad*, AEDAF, p. 36.

Soler Roch, M. T. (1995). "Deberes tributarios y derechos humanos". *Revista Técnica Tributaria*, (30), p. 115.

Soler Roch, M. T. (1998). *La configuración autónoma del procedimiento sancionador tributario*, XIX Jornadas Latino-Americanas de Direito Tributario, vol. II.

DELITOS E INFRACCIONES TRIBUTARIAS. UNA MIRADA ESPECIAL SOBRE LAS LIQUIDACIONES VINCULADAS A DELITO

Juan Martín Queralt
Catedrático de Derecho Financiero y Tributario
Universidad de Valencia
Abogado en Martín Queralt Abogados

SUMARIO: 1. UNA PREOCUPANTE TENDENCIA LEGISLATIVA: EL PROTAGONISMO DE LA ADMINISTRACIÓN TRIBUTARIA EN LA REPRESIÓN DE LOS DELITOS CONTRA LA HACIENDA PÚBLICA LIMITA LA INTERVENCIÓN JUDICIAL. 1.1. Medidas cautelares: competencias de la Administración Tributaria en procedimientos judiciales. 1.2. Investigación patrimonial: competencias de la Administración Tributaria en procedimientos judiciales. 1.3. La legislación penal también refuerza los poderes de la Administración Tributaria. 2. LIQUIDACIONES VINCULADAS A DELITO. 2.1. Caracteres. 2.1.1. La inmunidad de los defectos procedimentales: vulneración del derecho a la tutela judicial efectiva. Crítica. 3. LA SEGURIDAD JURÍDICA SE ACUNA EN LA PENUMBRA. 3.1. La vinculación de la Administración a los hechos probados o declarados inexistentes en vía penal y su incidencia en las liquidaciones vinculadas a delito. 3.2. La Administración Tributaria no es libre para decidir en qué momento envía el expediente a la Fiscalía o al Juzgado. *3.3. Los sujetos pasivos de las liquidaciones vinculadas a delito no pueden ser incluidos en la lista de morosos prevista por el art. 95 LGT.* 4. CONCLUSIÓN. 5. REFERENCIAS BIBLIOGRÁFICAS.

1. UNA PREOCUPANTE TENDENCIA LEGISLATIVA: EL PROTAGONISMO DE LA ADMINISTRACIÓN TRIBUTARIA EN LA REPRESIÓN DE LOS DELITOS CONTRA LA HACIENDA PÚBLICA LIMITA LA INTERVENCIÓN JUDICIAL

En el ámbito de los delitos contra la Hacienda Pública, las *últimas reformas* legislativas producidas en este ámbito, se caracterizan por una nota: *la relevante presencia de la Administración Tributaria y el menoscabo del papel que tradicionalmente se atribuía al Juez ordinario en la persecución de tales delitos.*

El 28 de diciembre de 2012 el *BOE* publicaba la *Ley Orgánica 7/2012, de 27 de diciembre, por la que se modifica la Ley Orgánica 10/1995, de 23 de noviembre, del Código Penal en materia de transparencia y lucha contra el fraude fiscal y la Seguridad Social.* Se abría así un nuevo capítulo en la historia de las relaciones entre el Derecho Penal y el Derecho Tributario y, más en concreto, entre el Código Penal y la Ley General Tributaria, buques insignia de ambos ordenamientos.

Con la reforma se confirma que *el espíritu, las formas y los procedimientos de la Administración Tributaria han ido ocupando los tradicionales enclaves del espíritu, las formas y los procedimientos penales.* La reforma continúa un camino que se inició en 2003 y que *potencia la presencia de la Administración Tributaria en detrimento de la figura del Juez ordinario.*

La evolución de las reformas habidas en esta materia puede verse en la STS 1426/2017, de 25 de septiembre (rec. 2994/2017, Ponente: R. Fernández Montalvo (*Tol 6369516*)).

Que se potencia la labor de la Administración en el campo penal es claro. No se trata ya solo de encomendarle la ejecución de la responsabilidad civil y de la multa. Ahora se da un paso más: *la existencia del procedimiento penal por delito contra la Hacienda Pública no paralizará necesariamente la acción de cobro de la deuda tributaria.* (art. 305.5, pfo. 3.º).

Se permite la prosecución de la acción de cobro de la *deuda tributaria*. Eso es lo que dice el nuevo art. 305.5 CP, en línea con el pilar que sustenta la reforma y que persigue la no paralización de la acción de cobro de la Administración Tributaria.

En definitiva, la Administración Tributaria podrá practicar liquidación y recaudar a resultas, claro, de lo que finalmente se decida en el proceso penal aquellos aspectos de la obligación tributaria vinculados al delito. En coherencia con esa reforma del CP de 2012, la Ley 34/2015, de 21 de septiembre, por la que se reforma la LGT, estableció un nuevo Título VI (arts. 250 a 259), en el que, bajo el epígrafe de «*Actuaciones y procedimientos de aplicación de los tributos en supuestos de delitos contra la Hacienda Pública*», regula la actuación de la Administración en tales casos.

Hasta el 17 de enero de 2013 —fecha de entrada en vigor de la reforma del Código Penal por la LO 7/2012— se cuestionaba incluso si la Administración podía practicar liquidación por un ejercicio cuando, en el mismo y en relación con un mismo impuesto, existían aspectos viciados por un posible delito fiscal y aspectos que no se encontraban afectados por tal contaminación.

En esa misma línea de potenciar las competencias de la Administración Tributaria en la sustanciación de los delitos contra la Hacienda Pública, deben inscribirse dos nuevas disposiciones, incluidas en la Ley 7/2012, de 29 de octubre. A ellas nos referimos a continuación.

1.1. MEDIDAS CAUTELARES: COMPETENCIAS DE LA ADMINISTRACIÓN TRIBUTARIA EN PROCEDIMIENTOS JUDICIALES

Por una parte, la Ley 7/2012, de 29 de octubre, amplía el repertorio de medidas cautelares que puede adoptar la Administración Tributaria cuando con motivo de un procedimiento de comprobación e investigación inspectora se haya formalizado denuncia o querella por delito contra la Hacienda Pública o se haya dirigido proceso judicial por dicho delito.

Hasta la publicación de dicha Ley solo podía adoptarse como medida cautelar la retención del pago de devoluciones tributarias o de otros pagos que deba realizar a personas contra las que se hubiere presentado denuncia o querella por delito contra la Hacienda Pública. A partir de la entrada en vigor de dicha Ley las medidas cautelares que puede acordar la Administración son todas las previstas en el art. 81 LGT, al que ha dado nueva redacción —pasando a ser apartado 8— la Ley de reforma de la LGT de 2015.

La *reforma de la LECrim* ha incluido un precepto —art. 614 bis— en el que, en relación con lo dispuesto al efecto en la LGT, se prevé que: Una vez iniciado el proceso penal por delito contra la Hacienda Pública, el Juez de lo penal decidirá acerca de las pretensiones referidas a las **medidas cautelares** adoptadas al amparo del artículo 81 de la Ley General Tributaria.

En la propia LECrim se han incluido preceptos —arts. 621 bis y 621 ter— que establecen el régimen aplicable a la suspensión de la ejecución del acto de liquidación, incluyendo la regulación del alcance de los embargos anteriores a la fecha del auto por el que se acuerde la suspensión y previendo la posibilidad de que la suspensión, con o sin garantía, pueda ser modificada o revocada durante el curso del proceso si cambiaran las circunstancias en virtud de las cuales se hubiera adoptado.

Si la investigación del presunto delito no tuviese origen en un procedimiento de comprobación e investigación inspectora, las medidas cautelares podrán adoptarse por el órgano competente de la Administración Tributaria con posterioridad a la incoación de las correspondientes diligencias de investigación desarrolladas por el Ministerio Fiscal o, en su caso, con posterioridad a la incoación de las correspondientes diligencias penales.

Las medidas cautelares podrán dirigirse contra cualquiera de los sujetos identificados en la denuncia o querella como posibles responsables, directos o subsidiarios, del pago de las cuantías a las que se refiere el art. 126 del Código Penal.

Repárese en que esta *ampliación de las competencias de la Administración* para adoptar *medidas cautelares* se extiende no solo a garantizar el principal y los intereses de demora, sino también la multa y costas procesales, atendida la remisión al art. 126 CP. Adoptada la medida cautelar, se mantendrá hasta que el Juez adopte la decisión procedente sobre su conversión en medida jurisdiccional o levantamiento.

Como ha reiterado el Tribunal Constitucional —STC 141/2020, de 19 de octubre de 2020. Ponente: J.A. Xiol Rius— siempre que hay en curso un proceso penal es el Juez de lo Penal quien, en último término, es competente para adoptar todas las medidas cautelares previstas en el art. 81 de la Ley General Tributaria y no solo las previstas en el ap. 8 del referido art. 81.

En esta Sentencia, el TC precisó el alcance de las potestades de que es titular el Juez penal en relación con las medidas cautelares adoptadas por la Administración Tributaria al amparo del art. 81.8 LGT. El TC resolvía así un recurso de amparo planteado directamente contra decisiones judiciales que se habían negado a ejercer el control sobre una medida cautelar adoptada por la AEAT, al amparo de los arts. 81.8 LGT y 614 bis LECrim., con el fin de garantizar las eventuales responsabilidades pecuniarias que pudieran derivarse de un proceso penal en curso por delito contra la Hacienda Pública. La conclusión es clara: los jueces penales deben pronunciarse, de manera inmediata, sobre las medidas cautelares adoptadas por la AEAT cuando ya se ha iniciado un proceso penal por delito fiscal. Caso de no hacerlo se vulnera el derecho a la tutela judicial efectiva de quienes se han visto afectados por las medidas cautelares.

Los hechos son claros:

a) La AEAT, al amparo del art. 81.8 LGT, de forma paralela a las Diligencias Previas que estaban sustanciándose en un Juzgado de Instrucción por delito contra la Hacienda Pública, acordó el embargo de unos inmuebles y unas subvenciones para garantizar el pago de eventuales responsabilidades pecuniarias que podían surgir ex art. 126 CP.

b) La entidad contra la que se siguen Diligencias consignó la cantidad total por la que se había ordenado ejecutar el embargo.

c) A la vista de la consignación, el Juez acordó no ratificar el embargo "por carecer de *virtualidad en ese momento*".

d) Con posterioridad, la entidad solicitó una modificación de la cuantía de la medida cautelar.

e) El juez instructor y con posterioridad el Juez que resolvió la apelación acordaron no haber lugar a pronunciarse sobre la solicitud de modificación de la cuantía, indicando que el Juzgado no había adoptado medida cautelar alguna, al no haber ratificado el embargo una vez consignada la cantidad por el mismo importe.

El recurrente entendió que se había vulnerado el *derecho a la tutela judicial efectiva (art. 24.1 CE),* toda vez que los órganos jurisdiccionales deben pronunciarse sobre las medidas cautelares, de acuerdo con los art. 81.8) LGT y 614 bis LECrim.

En el recurso de amparo se instaba también por la entidad recurrente la declaración de que se había vulnerado el *derecho a la presunción de inocencia (art. 24.2 CE),* ya que el importe del embargo —y de lo posteriormente consignado para evitar el embargo— era excesivo y desproporcionado, al incluir el importe de la eventual multa a aplicar, multa que solo puede ser impuesta por el Juez penal tras el correspondiente enjuiciamiento y hacerse efectiva en el momento en que, en su caso, adquiera firmeza.

El TC acota el recurso de amparo, de forma que al fallar que efectivamente se ha producido la vulneración del derecho a la tutela judicial efectiva, no entra en el análisis de la posible vulneración del derecho a la presunción de inocencia.

Y deja reiterada constancia en los Fundamentos de Derecho de la *novedad que entraña la atribución a la Administración Tributaria de una competencia que, dado que ya se ha iniciado un proceso penal, siempre se ha reconocido al Juez de lo Penal*, reconocimiento que también ahora existe, aunque precedido de una inicial y provisional competencia de la propia Administración Tributaria que a posteriori deberá ser controlada por el Juez penal.

En la Sentencia referida es clara la *reticencia con la que el TC admite la atribución a la Administración Tributaria de la competencia para adoptar medidas cautelares una vez incoado el proceso penal.*

"El reconocimiento de esta facultad en favor de la Administración Tributaria es una novedad en el ordenamiento jurídico español introducida por la Ley 7/2012, de 29 de octubre. Supone la alteración de la tradicional exclusividad jurisdiccional en la adopción de medidas cautelares de cualquier naturaleza en el proceso penal —sustituida por un control a posteriori de los órganos judiciales penales, que fue reforzado con la inclusión del art. 614 bis LECr por la Ley 34/2015, de 21 de septiembre—, y tiene una incidencia directa en el derecho a la tutela judicial efectiva (Art. 24.1 CE) que todavía no ha sido objeto de análisis por la jurisprudencia constitucional".

Novedad acompañada de una clara llamada de atención a los órganos judiciales que se han limitado a ver los toros desde la barrera:

"... *la decisión judicial posterior de rechazar la competencia del orden jurisdiccional penal para pronunciarse sobre la modificación de dicha medida ha supuesto una interpretación de la normativa aplicable incursa en un rigorismo excesivo.* No se ha atendido a que *dicha decisión* —que comportaba para la parte la carga de provocar un acto administrativo susceptible, en su caso, de impugnación ante otro orden jurisdiccional— al dejar imprejuzgado y sin control judicial en el orden penal un determinado aspecto de la medida cautelar controvertida —en este caso su cuantificación— *suponía frustrar la finalidad perseguida por las Leyes 7/2012 y 34/2015 de garantizar de manera inmediata el control del orden jurisdiccional penal sobre cualquier pretensión deducida respecto de las medidas cautelares adoptadas por la Agencia Tributaria* en garantía de las eventuales responsabilidades pecuniarias que se deriven de la comisión de un delito contra la Hacienda Pública, una vez que se hubiera dado comienzo a dicho proceso penal."

El fallo del TC es claro:

"Tal como también interesa el Ministerio Fiscal, debe concluirse que *se ha vulnerado el derecho de la entidad recurrente a la tutela judicial efectiva (art. 24.1 CE)...* el Tribunal estima que las resoluciones judiciales impugnadas han apreciado materialmente la concurrencia de una causa que impedía pronunciarse sobre el fondo de la pretensión deducida con fundamento en una interpretación y aplicación de la legislación vigente —sobre la competencia de control de los órganos judiciales penales respecto de las medidas cautelares que puede adoptar la Administración Tributaria al amparo del art. 81.8) LGT— que resulta excesivamente rigorista, pues implica una inadecuada ponderación de los fines a los que se dirige el reconocimiento de la competencia de control judicial correspondiente al orden penal ahora controvertida y *lleva consigo la consecuencia de haber dejado imprejuzgada en dicho orden jurisdiccional la pretensión deducida sobre la modificación de la medida cautelar*".

Precisa la finalidad de las medidas cautelares y señala cómo el control judicial se extiende a:

"(i) *cualquier medida cautelar del art. 81 LGT y no solo a las del art. 81.8 LGT —incluyendo, por tanto, las adoptadas con anterioridad a la propia iniciación del proceso penal—; y*

(ii) en coherencia con ello, *a cualquier pretensión sobre dichas medidas cautelares incluyendo, por tanto, las de modificación o levantamiento de cualquiera de las medidas del art. 81, con independencia de que no sean las del art. 81.8 LGT. De este modo, se pone de manifiesto que la finalidad perseguida por esta normativa es, por un lado, sustraer la competencia de adopción y ejecución de las medidas cautelares en los procesos penales por delitos contra la Hacienda Pública al orden jurisdiccional penal en favor de la Administración Tributaria y, por otro, en atención a que esas medidas lo son en garantía de eventuales responsabilidades pecuniarias que se deriven de la comisión de un ilícito penal, garantizar de manera inmediata el control último por parte de los órganos judiciales penales sobre la adopción, mantenimiento y modificación de dichas medidas cautelares*".

En el caso resuelto por esta Sentencia el Tribunal Constitucional ha corregido el absentismo judicial en el ejercicio de una competencia que indudablemente le corresponde al Juez penal.

Esta potenciación de las facultades de la Administración para adoptar medidas cautelares tiene, como lógica contrapartida, una minoración de las competencias que la Constitución (art. 117 CE) atribuye al Juez. En suma, como se ha reiterado por la doctrina penalista, supone la configuración, en materia de delito fiscal, de un *régimen especial de jurisdicción cautelar*, presumiéndose, *iuris et de iure*, la concurrencia tanto del *fumus boni iuris* en el posible acreedor, como del *periculum in mora* por parte del presunto deudor, que son los dos pilares sobre los que se asienta la posible adopción de medidas cautelares.

El legislador ha ido trasvasando al ámbito de las liquidaciones vinculadas a delito la competencia atribuida a los órganos de inspección para adoptar medidas cautelares en el procedimiento sancionador, de conformidad con lo previsto en el art. 210.3) LGT. Medidas cautelares que, si en el procedimiento sancionador tributario ya son criticables, lo son mucho más cuando estamos refiriéndonos a un procedimiento que está ya en vía judicial, aun cuando la última palabra sobre las mismas la tiene, como es lógico, el Juez competente para la instrucción del posible delito.

Como certeramente ha señalado Almudí, en relación con las medidas cautelares adoptadas por la Administración en el procedimiento sancionador tributario "*... que a través de una medida cautelar se anticipe por la Administración el cobro de una sanción meramente potencial que, en caso de confirmarse, será suspendida automáticamente, una vez que esta se recurra por el obligado tributario, no parece justificado desde el punto de vista del principio de economía procesal....Resulta paradójico que, por una parte, el legislador reconozca la suspensión automática de la ejecución de las sanciones a raíz de la mera interposición de un recurso con el fin de preservar la presunción de inocencia y proteger al presunto infractor de una sanción cuya legalidad es cuestionada y que, por otra, ante un aparente fumus boni iuris, se permita el ejercicio de la potestad recaudatoria para hacer efectivo el pago de una sanción incluso antes de que se haya impuesto...*" (*Garantías del contribuyente en el procedimiento sancionador tributario*. Tirant lo Blanch, p. 235.)

1.2. INVESTIGACIÓN PATRIMONIAL: COMPETENCIAS DE LA ADMINISTRACIÓN TRIBUTARIA EN PROCEDIMIENTOS JUDICIALES

Por otra parte, la Ley 7/2012, de 29 de octubre, introduce en la Ley General Tributaria una nueva disposición —Disp. Adicional 19ª— por la que se atribuye a la Agencia Estatal de Administración Tributaria competencias de investigación patrimonial en los procesos por delito contra la Hacienda Pública.

Dicha disposición establece que:

«En los procesos por delito contra la Hacienda Pública, y sin perjuicio de las facultades que corresponden a las unidades de la Policía Judicial, *los órganos de recaudación de la Agencia Estatal de Administración Tributaria mantendrán la competencia para investigar, bajo la supervisión de la autoridad judicial, el patrimonio que pueda resultar afecto al pago de las cuantías pecuniarias asociadas al delito*.

A tales efectos, podrán ejercer las facultades previstas en los artículos 93, 94 y 162 de esta Ley, realizar informes sobre la situación patrimonial de las personas relacionadas con el delito y adoptar las medidas cautelares previstas en el apartado 8 del artículo 81 de la misma.

»De tales actuaciones, sus incidencias y resultados se dará cuenta inmediata al juez penal, que resolverá sobre la confirmación, modificación o levantamiento de las medidas adoptadas.

»Las actuaciones desarrolladas se someterán a lo previsto en la presente Ley y su normativa de desarrollo, sin perjuicio de la posibilidad de que el juez decida la realización de otras actuaciones al amparo de lo previsto en el artículo 989 de la Ley de Enjuiciamiento Criminal.»

1.3. LA LEGISLACIÓN PENAL TAMBIÉN REFUERZA LOS PODERES DE LA ADMINISTRACIÓN TRIBUTARIA

La Ley Orgánica 1/2015, de 30 de marzo, modifica el Código Penal en la línea que venimos señalando, la del reforzamiento de los poderes de la Administración Tributaria.

Prueba de ello la encontramos en:

a) La modificación del régimen aplicable a la suspensión condicional de la pena impuesta por delito contra la Hacienda Pública. Modificación innecesaria porque la suspensión condicional de la pena, regulada con carácter general en el art. 80 CP, ya exige para su concesión el cumplimiento de las responsabilidades civiles, amén de la exigencia de haberse hecho efectivo el comiso de bienes acordado en la sentencia. Mandato que se repite en el art. 308 bis del nuevo Código, sin que existan razones de peso para la introducción de ese precepto en el Título XIV del Código Penal, relativo a los Delitos contra la Hacienda Pública y contra la Seguridad Social;

b) El agravamiento de la penalidad por insolvencia punible de quienes resulten civilmente responsables de la comisión de un delito fiscal. Se establece una *penalidad agravada* para quien trate de eludir una obligación pecuniaria derivada de la comisión de un *delito contra la Hacienda Pública o la Seguridad Social*, que será castigado con la pena de prisión de uno a seis años y multa de doce a veinticuatro meses.

En relación con el requisito de que «*se hayan satisfecho las responsabilidades civiles que se hubieren originado y se haya hecho efectivo el decomiso acordado en sentencia conforme al artículo 127*», el propio CP, art. 308 bis.1.1.ª, párrafo segundo, establece que:

«Este requisito se entenderá cumplido cuando el penado asuma el compromiso de satisfacer la deuda tributaria, la deuda frente a la Seguridad Social o de proceder al reintegro de las subvenciones o ayudas indebidamente recibidas o utilizadas y las responsabilidades civiles *de acuerdo a su capacidad económica* y de facilitar el comiso acordado, y sea razonable esperar que el mismo sea cumplido. *La suspensión no se concederá cuando conste que el penado ha facilitado información inexacta o insuficiente sobre su patrimonio.*»

Como ha señalado la doctrina penalista, quizás aquí haya que buscar el porqué de la singularidad del art. 308 bis en un enclave absolutamente inadecuado, puesto que su ubicación natural es el capítulo dedicado a las Reglas generales y especiales para la aplicación de las penas.

Repárese en que hay dos notas que singularizan ese desestructurado art. 308 bis:

– En el art. 80 CP se establece que el requisito se entenderá cumplido —compromiso de satisfacer la responsabilidad civil y facilitar el decomiso— cuando sea razonable esperar que el mismo será cumplido «*en el plazo prudencial que el juez o tribunal determine*», frase que no se reproduce en el art. 308 bis. Naturalmente, no hay que pensar que el legislador guarda silencio con el fin de conferir un protagonismo a la Administración Tributaria perjudicada, de forma que esta asuma un protagonismo en este caso que solo al Juez corresponde e, impaciente por la tardanza en el cumplimiento de los abonos por responsabilidad civil, inste a la autoridad judicial a fijar un plazo más respetuoso con las urgencias recaudatorias que con el plácido transcurrir del tempo judicial. No hay que pensarlo. Y no lo pensamos. Pero, puestos a repetir preceptos, se podía haber repetido tal cual.

– En el art. 308 bis se previene que: «*La suspensión no se concederá cuando conste que el penado ha facilitado información inexacta o insuficiente sobre su patrimonio*». Aquí sí aparece la apetencia investigadora de la Administración Tributaria.

Y nos parece adecuada. Pero ello no justifica la reiteración del precepto en una ubicación que no le corresponde. Bastaba haberlo previsto así, y con carácter general, en el art. 80 CP.

En términos muy directos y expeditivos, y comentando precisamente la reforma introducida en esta materia por la LO 1/2015, un Teniente Fiscal de la Fiscalía del Tribunal Superior de Justicia de Cataluña —Francisco Bañeres Santos— ha resumido la situación en los siguientes términos:

«Queda por último intentar buscar un fundamento a esta exigua y absurda reforma que en esta materia no aporta ninguna mejora ni resuelve ningún conflicto interpretativo pero que, en cambio, perturba la muy dañada estructura del Código Penal y, lo que es peor, ni siquiera resulta útil salvo como ejemplo de pleonasmo jurídico.

Dado que ni siquiera merece unas líneas de la Exposición de Motivos y sin que tengamos conocimiento de ningún reclamo de organismos o entidades para la introducción de este texto [se refiere en concreto al art. 308 bis], la única explicación que encontramos es la de que *nos hallamos ante una nueva muestra del "derecho de conquista" o de "colonización" que en esta materia viene ejerciendo de unos años a esta parte el derecho administrativo tributario y de seguridad social*». "Delitos contra la Hacienda Pública, contra la Seguridad Social y Fraude de subvenciones", en la obra colectiva, *Comentarios a la reforma penal de 2015*, Thomson-Reuters-Aranzadi, p. 616.)

2. LIQUIDACIONES VINCULADAS A DELITO

En el ámbito de las reformas normativas de los delitos contra la Hacienda Pública alcanza una relevancia especial la regulación de las liquidaciones vinculadas a delito —en adelante LVD—, materia en la que se manifiesta de forma incuestionable el objetivo recaudatorio de esas mismas reformas.

Como ya indicamos, de acuerdo con el art. 305.5 CP, *la existencia del procedimiento penal por delito contra la Hacienda Pública no paralizará, necesariamente, la acción de cobro de la deuda tributaria*. Por parte de la Administración Tributaria podrán iniciarse las actuaciones dirigidas al cobro, *salvo que el Juez, de oficio o a instancia de parte, hubiere acordado la suspensión de las actuaciones de ejecución, previa prestación de garantía.* Si no se pudiese prestar garantía en todo o en parte, *excepcionalmente el Juez podrá acordar la suspensión con dispensa total o parcial de garantías si apreciare que la ejecución pudiese ocasionar daños irreparables o de muy difícil reparación.*

En definitiva, *desde el 17 de enero de 2013 —fecha en la que entró en vigor la L.O. 7/2012, de modificación del Código Penal— la remisión a la autoridad judicial no suspende necesariamente el procedimiento administrativo en curso.* De forma que *la Administración Tributaria podrá liquidar de forma separada*, por una parte, *los conceptos y cuantías que no se encuentren vinculados con el posible delito contra la Hacienda Pública* y, por otra, *los que se encuentren vinculados con el posible delito contra la Hacienda Pública.*

La liquidación indicada en primer lugar seguirá la *tramitación ordinaria* y *se sujetará al régimen de recursos propios de toda liquidación tributaria.*

La liquidación que derive de aquellos *conceptos y cuantías que se encuentren vinculados con el posible delito contra la Hacienda Pública seguirá la tramitación que al efecto se establezca en la normativa tributaria*, sin perjuicio de que finalmente se ajuste a lo que se decida en el proceso penal.

En suma, se pone el carro delante de los bueyes.

2.1. CARACTERES

Con carácter general, practicada la liquidación tributaria por conceptos y cuantías vinculados con el posible delito fiscal, de acuerdo con el art. 254 LGT:

a) Ni procede recurso o reclamación en vía administrativa frente a la liquidación practicada por la Administración, y

b) Ni los defectos procedimentales en que se hubiese podido incurrir durante la tramitación administrativa producirán los efectos de extinguir total o parcialmente la liquidación vinculada a delito, ni los previstos en las letras a) y b) del art. 150.6) de la propia LGT en relación con las actuaciones desarrolladas por la Administración Tributaria tendentes a la liquidación de la deuda tributaria.

Analicemos separadamente ambos aspectos.

No procede recurso o reclamación en vía administrativa frente a la liquidación practicada por la Administración. Crítica.

La inexistencia de recurso en vía contenciosa se sustituye por la competencia atribuida al Juez de lo Penal, sin perjuicio del ajuste que proceda con arreglo a lo que se determine en el proceso penal, de acuerdo con lo dispuesto en el art. 305 CP y en el art. 257 de la propia LGT, correspondiendo al Juez penal determinar en sentencia la cuota defraudada vinculada a los delitos contra la Hacienda Pública.

Esta irrecurribilidad en vía administrativa y contenciosa fue uno de los aspectos que más llamaron la atención cuando se comenzó a tener noticias de los Anteproyectos de Ley de reforma de la LGT. Crítica.

Una destacada especialista concluyó al respecto que «*[...] si algo caracteriza al proyecto de reforma es la pretensión de excluir a la jurisdicción contencioso administrativa del control de los aspectos estrictamente tributarios (liquidación administrativa y recaudación) de la deuda tributaria presuntamente defraudada*» (Espejo, I. (2013). *Administración Tributaria y Jurisdicción penal en el delito fiscal*, Marcial Pons, nota 10).

El problema estaba servido. Y lo estaba, sobre todo, porque ya nuestros Tribunales habían advertido de forma reiterada sobre la necesidad de cercenar cualquier medida administrativa que pudiera desconocer el alcance del derecho a la tutela judicial efectiva.

El propio Tribunal Constitucional, en una decisión del Pleno —Sentencia 238/1992, de 17 de diciembre (*Tol 82018*)—, tuvo que alertar sobre el alcance de tal derecho una vez entrada en vigor la Constitución de 1978, con el fin de evitar las reiteraciones que en un Estado de Derecho podían rememorar pasajes nada brillantes de épocas anteriores. Los llamados *actos de gobierno* y su secuela de inmunidad jurisdiccional estaban muy vivos en la memoria de todos.

En aquella sentencia, el Tribunal tuvo que pronunciarse sobre la compatibilidad con el derecho a la tutela judicial efectiva del art. 6.2 de la Ley extremeña 34/1979, de 16 de noviembre, de Fincas Manifiestamente Mejorables. Dicho precepto, tras declarar la recurribilidad en vía contencioso-administrativa del Decreto de calificación de una finca como «manifiestamente mejorable», añadía que «no se suspenderá en ningún caso la ejecución del Decreto impugnado».

Señaló el Tribunal, dando razón a la Sala que planteó la cuestión:

«*Eliminando por el art. 6.2 de la LFMM la posibilidad de una* suspensión cautelar del acto administrativo impugnado, *rompiéndose así en todo caso el necesario nexo entre tal potestad jurisdiccional y la* efectividad de la tutela judicial del art. 24.1 CE, *no cabe sino constatar la incompatibilidad entre la regla cuestionada y el mencionado artículo constitucional.*

Y *la misma conclusión se impone al examinar la compatibilidad del precepto cuestionado con el derecho a la tutela judicial efectiva*, poniendo este en relación con lo dispuesto en el art. 106.1 CE, de conformidad con el cual "los Tribunales controlan [...] la legalidad de la actuación administrativa, así como el sometimiento de esta a los fines que la justifican".

Y, resaltando el privilegio que supone la ejecutividad de los actos administrativos, señala el propio TC:

Tampoco ha definido aquí la norma fundamental cuáles deban ser los instrumentos procesales que hagan posible ese control jurisdiccional, pero sí es preciso afirmar que los mismos han de articularse de tal modo que aseguren, sin inmunidades de poder, una fiscalización plena del ejercicio de las atribuciones administrativas. La prerrogativa de la ejecutividad no puede desplegarse libre de todo control jurisdiccional y debe el legislador, por ello, articular, en uso de su libertad de configuración, las medidas cautelares que hagan posible el control que la Constitución exige. Al haberlas suprimido aquí por entero se ha venido también a desconocer, en definitiva, el mandato de plena justiciabilidad del actuar administrativo presente en el art. 106.1» (FD 6.º).

En suma, en la liquidación tributaria vinculada a delito la inexistencia de recurso en vía contenciosa se sustituye por la competencia que el mismo art. 254.1 de la reformada LGT atribuye al Juez de lo Penal.

Es lo cierto, sin embargo, que, como señaló López Díaz,

«[...] *no se puede olvidar que dicha liquidación es un auténtico acto administrativo, con incidencia notable en la esfera jurídica del individuo afectado (basta referirse a la posibilidad de su recaudación coactiva), por lo que la privación de recursos contra la misma puede considerarse un exceso que va en contra del derecho a la tutela judicial efectiva (art. 24 CE)*» (López Díaz. *Procedimientos tributarios y delito fiscal en el Proyecto de reforma de la LGT*, Cívitas, REDF, (167), p. 38).

El mismo Consejo de Estado señaló en su Dictamen:

«Aun cuando la Memoria justifica esta opción en la circunstancia de que la tutela judicial efectiva va a ser dispensada en estos casos por el Juez penal (con cita de jurisprudencia que sigue el criterio de la STS de 4 de julio de 2011) y, en caso de que se dictase sentencia firme sin apreciar la existencia de delito, la liquidación perdería su vinculación con una defraudación de naturaleza delictiva y podría ser recurrida (arts. 254 y 257), *parece claro que ha de arbitrarse algún medio en la vía administrativa para combatir de forma previa las deficiencias procedimentales que puedan concurrir en la liquidación*».

También quien firma estas líneas señaló:

«[...] *no se puede abrir una vía administrativa coetánea con la penal* [...] *pero solo a ciertos efectos*. La abro para aprovechar la ejecutividad del acto administrativo —lo que me permite no solo liquidar, sino también cobrar», pero la cierro cuando quien pretende valerse de esa misma vía administrativa invoca la existencia de errores procedimentales por parte de la Administración o pretende invocar la prescripción del crédito tributario o pretende acudir a los Tribunales de Justicia para revisar la legalidad de la actuación administrativa». (Martín Queralt, J. (2014). "A vueltas con el anteproyecto de reforma de la Ley General Tributaria", *Tribuna Fiscal*, (274), p. 7).

No es impugnable la liquidación... pero sí lo son los actos del procedimiento de recaudación.

De acuerdo con el art. 255 LGT, la existencia del proceso penal no paraliza las actuaciones administrativas dirigidas al cobro de la deuda, salvo que el Juez hubiere acordado la suspensión de las actuaciones de ejecución. Tales actuaciones se regirán por las normas generales que regulan la recaudación de los tributos (Título III, capítulo V LGT), con la única especialidad prevista en el art. 256 LGT: solo serán oponibles los motivos previstos en los arts. 167.3, 170.3 y 172.1 LGT. En suma, la recaudación es la auténtica *ratio legis* de las reformas que vienen acometiéndose en esta materia.

En consecuencia, el Juez de lo Penal, aun antes de haber dictado sentencia, se va a erigir en garante de la aplicación de las normas tributarias. Como ya indicamos, *la Ley de reforma de la LGT de 2015 ha debido modificar la LECrim con el fin de dar cabida — arts. 621 bis y 621 ter— a las singularidades que plantea la incoación de un proceso penal cuando al mismo tiempo se está sustanciando un procedimiento administrativo referido a los mismos hechos.*

En suma, la reforma ha violentado el art. 106 CE que somete la actuación administrativa al control judicial del Juez ordinario, que en este caso es el orden contencioso-administrativo.

La mezcolanza del procedimiento administrativo y el proceso penal obliga a violentar conceptos y a renunciar a la utilización de categorías dogmáticas nítidas.

Evidencia que se ha puesto de manifiesto con singular intensidad en la propia Ley de Reforma de la LGT de 2015 que, en sus Disposiciones Finales, ha tenido que proceder a la modificación de Leyes reguladoras del orden jurisdiccional, como la Ley de la Jurisdicción Contencioso-Administrativa y Ley de Enjuiciamiento Criminal.

Así, la Ley 29/1998, reguladora de la Jurisdicción Contencioso-Administrativa se ha visto *enriquecida* con una nueva Disposición Adicional 10.ª, monográficamente dedicada a armonizar el contenido de dicha Ley con lo que al efecto dispone la LGT reformada ¿Qué es lo que se dice en esa Disp. Adic. 10.ª? Pues algo muy simple:

– Que *no corresponde al orden jurisdiccional contencioso-administrativo conocer de las pretensiones que se deduzcan respecto de las actuaciones tributarias vinculadas a delitos contra la Hacienda Pública, salvo* los problemas relativos a la *recaudación* —art. 256 LGT— y a la *declaración de responsables solidarios* —art. 258.3 LGT—.

– Que una vez *iniciado el proceso penal* por delito contra la Hacienda Pública *tampoco corresponderá al orden jurisdiccional contencioso-administrativo conocer de* las pretensiones que se deduzcan respecto de las *medidas cautelares* adoptadas por la Administración —al amparo del art. 81.8 LGT—. Medidas que, *a posteriori*, el Juez deberá convertir en medida jurisdiccional o proceder a su levantamiento.

En la misma línea caminan los *arts. 614 bis, 621 bis, 621 ter y 999 de la Ley de Enjuiciamiento Criminal*, preceptos incorporados también a la Ley rituaria por la Disp. Final 1.ª

Con estas reformas quiere darse por cumplida la exigencia del Juez ordinario predeterminado por la Ley, como exigencia ínsita en el art. 24.2 CE. En nuestra opinión, sin embargo, *no puede obviarse un hecho: el Juez natural para el enjuiciamiento de los actos administrativos es el Juez del orden contencioso-administrativo. La reforma respeta la previa fijación del Juez ordinario, al tiempo que desnaturaliza el concepto de Juez natural* llamado a pronunciarse sobre la legalidad de la actuación administrativa.

Lo que se hace, en definitiva, es configurar un Juez natural al servicio de los objetivos de la política criminal de la reforma —que son estrictamente recaudatorios—.

Y ello va a incidir muy sensiblemente en un fenómeno denunciado ya hace muchos años: la *creciente y desmesurada extensión de la vía penal y la coetánea derivación hacia ese orden jurisdiccional penal de hechos sobre los que debiera ser natural su enjuiciamiento en vía contencioso-administrativa.*

En el campo de los delitos contra la Hacienda Pública el Juez de lo Penal debe pronunciarse sobre aspectos que tampoco han venido siendo merecedores de su atención. Y no son fáciles.

Repárese en la adopción de medidas cautelares cuando el procedimiento de recaudación se encuentra plagado de embargos —*nuevo art. 621 bis LECrim*— o en la necesaria fijación de los recargos que procederían en caso de ejecución de la liquidación administrativa practicada o en los efectos que produce la retroacción de la suspensión —*art. 621 ter LECrim*—, o, por último, en la sapiencia que tendrá que mostrar el Tribunal cuando, en la ejecución de la sentencia, el obligado al pago se muestre disconforme con las modificaciones practicadas por la Administración, debiendo resolver mediante auto si la modificación practicada es conforme a lo declarado en sentencia o si se ha apartado de la misma, «en cuyo caso indicará con claridad los términos en que haya de modificarse la liquidación» —*art. 999 LECrim*—.

No es fácil la tarea que se ha encomendado al Juez de lo Penal. Un Juez que ya hace mucho dejó de ser la *ultima ratio.* Quizás en una futura reforma procesal haya que revisar el carácter devolutivo de algunas cuestiones prejudiciales propias del orden contencioso-administrativo, en la línea que marcó la STC 30/1996, de 24 de febrero —posteriormente truncada—, con el fin de evitar contradicciones entre pronunciamientos del orden penal y del orden contencioso-administrativo.

2.1.1. La inmunidad de los defectos procedimentales: vulneración del derecho a la tutela judicial efectiva. Crítica

Dispone el art. 253.1, párr. 3.º LGT).

"*En ningún caso los defectos procedimentales en que se hubiese podido incurrir durante la tramitación administrativa producirán los efectos de extinguir total o parcialmente la liquidación vinculada a delito, ni los previstos en las letras* a*) y* b*) del art. 150 de la propia LGT en relación con las actuaciones desarrolladas por la Administración Tributaria tendentes a la liquidación de la deuda tributaria* "

También esta singular inanidad de los defectos procedimentales, que robustece las competencias administrativas, ha sido merecedora de generalizadas críticas.

Señala López Díaz:

«Lo mismo cabe decir —*exceso que va en contra del derecho a la tutela judicial efectiva (art. 24 CE)*— de la negación de efectos para los defectos en que hubiese podido incurrir durante la tramitación de la liquidación, así como de los defectos ligados al incumplimiento del plazo máximo del procedimiento inspector, *particularmente la pérdida de efecto interruptivo de la prescripción y la posibilidad de pagos espontáneos*» («Procedimientos tributarios...», ob. cit., p. 38).

Desde la óptica penalista se ha advertido que esta materia —liquidación por la Administración cuando ya está en marcha un proceso penal— repercute en el ámbito del *non bis in idem*, jurisprudencialmente constitucionalizado por su implícita inclusión en el art. 25.1 de la Constitución, principio cuya vertiente procesal se ve claramente vulnerada.

Esta liquidación «independiente» no debiera haber quedado inmune a los recursos en vía administrativa, por la indefensión en que de plano queda el ciudadano en caso contrario.

Indefensión que se añade a la derivada de la imposibilidad de «combatirla» en el proceso penal, dadas las limitaciones impuestas al juez penal para suspender la acción de la Administración para el cobro de la deuda así liquidada.

Como han señalado Boix y Grima, nos encontramos ante un *«estrangulamiento» del principio «non bis in idem»* que definitivamente aleja a esta clase de procedimientos de su pretendida normalidad.

[...] El estrangulamiento se produce, de un lado, porque *se niega a la jurisdicción penal su prevalencia sobre la Administración, al permitir que los conceptos y cuantías de la cuota tributaria vinculada con el posible delito fiscal sean determinados (liquidados) por la Administración de manera independiente y paralela al proceso penal. Se vulnera así el principio «non bis in idem» en su vertiente procesal* que, según las SSTC 77/1983 y 2/2003 «se concreta en la regla de preferencia o precedencia de la autoridad judicial penal sobre la Administración».

De otro lado, la doble vía simultánea e independiente de la actuación administrativa (y del subsiguiente proceso contencioso-administrativo) y del proceso penal *posibilitará el absurdo jurídico de pronunciamientos contradictorios sobre unos mismos hechos* («conceptos y cuantía de la cuota tributaria vinculada con el posible delito fiscal»). De ese modo la reforma posibilita llegar al absurdo jurídico, porque «unos mismos hechos no pueden existir y dejar de existir para los órganos del Estado» (STC 77/1983).

Esta posibilidad vulnera no solo el principio de seguridad jurídica, sino también el derecho a la tutela judicial efectiva (SSTC 30/1996, 50/1996, 91/1996 y 102/1996).

En la misma línea rechazar la existencia de dos procedimientos sobre los mismos hechos repárese en lo que, de acuerdo con la normativa anterior a la hoy vigente afirma la Sentencia del Tribunal Supremo, Sala de lo Contencioso-Administrativo, Sección 7.ª (Ponente: J. Díaz Delgado), de 2 de marzo de 2007, rec. 791/2005, recaída en un recurso interpuesto en procedimiento especial para la Protección de los Derechos Fundamentales, concluye el Tribunal:

«[...] con la deducción de testimonio al Ministerio Fiscal, e iniciadas las actuaciones penales, la jurisdicción competente para conocer, *desde el punto de vista penal de las irregularidades posibles que puedan afectar al proceso son los Jueces y Tribunales del orden jurisdiccional penal (art. 9.3 de la Ley Orgánica del Poder Judicial (Tol 268267)), siendo incompatible el conocimiento del mismo hecho por dos jurisdicciones distintas, y desde luego, la tramitación del procedimiento administrativo, una vez iniciado el penal»* (FD 2.º).

La misma Sala y Ponente, en Sentencia de 17 de octubre de 2008 —rec. 582/2006— concluyó:

«[...] no cabe admitir que no se produce indefensión por el hecho de que la sanción que le fue impuesta no fuera firme en la vía administrativa, al existir la posibilidad de interponer reclamación económico-administrativa, [...] y por otra parte, si no se produjera indefensión cuando un acto no es firme, bien por existir recursos administrativos o jurisdiccionales, nunca se produciría esta indefensión por parte (¿falta?) de prueba en vía administrativa, pues frente a los actos administrativos, siempre existen, al menos, recursos jurisdiccionales. Por eso la normativa antes analizada permite recurrir solicitando la protección de estos derechos fundamentales autónomamente, para garantizar no solo una tutela judicial, sino que sea efectiva en el tiempo, impidiendo la tramitación de un largo procedimiento administrativo con la consiguiente dilación de dicha tutela. [...] esta Sala ha dicho ya que estos defectos de procedimiento no pueden subsanarse por la posibilidad de recursos administrativos o jurisdiccionales posteriores (sentencias de esta Sala de 12 de febrero de 1990, 1 de junio de 2000, 21 de mayo de 2002 o 29 de septiembre de 2005), y lo mismo el Tribunal Constitucional (Sentencia 59/2004, de 19 de diciembre)» (FD 2.º).

En los casos en que en vía administrativa se está elaborando el Informe para pasar el tanto de culpa a la jurisdicción penal, como señaló el Informe del CGPJ:

«[...] *cuando el procedimiento administrativo se halla íntimamente unido al proceso penal, deben reconocerse al interesado los mismos derechos que si el proceso penal se hubiera ya iniciado*. Por tanto, deben ser observados los principios y garantías del art. 24 CE, por lo que debería declararse la obligación de informar al obligado tributario de la situación del procedimiento, en todo caso y tan pronto se tengan sospechas de la posible existencia de un delito, *evitando el acopio de material probatorio para enervar el principio de presunción de inocencia, al margen y sin conocimiento del sujeto pasivo.*»

En el mismo sentido apunta Palao:

«[...] dicho procedimiento se diferencia del de las actuaciones administrativas tendentes a la liquidación, por lo que *el contribuyente no está obligado a aportar la información que pueda contribuir a su incriminación, y solo supletoriamente cabría sustituir dicho derecho por el de la no utilización en el proceso penal de las informaciones autoinculpatorias obtenidas cuando la Administración retrase indebidamente la iniciación formal de tal procedimiento y no comunique al contribuyente sus sospechas de la existencia de delito*» («El derecho a no autoinculparse en el ámbito tributario: una revisión», Cívitas, *REDF*, n.º 159, 2013, p. 44).

Para terminar, hemos de dejar constancia de algunas *interrogantes* que nos suscita la normativa descrita.

– *Es muy difícil distinguir entre elementos vinculados y no vinculados.*

Especialmente en impuestos personales y progresivos, en los que la trabazón entre los distintos elementos que integran el hecho imponible presenta dificultades insalvables.

– Una obligación *ex lege*... que acaba siendo negociada *inter partes*.

De acuerdo con el art. 253.3.*b*) LGT:

«La propuesta de liquidación contenida en el acta comprenderá la totalidad de los elementos comprobados, con independencia de que estén o no vinculados con el posible delito, y se deducirá la cantidad resultante de la propuesta de liquidación a que se refiere el párrafo anterior (cantidad ingresada por la liquidación vinculada a delito).

No obstante, el obligado tributario podrá optar por la aplicación de un sistema de cálculo de ambas cuotas basado en la aplicación proporcional de las partidas a compensar o deducir en la base o en la cuota, en los términos que se determinen reglamentariamente.

Esta opción deberá comunicarse a la Administración en el plazo de alegaciones posterior a la notificación de la propuesta de liquidación vinculada al delito».

Si ello es así, *cabe preguntarse*:

a) *¿Cómo conciliar esta economía de opción concedida al contribuyente con el carácter ex lege de la obligación tributaria?*

b) *¿Cómo conciliar este carácter* ex lege *con un sistema de cálculo de ambas cuotas* —la vinculada al tributo y la no contaminada— *que*, basado en la aplicación proporcional de las partidas a compensar o deducir en la base o en la cuota, *pende, en último término, de una disposición reglamentaria?*

c) *¿Cómo conciliar este desleimiento de una obligación* ex lege *con la labor judicial a la hora de fijar la cuantía defraudada* y, consiguientemente, fallar acerca de la existencia o no de delito*?*

d) *¿Cómo conciliar esa flexibilidad a la hora de computar las cuotas defraudadas o no con la labor judicial que debe examinar la concurrencia o no de culpabilidad en la conducta del contribuyente?*

– *¿Es lógico pensar que en los casos en que se excepciona la práctica de liquidación, pese a apreciarse por la Administración la existencia de indicios de delito contra la Hacienda Pública —art. 251 LGT—, el Juez de lo penal podrá remediar las insuficiencias con que se ha encontrado la Administración Tributaria a la hora de practicar liquidación o atribuirla a un sujeto concreto?*

El Informe del CGPJ señalaba a este respecto:

«[...] si se pasa el tanto de culpa *cuando se arriesga la prescripción o no se ha logrado establecer la deuda u obligado, difícilmente la jurisdicción penal estará en condiciones de hacerlo dentro de plazo,* que continúa siendo de cinco años para el tipo básico, y habrá continuado corriendo la prescripción durante las actuaciones iniciales de la Administración...».

En estos casos —que pueden ser numerosos— la reforma de la LGT no habrá producido frutos sustanciales, puesto que, al igual que ocurría con anterioridad a la reforma, lo que se producirá será la suspensión de los procedimientos y la interrupción de la prescripción, reanudándose aquellos y reiniciándose el cómputo de la prescripción cuando el Juez no aprecie la existencia de delito, *ex* art. 251.1 LGT.

3. LA SEGURIDAD JURÍDICA SE ACUNA EN LA PENUMBRA

3.1. LA VINCULACIÓN DE LA ADMINISTRACIÓN A LOS HECHOS PROBADOS O DECLARADOS INEXISTENTES EN VÍA PENAL Y SU INCIDENCIA EN LAS LIQUIDACIONES VINCULADAS A DELITO

El fallo judicial que finalmente se emita en relación con la liquidación vinculada a delito afectará tanto a la posibilidad o no de aplicar sanciones —art. 250.2, pfos. tercero y cuarto— como a la misma liquidación tributaria —art. 257 LGT—.

Los hechos probados en sentencia y los declarados inexistentes condicionan la posterior actuación administrativa, tanto en el ámbito sancionador como en el procedimiento de liquidación. En relación con las sanciones, el fallo judicial condiciona la posterior actuación de la Administración por imperativo respeto a las exigencias del *non bis in idem.*

En relación con la liquidación, el condicionamiento viene impuesto por el necesario respeto a la cosa juzgada.

Es posible que como resultado de la sentencia penal no solo deba verse modificada la liquidación vinculada a delito, sino también la no vinculada, por entender el Juez que los hechos o los autores de los mismos no lo han sido en la medida en que han sido calificados por la Administración Tributaria. Circunstancia que puede darse tanto si se aprecia la existencia de delito como si no.

Una dificultad adicional que pone de relieve la dificultad de escindir en dos las liquidaciones.

En estos casos, como ha subrayado atinadamente López Díaz —y en la misma línea se manifiesta Isabel Poyato— «nos vamos a encontrar con que, como consecuencia de la prejudicialidad penal, la jurisdicción penal determina a través de los hechos probados de la sentencia el contenido de la liquidación, en detrimento de la jurisdicción contencioso administrativa, que sería la competente por razón de la materia. Pero al mismo tiempo, *puede dar lugar a que el contribuyente absuelto tenga un legítimo interés en combatir dicha sentencia absolutoria, no en su parte dispositiva, sino en relación a los hechos probados, para evitar su efecto sobre la posterior liquidación, lo que nos sitúa de lleno ante las dificultades para acceder al recurso contra la sentencia absolutoria por parte del mismo sujeto absuelto.*

Finalmente debe tenerse en cuenta que *tales hechos probados van a resultar también de aplicación en la liquidación cuyo pago pueda exigirse a otros sujetos que no hayan sido parte en el proceso penal, como puede ser el caso de los responsables tributarios, si los hubiere*». Sobre ello debe consultarse el art. 846 LECrim («Procedimientos tributarios...», ob. cit., p. 41).

Ya los Tribunales de Justicia se han enfrentado con esa doble valoración judicial de unos mismos hechos. Repárese en la Sentencia del Tribunal Supremo, de 5 de diciembre de 2017 —Sala Tercera, Sección Segunda, recurso de revisión de sentencia firme, n.º 2/2017, Ponente: F. J. Navarro Sanchís— donde ya se nos advierte de las consecuencias a que puede llevar la *doble valoración judicial de unos mismos hechos.* Ello concluye en una *situación singular*: a través de dos procesos seguidos en jurisdicciones distintas, la penal y la contencioso-administrativa, se llega a una solución dispar mediante dos sentencias firmes.

En el orden contencioso-administrativo se ha entendido que el obligado tributario era residente en España. En el orden penal no se le puede considerar residente en España, pues no se ha considerado probado que el obligado tributario tuviese una vivienda permanente a su disposición en España. En definitiva, *dos decisiones judiciales firmes se pronuncian sobre unos mismos hechos de forma contradictoria e incompatible.*

Eso explica que la Sentencia dictada por la Sala 3.ª prevenga contra los resultados producidos y demande cautela:

«la circunstancia de que, finalmente, a través de dos procesos seguidos en jurisdicciones distintas, la penal y la contencioso-administrativa, se haya llegado a soluciones tan dispares como aquellas que aquí hemos conocido *pone de relieve la necesidad de extremar las cautelas para que, tanto en la vía administrativa como en la judicial, se observe la debida diligencia para salvaguardar el principio de prejudicialidad penal, la prioridad de este orden jurisdiccional, la suspensión de los procedimientos o procesos abiertos al efecto a la espera de decisión judicial y el respeto y vinculación a los hechos declarados probados en dicho proceso* (arts. 180 de la Ley General Tributaria en la redacción vigente *ratione temporis* al caso debatido, en cuanto al deber que incumbe a la Administración y 4.1 de la Ley de esta Jurisdicción y 114.1 de la Ley de Enjuiciamiento Criminal, por lo que respecta a los tribunales de este orden jurisdiccional). *Solo así podrá evitarse la indeseable situación, fuente de injusticia, de que las decisiones judiciales firmes determinen hechos contradictorios, antagónicos e incompatibles entre sí, como que una persona natural resida a un tiempo, a efectos fiscales, en España y en Portugal*» (FD 5.º).

3.2. LA ADMINISTRACIÓN TRIBUTARIA NO ES LIBRE PARA DECIDIR EN QUÉ MOMENTO ENVÍA EL EXPEDIENTE A LA FISCALÍA O AL JUZGADO

También el Tribunal Supremo ha debido poner coto a la posibilidad de que la Administración envíe el expediente a Fiscalía o al Juzgado en el momento en que tenga por conveniente hacerlo.

En Sentencia 1246/2019, de 25 de septiembre (rec. 85/2018), el Tribunal Supremo, *anulando un precepto reglamentario, rechazó la posibilidad de que la Administración, cuando aprecie indicios de la existencia de delito contra la Hacienda Pública, pudiera elevar el tanto de culpa a la jurisdicción penal o remitir al Fiscal las actuaciones «en cualquier momento, con independencia de que hubiere dictado liquidación administrativa o, incluso, impuesto sanción»*. Esta posibilidad resulta contraria a la ley, lo que obliga a anular el número 2 del artículo 197 bis del Real Decreto 1065/2007, de 27 de julio, en la redacción derivada del Real Decreto 1070/2017, de 29 de diciembre.

3.3. LOS SUJETOS PASIVOS DE LAS LIQUIDACIONES VINCULADAS A DELITO NO PUEDEN SER INCLUIDOS EN LA LISTA DE MOROSOS PREVISTA POR EL ART. 95 LGT

El indebido protagonismo conferido normativamente a las liquidaciones vinculadas a delito llevó a la Administración Tributaria a incluir a los sujetos pasivos de las mismas en el listado de morosos en todos aquellos casos en los que no se habían hecho efectivas sus deudas, unas deudas que estaban lejos de ser administrativamente *definitivas* —y mucho menos *firmes* en vía judicial—.

También ha tenido que ser el Tribunal Supremo el que haya puesto coto a la inclusión de los sujetos pasivos de una liquidación vinculada a delito en el listado de morosos. Con acertado criterio, el TS ha exigido que solo puedan incluirse en dicho listado las deudas que hayan adquirido firmeza.

La doctrina fijada por las Sentencias 50/2023 y 86/2023 —de 20 y 25 de enero de 2023, recs. 1467/2021 y 465/2021, respectivamente— es clara:

«A efectos de la publicidad de situaciones de incumplimiento relevante de las obligaciones tributarias, solo podrán ser incluidas en los listados del art 95 bis, aquellas personas físicas o jurídicas que ostenten la condición de deudores a la Hacienda Pública por deudas o sanciones tributarias firmes...». (FD 6.º En la misma línea se pronunció, el 25 de enero, la misma Sala y Sección, en el rec. 465/2021).

Con posterioridad a las dos sentencias referidas, y también en relación al listado de deudores morosos con la Hacienda Pública el TS ha fijado doctrina, estableciendo la prohibición de incluir en dicho listado a aquellos contribuyentes a los que se les ha dictado una liquidación vinculada a delito.

La doctrina la fijan las SSTS 130 y 131/2023, ambas de 2 de febrero, Sentencias que se remiten también parcialmente a las dos Sentencias citadas anteriormente.

El razonamiento del TS es claro (FD 6.º):

Comienza el Tribunal por fijar la conclusión:

«1) *La liquidación vinculada al delito —LVD—, o por mejor decir, la deuda tributaria liquidada en aquella (arts. 250 y concordantes de la LGT), no es un acto idóneo para crear una deuda tributaria que permita incluir al deudor, por su impago, en la lista del art. 95 bis LGT.*

2) La razón determinante, pues, es que *no estamos en presencia de un acto administrativo propiamente dicho* —en el sentido de los respectivos arts. 1 de la Ley 39/2015 y de la Ley 39/1988, reguladora de esta Jurisdicción» *y, en tal condición, ni siquiera establece una deuda tributaria amparada en la presunción de legalidad de que gozan los actos de la Administración sujetos al derecho administrativo.*

No es un acto común o normal en tal sentido, investido de las prerrogativas atribuidas a la Administración con carácter general, al servicio del interés público, en relación con los actos que emite (privilegios de la ejecutividad, ejecutoriedad, presunción de validez, necesidad de impugnación ante una jurisdicción especializada como la contencioso-administrativa para enervar tales presunciones, etc.).

3) *De ser ello como sostiene aquí la Administración del Estado... esa presunción de validez y eficacia colisionaría frontalmente con el principio de presunción de inocencia constitucionalmente consagrada en materia penal (art. 24 CE) y el derecho fundamental correspondiente que asiste al investigado o encartado en una causa penal.*

[...].

8) En suma, *basta con esclarecer la naturaleza de las LVD para excluirlas de plano del ámbito objetivo del artículo 95 bis LGT, pues ni dan lugar a deudas fiscales en un sentido propio, ni están investidas de la presunción de legalidad —incompatible con la presunción de inocencia— pues, además, es el proceso penal el que debe dilucidar la cuestión.*

[...].

10) Precisamente por esa vocación finalista, vicaria, de vinculación al delito sospechado de las LVD (art. 250.1 LGT y concordantes) y porque tales liquidaciones se remiten al juez penal y, en su caso, se integran y subsumen en la causa que se pudiera abrir, se trata de estimaciones o apreciaciones cuyo objeto es desencadenar, si cabe, ese proceso penal y bajo la potestad del juez, razón por la que no generan deudas tributarias aptas para que los afectados puedan figurar en la lista de morosos del artículo 95 bis, pues *tal inclusión, de una parte, colisionaría frontalmente con el principio de presunción de inocencia, que solo se puede destruir mediante sentencia judicial condenatoria firme, no antes, ni por quien no es juez; y, por otra, no son deudas fiscales propiamente dichas, pues*

su contrariedad a Derecho depende de las resultas del enjuiciamiento penal y su declaración de condena...».

Atendido cuanto antecede, se fija la siguiente doctrina:

«1) *Las liquidaciones establecidas por la Administración Tributaria al amparo del art. 150.1 y concordantes de la LGT no cumplen los requisitos legales del artículo 95 bis LGT, tal como ha quedado interpretado por esta Sala para que proceda la inclusión del deudor, en caso de impago, en el listado de morosos regulado en el mencionado precepto, dada la instrumentalidad de tales liquidaciones a las resultas de la causa penal.*

2) *En tales casos, solo la sentencia penal condenatoria por delito contra la Hacienda Pública permitiría la inclusión del deudor sometido a esa clase de liquidaciones, con independencia de que la deuda estuviera o no suspendida».*

4. CONCLUSIÓN

Con la entrada en vigor de las citadas reformas del Código Penal y de la Ley General Tributaria se ha producido un efecto jurídico desalentador: la seguridad jurídica ha saltado por los aires desde el momento en que la actuación administrativa prosigue ... pese a que ya la autoridad judicial ha iniciado sus actuaciones en relación a ese mismo expediente.

A diferencia de lo que ocurría tradicionalmente, cuando la *notitia criminis* se erigía en valladar que impedía la actuación administrativa, la reforma ha habilitado a la Administración para proseguir el procedimiento recaudatorio, habilitándola además para —sin perjuicio de lo que sobre ello decida el Juez de lo penal— adoptar las medidas cautelares que estime procedentes.

Concluimos. Decaído el anterior Proyecto por la disolución de las Cortes, el nuevo proyecto de Ley Orgánica del Derecho de Defensa debiera erigirse en cauce que propiciara la eliminación de aquellos vacíos que en el derecho de defensa ha propiciado esta irrupción de actuaciones administrativas cuando ya un procedimiento se encuentra en instancias judiciales. Especialmente relevante es en este punto al respeto al derecho a no autoinculparse, muy afectado en el procedimiento de cuantificación de una deuda tributaria... cuando no se sabe en qué dependencia pública —administrativa o judicial— se encuentra.

5. REFERENCIAS BIBLIOGRÁFICAS

Almudí Cid, J. M. (2022) *Garantías del contribuyente en el procedimiento sancionador tributario.* Tirant lo Blanch, p. 235.

Bañeres Santes, F. (2015). "Delitos contra la Hacienda Pública, contra la Seguridad Social y de Fraude de subvenciones", en la obra colectiva, *Comentarios a la reforma penal de 2015*, Thomson-Reuters-Aranzadi, p. 616.)

Espejo Poyato, I. (2013). *Administración Tributaria y Jurisdicción penal en el delito fiscal*, Marcial Pons, nota 10.

López Díaz. *Procedimientos tributarios y delito fiscal en el Proyecto de reforma de la LGT*, Cívitas, REDF, (167), p. 38.

Martín Queralt, J. (2014). "A vueltas con el anteproyecto de reforma de la Ley General Tributaria", *Tribuna Fiscal*, (274), p. 7.

LA EVOLUCIÓN DEL DELITO FISCAL COMO SIMULADA SIMULACIÓN

JAVIER SÁNCHEZ-VERA GÓMEZ-TRELLES
Catedrático de Derecho Penal
Universidad Complutense de Madrid
Letrado del Colegio de Abogados de Madrid
Abogado-Socio en Oliva-Ayala Abogados

1. PLANTEAMIENTO

La celebración de unas jornadas sobre el aniversario de la Ley General Tributaria (*Tol 327278*) invita necesariamente a reflexionar sobre las aplicaciones teóricas y prácticas tributarias que nacen de dicha ley, en un ámbito que no les es propio: el del delito fiscal o contra la Hacienda Pública. Al fin y al cabo, como es sabido, el delito fiscal es considerado unánimemente como una ley penal en blanco, de manera que su norma de relleno ha de ser encontrada, precisamente, en la normativa tributaria.

Y es que, como últimamente la jurisprudencia penal se ha encargado de recordar con contundencia, en ocasiones da la sensación de que no se está produciendo una correcta traslación al ámbito penal de las categorías tributarias. Así, en la reciente STS 785/2023, de 24 de octubre (*Tol 9800092*) (caso Xabi Alonso), la Sala de lo Penal ha llegado a decir, de forma muy sintomática —hasta casi de forma irónica—: "*El delito fiscal no puede conocer una ficticia consumación sobrevenida asociada al momento en el que la divergencia interpretativa entre el contribuyente y los servicios de inspección se hace irreversible, no ofrece ya ningún punto de convergencia y el funcionario encargado del expediente administrativo decide judicializar esa discrepancia remitiendo lo actuado al Ministerio Fiscal*".

Ello sucede, en gran medida, en cuanto al concepto de simulación, igual que antiguamente sucedía con el concepto de fraude de ley. Sucede, y sobre ello debatiremos a continuación en detalles, que descartado el fraude de ley para la tipicidad del delito fiscal (como a continuación veremos), las acusaciones penales han acabado redireccionando sus planteamientos, viendo ahora simulación por doquier.

Esta reconversión de conceptos, operada en gran medida sin la necesaria reflexión dogmática, debe ser valorada de forma crítica. En el presente trabajo abordamos las relaciones, si es que ha de haber alguna, entre la tipicidad del delito fiscal y los conceptos de conflicto en la aplicación de la norma tributaria y, sobre todo, de simulación, y, respecto de esta última construcción, su doble deriva: las denominadas simulación absoluta y simulación relativa.

2. EL CONCEPTO DE SIMULACIÓN: FÚTIL, INSUFICIENTE Y ARBITRARIO A LOS EFECTOS DE LA SUBSUNCIÓN PENAL

El delito fiscal es una norma penal en blanco, siendo su norma de relleno la tributaria. Lo es en cuanto al impuesto y a su liquidación —a los números, por así decir—, pero ¿lo es también en cuanto a la modalidad comisiva pretendidamente defraudadora? Nos referimos, claro está, a si debe existir una suerte de trasvase desde el derecho tributario hacia el delito fiscal, en las dos modalidades elusivas de la norma fiscal: la del art. 15

LGT, conflicto en la aplicación de la norma tributaria (antes llamado fraude de ley)[1], y la llamada simulación del art. 16 LGT. Y una pregunta más, que no podremos sortear: ¿Y de la norma tributaria se puede acabar saltando, mediante un segundo reenvío, a ciertas doctrinas civiles?

Aunque nada es seguro en esta materia, puede decirse que al menos en teoría la jurisprudencia y, tras ella, la autoridad fiscal, tras una larga evolución de años, asumen que el denominado conflicto en la aplicación de la norma tributaria no puede conformar la tipicidad de un delito del art. 305 CP[2]; en esta figura está ausente uno de los requisitos esenciales de la acción típica: la ocultación[3]. Y con ello no queremos decir, no sea malinterpretado, que calificar un hecho como de fraude de ley en Derecho tributario sea insustancial para el Derecho penal, sino justo lo contrario: porque es calificado en tal ámbito como fraude de ley, es por lo que no resulta delictivo.

Todo supuesto realmente de conflicto en la aplicación de la ley implica, *per se*, la declaración de todos los datos fiscales: precisamente para intentarlos acoger a una norma tributaria (de cobertura) que el mencionado art. 15 prevé que pueda entrar en conflicto con otra norma (la eludida), que deba entenderse de aplicación preferente. Acoger un supuesto fáctico a una norma es declarar sus elementos, y esa declaración es lo fundamental: no hay delito. El Tribunal Constitucional, destacado por Huerta Tocildo[4], así se pronunció.

Sí existiría delito, en cambio, se dice, en la denominada simulación, por cuanto a tal figura se asocia, como parte inherente a ella, la ocultación.

Dicho así, parece sencillo. Pero las dificultades son muchas. La primera, y lo veremos, reside en que supuestos que parecieran de conflicto —como ya anunciamos *supra*—, se vienen reclasificando como de simulación —en concreto, en la híbrida figura de la simulación relativa—; a la vista de que el conflicto no da lugar a delito, y la

1 No obstante, no parece existir un mero cambio terminológico: Martín López, J., "La punibilidad del conflicto en la aplicación de la norma tributaria", *Crónica Tributaria* 163/2017, p. 123 y ss.

2 Desde la STC 120/2005 (*Tol 636367*), ampliamente comentada por la Prof.ª Huerta Tocildo (2010) en: "Dos cuestiones constitucionales", cit., p. 169 y ss.; únicamente sea citado, por cuestiones de espacio, sobre la discusión, Bajo, M./Bacigalupo, S., Derecho penal económico, 2° ed., p. 279 y ss., y Bacigalupo, S. (2005). "Principio de legalidad y fraude de ley", *Revista del Centro de Estudios Financieros*, (271), y "Límites entre el ahorro fiscal y la defraudación punible: las actuaciones en 'fraude de ley tributaria'", *Revista de Derecho penal - Derecho penal económico*, 2007-I.

3 Por todas, STS 27/10/2009.

4 Huerta Tocildo, S. (2010). "Dos cuestiones constitucionales relacionadas con el delito fiscal: su distinción del fraude de ley tributaria y el momento de su prescripción". *Delitos e infracciones contra la Hacienda Pública*, cit., p. 169 y ss.

simulación parece que sí, existe un paulatino vaciamiento de la figura del conflicto para tratar de acercarla a la simulación[5]. Y esta arritmia cursa incluso con otra patología: presuponiendo que algunas simulaciones pudieran llevar al simulador al terreno de lo delictivo, de todas formas habría que determinar qué simulaciones seguirían siendo propias (simplemente) del art. 16 LGT, y cuáles caerían ya, empero, en la órbita penal. Pues parece que carezcamos de criterios delimitadores. Y es la cuestión, desde luego.

Ciertamente algo debe poder seguir bajo el paraguas del art. 16 LGT, pues si toda simulación fuese delito, el art. 16 quedaría vacío de contenido y su existencia dentro de una mera ley tributaria resultaría absurda; y no se nos diga que aquellas simulaciones que den lugar a una cuota ocultada no superior a 120.000 € serían las simulaciones del art. 16 LGT (solo consecuencias fiscales y no penales), pues para ello ya se basta y se sobra el propio art. 305 CP, que precisamente contiene dicho límite. Más: ese no puede ser el factor de exclusión de la simulación solo tributaria frente a la simulación supuestamente delictiva, porque ese parámetro es independiente a si existe o no simulación.

Vaya por delante que para que concurra tipicidad, no es un presupuesto que exista simulación del art. 16 LGT. Un caso de ocultación absoluta, ajeno a la simulación: A quiere vender un valioso cuadro, que B quiere comprar. Al prever ambos el alto coste del impuesto que grava la operación, A y B ocultan la transacción; A lleva el cuadro a casa de B, y se lo entrega, y B paga el precio en mano, dinero que A no ingresa en el banco, para no ser descubiertos. La ocultación a la autoridad fiscal no ofrece dudas, por ocultación completa de la operación, pese a que ambos disfrutan de cuadro y dinero.

La autoridad fiscal señala en sus informes —a falta de una definición legal— que la simulación absoluta es aquella "*en la que el negocio aparentado carece en absoluto de contenido real, es una ficción exterior*"[6]. De este modo, aunque este primer ejemplo que hemos presentado sea claramente típico, no sería calificado de simulación: según el entendimiento al uso, en tal figura el engaño lo es "*para producir la apariencia de un negocio jurídico que no existe*", y en nuestro caso hay opacidad y es absoluta, y es cierto asimismo que se oculta el negocio jurídico que existe —la compraventa—, pero no habría una ficción negocial exterior, sino una clamorosa nada; únicamente entre los intervinientes, te dejo el cuadro, me das el precio, en tu casa y sin testigos. Sirva este sencillo ejemplo para demostrar que hay muchos delitos fiscales, en realidad, la mayoría, que nada tienen que ver con el concepto de simulación, ni lo necesitan, ni son subsidiarios de él: la simulación es contingente al delito fiscal; la ocultación, no.

---

5 Por todos, Delgado Pacheco, A. (2017). *Las normas generales antielusión en la jurisprudencia española y europea*, Tesis doctoral UAM, repositorio UAM, p. 158 y ss. y *passim*; empíricamente apuntado: García Berro, F. (2018). *Elusión tributaria y cláusulas antiabuso en la jurisprudencia del Tribunal Supremo*, p. 238 y ss. y *passim*.

6 Aquí y en lo siguiente, Informe de delito de la causa P.A. 110/2015, AP Barcelona, Secc. 8.ª.

Delito fiscal sin simulación es fácil de encontrar, más allá del término coloquial y no técnico de 'simular': quien no presenta la autoliquidación, nada simula; quien la presenta omitiendo, sin más, ingresos —sin fingir negocios jurídicos previos para justificar tal omisión de ingresos—, tampoco; quien aparenta pérdidas en la contabilidad —pero sin ni siquiera tratar de soportar documentalmente sus cifras—, todo estos, cometen delito fiscal[7], pero sin soporte de negocios fingidos, nada simulan.

Por ello, quizás convenga retocar el ejemplo para hacerlo algo más 'simulado': La sociedad de A, dueña del cuadro, se deja facturar mendazmente por B, para darse como gasto el importe de dichas facturas y así compensar el coste del impuesto sobre la compraventa. Luego entre ellos 'arreglan' cuentas. Las supuestas facturas lo fueron por un seguro de robo, otras por garantizar posibles daños al cuadro, unas terceras por la imaginaria contratación de un sistema de vigilancia, o por unos inventados trabajos de restauración, etc.

Tampoco aquí ofrece dudas la ocultación a la autoridad fiscal: los negocios facturables que se decían acometidos, jamás existieron. Aquí sí estamos ante la simulación como "*la declaración de voluntad, emitida conscientemente y de acuerdo entre las partes, con fines de engaño para producir la apariencia de un negocio jurídico que no existe*" entre la empresa facturera y la sociedad de A, siendo que los "*negocios aparentados carecen en absoluto de contenido real, son una ficción exterior*". Es, pues, una simulación absoluta. Igual que lo estamos en los supuestos del denominado carrusel de IVA (simulación de compraventas, pero sin mercancía), ciertos supuestos de deslocalización mendaz de la residencia fiscal, etc.

En otras ocasiones, la cosa se complica más y no solo hay unas facturas y después la nada, sino incluso dos negocios jurídicos perfectamente organizados. A quiere vender el valioso cuadro, que B quiere comprar. A, de nuevo para evitar tributar la compraventa, hace ver que regala el cuadro a B, es decir, aparenta una donación, y B simula no pagar precio alguno, pero lo paga bajo mano. Ocultación y 'simulación' son manifiestas; el dato fiscal, "pago/cobro del precio", permanece oculto.

Cuestión distinta es si esta simulación se califica como absoluta o relativa. Podría parecer absoluta, por cuanto —como vimos— se dice que concurre cuando "*el negocio aparentado carece en absoluto de contenido real, es una ficción exterior*", y en efecto ello es así puesto que la donación de nuestro ejemplo no es real, es pura ficción. Pero más bien podría definirse como simulación relativa, pues según el concepto al uso, la relativa "*consiste en la exteriorización, frente a terceros, de un determinado negocio inexistente, mientras que las partes quieren realizar otro distinto*", siendo así que "*el primero es el*

7 Obviamente siempre que concurra el resto de requisitos exigidos (dolo y no error, cuota, etc.).

negocio simulado y el segundo el disimulado"[8]. La transacción del cuadro dio lugar a un negocio simulado, la donación, realizada frente a terceros, mientras que las partes ejecutaban otro negocio, la compraventa, disimuladamente. Absoluta o relativa, estaríamos ante una simulación según la jurisprudencia.

Modifiquemos ahora una vez más nuestro ejemplo, para pasar de su inicial presentación sin simulación —por así decir— a las bravas —te doy el precio, me das el cuadro, y ya (ejemplo primero)—, o de la burda simulación del segundo caso mediante facturas mendaces, y para dejar atrás también la más refinada alternativa de hacer que se dona —pero con pago del precio—, y llegar por fin a la picaresca propia de lo que se denominaría ingeniería fiscal, que aun en su sencillez podemos encontrar en un nuevo ejemplo: nuestros sujetos A y B, presupuesto que la fiscalidad es más beneficiosa en la forma que a continuación describimos —en lugar de una tributación como compraventa—, puestos de común acuerdo y en ejecución de un plan preconcebido —en expresión muy del gusto jurisprudencial que a veces sustituye la obligada subsunción típica mediante este tipo de expresiones—, realizan la siguiente actuación: A y B se casan, y cada uno aporta a la sociedad de gananciales su parte: A, el cuadro, y B, el precio. Tras ello, se divorcian y disuelven la sociedad de gananciales: A se adjudica el dinero y B el cuadro —según lo convenido—. Todos los actos jurídicos que debían serlo fueron comunicados a la AEAT.

La ausencia de tributación como compraventa, en una hipotética acusación por delito fiscal, sería calificada como simulación; máxime a la vista de que si se calificase como de conflicto, la pretensión de condena no prosperaría. Y, sin embargo, lo cierto es que, en este caso, al menos *prima facie*, no hay ocultación de los hechos con relevancia fiscal, pues tal y como hemos descrito, todos los actos jurídicos relevantes habrían sido comunicados. Y es lógico que lo hayan sido, pues para ocultación ya estaban los supuestos vistos de coger el precio bajo mano o de facturas falsas; en este caso, en cambio, su gracia es precisamente el ingenioso y cuidado *modus operandi*, por sutil, que nada oculta: está hecho para que los árboles impidan ver el bosque, y por ello los implicados informarán abiertamente de los árboles para que sean bien visibles. Los participantes en este tipo de elusiones saben que la AEAT tiene capacidades limitadas de revisar todas y cada una de las operaciones de los millones de autoliquidaciones de impuestos. Pero limitados recursos humanos no configuran tipicidades penales; al menos hasta ahora.

Y, de hecho, el caso es que, retomando lo que veíamos al comienzo, el supuesto parece encajar como anillo al dedo en el fraude de ley o conflicto. Parafraseando el ya citado art. 15 LGT, cuesta mantener que no existiría conflicto en la aplicación de la norma, puesto que precisamente fueron aplicadas unas normas —las que rijan la tributación por aportación y en su caso disolución de los gananciales—, frente a otras —la fiscali-

---

8 Informe de delito de la causa P.A. 110/2015, AP Barcelona, Secc. 8.ª.

dad por compraventa—; no estamos ante un supuesto de anomia. Dice el precepto que en los casos de conflicto se evita "*total o parcialmente la realización del hecho imponible*", pero no ocultando, sino precisamente "*mediante actos o negocios*", tal y como hemos descrito en nuestro sencillo ejemplo; y ello, cuando en dichos "*actos o negocios*" —continúo parafraseando el precepto— "*concurran las siguientes circunstancias*": "*a) que, individualmente considerados o en su conjunto, sean notoriamente artificiosos o impropios para la consecución del resultado obtenido*", y desde luego es notoriamente artificioso casar y divorciarse para esa consecución del resultado logrado: ahorrar impuestos pese a hacerse con precio y cuadro. En el conflicto, el Legislador no discute que los "*actos o negocios*" existan, sino que existen (¡!) pero son "*notoriamente artificiosos o impropios*". Es el caso.

Y hay que destacar que tal artificio, según el propio art. 15 LGT, puede nacer precisamente de la apreciación "*en su conjunto*", lo que remarcamos porque en muchas ocasiones las acusaciones en sede penal aducen que tal o cual supuesto no sería de —mero— conflicto (para hacerlo caer en la simulación), apoyándose en que la operación habría de ser apreciada "*en su conjunto*": ver el bosque. Pero en realidad, como acabamos de transcribir, ello ya lo ha previsto el legislador para los supuestos de conflicto, que no cambian su calificación por ello; bien al contrario, su categorización como conflicto nace particularmente de que "en su conjunto" las operaciones sean artificiosas.

Por último, el art. 15 LGT concluye, como segunda característica del conflicto "*b) que de su utilización no resulten efectos jurídicos o económicos relevantes, distintos del ahorro fiscal y de los efectos que se hubieran obtenido con los actos o negocios usuales o propios*"; que es, de nuevo, justo nuestro caso: el matrimonio duró lo que tuvo que durar para el fin propuesto, sin más efecto que la transacción del cuadro por precio; no hubo *affectio maritalis*[9], si acaso, al dinero. De este modo, no podrá decirse tampoco, al propósito de tratar de configurar la tipicidad penal, que la no existencia de efectos jurídicos o económicos relevantes sea un modo de defraudar en el sentido penal del término (art. 305 CP), pues estamos viendo que es una pura caracterización del conflicto —no delictivo— en la aplicación de la norma tributaria. Casarse y divorciarse, más allá del efecto fiscal, carecía de otros. Y en cuanto al "*ahorro fiscal*", es igualmente parte de la definición legal de conflicto, luego tampoco es correcta una tipicidad aludiendo simplemente a ese ahorro fiscal.

En fin, que nuestro ejemplo de la boda y el cuadro es perfectamente subsumible en la definición del art. 15 LGT, y, sin embargo, estamos seguros de que cierta jurisprudencia y acusaciones no lo dejarían pasar sin redirigirlo a la jurisdicción penal, al modo de una supuesta simulación delictiva.

---

9 Cfr. el completo debate en: Parraguez Ruiz, L. S. (2012). *El negocio jurídico simulado*, Tesis doctoral, pp. 175 y ss.

Otros casos más realistas caerían en este mismo ámbito y son el día a día de muchos enjuiciamientos, como la utilización de sociedades profesionales, la venta de derechos de imagen, ciertas operaciones intragrupo empresarial, vinculadas, incluso a nivel internacional, la tenencia de una finca que se reputa como de recreo, aunque también cuente con explotación agropecuaria, etc. Pero no es deseo de estas líneas pormenorizarlos, pues alargaría en demasía un espacio del que carecemos y en realidad todos estos supuestos tienen la misma estructura entre sí; pretendidamente la de una simulación.

La pregunta es clara: puesto que sí hay comunicación de los datos fiscales, queda por saber por qué entonces alguna jurisprudencia los considera simulación delictiva.

Adelantando lo que a continuación veremos, la razón que se esgrime para esta reclasificación es sostener que en este tipo de supuestos también estamos ante una ocultación: no ante una simulación absoluta de 'presento unas facturas mendaces' y 'me invento unos gastos', ocultando con ello que los ingresos no eran compensables con esos gastos ficticios; ni tampoco ante una ocultación de simular "donar" y tapar el pago en b; no, sino ante una simulación en la que lo ocultado es la causa o —como veremos— la motivación para el contrato: resulta que se habría ocultado que no había *affectio maritalis*, sino que únicamente querrían ahorrar impuestos. En otras palabras, el —de nuevo en expresión jurisprudencial— designio criminal, el plan preconcebido: no se casaron por amor, no se divorciaron por desamor, sino que todo respondió a la causa o motivación oculta —¡esta sí!— de pagar menos impuestos. La institución del matrimonio tendría otras finalidades en su devenir usual. De este modo, pese a que la voluntad del legislador es que las figuras del conflicto y de la simulación sean distinguidas, lo cierto es que las mismas están cada vez más próximas, es más: lo están precisamente en el ámbito penal. La teoría de la causa las acercaría, pretendidamente.

Pero antes de pasar a ello, fijemos ya algunas conclusiones que hemos alcanzado hasta ahora: (*i*) hay delitos fiscales sin simulación, luego tal concepto no es parte necesaria de la definición del ilícito. Además, (*ii*) también hay casos de simulación exclusivamente en el ámbito tributario (no en el penal) mediante la pura aplicación del art. 16 LGT —el precepto, de otro modo, quedaría vacío de contenido—; localizada una supuesta simulación, ni siquiera ello sería suficiente para llevarla ya a la jurisdicción penal; en pocas palabras, ni siquiera podemos decir que, aunque no en todo delito fiscal hay simulación (*i*), sí al menos en toda simulación habría delito fiscal; vemos que tampoco. Y, por último, (*iii*) hay eventos que se tildan de simulación delictiva, pero que, en realidad, en rigor, no pueden ser distinguidos del conflicto en la aplicación de la norma tributaria (atipicidad).

La simulación, por todo ello, se revela ya como un concepto poco sostenible y poco fiable para el Derecho Penal. No vemos el afán de intentar resolver los problemas de tipicidad, a la luz de tan pigre construcción, tres veces desmentida. El concepto no ayuda: (*i*) unas veces por fútil —hay delitos fiscales sin él—, (*ii*) otras por insuficiente —hay supuestos de atipicidad penal pese a él (sancionables únicamente como ilícitos tributarios)—, y, por último, (*iii*) es sumamente inseguro para conformar la tipicidad, y, en ese sentido, arbitrario: hay pretendidos delitos fiscales en los que se dice que hay simulación (delictiva) y bien podría haberse dicho, mejor y sin modificar un ápice el supuesto, que había un simple conflicto en la aplicación de la norma (no delictivo).

Y sin embargo, alguna jurisprudencia sigue *erre que erre* empeñada en *tirar del concepto de simulación* para resolver casos límite de supuestas irregularidades tributarias. De una forma simple, que veremos que es simplista; y ello lo hace, principalmente, mediante el recurso, ya lo anticipábamos, a la causa: lo ocultado sería la causa —motivadora— del negocio jurídico. Analicémoslo en el siguiente epígrafe.

3. LA PRETENDIDA CAUSA MOTIVADORA FISCAL (¿ILÍCITA?) COMO VANO INTENTO DE RESCATE DEL CONSTRUCTO DE LA SIMULACIÓN

La jurisprudencia condenatoria no recurre *manu militari* al concepto de simulación. Faltaría. Tiene sus pretendidas razones. Cosa distinta es que no sean plausibles. Lo acabamos de adelantar: las sentencias condenatorias no reclasifican en supuestos de simulación, sin más, los que eran de conflicto, sino que lo visten a través del concepto civil de causa, que además acaban convirtiendo en otro concepto más expansivo aún (la "causa" sería el "motivo" que tuvo el obligado tributario para su negocio); lo veremos a continuación.

De esta manera, esa jurisprudencia no renuncia, al menos *pro forma*, al requisito típico de la ocultación; pero pretende que este se tenga por cumplimentado cuando lo supuestamente ocultado sean los motivos del obligado tributario para realizar una determinada operación, en concreto: cuando oculte que su indiciaria motivación fue el puro ahorro fiscal. Sin embargo, como exponemos en las próximas líneas, esa huida hacia adelante no convence en absoluto para el derecho penal. Tal intento de rescate del concepto de simulación, de la mano de la ocultación de la causa, convertida en motivación, adolece de obstáculos insalvables, como últimamente la jurisprudencia penal se ha encargado de resaltar con más asiduidad.

De la llamada simulación absoluta o, dada la inseguridad —que es hasta terminológica—, de algunos casos de la simulación relativa, pero en los que de todas formas sí exista ocultación de datos fiscales de obligada declaración, nada tendremos que añadir: en nuestros ejemplos del negocio aparentado (la donación) o de las facturas mendaces, es diáfano que de forma absolutamente independiente de la causa del negocio jurídico (de las motivaciones de ahorro fiscal o no del sujeto), el obligado tributario ocultó a la autoridad datos con trascendencia fiscal que estaba obligado a declarar —oculta que sí recibió el precio (bajo mano) o que el servicio no fue prestado, etc.–. De este modo, ello conlleva sin problema poder configurar la tipicidad penal: existe la ocultación de información con relevancia fiscal propia de la definición de acción típica, como es exigible y exige con razón el Tribunal Supremo[10]. Aminore la cuota el obligado por egoísmo o porque quiera donar a Cáritas las cantidades eludidas, es decir, más allá de las motivaciones del sujeto, hay verdadera ocultación: esconde que no hay relación comercial que justifique la facturación —mendaz—, o que está tapando un pago en b, etc.

Si quisiéramos estarnos a las motivaciones o a la causa del negocio jurídico —parámetro rechazado por nosotros, pero por hacer el ejercicio dialéctico—, de todos modos en estos supuestos —según el Derecho civil— no hay negocio porque no hay causa, así que también desde esta perspectiva podría hablarse de que estamos ante una —denominada— simulación delictiva; si según el art. 1274 CC "*en los contratos (...) se entiende por causa (...) en los de pura beneficencia, la mera liberalidad del bienhechor*", va de suyo que en la disimulada donación la causa no fue la liberalidad, pues el sujeto estaba cobrando el dinero bajo cuerda. Pero la conclusión, insistimos, viene de la existencia de ocultación, no de estas disquisiciones sobre una hipotética —aunque quisiese mantenerse que la hay— simulación. Pues del mismo modo que hay delito cuando el obligado no comunica las bases imponibles, sea por causas de egoísmo o de caridad —o por la motivación que sea—, en la otra cara de la moneda no habrá delito si el obligado comunica las bases imponibles, es decir, los datos fiscales completos: con ello cumple y es indiferente igualmente la causa (o los móviles). A la causa, no hay que estarse.

Es erróneo pensar que en este tipo de supuestos la causa o motivaciones conviertan un suceso en delictivo, por ejemplo, que en el '*sí quiero*', primero, y en el '*quiero separarme*' después —en las declaraciones fiscales relacionadas con los gananciales— haya delito porque los sujetos oculten que no existía *affectio maritalis* (u oculten un único deseo de ahorrar impuestos). Ya citamos que otros supuestos son los de las sociedades profesionales[11], cesión de derechos de imagen a sociedades, operaciones intragrupo, etc. ¿Está el Derecho en condiciones de escudriñar los motivos de crear una sociedad, o de auditar un matrimonio, por ejemplo si dos personas que ya vivían juntas y se casan, lo hacen por amor, por dar gusto a sus padres o porque el régimen fiscal de tributación conjunta pueda ser más beneficioso que la declaración separada de IRPF o que tenga ventajas para el impuesto de sucesiones?; convertir todas las conveniencias económicas en delito, no está recogido en la tipicidad.

---

10 Véase también, desde el punto de vista civil sobre la simulación, SSTS 20/09/2005 y 25/06/2008.

11 Véase, correctas, pioneras en romper por fin con la anterior tendencia de considerar simulación, S. Jdo. Penal 27 de Madrid, 20/2/2009, confirmada por SAP Madrid 29/1/2010; ídem, sentencia 31/3/2015, no recurrida; Ayala Gómez, I., "Los delitos contra la Hacienda Pública", en: *Delitos e infracciones contra la Hacienda Pública*, cit., quien en los anteriores enjuiciamientos participó precisamente como abogado defensor.

Y es que, cuando todo es forzado, como aquí, todo son arritmias y complicaciones[12]. Veamos al menos tres poderosas razones.

1. La primera, rotunda: de frente y por derecho, es absolutamente incierto que el obligado tributario oculte la causa, los motivos o cómo se quiera llamar. Lo supuestamente disimulado, se dice, sería la causa, la motivación o razón del negocio jurídico, pero resulta que no hay en sitio alguno de la autoliquidación una casilla para comunicar a la autoridad tributaria las razones o motivos para llevar a cabo una determinada operación. En otras palabras —dejando la casilla de lado—, estamos ante información que, sencillamente, no es de obligada comunicación (¡!), luego respecto de ella no puede haber ocultación alguna si no ha sido comunicada. La cumplimentación en las autoliquidaciones consiste en notificar lo que se hace, no por qué se hace lo que se hace; mientras la autoridad fiscal no pregunte por ello, resulta una analogía *contra reum*, grave, reprochar al obligado tributario —¡y nada más y nada menos que en vía penal!— que no haya dicho lo que nadie le preguntó. Tampoco, por ejemplo y en la otra cara de la moneda, en la convivencia *more uxorio* de dos obligados tributarios que sean sometidos a comprobación, la autoridad fiscal les confecciona unas declaraciones paralelas, conjuntas, porque así habrían ahorrado impuestos: antes bien —dirá esa misma autoridad— hay que estarse a lo que hayan comunicado —y no han comunicado que estén casados, ni que sean pareja de hecho con derecho a declaración conjunta—; es un ejemplo inverso y reflejo de lo que estamos viendo, muy gráfico.

Las operaciones de nuestros supuestos son reales y ese es el dato fiscal a comunicar; tan reales y ciertas, que la mejor prueba de ello es que surten plenos efectos[13], y por eso hay que separar bienes ya que de otro modo los efectos perduran y no se obtendría el fin apetecido del cuadro en unas manos y el precio en otras; o habrá que repartir dividendos, porque de otro modo la adinerada será la sociedad; y así, un largo etcétera. Y, sobre todo, insistimos: si todo ello está comunicado a la autoridad fiscal, está comunicado lo que tenía que comunicarse, la causa no se "oculta" porque no había que comunicarla; no existe la ocultación propia de la acción típica del delito fiscal. La autoridad fiscal no preguntó ni si concurría la causa "habitual" —p. ej. la *affectio maritalis*, siquiera para confirmarla—, ni si había otra causa. Sin pregunta, no hay ocultación, y sin ocultación, no hay delito: sin pregunta, en suma, no hay ni un principio de atisbo que pudiera dar lugar a un debate sobre si concurriría o no delito. Está claro, aunque lo cierto es que, hasta ahora, esta irrefutable conclusión no ha querido ser vista así. *Sancta simpliciter*.

2. Pero hay más —la segunda—: aunque incluso concediésemos que ocultar la supuesta —otra— causa fuera eventualmente relevante para la tipicidad —cosa que acabamos de descartar de plano—, de todos modos, habría que ser consecuentes con el

---

[12] STS de 28/11/2003 (Sala 2.ª); también, SSTS 18/03/2010 y 28/11/2003.

[13] Cfr., además, último inciso del art. 16.2 LGT.

Derecho civil en la construcción que se propone, y no se es. Y es que según la visión civilista, para que no exista negocio jurídico, o bien no hay causa —simulación absoluta, que ya expusimos— o, por lo que estamos analizando ahora, la causa que debe haberse ocultado ha de ser ilícita. Ilícita sí, no es suficiente con que exista otra causa cualquiera. Porque si no es ilícita, hay que estarse simplemente a esa otra causa —llamada disimulada— y ese será el negocio que habrá de tener efectos; también tributarios. Pero claro, esta tesis, que es la única consecuente con el Derecho civil, no es la utilizada para acusar, porque ella trae como consecuencia que en realidad estamos, como mucho, ante un conflicto en la aplicación de la norma tributaria y, por ende, no habría delito.

Leemos en los informes de delito de la AEAT: "*si la causa del contrato, la reflejada, solo es aparente, simulada, y no es la querida por las partes y realmente determinante del contrato, encontrándose esta oculta, disimulada, con independencia de la existencia, aunque oculta, de causa, no se da en esta el requisito de veracidad por ser falsa (aparente) dicha causa, circunstancia determinante de la apreciación de simulación, relativa, de encubrirse la causa de otro contrato o negocio,* y si además la causa *subyacente, en la que realmente se fundaba el contrato,* es ilícita, *la falsedad de la causa determina* la ineficacia del negocio, *conforme a lo establecido en los art. 1275 y 1276 del Código Civil (Tol 220310)*". En pocas palabras, pues, si la causa no es ilícita, entonces el negocio no es ineficaz, y en esas condiciones lo único consecuente es que se produzca la tributación, vía conflicto en la aplicación de la norma —¡no vía penal!, del negocio con causa disimulada pero válida.

Dispone el art. 1275 CC que "*los contratos sin causa, o con causa ilícita, no producen efecto alguno*", añadiendo que "*es ilícita la causa cuando se opone a las leyes o a la moral*". Para que no haya efecto, o no hay causa, o es ilícita, no es suficiente solo que haya otra causa (lícita) aunque disimulada. De este modo, como la causa "ahorro fiscal", no es contraria a las leyes o a la moral, luego no es ilícita, el negocio que nazca de dicha causa no es ineficaz. Lo sería si estuviésemos ante un ahorro fiscal delictivo, pero obviamente no puede decirse que estemos ante un ahorro fiscal delictivo pretendiendo que ello se produce porque la causa es ilícita ya que el ahorro sería delictivo, pues tal argumentación, además de errónea, caería en una flagrante petición de principio: habría delito porque la causa sería 'ilícita', y la causa sería 'ilícita' porque el ahorro fiscal sería delictivo, porque la causa sería 'ilícita'...

En suma, si el negocio tiene causa (aunque sea disimulada), esta habrá de ser necesariamente ilícita para que podamos estar ante un delito —siendo consecuentes con el derecho civil, según vemos—; pero como en los supuestos solo de ahorro fiscal esa otra causa no es ilícita, no estaremos ante un supuesto de simulación (relativa), sino ante uno de fraude de ley: "*La expresión de una causa falsa en los contratos dará lugar a la nulidad, si no se probase que estaban fundados en otra verdadera y lícita*" (art. 1.276 CC), dispone el Derecho civil.

3. Por último, y por si los dos anteriores puntos no ofreciesen suficientes razones para descartar el delito fiscal, hay más —la tercera—: y es que, ciertamente, hasta la misma jurisprudencia que se cita para tratar de justificar supuestas simulaciones relativas, no tiene más remedio que reconocer que, en realidad, la causa es algo distinto que la motivación o móvil perseguido —de ahorro fiscal, en nuestro caso— y que por tanto las sentencias condenatorias están operando una excepción *ad hoc* para poder insertar los motivos en la causa y, con ello, el negocio celebrado en la tipicidad penal.

"*En orden a la conceptuación de la causa*", dice esta jurisprudencia para comenzar, "*nuestro ordenamiento jurídico se sitúa dentro de la teoría causalista (que mantiene la existencia de la causa como elemento esencial integrante del negocio jurídico) y a su vez dentro de esta en la concepción objetiva (en contraposición a la concepción subjetiva que estima que la causa es el motivo o móvil perseguido por la parte) que conceptúa la causa como la función práctico-social o económico-social del negocio jurídico (distinto del móvil subjetivo)*"[14]. Y a renglón seguido, como decimos, la jurisprudencia instaura una excepción —lo admite abiertamente—, demostrando el grave déficit sistemático invalidante de la construcción, además de ser *contra reum*. Es más: las sentencias reconocen incluso su 'esfuerzo' para hacer esta salvedad a su propia teoría y poder incluir el móvil como parte de la causa, por pretendidas razones de "*justicia material*" (*sic*) —como si estuvieran resolviendo en equidad—; y es grave que ello quiera ser trasladado al ámbito penal, pues como es claro —o debería serlo— la remisión a razones de "justicia material" es la remisión a razones ajenas a la ley (si no, se citaría simplemente el precepto donde pretendidamente estarían incluidas esas supuestas razones y no sería necesario llamarlas de "justicia material"). No entraremos en el valor que puedan tener esos "esfuerzos" jurisprudenciales para el Derecho civil, pero esas fatigas, en materia penal, para condenar, están de más. La esforzada excepción reza: "*Ahora bien, la jurisprudencia se ha esforzado, por razones de justicia material, en elaborar a partir de la regulación legal una distinción dogmática entre ambos términos (causas y motivos) admitiendo los móviles impulsivos y la persecución jurídica de los mismos así como la conjunción entre causa y motivos (...) (son los denominados 'motivos causalizados', es decir, aquellos motivos subjetivos que se han incorporado a la causa* y que caso de ser ilícitos determinan la nulidad del negocio*). Así debe señalarse con la jurisprudencia que si bien la normativa civil tiene un carácter objetivo, con lo que parece prima facie referirse al fin que se persigue con el contrato según su especial naturaleza, no lo es menos que los motivos subjetivos de las partes pueden, y deben, tener repercusión jurídica siempre que, para llegar a causalizar una finalidad concreta, tales motivos sean reconocidos, explícita o implícitamente, por ambos contratantes y que*

14 STS 18/12/2006, citada en Informe de delito de la causa P.A. 110/2015, AP Barcelona, Secc. 8.ª.

sean determinantes del negocio concertado [...][15]. *[...] para entender el verdadero alcance y significado de la causa como razón del contrato, no puede omitirse el peso que en toda esa configuración debe ostentar la real intención o explicación del componente de voluntad que cada parte proyecta al consentir el negocio, [...].*" Y en la cita vuelve a reconocer que se ha instaurado una verdadera excepción: "*bien es cierto que con ello se matiza la dualidad entre la causa como elemento objetivo trascendente con los móviles o motivos internos de cada interesado [...]*[16] *mas se repite que, según la información que late en ese principio jurisprudencial, la conjunción entre ambos es posible [...]. Así pues según la doctrina jurisprudencial y doctrinal dominante, [...] cuando el negocio que se pretende amparar por el derecho es irreal o bien [...] es instrumental, accesorio o de cobertura al buscado,* y que el que se trataba de encubrir envuelve una finalidad ilícita o maliciosa *entonces surge la ineficacia del negocio jurídico por ilicitud, ya que la ilicitud de la causa es uno de los requisitos exigidos ineludiblemente para la validez de todo contrato por el art. 1261 del Código Civil, y su ilicitud determina, conforme al art. 1275 del mismo cuerpo legal, la invalidez y carencia de efectos del negocio. Y en conclusión para estimar causa contractual ilícita ha de partirse de la concurrencia efectiva de causa, pero esta resulta viciada por ser contraria a las leyes o a la moral en su conjunto, [...] elevándose el móvil a la categoría de causa en sentido jurídico, conforme declaró la sentencia del Tribunal Supremo de 13 de marzo de 1997*[17]*, ya que el móvil impulsa la voluntad reprochable del convenio alcanzado*"[18].

Las citas hablan por sí solas. Se pretende llegar al delito mediante una cuádruple excepción: tendríamos que aceptar que la tipicidad del delito fiscal se configura únicamente mediante una teoría civil —¿pero la norma de relleno no debía ser supuestamente una tributaria?—; asumido lo anterior, se nos exigiría que concediésemos, igualmente, que todo negocio jurídico necesita como elemento integrante la causa, pese a que tal doctrina es muy discutida en el propio Derecho civil, sobre todo en el ámbito europeo[19]; en tercer término, que pese a que la causa es algo distinto de los motivos,

---

15 Citadas las SSTS de la Sala de lo civil: 30/9/1988, 3/2/1988, 16/2/1935, seguida por otras: 20/6/1955, 30/1/1960, 27/2/1964, 2/10/1972. También citadas, SSTS 8/7/1977, 30/12/1985, 29/11/1989, 19/11/1990.

16 Citada también la STS 30/12/1985.

17 Citadas SSTS 8/2/1963, 22/11/1979, 11/12/1986.

18 La cita completa concluye que la carga de la prueba de tal simulación incumbe a la Administración Tributaria, suele afirmarse que mediante la prueba de indicios (cfr. también STS 20/09/2005).

19 Existen intentos para la elaboración de un derecho contractual europeo que prescinda de la causa (los sistemas germánicos y anglosajones no son causalistas), por todos, Saborido Sánchez, P., "La pervivencia de la relevancia jurídica de los propósitos o intereses de las partes en el contrato", *InDret* 1/2013; Salvatierra Ossorio, D., "La causa y la carga de la prueba en la simulación de contratos", *El Derecho.com*, Lefebvre, 19/8/2016 ("*la jurisprudencia desde antiguo puso de re-*

resulta que en nuestros supuestos críticos, los motivos —por razones de justicia material (*sic*)— sí deberían ser tenidos en cuenta (motivos causalizados), y es dicha excepción la que conduce a que pretendidamente estemos en presencia de un delito; y, por último, que aunque el "motivo causalizado" de ahorrar impuestos no sea ilícito —a salvo de caer en la petición de principio ya vista—, aquí sí debe ser tenido por tal, quizás, quién sabe, a la luz de unas vagas referencias a la moral.

En suma, el análisis realizado presenta un panorama que desmadeja, internamente, el constructo de la simulación: no existe ocultación típica porque el obligado tributario no oculta una causa por la que ni ha sido preguntado en momento alguno, una causa que, además, no es causa ilícita, y, en definitiva, una causa en la que únicamente podríamos incluir la motivación (de ahorro fiscal) aceptando que lo hacemos como la jurisprudencia civil: mediante esfuerzo y por "justicia material", a modo de excepción. Demasiados peros, ciertamente, que en la jurisdicción penal se convierten en insalvables obstáculos para el principio de legalidad penal[20].

Por todo ello, es claro que para la llamada simulación relativa conviene —desde un punto de vista intrasistemático— exigir las obligaciones tributarias con arreglo a la naturaleza jurídica del hecho, pero tal calificación en vía administrativa, nunca penal.

4. EL CONCEPTO DE LA SIMULACIÓN NO ES PLAUSIBLE TAMPOCO DESDE UNA PERSPECTIVA PENAL; NI LA MOTIVACIÓN ES PARTE DE LA TIPICIDAD, NI EL DELITO FISCAL UN ILÍCITO 'TENDENCIAL'

La denominada simulación relativa no puede ser equiparada a la ocultación, porque lo que deben ser ocultados son los hechos con trascendencia fiscal, no las motivaciones de las partes. Ya lo tenemos asentado. Y si de contrario se dijese que, al fin y al cabo, una determinada motivación del sujeto, en tanto intención, es un hecho, psíquico, de todas formas, ya vimos que el declarante fiscal no oculta tal hecho psíquico porque no es un dato de obligada comunicación: la autoridad fiscal nada pregunta al respecto en la autoliquidación.

---

lieve que la disciplina jurídica de la causa es una de las cuestiones más obscuras y llena de equívocas polisemias del Derecho de obligaciones y contratos").

20 Excurso que sería necesario, pero para el que carecemos de espacio: según la doctrina sobre la prueba pericial (por todos, Kühne, *Strafprozessrecht*, núms. margs. 857 s.; Roxin, *Strafverfahrensrecht*, 27/1), es llano que para el análisis y debate sobre si existe fraude de ley o simulación o ninguno de las dos figuras, como pura cuestión jurídica que es, sobra toda pericial, como por cierto también ha resaltado el Tribunal Supremo últimamente.

Dando ya por superadas en el epígrafe anterior, por tanto, las cuestiones de Derecho civil, centrémonos ahora en exponer brevemente que el pretendido sistema tampoco funciona para el ámbito del Derecho penal. En él, de siempre, tanto la doctrina como la jurisprudencia[21] han partido de que la motivación del autor es irrelevante a los efectos de conformar la tipicidad del delito.

Los motivos del autor carecen de trascendencia y la acusación no necesita probarlos; sencillamente, no son objeto de la prueba plenaria a los efectos típicos. Cuando se articula prueba al respecto, más se hace en su variante terminológica del 'móvil', al propósito de sumar indicios a la cuestión de la autoría: como el acusado tenía un motivo para llevar a cabo el hecho (enemistad, venganza, avaricia, o hasta compasión, etc.), ello podrá erigirse en un indicio de su intervención. Pero igual que la venganza —o una rencilla previa— no es parte de la tipicidad del homicidio, un ahorro fiscal no lo es del delito contra la Hacienda Pública. Este tipo de probanzas sobre la presunta autoría nada tienen que ver con la tipicidad, sino que la presuponen —si los hechos son típicos, merecerá la pena saber, en su caso indagando los posibles motivos, quién pudo participar en ellos—; insistimos: a efectos de tipicidad lo relevante no es por qué se cometió el hecho, sino únicamente si se cometió y qué supo quien lo cometió, es decir, qué pasó *versus* por qué pasó. En suma, los motivos del autor, por definición, están excluidos de la tipicidad: puede recaer condena con independencia del motivo que se tenga e, incluso, aunque el autor careciera de cualquier motivación.

Incluso para la jurisprudencia que equipara "defraudar a la Hacienda Pública" con el 'defraudar' propio de la estafa, la situación no sería diferente. Y así, aunque pudiera pensarse que dicha visión facilitaría estarse a la motivación, ya que la 'puesta en escena' de la estafa podría considerase una suerte de simulación por parte del autor —escenifica razones diversas a las queridas—, de todas formas, la conclusión es tozuda: la motivación no es relevante[22], porque en la estafa engaña quien oculta la realidad, no quien oculta sus motivaciones.

Si A vende un cuadro simulando un Picasso, oculta la realidad, hay engaño bastante, hay estafa; pero si A vende un cuadro simulando que lo hace por necesidades económicas —y en realidad es un adinerado especulador—, o aparentando que va a donar el dinero a la beneficencia, es decir, simulando motivaciones distintas de las existentes,

21 Vid. las amplias referencias jurisprudenciales en STS 10/7/2014 (*Tol 4433277*) ('*caso faisán*'); por todos: Sánchez-Vera Gómez-Trelles, J. (2016). "Un reto para el dolo: los motivos del autor", en: *Derecho Penal para un Estado social y democrático de Derecho - Estudios penales en homenaje al Prof. Emilio Octavio de Toledo y Ubieto*, coord. Maqueda Abreu, M. L./Martín Lorenzo, M./ Ventura Püschel, A., pp. 339 y ss.

22 Además, el engaño de la estafa debe recaer sobre hechos, no sobre juicios de valor [motivaciones] (por todas, SSTS 5/2/2004, (*Tol 352465*)).

no hay tipicidad de estafa, puesto que el engaño bastante ha de recaer sobre la situación de hecho —la cualidad o no de ser un Picasso—, no sobre las motivaciones del sujeto. Aquí también el engaño debe versar sobre lo que se hace, no sobre el porqué se hace lo que se hace.

Además, si hubiera que estarse a los motivos, ¿por qué quedarse con la motivación de un ahorro fiscal y no, por ejemplo, con una motivación que también puede existir y que consista en que con el ahorro fiscal obtenido el obligado tributario va a emprender nuevos negocios que, a su vez, van a tributar —por así decir— jugosamente y en plenitud? ¿Por qué una motivación serviría y esas otras habrían de ser desdeñadas? Máxime, a la vista de lo realmente artificial de dividir, incluso, motivo e intención: todo motivo puede ser definido en términos de intención, la intención con la que es llevado a cabo un acto intencional[23].

Pero más importante aún: apelar a la motivación del obligado tributario, para condenar, carece de parangón en la teoría jurídica del delito. Ya lo dijimos: la motivación del autor no es parte de la tipicidad, salvo en aquellos delitos que esté expresamente previsto, cosa que no acontece en el delito fiscal. No es desde luego el ilícito tributario un delito tendencial o como quiera ser llamado.

Para condenar al sujeto A por el homicidio de B, el tipo objetivo exige que le mate, y el subjetivo que conozca que mata a una persona —ni siquiera que mata en concreto a A, pues el *error in persona* es irrelevante—, luego es claro que menos importarán aun los motivos que tuviese; ni siquiera es relevante que careciese de ellos. En la sentencia del denominado caso Asunta[24], la madre en su recurso se alzaba en contra de que no hubiera existido prueba, ni siquiera intento de ella, sobre la motivación que supuestamente ella y el padre habrían podido tener para matar a su hija. Pero el Tribunal Supremo descartó esta pretensión de forma tan contundente, que únicamente necesitó una frase: "*Es igualmente anodina la afirmación de la recurrente de que la sentencia no da respuesta a 'la razón o móvil del crimen', dada la irrelevancia jurídica de la cuestión*".

Tampoco es necesario un particular 'motivo causalizado' —libidinoso— en un delito sexual: una violación puede estar causalizada en dicha razón lúbrica, ciertamente, pero también puede estarlo en humillar a la víctima, en haber actuado para vengarse de una tercera persona, por despecho, etc. Y no importa, desde luego.

No se nos diga que traemos ejemplos de delitos muy alejados del delito contra la Hacienda Pública. En el ámbito más económico, contractual o negocial, la situación es idéntica: si en un hurto o en una apropiación indebida, el 'motivo causalizado' del autor es pagar sus deudas del juego, ayudar a un familiar enfermo, u obtener capital para crear

---

23 Cfr., por todos, Husak, (1989). *Motive and Criminal Liability*, 8 Crim. Just. Ethics 3, p. 5 y s.

24 STS 21/11/2016.

una empresa y ofrecer trabajo —y tributar, todos esos móviles son irrelevantes a efectos típicos.

Resulta incoherente la pretensión de que el Derecho penal, justo para el delito fiscal, se comporte como nunca se comporta, haciendo seguidismo del Derecho civil —prestando atención a la causa o a los motivos causalizados—. No es así en otras ocasiones, en las que existen causas y motivos causalizados hasta ilícitos, y pese a ello no se declara ineficaz el negocio y se absuelve, sino que —obviando la calificación civil— se condena: un engaño entre narcotraficantes —fardos de talco por cocaína— da lugar a un delito de estafa; y las cantidades recibidas por un cohecho se pretende que tributen[25], pese a ser claramente ilícita la causa del 'negocio': una dádiva no es una donación.

En suma, al delito fiscal, sin previsión legislativa, no puede serle añadido, porque sí, que el 'motivo causalizado' del obligado tributario es parte de la tipicidad. El delito fiscal no es un delito tendencial o como quiera llamársele. Delito fiscal es defraudar eludiendo; y defraudar es ocultar; mencionando una pretendida motivación del sujeto no es de recibo invertir la conducta típica, como a veces se lee: eludió defraudando.

5. EN CONCLUSIÓN

Hemos llegado a lo largo del trabajo a una serie de conclusiones —ya resumidas en los distintos epígrafes—, que son una: sufre y mucho el principio de legalidad y la seguridad jurídica, creando incertidumbres innecesarias, cuando forzadamente alguna jurisprudencia pretende resolver los casos límite de ilícitos fiscales de la mano de un insostenible concepto de simulación. Es fútil, es insuficiente, es arbitrario, es contra reo, es ajeno al Derecho penal. Con las herramientas que se ofrecen, es imposible distinguirlo del fraude de ley —que no conlleva sanción como delito—.

Nada se puede reprochar al obligado tributario en vía penal, cuando no comunica la causa o los "motivos causalizados" de su actuación, pues no son estos, datos de obligada comunicación. Por no haber, no hay ni casilla en las autoliquidaciones para comunicarlos. Las más de las veces, estamos simplemente ante casos de conflicto en la aplicación en la norma tributaria, a resolver, en consecuencia, en dicha sede fiscal y jamás en la penal. Otra solución supone una vulneración del principio de legalidad penal.

Cerramos con la misma sentencia del Tribunal Supremo, la número 785/2023, de 24 de octubre (caso Xabi Alonso), con la que comenzábamos, puesto que sin duda ha

---

25 Así la jurisprudencia mayoritaria (*vid.* De Mosteyrín Sampalo, R. (2017). "Tributación de ganancias que se obtienen del ilícito penal", *Foro N.E.* vol. 20, (1), p. 93 y ss.); Luzón Cánovas, A. (2005). "Aspectos constitucionales de la tributación por rentas de origen delictivo", *La Ley Digital* 5061, p. 1 y ss.; en contra, Bacigalupo, S. (2002). *Ganancias ilícitas y Derecho penal, passim.*

puesto el acento, correctamente, en el concepto de ocultación, y no en el de la pretendida simulación por la que abogaban las acusaciones en aquel caso, dejando claro, con ello, que el forzado concepto de simulación que pretendían, no era plausible: "*Conforme a esta idea, deberían considerarse atípicas aquellas acciones, ajenas a cualquier propósito de ocultación de rentas, en las que lo que está en juego no es la acreditación de una voluntad defraudatoria, sino una controversia jurídica entre la inspección de Hacienda y el contribuyente que entiende que el marco normativo vigente le permite una liquidación tributaria más beneficiosa. La discrepancia jurídica entre el contribuyente y la Hacienda Pública acerca del cuánto de la tributación no colma, desde luego, el tipo previsto en el art. 305 del CP.* Cuando la liquidación presentada por el sujeto pasivo del impuesto hace aflorar en su integridad las ganancias obtenidas *en cualquier actividad económica y ofrece a la Hacienda Pública una vía de tributación que los servicios de inspección consideran incorrecta, ese desencuentro interpretativo referido no al qué, sino al cuánto, no puede convertirse en el origen de un proceso penal*". Tiene toda la razón el Tribunal Supremo, a la vista de lo expuesto.

6. REFERENCIAS BIBLIOGRÁFICAS

Bacigalupo, S. (2002). *Ganancias ilícitas y Derecho penal,* CEURA.

Bacigalupo, S. (2005). "Principio de legalidad y fraude de ley". *Revista del Centro de Estudios Financieros,* (271).

Bacigalupo, S. (2009). "Límites entre el ahorro fiscal y la defraudación punible: las actuaciones en 'fraude de ley tributaria'". *Revista de Derecho penal - Derecho penal económico,* 2007-I.

Bacigalupo, S. (2010). Derecho penal económico, Editorial Universitaria Ramón Areces, 2º ed., p. 279 y ss.

De Mosteyrín Sampalo, R. (2017). "Tributación de ganancias que se obtienen del ilícito penal", *Foro N.E.* vol. 20, (1), p. 93 y ss.

Delgado Pacheco, A. (2017). *Las normas generales antielusión en la jurisprudencia española y europea,* Tesis doctoral UAM, repositorio UAM, p. 158.

García Berro, F. (2018). *Elusión tributaria y cláusulas antiabuso en la jurisprudencia del Tribunal Supremo,* p. 238 y ss.

Huerta Tocildo, S. (2010). "Dos cuestiones constitucionales relacionadas con el delito fiscal: su distinción del fraude de ley tributaria y el momento de su prescripción". *Delitos e infracciones contra la Hacienda Pública,* p. 169 y ss.

Husak, D.N. (1989). *Motive and Criminal Liability,* 8 Crim. Just. Ethics 3, p. 5 y s.

Luzón Cánovas, A. (2005). "Aspectos constitucionales de la tributación por rentas de origen delictivo". *La Ley Digital* 5061, p. 1 y ss.

Martín López, J., "La punibilidad del conflicto en la aplicación de la norma tributaria". *Crónica Tributaria* 163/2017, p. 123 y ss.

Parraguez Ruiz, L. S. (2012). *El negocio jurídico simulado,* Tesis doctoral, pp. 175 y ss.

Saborido Sánchez, P., "La pervivencia de la relevancia jurídica de los propósitos o intereses de las partes en el contrato", *InDret* 1/2013.

Salvatierra Ossorio, D., "La causa y la carga de la prueba en la simulación de contratos". *El Derecho.com*, Lefebvre, 19/8/2016.

Sánchez-Vera Gómez-Trelles, J. (2016). "Un reto para el dolo: los motivos del autor". *Derecho Penal para un Estado social y democrático de Derecho - Estudios penales en homenaje al Prof. Emilio Octavio de Toledo y Ubieto*. Maqueda Abreu, M. L./Martín Lorenzo, M./Ventura Püschel, A. (coords), pp. 339 y ss.

LA SUSPENSIÓN DE LA EJECUTIVIDAD DE LOS ACTOS Y ACTUACIONES DE NATURALEZA TRIBUTARIA

Rosa Litago Lledó
Profesora Titular de Derecho Financiero y Tributario
Universidad de Valencia

1. PERSPECTIVA DE ANÁLISIS Y DELIMITACIÓN DEL OBJETO DE ESTUDIO

Habida cuenta del sentido general de la obra en que se enmarca este análisis, parece lógico que la *perspectiva* que este haya de adoptar sea la evolutiva. En sentido estricto, es decir, tratando de responder a la pregunta sobre cómo ha evolucionado desde el punto de vista normativo la institución de la suspensión de la ejecutividad de los actos administrativos de naturaleza tributaria. Tomando para ello como punto de partida la LGT/1963 (*Tol 221160*) hasta llegar a la última versión vigente de la LGT/2003 (*Tol 327278*), que en el momento de redactar estas líneas es la que le ha dado la Ley 13/2023, de 24 de mayo (*Tol 9568822*)[1]. Reforma legal que no ha afectado directamente a la cuestión que aquí se trata, aunque sí le afecta de manera mediata al introducir las autoliquidaciones rectificativas, como luego explicaré. Sí ha influido directamente en el régimen de suspensión el reciente cambio reglamentario llevado a cabo por el RD 249/2023, de 4 de abril (*Tol 9479197*), que es consecuencia de una reforma previa de la LGT/2003 operada por la Ley 11/2021, de 9 de julio (*Tol 8501334*)[2]. Esta es, por tanto, la versión que ha de servir de punto de llegada en la comparación entre textos legales.

El análisis, sin embargo, no puede limitarse a ser un mero repaso de los sucesivos cambios habidos en las normas que han ido regulando esta cuestión, sino que ha de adoptar un enfoque crítico, tal y como sugiere el título del congreso científico donde se expusieron estas ideas. Dicho de otro modo, se trata de preguntarse no solo cómo ha evolucionado la cuestión, sino si realmente lo ha hecho en un sentido positivo o, por el contrario, si ha involucionado. Y, desde luego, esta perspectiva requiere de un parámetro jurídico que sea el que permita alcanzar una u otra conclusión, y este no puede ser otro que la Constitución Española (CE, en adelante).

En realidad, un análisis adecuado del instituto jurídico de la suspensión de la ejecutividad de los actos administrativos de naturaleza tributaria debe partir, en mi opinión, de su conexión esencial con la potestad administrativa de autotutela. Este hecho es el que permite observar que el verdadero problema estriba en el papel que

---

1 Ley 13/2023, de 24 de mayo, por la que se modifican la Ley 58/2003, de 17 de diciembre, General Tributaria, en transposición de la Directiva (UE) 2021/514 del Consejo de 22 de marzo de 2021, por la que se modifica la Directiva 2011/16/UE relativa a la cooperación administrativa en el ámbito de la fiscalidad, y otras normas tributarias. (BOE 24-III-2023).

2 Ley 11/2021, de 9 de julio, de medidas de prevención y lucha contra el fraude fiscal, de transposición de la Directiva (UE) 2016/1164, del Consejo, de 12 de julio de 2016, por la que se establecen normas contra las prácticas de elusión fiscal que inciden directamente en el funcionamiento del mercado interior, de modificación de diversas normas tributarias y en materia de regulación del juego (BOE 10-VII-2021).

el ordenamiento jurídico otorga a dicha potestad y en el que la CE de 1978 marcó un antes y un después. En definitiva, si a grandes rasgos se trata del contraste entre la anterior LGT/1963 y la vigente LGT/2003, no hay duda de que el problema se dilucida en una suerte de equilibrio entre, por un lado, el interés público representado por el deber de contribuir del art. 31 CE y, por otro, las garantías constitucionales de los obligados tributarios. Tanto las del art. 24 CE —que contempla el derecho fundamental a la tutela judicial efectiva— como las previstas en los arts. 103, 105 y 106 CE a las que debe someterse la Administración en la aplicación del sistema tributario.

Atendido lo anterior, los *elementos del análisis* son tres:

a) El primero, puramente normativo, si bien, como enseguida veremos, no quedará limitado a las disposiciones estrictamente tributarias. Las razones de ello son dos: la primera, es que se trata de una cuestión eminentemente interdisciplinar y en el primer estadio, en el de la vía de revisión administrativa, ha primado tradicionalmente la especialidad de la materia tributaria; la segunda, es que en sede contencioso-administrativa esta pauta cambia y el régimen de la suspensión es común, sea cual sea la naturaleza del acto objeto de revisión. En definitiva, un estudio completo del instituto de la suspensión de los actos de naturaleza tributaria no puede limitarse a la regulación prevista en la LGT y sus reglamentos de desarrollo, sino que estas normas han de ser puestas en contraste con las disposiciones administrativas comunes. Como también ha de atender a la LJCA, porque, como ha demostrado la evolución de la cuestión en todo este tiempo la influencia recíproca entre los criterios vigentes en la vía previa de revisión en materia tributaria y los propios de la vía jurisdiccional ha sido constante, y, además, actuando de un modo bidireccional. En este sentido, en la actualidad, y desde la entrada en vigor de la LJCA/1998 (*Tol 257547*), se da una diferencia esencial entra ambas, y que conviene también aclarar en estas líneas iniciales. Pues, mientras en la vía administrativa de revisión el instituto a analizar es la suspensión de la ejecutividad de los actos administrativos tributarios, conforme ponen de manifiesto la LGT y el Reglamento que la desarrolla en este aspecto (en adelante, RR[3]), en sede jurisdiccional, la suspensión es una de las posibles medidas cautelares a adoptar, pero ha pasado a ser una especie de ese género más amplio. Este hecho ha sido determinante en la evolución de la cuestión pues propició un importante cambio de criterio por parte del TS.

---

3 Real Decreto 520/2005, de 13 de mayo, por el que se aprueba el Reglamento general de desarrollo de la Ley 58/2003, de 17 de diciembre, General Tributaria, en materia de revisión en vía administrativa (*Tol 636056*).

b) El segundo, conformado por los principios constitucionales señalados antes.

c) El tercero radica en la peculiar caracterización del modo de actuar de la Administración tributaria, en dos sentidos: el primero tiene que ver con los actos y actuaciones de aplicación de los tributos (art. 83 LGT); en esencia, por el cambio que ha supuesto la generalización de las autoliquidaciones y la progresiva transformación del contenido de los actos dictados por la Administración; y el segundo, por las especialidades en la vía administrativa de revisión que separan a la materia tributaria del régimen administrativo común. La conjunción de ambos, en la práctica, determina un papel muy distinto de la potestad de autotutela administrativa y, por ende, de la suspensión de la ejecutividad como límite a la misma.

Una vez delimitados el objeto de estudio y los parámetros para llevarlo a cabo, resta señalar que el trabajo pretende aportar, como decía, una visión crítica que, al menos, apunte algunos de los problemas actuales y, en la medida de lo posible, sugiera posibles soluciones a los mismos.

El objetivo, por fuerza, no puede ser muy ambicioso, a la vista de la magnitud y complejidad de una cuestión que requiere, soy consciente de ello, de un estudio más detallado del que permite un trabajo como este. Sin embargo, sí creo que puede resultar de interés la hipótesis que se puede formular tras este somero repaso de los sucesivos cambios normativos habidos en la regulación de este instituto jurídico, y que evidencian, en mi opinión, un claro repunte de la potestad de autotulela administrativa, especialmente en su vertiente ejecutiva y reduplicativa, con la consiguiente relegación de la suspensión, como límite de aquella. En este sentido, nos hallamos ante un fenómeno paradójico, pues, por una parte, se constata el progresivo desdibujamiento de los actos administrativos, entendidos en su sentido clásico, ya que han sido sustituidos por actuaciones de los particulares o convertidos en actos *sui generis* o de naturaleza jurídica confusa, como las liquidaciones tributarias vinculadas a delito. Sin embargo, ello no significa, como sería lógico, el debilitamiento de la autotutela administrativa, por la sencilla razón de que esta se predica de tales actos y actuaciones y a todos ellos se les atribuye las consecuencias propias de la autotutela ejecutiva y, subsiguientemente, la reduplicativa. No obstante, este fenómeno no se ha visto acompañado de la transformación que debiera sufrir la suspensión como contrapeso que es de la potestad de autotuela y en cumplimiento de las exigencias constitucionales que he citado al comienzo. A la vista de ello, el interrogante que surge inmediatamente gira en torno a la razón jurídica que lo justifique. Y esta parece estar en la persecución del fraude fiscal con sustento último en el deber de contribuir del art. 31 CE. Sin embargo, ¿es este un argumento suficiente para la pérdida de garantías de los arts. 24, 103, 105 y 106 CE que tal fenómeno representa?

2. LOS PRINCIPALES HITOS EN LA EVOLUCIÓN DE LA CUESTIÓN

2.1. EL RECONOCIMIENTO NORMATIVO DE LA SUSPENSIÓN DE LA EJECUTIVIDAD EN VÍA ADMINISTRATIVA COMO CONDICIÓN PARA LA ADECUACIÓN CONSTITUCIONAL DE LA POTESTAD DE AUTOTUTELA

Tomando como punto de partida la LGT/1963, y siendo que en ella no se contemplaba la posibilidad de suspensión de la ejecutividad de los actos de naturaleza tributaria, parece lógico pensar que partimos de una primera etapa de sombra en la que la nota fundamental del actuar de la Administración tributaria es que lo hace a través de actos declarativos, de determinación de las deudas tributarias. Es el llamado modelo clásico, en que el acto no es, con carácter general, fruto de una regularización. En él la preeminencia de la autotutela declarativa, previa, y la ejecutiva, posterior, es innegable ya que esta segunda no admite excepciones según la LGT/1963. Tal situación no es, sin embargo, excepcional si se considera el contexto en que se desenvuelve esta regulación. En primer lugar, porque la propia LPA de 1958 (*Tol 147491*) tampoco preveía esta posibilidad de excepción a la autotutela ejecutiva; y, en segundo lugar, porque ambas leyes no debían atender ninguna exigencia constitucional que pusiera límites a la potestad de autotutela administrativa.

Algo diferente sucedía en el ámbito contencioso-administrativo, donde la LJCA/1956 (*Tol 301652*) sí preveía en su art. 122 la posibilidad de suspensión de la ejecutividad de los actos en sede jurisdiccional. Régimen que, como sigue sucediendo en la actualidad, bajo la vigencia de la LJCA/1998, es común para cualesquiera actos y actuaciones administrativas susceptibles de ejecución, sea cual sea su naturaleza jurídica, tributaria o no.

Desde esta primera etapa de oscuridad o sombra —si adoptamos la perspectiva de los entonces contribuyentes, hoy obligados tributarios—, es evidente que el hito que representó la CE de 1978 (*Tol 173304*) arrojaba un rayo de luz sobre la cuestión ya que supuso, de entrada, el cuestionamiento de la misma la potestad de autotutela administrativa. Y aun a pesar de que el TC tempranamente avaló su pervivencia, esta quedaba marcada por el signo de la confrontación y la necesidad de buscar un equilibrio entre dos bienes constitucionales: el derecho fundamental a la tutela judicial efectiva *ex* art. 24 CE, y la subsistencia de la autotutela administrativa, si bien, mediatizada por la exigencia, también constitucional, de su sometimiento al control jurisdiccional de la actuación administrativa por mor del art. 106 CE. En definitiva, el nuevo régimen constitucional supuso un mandato al legislador y a los aplicadores del Derecho que debían hacer efectivo. Porque la tutela cautelar formaba parte del derecho fundamental de defensa y el fin último era claro: la autotutela administrativa quedaba constreñida, limitada, por las exigencias de la CE[4].

Resulta interesante ver cuáles fueron las vías por las que se fue abriendo camino este planteamiento, antes incluso de que el TC se pronunciara al respecto. De una parte, por lo que se refiere a los instrumentos normativos empleados en ello. Pues la introducción de la posibilidad de suspensión de la ejecutividad de los actos de naturaleza tributaria se hizo, no en la propia LGT/1963, sino que fue obra del Gobierno, a través de la técnica de delegación legislativa, prevista en el art. 11 LGT/1963 y posteriormente constitucionalizada en el art. 82 CE. Así, la Ley 39/1980, de 5 de julio, de bases sobre procedimiento económico-administrativo (*Tol 1891857*), dispuso en la Base Tercera contenida de su art. 2 esta posibilidad excepcional[5]. Esta se desarrolló a través del Real Decreto Legislativo 2795/1980, de 12 de diciembre, por el que se articula la Ley 39/1980, de 5 de julio, de bases sobre procedimiento económico-administrativo, dando lugar a un texto articulado (TAPEA), que contenía, en su Título Séptimo, la regulación de la "Suspensión del acto impugnado" en sus arts. 21 y 22[6].

---

4 Sobre esta cuestión, me permito remitirme al estudio que realicé más ampliamente en mi trabajo Litago Lledó, R. (2000). *Las autoliquidaciones tributarias ante la recaudación ejecutiva.* Aranzadi, pp. 52 a 94.

5 "*El procedimiento de las reclamaciones económico-administrativas, en sus diferentes instancias, se adaptará a las directrices de la Ley de Procedimiento Administrativo, con especial observancia de las normas siguientes:*
a) La ejecución del acto administrativo impugnado se suspenderá a instancia del interesado si en el momento de interponerse la reclamación se garantiza en la forma que reglamentariamente se determine el importe de la deuda tributaria.
Cuando esta se ingrese por haber sido desestimada la reclamación interpuesta, se deberán satisfacer intereses de demora por todo el tiempo de duración de la suspensión más una sanción del cinco por ciento de la deuda tributaria en los casos en que el Tribunal apreciare temeridad o mala fe.
b) Si como consecuencia de la estimación de la reclamación interpuesta hubiere que devolver cantidades ingresadas, el interesado tendrá derecho al interés de demora desde la fecha del ingreso en la cuantía establecida en el artículo treinta y seis coma dos coma de la Ley General Presupuestaria, de cuatro de enero de mil novecientos setenta y siete."

6 El art. 21 disponía: "*Uno. Salvo lo previsto en el artículo siguiente, la reclamación económico-administrativa no suspenderá la ejecución del acto impugnado, con las consecuencias legales consiguientes, incluso la recaudación de cuotas o derechos liquidados, recargos y sanciones.*
Dos. No se detendrá la sustanciación de las reclamaciones en cualquier instancia por falta de pago de las cantidades liquidadas y contraídas por los expresados conceptos".
Y, el art. 22, era el que preveía la posibilidad de suspensión y sus eventuales consecuencias:
"*Uno. La ejecución del acto administrativo impugnado se suspenderá a instancia del interesado si en el momento de interponerse la reclamación se garantiza, en la forma que reglamentariamente se determine, el importe de la deuda tributaria.*

Por su parte, una tercera norma completaba este nuevo régimen jurídico, y es que el desarrollo reglamentario al que aludía el aparatado primero del precepto que acabo de reproducir fue llevado a cabo por los artículos 80 y 81 del Reglamento de Procedimiento en las Reclamaciones Económico-Administrativas, aprobado por el RD 1999/1981, de 20 de agosto (*Tol 118646*) (RPREA/1981, en adelante).

El primero de ellos, comenzaba reiterando el principio general de ejecutoriedad, pero añadía en su apartado dos una previsión relevante, y decía: "*No obstante, no se procederá a la distribución de las sanciones ni a la entrega a los partícipes de las respectivas participaciones que en ellas les correspondan mientras no sean firmes y ejecutorias las resoluciones en virtud de las cuales hayan sido impuestas, bien por haber transcurrido los plazos establecidos para recurrir contra ellas en vía contencioso-administrativa o bien por haber sido absuelta la Administración, caso de haberse deducido demanda contra la misma ante dicha jurisdicción*".

El art. 81 era el que regulaba la "Suspensión y caución", limitándose a desarrollar la única modalidad de suspensión que se contemplaba, la suspensión con garantía o caución, parcial o total, según preveía su apartado dos; y cuya eficacia, conforme al apartado tres, se mantendría "durante la sustanciación del procedimiento económico-administrativo en todas sus instancias".

Es decir, con la salvedad que contenía el art. 80. Dos, que he reproducido, en esta etapa era evidente el riesgo de quiebra en el paso a la vía jurisdiccional contencioso-administrativa. En esta, como ya he avanzado, la norma aplicable entonces era la LJCA/1956 que preveía la "suspensión de la ejecución del acto o disposición objeto del recurso" en sus artículos 122 a 125, sometida a la condición de que "la ejecución hubiese de ocasionar daños o perjuicios de reparación imposible o difícil". Y sólo "si pudiera resultar algún daño o perjuicio a los intereses públicos o de tercero", el Tribunal "exigirá (...) caución suficiente para responder de los mismos".

Como se aprecia tras la lectura de todos estos preceptos, el avance que supuso la introducción en la vía económico-administrativa del límite a la potestad de autotutela administrativa ejecutiva, permitiendo una excepcional suspensión de la ejecutividad, presentaba, empero, importantes carencias. Así, por ejemplo, aparte de que únicamente se sometía a la exigencia de garantía o caución, como regla general, y en contraste con el régimen en vía jurisdiccional, no se contemplaban ni la llamada "suspensión preventiva", ni la "suspensión tácita", a las que luego me referiré.

Dos. Cuando se ingrese la deuda por haber sido desestimada la reclamación interpuesta se satisfarán intereses de demora en la cuantía establecida en el artículo treinta y seis, punto dos, de la Ley General Presupuestaria, de cuatro de enero de mil novecientos setenta y siete, por todo el tiempo que durase la suspensión, más una sanción del cinco por ciento de aquella deuda en los casos en que el Tribunal aprecie la temeridad o mala fe".

2.2. LA CONTRADICTORIA REFORMA DE LA LGT/1963 OPERADA EN EL AÑO 1995

En este panorama se produce un nuevo y significativo cambio propiciado por dos hitos normativos. Por un lado, la reforma de la LGT/1963 llevada a cabo por la Ley 25/1995, de 20 de julio (*Tol 328685*), de modificación parcial de la Ley General Tributaria, que supuso un importante avance en la regulación de la cuestión que, sin embargo, seguía manteniéndose al margen de la propia LGT; por otro, la aprobación de un nuevo reglamento sobre las reclamaciones económico-administrativas.

En cuanto a la reforma de la LGT, la Disposición adicional única de la Ley 25/1995, de 20 de julio, modificó determinados preceptos del Real Decreto legislativo 2795/1980, de 12 de diciembre, por el que se articula la Ley 39/1980, de 5 de julio, de Bases del Procedimiento Económico-administrativo, (TAPEA), por lo que atañe a este estudio, los relativos al instituto de la suspensión. Concretamente las reformas fueron las siguientes.

Por una parte, se añadía un nuevo apartado tercero al art. 21[7] que introducía una medida de coherencia en sede administrativa de revisión de los actos que ampliaba las posibilidades de obtener la suspensión[8].

Por otra, siguiendo esta misma tendencia, se operaban otros cambios que igualmente abogaban por ampliar y flexibilizar las condiciones para obtener la suspensión, introduciéndose la llamada suspensión "facultativa", que se adjuntaba así a la única modalidad existente hasta entonces, la suspensión "automática". Para ello, se reformaba la redacción del art. 22[9].

---

7 Con la siguiente redacción: «*3. La suspensión acordada con ocasión del recurso de reposición previo a la vía económico-administrativa se mantendrá en esta en las condiciones que se determinen reglamentariamente.*».

8 Lago Montero, J. M. (1993). *La suspensión de liquidaciones tributarias en la reposición y en la vía económico-administrativa.* Colección Jurisprudencia Práctica, Tecnos, (65), pp. 13 y 14.

9 Que quedaba del siguiente tenor literal:
«*1. La ejecución del acto administrativo impugnado quedará suspendida automáticamente a instancia del interesado si se garantiza, en la forma que reglamentariamente se determine, mediante depósito de dinero o valores públicos, o aval o fianza solidarios de entidad de crédito o sociedad de garantía recíproca, o fianza personal y solidaria de dos contribuyentes de la localidad de reconocida solvencia y sólo para las cuantías que se determinen por Orden, el importe de la deuda tributaria y de los intereses de demora que genere.*
2. Cuando el interesado no pueda aportar las garantías necesarias para obtener la suspensión a que se refiere el apartado anterior, el Tribunal podrá decretar la suspensión, previa prestación o no de garantías según se determine reglamentariamente, si la ejecución pudiera causar perjuicios de imposible o difícil reparación.

Antes de pasar a considerar las reformas inmediatamente posteriores a este cambio legal que acarreó la aprobación de un nuevo reglamento, no puede dejar de señalarse que la reforma de la LGT/1963 del año 1995 no supuso, en todo caso, un cambio positivo. Porque, en clara contradicción con lo acontecido en materia de suspensión de la ejecutividad de los actos administrativos, en ella se dio un paso muy significativo para favorecer la preeminencia de la autotutela administrativa. Pues en dicha reforma se atribuyó, a las entonces denominadas declaraciones-liquidaciones o autoliquidaciones, la nota de ejecutividad propia de los actos administrativos cuando, claramente, no lo son. Esta fue una auténtica innovación del ordenamiento jurídico que quedó plasmada en la modificación del art. 126 de la LGT/1963, especialmente, en su apartado 3, letra b) que abrió la puerta a la ejecución de las declaraciones-liquidaciones o autoliquidaciones, presentadas en período voluntario o fuera de él, y que no fueran acompañadas del ingreso correspondiente. Esta sorprendente medida, sin embargo, no se vio acompasada con la correlativa reforma de su régimen de "impugnación" o "revisión", que también las equiparara a los actos administrativos, tal y como demandaba una mínima exigencia de coherencia, aneja al principio constitucional de seguridad jurídica del art. 9.3 CE, y que hubiera contribuido a preservar el derecho de defensa de los contribuyentes. Como lamentablemente el tiempo ha venido a demostrar mucho después, esta iniciativa abrió una senda hacia el progresivo reforzamiento de la autotutela administrativa que la entrada en vigor de la CE en modo alguno permitía augurar y menos aún auspiciar.

La necesidad que apunto vendría avalada, además, por el criterio del TS. La STS de 31 de octubre de 2011 (ECLI:ES:TS:2011:6906) (*Tol 2273711*) se pronunciaba respecto a la eventual suspensión de las actuaciones de los particulares (retenciones o repercusiones y autoliquidaciones) en los siguientes términos: "(la) medida de suspensión, que opera como una cautela, constituye el contrapeso de las prerrogativas de la Administración, a fin de asegurar la efectividad de un posible fallo o resolución anulatoria. En consecuencia, sólo tiene sentido y se justifica cuando estamos ante actos administrativos, puesto que ellos y sólo ellos gozan de la presunción de eficacia y son directa e inmediatamente ejecutivos [...] resulta inviable hablar de suspensión de la ejecutividad de una actuación que no goza de la misma, como ocurre en el caso de las actuaciones entre

---

A los efectos de este apartado, las garantías podrán consistir en hipoteca inmobiliaria, hipoteca mobiliaria, prenda con o sin desplazamiento, fianza personal y solidaria, y cualesquiera otras que se estimen suficientes.

3. El Tribunal podrá suspender la ejecución del acto recurrido, sin necesidad de garantía, cuando aprecie que al dictarlo se ha podido incurrir en error aritmético, material o de hecho.

4. Cuando se ingrese la deuda tributaria por haber sido desestimada la reclamación interpuesta se satisfarán intereses de demora en la cuantía establecida en el artículo 58, apartado 2, letra c), de la Ley 230/1963, de 28 de diciembre, General Tributaria (Tol 221160), por todo el tiempo que durase la suspensión, más una sanción del 5 por 100 de aquella, en los casos en que el Tribunal apreciase temeridad o mala fe.»

particulares. Sencillamente, no son ni tienen carácter ejecutivo, nunca han gozado de esta prerrogativa. La circunstancia de que la ley les anude determinadas consecuencias tributarias no convierte la repercusión o la retención tributarias realizadas por un particular en un acto o actividad administrativa, del mismo modo que las autoliquidaciones, máxima expresión de la obligación material y formal que tiene el obligado tributario de colaborar con la Administración, tampoco reúnen tal condición. En definitiva, las actuaciones de los sujetos pasivos carecen de la naturaleza de actos administrativos)." Rechaza así la posibilidad de conceder la suspensión porque "[...] la previsión de que las actividades u obligaciones entre particulares nacidas de la aplicación de un tributo deban ser previamente impugnadas ante los órganos de revisión de la Administración para agotar la vía administrativa no muta su naturaleza jurídica."

En mi opinión, este razonamiento, entendido a *contrario sensu,* debiera posibilitar la suspensión como justa contrapartida que remediara la atribución sesgada de la ejecutividad a las autoliquidaciones que hizo la Ley 25/1995, de 20 de julio, privándolas inexplicablemente de su debido contrapeso.

En este contexto, y retornando a la cuestión de la suspensión de la ejecutividad de los actos administrativos en sentido estricto, tiene lugar un cambio en el régimen normativo por mor del Real Decreto 391/1996, de 1 de marzo, por el que se aprueba el Reglamento de procedimiento en las reclamaciones económico-administrativas (*Tol 224746*) (RPREA/1996). Como se ve tras la lectura de su Preámbulo[10], el reglamento no hacía sino desarrollar lo que la nueva base del TAPEA decía tras la reforma de la Ley 25/1995, de 20 de julio. Sin embargo, de su articulado cabría destacar ciertas cuestiones muy relevantes a la hora de considerar los avances que iba sufriendo este instituto jurídico. Entre ellos estarían los siguientes:

a) El art. 74.11 RPREA/1996 contemplaba, por vez primera, uno de los casos que quedarían afectados por la llamada "suspensión preventiva", ya que trataba de evitar el riesgo de ejecuciones precipitadas susceptibles de producirse en el paso de la vía económico-administrativa a la jurisdiccional. Aquí encontramos el antecedente de lo que luego se contendría en el art. 233 LGT/2003, y se refiere una cuestión que no deja de estar completamente resuelta, tal y como ha evidenciado la jurisprudencia del TS en

---

10 Decía así: *"(...) en el ámbito de la suspensión de la ejecución de los actos recurridos se da efectos a las suspensiones acordadas en el potestativo previo recurso de reposición, se recoge la suspensión ante errores de hecho tradicionalmente existente en el Reglamento de Recaudación, se refuerza el carácter de automatismo de la suspensión dotada de garantías líquidas dándole operatividad inmediata bajo reserva de quedar alzada por falta de concurrencia de sus requisitos, y se introduce una nueva fórmula suspensiva basada en la posible ocasión de perjuicios que procede de una adaptación de lo dispuesto en la Ley 30/1992 si bien que dándole un carácter de excepcionalidad para el caso de que el interesado no pueda dar cumplimiento a lo previsto para la suspensión automática".*

los últimos tiempos (*v.gr.* STS de 19 de noviembre de 2020 (ECLI:ES:TS:2020:3879) (*Tol 8221921*) y STS de 5 de enero de 2021 8ECLI:ES:TS:2021:124) (*Tol 8299461*).

b) El art. 77 RPREA/1996, contenía una previsión que posteriormente ha desaparecido como norma expresa, pero ha seguido provocando problemas que, nuevamente, es la jurisprudencia del TS la que ha tratado de solventarlos. El precepto se ocupaba de la "suspensión de otros actos administrativos". En general, se refería a aquellos "que no tengan por objeto una deuda tributaria o cantidad líquida", categoría que se concretaba en actos como "los requerimientos administrativos para el suministro de información o para el cumplimiento de otros deberes de colaboración o los acuerdos que impongan sanciones no tributarias". En estos supuestos, la suspensión podía ser acordada por el TEA competente a petición del interesado y siempre que justificara que su ejecución podría provocar perjuicios de imposible o difícil reparación. La suspensión de la ejecutividad de esos actos podía quedar condicionada por la adopción de medidas cautelares que aseguraran la protección del interés público y la eficacia de la resolución impugnada.

Una vez desaparecida esta previsión, el problema sobre la suspensión de la ejecutividad de ese tipo de actos, como son los actos de contenido negativo, no ha desaparecido, desde luego, pero el vacío normativo de que adolece ha tratado de ser colmado mediante el establecimiento de criterios jurisprudenciales que le dieran adecuada respuesta. El resultado, sin embargo, no ha sido tan positivo como el que se desprendía de esta norma. En primer lugar, porque al quedar en manos de la interpretación jurisdiccional ello ya introduce un elemento de inseguridad jurídica; en segundo lugar, porque, como reconoció el TS en STS de 11 de octubre de 2010: (ECLI:ES:TS:2011:6705) (*Tol 2265935*), en el ámbito administrativo general la casuística es variada y ello impide una respuesta uniforme: en tercer lugar, y pese a lo anterior, porque esta misma Sentencia recordó que el criterio general en materia tributaria es la denegación de la medida cautelar de suspensión, porque esta "debe referirse a un acto de contenido positivo, que sea ejecutable, sin que quepa dejar sin efecto cautelarmente los actos negativos", como sucedía en el caso de la denegación de un aplazamiento, uno de los más frecuentes. La razón que se aduce es que "dado su contenido, la suspensión cautelar supondría la concesión de lo pedido, siquiera sea con carácter temporal (mientras dura la sustanciación del proceso)". Se añade, además, un interesante argumento a lo anterior y es que, dice el TS, "pese al superado carácter meramente revisor de la jurisdicción contencioso administrativa [...], no cabe en sede jurisdiccional, sin más, y vía "suspensión" de un acto por el que la Administración deniega un derecho, prestación o interés, que la Sala de justicia lo conceda, invadiendo el campo propio de la decisión de fondo todavía no adoptada. En estos casos, suspensión incidental y la impugnación sobre el fondo se solapan, de tal manera que, en realidad, si se suspende el acto negativo el recurso viene a perder en cierta medida su objeto. La necesidad de que a través de la justicia cautelar se asegure el futuro resultado de la contienda y el pleno cumplimiento del fallo que se dicte no justifica que, por el cauce de esa medida cautelar, se satisfaga la pretensión principal. Si así se admitiera, se desbordaría la función atribuida a los órganos jurisdiccionales, supliendo y sustituyendo facultades atribuidas al ámbito de decisión de la Administración, sin que opere control efectivo en sede jurisdiccional de la actividad administrativa a través del proceso debido".

Esta postura fue matizada posteriormente, como evidencia el FJ 3º de la STS de 27 de junio de 2012 (ECLI:ES:TS:2012:4869) (*Tol 2596976*), y aunque en ella se resolvía sobre un caso de denegación de la solicitud de suspensión de la ejecutividad de una liquidación por IVA al amparo del art. 46 RR, aportando como garantía la hipoteca sobre un inmueble, el TS, —como si se tratara de un caso de denegación del aplazamiento—, afirma lo siguiente: "Como atinadamente pone de relieve el auto impugnado la tesis sobre la imposibilidad de suspensión de los actos negativos aliñada con la idea de la naturaleza discrecional de peticiones de aplazamiento genera por si sola esa zona de inmunidad del poder a que antes aludíamos y que es preciso erradicar. [...] No ha de olvidarse, además, que la denegación de aplazamiento solicitada (contenido del acto impugnado) genera una obligación positiva de dar (entrega de una cantidad de dinero determinada). [...] Pues bien, desde esta perspectiva, se derrumba la tesis central del acto impugnado, pues el acto originario no sólo tiene un contenido negativo (denegar el aplazamiento) sino que a él se anuda, indisolublemente, un mandato de dar. Mandato de dar una cantidad de dinero cuya suspensión no reúne los aspectos del acto negativo en que el TEAR funda su resolución".

En relación con la denegación de la suspensión de la eficacia de un requerimiento de información, uno de los que expresamente se contemplaba en la normativa derogada, la STS de 24 de marzo de 2011 (ECLI:ES:TS:2011:1718) (*Tol 2089091*) (reiterando la doctrina de la anterior STS de 13 de enero de 2011; ECLI:ES:TS:2011:234) (*Tol 2036649*), aunque rechaza la tesis del órgano de la instancia que la deniega porque se trata de un acto negativo, confirma esta decisión tras analizar los dos requisitos de la LJCA/1998 sobre la adopción de medidas cautelares. En cuanto al primero, *periculum in mora*, no aprecia que se pudieran llegar a producir daños irreversibles en general ni en particular respecto del deber de confidencialidad y el secreto profesional. Respecto del segundo requisito, el de la ponderación de los intereses en juego, el FJ 3º de la Sentencia afirma: "Ha de partirse que el Tribunal Constitucional ha dejado sentado que el conocimiento de los datos de los contribuyentes por la Hacienda Pública no puede ser en sí mismo directamente constitutivo de daños o perjuicios de una entidad comparativamente contrastable. Además, no puede desconocerse que el interés público demanda, en principio, la inmediata cumplimentación, por la entidad afectada del requerimiento de información, y ello en aplicación del deber constitucional establecido en el artículo 31.1 de la Constitución, del que constituye una manifestación concreta y esencial la obligación que a determinadas entidades impone el artículo 93 de la Ley General Tributaria. Desde esta perspectiva, cuando no sólo no existen otras razones mínimamente acreditadas, sino ni tan siquiera alegadas, por las que la ejecución del requerimiento informativo, pudiera afectar a la intimidad de las personas o a otros derechos fundamentales, cuando además los perjuicios invocados se refieren a graves perjuicios por tener que subvertir a prestar la dedicación de medios humanos y materiales, sin tan siquiera establecer elementos de comparación en cuanto a costes, tiempos y medios en relación con la capacidad financiera y de medios de la propia entidad, que impide la concreta ponderación de los perjuicios, que tal y como se formula, sólo cabe traducirlos en términos económicos, indeterminados por las circunstancias referidas. En definitiva, ante un interés público que precisa de modo perentorio e inmediato el cumplimiento del acto, del cumplimiento del requerimiento, no cabe oponer unos pretendidos intereses económicos no definidos ni determinados, pues la mayor intensidad de aquellos hace que deban prevalecer los mismos sobre los particulares concretados en los referidos".

c) La supuesta coherencia a la que aludía el autor del reglamento con lo que disponía entonces el régimen administrativo común, que se contenía en el art. 111 de la Ley 30/1992, de 26 de noviembre, de Régimen Jurídico de las Administraciones Públicas y del Procedimiento Administrativo Común (*Tol 257544*) (LRJ-PAC), planteaba dos interrogantes si se atendía el tenor literal del precepto.

El primero surgió en relación con una de las causas por las que podría accederse a la suspensión, y es que su apartado 2, b) preveía que esta podía acordarse, de oficio, o a instancia del interesado cuando concurriera alguna causa de nulidad que entonces se recogían en el art. 62.1 de la propia LRJ-PAC. Como se sabe, en materia tributaria, la suspensión sólo puede concederse previa solicitud del interesado, no de oficio, y entre las causas que podrían justificarla no se encontraban las de nulidad del acto a ejecutar[11].

El segundo se refería a la suspensión *ope legis* o "tácita" que contemplaba el apartado 4 en la redacción original del art. 111 que pasó a ser el 3 tras la reforma de la Ley 4/1999, de 13 de enero. Norma que preveía que "El acto impugnado se entenderá suspendido en su ejecución si transcurridos treinta días desde que la solicitud de suspensión haya tenido entrada en el órgano competente para decidir sobre la misma, este no ha dictado la resolución expresa (...)[12]".

Pues bien, ambas normas se reproducen de manera casi literal en el vigente art. 117, apartado 2, letra b) y apartado 3, respectivamente, de la Ley 39/2015, de 1 de

11 Pérez Royo, F. y Aguallo Avilés, A. (1996). *Comentarios a la reforma de la Ley General Tributaria*. Aranzadi, p. 656, consideraban que ello era posible atendiendo al art. 22.3 TAPEA.

12 Esta posibilidad había sido apuntada por el profesor Eseverri Martínez, E. (1995). "Suspensión de los actos de liquidación tributaria". *Crónica Tributaria,* (74), p. 23 en relación con el art. 81.12 RPREA/1981.

octubre, del Procedimiento Administrativo Común de las Administraciones Públicas. (LPACAP) de manera que los interrogantes sobre su aplicabilidad en materia tributaria siguen pendientes de respuesta, con el mismo condicionante que entonces: la especialidad de la suspensión de los actos tributarios frente al régimen administrativo común que pervive auspiciada en el apartado 2, letra a) Disp. ad. 1ª LPACAP.

d) En el paso de uno a otro reglamento se produjo la pérdida de otro supuesto que atañe a esa llamada "suspensión preventiva" y que se recogía en el art. 81.12 del RPREA/1981, no es su redacción originaria sino como consecuencia del RD 2631/1985, de 18 de diciembre, sobre procedimiento para sancionar las infracciones tributarias (*Tol 118648*)[13]. Esta nueva norma establecía que: *"Por el hecho de presentar la solicitud, de suspensión se entenderá acordada esta con carácter preventivo hasta que el órgano competente resuelva sobre su concesión o denegación, acuerdo que deberá adoptarse en el plazo de los diez días siguientes a aquel en que tenga entrada en el registro el expediente administrativo en el que se dictó el acto impugnado".* Repárese que, pese a la literalidad de la norma, el contexto en el que se había gestado era el de la suspensión de la ejecutividad de las sanciones tributarias, a la que se referían los nuevos ordinales 11 y 13 del precepto objeto de modificación, y, sin embargo, en ese momento, la deuda tributaria incluía en su seno las sanciones, pues no es hasta la LGT/2003 cuando se excluyen de dicho concepto.

e) Ha de tenerse en cuenta que la Ley 25/1995, de 20 de julio, reformó el art. 81 LGT/1963 y en su apartado 3 se refirió a la suspensión de la ejecutividad de las sanciones tributarias equiparándolas al resto de actos administrativos —aun con alguna excepción como la de su apartado 4—, remitiendo, en consecuencia, a su mismo régimen jurídico previsto en el RPREA/1996 ya que el Reglamento sancionador vigente no se ocupaba de esta cuestión. En aquel, el régimen de la suspensión de las sanciones se recogía en el art. 74.4, precepto que se remitía a las normas generales, considerando sólo las excepciones del art. 81.4 LGT/1963.

2.3. LOS SUSTANCIALES CAMBIOS EN LA SUSPENSIÓN DE LA EJECUTIVIDAD EN MATERIA TRIBUTARIA HABIDOS EN EL AÑO 1998

Cabe, a mi entender, considerar como tercera etapa de esta evolución una en la que se habría producido ese mismo efecto contradictorio que se había dado en la que aca-

13 La disp. adicional segunda del RD 2631/1985 (*Tol 118648*) reformó en idéntico sentido las previsiones en relación con el recurso de reposición —entonces regulado en el RD 2244/1979, de 7 de septiembre (*Tol 254569*), añadiendo los apartados 8, 9, 10 y 11 al artículo 11 del Reglamento. En el apartado 9 se contenía la misma previsión sobre suspensión preventivamente concedida tras su solicitud.

bamos de tratar. En dicha etapa estarían implicadas, de una parte, una norma estrictamente tributaria, la Ley 1/1998, de 26 de febrero, de derechos y garantías de los contribuyentes (*Tol 217858*) (LDGC). De otra parte, y en sentido opuesto, ese mismo año entró en vigor la LJCA/1998, a cuyo amparo la cuestión acerca de la suspensión en sede contencioso-administrativo en relación con los actos de naturaleza tributaria habría sufrido un claro retroceso, como trataré de explicar seguidamente.

2.3.1. El reconocimiento de un supuesto "derecho a obtener la suspensión" en la LDGC

Como se sabe, la LDGC convivía con la LGT que no se refería, recuérdese, a la suspensión de la ejecutividad de los actos tributarios, de manera que la principal virtualidad del art. 30 de la LDGC es que, con rango legal, reconoció en su apartado primero el "derecho" de los contribuyentes a "obtener" la suspensión, siempre "que aporte las garantías exigidas por la normativa vigente, a menos que, de acuerdo con la misma, proceda la suspensión sin garantía". Así mismo, elevaba a rango legal la mejora que dos años antes había introducido el RPREA/1996, sobre el mantenimiento de la suspensión hasta la decisión del órgano jurisdiccional "en relación con dicha suspensión" y siempre que se mantuviera la garantía.

Mención aparte merece lo sucedido con la ejecutividad de las sanciones tributarias. Simplificando al máximo, baste recordar que la intensa polémica sobre esta cuestión surge mucho tiempo atrás por la influencia de los postulados constitucionales predicables de la potestad administrativa sancionadora, contemplados en los art. 24 y 25 CE, que parecían abogar por un principio general de inejecutoriedad de las sanciones administrativas, aunque el TC admitió la compatibilidad entre la ejecutividad de las sanciones y la tutela judicial efectiva y el principio de presunción de inocencia en la conocida STC 66/2023, de 6 de junio.

La peculiaridad de las sanciones en relación con la autotuela administrativa sí fue asumida por el ordenamiento administrativo común en el art. 138.3 LRJ-PAC, sin embargo, la materia tributaria quedó excluida como consecuencia de su especialidad *ex* disp. ad. 5º LRJ-PAC. En otras palabras, las sanciones tributarias siempre han sido ejecutivas, aunque en la vía administrativa se estableció un caso de eficacia demorada.

El art. 35 LDGC supuso un giro radical respecto de la reforma de la LGT/1963 acaecida en el año 1995, pues, aunque no llegó a asumir el principio de no ejecutoriedad que reconocían las normas administrativas comunes, previó la suspensión automática y sin garantías. Las consecuencias de ello son de sobra conocidas, y así quedaron reflejadas en el nuevo reglamento sancionador que se aprobó por el RD 1930/1998, de 11 de septiembre (*Tol 224747*) (RST/1998), cuyo art. 37.3 concretó el efecto que la LDGC permitía atisbar, pero que no llegaba a afirmar[14].

Estas reformas se vieron empañadas por el hecho de que la deuda tributaria seguía incluyendo las sanciones en su seno, y así el art. 38 RST/1998 en un exceso inexplicado, remitía al art. 30.2 LDGC la prohibición de ejecutoriedad de las sanciones impugnadas en su paso a la vía contencioso-administrativa sometiéndola, en consecuencia, a la exigencia de caución. Este problema fue resuelto por la LGT/2003 que, sin embargo, omitió cualquier referencia al principio de buena fe que reconocía el art. 33 LDGC[15].

2.3.2. *Suspensión en vía administrativa de revisión vs. medidas cautelares en sede jurisdiccional conforme a la LJCA/1998 y la Jurisprudencia del Tribunal Supremo*

Las razones por las que la entrada en vigor de la LJCA/1998 supuso una sombra en el devenir de toda esta cuestión son dos, y están estrechamente relacionadas.

Una, que ya no se trata sólo de la suspensión, sino de la adopción de medidas cautelares, lo que establece una diferencia significativa entre las excepciones a la ejecutividad de los actos tributarios en vía de revisión administrativa y su paso a la jurisdicción contencioso-administrativa donde no se limitan a esa tipología única de medida cautelar. En este sentido, la STS de 11 de octubre de 2010 (ECLI:ES:TS:2011:6705) sostiene: "A diferencia de lo que ocurre en sede jurisdiccional, no hay un catálogo abierto de medidas cautelares susceptibles de adoptarse en las vías administrativa y económico-administrativa. Según establecen los artículos 233 de Ley General Tributaria de 2003 y 43 a 47 del Real Decreto 520/2005 (*Tol 636056*) (sic), la única medida cautelar posible frente a un acto tributario es la suspensión de su ejecutividad. No cabe, ni está legalmente previsto, otro tipo de medidas cautelares; mucho menos las de carácter positivo (...)".

---

14 Sobre esta cuestión puede verse Eseverri Martínez, E. *Sanciones tributarias e intereses de demora*, *op. cit.*; Martín Queralt, J. (1998). Una genialidad reglamentaria".*Tribuna Fiscal*, (97).

15 Aunque el supuesto es distinto, sí creo interesante reseñar que el ATS de 31 de enero de 2024 (ECLI:ES:TS:2024:813A) (*Tol 9863397*) ha admitido a trámite una cuestión de interés casacional en relación con el régimen vigente, estando implicados los arts. 233.1 y 212.3 LGT, en relación con la solicitud de suspensión de la ejecutividad de una providencia de apremio dictada en relación con una sanción tributaria firme. La cuestión a resolver consiste en "Determinar, cuando lo pretendido sea la suspensión en vía económico-administrativa de una providencia de apremio derivada del incumplimiento del deber de pago de una sanción de multa, si es de aplicación la regla del artículo 212.3 de la Ley General Tributaria y procede, por tanto, la suspensión automática del curso de dicha providencia de apremio, sin garantía —en rigor, se trataría de una inejecutividad—, o rige el principio general previsto en el artículo 233.1, párrafo primero, LGT, de supeditación a la prestación de garantía".

La segunda es que, como consecuencia del cambio legal, la jurisprudencia del TS muda para abandonar lo que había sido su postura consistente en asumir el trasvase de criterios entre ambas vías, de manera que los de la vía económico-administrativa habían sido aceptados en la jurisdiccional consolidando en ella la suspensión automática con garantías. Esa automaticidad, que no estaba exenta de inconvenientes, es rechazada tras el cambio legal —bien es cierto que el TS tardó en hacerlo—. La razón esgrimida era que seguir manteniendo este criterio dejaría sin margen de decisión a los órganos jurisdiccionales que, según la nueva LJCA/1998, han de ponderar los intereses en juego y no asumir de manera automática la validez de las normas tributarias operativas en la vía previa. En este sentido, creo que la mejor síntesis de lo acontecido es la que realiza el FJ 4º de STS de 6 de junio de 2008 (ECLI:ES:TS:2008:2980) (*Tol 1335937*), con un argumento repetido en infinidad de ocasiones, *v.gr.* STS de 14 de diciembre de 2015 (ECLI:ES:TS:2015:5080) (*Tol 5587461*). Dice en ella el TS: "Es cierto, que esta Sala, interpretando el antiguo art. 122 de la Ley Jurisdiccional, ha admitido la posibilidad de trasladar el régimen de la suspensión administrativa a la jurisdiccional, estableciendo la procedencia de la suspensión del acto de gestión o ejecución tributaria recurrido, en el caso concreto de que el recurrente, habiendo obtenido la suspensión en la vía administrativa y alegando que se le producirían perjuicios de la ejecución durante la vía jurisdiccional, garantice el pago de la deuda tributaria en los términos establecidos por el art. 124 de la Ley de 27 de Diciembre de 1956 (*Tol 301652*), todo ello ante la valoración que hacía el legislador tributario de la relación entre los intereses enfrentados.

Así, entre otras, la sentencia del Pleno de 6 de Octubre de 1998 (ECLI:ES:TS:1998:5681) (*Tol 5141213*), que cita la parte recurrente, que, sin embargo, cuenta con un voto particular que considera que el principio de plenitud de la jurisdicción, ligado al de tutela judicial efectiva, exige que el tribunal, en el momento de decidir sobre la adopción de medidas cautelares, realice la ponderación de los intereses en presencia, cuestionando que las razones de la mayoría puedan resultar aplicables a otras Administraciones como la local y la autonómica, en las que el volumen financiero es inferior al del Estado, por lo que el retraso en los ingresos puede tener una trascendencia para los intereses generales de la entidad correspondiente ajena a los problemas de mera gestión tributaria que la sentencia contempla. [...] No ha tenido oportunidad de pronunciarse esta Sección, en cuanto al régimen de la suspensión, respecto a las liquidaciones, después de la nueva Ley de lo Contencioso-Administrativo, en cuanto no ofrece ninguna referencia singularizada para la materia tributaria, guardando también silencio la nueva Ley General Tributaria, sin duda, por su alcance. En cambio, el Pleno, en la sentencia de 7 de Marzo de 2005, sí tuvo la oportunidad de clarificar el régimen de la suspensión cautelar en sede jurisdiccional de los actos sancionadores en materia tributaria, llegando, por mayoría, a mantener que no existían razones técnico jurídicas después de la Ley General Tributaria, ante lo que disponía el art. 233.1 y 8 de la Ley General Tributaria 58/2003, para poder mantener el criterio de que la suspensión de la ejecución de la sanción tributaria sin necesidad de garantía acordada en la vía administrativa o económico-administrativa prolongaba, sin más, su efectividad en la vía económico-administrativa hasta la finalización de la misma, sino hasta que el órgano judicial adopte, en el ejercicio de su propia potestad cautelar, la decisión que corresponda en relación con la suspensión solicitada, sin que pueda determinar e influir directamente en la decisión que, conforme a los criterios establecidos en la Ley Jurisdiccional tanto de 1956 como en la 29/1998 (*Tol 257547*), adopte, dentro de su competencia, el Tribunal Jurisdiccional. [...] Obviamente, si ello es así tratándose de sanciones, se impone idéntica solución, en cuanto a las liquidaciones tributarias, por lo que no basta con alegar y asegurar el cumplimiento de la obligación tributaria, debiendo estarse a los criterios que señala el art. 130 de la Ley de la Jurisdicción."

Como complemento a lo anterior cabría añadir dos cosas. En primer lugar, la aplicación del criterio de apariencia de buen derecho, *fumus boni iuris*, además o aparte de los dos criterios legales —el *periculim in mora* y la ponderación de los intereses en juego—, debe relegarse, según el FJ 4º de la STS de 24 de marzo de 2011 (ECLI:ES:TS:2011:1718) únicamente a determinados supuestos, dado que no aparece reflejado ya en la LJCA/1998. Entre ellos cita los de "nulidad de pleno derecho, siempre que sea manifiesta, de actos dictados en cumplimiento o ejecución de una disposición general declarada nula, de existencia de una sentencia que anula el acto en una instancia anterior aunque no sea firme; y de existencia de un criterio reiterado de la jurisprudencia frente al que la Administración opone una resistencia contumaz. Supuesto este último que no es tan infrecuente en materia tributaria.

La segunda se refiere al criterio del TS sobre la suspensión de la ejecutividad de las sanciones tributarias expresado en las dos Sentencias citadas —STS de 5 octubre de 2004 (ECLI:ES:TS:2004:6226) (*Tol 514988*) y 7 de marzo de 2005—, pues ha sido una fuente constate de conflicto con la AN que ha abogado durante mucho tiempo por asumir la automaticidad en la suspensión con base en el principio de presunción de inocencia (art. 24.2 CE); algo que el TS ha rechazado sistemáticamente, con argumentos reiterados que recopila la STS de 16 de enero de 2012 (ECLI:ES:TS:2012:30) (*Tol 2394734*). Sobre esta cuestión, debe desatacarse que el recentísimo ATS de 19 de junio de 2024 (ECLI:ES:TS:2024:8265A) plantea justamente la revisión de esta doctrina, aun cuando no en relación con sanciones tributarias, a la luz de los principios de seguridad jurídica y buena administración.

2.4. LA LGT/2003 Y EL PROGRESIVO FORTALECIMIENTO DE LA POTESTAD DE AUTOTUTELA ADMINISTRATIVA COMO MEDIO PARA COMBATIR EL FRAUDE FISCAL

La cuarta etapa de la evolución que se refiere a la LGT/2003, no es, sin embargo, el punto final o de llegada de esta evolución, habida cuenta de las sucesivas reformas de que ha sido objeto. Sin embargo, convendrá comenzar por señalar cuáles fueron sus principales aportaciones desde una perspectiva crítica.

En primer lugar, y en contraste con el art. 30 LDGC, su art. 34 no reconoce ni siquiera de esa manera un tanto velada el derecho de los obligados tributarios a obtener la suspensión. En segundo lugar, se elimina también cualquier referencia a la buena fe, incluso para las sanciones tributarias que era el ámbito al que lo había circunscrito la LDGC. Detalle que, como enseguida expondré, me parece esencial para comprender la evolución de la cuestión en las reformas más recientes. En tercer lugar, sí cabe reconocerle una nota positiva y es que, al fin, se plasma legislativamente la exclusión de las sanciones del concepto de deuda tributaria que demanda su diferente naturaleza jurídica. Sin embargo, la LGT/2003 no asumió el efecto anudado a esta distinta naturaleza, como es la no ejecutividad de las sanciones, tal y como en aquel momento reconocía el art. 138 LRJ-PAC y que tanta polémica ha llegado a suscitar; lo que se traduce en un elevado nivel de litigiosidad a la que la jurisprudencia del TS no ha ayudado realmente, al menos en mi opinión, y a la vista de las sentencias citadas en el epígrafe anterior. Y, en quinto lugar, en general, la litigiosidad es uno de los efectos que la LGT no logró reducir. Las razones son diversas, y responden tanto a deficiencias legales como a clamorosas e inexplicadas omisiones. Así, pueden citarse problemas ya aludidos como el de la "suspensión preventiva" tanto en los casos de suspensión automática como en los de suspensión facultativa; la ausencia de previsión respecto a la suspensión de la ejecutividad de las autoliquidaciones —bien porque sean objeto de una solicitud de rectificación; o bien que queden impagadas y al ser apremiadas se solicite la suspensión con arreglo al art. 165 LGT/2003—; o la suspensión de otros actos como los negativos, *v. gr.* de denegación de una solicitud de aplazamiento o de requerimientos de información que ya he tratado.

A lo anterior se adjunta una serie de problemas actuales que permiten alcanzar la conclusión que apunta este epígrafe.

El primer problema, es el contraste entre la clara tendencia flexibilizadora del TS frente y el papel del legislador que actúa en no pocas ocasiones tratando de sortear los límites que estas doctrinas suponen a la potestad de autotuela, y la mayoría de las veces la justificación es la lucha contra el fraude fiscal.

De la aludida tendencia seguida por el TS da buena cuenta el caso de la suspensión preventiva al que se refiere la STS de 27 de febrero de 2018 (ECLI:ES:TS:2018:704) (*Tol 6534387*). En ella, la cuestión suscitada en el auto de admisión, consistente en "determinar si, interesada por el obligado tributario la suspensión de la ejecución de la deuda que se le reclama, ya en la vía administrativa o económico-administrativa, ya en la jurisdiccional, puede la Administración iniciar el procedimiento de apremio sin que antes haya adoptado una resolución, debidamente notificada, sobre la solicitud de suspensión". El TS dio una respuesta negativa, propiciando la interpretación "más favorable a la posibilidad de otorgamiento de la tutela cautelar, en vía administrativa y económico administrativa (...) e igualmente en sede jurisdiccional, en el sentido de que no puede la Administración iniciar la vía de apremio —ni aun notificar la resolución ya adoptada— hasta tanto no se haya producido una resolución, debidamente notificada, sobre la solicitud de suspensión, pues admitir lo contrario sería tanto como frustrar o cercenar toda posibilidad de adoptarla por el órgano competente para ello".

En esta línea, con posterioridad, la STS de 28 de mayo de 2020, (ECLI:ES:TS:2020:1421) (*Tol 7966258*) que tan buena acogida doctrinal tuvo, llegó al extremo de imponer la suspensión preventiva en el caso de interposición de un recurso de reposición cuando el recurrente ni quiera había solicitado la medida cautelar, en tanto no se resolviera el recurso[16].

En contraposición a ello, la Ley 11/2021, de 9 de julio, es un claro ejemplo de la tensión entre el TS y el legislador por la que discurre esta cuestión. Y el problema que surge inmediatamente es el siguiente: si la suspensión, inserta en la tutela cautelar es una cuestión de relevancia constitucional, es lógico que la Jurisprudencia del TS siga la doctrina del TC, de este modo ¿puede el legislador desconocer dicha doctrina? La respuesta, desde luego, creo que ha de ser negativa, pues, aunque el TC reconoce que la regulación de las medidas cautelares es competencia del legislador ordinario, este debe respetar ciertos límites. Y no creo que quepa duda que uno de ellos debe ser la propia doctrina del TC —por ejemplo, la expresada en la STC 78/1996, de 20 de mayo (*Tol 527845*)—, asumiéndola directamente o bien indirectamente cuando la aplica el TS.

El segundo problema tiene que ver con el hecho de que el conjunto de actos y actuaciones que conforman el régimen de aplicación de los tributos imprime un carácter singular a las potestades de autotutela administrativa. Aquí cabe referirse, a su vez, a varias cuestiones:

a) Considerar la suspensión de la ejecutividad de los actos administrativos en relación con la materia tributaria exige olvidar los esquemas clásicos sobre la cuestión, pues, como es de sobra conocido y ya he mencionado al comienzo, la configuración actual de la potestad de autotutela declarativa, previa a la ejecutiva, ha ido sufriendo un cambio considerable desde la lejana concepción de la aplicación del sistema tributario

16 Entre ellos cabe destacar, Martín Queralt, J. (2020). "El declinar de los viejos mitos: se acota la ejecutividad de los actos administrativos". *Carta Tributaria*, (67); Fernández Farreres, G. (2020). "Recurso administrativo y ejecutoriedad de los actos administrativos". *Actualidad Administrativa*, (10); García Ross, J. J. (2021). La ejecutividad del acto administrativo no es un valor absoluto, su límite está en el derecho a la tutela judicial efectiva. Sentencia del TS 586/2020, de 28 de mayo, Rec. 5751/2017", *Quincena Fiscal*, (4); Sanz Gómez, R. (2023). "Una revisión de la recaudación tributaria ejecutiva a la luz de la jurisprudencia del Tribunal Supremo sobre el principio de buena administración". *Nueva Fiscalidad*, (3).

de la LGT/1963. El arrinconamiento de la liquidación en su concepción clásica en la que se cuantificaba la cuota tributaria es un hecho evidente. Esta ha sido sustituida por la actual liquidación tributaria, que es un acto dictado como consecuencia del ejercicio de potestades exorbitantes de comprobación y/o investigación, muy próximas, aunque en esencia diferentes, de la potestad sancionadora, y cuyo resultado deriva en una regularización y en una deuda tributaria distinta de la simple cuota. Esto, en pura lógica, le confiere unos perfiles bien distintos a la suspensión de la ejecutividad de este acto de liquidación diferente de la concebida en su origen por la LGT/1963. De ahí que, en coherencia con el ejercicio de esas potestades, puede abogarse por la generalización de la llamada suspensión preventiva que la STC 78/1996, de 20 de mayo, refirió a la ejecutividad de las sanciones administrativas en sentido estricto.

b) Un ejemplo extremo de este planteamiento lo encontramos en la llamada liquidación tributaria vinculada a delito, de la que se predica asimismo la ejecutividad, como acto administrativo que se dice que es, pero cuyo régimen de suspensión no es, conforme al TEAC [Resoluciones de 17 de julio de 2023 (RG/00/00277/2021/00/00) y de 14 de septiembre de 2023 (RG 00/09745/2022/00/00)], el previsto en la LGT, sino el específico de la LECrim (art. 621 Bis). La cuestión es de enorme relevancia y merece un estudio aparte, razón por la que me limito a apuntarla haciéndome eco de la conclusión del TEAC que sostiene que no resulta aplicable la Jurisprudencia del TS favorable a reconocer efectos suspensivos cautelares a la mera solicitud de suspensión recogida en la STS de 27 de febrero de 2018 (ECLI:ES:TS:2018:704) (*Tol 6534387*) que acabo de citar y, que, como también he señalado, es anterior a las modificaciones de la Ley 11/2021, de 9 de julio, que enseguida veremos. La razón esgrimida por el TEAC es que "se trata de una solicitud formulada ante la jurisdicción penal que se rige por su propia normativa y que tiene carácter preferente frente a las demás jurisdicciones".

c) El cambio sustancial en la concepción y el papel de la liquidación tributaria que pasa a ser eventual en tanto es fruto de una regularización, se debe, como es bien sabido, a que la aplicación del sistema tributario descansa sobre la figura de las autoliquidaciones tributarias. La pérdida de garantías que la autoliquidación representa para los obligados tributarios ha ido agudizándose con el tiempo y acaba de dar un paso más, no me atrevería a decir el último, pero sí uno muy relevante como es la introducción de la figura de las autoliquidaciones rectificativas. Al comienzo de estas líneas ya me he referido al inexplicable cambio que, desde el punto de vista jurídico, supuso atribuirles a las autoliquidaciones tributarias la nota de ejecutividad propia de los actos administrativos, como hizo la reforma parcial de la LGT/1963 del año 1995. Este paso legislativo que supuso un evidente ensanchamiento del ámbito de la autotutela ejecutiva sin parangón en el ámbito administrativo general, no se vio acompasado por otro de signo contrario que hubiera compensado en cierto modo la medida, antes al contrario, la "impugnación" de las autoliquidaciones que comenzó siendo articulada jurídicamente como un procedimiento revisor, devino en uno de gestión, y así quedó finalmente plasmado en la

LGT/2003; procedimiento que sería el cauce para hacer efectivo un supuesto "derecho de rectificación", pero en el que no se prevé la suspensión de la ejecutividad que la propia LGT les ha otorgado a las autoliquidaciones. La solicitud de rectificación responde a la lógica de buscar un acto administrativo en el que se plasme la voluntad de la Administración tributaria —autotutela declarativa— lo que supone una garantía constitucional pues debe responder a las exigencias del art. 105 CE. La implantación de las autoliquidaciones rectificativas en la LGT por obra de la Ley 13/2023, de 24 de mayo —y su desarrollo reglamentario posterior para el ámbito de IVA, IRPF y el Impuesto sobre Sociedades[17]—, incide en este aspecto constitucional que acabo de señalar. Pues privan al obligado de la garantía que supone el procedimiento administrativo y la del acto administrativo resultante del mismo que podría recurrir en sede jurisdiccional, conforme a su derecho constitucional de defensa del art. 24 CE. En definitiva, y aunque también es una cuestión merecedora de un análisis más detallado, creo que, bajo el pretexto de la simplificación, esta figura plantea un evidente problema constitucional por el riesgo que entraña de cegar la vía de recurso a los obligados y, por ende, de hurtar del control jurisdiccional la actuación de la Administración contraviniendo el art. 106 CE.

d) Me refería en líneas anteriores a la LDGC y el abandono en la posterior LGT/2003 del principio de buena fe que el legislador había circunscrito en aquella a la materia sancionadora, en un momento en que las sanciones aún formaban parte de la deuda tributaria. Pues bien, en la actualidad la exigencia de buena fe a la que en alguna ocasión alude el TS, muy probablemente, se ha tornado, por mor de la Ley 11/2021, de 9 de julio, en una suerte de "presunción de mala fe" en relación precisamente con la autotutela administrativa[18]. Esto es lo que parece desprenderse de las nuevas medidas que paso a referir[19]. En cualquier caso, la consecuencia que comportan, una vez ha

17 Vid. respectivamente, las disposiciones finales tercera, cuarta y quinta del RD Real Decreto 117/2024, de 30 de enero (*Tol 9847966*), por el que se desarrollan las normas y los procedimientos de diligencia debida en el ámbito del intercambio automático obligatorio de información comunicada por los operadores de plataformas, y se modifican el Reglamento General de las actuaciones y los procedimientos de gestión e inspección tributaria y de desarrollo de las normas comunes de los procedimientos de aplicación de los tributos, aprobado por el Real Decreto 1065/2007, de 27 de julio (*Tol 1126658*), en transposición de la Directiva (UE) 2021/514 del Consejo de 22 de marzo de 2021 por la que se modifica la Directiva 2011/16/UE (*Tol 2043932*) relativa a la cooperación administrativa en el ámbito de la fiscalidad, y otras normas tributarias.

18 Sobre ello véase, en relación con el proyecto de ley, Juan Lozano, A. M. (2021). "La tutela cautelar y las singularidades de lo tributario: el Proyecto de Ley de Medidas para la Prevención y Lucha contra el Fraude. https://administrativando.es/2021/02/02/. Recuperado el 16.3.2024; y, respecto de la ley, Sanz Gómez, R.: *op. cit.*

19 Más ampliamente, véase el trabajo del profesor Orón Moratal, G. (2023). "De la suspensión de la ejecución como tutela cautelar, a la adopción de medidas cautelares para asegurar el cobro y

tenido lugar su desarrollo reglamentario, con la modificación de los arts. 42.2, 44.1 y 46.2 y 4 RR, es una evidente reducción de la llamada suspensión cautelar. Efecto cuya justificación estaría en la lucha contra el fraude fiscal, habida cuenta del objeto de la Ley que las introduce y de su propio Preámbulo.

En primer lugar, está el nuevo párrafo 2 añadido al art. 161.2 LGT[20], previsión que trata de "evitar el uso inadecuado de la presentación de reiteradas solicitudes de aplazamiento, fraccionamiento, compensación, suspensión o pago en especie cuyo período de tramitación suspende cautelarmente". Se trata de una norma que, aunque introduce una referencia explícita a la suspensión —de ahí que se traiga a colación en este análisis— tiene mucho que ver con la jurisprudencia del TS en relación con supuestos de solicitudes de aplazamiento. No obstante, a decir del propio TS, la nueva norma no deja sin efecto la doctrina que exige, en virtud del principio de buena fe, que la providencia de apremio no se dicte hasta que la Administración tributaria no haya resuelto la solicitud correspondiente. Así lo afirma, en relación con las de aplazamiento y/o fraccionamiento, la STS de 28 de octubre de 2021 (ECLI:ES:TS:2021:3998) (*Tol 8637994*)[21], que afirma: "(...) no estorba indicar que (...) de haber sido aplicable, en modo alguno incide sobre la doctrina jurisprudencial anteriormente citada, puesto que en todo caso es requisito primero e insoslayable que antes de dictar providencia de apremio era preciso resolver sobre la reiterada solicitud de aplazamiento realizada". Y por cierto que, en su argumentación, el TS se fija en que la Administración no ha "imputado" al obligado ninguna conducta de mala fe o fraudulenta. Circunstancia sobre la que cabría preguntarse si la nueva previsión legal trata de objetivar la conducta liberando a la Administración de esta carga de demostrar el ánimo fraudulento que, sin embargo, según reconoce el autor de la reforma, es precisamente el fin que la justifica.

El art. 161.2. 2º párrafo LGT se refiere, expresamente, al caso en que "anteriormente se hubiera denegado, respecto de la misma deuda tributaria, otra solicitud de (...)

---

la inadmisión de solicitudes que demoren el pago". Almudí Cid, J. M. y Martínez Lago, M.A. (dirs.): *Comentarios a la Ley 11/2021 de medidas de prevención y lucha contra el fraude fiscal.* Colex, pp. 15 a 23.

20 Dice este nuevo párrafo: "*No obstante lo anterior, las solicitudes a las que se refiere el párrafo anterior así como las solicitudes de suspensión y pago en especie no impedirán el inicio del periodo ejecutivo cuando anteriormente se hubiera denegado, respecto de la misma deuda tributaria, otra solicitud previa de aplazamiento, fraccionamiento, compensación, suspensión o pago en especie en periodo voluntario habiéndose abierto otro plazo de ingreso sin que se hubiera producido el mismo*".

21 Véase, sobre el particular, el análisis de Aneiros Pereira, J. (2023). "El derecho a la buena administración en el procedimiento de recaudación: principales ámbitos de aplicación". Luchena Mozo, G. M. y Sánchez López, M.E. (dirs.). *La proyección de la buena administración sobre los procedimientos de aplicación de los tributos.* Tirant lo Blanch, pp. 219 a 221; y el de Sanz Gómez, R: *op. cit.*

suspensión". Conforme a su tenor literal no parece que pudiera afectar a los casos de suspensión facultativa, pues en ellos, como señala el Profesor Orón[22], resulta extraña en esta norma a la vista del art. 47.3 RR que permite recurrir directamente ante la jurisdicción contencioso-administrativa la denegación de la solicitud de suspensión de manera que no parece posible reiterar esa solicitud. Cabe entonces pensar que la norma no se refiere a estos casos de suspensión facultativa, sino a los de suspensión automática, ya que en ellos la denegación no se recurre directamente en sede contencioso-administrativa, sino que sigue los cauces del art. 43.5 RR, como un incidente en la reclamación económico-administrativa cuya resolución no es susceptible de recurso.

En segundo lugar, esta misma Ley introduce un nuevo apartado 6 en el art. 81 LGT[23], que supone una restricción a la concesión de suspensión en determinados casos. En el recurso de reposición, la que puede acordar el órgano administrativo en el caso del art. 224.3 LGT). Y en las reclamaciones económico-administrativas en los casos del art. 233.3, 4 y 5 LGT. La novedad es que, durante la tramitación de la solicitud de suspensión podrá acordarse la adopción de "contracautelas" si se aprecia una situación de riesgo en el cobro de la deuda cuya ejecutividad se solicita que sea suspendida. La justificación de la misma, según el Preámbulo de la Ley 11/2021, de 9 de julio, es "evitar que los procedimientos de suspensión con otras garantías, o con dispensa de ellas, sean utilizados de forma fraudulenta".

Se trata, es cierto, de una medida similar a la que se contempla en el art. 117. 4 LPACAP[24]. Sin embargo, creo que no puede olvidarse dos cosas: la primera, que, como ya he expuesto antes, la introducción de la suspensión facultativa, sin prestación de garantías o con garantías distintas de las tasadas, supuso un paso significativo en el avance de la garantía constitucional que es la suspensión de la ejecutividad de los actos administrativos, y que ahora, a mi modo de ver, sufre un evidente retroceso. La segunda, que la

---

22 *Op. cit.* p. 21.

23 Su redacción es del siguiente tenor: "*Cuando en la tramitación de una solicitud de suspensión con otras garantías distintas de las necesarias para obtener la suspensión automática, o con dispensa total o parcial de garantías, o basada en la existencia de error aritmético, material o de hecho, se observe que existen indicios racionales de que el cobro de las deudas cuya ejecutividad pretende suspenderse pueda verse frustrado o gravemente dificultado, se podrán adoptar medidas cautelares que aseguren el cobro de las mismas.*
Dichas medidas serán levantadas de acuerdo con lo dispuesto en el apartado siguiente, o cuando así lo acuerde el órgano competente para la resolución de la solicitud de suspensión".

24 Este precepto dispone: "*4. Al dictar el acuerdo de suspensión podrán adoptarse las medidas cautelares que sean necesarias para asegurar la protección del interés público o de terceros y la eficacia de la resolución o el acto impugnado.*
Cuando de la suspensión puedan derivarse perjuicios de cualquier naturaleza, aquella sólo producirá efectos previa prestación de caución o garantía suficiente para responder de ellos, en los términos establecidos reglamentariamente".

equiparación con la LPACAP debiera, en su caso, ser completa, trasladando al ámbito tributario no sólo las contracautelas sino otras dos normas que favorecerían la posición de los obligados tributarios desde la perspectiva del derecho de defensa. Así, ¿por qué no admitir la suspensión en los casos de nulidad de pleno derecho, como recoge el art. 117.2, b)? Algo que, además, podría hacerse de oficio —como sucede en materia tributaria únicamente en relación con la liquidación tributaria vinculada a delito—. O, ¿por qué no adoptar también la norma que contempla el efecto de silencio positivo cuando se produce una inactividad administrativa de más de un mes para resolver la solicitud de suspensión, suspensión tácita u *ope legis*?

En tercer lugar, y también como consecuencia de esta finalidad tendente a evitar conductas defraudatorias, Ley 11/2021, de 9 de julio, introdujo los apartados 6 y 9 del art. 233 LGT[25] y otorgó cobertura legal, según su Preámbulo, a dos medidas que afectan a la llamada suspensión facultativa de los apartados 4 y 5 del propio art. 233 LGT. Tal y como parece desprenderse de lo dicho en el Preámbulo, la finalidad del apartado 6 era esa simple dotación de cobertura legal, mientras que, en relación con el apartado 9, se trataría de salir al paso de prácticas "fraudulentas" que se aprovechan de las dificultades de tramitación de ciertas solicitudes de suspensión. Afirmación que denota a las claras que el legislador es consciente de que la introducción a las restricciones a la tutela cautelar debe, al menos, contar con respaldo legal. La cuestión, sin embargo, es que la tutela cautelar, como han reconocido tanto el TC como el TS, es una cuestión de índole constitucional. En otras palabras, habría que justificar debidamente, si, como he planteado desde el comienzo, la lucha contra el fraude justifica la ampliación de la potestad de autotutela administrativa que acarrea la limitación del derecho fundamental de tutela judicial efectiva del art. 24 CE[26]. Por lo demás, como señaló el Consejo de Estado, siguiendo el criterio del propio TEAC, la combinación de estas medidas con la

---

25 Los citados apartados quedaron redactados, respectivamente, del siguiente modo: "*6. El tribunal económico-administrativo decidirá sobre la admisión a trámite de la solicitud de suspensión en los supuestos a los que se refieren los apartados 4 y 5 de este artículo, y la inadmitirá cuando no pueda deducirse de la documentación aportada en la solicitud de suspensión o existente en el expediente administrativo, la existencia de indicios de los perjuicios de difícil o imposible reparación o la existencia de error aritmético, material o de hecho.*"
"*9. Si la deuda se encontrara en periodo ejecutivo, la presentación de la solicitud de suspensión con otras garantías distintas de las necesarias para obtener la suspensión automática, o con dispensa total o parcial de garantías, o basada en la existencia de error aritmético, material o de hecho, no impedirá la continuación de las actuaciones de la Administración, sin perjuicio de que proceda la anulación de las efectuadas con posterioridad a la fecha de la solicitud si la suspensión fuese concedida finalmente.*"»

26 Como señala acertadamente el profesor Orón Moratal, *op. cit.* p. 16, las reformas de la Ley 11/2021 (*Tol 8501334*) son un "ejemplo del predominio del objetivo recaudatorio".

posibilidad de contracautelas —que califica como "contramecanismo"— del también nuevo art. 81.6 LGT, desnaturaliza la suspensión cautelar[27].

La culminación de esta reforma, como he indicado al comienzo, se produce con las reformas del RR. Por una parte, la consecuencia del art. 233.6 LGT en relación con el art. 46.4 RR es que el acuerdo de inadmisión, que legalmente se facilita, "no podrá recurrirse en vía administrativa". Es evidente, pues, que la LGT ha consagrado la pérdida de garantías del obligado tributario que ya reflejaba la norma reglamentaria y que el TS en su STS de 21 de diciembre de 2017 (ECLI:ES:TS:2017:4530) (*Tol 6461919*), explicitaba claramente —basta leer con detenimiento su FJ 5º—. La solidez de los argumentos del TS pone en evidencia, en mi opinión, que la actuación del legislador carece de verdadero sustento constitucional. Además, el propio 46.4 RR ha introducido una nueva restricción en la tutela cautelar, pues en su segundo párrafo se introduce una precisión que supone limitar la llamada suspensión cautelar producida desde el momento de la solicitud sólo "si la deuda se encontrara en período voluntario en el momento de su presentación". Hipótesis que, lógicamente, se debe a la nueva redacción del art. 233.9 LGT.

Donde claramente ha sido incorporada la previsión del art. 161.2, 2º párrafo LGT, es en el art. 42.2 RR, en relación con el nuevo plazo voluntario de ingreso que debe concederse tras la denegación de la suspensión, mediatizado o exceptuado en el caso de solicitudes reiteradas; y en los arts. 44.1, primer párrafo, y 46.2, primer párrafo, en cuanto a la suspensión cautelar en los supuestos de dispensa total o parcial de garantías o por la concurrencia de errores. Por su parte, la norma introducida en el art. 233.9 LGT ha supuesto la reforma del art. 46.2 segundo párrafo RR que anteriormente preveía la anulación de actuaciones "si finalmente llega a producirse la admisión a trámite". Previsión que ha permanecido desfasada respecto del mandato legal casi dos años, aunque quedó tácitamente derogada, pues desde la entrada en vigor del art. 233.9 LGT la suspensión cautelar ya no tendrá lugar tras la admisión a trámite sino cuando efectivamente se conceda.

En relación con este último aspecto, creo interesante traer a colación que el TS ha reconocido en ciertas ocasiones la posibilidad de exigir responsabilidad patrimonial a la Administración tributaria por los daños causados por una precipitación en la ejecución del acto. Así fue en la STS de 10 de noviembre de 2008 (ECLI:ES:TS:2008:6074) (*Tol 1401275*) en la que la Administración no esperó a la finalización del plazo de interposición del recurso contencioso-administrativo como demandaba el art. 74.11 RPREA /1996. La única cuestión debatida en el caso era si la omisión por parte del obligado del requisito de comunicación de la interposición del recurso (actual art. 233. 11 LGT) hubiera roto el necesario nexo de unión que se exige en esta acción de responsabilidad por el mal funcionamiento de los órganos administrativos tributarios, algo que el TS

---

27 Orón Moratal, *op. cit.*, pp. 18 y 23.

no apreció. Tiempo atrás, y también en relación con un supuesto en que la suspensión se obtuvo mediante prestación de garantía, al amparo del art. 81.4 RPREA/1981, ya se pronunció favorablemente la STS de 18 de enero de 1995 (ECLI:ES:TS:1995:8225) (*Tol 1696979*)[28].

3. UNA CONCLUSIÓN PROVISIONAL Y ALGUNAS PROPUESTAS DE MEJORA

La suspensión en materia tributaria, en mi opinión, no puede entenderse cabalmente si no es considerando el sistema de revisión en la vía administrativa previa en su conjunto. Y habría también que volver la vista atrás y recordar que una de las finalidades que la Exposición de Motivos de la LGT/2003 decía querer lograr era el acercamiento de la materia tributaria al régimen administrativo común. Objetivo que el tiempo ha ido demostrando que no se ha cumplido y, por lo que acabamos de ver en este análisis, está cada vez más lejos de cumplirse. Las razones de ello ya han sido expuestas. La primera, es que la especialidad se ha mantenido tras la entrada en vigor de la LPACAP y la segunda, porque las sucesivas reformas parciales de la LGT, guiadas por la lucha contra el fraude fiscal, no han hecho sino ahondar en ese distanciamiento ampliando el ámbito de la autotutela y reduciendo, consecuentemente, las garantías del art. 24 CE que asisten a los obligados tributarios. El simple contraste del régimen normativo actual de la revisión en materia tributaria con el régimen común denota a las claras cuáles son sus carencias constitucionales, y, en definitiva, apunta las necesarias líneas de mejora. A mi modo de ver, las pautas a seguir son las que caracterizan el modelo administrativo general y esto supondría que el legislador acometiera, al menos, las siguientes reformas:

La simplificación de las vías de revisión eliminando las dobles vías obligatorias.

El acortamiento de los plazos de resolución de los recursos y reclamaciones asumiendo los de las normas administrativas de carácter común.

La resolución de las solicitudes de suspensión en plazos breves, y cuyo incumplimiento (inactividad) supusiera su concesión *ope legis*, en el modo que prevé el art. 117 LPACAP.

---

28 Sobre ella, véase Mata Sierra, M. T. (1997). "Responsabilidad patrimonial de la administración tributaria derivada de la constitución de cauciones en los casos de suspensión de la deuda tributaria (comentario de la Sentencia de la Sala Tercera del Tribunal Supremo de 18 de enero de 1995)". *Anales de la Facultad de Derecho. Revista jurídica de la Universidad de León,* (1), pp. 153-161.

4. REFERENCIAS BIBLIOGRÁFICAS

Aneiros Pereira, J. (2023). "El derecho a la buena administración en el procedimiento de recaudación: principales ámbitos de aplicación". Luchena Mozo, G. M. y Sánchez López, M.E. (dirs.). *La proyección de la buena administración sobre los procedimientos de aplicación de los tributos.* Tirant lo Blanch.

Eseverri Martínez, E. (1995). "Suspensión de los actos de liquidación tributaria". *Crónica Tributaria,* (74).

Eseverri Martínez, E. (1995). "Sanciones tributarias e intereses de demora". *Tribuna Fiscal,* (60).

Fernández Farreres, G. (2020). "Recurso administrativo y ejecutoriedad de los actos administrativos". *Actualidad Administrativa,* (10).

García Ross, J. J. (2021). La ejecutividad del acto administrativo no es un valor absoluto, su límite está en el derecho a la tutela judicial efectiva. Sentencia del TS 586/2020, de 28 de mayo, Rec. 5751/2017". *Quincena Fiscal,* (4).

Juan Lozano, A. M. (2021). "La tutela cautelar y las singularidades de lo tributario: el Proyecto de Ley de Medidas para la Prevención y Lucha contra el Fraude *(https://administrativando.es/2021/02/02/.* Recuperado el 16.3.2024.

Lago Montero, J. M. (1993). *La suspensión de liquidaciones tributarias en la reposición y en la vía económico-administrativa.* Colección Jurisprudencia Práctica, Tecnos, (65).

Litago Lledó, R. (2000). *Las autoliquidaciones tributarias ante la recaudación ejecutiva.* Aranzadi.

Martín Queralt, J. (1998). "Una genialidad reglamentaria". *Tribuna Fiscal,* (97).

Martín Queralt, J. (2020). "El declinar de los viejos mitos: se acota la ejecutividad de los actos administrativos". *Carta Tributaria, (*67).

Mata Sierra, M.T. (1997). "Responsabilidad patrimonial de la administración tributaria derivada de la constitución de cauciones en los casos de suspensión de la deuda tributaria (comentario de la Sentencia de la Sala Tercera del Tribunal Supremo de 18 de enero de 1995)". *Anales de la Facultad de Derecho. Revista jurídica de la Universidad de León,* (1).

Orón Moratal, G. (2023). "De la suspensión de la ejecución como tutela cautelar, a la adopción de medidas cautelares para asegurar el cobro y la inadmisión de solicitudes que demoren el pago". Almudí Cid, J. M. y Martínez Lago, M.A. (dirs.): *Comentarios a la Ley 11/2021 de medidas de prevención y lucha contra el fraude fiscal,* Colex.

Pérez Royo, F. y Aguallo Avilés, A. (1996). *Comentarios a la reforma de la Ley General Tributaria.* Aranzadi.

Sanz Gómez, R. (2023). "Una revisión de la recaudación tributaria ejecutiva a la luz de la jurisprudencia del Tribunal Supremo sobre el principio de buena administración". *Nueva Fiscalidad,* (3).

LOS PROCEDIMIENTOS ESPECIALES DE REVISIÓN EN LA LEY Y EN LA JURISPRUDENCIA*

DIEGO MARÍN-BARNUEVO FABO
Catedrático de Derecho Financiero y Tributario
Universidad Autónoma de Madrid
Of Counsel en Pérez-Llorca

* Este trabajo es resultado del proyecto de investigación "Retos de la Hacienda local ante la transición ecológica y la aplicación de las nuevas reglas fiscales" (PID2023-147345NB-I00 B), otorgado por la Agencia Estatal de Investigación y financiado por el Ministerio de Ciencia, Innovación y Universidades y por el Fondo Social Europeo Plus.

1. INTRODUCCIÓN: LA EVOLUCIÓN DEL SISTEMA DE PROCEDIMIENTOS ESPECIALES DE REVISIÓN

La Ley General Tributaria de 1963 (*Tol 221160*) regulaba en los artículos 153 a 159 distintos procedimientos especiales de revisión: el procedimiento de nulidad de pleno derecho, que solo recogía tres supuestos (art. 153); el procedimiento de anulabilidad, previsto para los supuestos de infracción manifiesta de la ley o acreditación de elementos del hecho imponible que eran ignorados por la Administración al dictar el acto objeto de revisión (art. 154); el procedimiento de devolución de ingresos indebidos, con remisión al desarrollo reglamentario (art. 155); el procedimiento de rectificación de errores, muy similar al actual (art. 156); y el procedimiento de declaración de lesividad (art. 159).

La aprobación de la Ley 58/2003, de 17 de diciembre, General Tributaria (*Tol 327278*) (LGT en lo sucesivo), introdujo cambios sustanciales en la regulación de esos procedimientos especiales de revisión con la finalidad de establecer un sistema más parecido al contenido en la Ley 30/1992, de 26 de noviembre, de Régimen Jurídico de las Administraciones Públicas y del Procedimiento Administrativo Común (*Tol 257544*).

Entre los principales cambios introducidos en la LGT de 2003 cabe destacar los siguientes:

a) Se amplió el número de supuestos de nulidad de pleno derecho, aproximando de este modo su regulación con lo dispuesto en la Ley 30/1992[1].

b) Se suprimió el procedimiento de revisión de actos anulables.

c) Se introdujo el procedimiento de revocación, en línea también con lo dispuesto en la Ley 30/1992.

d) El procedimiento de rectificación de errores se mantuvo con una regulación muy similar a la precedente.

e) Se estableció una regulación separada del procedimiento de devolución de ingresos indebidos, regulado en el artículo 221 LGT, y del procedimiento de rectificación de autoliquidaciones, regulado en el artículo 120 de la LGT.

---

1 Como señala Ramallo Massanet, J. (2007). "Los procedimientos de revisión en materia tributaria". AAVV *Estudios en homenaje al profesor Pérez de Ayala*, Dykinson, p. 589, el procedimiento de nulidad de pleno derecho no fue objeto de modificación alguna durante los cuarenta años de vigencia de la LGT de 1963, por lo que su regulación se distanció de la administrativa cuando se aprobó la ley 30/1992, especialmente tras la aprobación de la ley 4/1999 (*Tol 709581*).

En los 20 años transcurridos desde la aprobación de la LGT no hubo ninguna modificación legislativa relevante de esos preceptos[2], pero sí se han producido distintas sentencias del Tribunal Supremo que han alterado el significado y alcance de buena parte de esos procedimientos, muy especialmente los procedimientos de nulidad de pleno derecho, revocación y devolución de ingresos indebidos.

En el presente trabajo estudiaremos los principales pronunciamientos jurisprudenciales que han incidido la configuración jurídica de esos procedimientos y plantearemos la conveniencia de modificar su regulación para preservar la sistemática de este grupo de procedimientos especiales de revisión.

2. EL PROCEDIMIENTO DE NULIDAD DE PLENO DERECHO

2.1. CARACTERÍSTICAS GENERALES

El procedimiento de nulidad de pleno derecho se regula en el artículo 217 de la LGT y permite modificar el contenido de un acto firme por apreciar una gravísima vulneración del ordenamiento jurídico. La extraordinaria gravedad de la vulneración apreciada se constituye, pues, en la causa que legitima la expulsión del ordenamiento jurídico de aquellas decisiones que, pese a ser firmes, incurren en las más groseras infracciones del ordenamiento jurídico[3].

Se trata por tanto de un procedimiento en el que, ponderados los principios jurídicos en conflicto, se considera que debe prevalecer el principio de legalidad sobre el principio de seguridad jurídica dada la gravedad de las infracciones constatadas, que son única y exclusivamente las que aparecen mencionadas en el artículo 217.1 de la LGT, que analizaremos al final de este epígrafe. Antes nos interesa explicar las demás características generales de este procedimiento.

El procedimiento no está sometido a plazo y, por ello, cabe entender que se puede iniciar en cualquier momento. En todo caso, conviene recordar que el artículo 110 de la Ley 39/2015, de 1 de octubre, del Procedimiento Administrativo Común de las

---

2 Las únicas modificaciones legislativas producidas se refieren al art. 221.1.c), que se modificó primero por el Real Decreto-ley 12/2012, de 30 de marzo (*Tol 2494734*), para excluir del supuesto de devolución los casos de pago de obligaciones prescritas que permitieron obtener la exoneración de responsabilidad previstos en el artículo 180 de la LGT; y después por la Ley 34/2015, de 21 de septiembre (*Tol 5431731*), que actualizó la redacción del supuesto de exclusión y dispuso que "En ningún caso se devolverán las cantidades satisfechas en la regularización voluntaria establecida en el artículo 252 de esta Ley".

3 En expresión de la sentencia del Tribunal Supremo de 19 de febrero de 2018 (ECLI:ES:TS:2018:488), Pon. Sr. Huelin (*Tol 6519450*).

Administraciones Públicas (*Tol 5494102*) (en adelante, Ley 39/2015) dispone que las facultades de revisión "no podrán ser ejercidas cuando por prescripción de acciones, por el tiempo transcurrido o por otras circunstancias, su ejercicio resulte contrario a la equidad, a la buena fe, al derecho de los particulares o a las leyes". Y esa regla, que no tiene equivalente en la LGT, parece haber sido tácitamente aplicada por el Tribunal Supremo en la sentencia en la que se admite la nulidad de pleno derecho de las liquidaciones de plusvalía afectadas por la STC 59/2017 (*Tol 6092482*), en la que se afirma, sin mayor fundamento jurídico[4], que "como es característico de la potestad de revisión de oficio, deberá ponderarse el tiempo transcurrido desde que se produjo el ingreso de la cantidad liquidada por el acto nulo de pleno derecho hasta que se insta la revisión"[5].

El procedimiento se puede iniciar de oficio o a instancia de parte y, en este último caso, la Administración puede acordar motivadamente la inadmisión a trámite, sin necesidad de recabar dictamen del órgano consultivo, cuando concurra alguno de los motivos siguientes: (i) el acto no es firme en vía administrativa, (ii) la solicitud no se basa en alguna de las causas de nulidad expresamente establecidas o carece de fundamento, (iii) se han desestimado en cuanto al fondo otras solicitudes sustancialmente iguales.

La declaración de nulidad requerirá dictamen favorable previo del Consejo de Estado u órgano equivalente de la respectiva comunidad autónoma, si lo hubiere[6].

La resolución del procedimiento corresponderá al Ministro de Hacienda en el ámbito del Estado; al consejero de Economía y Hacienda en el ámbito autonómico; y al Pleno del ayuntamiento en el ámbito local[7]. Transcurrido un año desde el inicio del procedimiento sin que se hubiera notificado la resolución se producirá la caducidad del procedimiento si fue iniciado de oficio, o la desestimación tácita si fue iniciado a instancia de parte.

---

4 Ello pese a que, como señala Alonso Murillo, F. (2002). "Razones y sinrazones de las especialidades de los procedimientos tributarios de revisión de oficio". *Civitas Revista española de Derecho Financiero*, (115), p. 448, la aplicación de esos límites exigiría que estuvieran expresamente recogidos en la LGT.

5 Vid sentencia del Tribunal Supremo de 28 de febrero de 2024 (ECLI:ES:TS:2024:941), Pon. Sr. Toledano (*Tol 9902717*).

6 En el ámbito local habrá que estar a lo que establezca la normativa autonómica. Así, por ejemplo, en Madrid, la Ley 7/2015, de 28 de diciembre, de Supresión del Consejo Consultivo (*Tol 5598741*), establece que esa competencia corresponde a la Comisión Jurídica Asesora.

7 Tal y como establece el artículo 110.1 de la Ley 7/1985, de 2 de abril, Reguladora de las Bases del Régimen Local (*Tol 257364*).

2.2. SUPUESTOS DE NULIDAD DE PLENO DERECHO

Finalmente, respecto de las causas que legitiman la aplicación de este procedimiento, debemos señalar en primer lugar que deben haber sido directamente invocadas por el recurrente en la instancia dado "el talante estricto con el que han de ser abordadas las causas de nulidad de pleno Derecho" y dado que "el órgano jurisdiccional no puede declarar esa nulidad por razones distintas a las invocadas en la vía administrativa y en la demanda"[8]. Los siete[9] supuestos de nulidad de pleno derecho de actos o resoluciones de los órganos económico-administrativos son los siguientes[10]:

a) Que lesionen los derechos y libertades susceptibles de amparo constitucional.

Se trata de actuaciones de la Administración que lesionen alguno de los derechos y libertades recogidos en los artículos 14 a 30 de la Constitución (*Tol 173304*), incluida la objeción de conciencia.

Respecto de la vulneración del principio de igualdad, conviene recordar que el Tribunal Constitucional ha señalado en diversas sentencias que en materia tributaria tiene reconocido un contenido específico recogido en el artículo 31 CE, porque "la igualdad ante la ley tributaria tiene un contenido indisociable de los principios generales de generalidad, capacidad económica, justicia y progresividad" (STC 255/2004, de 22 de diciembre (*Tol 526412*)). Consecuentemente, la eventual lesión del principio de igualdad solo constituirá nulidad de pleno derecho si está referida al principio de igualdad general contenida en el artículo 14 CE[11].

A través de esta conexión, la jurisprudencia ha considerado que también encaja en esta categoría el supuesto en que una liquidación fue dictada en aplicación de una ley declarada no conforme al Derecho de la Unión Europea, puesto que produce una lesión de los derechos y libertades susceptibles de amparo constitucional en tanto constituye una "diferencia de trato discriminatoria entre los residentes y los no residentes (con quebrantamiento del artículo 14 de la CE) en cuanto al régimen de beneficios fiscales

---

8 Vid. sentencia del Tribunal Supremo de 19 de febrero de 2018 (ECLI:ES:TS:2018:488), Pon. Sr. Huelin (*Tol 6519450*).

9 Ramallo Massanet, J. (2007). "Los procedimientos de revisión en materia tributaria", AAVV *Estudios en homenaje al profesor Pérez de Ayala*, Dykinson, p. 593 manifiesta su extrañeza porque no se incluyera el supuesto de nulidad de disposiciones generales.

10 Sobre el significado y alcance de dichos supuestos, puede verse Sesma Sánchez, B. (2017). *La nulidad de las actuaciones tributarias*, Aranzadi, p. 176 y ss.

11 De ello se infiere que tampoco constituye un supuesto de nulidad la vulneración del principio de capacidad económica, porque tampoco es susceptible de amparo constitucional, como recuerda la sentencia del Tribunal Supremo de 18 de mayo de 2020 (ECLI:ES:TS:2020:970), Pon. Sr. Cudero (*Tol 7939061*).

previstos para los primeros por razón de residencia"[12]; doctrina que luego se extendió a residentes en terceros países, como Estados Unidos[13].

También existen diversos pronunciamientos judiciales que han considerado nulas de pleno derecho las liquidaciones tributarias dictadas como consecuencia de un registro domiciliario que vulneraba el derecho a la inviolabilidad de domicilio[14].

b) Que hayan sido dictados por órgano manifiestamente incompetente por razón de la materia o del territorio.

La apreciación de este motivo de nulidad exige que la incompetencia del órgano que dictó el acto sea "manifiesta", es decir, que se advierta inmediatamente de la lectura del acto sin necesidad de realizar ningún esfuerzo de interpretación jurídica, lo que disminuye significativamente las posibilidades de apreciar este supuesto de nulidad de pleno derecho en materia tributaria.

c) Que tengan un contenido imposible.

La jurisprudencia ha interpretado que esta causa de nulidad consiste en la imposibilidad física de cumplir con lo dispuesto en el acto, lo que constituye una hipótesis ciertamente improbable —aunque no imposible— en el ámbito del Derecho Tributario. También existen algunas sentencias que incluyen en esta causa de nulidad los supuestos en que el acto incluye una contradicción interna en sus términos y, también, los de indeterminación, ambigüedad o ininteligibilidad del contenido del acto[15].

d) Que sean constitutivos de infracción penal o se dicten como consecuencia de esta.

En la Ley General Tributaria de 1963 se exigía que "fueran constitutivos de delito", que tenía un significado más limitado que la redacción actual. Como resulta evidente, para que concurra esta causa de nulidad es preciso que sea la Administración, y no el administrado, quien haya realizado la conducta constitutiva de infracción penal.

e) Que hayan sido dictados prescindiendo total y absolutamente del procedimiento legalmente establecido para ello o de las normas que contienen las reglas esenciales para la formación de la voluntad en los órganos colegiados.

---

12 Vid. sentencia del Tribunal Supremo de 6 de abril de 2022 (ECLI:ES:TS:2022:1413), Pon. Sr. Berberoff (*Tol 8913154*); y de 16 de julio de 2020 (ECLI:ES:TS:2020:2724), Pon. Sr. Navarro (*Tol 8037336*).

13 Vid. sentencia del Tribunal Supremo de 6 de abril de 2022 (ECLI:ES:TS:2022:1413), Pon. Sr. Berberoff.

14 Como recuerda Sesma Sánchez, B. (2017). *La nulidad de las actuaciones tributarias*. Aranzadi, pp. 179, con referencia a las sentencias que han apreciado dicha vulneración.

15 Según García Novoa, C. (2016). "Procedimientos de revisión: procedimientos especiales de revisión", Chico/Galan (dir.), *La revisión de actos en materia tributaria*, Aranzadi, p. 368.

Este es uno de los supuestos más habituales de nulidad de pleno derecho en materia tributaria y exige apreciar la existencia de vulneraciones de la legalidad con un intenso componente antijurídico, debiendo ser la omisión clara, manifiesta y ostensible, sin que baste el desconocimiento de un mero trámite que no pueda reputarse esencial[16].

En los supuestos en que la Administración aplica un procedimiento distinto del exigido es necesario que ese apartamiento haya generado indefensión al administrado, pues de lo contrario no estaríamos ante un supuesto de nulidad. Dentro de esos supuestos encontramos en la jurisprudencia reciente algunos ejemplos de nulidad por haber aplicado el procedimiento de verificación de datos cuando correspondía utilizar el de comprobación limitada o inspección[17].

En relación con la vulneración del trámite de audiencia, la jurisprudencia venía considerando que no constituía un supuesto de nulidad de pleno derecho si el administrado tuvo alguna oportunidad de hacer alegaciones y, por tanto, no existió indefensión. Pero una reciente sentencia del Tribunal Supremo ha cambiado esa doctrina y ha apreciado indefensión en un supuesto en que la Administración dictó el acto de liquidación al día siguiente de terminar el plazo para presentar las correspondientes alegaciones, lo que —según la sentencia— cercena "de raíz la efectividad del trámite cuando, como aquí ha ocurrido, dichas alegaciones se presentaron por correo postal, siendo materialmente imposible que entrasen en las dependencias de la Administración Tributaria el mismo día en que se presentaron"[18].

f) Los actos expresos o presuntos contrarios al ordenamiento jurídico por los que se adquieren facultades o derechos cuando se carezca de los requisitos esenciales para su adquisición.

Este supuesto debe considerarse completamente marginal en el ámbito del Derecho Tributario.

g) Cualquier otro que se establezca expresamente en una disposición de rango legal.

Esta cláusula residual ha resultado muy controvertida en los últimos años al plantearse la nulidad de pleno derecho de los actos dictados en aplicación de leyes declaradas inconstitucionales (en relación con la plusvalía municipal). Sobre dicha cuestión, el Tribunal Supremo mantuvo en reiteradas sentencias que "No existe ningún precepto

---

16 Vid, ampliamente, con varios ejemplos extraídos de la jurisprudencia, Sesma Sánchez, B. (2017). *La nulidad de las actuaciones tributarias*, Aranzadi, pp. 193 y ss.

17 Vid. sentencias del Tribunal Supremo de 2 de julio de 2018 (ECLI:ES:TS:2018:2770), Pon. Sr. Díaz (*Tol 6675027*) y 19 de noviembre de 2020 (ECLI:ES:TS:2020:3954), Pon. Sr. Díaz (*Tol 8227365*).

18 Vid. sentencia del Tribunal Supremo de 12 de septiembre de 2023, ECLI:ES:TS:2023:3639, Pon. Sr. Berberoff (*Tol 9712903*).

expreso, contenido en una norma con rango de ley, que tipifique o establezca que la nulidad —por inconstitucionalidad— de un precepto legal determine la nulidad de este cuando el mismo ha ganado firmeza en vía administrativa. b) Si los supuestos legales de nulidad radical deben ser objeto de interpretación estricta, la aplicación de la letra g) del artículo 217.1 de la Ley General Tributaria exigiría, cuando menos, que una norma con rango de ley señalara con claridad que la declaración de inconstitucionalidad de un precepto legal acarrea la nulidad radical de los actos dictados a su amparo, norma que —como dijimos— no aparece en nuestro ordenamiento jurídico. c) No consideramos que sea una norma de esa clase —suficiente a los efectos de la nulidad del acto— la contenida en el artículo 39.1 de la Ley Orgánica el Tribunal Constitucional"[19].

En todo caso, esa doctrina ha sido expresamente "reconsiderada a partir del correcto alineamiento de los criterios interpretativos basados en la vinculación más fuerte con la Constitución" en la sentencia 28 de febrero de 2024[20], que integrando la doctrina contenida en la sentencia del Tribunal Constitucional 108/2022, de 26 de septiembre (*Tol 9257038*), concluyó que "los artículos 39.1 y 40.1 LOTC contienen ese mandato positivo que ya impone la propia Constitución en sus artículos 161.1° a) en relación al 164.1, de remoción de los efectos de una norma declarada inconstitucional y comportan la consideración de nulos de pleno derecho para los actos de aplicación de aquella norma inconstitucional, y que estos preceptos legales constituyen una vía suficiente, esto es, son la norma expresa a que se remite el artículo 217.1.g) LGT, para aplicar el cauce de la revisión de tales actos nulos de pleno derecho por razón de la inconstitucionalidad de la norma de cobertura, con los efectos que prevé el artículo 217 LGT"[21], viniendo de este modo a aceptar la tesis defendida por un sector de la doctrina[22].

---

19 Vid. sentencia del Tribunal Supremo de 18 de mayo de 2020 (ECLI:ES:TS:2020:970), Pon. Sr. Cudero (*Tol 7939061*). Esta tesis jurisprudencial sigue la tesis defendida por Sesma Sánchez, B. (2017). *La nulidad de las actuaciones tributarias*, Aranzadi, pp. 230 y ss., quien había afirmado categóricamente que "Admitir que la invalidez de una norma, especialmente si es por inconstitucionalidad, significa la nulidad de pleno derecho de las liquidaciones afectadas y que, por consiguiente, puede ejercitarse sin límite temporal alguno e incluso en aquellos supuestos en los que la sentencia de inconstitucionalidad pretende limitar los efectos hacia el pasado de la misma, significaría un caos jurídico absoluto".

20 Sentencia de 28 de febrero de 2024 (ECLI:ES:TS:2024:941), Pon. Sr. Toledano (*Tol 9902717*).

21 Sentencia de 28 de febrero de 2024 citada.

22 Nos referimos en concreto a Ruiz Almendral, V. (2018). "Alcance y efectos de la doctrina constitucional sobre el Impuesto sobre el Incremento de Valor de los Terrenos de Naturaleza Urbana: cuestiones problemáticas". *Revista de Contabilidad y Tributación CEF*, 427, y Ruiz Almendral, V. (2020). "Los efectos variables de las declaraciones de inconstitucionalidad de las normas tributarias y la imprevisibilidad de sus consecuencias". *Revista Nueva Fiscalidad*, 2/2020, pp. 73 y ss.

Ese cambio de doctrina, como veíamos, tiene defensores y detractores, pero vuelve a quebrar la confianza de los ciudadanos en la justicia (como tantas veces ha sucedido en los pronunciamientos recaídos en relación con la plusvalía municipal) porque simultáneamente, unos días antes, la Sección Quinta de la misma Sala Tercera del Tribunal Supremo había resuelto un recurso contencioso-administrativo contra la resolución del Consejo de Ministros que había desestimado la solicitud de indemnización por responsabilidad patrimonial del Estado con un argumento claramente incompatible con el utilizado por la Sección Segunda para considerar que se trata de un supuesto de nulidad de pleno derecho. En concreto, esa sentencia había afirmado que "la expulsión del ordenamiento jurídico de determinados preceptos del TRLHL por la STC 182/2021 no conduce necesariamente —como pretende el recurrente— a calificar de antijurídico el abono de determinadas cantidades en concepto del IIVTNU o que esas cantidades, por equivalencia, constituyan un daño efectivo desde la perspectiva de la responsabilidad patrimonial. Para llegar a tal conclusión es preciso que se acredite a través de los medios de prueba establecidos en el ordenamiento tributario que el hecho imponible no se ha producido o que se ha producido en cuantía distinta a la establecida por la Administración con su método de estimación objetiva, o que las reglas de cálculo aplicadas eran incorrectas"[23].

3. EL PROCEDIMIENTO DE DECLARACIÓN DE LESIVIDAD

El procedimiento de declaración de lesividad se regula en el artículo 218 de la LGT y es el procedente para anular los actos y resoluciones de la Administración tributaria en perjuicio de los interesados, junto con el de nulidad de pleno derecho (art. 217 LGT) y el de rectificación de errores (art. 220 LGT).

Para conseguir ese resultado, la Administración deberá declarar lesivos para el interés público sus actos y resoluciones favorables a los interesados que incurran en cualquier infracción del ordenamiento jurídico, a fin de proceder a su posterior impugnación en vía contencioso-administrativa. Es decir, la anulación del acto no deriva de la declaración de lesividad, sino de la sentencia que pone fin al recurso contencioso-administrativo que interpone la Administración después de haber declarado la lesividad.

Tratándose de un procedimiento especial y extraordinario, resulta necesario identificar la circunstancia específica que habilita la anulación del acto firme, que en este caso no es la enorme gravedad de la ilegalidad apreciada (como sucede en la nulidad de pleno derecho), sino la constatación de que el acto cuestionado puede causar un daño, real o

---

23 Vid sentencia del Tribunal Supremo de 2 de febrero de 2024 (ECLI:ES:TS:2024:502), Pon. Sr. Lesmes (*Tol 9877029*).

potencial, al interés público. Es decir: el acto declarado lesivo debe infringir el ordenamiento jurídico, claro, pero no es necesario que se trate de una infracción especialmente cualificada, porque el fundamento jurídico para la aplicación de este procedimiento especial es que se trate de un acto lesivo para el interés público[24].

Por tanto, las características que debe reunir un acto administrativo para ser invalidado previa su declaración de lesividad son las siguientes:

a) El acto debe ser anulable, esto es, debe vulnerar de algún modo el ordenamiento jurídico;

b) El acto debe ser lesivo para los intereses públicos[25], y dicha lesividad debe ser expresamente declarada por el órgano competente[26];

c) El acto debe ser firme, incluyéndose en este concepto las resoluciones de los Tribunales Económico-Administrativos[27];

---

24 Ello podría ser cierto en el contexto del viejo artículo 110.2.a de la LPA de 17 de julio de 1958 por el caso de la revisión de los actos anulables, o en el supuesto previsto en el artículo 103 de la ley 30/1992 cuando se refería a la infracción grave de ley o de reglamento para la revisión de oficio de los mencionados actos anulables, pero como destaca la sentencia del Tribunal Supremo de 19 de julio de 2017 (ECLI:ES:TS:2017:3063), Pon. Sr. Montero (*Tol 6213680*), esta exigencia no se contempla en la LGT.

25 Ciertamente, no existe ninguna norma que especifique en qué consiste exactamente la lesión del interés público, como destaca la sentencia de la Audiencia Nacional de 30 de junio de 2004 (ECLI:ES:AN:2004:8673), Pon. Sr. Navarro Sanchís (*Tol 5370064*).

26 El artículo 2018 de la LGT atribuye la competencia para la declaración de lesividad en el ámbito de la Administración General del Estado al ministro de Hacienda, pero no dice nada del ámbito local y autonómico. El artículo 107 de la Ley 39/2015 remite, en el ámbito autonómico, al órgano de la Administración competente en la materia, y en el ámbito local al Pleno de la Corporación. La sentencia del Tribunal Supremo de 20 de noviembre de 2012 (ECLI:ES:TS:2012:7987), Pon. Sr. Trillo (*Tol 2707817*), cuando se trata de Organismos Público adscritos a la Administración General del Estado, el órgano autor de un acto administrativo nunca es competente para declarar su lesividad puesto que "la norma remite esta competencia o bien al órgano al que aquellos estén adscritos, cuando el acto hubiere sido dictado por el máximo rector del Organismo o a este máximo rector respecto de los dictados por los de ellos dependientes".

27 Así lo ha reconocido una reiterada jurisprudencia, entre la que cabe destacar la STS de 6 de julio de 2002 (ECLI:ES:TS:2002:5039), Pon. Sr. Sala (*Tol 1701652*), dictada en interés de ley; STS de 18 de febrero de 2008, (ECLI:ES:TS:2008:504), Pon. Sr. Fernández Montalvo (*Tol 1277246*); y la STS de 25 de febrero de 2010, (ECLI:ES:TS:2010:1462), Pon. Sr. Montero (*Tol 1816428*).

d) El acto debe ser favorable para el interesado[28], porque de lo contrario procedería tramitar el procedimiento de revocación;

e) El ejercicio de la revisión no debe resultar contrario a la equidad, a la buena fe, al derecho de los particulares, o a las leyes, como sucedería —entre otras circunstancias— en caso de que la revisión se ejercitara después de haber transcurrido mucho tiempo. Esta última condición, que se contiene en el artículo 110 de la Ley 39/2015 pero no en la LGT, constituye un "mecanismo de salvaguardia del valor de la justicia y la equidad, para evitar que puedan dañarse los derechos de terceros cuando la naturaleza de la infracción al ordenamiento jurídico o la intensidad del daño a los intereses públicos no justifiquen la conveniencia de sacrificar los derechos individuales que se pretende mediante el proceso de lesividad"[29], aunque ha sido ocasionalmente invocado en la doctrina tributaria del Tribunal Supremo[30].

El plazo para declarar la lesividad es de cuatro años, a contar desde que se notificó el acto administrativo, y se producirá la caducidad del procedimiento una vez transcurrido el plazo de tres meses desde su iniciación sin que se hubiera declarado la lesividad.

4. EL PROCEDIMIENTO DE REVOCACIÓN

El procedimiento de revocación permite a la Administración corregir el contenido de un acto en beneficio de los administrados cuando advierte que se ha producido una vulneración del ordenamiento jurídico, aunque dicho acto hubiera devenido firme.

A partir de esta primera consideración cabría suponer que este procedimiento tiene una gran aplicación práctica, porque una Administración que sirviera con objetividad los intereses generales y actuara con sometimiento pleno a la ley y al Derecho, como ordena el artículo 103 CE, debería revocar sus actos en cuanto tuviera conocimiento de su ilegalidad. Sin embargo, la experiencia pone de manifiesto que este procedimiento se utiliza muy poco, lo que resulta ciertamente insólito[31].

---

28 Aunque en ocasiones se ha cuestionado si las liquidaciones tributarias pueden ser consideradas actos favorables, parece claro que sí tendrían esa consideración en caso de que pudieran ser sustituidas por otras liquidaciones por las que se exige una deuda superior, como explica la sentencia del Tribunal Supremo de 13 de febrero de 2013 (ECLI:ES:TS:2013:892), Pon. Sr. Garzón (*Tol 3249374*).

29 En expresión de la sentencia de la Audiencia Nacional de 30 de junio de 2004 (ECLI:ES:AN:2004:8673), Pon. Sr. Navarro Sanchís (*Tol 5370064*).

30 Nos referimos a la sentencia del Tribunal Supremo de 28 de febrero de 2024 (ECLI:ES:TS:2024:941), antes citada.

31 Como afirmara Ramallo Massanet, J. (2007). "Los procedimientos de revisión en materia tributaria". AAVV *Estudios en homenaje al profesor Pérez de Ayala*, Dykinson, p. 600, "la realidad

4.1. MARCO LEGAL

El procedimiento de revocación tiene una larga tradición en el Derecho Administrativo[32] y fue objeto de especial regulación en la Ley 30/1992, que según afirmaba en su Exposición de Motivos, "regula el procedimiento administrativo común, de aplicación general a todas las Administraciones Públicas y fija las garantías mínimas de los ciudadanos respecto de la actividad administrativa".

Esa circunstancia motivo que muchos especialistas reivindicaran la aplicación de ese procedimiento en el ámbito tributario[33], porque la Ley General Tributaria vigente en ese momento, aunque citaba la revocación de actos tributarios, no contemplaba un procedimiento específico[34]. Sin embargo, la disposición adicional quinta de la Ley 30/1992 dispuso que su aplicación fuera supletoria en el ámbito tributario, esto es, solo procediera en defecto de norma tributaria aplicable. En todo caso, esa incomprensible carencia fue corregida al aprobarse la Ley General Tributaria de 2003, cuyo artículo 219 regula ese procedimiento de revocación en un claro intento de aproximación de los procedimientos especiales de revisión a la normativa del procedimiento administrativo común[35].

El artículo 219 de la LGT, de forma más detallada que las precedentes leyes de procedimiento administrativo común, dispone en su apartado 1 que la Administración "podrá revocar sus actos en beneficio de los interesados (i) cuando se estime que infringen manifiestamente la ley, (ii) cuando circunstancias sobrevenidas que afecten a una situación jurídica particular pongan de manifiesto la improcedencia del acto dictado, o (iii) cuando en la tramitación del procedimiento se haya producido indefensión a

---

demuestra que la Administración actúa en sentido opuesto al del reconocimiento de su posible error".

32 Vid., por todos, González Pérez, J. (1950). "La revocación de los actos administrativos en la jurisprudencia española". *Revista de administración pública*, (1), pp. 149-162.

33 Vid., por todos, Falcón y Tella, R. (1996). "*La posibilidad de revisar de oficio a favor del contribuyente las liquidaciones impugnadas en vía contenciosa*". *Técnica Tributaria*, (32), p. 74; Alonso Murillo, F. (2002). "Razones y sinrazones de las especialidades de los procedimientos tributarios de revisión de oficio". *Civitas Revista Española de Derecho Financiero*, (115), p. 422.

34 En efecto, el artículo octavo de la Ley 230/1963, General Tributaria, establecía que "*Los actos de determinación de las bases y deudas tributarias gozan de presunción de legalidad, que sólo podrá destruirse mediante revisión, revocación o anulación practicada de oficio o a virtud de los recursos pertinentes*", aunque luego no regulaba el procedimiento de revocación.

35 Como expresamente reconoce la Exposición de Motivos de la Ley 58/2003. Un buen resumen de los antecedentes de esa reforma legal puede verse en Checa González, C. (2004). "Procedimientos especiales de revisión", Calvo Ortega (dir.), *La nueva Ley General Tributaria*, Civitas, p. 844.

los interesados". Vemos pues que la revocación está limitada a distintos supuestos que, según la doctrina, podríamos denominar supuestos de "anulabilidad cualificada"[36].

Sin embargo, por motivos difícilmente comprensibles, añade en su apartado 3 que el procedimiento de revocación "se iniciará siempre de oficio", lo que constituye una clara limitación a la utilización de esos procedimientos que resulta difícilmente justificable[37], ya que impide que el interesado pueda iniciar el procedimiento y, consecuentemente, se disminuyen significativamente las posibilidades de revocación[38].

Esa incomprensible limitación fue objeto de matización en su desarrollo reglamentario, porque el artículo 10 del Real Decreto 520/2005, de 13 de mayo (*Tol 636056*), por el que se aprueba el reglamento general de revisión en vía administrativa (RGRVA), después de reiterar que el procedimiento se iniciará exclusivamente de oficio, añade: "sin perjuicio de que los interesados puedan promover su iniciación por la Administración competente mediante un escrito que dirigirán al órgano que dictó el acto. En este caso, la Administración quedará exclusivamente obligada a acusar recibo del escrito".

A partir de esa extraña regulación, un sector de la doctrina académica consideró que el procedimiento solo puede iniciarse de oficio[39]. Otro sector defendió una interpretación intermedia, diferenciando la actuación de quien "promueve" el procedimiento y de quien lo "inicia", de tal modo que la actuación del interesado sería un mero estímulo y la decisión sobre el inicio del procedimiento recaería sobre la Administración autora del acto, que si considera que no concurre ninguno de los presupuestos legales que habi-

---

36 Vid. Falcón y Tella, R. (2004). "Prólogo" al libro de Rodríguez Márquez, J. (2004). *La revisión de oficio en la nueva Ley General Tributaria ¿una vía para solucionar los conflictos entre la Administración y los contribuyentes?* Aranzadi, p. 22.

37 Como explica García Novoa, C. (2005). "El procedimiento de revocación en materia tributaria en la nueva LGT", *Civitas. Revista española de derecho financiero*, (125), p. 9-48, la ley de procedimiento administrativo común no hacía entonces ninguna mención a las vías de iniciación del procedimiento de revocación, lo que permitía a algunos autores defender que la ausencia de reglas permite entender que todos los titulares de intereses legítimos podrían iniciar el procedimiento (González Pérez y González Navarro); aunque otros autores entendían que el silencio del legislador debía interpretarse como una tácita exclusión de cualquier acción individual, por lo que solo procedería la iniciación de oficio (De la Nuez Sánchez y Pérez Torres).

38 Vid. en este mismo sentido Moreno González, S. (2010). "La revocación en materia tributaria", AA.VV. *Tratado sobre la Ley General Tributaria. Homenaje a Álvaro Rodríguez Bereijo*, Aranzadi, tomo II, p. 1109, basándose en datos recabados de las Memorias del Consejo de Defensa del Contribuyente.

39 En este sentido Palao Taboada, C. (2004). "El procedimiento de revisión y de reclamación de actos tributarios", *XXV Congreso AEDAF*, AEDAF, p. 256, citado por García Novoa, C. (2005). "El procedimiento de revocación tributaria en el Reglamento de revisión", en la revista *Quincena fiscal*, (16), p. 5-28, o Sesma Sánchez, B. (2017). *La nulidad de las actuaciones tributarias*, Aranzadi, p. 313.

litan este procedimiento especial podría negarse a instruirlo[40]. Y todavía cabe citar una tercera interpretación defendida por quienes interpretan que el hecho de que la norma posibilite a los interesados promover el inicio del procedimiento provoca "la incoación del correspondiente expediente, con lo cual, en definitiva, estamos, en la práctica, en una situación muy próxima a la auténtica y verdadera iniciativa del procedimiento a instancia de los particulares[41]".

Esta última interpretación fue seguida por otros autores que consideraban innegable que la solicitud presentada por el interesado, aunque no fuera una verdadera acción, "sí sitúa a la Administración en el deber de actuar una vez constatada la grave ilegalidad"[42]; por lo que sí es razonable entender que nos encontramos "ante una situación muy próxima a la auténtica y verdadera iniciativa del procedimiento a instancia de los particulares"[43]. Según esta última tesis, si admitimos una revocación por razones de oportunidad, cabe entender que el particular sólo puede excitar el celo de la Administración, porque la reformulación del interés público que puede fundar la revocación por razones de oportunidad es una decisión que debe quedar a discreción de la Administración[44]; pero, cuando la revocación se funda en razones de legalidad y existe una ilegalidad patente y manifiesta, la Administración está obligada a iniciar el procedimiento de revocación en virtud de lo dispuesto en el artículo 103 CE[45].

Por nuestra parte, nos adscribimos a esta última teoría que reconoce la posibilidad de iniciar el procedimiento a instancia de parte[46]. No solo por los argumentos expues-

---

40 Cfr. Eseverri Martínez, E. (2003). *Memoria del Consejo de Defensa del Contribuyente 2002*, p. 77. En el mismo sentido, Eseverri Martínez, E. (2005). "La revocación de actos tributarios", *Quincena Fiscal*, (3-4), pp. 8-14.

41 Cfr. Checa González, C. (2004). *Procedimientos especiales*...cit., p. 853.

42 Vid. Rodríguez Márquez, J. (2004). *La revisión de oficio*... cit., p. 210, donde añade que "*cualquier solución diferente se aviene mal con el sometimiento de la Administración a la ley y al Derecho que proclama el art. 103 CE*".

43 En este sentido García Novoa, C. (2005). "El procedimiento de revocación en materia tributaria en la nueva LGT", p. 12/48. Se adscribe expresamente a esta tesis Moreno González, S. (2010). "La revocación en materia tributaria", p. 1111.

44 García Novoa, C. (2005*). El procedimiento de revocación en materia tributaria en la nueva LGT*, pp. 12-48.

45 *Ibídem.* En todo caso, es oportuno señalar que este autor matizó su interpretación después de la publicación del RGRVA, como puede verse en García Novoa, C. (2005). *El procedimiento de revocación tributaria en el Reglamento de revisión*, pp. 6-28.

46 Como pusimos de manifiesto en Marín-Barnuevo Fabo, D. (6 de junio de 2022). "El procedimiento tributario de revocación". *Revista Interactiva de Actualidad* publicada por la AEDAF, (22); Marín-Barnuevo Fabo, D. (2023). "Presente y futuro del procedimiento de revocación en materia tributaria". *Revista Jurídica Pérez-Llorca,* (mayo/2023).

tos, sino también porque el análisis de la normativa aplicable debe realizarse desde una perspectiva constitucional, en la que destacan tres principios que justifican esa última interpretación: (i) la Administración debe actuar siempre con objetividad, con pleno sometimiento a la ley y al Derecho, por lo que tiene sentido facilitar la tramitación del procedimiento de revocación; (ii) el artículo 29 CE reconoce el derecho de petición individual y colectiva, por lo que no tiene sentido que el RGRVA se limite a reproducir un principio que está expresamente reconocido en la Constitución; (iii) el deber de contribuir reconocido en el artículo 31 CE legitima, única y exclusivamente, la exigencia del tributo en los términos legalmente establecidos, pero no en los supuestos en que resulta claramente apreciable una ilegalidad en el acto de cuantificación de la obligación[47].

4.2. INTERPRETACIÓN JUDICIAL DE LA NORMATIVA REGULADORA

La falta de claridad de la normativa sobre el inicio del procedimiento de revocación en materia tributaria se ha proyectado también en la actuación del Tribunal Supremo, que ha cambiado varias veces de criterio interpretativo en los últimos años.

Después de varias sentencias que alcanzaban conclusiones distintas e incompatibles[48], en el año 2022 se dictaron las novedosas sentencias del Tribunal Supremo de 9 de febrero de 2022 (*Tol 8804274*)[49], 14 de febrero de 2022 (*Tol 8820466*)[50], y 4 de marzo de 2022 (*Tol 8874354*)[51], que introdujeron importantes cambios en la interpretación de la normativa citada al reconocer expresamente la posibilidad de iniciar el procedimiento de revocación a instancia de parte, al menos en los supuestos en que el recurrente pretende una devolución de ingresos indebidos. La relevancia de esa doctrina jurisprudencial, que sigue vigente, exige un análisis más detallado de su contenido.

Las sentencias de 2022 destacan que el ejercicio de potestades discrecionales no está exento de elementos reglados, entre los que tiene especial relevancia la motivación, así como la necesaria sujeción a la legalidad respecto del contenido de la decisión adoptada que, en todo caso, debe ajustarse a los principios y finalidades que deben regir la actuación de la Administración, que en materia tributaria se identifican con los principios de generalidad, igualdad, capacidad económica, progresividad y no confiscatoriedad.

---

47 Este es un argumento nuclear en las tesis de Checa González, de Rodríguez Márquez y de García Novoa.

48 Como explica, con todo detalle, Sánchez Blázquez, V. (octubre-diciciembre 2020). "El debate sobre la revocación tributaria en el Tribunal Supremo: una evolución hacia su mayor control jurisdiccional". *Nueva Fiscalidad*, (4), pp. 67-106.

49 ECLI:ES:TS:2022:484, Pon. Sr. Montero Fernández.

50 ECLI:ES:TS:2022:699, Pon. Sr. Navarro Sanchís.

51 ECLI:ES:TS:2022:865, Pon. Sr. Fernández Valverde.

Todo ello pone de manifiesto, según la nueva doctrina jurisprudencial, "la existencia de un derecho subjetivo del contribuyente que puede hacer valer en el procedimiento de revocación"[52].

La consecuencia jurídica lógica a estas premisas es que la Administración está obligada a resolver los procedimientos de revocación iniciados por los contribuyentes. Sin embargo, en lugar de finalizar ahí su argumentación y fijar directamente esa doctrina jurisprudencial, la Sala realiza una extraña perífrasis argumental para vincular el procedimiento de revocación con el procedimiento de devolución de ingresos indebidos, del siguiente modo.

a) Se afirma que en el procedimiento de devolución de ingresos indebidos la situación es distinta, porque la normativa reguladora prevé el inicio del procedimiento a instancia del interesado. Y entiende la Sala que, en el seno de este procedimiento, si la devolución está relacionada con un acto firme, el procedimiento de devolución de ingresos indebidos debe cursarse mediante la revocación, que tendría carácter instrumental respecto de aquel. Esa sorprendente conclusión se extrae de lo dispuesto en el artículo 221.3 LGT, en donde se dispone que cuando el acto que motivó el ingreso indebido "hubiera adquirido firmeza, únicamente se podrá solicitar la devolución del mismo instando o promoviendo la revisión del acto mediante alguno de los procedimientos especiales de revisión establecidos en los párrafos a), c) y d) del artículo 216 y mediante el recurso extraordinario de revisión regulado en el artículo 244 de esta ley".

b) Todo ello significa —en opinión de la Sala— que si los contribuyentes instan la devolución de ingresos indebidos en relación con un acto que ha devenido firme pueden hacerlo a través del procedimiento de revocación si consideran que concurre alguna de las causas legitimadoras del mismo; y la Administración estaría obligada a resolver por tratarse de una vía instrumental (*sic*) para lograr la devolución de ingresos indebidos. "En definitiva —sostienen las sentencias citadas— al igual que ocurre con la solicitud de nulidad de pleno derecho del art. 217 o de rectificación de errores del art. 220,

52 Como advierte Palao Taboada, C. (agosto-septiembre 2022). "Revocación de actos de aplicación de leyes declaradas inconstitucionales y devolución de ingresos indebidos. Análisis de la STS de 9 de febrero de 2022, rec. núm. 126/2019". *Revista de Contabilidad y Tributación. CEF*, (473-474). *Revocación de actos...* cit., p. 65, "*Esta afirmación es sorprendente, pues en algunas de esas citas se sostiene expresamente «la improcedencia del derecho subjetivo a la revocación» o que la iniciación del procedimiento de revocación «incumbe decidirla a la Administración tributaria». En realidad, el derecho subjetivo al que alude la conclusión transcrita no es el derecho a la iniciación del procedimiento de revocación sino el derecho a la devolución de ingresos indebidos y dicha conclusión es la final de todo el razonamiento, que aquí se anticipa, pues, como es obvio, el derecho que se hace valer en el procedimiento de revocación no es el derecho a incoar este procedimiento. Ahora bien, la afirmación del derecho a servirse del procedimiento de revocación para ejercitar un derecho subjetivo implica evidentemente el derecho a iniciar este procedimiento*".

con la solicitud de devolución de ingresos indebidos por el interesado, en los supuestos contemplados en el 221.3 instando o promoviendo, en este caso, la revocación, se debe iniciar el procedimiento a instancia de parte y la Administración viene obligada a resolver, sin que posea potestad de convertir el procedimiento de devolución de ingresos indebidos a instancia del interesado y en el ámbito del art. 221.3, en un procedimiento que sólo cabe iniciar de oficio"[53].

4.3. VALORACIÓN CRÍTICA DE LA INTERPRETACIÓN JUDICIAL

Las sentencias tienen dos partes claramente diferenciadas que conviene tratar separadamente: (i) de un lado, la que afirma que la actuación de la Administración está sometida a control judicial cuando su decisión está predeterminada por la concurrencia de determinadas circunstancias, lo que permite decir que existe un deber de resolver la solicitud del administrado que promueve la revocación por considerar que, en el caso concreto, concurren esas circunstancias; (ii) de otro lado, la que intenta justificar la posibilidad de iniciar el procedimiento de revocación a instancia de parte por considerar que es uno de los modos posibles de tramitar el procedimiento de devolución de ingresos indebidos.

En relación con la primera parte compartimos plenamente la argumentación contenida en la sentencia, porque una Administración que sirve con objetividad los intereses generales debería hacer todo lo posible para hacer efectivos los derechos de los contribuyentes y, por tanto, debería revocar sus actos si apreciara alguno de los vicios de legalidad que justifican esa revocación[54]. Por tanto, no puede dejar de resolver una petición del interesado en la que se pone de manifiesto la existencia de esos vicios y se solicita la revocación[55].

---

53 Una interpretación similar fue defendida en 2005 por García Novoa, C. (2005). "El procedimiento de revocación en materia tributaria en la nueva LGT", p. 13/48, al afirmar que "*el art. 221.3 de la LGT/2003 es un espaldarazo a la interpretación de la posibilidad de 'promover' contenida en el PRGRVA como algo más que una mera petición graciable (...) hay que admitir que si se puede promover la revocación para lograr la declaración de un ingreso como indebido, esa actividad consistente en promover no es una mera petición graciable que solo obliga a la Administración a acusar recibo de la misma, quedando a su libre discreción el iniciar o no el procedimiento*".

54 Se trata de una exigencia del principio de buena administración, definitivamente consolidado en nuestra jurisprudencia tributaria, como explicábamos en Marín-Barnuevo Fabo, D. (abril-junio 2020). "El principio de buena administración en materia tributaria", *Civitas Revista Española de Derecho Financiero*, (186).

55 A favor de esta interpretación se manifestaba también Sánchez Blázquez, V. (2020). *El debate ...*, p. 104., antes de publicarse las sentencias analizadas, afirmando que "desde nuestro punto de vista, no puede entenderse ya que la Administración estará exclusivamente obligada al acuse

Es cierto que se trata de una interpretación forzada, basada en principios constitucionales[56], de las reglas sobre el procedimiento de revocación contenidas en el artículo 219 LGT, y cabe entender que altera el sistema generar de recursos previstos en la Ley General Tributaria[57]. Pero los problemas que pueden derivar de esa alteración —que trataremos más adelante— son menos relevantes que los derivados de consentir la inacción de la Administración en los supuestos en que, *ope legis*, debería producirse la revocación. Y lo cierto es que, en la actualidad, los supuestos en que la Administración tributaria revoca sus actos son ciertamente excepcionales, lo que pone de manifiesto su desinterés por lograr una aplicación más justa del sistema tributario o, quizás también, un error de interpretación al confundir el interés general con el interés recaudatorio[58].

Un sector de la doctrina ha rechazado abiertamente la interpretación contenida en estas sentencias, afirmando que "la tesis de la STS de 9 de febrero de 2022, según la cual el interesado está legitimado para iniciar el procedimiento de revocación, no es aceptable, en primer lugar, en cuanto afirma en el plano dogmático, en contra del texto de la ley y basándose tan solo en una interpretación sesgada de la jurisprudencia, la existencia de un derecho subjetivo del contribuyente a la iniciación del procedimiento de revocación, negando así todo elemento discrecional en esta. La discrecionalidad se caricaturiza como la consagración de «una especie de potestad graciable de la Administración que actúa ante indiferentes jurídicos, pues tan correcto jurídicamente sería revocar como no revocar», ignorándose así la consideración del interés público en la revocación en la que, como hemos visto, hace hincapié la doctrina. Da por supuesto que el Derecho reconoce «un interés o derecho al ciudadano sobre motivos legalmente dispuestos» para afirmar la existencia de una contradicción («un oxímoron irreductible») con el hecho

---

de recibo como prevé aquella norma reglamentaria, cuya contradicción con normas superiores debería ser terminante declarada por el TS en futuros pronunciamientos" (p. 103)

56 Vid., en relación con ello, la STJUE de 21 de octubre de 2021 (ECLI:EU:C:2021:867) (*Tol 8618982*), en la que se considera abiertamente contrario al principio de buena administración que un Estado no devuelva todo el IVA soportado por el sujeto pasivo "*cuando haya adquirido la certeza, en su caso a la luz de la información adicional facilitada por el sujeto pasivo, de que la cuota del IVA efectivamente soportada, tal como se menciona en la factura adjunta a la solicitud de devolución, es superior a la cuota indicada en dicha solicitud*".

57 En este sentido Palao Taboada, C. (2022). *Revocación de actos...*, cit., p. 79.

58 Como afirmaba el Tribunal Supremo en los autos de 29 de marzo de 2017 (núm. rec. 256/2017) (*Tol 6018442*) y de 5 de abril de 2017 (núm. rec. 249/2017 y 255/2017) (*Tol 6028889*) y (*Tol 6028883*)), el interés general "*no consiste en recaudar más (mero "interés recaudatorio"), sino en obtener la recaudación que derive de la realización de un sistema tributario justo, mediante la puesta en práctica de los principios que proclama el artículo 31 de la Constitución Española (verdadero "interés general")*".

de que, a juicio del Tribunal, a renglón seguido se le niegue dicho interés «al impedirle valerse de los cauces para hacer efectivo el derecho conculcado»"[59].

En relación con esta crítica, consideramos que tendría todo el sentido si las causas de revocación fueran única y exclusivamente supuestos de discrecionalidad u oportunidad, como sucede en la *concepción clásica administrativa* del procedimiento de revocación[60]. Pero lo cierto es que las especialidades del Derecho Tributario frente al Derecho Administrativo son cada vez mayores[61] y, en relación con la revocación, vemos que el artículo 219 de la LGT no prevé ninguna causa de revocación por motivos de discrecionalidad u oportunidad, porque todas las causas de revocación previstas en dicho precepto constituyen supuestos claros de *anulabilidad cualificada* que, en nuestra opinión, predeterminan el deber de actuación por parte de la Administración[62].

No hay por tanto margen de apreciación discrecional administrativa para decidir si procede o no tramitar el correspondiente procedimiento: si existe "infracción manifiesta de ley", o concurren "circunstancias sobrevenidas que determinan la improcedencia del acto" o se aprecia "indefensión del administrado en la tramitación del procedimiento precedente", la Administración está obligada a iniciar el procedimiento de revocación[63], que finalizará con una resolución que podrá ser o no anulatoria. No hay

---

59 Nos referimos a Palao Taboada, C. (2022). *Revocación de actos...,* cit., p. 79.

60 Vid., en relación con ello, Garrido Falla, F. (septiembre 1949). "Nota de jurisprudencia", *Revista de Derecho Privado*, pp. 780 y ss., citado por González Pérez, J. (1950). *La revocación de los actos administrativos...,* p. 151.

61 Vid. en relación con esta cuestión Marín-Barnuevo Fabo, D. (2018). "Las especialidades del Derecho Tributario y su proyección en la aplicación de la doctrina de los actos propios", Marín-Barnuevo Fabo, D. (dir.), *La doctrina de los actos propios en Derecho Tributario*, Thomson Reuters-Civitas, pp. 83 y ss.

62 Vid, en este mismo sentido Rodríguez Márquez, J. (2004). *La revisión de oficio...* cit., p. 204 y ss., López Candela, J. (2018). "La nueva configuración de la revocación de los actos tributarios tras la reciente doctrina del Tribunal Supremo". https://derecholocal.es/opinion/la-nueva-configuracion-de-la-revocacion-de-los-actos-tributarios-tras-la-reciente-doctrina-del-tribunal-supremo. Recuperado el 26 de abril de 2018 En sentido contrario puede verse Eseverri Martínez, E. (2005). *La revocación de actos...,* cit., p. 3-14, donde afirma que las causas de revocación combinan los motivos de oportunidad con los de infracción del orden jurídico, y que "*la tercera causa de revocación se funda en simples criterios de oportunidad para dejar sin efecto actos tributarios*"; vid también Sesma Sánchez, B. (2017). *La nulidad de las liquidaciones tributarias*, Thomson Reuters-Aranzadi, p. 313, donde dice que "*la revocación de liquidaciones tributarias solo cabe por causas tasadas, que son tanto de legalidad como de oportunidad...*".

63 En relación con el hecho de que el artículo 219 de la LGT comience diciendo que "La Administración tributaria podrá revocar...", no suscita duda alguna que se trata de un verdadero deber y no de una opción porque, como recuerda López Candela, J. (2018). *La nueva configuración...,* cit., "*En el contexto de la vieja Ley de 17 de julio de 1958, sobre Procedimiento Administrativo,*

pues, en nuestra opinión, margen de decisión basada en criterios de oportunidad, sino un claro deber de tramitar el procedimiento si concurre alguno de los tres supuestos de ilegalidad cualificada previstos en el artículo 219 LGT[64].

En relación con la segunda parte de la sentencia, creemos que existen distintos motivos para considerar que la argumentación y conclusión contenidas en esas sentencias son desafortunadas. En primer lugar, porque el procedimiento de devolución de ingresos indebidos tiene por objeto, única y exclusivamente, reembolsar al obligado tributario de los errores cometidos en el momento de realizar el pago, como explicaremos más adelante.

Se trata por tanto de un procedimiento singular en el que no se cuestiona la legalidad de la actuación de la Administración ni la validez del acto de determinación de la deuda o la sanción. Únicamente se constata que se ha pagado una cantidad superior a la exigida y, sin enjuiciar los actos de determinación de la deuda o sanción, se procede a la devolución de lo pagado en exceso[65].

Es cierto que el artículo 221 LGT utiliza la expresión "devolución de ingresos indebidos" de forma genérica, como el artículo 32 LGT, sin distinguir claramente entre el "procedimiento" de devolución de ingresos indebidos y el "concepto" de "devolución de ingresos indebidos" derivada de cualquier tipo de procedimiento. Así se advierte claramente en el artículo 221.2, donde menciona la posibilidad de que la devolución de

---

cuanto el art. 109 hablaba de que la Administración "podrá revisar" sus actos administrativos la Jurisprudencia ya entendió que ese "podrá" no es una facultad libérrima de la Administración, sino una verdadera acción a favor del administrado, una cláusula habilitante de una potestad. Esto ya lo reiteró la famosa Sentencia del TS de 18 de diciembre de 2007, cuando decía: "...la expresión «podrán» empleada no supone una facultad de la Administración, sino un deber, una obligación de la Administración a desarrollar los actos de instrucción adecuados para la revisión solicitada".

64 Puede decirse por tanto que, conceptualmente, es muy difícil diferenciar en el ámbito del Derecho Tributario entre causas de anulación y causas de revocación, mientras que en la concepción clásica administrativista esa diferencia estaba más claro, en tanto se entendía que "*Dentro de la ineficacia, la doctrina ha señalado la invalidez, que es la ineficacia fundada en que el acto no reúne las condiciones requeridas por la ley. Las demás causas de ineficacia se refieren siempre a actos que nacieron reuniendo todos los requisitos legales. Pues bien: la distinción entre anulación y revocación se ha hecho teniendo en cuenta tal distinción, refiriendo la primera a las causas de invalidez. La anulación presupone siempre un acto inválido (...). Así, Romanelli dice que la anulación es la eliminación de un acto jurídico inválido del mundo del Derecho. Por el contrario, la revocación no supone un acto inválido, sino válido. Por ello (...) la revocación encuentra su fundamento en causas sobrevenidas y objetivamente ciertas, que justifican la eliminación de un acto, válidamente nacido, de la vida jurídica*" González Pérez, J. (1950). "La revocación de los actos administrativos...", p. 150. Vid también la definición del diccionario panhispánico del español jurídico de la RAE, donde puede advertirse esa misma diferenciación.

65 Vid., en este mismo sentido, Palao Taboada, C. (2022). *Revocación de actos...*, cit., p. 80.

ingresos indebidos "*se hubiera reconocido mediante el procedimiento previsto en el apartado 1 de este artículo o en virtud de un acto administrativo o una resolución económico-administrativa o judicial*". Es obvio que la estimación de un recurso que determina la anulación de un acto de liquidación puede determinar la devolución de lo pagado, pero también es absolutamente obvio que en esos supuestos sería claramente improcedente reconocer la existencia de un "procedimiento" de devolución de ingresos indebidos.

Esa misma indiferenciación creemos que se produce en el artículo 221.3 LGT, donde el legislador menciona con poca fortuna el tercer supuesto de devolución de ingresos indebidos: la estimación de un recurso extraordinario de revisión, que —igual que sucedía con los recursos ordinarios— puede motivar la anulación del acto de liquidación y la consecuente devolución de lo pagado[66]. Pero ello no significa que exista una *comunicación* entre el procedimiento de devolución de ingresos indebidos y los procedimientos ordinarios y extraordinarios de revisión, ni que el procedimiento de revocación tenga una función instrumental respecto del procedimiento de devolución de ingresos indebidos[67].

Por ello creemos que la interpretación realizada por la Sala del desafortunado 221.3 LGT es incorrecta, porque los procedimientos especiales de revisión (nulidad de pleno derecho, revocación, y rectificación de errores), igual que los procedimientos ordinarios de impugnación (recurso de reposición y reclamación económico-administrativa)

---

66 Es cierto que la regulación es confusa y puede resultar equívoca, como también puede resultar equívoca la afirmación de García Novoa, C. (2005). *El procedimiento de revocación en materia tributaria en la nueva LGT*, pp. 14-48, cuando afirma que "*el deber de devolución es siempre fruto de haber pagado una cantidad distinta a la impuesta por ley, por lo que, como apuntamos en otra ocasión, el fundamento de la solicitud de una declaración de un ingreso como indebido es la necesidad de restituir la vigencia del principio de legalidad, en cuanto exigencia constitucional en la ordenación de los tributos y por tanto la necesidad de restablecer la plena vigencia del ordenamiento tributario. Una finalidad coincidente con la de la revocación, por lo que no ha de extrañar que el art. 221.3 de la LGT configure la revocación como un instrumento para la declaración de lo indebido y no en otros supuestos, puesto que, ejerciéndose siempre la revocación en beneficio del particular, la misma consistirá normalmente en la retirada de un acto de liquidación que supuso el ingreso de una deuda tributaria*". Esas afirmaciones pueden interpretarse en un sentido coincidente con la jurisprudencia del Tribunal Supremo (cuando concluye que "*con la solicitud de devolución de ingresos indebidos por el interesado, en los supuestos contemplados en el 221.3 instando o promoviendo, en este caso, la revocación, se debe iniciar el procedimiento a instancia de parte*") o, también, en un sentido coincidente con la interpretación mantenida por nuestra parte (la tramitación de un procedimiento de revocación, si determinase la anulación del acto de liquidación, ocasionará en la mayoría de los supuestos una "devolución" de ingresos indebidos, no un "procedimiento" de devolución de ingresos indebidos).

67 Como también explica Palao Taboada, C. (2022). *Revocación de actos...*, cit., pp. 83 y ss, donde recoge otro argumento añadido a los anteriormente expuestos, como es el hecho de que no se apliquen las mismas reglas de prescripción en unos y otros procedimientos.

tienen por objeto la anulación de los actos cuyo contenido es contrario a Derecho y, por tanto, no pueden tener una función instrumental respecto del "procedimiento" de devolución de ingresos indebidos, que solo tiene por objeto reembolsar el contribuyente de lo pagado en exceso por error[68]. Es cierto que la mayoría de los supuestos de impugnación y revisión en materia tributaria tienen contenido económico y pueden generar una obligación de devolución de lo indebidamente pagado, pero es preciso diferenciar los supuestos en que se cuestiona la legalidad del acto administrativo de otros supuestos en que no se cuestiona la legalidad del acto y solo se pretende la restitución de lo excesivamente pagado. Es más, cabe añadir que la devolución de ingresos indebidos derivada de la anulación de un acto de liquidación va por un cauce procedimental específico, denominado "*Procedimiento para la ejecución de las devoluciones tributarias*", que es distinto del establecido para la finalización del procedimiento de devolución de ingresos indebidos[69].

En último lugar, aunque directamente vinculado a lo anterior, consideramos que la interpretación seguida por la Sala en estas sentencias es desafortunada porque, al sostener que el motivo por el que el procedimiento de revocación puede iniciarse a instancia de parte es su carácter instrumental respecto del procedimiento de devolución de ingresos indebidos, está limitando ese derecho a los contribuyentes que hubieran realizado el pago y tuvieran derecho a la devolución de lo pagado. Y ello carece de toda lógica jurídica porque significaría negar ese derecho a la revocación a quienes no pagaron porque carecían de medios económicos (lo que constituiría una especie de *solve et repete* revivido) y, también, a quienes soportaron la ilegalidad en la determinación de una deuda en la que tenían bases imponibles negativas y, por tanto, su pretensión no es de devolución, sino de reconocimiento de un mayor derecho de crédito[70].

---

68 Vid., en este mismo sentido, Palao Taboada, C. (2022). *Revocación de actos...*, cit., p. 81.

69 En efecto, como señala Palao Taboada, C. (2022). *Revocación de actos...*, cit., p. 81, cuando la devolución deriva del cumplimiento de una resolución o sentencia, o por un acuerdo de revisión, la ejecución de la devolución se deberá realizar de acuerdo con lo previsto en el artículo 131.2 del Real Decreto 1065/2007, de 27 de julio (*Tol 1126658*), por el que se aprueba el Reglamento General de las actuaciones y los procedimientos de gestión e inspección tributaria (RGGIT); mientras que, si la devolución deriva de la tramitación de un procedimiento de devolución de ingresos indebidos, la Administración debe actuar de acuerdo con lo dispuesto en el artículo 20 del RGRVA.

70 Esta idea se encuentra también en el trabajo de García Novoa, C. (2005). *El procedimiento de revocación en materia tributaria en la nueva LGT*, pp. 14-48, cuando decía que la revocación "*en condiciones normales, servirá para poner de manifiesto el carácter indebido de un ingreso y permitirá la declaración del derecho a la devolución. Salvo supuestos en que la finalidad de la revocación sea sustituir una liquidación con cuantía negativa por otra con una cuantía negativa mayor, el ejercicio de la revocación no podrá desligarse del ingreso indebido. Esta será la situación más habitual*".

5. EL PROCEDIMIENTO DE RECTIFICACIÓN DE ERRORES

El procedimiento de rectificación de errores se regula en el artículo 220 de la LGT, y se caracteriza porque permite corregir, de oficio o a instancia de parte, los errores materiales, de hecho, o aritméticos, que sean patentes y claros y se deduzcan de los propios documentos incorporados al expediente.

Como viene recogiendo una reiterada jurisprudencia del Tribunal Supremo[71], el error que habilita la rectificación de errores se caracteriza por ser ostensible, manifiesto, indiscutible y evidente por sí mismo, sin necesidad de mayores razonamientos. Por ello, según esta jurisprudencia, para considerar procedente el procedimiento de rectificación de errores es necesario que concurran las siguientes circunstancias:

a) Debe tratarse de simples equivocaciones elementales de nombres, fechas, operaciones aritméticas o transcripciones de documentos;

b) El error debe apreciarse teniendo en cuenta exclusivamente los datos del expediente administrativo en el que se advierte;

c) El error debe ser patente y claro, sin necesidad de acudir a interpretaciones de las normas jurídicas aplicables;

d) La corrección del error no debe suponer la revisión de oficio de actos administrativos firmes y consentidos;

e) La corrección del error no debe producir una alteración fundamental en el sentido del acto (no cabe por tanto la anulación o revocación del mismo, porque el acto rectificador debe mostrar idéntico contenido dispositivo, sustantivo y resolutorio que el acto rectificado)[72].

El procedimiento se puede iniciar en cualquier momento, siempre que no hubiera transcurrido el plazo de prescripción, y permite la rectificación los actos de gestión y, también, las resoluciones dictadas por los tribunales económico-administrativos[73]. En

---

71 Vid. la sentencia del Tribunal Supremo de 30 de enero de 2012 (ECLI:ES:TS:2012:456), Pon. Sr. Huelin (*Tol 2412436*), de la que se extracta la cita siguiente que aparece reproducida en otras muchas sentencias.

72 Como señala la STS de 30 de enero de 2012 antes citada, el artículo 220 LGT no permite anular el acto rectificado, porque no menciona expresamente esa opción y, además, porque sí dice expresamente que la resolución corregirá el error en la cuantía o en cualquier otro elemento del acto o resolución que se rectifica. Por tanto, como no es posible rectificar un acto que se anula, solo cabría convalidarlo, subsanando los vicios de que adoleciera.

73 En relación con la rectificación de resoluciones del TEAC y destacando la exigencia de que se trate de errores patentes y claros, debe destacarse la sentencia del Tribunal Supremo de 21 de diciembre de 2017, (ECLI:ES:TS:2017:4606), Pon. Sr. Huelin (*Tol 6462836*), que confirma la sentencia de la Audiencia Nacional de 15 de febrero de 2016 (ECLI:ES:AN:2016:437), Pon.

todo caso, resulta oportuno destacar que la jurisprudencia ha exigido que este procedimiento "se aplique con un hondo criterio restrictivo"[74].

6. EL PROCEDIMIENTO DE DEVOLUCIÓN DE INGRESOS INDEBIDOS

6.1. EL PROCEDIMIENTO DE RECTIFICACIÓN DE AUTOLIQUIDACIONES COMO PRECEDENTE DE LA DEVOLUCIÓN DE INGRESOS INDEBIDOS

El procedimiento de rectificación de autoliquidaciones es una de las principales especialidades del Derecho Tributario porque, como es sabido, no existe ningún tipo de actuación de particulares de naturaleza similar a las autoliquidaciones en el ámbito del Derecho Administrativo, cuyos principios y reglas conformaron originariamente el Derecho Tributario[75].

La primera regulación del procedimiento de rectificación de autoliquidaciones tuvo lugar en el año 1990 con la aprobación del Real Decreto 1163/1990, de 21 de septiembre (*Tol 221137*), que desarrolló la hasta entonces ignorada habilitación normativa contenida en el artículo 155.2 de la LGT de 1963[76]. De hecho, el preámbulo de dicho Real Decreto reconocía que su aprobación tenía por objeto atender las quejas del Defensor del Pueblo, que "en sucesivos informes, ha venido reiterando tanto la necesidad de desarrollar reglamentariamente el artículo 155 de la Ley General Tributaria, regulando adecuadamente el procedimiento de las devoluciones de ingresos indebidos de naturaleza tributaria, como la conveniencia de mejorar las garantías de los obligados

Sra. Santillán (*Tol 5654509*), que rechaza la utilización del procedimiento de rectificación de errores para modificar de oficio el contenido de una resolución del TEAC que ordenaba la devolución de lo pagado, por otra que condiciona dicha devolución a la prestación de una garantía, basándose en que la sentencia mercantil que fundamentaba la primera resolución no era todavía firme. En ese caso, tanto la Audiencia Nacional como el Tribunal Supremo entienden que el error advertido constituye una valoración jurídica no susceptible de motivar una rectificación de errores al amparo de lo dispuesto en el artículo 220 LGT.

74 Vid. STS de 30 de enero de 2012 citada.

75 Vid, ampliamente, Marín-Barnuevo Fabo, D. (2018). "Las especialidades del Derecho Tributario y su proyección en la aplicación de la doctrina de los actos propios", en Marín-Barnuevo Fabo, D. (dir.) (2018). *La doctrina de los actos propios en Derecho Tributario*, Civitas.

76 En donde se establecía que "Por vía reglamentaria se regulará el procedimiento que debe seguirse, según los distintos casos de ingresos indebidos, para el reconocimiento del derecho a la devolución y la forma de su realización, que podrá hacerse, según preceptúa el artículo sesenta y ocho de esta Ley mediante compensación".

tributarios a este respecto, reconsiderando, en particular, el tratamiento actual de la llamada impugnación de autoliquidaciones”[77].

Ese desarrollo reglamentario fue acompañado “de una nueva regulación en el procedimiento de gestión tributaria para las peticiones de rectificación de una declaración-liquidación o autoliquidación, que no impliquen una devolución de ingresos indebidos, siendo la resolución expresa o presunta de estas peticiones reclamable en vía económico-administrativa, de acuerdo con la nueva redacción del artículo 121 del Reglamento de Procedimiento de las Reclamaciones Económico-Administrativas”[78].

De este modo se configuraban dos procedimientos de corrección de autoliquidaciones: un primer procedimiento, de rectificación de autoliquidaciones, para los supuestos en que la rectificación no implicaba una devolución al obligado tributario; y un procedimiento, de devolución de ingresos indebidos, para los supuestos en que la rectificación de autoliquidación sí implicaba una devolución total o parcial de lo previamente pagado[79].

La Ley General Tributaria de 2003 unificó ambos procedimientos y dispuso que ambas pretensiones se sustanciaran en un mismo procedimiento de rectificación de autoliquidaciones. Así, el artículo 120 LGT dispone que cuando un obligado tributario considere que una autoliquidación ha perjudicado “de cualquier modo” sus intereses legítimos, “podrá instar la rectificación de dicha autoliquidación de acuerdo con el procedimiento que se regule reglamentariamente”. Ese procedimiento fue regulado en el Real Decreto 1065/2007, de 27 de julio (*Tol 1126658*)[80] (RGGI), cuyo preámbulo reconoce expresamente que “la Ley 58/2003, de 17 de diciembre, General Tributaria, ha unificado el tratamiento de estos dos supuestos de devolución a efectos procedimentales y, en ambos casos, el artículo 120 de la ley establece que el procedimiento aplicable es el de rectificación de autoliquidaciones y remite a desarrollo reglamentario

---

77 Vid el Preámbulo del Real Decreto 1163/1990 (*Tol 221137*).

78 Según palabras textuales del mismo Preámbulo del Real Decreto 1163/1990.

79 Es difícil reconocer naturaleza de procedimiento a estas actuaciones, que en realidad se limitan a un único trámite mediante el que el obligado tributario provoca una actuación administrativa susceptible de impugnación, como explica Litago Lledó, R. (2023). “La rectificación de las autoliquidaciones tributarias como derecho de Los contribuyentes”. *Revista Forum Fiscal*, (298), pp. 12-26.

80 Real Decreto 1065/2007, de 27 de julio, por el que se aprueba el Reglamento General de las actuaciones y los procedimientos de gestión e inspección tributaria y de desarrollo de las normas comunes de los procedimientos de aplicación de los tributos.

su configuración"[81], como se constata al analizar el contenido del artículo 127 de esa misma norma reglamentaria.

Ese procedimiento de rectificación de autoliquidaciones ha sido durante todos estos años el cauce oportuno para rectificar las autoliquidaciones y, también, para manifestar cualquier tipo de discrepancia con la normativa aplicable o con la interpretación administrativa de dicha normativa. Así lo ha reconocido expresamente el Tribunal Supremo en varias sentencias en las que ha reconocido que "la rectificación de una autoliquidación —y la consiguiente devolución de ingresos indebidos— sí es cauce adecuado para cuestionar la autoliquidación practicada por un contribuyente —que ha procedido a ingresar en plazo las cuantías por él calculadas en cumplimiento de sus obligaciones tributarias, a fin de no ser sancionado por dejar autoliquidar e ingresar en plazo— cuando entienda indebido el ingreso tributario derivado de tal autoliquidación al considerarlo contrario a la Constitución o al Derecho de la Unión Europea"[82].

En todo caso conviene destacar que esa funcionalidad del procedimiento de rectificación de autoliquidaciones está ahora en peligro tras la modificación del art. 120.3 LGT operada por la Ley 13/2023, de 24 de mayo (*Tol 9568822*), que ha introducido en nuestro ordenamiento jurídico la categoría de las "autoliquidaciones rectificativas", cuyo régimen jurídico es todavía incierto, entre otros motivos porque su reglamento de desarrollo[83] equipara la solicitud de rectificación autoliquidaciones a una solicitud de devolución, "que se tramitará conforme al régimen del procedimiento previsto en los artículos 124 a 127 de la Ley 58/2003, de 17 de diciembre, General Tributaria, y su normativa de desarrollo, sin perjuicio de la obligación de abono de intereses de demora conforme a lo establecido en el apartado 3 del artículo 120 de dicha Ley".

---

81 Vid el preámbulo del Real Decreto 1065/2007 citado, en donde se añade que "Esta unificación de tratamiento es la que ha llevado a regular el procedimiento de rectificación en este reglamento, en vez de regularlo en el Real Decreto 520/2005, de 13 de mayo, por el que se prueba el Reglamento general de desarrollo de la Ley 58/2003, de 17 de diciembre, General Tributaria, en materia de revisión en vía administrativa, y es la razón por la que se han mantenido vigentes las normas del Real Decreto 1163/1990 que lo regulaban hasta ahora".

82 Vid. sentencias de 12 de julio de 2021 (ECLI:ES:TS:2021:2988 y ECLI:ES:TS:2021:2989) (*Tol 8523810*) y (*Tol 8523635*)).

83 Nos referimos al Real Decreto 117/2024, de 30 de enero (*Tol 9847966*), por el que se desarrollan las normas y los procedimientos de diligencia debida en el ámbito del intercambio automático obligatorio de información comunicada por los operadores de plataformas, y se modifican el Reglamento General de las actuaciones y los procedimientos de gestión e inspección tributaria y de desarrollo de las normas comunes de los procedimientos de aplicación de los tributos, aprobado por el Real Decreto 1065/2007, de 27 de julio (*Tol 1126658*), en transposición de la Directiva (UE) 2021/514 del Consejo de 22 de marzo de 2021 por la que se modifica la Directiva 2011/16/UE (*Tol 2043932*) relativa a la cooperación administrativa en el ámbito de la fiscalidad, y otras normas tributarias.

Esa equiparación posibilita que la Administración aprecie la existencia de infracción tributaria en caso de que el obligado tributario hubiera obtenido un reembolso como consecuencia de haber manifestado su discrepancia en la interpretación normativa seguida por la Administración, y ello puede tener un efecto disuasorio en el ejercicio de sus derechos de por parte del obligado tributario. Ello resultaría claramente incompatible con el principio de tutela judicial efectiva si advertimos que, en ocasiones, el obligado tributario solo pretende instar una comprobación administrativa para tener un acto impugnable en sede judicial y, como reconoció el Tribunal Supremo, la presentación de la autoliquidación y ulterior solicitud de rectificación es el único cauce legalmente previsto para ello. Consecuentemente, si la utilización de ese único cauce de manifestación del derecho a discrepar conlleva la imposición de sanciones, parece obvio que se estaría cercenando el derecho a la tutela judicial efectiva[84].

6.2. EL PROCEDIMIENTO DE DEVOLUCIÓN DE INGRESOS INDEBIDOS EN LA LGT DE 2003

Hemos afirmado en el apartado anterior que la LGT de 2003 estableció un procedimiento único para instar la rectificación de autoliquidaciones, de aplicación para conseguir la devolución de lo pagado o para cualquier otra pretensión (p.ej. aumentar las bases imponibles negativas). Al mismo tiempo, el artículo 221 LGT estableció un novedoso procedimiento específico de devolución de ingresos indebidos que, a priori, parecía dar continuidad al existente en la normativa anterior, pero que en realidad tenía un contenido bien distinto.

En efecto, el nuevo procedimiento de devolución de ingresos indebidos regulado en el artículo 221 LGT solo resultaba de aplicación para conseguir el reembolso de las cantidades pagadas por el obligado tributario en cuatro supuestos:

a) Cuando se hubiera producido una duplicidad en el pago.

b) Cuando la cantidad pagada hubiera sido superior al importe a ingresar resultante de un acto administrativo o de una autoliquidación.

c) Cuando se hubieran ingresado cantidades correspondientes a deudas o sanciones tributarias prescritas (excluidos los supuestos del 252 LGT).

d) Cuando así lo establezca la normativa tributaria.

---

84 Esta cuestión es abordada con más amplitud por Litago Lledó, R. (2023) "La rectificación de las autoliquidaciones tributarias como derecho de Los contribuyentes". *Revista Forum Fiscal,* (298). Véase también, en esta misma obra, en Orón Moratal, G. "Aplicación de los tributos y límites al deber de colaboración de los obligados tributarios".

Como se desprende de lo expuesto, nos encontramos ante un mero expediente de gestión recaudatoria por el que el obligado tributario acredita ante la Administración el error en el pago y solicita la devolución de lo indebidamente pagado. No se discute el contenido de la obligación tributaria ni se pretende modificar el acto de liquidación o autoliquidación, tan solo se trata de obtener el reembolso del pago excesivo realizado en relación con una deuda que no es objeto de controversia. Por ello consideramos poco afortunado que el legislador incluyera este expediente de reembolso en la categoría de los "procedimientos especiales de revisión", porque no se trata de un conjunto ordenado de trámites y actuaciones orientadas al reconocimiento de derechos u obligaciones, sino de una mera solicitud de devolución de lo erróneamente pagado[85].

De hecho, para los supuestos en que el obligado tributario pretende corregir una deuda previamente determinada en una autoliquidación, el propio artículo 221.4 LGT le recuerda que el procedimiento a seguir es el previsto en el artículo 120.3 LGT.

Por todo lo expuesto consideramos que el llamado procedimiento para la devolución de ingresos indebidos no tiene la naturaleza de procedimiento ni, por supuesto, debería estar encuadrado en la categoría de procedimientos especiales de revisión, porque no implica la revisión o modificación de un acto previo[86]. Además, consideramos que este error de sistematización confunde a los operadores jurídicos, que razonablemente pueden entender que el procedimiento de devolución de ingresos indebidos del artículo 221 LGT cumple la misma función reconocida al procedimiento homónimo de la Ley General Tributaria de 1963.

Esa confusión, además, se ha visto incrementada por el desarrollo reglamentario contenido en el RGRVA, cuyo artículo 15 enumera los supuestos de devolución y, en lugar de limitarse a citar los supuestos recogidos en el artículo 221 LGT, añade otros supuestos no previstos en la ley que desvirtúan completamente su significado. En concreto, ese artículo 15 dispone que el derecho a obtener la devolución de ingresos indebidos podrá reconocerse en el procedimiento específico referidos a los supuestos de devolución de ingresos indebidos del artículo 221.1 de la LGT y, además, en los siguientes supuestos:

"b) En un procedimiento especial de revisión.

---

85 Vid García Berro, F. (2004). *Procedimientos tributarios y derechos de los contribuyentes en la nueva Ley General Tributaria*. Marcial Pons, p. 190, que cuestiona esa naturaleza afirmando que "la LGT se refiere aquí a dos procedimientos distintos: uno ejecutivo (que constituye el reverso del procedimiento recaudatorio) y otro declarativo, ninguno de los cuales conduce realmente a la revisión del acto".

86 En este sentido Quintana Ferrer, E. (2004). *Devolución de ingresos indebidos y Ley General Tributaria*, Lex Nova, pp. 173 y ss., quien también niega la naturaleza revisora de este procedimiento y sostiene que las actuaciones motivadas por la realización de pagos excesivo constituyen un procedimiento declarativo y de gestión.

c) En virtud de la resolución de un recurso administrativo o reclamación económico-administrativa o en virtud de una resolución judicial firmes.

d) En un procedimiento de aplicación de los tributos.

e) En un procedimiento de rectificación de autoliquidación a instancia del obligado tributario o de otros obligados en el supuesto previsto en el apartado 3 del artículo anterior.

f) Por cualquier otro procedimiento establecido en la normativa tributaria".

Como se desprende de lo expuesto, se trata de un claro supuesto de regulación reglamentaria *extra legem* mediante la que, prescindiendo de lo dispuesto en la ley, se incluyen en la categoría de devolución de ingresos indebidos todos los supuestos en que procede la devolución de lo pagado porque la deuda se considera total o parcialmente ilegal, bien como consecuencia de una resolución de procedimientos de revisión (ordinarios o especiales); o de un procedimiento de aplicación de los tributos (p.ej. comprobación o inspección con regularización a favor del obligado tributario); o de una rectificación de autoliquidaciones.

De hecho, el artículo 131 del RGRVA vuelve a reconocer ese ámbito objetivo del procedimiento de devolución de ingresos indebidos al mencionar el supuesto en que "se haya declarado el derecho a la devolución en la resolución de un recurso o reclamación económico-administrativa, en sentencia u otra resolución judicial o en cualquier otro acuerdo que anule o revise liquidaciones u otros actos administrativos".

Esa ampliación reglamentaria del ámbito objetivo del procedimiento de devolución de ingresos indebidos resulta paradójica porque desconoce la existencia de varios procedimientos distintos de distinta naturaleza y, de este modo, parece unificar en un único procedimiento todos los supuestos en los que la Administración debe devolver al obligado tributario las cantidades ingresadas. Lo cual es incompatible con el resto del RGRVA, que establece normas específicas para la ejecución de las resoluciones administrativas (arts. 66 y ss. RRVA) y normas específicas para la ejecución de las resoluciones judiciales (arts. 70 y ss RGRVA). Y también es contradictorio con el contenido del RGGI, que regula de principio a fin los procedimientos de gestión tributaria que finalizan con una devolución de lo indebidamente ingresado (paradigmáticamente, los procedimientos de rectificación de autoliquidaciones, arts. 126 y ss. del RGGI).

Todo ello implica, como es obvio, una confusión de los distintos trámites y procedimientos que deben seguirse para la devolución de lo indebidamente ingresado, puesto que todos aparecen agrupados en el artículo 15 del RRVA pese a que el reconocimiento del derecho a la devolución tiene lugar en procedimientos claramente diferenciados que también regulan la ejecución de las resoluciones que ponen fin a dichos procedimientos. Por ello se ha dicho que solo los supuestos mencionados en el artículo 221 LGT constituyen "ingresos indebidos en sentido estricto", porque "en los demás supuestos el ingreso no es realmente indebido y su declaración como tal pasa por la anulación del acto que estableció la obligación”[87].

7. LA NECESARIA REFORMA DE LOS PROCEDIMIENTOS ESPECIALES DE REVISIÓN

Tal y como hemos expuesto en las páginas anterior, el significado y alcance de los distintos procedimientos especiales ha cambiado significativamente en los últimos años, y ello es motivo para que el legislador proyecte una reforma integral del sistema, que debería comprender, al menos, los siguientes aspectos.

1. Es imprescindible clarificar si la declaración de inconstitucionalidad es un supuesto de nulidad de pleno derecho.

Ya hemos visto que la doctrina está dividida, que el Tribunal Supremo ha cambiado de criterio en el último año, y que el Tribunal Constitucional está utilizando desde 2021 una regla extraordinaria de limitación de los efectos derivados de la declaración de inconstitucionalidad de normas tributarias. Pero si, como se dijo en la STC 108/2022, “las disposiciones consideradas inconstitucionales han de ser declaradas nulas, de manera que al efecto derogatorio previsto en el art. 164.1 CE aquel precepto orgánico le añade el de la «nulidad», que se traslada también, en virtud de lo dispuesto en el art. 40.1 LOTC, a los actos dictados en la aplicación de los preceptos expulsados del ordenamiento, en principio, con efectos *ex tunc*”, es necesario que el artículo 217.1 de la LGT contemple expresamente dicho supuesto de nulidad de pleno derecho, para dar seguridad jurídica a los operadores jurídicos y para limitar el riesgo de que se produzcan declaraciones judiciales claramente incompatibles, como las citadas anteriormente.

2. Es imprescindible determinar si en el ámbito tributario se deben aplicar los límites establecidos para la revisión de oficio en el artículo 110 de la Ley 39/2015.

El artículo 217 de la LGT no establece ningún límite temporal para la declaración de nulidad de pleno derecho, lo que encuentra su fundamento en la gravedad de las lesiones jurídicas apreciadas. Pero, como hemos visto, el Tribunal Supremo ha afirmado que, en estos casos, “como es característico de la potestad de revisión de oficio, deberá ponderarse el tiempo transcurrido desde que se produjo el ingreso de la cantidad liquidada por el acto nulo de pleno derecho hasta que se insta la revisión”[88]. Esa interpretación judicial nos puede parecer lógica y razonable, pero: (i) debería hacer explícito su fundamento jurídico; (ii) debería dar pautas al intérprete sobre su significado, porque

---

87 Vid., Palao Taboada, C. (2022). *Revocación de actos...*, cit., p. 80.

88 Vid sentencia del Tribunal Supremo de 28 de febrero de 2024 (ECLI:ES:TS:2024:941), Pon. Sr. Toledano (*Tol 9902717*).

también es razonable considerar que regulación actual del artículo 217 LGT permitiría instar la nulidad de pleno derecho de liquidaciones de plusvalía dictadas hace más de diez años, lo parece rechazar la sentencia citada; (iii) en la delimitación exacta del plazo para iniciar la nulidad de pleno derecho debería constatarse que, si se reduce el plazo de inicio de este procedimiento a cuatro años, se produciría una asimilación de plazo al de otros procedimientos especiales de revisión, determinando, conforme a lo explicado, que las diferencias entre este procedimiento y el de revocación fueran prácticamente irrelevantes[89].

3. Es necesario reconocer que el procedimiento de revocación puede iniciarse de oficio.

Hemos visto que toda la actuación de la Administración, incluido el ejercicio de potestades discrecionales, está sometida a control judicial, porque así lo establece el artículo 106 de la Constitución; y hemos defendido que las causas de revocación previstas en el artículo 219 de la LGT no son supuestos de discrecionalidad, como defienden algunos autores, sino de *anulabilidad cualificada.*

Por tanto, es perfectamente lógico y coherente con nuestro ordenamiento jurídico que el procedimiento pueda ser iniciado a instancia de parte y que la Administración quede obligada a dar una respuesta motivada a la pretensión de revocación formulada por el interesado (que, por supuesto, podrá ser estimatoria o desestimatoria). Sin embargo, es totalmente ilógico e incoherente con nuestro ordenamiento jurídico que solo se reconozca el derecho de los interesados a "promover su iniciación" y ello no tenga consecuencia jurídica alguna; o que la Administración pueda abstenerse de resolver una pretensión de revocación oportunamente presentada por el interesado por considerar que concurre alguna de las causas legalmente establecidas.

4. Es necesario asegurar que la rectificación de autoliquidaciones sigue siendo un cauce por el que los obligados tributarios pueden manifestar sus discrepancias con la normativa aplicable o con la interpretación realizada por la Administración de dicha normativa.

El sistema de rectificación de autoliquidaciones es un verdadero procedimiento especial —aunque no tenga ese reconocimiento en la Ley General Tributaria— ideado para que los obligados tributarios puedan identificar y corregir los errores advertidos en su autoliquidación, como si se tratara de un acto administrativo.

La nueva regulación reglamentaria de las autoliquidaciones rectificativas equipara su régimen jurídico al del "procedimiento de devolución iniciado mediante autoliqui-

---

89 La posibilidad de que se redujera el plazo de inicio del procedimiento a cuatro años fue criticada por Bosch Cholbi, J.L. (2010). "Los efectos de la nulidad de pleno Derecho o anulabilidad de una liquidación tributaria". *Tribuna Fiscal: Revista Tributaria y Financiera,* (233), pp. 7-26

dación" en los supuestos en que el resultado de dicha autoliquidación no determine un mayor ingreso. Esa equiparación puede determinar que la presentación de una autoliquidación rectificativa conlleve la devolución inmediata de la cantidad resultante de esa autoliquidación rectificativa, con independencia de que la Administración hubiera realizado o no la comprobación administrativa instada por el obligado tributario, con el consecuente riesgo de inicio de un procedimiento sancionador por entender que se ha realizado el tipo infractor recogido en el artículo 193 de la LGT.

Esa mera posibilidad constituye una clara limitación de los derechos de los obligados tributarios que, a partir de ahora, además de asumir todos los costes derivados de la generalización del sistema de gestión tributaria mediante autoliquidación, tendrán que soportar un coste específico (el riesgo de sanción) en caso de cuestionar la interpretación normativa seguida por la Administración. La posibilidad de sancionar la discrepancia de los obligados tributarios, además de generar una clara asimetría en la posición jurídica de la Administración y los administrados y cercenar su derecho a la tutela judicial efectiva, podría constituir un supuesto de vulneración de la prohibición de *refomatio in peius*, en tanto que el legítimo derecho a discrepar de la actuación de la Administración podría empeorar la situación jurídica de los obligados que manifiestan esa discrepancia.

5. Es necesario especificar los efectos jurídicos de la revocación.

La revocación se sitúa en un estadio intermedio entre la nulidad de pleno derecho y la anulabilidad, lo que nos llevaba a defender que las causas de revocación constituyen supuestos de "anulabilidad cualificada". Por ello, dado que los efectos de la nulidad de pleno derecho son distintos de los de la mera anulación, sería conveniente especificar los efectos derivados de la revocación, que razonablemente podrían ser *ex tunc* como sucede en los supuestos de nulidad de pleno derecho, dado que en ambos supuestos se declara la nulidad como consecuencia de la apreciación de graves lesiones del ordenamiento jurídico (y ello determinaría, entre otras consecuencias, que las actuaciones realizadas no tuvieran efecto interruptivo de la prescripción).

6. Es necesario clarificar o suprimir el procedimiento de devolución de ingresos indebidos.

Hemos visto que el artículo 221 de la LGT regula el denominado procedimiento de devolución de ingresos indebidos que, en realidad, comprende una única actuación consistente en reclamar el pago de lo pagado en exceso, por lo que no tiene las características propias de un procedimiento, ni mucho menos de un procedimiento especial de revisión. Ese desajuste, como explicábamos, puede estar causado por la imprecisa continuidad con el anterior procedimiento de devolución de ingresos indebidos regulado en el RD 1163/1990. Además, veíamos también que el desarrollo reglamentario de este procedimiento también genera confusión, porque aglutina distintas actuaciones que típicamente pertenecen a la fase de ejecución de otros procedimientos de revisión.

Por todo ello consideramos perfectamente razonable suprimir el artículo 221 de la LGT, pues bastaría con incluir un precepto en el Reglamento General de Recaudación que previera cómo actuar en caso de realización de pagos en cantidad superior a la exigida.

8. REFERENCIAS BIBLIOGRÁFICAS

Alonso Murillo, F. (2002). "Razones y sinrazones de las especialidades de los procedimientos tributarios de revisión de oficio". *Civitas Revista española de Derecho Financiero.* (115).

Bosch Cholbi, J.L. (2010). "Los efectos de la nulidad de pleno Derecho o anulabilidad de una liquidación tributaria". *Tribuna Fiscal: Revista Tributaria y Financiera,* (233).

Checa González, C. (2004). "Procedimientos especiales de revisión". Calvo Ortega (dir.), *La nueva Ley General Tributaria*, Civitas.

Eseverri Martínez, E. (2003). *Memoria del Consejo de Defensa del Contribuyente 2002.*

Eseverri Martínez, E. (2005). "La revocación de actos tributarios". *Quincena Fiscal,* (3-4)

Falcón y Tella, R. (1996). "*La posibilidad de revisar de oficio a favor del contribuyente las liquidaciones impugnadas en vía contenciosa*". *Técnica Tributaria,* (32).

Falcón y Tella, R. (2004). "Prólogo" al libro de Rodríguez Márquez, J. (2004). *La revisión de oficio en la nueva Ley General Tributaria ¿una vía para solucionar los conflictos entre la Administración y los contribuyentes?* Aranzadi.

García Berro, F. (2004). *Procedimientos tributarios y derechos de los contribuyentes en la nueva Ley General Tributaria.* Marcial Pons.

García Novoa, C. (2005). "El procedimiento de revocación tributaria en el Reglamento de revisión". *Quincena fiscal,* (16), pp. 5-28.

García Novoa, C. (2016). "Procedimientos de revisión: procedimientos especiales de revisión", Chico/Galan (dir.), *La revisión de actos en materia tributaria,* Aranzadi.

Garrido Falla, F. (1949). "Nota de jurisprudencia". *Revista de Derecho Privado.*

González Pérez, J. (1950). "La revocación de los actos administrativos en la jurisprudencia española". *Revista de administración pública,* (1).

Litago Lledó, R. (2023). "La rectificación de las autoliquidaciones tributarias como derecho de Los contribuyentes". *Revista Forum Fiscal,* (298*)*, pp. 12-26.

López Candela, J. (2018). "La nueva configuración de la revocación de los actos tributarios tras la reciente doctrina del Tribunal Supremo". https://derecholocal.es/opinion/la-nueva-configuracion-de-la-revocacion-de-los-actos-tributarios-tras-la-reciente-doctrina-del-tribunal-supremo. Recuperado el 26 de abril de 2018.

Marín-Barnuevo Fabo, D. (2018). "Las especialidades del Derecho Tributario y su proyección en la aplicación de la doctrina de los actos propios", en Marín-Barnuevo Fabo, D. (dir.), *La doctrina de los actos propios en Derecho Tributario*, Thomson Reuters-Civitas.

Marín-Barnuevo Fabo, D. (2020). "El principio de buena administración en materia tributaria". *Civitas Revista Española de Derecho Financiero,* (186).

Marín-Barnuevo Fabo, D. (6 de junio de 2022). "El procedimiento tributario de revocación". *Revista Interactiva de Actualidad* publicada por la AEDAF, (22).

Marín-Barnuevo Fabo, D. (2023). "Presente y futuro del procedimiento de revocación en materia tributaria". *Revista Jurídica Pérez-Llorca,* (mayo/2023).

Moreno González, S. (2010). "La revocación en materia tributaria", en AA.VV. *Tratado sobre la Ley General Tributaria. Homenaje a Álvaro Rodríguez Bereijo,* Aranzadi, tomo II.

Orón Moratal, G. "Aplicación de los tributos y límites al deber de colaboración de los obligados tributarios", en esta misma obra.

Palao Taboada, C. (2004). "El procedimiento de revisión y de reclamación de actos tributarios". *XXV Congreso AEDAF,* AEDAF.

Palao Taboada, C. (agosto-septiembre 2022). "Revocación de actos de aplicación de leyes declaradas inconstitucionales y devolución de ingresos indebidos. Análisis de la STS de 9 de febrero de 2022, rec. núm. 126/2019". en *Revista de Contabilidad y Tributación. CEF,* (473-474).

Quintana Ferrer, E. (2004). *Devolución de ingresos indebidos y Ley General Tributaria,* Lex Nova.

Ramallo Massanet, J. (2007). "Los procedimientos de revisión en materia tributaria". AAVV *Estudios en homenaje al profesor Pérez de Ayala,* Dykinson, p. 589.

Rodríguez Márquez, J. (2004). *La revisión de oficio en la nueva Ley General Tributaria ¿una vía para solucionar los conflictos entre la Administración y los contribuyentes?,* Aranzadi.

Ruiz Almendral, V. (2018). "Alcance y efectos de la doctrina constitucional sobre el Impuesto sobre el Incremento de Valor de los Terrenos de Naturaleza Urbana: cuestiones problemáticas". *Revista de Contabilidad y Tributación CEF,* (427).

Ruiz Almendral, V. (2020). "Los efectos variables de las declaraciones de inconstitucionalidad de las normas tributarias y la imprevisibilidad de sus consecuencias". *Revista Nueva Fiscalidad,* 2/2020.

Sánchez Blázquez, V. (octubre-diciembre 2020). "El debate sobre la revocación tributaria en el Tribunal Supremo: una evolución hacia su mayor control jurisdiccional". *Nueva Fiscalidad.*

Sesma Sánchez, B. (2017). *La nulidad de las actuaciones tributarias,* Aranzadi.

RETROACCIÓN, REPOSICIÓN Y REITERACIÓN DE ACTOS TRIBUTARIOS ANULADOS POR DEFECTOS DE FORMA Y DE FONDO Y POR CAUSAS DE ANULABILIDAD Y NULIDAD RADICAL*

Begoña Sesma Sánchez
Catedrática de Derecho Financiero y Tributario
Universidad de Oviedo

SUMARIO: 1. INTRODUCCIÓN. 2. ACLARANDO CONCEPTOS: RETROACCIÓN, REPOSICIÓN Y REITERACIÓN DE ACTUACIONES TRIBUTARIAS ANULADAS. 3. LA RETROACCIÓN DE ACTUACIONES TRIBUTARIAS CUANDO CONCURREN DEFECTOS FORMALES QUE HAYAN ORIGINADO INDEFENSIÓN. 4. LA REPOSICIÓN DE ACTUACIONES EN SUPUESTOS DE ESTIMACIÓN PARCIAL DE RECLAMACIONES O RECURSOS. 5. LA REITERACIÓN DE ACTUACIONES TRIBUTARIAS ÍNTEGRAMENTE ANULADAS. 6. REFERENCIAS BIBLIOGRÁFICAS.

---

* El presente trabajo es resultado del Proyecto de Investigación PID2023-149797NB-I00 titulado "Los derechos y garantías de los contribuyentes ante la necesidad de un cambio de modelo de las relaciones con la Administración tributaria".

1. INTRODUCCIÓN

La Ley General Tributaria 58/2003, de 17 de diciembre (*Tol 327278*), cuyo vigésimo aniversario celebramos, supuso una revolución en el ámbito de los procedimientos tributarios. Amén de recoger sus (muchas) especialidades respecto del procedimiento administrativo común (en materias como las formas de iniciación y terminación, el alcance de los derechos de los obligados tributarios y de las potestades de la Administración tributaria, las singularidades en materia de prueba y notificaciones, los plazos y el régimen jurídico de la liquidación tributaria), innovó especialmente en el ámbito de la gestión tributaria (con la singularización de múltiples procedimientos) y de la inspección (en particular, ampliando su plazo de duración e incrementando las potestades de comprobación e investigación, tanto en su dimensión temporal como material).

Transcurridos ahora 20 años de esta transformación, la LGT de 2003, lejos de contribuir a una mayor flexibilidad, seguridad jurídica y a una mejor administración, ha traído consigo un sinfín de complejidad y litigiosidad en el ámbito procedimental. Ahí están las controversias sobre procedimientos inadecuados a tenor de las potestades administrativas desplegadas (verificación de datos que debían ser comprobaciones limitadas, por ejemplo, o comprobaciones limitadas que debían ser inspecciones), defectos de competencia orgánica y territorial del órgano liquidador, requerimientos de información y documentación que encubren verdaderos inicios de procedimientos, incumplimientos de plazos, utilización indebida de medios de comprobación o de regularización o insuficiente motivación tanto de trámites como de actos liquidatorios, entre otros muchos defectos formales. Seguramente, como ya he apuntado en otra ocasión, un único procedimiento de liquidación hubiera sido más aconsejable y habría planteado menos problemas que los derivados de su compleja regulación actual en la que casi cualquier trámite o solicitud se ha elevado a la categoría de procedimiento[1]. Las múltiples infracciones formales van al compás de la actual amalgama de procedimientos tributarios y actúan todas como potenciales vicios de invalidez sobre cualquier acto tributario, singularmente, sobre las liquidaciones, de modo que para obtener su anulación se invocan en la actualidad más cuestiones formales que razones de fondo. Y el problema no es solo que se han multiplicado exponencialmente estas causas de invalidez de cualquier acto tributario, sino que recurridos estos por esas y otras razones sustantivas, la realidad es que la Administración siempre dispone de nuevas oportunidades de regularizar la obligación tributaria, ya sea vía retroacción de actuaciones para depurar un defecto formal, reponiendo el expediente en casos de estimación parcial para que se ajuste el contenido del acto impugnado o anulándolo

---

1 Vid., Sesma (2017bis), *in totum*.

íntegramente pero conservando la posibilidad de repetirlo o reiterarlo para *disparar de nuevo*.

Pues bien, el marco jurídico procedimental y temporal que se abre ante cada de cada una de estas situaciones es dispar, como lo son plazos y vías de revisión de la nueva liquidación o del nuevo acto. De la naturaleza formal o material del vicio de invalidez, depende la retroacción o, alternativamente, la reposición de actuaciones en casos de estimación parcial. Y de su calificación como vicio de anulabilidad o nulidad radical depende, conforme a una reiterada doctrina jurisprudencial —cuestionable y controvertida, a mi juicio— la prescripción de la potestad liquidadora dado que el TS viene considerando, sin amparo legal alguno, que los actos anulables interrumpen la prescripción tributaria mientras que no lo hacen los nulos de pleno derecho. Y dado que ni las resoluciones económico administrativas ni las sentencias contribuyen a deslindar con claridad estos supuestos limitándose a anular o a declarar la nulidad del acto sin "bautizar" o calificar el defecto de invalidez o haciéndolo indebidamente, considerando como formal lo que es material y anulable lo que es nulo de pleno derecho, la litigiosidad procedimental está servida.

En fin, el casuismo de toda esta controversia sobre la retroacción, reposición y reiteración de actuaciones tributarias inválidas es notorio y complejo, como lo es también la evolución de la doctrina jurisprudencial al respecto, *ad casum*, dispar y controvertida y ello a pesar de que, justo es reconocerlo, la reforma de la casación en 2015 ha mejorado significativamente la identificación de los problemas y la interpretación jurisprudencial que viene realizando el TS de este caótico escenario.

2. ACLARANDO CONCEPTOS: RETROACCIÓN, REPOSICIÓN Y REITERACIÓN DE ACTUACIONES TRIBUTARIAS ANULADAS

No es lo mismo retrotraer que reponer o reiterar actuaciones: la retroacción consiste en devolver el expediente al órgano que ha dictado el acto para que depure o repare un defecto de forma que ha ocasionado indefensión al obligado tributario. En la retroacción se vuelve al procedimiento originario y al momento (notificado) en que se produjo el vicio o defecto formal. Y el nuevo acto depurado debe dictarse, como regla general, en el plazo restante del procedimiento inicial (con un mínimo de seis meses en la retroacción acordada en el seno de un procedimiento de inspección). La propia decisión de retrotraer es, en sí misma, revisable si se considera que ha sido improcedente o se han dejado imprejuzgadas otras cuestiones. Y las vías y plazos de revisión del nuevo acto son, en principio, las ordinarias.

La reposición de actuaciones opera, en cambio, en los supuestos de invalidez parcial del acto, generalmente por razones de fondo, y consiste en dictar otro en sustitución de aquel ajustando su contenido a la resolución económico administrativa o sentencia parcialmente estimatorias[2]. En este caso, el nuevo acto no forma parte del procedimiento originario en el que se dictó el parcialmente anulado, debiendo limitarse el órgano competente a "obedecer" y dar cumplida ejecución al mandato del órgano económico administrativo o jurisdiccional. El plazo de ejecución para dictar este segundo acto es de uno o dos meses, según se trate respectivamente de la ejecución de una reclamación económico administrativa o una sentencia y, según la jurisprudencia, su incumplimiento solo evita el devengo de intereses de demora y constituye una mera irregularidad no invalidante. En estos supuestos, la eventual impugnación del nuevo acto debe hacerse, como regla general, a través del recurso contra la ejecución, cuando se trate de dar cumplimiento a una reclamación económico administrativa, o de un incidente de ejecución, cuando se trate de la ejecución de una sentencia.

Por último, la reiteración de actuaciones se relaciona con los supuestos de estimación íntegra de reclamaciones o recursos en los que, a pesar de haberse declarado la invalidez total del acto, la Administración intenta la regularización de nuevo desplegando un nuevo procedimiento (aprovechándose de actuaciones conservadas del anulado) dando lugar a un segundo acto que será revisable por los cauces ordinarios de impugnación. A priori, los principales obstáculos que plantea esta reiteración de actuaciones es determinar si cabe una segunda regularización de la misma obligación tributaria o si la prescripción, la interdicción de la *reformatio in peius*, la reincidencia en el mismo error o la buena administración lo impiden.

Así pues, retroacción, reposición y reiteración de actuaciones dan lugar a un nuevo acto "depurado" en unos casos, parcialmente novedoso en otros y "replicado" cuando hay reiteración de actuaciones, pero sus causas, su marco jurídico, sus tiempos y sus posibilidades y vías de revisión difieren notablemente.

Una última aclaración: tales escenarios pueden operar respecto de cualquier acto tributario (liquidaciones, actos recaudatorios, derivaciones de responsabilidad, sanciones...), aunque presentan matices en algunos casos (singularmente en caso de sanciones). Sin embargo, dado que la pretensión primaria de los reclamantes es invalidar la liquidación tributaria porque de ella dependen, en cascada, todos aquellos otros, las consideraciones que siguen se refieren principalmente a las liquidaciones tributarias.

---

2 Reservamos esta denominación, reposición de actuaciones, a los supuestos también llamados de mera ejecución o de retroacción material para poder deslindar este supuesto de la verdadera retroacción que, en términos legales, solo opera respecto de defectos formales que haya originado indefensión.

3. LA RETROACCIÓN DE ACTUACIONES TRIBUTARIAS CUANDO CONCURREN DEFECTOS FORMALES QUE HAYAN ORIGINADO INDEFENSIÓN

La retroacción de actuaciones tiene cobertura legal expresa en la vía económico administrativa en el artículo 239.3 LGT, que la ordena preceptivamente en los siguientes términos:

"(...) *Cuando la resolución aprecie defectos formales que hayan disminuido las posibilidades de defensa del reclamante, se producirá la anulación del acto en la parte afectada y se ordenará la retroacción de las actuaciones al momento en que se produjo el defecto formal*".

Sistematizando los elementos esenciales de la retroacción de actuaciones tributarias caben, a mi juicio, las siguientes consideraciones:

1ª. ¿Qué defectos de forma habilitan la retroacción de actuaciones? El análisis de estos defectos es, forzosamente, casuístico y, como es de suponer, reclamante y Administración discrepan de ordinario al respecto. No es infrecuente que, acudiendo a una interpretación generosa del concepto de defecto formal, se "abuse" de la retroacción y se ordene, aunque el reclamante no haya alegado indefensión ni haya solicitado la retroacción.

El fundamento de la retroacción reside en el principio del *favor acti,* esto es, en la habilitación legal para que la Administración convalide los actos anulables y depure un defecto de forma que ha perjudicado las posibilidades de defensa del obligado tributario. En palabras del TS, la retroacción de actuaciones está concebida en nuestro sistema jurídico "como un instrumento para reparar quiebras procedimentales que hayan causado indefensión al obligado tributario reclamante, de modo que resulte menester desandar el camino para practicarlo de nuevo, reparando la lesión; se trata de subsanar defectos formales (...) O, a lo sumo, para integrar los expedientes de comprobación o inspección cuando la instrucción no haya sido completa y, por causas no exclusivamente imputables a la Administración, no se cuente con los elementos de juicio indispensables para practicar la liquidación; se trata de acopiar los datos de hecho indispensables para dictar una decisión ajustada a derecho que por la ausencia de los mismos, no se sabe si es sustancialmente correcta"[3]. Pero el TS también ha precisado que "la retroacción de actuaciones no constituye un expediente apto para corregir los defectos sustantivos de la decisión, dando a la Administración la oportunidad de ajustarla al ordenamiento jurídico (...) Si no ha habido ninguna quiebra formal y la instrucción está completa, no

3 STS de 26 de marzo de 2012 (rec. 5827/2009), ECLI:ES:TS:2012:2104 (*Tol 2501177*).

cabe retrotraer para que la Administración rectifique, por ese cauce, la indebida fundamentación jurídica de su decisión"[4].

A mi juicio, con toda la prudencia que impone formular una consideración general sin considerar las concretas circunstancias del caso, entiendo que pueden considerarse defectos de forma aptos para ordenar la retroacción de actuaciones aquellos vicios de procedimiento vinculados con una merma efectiva y material del derecho de defensa del obligado tributario. Por ejemplo, para dar traslado de un informe ampliatorio que resulta determinante y no fue conocido por el reclamante[5], para dar audiencia al interesado cuando se ha omitido (total o parcialmente) este trámite, para examinar y pronunciarse sobre las alegaciones del interesado que fueron ignoradas al dictar el acto impugnado[6] o para especificar y justificar los elementos de prueba que han sustentado la motivación de un acto[7].

---

4 Entre otras muchas, vid., STS de 25 de octubre de 2012, (rec. 2116/2009), ECLI:ES:TS:2012:7914 (*Tol 2706619*) y de 25 de marzo de 2021 (rec. 3607/2019), ECLI:ES:TS:2021:1145 (*Tol 8378783*). Al respecto vid., Bosch Cholbi (2009) y Gandarillas Martos (2022).

5 Vid., STS de 14 de diciembre de 2021 (rec.189/2009), ECLI:ES:TS:2011:9278 (*Tol 2438761*).

6 Vid., STS de 12 de septiembre de 2023 (rec. 3720/2019), ECLI:ES:TS:2023:3639 (*Tol 9712903*), que declara además la nulidad de pleno derecho de la liquidación dictada ignorando las alegaciones presentadas por el obligado tributario. El mismo criterio se ha mantenido también con relación a las sanciones dictadas sin tener en cuenta las alegaciones formuladas por el obligado tributario, vid., STS de 18 de mayo de 2020, rec. 5732/2017, ECLI:ES:TS:2020:1097 (*Tol 7947579*).

7 La ausencia o insuficiencia de motivación como vicio formal o material invalidante ha sido muy controvertida. Aunque la postura jurisprudencial no es pacífica y existen tanto pronunciamientos favorables a su consideración como defecto formal apto para habilitar la retroacción, como otros que lo califican de defecto material o de fondo, entiendo que procede un examen *ad casum* del expediente y que su calificación dependerá de sus consecuencias respecto del obligado tributario, esto es, de que haya ocasionado o no, materialmente, indefensión al destinatario del acto. Al respecto, entiendo que la motivación del acto debe ser adecuada, tempestiva y suficiente para justificar un acto liquidatorio que pretende desvirtuar la presunción de veracidad de los datos consignados por el obligado tributario en su autoliquidación o declaración "pues habrá declaraciones o autoliquidaciones que por su complejidad técnica o jurídica precisen de una justificación más detallada y en cambio otras que por su sencillez queden suficientemente y correctamente motivadas y justificadas" (STS de 19 de julio de 2016, rec.558/2015, ECLI:ES:TS:2016:3565) (*Tol 5781845*). Ahora bien, a mi juicio, la retroacción sería viable para completar y fundamentar la motivación del acto, pero no para subsanar la ausencia de ella ni cuando deriva de una actividad comprobadora insuficiente o irregular por razón de los medios o el defecto del procedimiento de comprobación seguido. Vid., Sesma Sánchez (2017), 388 y ss. Con todo, como digo, sigue siendo una cuestión abierta. Vid., como reflejo de esa controversia, la STS de 8 de marzo de 2022, rec. 2744/2020, ECLI:ES:TS:2022:861 (*Tol 8874506*) y ATS de 6 de marzo de 2024, rec. 4123/2023 (*Tol 9943241*).

En todo caso, si el defecto formal no tuviera especial gravedad en términos de indefensión para el obligado tributario o su depuración pudiera subsanarse en fase revisora, a mi juicio, en aras de la eficacia administrativa y la "plena revisión" siempre es preferible que el órgano económico administrativo resuelva el fondo del asunto y evite ordenar la retroacción de actuaciones. Al respecto, no puede obviarse que el propio TEAC ha señalado en unificación de criterio que, admitidas en fase de revisión pruebas y documentos que, pese a haber sido requeridos en el correspondiente curso de aplicación de los tributos no fueron debidamente aportados (salvo evidencia de una actitud abusiva o maliciosa), el órgano revisor deberá, examinadas las mismas, estimar o desestimar la reclamación sin que se permita en estos casos la retroacción de actuaciones[8].

En cambio, considero que no merecen la consideración de defectos formales los errores de procedimiento —como practicar una verificación de datos en vez de una comprobación limitada o aplicar incorrectamente una comprobación limitada cuando procede una inspección[9]—; tampoco la insuficiente o deficiente motivación del acto por dejadez o improcedencia de los medios de comprobación empleados (por ej., por omitir la comprobación física de los inmuebles a los efectos de acreditar su valor real[10]); ni haber utilizado indebidamente la calificación de las operaciones (artículo 13 LGT) cuando lo procedente sería la simulación o el conflicto en la aplicación de la norma dado que no son intercambiables las cláusulas antiabuso[11]; ni aplicar un régimen fis-

---

8 Vid., Res. TEAC de 30 de octubre de 2023 (*Tol 9749524*).

9 Con relación a las infracciones de procedimiento vinculadas a la comprobación limitada, cuando el defecto consiste en un indebido ejercicio de las potestades de comprobación yendo más allá de lo que permite su regulación legal vid., entre otras muchas, STS de 23 de marzo de 2021, rec. 3688/2019, (ECLI:ES:TS:2021:1206) (*Tol 8381910*) y de 3 de mayo de 2022, rec. 5101/2020, (ECLI:ES:TS:2022:1811) (*Tol 8957122*), doctrina ya asumida por el TEAC (Res. TEAC de 24 de octubre de 2023 y de 25 de septiembre de 2023 (*Tol 9723614*)). Al respecto vid., Sesma Sánchez (2019), p. 105.

10 Vid. STS de 27 de junio de 2023, rec. 7667/2021, ECLI:ES:TS:2023:3036 (*Tol 9638274*). En cambio, las Resoluciones del TEAC de 25 de septiembre de 2023 y de 30 de octubre de 2023 han estimado que la comprobación de valores sobre inmuebles sin llevar a cabo la inspección ocular (visita) del inmueble constituye un vicio formal por falta de motivación suficiente y procede ordenar la retroacción de actuaciones y que, además, como hubo estimación íntegra no opera la preclusividad.

11 Al respecto vid., entre otras STS de 2 de julio de 2020, rec. 1429/2918, (ECLI:ES:TS:2020:2257) (*Tol 8013032*), 23 de febrero de 2023, rec. 5915/2021, (ECLI:ES:TS:2023:610) (*Tol 9437026*), de 24 de julio de 2023, rec. 1496/2022, (ECLI:ES:TS:2023:3512) (*Tol 9662539*). Aunque esta línea jurisprudencial es, además de casuística, particularmente indeterminada, pero debe advertirse que no existe discrecionalidad administrativa para elegir una u otra claúsula antiabuso, siendo la calificación (artículo 13 LGT) la potestad ordinaria y primaria al aproximarse a los hechos declarados y a su consideración fiscal y el recurso al conflicto a la aplicación de la norma (artículo 15 LGT) la cláusula de cierre. Desde luego, en mi opinión, se trata de otra controversia

cal equivocado o errar en la forma de liquidar la deuda tributaria obviando alguno de los elementos esenciales para su cuantificación (como sucedió hace unos años con las liquidaciones anuales del IVA en vez de mensuales o trimestrales[12]), ni girar la liquidación a un contribuyente cuando procedía girarla al sustituto[13]. En fin, como ha señalado la Audiencia Nacional, "es sustantivo el vicio invalidante cuando la transgresión imputable a la Administración tributaria tiene que ver con la propia configuración del impuesto, y no con aspectos formales del procedimiento de aplicación de los tributos en el que tuvo lugar la comprobación y posterior liquidación practicada por la Administración"[14].

Tampoco sería viable la retroacción cuando el defecto formal fuera de tal entidad que pudiera subsumirse en una causa de nulidad de pleno derecho del artículo 217 LGT, por ejemplo, porque el error en la selección del procedimiento fuera manifiesto o porque existiera una incompetencia flagrante del órgano liquidador o porque la omisión de un trámite esencial del procedimiento (p.ej., el trámite de audiencia en el ámbito sancionador o la desatención de las alegaciones presentadas por el obligado tributario) pudiera calificarse de infracción del derecho fundamental a la defensa. En tales casos, no ha lugar a la retroacción de actuaciones y, siendo además un vicio de nulidad radical, no podrá apreciarse interrupción de la prescripción tributaria.

A la dificultad de determinar si el vicio es formal o de fondo, se une la evidencia de que las liquidaciones se impugnan generalmente por varios motivos concurrentes de invalidez, tanto por cuestiones procedimentales como sustantivas ¿qué procede entonces resolver?, ¿hay que examinar primero las cuestiones formales para determinar si hay retroacción o deben analizarse simultáneamente los argumentos de fondo? Al respecto, el TEAC viene sosteniendo que si concurre un defecto de forma que ha ocasionado

deficientemente regulada en la LGT y sería preferible optar por una cláusula general actualizando sus contornos a la vista de las directivas y jurisprudencia europeas. Vid., Cordero González (2015) y García Novoa (2023).

A los efectos de este trabajo, una errónea utilización de estas cláusulas traería consigo la estimación íntegra de la invalidez del acto y el principal problema estaría en determinar si el defecto es de anulabilidad o de nulidad radical. A mi juicio, si consideramos que solo las infracciones manifiestas y palmarias de procedimiento o la ausencia del mismo o la omisión de trámites esenciales son causas de nulidad radical podría ser dificultosa su calificación como vicio de nulidad radical, máxime si se ejercitara a través de la acción de nulidad del artículo 217 LGT. En todo caso, en mi opinión, como ya he señalado anteriormente, una estimación íntegra de la reclamación o recurso contra un acto de naturaleza tributaria sea por causa de nulidad o de anulabilidad, no debiera tener efectos interruptivos de la prescripción tributaria.

12 Vid., STS de 29 de septiembre de 2014, rec. 1014/2013, (ECLI:ES:TS:2014:3816) (*Tol 4523024*), y Res. TEAC de 22 de septiembre de 2015 y de 22 de marzo de 2011.

13 Vid., STS de 17 de noviembre de 2023, rec. 1619/2022, (ECLI:ES:TS:2023:5032) (*Tol 9789768*).

14 Vid., SAN de 19 de abril de 2023, rec.692/2018, (ECLI:ES:AN:2023:2089) (*Tol 9549346*).

indefensión, en atención al principio de "*prioridad lógica de las cuestiones formales invalidantes*" —dudoso principio de revisión, a mi juicio, huérfano de amparo legal puesto que el artículo 239.3 LGT solo ordena la retroacción de actuaciones pero no proscribe el examen de otras razones sustantivas—, debe acordarse la retroacción sin pronunciamiento sobre las cuestiones de fondo porque sería una intromisión en la competencia de los órganos gestores[15]. No obstante, también ha considerado que si hubo cuestiones de fondo analizadas y estimadas por el órgano económico administrativo, el límite que supone la *reformatio in peius* impide que la anulación de la resolución por no haber acordado la retroacción afecte a los pronunciamientos de fondo que reconozcan derechos a favor del interesado y que no hayan sido cuestionados en una fase ulterior de la revisión, lo que significa, por tanto, que al menos deberán ser mantenidos en el nuevo acto que, en ejecución de la retroacción ordenada pueda llegar a dictarse[16].

A mi juicio, como ya he señalado en otra ocasión, resulta injustificado que el órgano económico administrativo, al conocer de una reclamación, deje imprejuzgadas todas aquellas cuestiones que, al margen de los defectos formales invalidantes, puedan ser determinantes para declarar la anulación o invalidez total del acto recurrido. El artículo 239.3 LGT solo ordena la retroacción de actuaciones cuando concurre un defecto formal que ha originado la indefensión del obligado, pero no le prohíbe pronunciarse sobre el fondo si procede. Dicho de otro modo ¿tendría sentido ordenar la retroacción de actuaciones por omisión de un informe ampliatorio cuando el recurrente ha esgrimido la prescripción o la caducidad y, de haberse apreciado alguna, la liquidación debía invalidarse de forma íntegra sin retroacción alguna? Los órganos jurisdiccionales afean con relativa frecuencia a los órganos económico administrativos la mala práctica de dejar imprejuzgados algunos motivos de oposición al acto recurrido por considerar innecesario su análisis, obligando a los interesados a recurrir en sede jurisdiccional este tipo de resoluciones incompletas o incongruentes con las pretensiones de los recurrentes que eventualmente hubieran sido determinantes de la anulación íntegra del acto[17]. De ahí

---

15 Vid., Res. TEAC de 28 de febrero de 2022 (*Tol 8882313*) y de 30 de septiembre de 2022.

16 Vid., Res. TEAC de 12 de diciembre de 2023 (*Tol 9807668*). Un comentario a la misma en Banacloche Palao (2024) y Sesma Sánchez (2024). La doctrina administrativa, sin embargo, es reiterada en el sentido de que, apreciado un defecto formal en el acto impugnado, debe acordarse la retroacción y deben tenerse por no realizados los pronunciamientos sobre el fondo, vid., además de la citada, las Res. TEAC de 2 de junio de 2015 y de 28 de febrero de 2022 (*Tol 8882313*).

17 Así lo hace, por ejemplo, la STS de 8 de marzo de 2022, rec. 2744/2020, (ECLI:ES:TS:2022:861) (*Tol 8874506*), al referirse "al modo anómalo con que el órgano revisor acomete, parcialmente, la impugnación recurrente creando implícitamente una especie de reserva de segunda resolución que versase sobre las cuestiones imprejuzgadas" señalando que, sobre los demás aspectos de la liquidación alegados el TEAC "podría haber entrado si hubiera querido, pues ningún obstáculo sustantivo y procesal lo impedía".

que habitualmente se impugne en vía contenciosa la propia resolución que ordena la retroacción a fin de conseguir, de una parte, un pronunciamiento sobre las cuestiones que quedaron sin revisar y, de otra, una sentencia que declare tanto la invalidez de la resolución económico administrativa como la del acto recurrido[18]. Al respecto es importante señalar que el TS ha declarado como doctrina casacional que "en los supuestos en que hayan obtenido una resolución totalmente estimatoria de su reclamación económico administrativa, y, por tanto, favorable a sus pretensiones, pero que haya dejado imprejuzgados alguno de los motivos de oposición al acto recurrido por considerar innecesario su análisis, los interesados, si entienden que esos motivos debieron ser examinados en dicha sede y deben serlo en sede judicial, deben interponer recurso contencioso administrativo". Ahora bien, también ha advertido que "No procede que, con ocasión del recurso contencioso administrativo interpuesto por la Administración autora de los actos impugnados frente a la resolución de los Tribunales Económico Administrativo totalmente estimatoria de la reclamación económico administrativa, los interesados que comparecen en ese recurso como codemandados, puedan hacer valer otras pretensiones que la consistente en la confirmación de la resolución impugnada"[19].

Por otra parte, no puede obviarse que el artículo 237.1 LGT reconoce la competencia del tribunal económico-administrativo para resolver "todas las cuestiones de hecho y de derecho que ofrezca el expediente" hayan sido planteadas o no por el interesado, sin que en ningún caso pueda empeorar la situación del reclamante. Por ello, a mi juicio, al igual que en el ámbito contencioso administrativo se demanda y se avanza hacia la "plena jurisdicción", una "buena" revisión económico administrativa impone el deber de examinar todas aquellas cuestiones de fondo y de forma que plantee el expediente para resolver sobre las pretensiones de invalidez esgrimidas por el obligado tributario sin que sea lícito elegir o seleccionar aquellas que habilitan (solamente) una retroacción o reposición de actuaciones.

2ª. Si bien el artículo 239.3 LGT es taxativo, de modo que la retroacción de actuaciones debe ordenarse preceptivamente en vía económico administrativa no siendo admisible, en principio, una retroacción implícita o de hecho si no se acuerda expresamente[20], procede advertir que el TS ha legitimado ocasionalmente los supuestos de retroacción implícita o "tácita", esto es, algo así como una *presunción de retroacción* cuando la misma pueda deducirse del contenido de la resolución anulatoria aunque no se haya ordenado expresamente. Así, el TS ha señalado que "lo decisivo para determinar si una

---

18 Vid., STS de 8 de marzo de 2022, rec. 2744/2020 y de 20 de diciembre de 2023, rec. 1972/2022, (ECLI:ES:TS:2023:5789) (*Tol 9826914*) y Sesma Sánchez (2024), p. 299.

19 Vid., STS de 20 de diciembre de 2023, rec. 1972/2022, ECLI:ES:TS:2023:5789.

20 Vid., entre otras, STS de 15 de septiembre de 2014, rec. 3948/2014, (ECLI:ES:TS:2014:3728) (*Tol 4521082*).

resolución anulatoria, por razones formales, de una liquidación tributaria, dispone o no de una retroacción de actuaciones para subsanar el vicio formal que haya sido advertido en el procedimiento donde fue dictada la liquidación anulada, viene determinado por el contenido del pronunciamiento de esa resolución anulatoria", de modo que "será de apreciar que esa retroacción ha sido dispuesta de manera implícita en aquellos casos en los que, aunque la resolución anulatoria no lo afirme literalmente, sí haya dispuesto que, con carácter previo al acto final de la nueva liquidación que haya de sustituir a la anterior liquidación anulada, la Administración tributaria habrá de desarrollar necesariamente una actuación distinta de lo que es la concreta determinación de la deuda tributaria que constituye el objeto esencial de la liquidación"[21].

Sin embargo, al respecto y en mi opinión, si la retroacción depende de un defecto formal invalidante por razón de indefensión del reclamante, es preciso no solo que este la haya invocado, sino también que el órgano revisor así lo aprecie y falle, en consecuencia, ordenando expresamente la retroacción de actuaciones identificado el defecto formal que debe repararse. Dado que la retroacción de actuaciones se vincula con la indefensión material lo consecuente es considerar que el obligado tributario haya invocado expresamente esa situación indefensión, aunque no haya pedido formalmente la retroacción. Así lo ha señalado más recientemente el TS[22], desdiciéndose de aquel pronunciamiento anterior, al declarar que "la indefensión determinante de la posible retroacción de actuaciones está supeditada a la existencia probada y razonada de infracciones meramente formales causantes de indefensión y alegadas por este como concurrentes en el procedimiento revisor". En todo caso, a mi juicio, dado que el artículo 239.1 LGT prevé que "las resoluciones decidirán todas las cuestiones que se susciten en el expediente hayan sido o no planteadas o no por el interesado", si realmente concurre un supuesto de indefensión material del obligado tributario —aunque extrañamente no hubiera reclamado la retroacción—, es admisible la retroacción siempre que no concurran otras razones de fondo determinantes de la anulación íntegra invocadas por el reclamante (por ejemplo, caducidad, prescripción, incompetencia manifiesta del órgano o inadecuación patente del procedimiento seguido). A fin de cuentas, debe advertirse que el obligado tributario siempre podrá cuestionar en una ulterior fase revisora (en vía económico administrativa o jurisdiccional) la orden de retroacción si estima que no concurrían vicios o defectos de forma que le hubieran originado indefensión o se hubieran dejado imprejuzgadas cuestiones que hubieran determinado la anulación íntegra y completa del acto. Y en ese escenario, como se señaló anteriormente, la anulación de la decisión de retrotraer traerá consigo la anulación de la liquidación impugnada con la

---

21 Vid., STS de 17 de diciembre de 2020, recurso 2222/2018, (ECLI:ES:TS:2020:4360) (*Tol 8249328*).

22 STS de 27 de junio de 2023, rec.7667/2021, (ECLI:ES:TS:2023:3036) (*Tol 9638274*).

consiguiente incertidumbre abierta, si la estimación fuera íntegra y ante una eventual nueva regularización, si aquel pronunciamiento económico administrativo ha incurrido en una causa de nulidad radical o no y, en definitiva, si ha prescrito o no el derecho de la Administración a intentarlo de nuevo según la línea jurisprudencial al respecto (que no compartimos).

3ª. ¿Cabe la retroacción de actuaciones ordenada jurisdiccionalmente? Si bien los tribunales tienen competencia para determinar el alcance de sus fallos y, por tanto, a priori, para acordar la retroacción en los términos que señalan el artículo 11 LOPJ y el artículo 93.1 LJCA e implícitamente así se reconoce en el artículo 150.7 LGT al disponer que "Cuando una resolución *judicial* o económico administrativa aprecie defectos formales y orden la retroacción de actuaciones inspectoras...", en aras de proteger el derecho a la tutela judicial efectiva y de resolver congruentemente la pretensión de los obligados (que generalmente solo persiguen la nulidad o invalidez del acto pero no quieren brindar a la Administración una nueva posibilidad de acierto), entiendo que la retroacción ordenada jurisdiccionalmente solo cabe acordarla (de forma expresa) si es en beneficio del recurrente y solo cuando concurre un defecto formal insubsanable o cuando el órgano jurisdiccional no disponga de los elementos necesarios para pronunciarse sobre el fondo[23]. Así, por ejemplo, entiendo que sería admisible la retroacción ordenada jurisdiccionalmente para conceder al obligado tributario la posibilidad de instar una tasación pericial contradictoria, para aportar las garantías para obtener un aplazamiento o la suspensión de un acto tributario que indebidamente se hubieran rechazado, para valorar la eventual prescripción o caducidad si no estuvieran al alcance del órgano revisor todos los elementos para resolverlas, para examinar las alegaciones del obligado tributario que hubieran sido ignoradas o aportar, por ejemplo, en el ámbito del controvertido IIVTNU los elementos de prueba que acrediten una minusvalía de valor[24].

Por el contrario, a mi juicio, no cabe admitir la retroacción jurisdiccional en perjuicio del reclamante para brindar a la Administración una nueva oportunidad de regularizar con acierto la obligación tributaria respetando la legalidad procedimental y justificando lo que indebidamente no hizo. Que la retroacción jurisdiccional solo cabe en beneficio del recurrente, también ha sido señalado *obiter dicta* por el TS al afirmar que "la finalidad procesal de la retroacción de actuaciones, si se acuerda en una sentencia firme, es la de subsanar los defectos de que adoleciera el acto impugnado (...) se trata de una decisión que, fácil es de comprender, debe producirse siempre en favor, justamente,

23 Vid., Bosch Cholbi (2011) y Sesma Sánchez (2017).

24 Así, por ejemplo, la STS de 18 de diciembre de 2023, rec. 3284/2022, (ECLI:ES:TS:2023:5715) (*Tol 9818649*), acuerda la retroacción jurisdiccional para que la sala de instancia se pronuncie sobre la prescripción y, de la misma fecha, en el recurso 4459/2022, (ECLI:ES:TS:2023:5735) (*Tol 9818820*), se acuerda para que se pronuncie sobre la caducidad de un procedimiento sancionador previa audiencia de las partes.

de dicha parte como vencedora de un proceso judicial en que se ha anulado la decisión administrativa objeto de impugnación y que debe pedirse formalmente, como pretensión determinante de su concesión"[25]. En definitiva, la retroacción de actuaciones no puede servir para "conceder una segunda oportunidad a la Administración que dictó el acto impugnado para que lo haga bien esta vez y acredite aquello que le incumbe" por cuanto que este modus operandi "puede dar lugar en la práctica, a situaciones indeseables en las que lejos de dar satisfacción al derecho de defensa del demandante en el proceso, limita y cercena el alcance jurídico del éxito de su pretensión de nulidad puesto que consigue para este, de facto, una estimación precaria, condicionada y pírrica, que consiente los graves errores de la Administración y permite a esta un segundo intento de acreditar lo que ya pudo hacer antes" (FJ tercero).

La retroacción jurisdiccional, en mi opinión, exige ponderar los intereses en juego de modo que, atendido el derecho a la tutela judicial efectiva, el principio de economía procesal y el de congruencia, así como la búsqueda de una *plena revisión jurisdiccional*, si el órgano judicial tiene a su alcance todos los elementos del juicio necesarios para abordar la cuestión litigiosa y así lo ha instado el reclamante, debiera entrar al fondo y abstenerse de acordar una retroacción de actuaciones.

4º. Dado que la retroacción de actuaciones persigue la subsanación del vicio formal cometido al dictar el acto impugnado en un determinado *iter* procedimental, lo lógico es que se devuelva el expediente al procedimiento originario "con todas las potestades que procedan" y al momento mismo en el que se cometió aquel defecto para que el órgano competente proceda a dictarlo de nuevo subsanando la indefensión del obligado.

En el ámbito del procedimiento de inspección, la LGT regula expresamente esta cuestión disponiendo en su artículo 150.7 LGT que "Cuando una resolución judicial o económico-administrativa aprecie defectos formales y ordene la retroacción de las actuaciones inspectoras, estas deberán finalizar en el período que reste desde el momento al que se retrotraigan las actuaciones hasta la conclusión del plazo previsto en el apartado 1 o en seis meses, si este último fuera superior. El citado plazo se computará desde la recepción del expediente por el órgano competente para ejecutar la resolución".

En el ámbito de los procedimientos de gestión, a falta de una regulación expresa, la jurisprudencia ha considerado que en aplicación del artículo 104.1 LGT, y descartada la aplicación analógica del artículo 150.7 LGT, el nuevo acto deberá dictarse en el plazo que reste desde que se cometió el vicio procedimental[26], sin que sea posible adicionar a

---

25 STS de 25 de marzo de 2021, recurso 3607/2019, (ECLI:ES:TS:2021:1145) (*Tol 8378783*).

26 Vid., por todas, STS de 22 de mayo de 2018, rec.275/2017, (ECLI:ES:TS:2018:2049) (*Tol 6632559*).

aquel plazo restante ni el plazo de ejecución del artículo 66 RGRVA ni el previsto en el artículo 104 LJCA.

¿Y cuál es ese momento en el que se cometió el defecto formal: el de la liquidación inmotivada, por ejemplo, o el de la propuesta de liquidación? La cuestión no es menor porque, en el ámbito de la gestión tributaria, en la generalidad de los casos será muy escaso el plazo disponible para poder dictar la nueva liquidación de ahí que el TEAC refiera el *dies a quo* para computar el inicio de la retroacción al momento de la propuesta de liquidación y no al de la notificación de la misma.

Por otra parte, procede señalar que la superación de este plazo de caducidad traería como consecuencia la no interrupción de la prescripción y, al margen de la dificultad de recalcular el nuevo cómputo, en tanto en cuanto no resulta admisible una reiteración de retroacciones (por ejemplo, la primera como consecuencia de la insuficiente motivación y la segunda como consecuencia de una eventual caducidad), sería inviable ya el ejercicio de una nueva pretensión liquidatoria[27].

También con relación al cómputo de este plazo de retroacción ha sido necesaria una interpretación jurisprudencial. En primer lugar, para precisar que el mismo se inicia desde que tiene lugar la entrada de la resolución económico administrativa en el registro general de la AEAT, aunque se demore su traslado al órgano competente para continuar con el procedimiento[28]. En segundo lugar, para señalar que contraría el principio de buena administración que el órgano económico administrativo, sin que exista justificación razonable alguna ni concurran circunstancias objetivas excepcionales, se demore indebidamente al trasladar a la Administración su resolución favoreciendo con ello, *de facto*, a la Administración para que avance con valoraciones, haga acopio de nuevos elementos probatorios o estructure los trámites y pruebas que precise para poder cumplir con el plazo máximo de retroacción[29]. Lo previsible será, sin embargo —si

---

27 El TS tiene admitida en casación la cuestión de "precisar si la superación del plazo del que disponen los órganos de gestión para dar cumplimiento a un acuerdo anulatorio, en estos casos, comporta que no pueda iniciarse un nuevo procedimiento con el mismo objeto o, por el contrario, es posible incoar un ulterior expediente, previa declaración de caducidad, mientras no se alcance la prescripción. En particular, esclarecer si la institución de la caducidad, estatuida en el artículo 104.4 LGT, es aplicable a los procedimientos en que no se ejercita una potestad propia de comprobación o gestión, sino de mero cumplimiento de lo acordado por un órgano revisor", vid., ATS de 6 de marzo de 2024, rec. 4123/2023.

28 Vid., entre otras, STS de 19 de noviembre de 2020, rec. 4911/2018, (ECLI:ES:TS:2020:3880) (*Tol 8221865*). Al respecto, Marín-Barnuevo Fabo (2021).

29 Así lo ha precisado el TS al señalar que resulta contrario al principio de buena administración el desfase temporal entre la notificación del acuerdo al interesado y a la Administración "por la ausencia de una justificación plausible y ante la posibilidad de que la AEAT pudiera haber obtenido ventaja de avanzar la propia valoración que comportaba el acuerdo de retroacción",

no se modifica *ad hoc* la normativa en este punto— que la Administración encuentre e invoque argumentos circunstancias y justificaciones para posponer el inicio del plazo de retroacción.

En el ámbito del procedimiento sancionador, a falta de una regulación específica de cómo opera la retroacción de actuaciones, también resultaría aplicable el plazo que reste para concluir aquel (artículo 211.2 LGT) computado desde el momento en que se produjo el vicio formal y a partir del momento en que la resolución tiene entrada en el registro de la AEAT, siempre que no concurra, por supuesto, el principio de *ne bis in idem* y la retroacción no suponga una reiteración íntegra de todo el procedimiento sancionador[30].

Finalmente interesa precisar que en ningún caso cabe sumar a los plazos disponibles para dictar el nuevo acto retrotraído el plazo de 1 mes de ejecución de una resolución económico administrativa (artículo 66 RGRVA) ni el de dos meses de ejecución de la LJCA si se tratara de una retroacción jurisdiccional[31].

5ª. ¿Qué efectos se derivan de la retroacción de actuaciones? El artículo 66.4 RGRVA concreta los efectos de la retroacción señalando que "…. Cuando existiendo vicio de forma no se estime procedente resolver sobre el fondo del asunto, la resolución ordenará la retroacción de las actuaciones, se anularán todos los actos posteriores que traigan su causa en el anulado y, en su caso, se devolverán las garantías o las cantidades indebidamente ingresadas junto con los correspondientes intereses de demora".

En efecto, como consecuencia de la retroacción —que a fin de cuentas implica una estimación íntegra de la reclamación por una razón formal— deberán anularse todos los actos subsiguientes que de ella dependan, aunque no se hubieran recurrido, lo cual significa que la Administración deberá, *de facto*, devolver lo ingresado si hubiera sido ingresado y *revocar* la sanción, actos de derivación de responsabilidad y demás actos recaudatorios, sin posibilidad de liquidar a cuenta, retener o compensar con base en

---

vid., entre otras, STS de 3 de noviembre de 2023, rec. 1266/2022, (ECLI:ES:TS:2023:4724) (*Tol 9780404*). La misma doctrina se recoge en la STS de 14 de marzo de 2024, rec. 3050/2022, (ECLI:ES:TS:2024:1593) (*Tol 9954705*), que cuenta con un voto particular del Magistrado Berberoff, discrepante con el parecer de la Sala por estimar que en el caso examinado no se habría acreditado que la Administración hubiera sacado provecho del desfase temporal y por no compartir la exigencia de que la notificación deba ser simultánea a las partes (Administración e interesado) ni que el cómputo del plazo que fija el artículo 150.7 LGT deba situarse en la fecha de la notificación al recurrente en vez de utilizar la fecha de la de notificación al órgano competente para ejecutar la resolución.

30 Vid. Res TEAC de 11 de julio de 2022. Sobre el alcance de este principio vid., Almudí Cid (2022), pp. 45 y ss.

31 Vid., entre otras, STS de 25 de marzo de 2021, recurso 3607/2019, (ECLI:ES:TS:2021:1145).

una la futura liquidación[32]. Como ha señalado el TS "en una comprensión natural y coherente del Derecho la nulidad de una liquidación tributaria (...) lleva consigo aparejada, indisolublemente, la de la sanción impuesta por razón del incumplimiento de un deber de declaración e ingreso declarado improcedente de forma sobrevenida... No es concebible que en la hipótesis de que el TEA hubiera invalidado la liquidación tributaria... mantuviera intacta la sanción bajo el argumento de que, aun impugnada, no se hubieran formulado alegaciones concretamente dirigidas a obtener su nulidad... Tal situación conduciría al absurdo, que debemos rechazar, de mantener viva una sanción... pese a haberse declarado la inexistencia de la obligación cuyo incumplimiento la habría provocado"[33].

Ahora bien, como la retroacción significa tramitar de nuevo todo el procedimiento a partir del momento en que se produjo el defecto formal, es de destacar que el TS ha precisado que contraría el *principio de ne bis in ídem* tramitar de nuevo un procedimiento sancionador a resultas de la retroacción de un procedimiento de gestión o de inspección[34]. La relevancia de este pronunciamiento es notoria en tanto que supone un aliciente para instar la retroacción si con ello no solo se anula íntegramente la sanción, sino que se veta la posibilidad de reiterar una nueva pretensión sancionadora. Ahora bien, entiendo que para que esta situación se produzca, la nueva regularización debe evidenciar la misma infracción cometida porque si, por cualquier circunstancia, hubiera una variación del tipo infractor o de las circunstancias eximentes o agravantes concurrentes, no es descartable que la Administración pudiera reiterar su potestad sancionadora.

6ª. ¿Qué vías y cauces existen para revisar el nuevo acto dictado en retroacción? En la vía económico administrativa, dado que la revisión inicial del acto presumiblemente no ha entrado en el fondo del asunto al apreciar un defecto formal invalidante (y descartada la concurrencia de una causa de invalidez total del acto), el nuevo será revisable por los cauces ordinarios. No cabe, pues, plantear el recurso contra la ejecución del artículo 241.ter.5 LGT que literalmente dispone que "la tramitación de este recurso se efectuará

---

32 Como ha señalado rotundamente el TS, "como regla básica y esencial... puede afirmarse, con carácter general, que no cabe practicar una liquidación provisional para ejecutar una resolución del TEAC que no la ordena", vid., STS de 8 de marzo de 2022, rec. 2744/2020, (ECLI:ES:TS:2022:861). Al respecto, con carácter general sobre los efectos de la anulación en supuestos de retroacción vid., Vega Borrego (2009).

33 Vid., STS de 31 de octubre de 2017, rec. 1885/2016, (ECLI:ES:TS:2017:3934) (*Tol 6427677*).

34 Vid., STS de 15 de enero de 2024, rec. 2847/2022, (ECLI:ES:TS:2024:223) (*Tol 9852282*). El TEAC ha mantenido, en cambio, que sí es viable tramitar un nuevo procedimiento si bien con la cautela de exigir su íntegra tramitación, no siendo admisible la notificación de plano de la sanción con relación a la segunda liquidación (entre otras, Res. TEAC de 5 de octubre de 2017).

a través del procedimiento abreviado, *salvo en el supuesto específico que la reclamación económico administrativa hubiera ordenado la retroacción, en cuyo caso se seguirá por el procedimiento abreviado o general que proceda según la cuantía inicial de la reclamación*".

Y si se hubiera recurrido la propia decisión que acuerda la retroacción (por considerarla improcedente o porque se hubieran dejado cuestiones imprejuzgadas relevantes para determinar la validez del acto, por ejemplo), según ha señalado el TS, la Administración no podrá dictar la nueva liquidación hasta que se resuelva el recurso subsiguiente, esto es, "la Administración no puede ejecutar la resolución que resuelve una REA que anula una liquidación y ordena la retroacción de actuaciones para que se dicte otra, mientras se tramita un recurso de alzada interpuesto por el contribuyente, estando suspendida la ejecución de la liquidación a instancia del propio contribuyente"[35]. Por tanto, hasta que no se resuelva el posterior recurso o reclamación contra la resolución que hubiera acordado la retroacción no corre el plazo de la Administración para dictar la resolución resultante de la misma (en caso de confirmarse) ni puede, por ello, apreciarse prescripción.

Cuando la retroacción de actuaciones se ha ordenado por sentencia judicial, a pesar de algún pronunciamiento contradictorio, el TS ha considerado que ese acto dictado en ejecución de una retroacción jurisdiccional no es susceptible de control administrativo de modo que "de no estar conforme con lo ejecutoriado, le cabría al afectado la promoción del incidente de ejecución previsto en el artículo 109 LJCA, bajo exclusiva potestad judicial, no así impugnar de nuevo —para agotar la vía— los actos resultantes de la retroacción"[36].

7ª. ¿Cuántas retroacciones de actuaciones caben? En mi opinión, solamente es admisible una retroacción de actuaciones, aunque en las sucesivas liquidaciones se produzcan o aprecien otros defectos de forma. Que no es admisible el "doble tiro" cuando la retroacción provoca un nuevo acto que incurre en el mismo defecto que determinó la invalidez del primero ha sido reconocido claramente por la jurisprudencia con fundamento en el principio de buena administración y la prohibición del error contumaz[37]. Pero, a mi juicio, tampoco sería admisible si el motivo de la anulación del segundo acto fuera otro distinto (sea o no de la misma naturaleza) igualmente apto en teoría para ordenar una segunda retroacción. Como deja entrever el Auto de 6 de marzo de 2024 (rec. 4123/2023), se trata de determinar los límites a los que se halla sometida la Administración en casos "en que pueden llegar a dictarse hasta cuatro liquidaciones sobre un mismo concepto tributario, sin que parezca que la variación en la naturaleza de las

---

35 Vid., STS de 28 de junio de 2021, rec. 2949/2020, (ECLI:ES:TS:2021:2595) (*Tol 8503422*).

36 Vid., STS de 25 de marzo de 2021, rec. 3607/2019, (ECLI:ES:TS:2021:1145) (*Tol 8378783*).

37 Vid., entre otras, STS de 7 de febrero de 2023, rec. 1194/2021, (ECLI:ES:TS:2023:302) (*Tol 9397973*).

continuas equivocaciones pueda beneficiar a aquella en su posición jurídica o la habilite para repetir indefinidamente la actividad liquidatoria hasta que por fin acierte".

En efecto, si los órganos económico administrativos están obligados a examinar todas las cuestiones que se planteen en el expediente hayan sido planteadas o no por los interesados, no caben sucesivas retroacciones para depurar defectos formales que podían haberse advertido en la primera revisión económico administrativa del acto, ni para depurar el mismo o nuevos defectos formales cometidos con ocasión de la retroacción. La contumacia en cometer defectos formales que originan indefensión al interesado con relación al mismo procedimiento liquidatorio violenta claramente el principio de una buena administración, el de seguridad jurídica, el derecho a un proceso sin dilaciones indebidas, amén de interferir en los principios de cosa juzgada "administrativa" o judicial. Resulta inaceptable, en mi opinión, un bucle de retroacciones, el error contumaz, reiterado o reincidente de la Administración al ejercer su potestad liquidatoria habilitando sucesivas retroacciones según avanza la revisión del acto, máxime cuando la Administración no aprovecha la vuelta atrás para depurar todos los defectos formales cometidos.

Al respecto ya hemos señalado que el TS ha cuestionado la anómala práctica de algunos órganos económico administrativos que se limitan a pronunciarse sobre un defecto formal dejando imprejuzgadas otras cuestiones (formales o de fondo) planteadas por el interesado habilitando así una eventual nueva retroacción[38]. De hecho, otros tribunales han considerado que, aunque las infracciones del acto sean diferentes, si son homogéneas, esto es, de la misma naturaleza formal, no es dable permitir a la Administración unas terceras o sucesivas actuaciones, lo que contravendría el principio de proporcionalidad, de eficacia, buena fe y adecuación de los medios a los fines[39].

En definitiva, si en los supuestos de estimación parcial, como se expone seguidamente, no cabe más de una reposición de actuaciones para que la Administración ajuste el acto al fallo porque "no cabe conferir a la Administración un repetido derecho a equivocarse, sino que solo se admite, por vía judicial, una única oportunidad de rectificar sus fallos sustantivos o formales, es de añadir, una vez más que dentro del seno de ejecución de sentencia"[40], con el mismo fundamento, a mi juicio, solo es admisible una única posibilidad de retroacción de actuaciones que, no puede olvidarse, pretende la subsanación de un defecto formal que ha originado indefensión al interesado, pero no

---

38 Vid., entre otras, STS de 8 de marzo de 2022, rec. 2744/2020, (ECLI: ES:TS:2022:861).

39 Vid., STSJ Cataluña de 17 de marzo de 2023, rec.2749/2021, (ECLI:ES:TSJCAT:2023:1825) (*Tol 9505508*).

40 Vid., STS de 25 de marzo de 2021, rec. 3607/2019, (ECLI:ES:TS:2021:1145) y de 7 de febrero de 2023, rec. 1194/2021, (ECLI:ES:TS:2023:302).

la subsanación de continuos vicios que le dejan indefenso y le perpetúan en una situación de incertidumbre ante una regularización tributaria.

4. LA REPOSICIÓN DE ACTUACIONES EN SUPUESTOS DE ESTIMACIÓN PARCIAL DE RECLAMACIONES O RECURSOS

La reposición de actuaciones se asocia con los supuestos de estimación parcial de reclamaciones o recursos en los que el órgano económico administrativo o el jurisdiccional aprecia la invalidez parcial del acto, generalmente por razones de fondo (p.ej., porque corrige las amortizaciones, los gastos, las bases o el tipo de gravamen) y ordena a la Administración ejecutar el fallo y dictar un nuevo acto en sustitución del anulado dando cumplimiento a la resolución o sentencia[41]. En estos supuestos, la nueva liquidación (o acto de derivación de responsabilidad o sanción o acto recaudatorio) no forma parte del procedimiento originario, por ello no son admisibles nuevas actuaciones de comprobación o investigación para dictarlo. Merece una crítica, por tanto, la previsión reglamentaria contenida en el artículo 197.8 RGGI que establece (sin cobertura legal) que "para la ejecución de las resoluciones económico administrativas y judiciales, los órganos de inspección podrán desarrollar las actuaciones que sean necesarias pudiendo, en su caso, ejercer las facultades previstas en el artículo 142 LGT y realizar las actuaciones de información que fueran pertinentes". En reposición de actuaciones la Administración debe limitarse a realizar aquellas actuaciones estrictamente necesarias para dar cumplimiento al fallo, sin que sea admisible que por esta vía se completen actuaciones de comprobación o de información que excedan o desvirtúen el contenido de la resolución o sentencia.

La nueva liquidación debe dictarse en el plazo de un mes (plazo de ejecución de resoluciones económico administrativas, ex. artículo 230.3 LGT y 66.2 RGRVA) o de dos meses (plazo de ejecución de sentencias ex. artículos 103 y 117.3 LOPJ) desde que el acto tenga entrada en el registro de la AEAT, no desde que llega a conocimiento del órgano encargado de la ejecución[42].

Aunque existen pronunciamientos del TS que habían equiparado los supuestos de retroacción (por motivos formales) con los supuestos de reposición de actuaciones (ca-

41 Como señalamos al comienzo de este trabajo, aunque la jurisprudencia emplea indistintamente las denominaciones de reposición y retroacción de actuaciones tanto para defectos formales como materiales, a los efectos de diferenciar ambas situaciones hemos preferido reservar la denominación de reposición de actuaciones para los llamados también, ocasionalmente, "supuestos de mera ejecución" esto es, situaciones en las que hay una estimación parcial que obliga a ajustar el acto impugnado y dictar otro acomodado al fallo.

42 Vid., STS de 19 de noviembre de 2020, rec. 4911/2018, (ECLI:ES:TS:2020:3880).

lificados de "retroacción material") aplicando el mismo plazo para dictar la nueva liquidación en la que no concurre un defecto de forma causante de indefensión, pero sí un defecto de fondo que parcialmente la invalida[43], tras la modificación del artículo 150.7 LGT en el año 2015 el TS viene diferenciado ambas situaciones[44]. Esto es, considera que los plazos para ejecutar una retroacción por defectos formales y para ajustar un acto en supuestos de estimación parcial por defectos sustantivos son distintos y que, además, a diferencia de lo que sucede con los plazos de retroacción, el incumplimiento del plazo en los casos de reposición de actuaciones o de estimación parcial no determina la caducidad del expediente y solo constituye una irregularidad no invalidante y no un supuesto de nulidad y ni siquiera de anulabilidad[45]. De este modo, el único *castigo* que recibe la Administración por ejecutar fuera de plazo una resolución o sentencia que le obliga a corregir el acto y adecuarlo al fallo sería la ausencia de intereses de demora desde que se incumplan aquellos plazos de ejecución (uno o dos meses). Este régimen tan *transigente* o *permisivo* con la demora en la ejecución de resoluciones o sentencias en supuestos de estimación parcial trae consigo que, a día de hoy para la Administración resulte mucho más atractiva la reposición que la retroacción de actuaciones. Esto es, dispone de más tiempo para regularizar la obligación y hacerlo fuera de plazo no tiene trascendencia a efectos prescriptivos y solo se le castiga con la pérdida de intereses de demora. Es cierto que ni en la retroacción ni en la reposición de actuaciones el reclamante puede resultar materialmente más perjudicado como consecuencia de la revisión y posterior depuración del acto, pero disponer de un mayor plazo para definirlo, notificarlo y exigirlo es una notoria ventaja para la Administración para preferir la estimación parcial y no la retroacción. Además, tras apreciar el TS que no cabe reproducir el procedimiento sancionador en los supuestos de retroacción[46], está el aliciente de que dicha limitación no existe en los casos de reposición pues aquí el TS ha legitimado la postura contraria, esto es, que la anulación de una liquidación como consecuencia de una estimación parcial por razones sustantivas, no solo "no lleva consigo automáticamente la anulación de la sanción, siempre y cuando no se modifiquen los elementos objetivo y subjetivo de la infracción", sino que el órgano económico-administrativo, sin anular la sanción, puede examinar los elementos fácticos y jurídicos del tipo infractor analizado y, de considerar que no se produce alteración alguna en dichos elementos, "confirmar la sanción im-

---

43 Vid., por todas, STS de 19 de enero de 2018, rec. 1094/2017, (ECLI:ES:TS:2018:187) (*Tol 6494689*).

44 Vid., entre otras, STS de 19 de noviembre de 2020, rec. 4911/2018, (ECLI:ES:TS:2020:3880) y de 27 de septiembre de 2022, rec. 5625/2020, (ECLI:ES:TS:2022:3416) (*Tol 9246622*).

45 Vid., STS de 5 de mayo de 2021, rec. 470/2020 (*Tol 8431627*), de 6 de abril de 2022, rec. 2054/2020 (*Tol 8913287*) y de 17 de noviembre de 2023, rec. 1931/2022, (ECLI:ES:TS:2023:5036) (*Tol 9789990*).

46 Vid., ya citada, STS de 15 de enero de 2024, rec.2847/2022, (ECLI:ES:TS:2024:223).

puesta, por resultar ajustada a Derecho, sin perjuicio de adaptar su importe, en ejecución, a lo que resulte de la liquidación"[47].

En este escenario, la reposición de actuaciones o supuestos de mera ejecución en casos de estimación parcial merece alguna observación de alcance general. Es una realidad conocida que la ejecución de sentencias contencioso administrativas constituye una "zona gris" de la jurisdicción contencioso administrativa y que el TS ha mantenido en el ámbito tributario la controvertida situación que existe en otros ámbitos contencioso administrativos, como sucede en el ámbito del urbanismo o en la ejecución de sentencias condenatorias a la Administración, donde se exige un esfuerzo titánico para conseguir la ejecución de las sentencias, rechazando en consecuencia que los actos de ejecución de una sentencia judicial sean verdaderos actos administrativos a los efectos de ajustarse a un determiando marco procedimental, de las consecuencias derivadas del incumplimiento del plazo legal para su dictado y de los cauces para su revisión[48]. Sin embargo, teniendo en cuenta que corresponde a la Administración tributaria dar íntegro cumplimiento a la ejecución de las resoluciones y sentencias y debe hacerlo sin demora, con la diligencia necesaria, sin obstaculizar el cumplimiento de lo acordado porque así lo dispone el artículo 118 CE como requisito esencial del derecho a la tutela judicial efec-

---

47 Vid., STS de 25 de octubre de 2023, rec. 1712/2022, (ECLI:ES:TS:2023:4466) (*Tol 9764142*).

48 Son ilustrativas las siguientes consideraciones que hace el TS a propósito de los actos tributarios dictados en ejecución de una sentencia judicial al señalar que: (1) Que la ley procesal especializada —LJCA— no prevea un plazo único y universal para ejecutar la sentencia firme —precisamente por la variedad de casos y situaciones que pueden presentarse y, además, porque el plazo lo podría establecer, de ser ello preciso, la propia sentencia o el Tribunal sentenciador en el ámbito de la propia ejecución, en función de la urgencia del caso o del riesgo de pérdida eventual del derecho ganado en la sentencia— no significa que quede en manos de la Administración elegir a placer el ritmo de la ejecución o el plazo para llevarla a cabo"; (2) que "El artículo 104.1 LGT no rige, decimos, de un modo directo e inmediato en la ejecución de la sentencia, ni en la duración semestral supletoria prevista —que lo es para sustanciar y decidir un procedimiento de carácter administrativo— ni tampoco, de forma originaria, en la consecuencia anudada a la superación de tal plazo —la caducidad— ni en el efecto de supresión de la interrupción del cómputo de la prescripción. Tales previsiones son propias de los procedimientos administrativos", de modo que "Dicho en otras palabras, la retroacción ordenada es un mandato judicial a la Administración para que ejecute la sentencia firme en los términos de esta y con las condiciones y exigencias que el fallo pudiera, eventualmente, contener, pero el cumplimiento de lo ejecutoriado no se desarrolla en el seno de un procedimiento administrativo, justamente porque este es el cauce formal de una serie de actos que conducen al acto final o definitivo, de naturaleza también administrativa, fruto del ejercicio de una potestad de tal índole. En particular, no existe en principio la caducidad como figura jurídica en el ámbito de la ejecución de la sentencia, porque tal efecto es propio de los procedimientos administrativos y la tutela ejecutiva, dentro de la judicial efectiva, no discurre a través de un procedimiento de esta clase", vid., STS de 25 de marzo de 2021, rec. 3607/2019, (ECLI:ES:TS:2021:1145).

tiva[49], tratándose además de actos de gravamen susceptibles de ocasionar perjuicios al interesado como lo son, de ordinario, los actos que regularizan obligaciones tributarias, no parece razonable que la Administración disponga *sine die*, "*ad calendas graecas*" de un libérrimo plazo para dar cumplimiento a una sentencia o resolución que le obliga a dictar un acto en sustitución del parcialmente anulado. Ni parece razonable que hacerlo fuera de los plazos legales (uno o dos meses) solo reporte el finiquito del devengo de intereses de demora y que tal incumplimiento únicamente tenga la calificación de "irregularidad no invalidante". Es cierto que el legislador procesal en el ámbito contencioso no ha previsto otra consecuencia cuando se incumple el plazo de ejecución de una sentencia judicial estimatoria (aunque eventualmente cupiera la petición de una indemnización por daños y perjuicios en supuestos de inejecución de sentencias) y que tampoco lo ha hecho la LGT, como norma especial de ejecución en el ámbito tributario, pero, a mi juicio, en tanto que la fase de ejecución de un acto tributario recae exclusivamente en la voluntad de la Administración de ejercerla de oficio, de llevarla a puro y debido efecto y de hacerlo en el plazo legalmente establecido, entiendo que cualquier demora injustificada o excesiva en la ejecución es reprochable en términos de garantía de una tutela judicial efectiva y de buena administración. Si los derechos de los contribuyentes implican, como ha señalado el TS, el derecho a una resolución administrativa en un plazo razonable, no siendo admisible que el mismo se supedite al albur de un registro interno de la Administración tributaria (el del órgano competente para la ejecución de la resolución del tribunal económico administrativo), en lógica concordancia no cabe admitir que la demora en la ejecución de sentencias o resoluciones fuera del plazo legalmente establecido resulte inane e indiferente, una simple irregularidad no invalidante.

La ausencia de efectos ante el incumplimiento de los plazos de ejecución es más cuestionable aún si nos referimos a la ejecución de sanciones tributarias como consecuencia de una estimación parcial (p.ej., cuando el Tribunal ha estimado que la infracción de grave ha de pasar a leve). Dado que el ejercicio de la potestad sancionadora está sometido a plazos "fatales" (para iniciar y para resolver los expedientes sancionadores), resulta inadmisible que la Administración carezca de plazo para notificar la nueva sanción tras una previa estimación parcial[50]. Por ello comparto el voto particular del Magistrado Navarro Sanchís a la STS de 6 de abril de 2022[51], cuando señala, entre otras consideraciones igualmente certeras, que la demora de la Administración en ejecutar las

49 Vid., por todas, STC 149/1989, de 22 de septiembre (*Tol 81597*).

50 Al respecto vid., entre otras, STS de 21 de septiembre de 2020, rec. 5684/2017, (ECLI:ES:TS:2020:3058) (*Tol 8111769*), de 5 de mayo de 2021, rec. 470/2020, (ECLI:ES:TS:2021:1893) (*Tol 8431627*), de 16 de marzo de 2023, rec. 3634/2021, (ECLI:ES:TS:2023:1053) (*Tol 9484787*) y de 17 de noviembre de 2023, rec. 1931/2022, (ECLI:ES:TS:2023:5036) (*Tol 9789990*).

51 STS de 6 de abril de 2022, rec. 2054/2020, ECLI:ES:TS:2022:1410.

resoluciones económico administrativas en materia sancionadora, en tanto que no se califica de vicio de anulabilidad, no solo perjudica el derecho a la tutela judicial efectiva, sino que provoca una notable diferencia de trato entre los supuestos de retroacción en materia sancionadora y los de ejecución parcial pues, mientras que en aquel caso existe una limitación de plazo y una eventual privación de efecto interruptivo de la prescripción para dictar la nueva sanción, en los supuestos de estimación parcial no se produce sanción o consecuencia desfavorable alguna en caso de incumplimiento del plazo de un mes de ejecución, lo cual, además, contraría el régimen de plazos preclusivos que rodea la potestad sancionadora tributaria[52]. Es obvio, además, que, en tanto que la sanción aún no es firme, la ausencia de intereses de demora cuando se dilata su ejecución no tiene relevancia como castigo y que, sin embargo, para el obligado tributario, la "espera" en conocer la sanción definitiva sí es una contingencia que puede ocasionarle perjuicios de diversa índole. En fin, carece de lógica que la retroacción de actuaciones, prevista para defectos formales, esté sometida a un plazo máximo (el que reste del respectivo procedimiento tributario o seis meses) con efectos de caducidad para la respectiva potestad administrativa y, sin embargo, la reposición de actuaciones, vinculada al deber de dar íntegro cumplimiento a una resolución o sentencia judicial, más allá del finiquito de intereses de demora no suponga ningún perjuicio para la Administración incumplidora de este cometido.

Con relación a los cauces de revisión del nuevo acto dictado como consecuencia de la reposición de actuaciones, a diferencia de lo que sucede en los supuestos de retroacción, en los que hay que acudir a los cauces ordinarios de impugnación, en tanto que se trata únicamente de ejecutar y dar cumplimiento a una resolución o sentencia, lo consecuente y coherente para evitar una demora desproporcionada e insoportable en la duración del conflicto es que su revisión se ventile a través del recurso de ejecución (vía económico administrativa ex. artículo 241.ter LGT) o del incidente de ejecución (vía contencioso administrativa ex. artículo 109 LJCA)[53]. Así lo ha señalado el TS en el ámbito de la ejecución de resoluciones económico administrativas, al disponer que "frente a las nuevas liquidaciones y sanciones que, en ejecución de la reclamación económico administrativa parcialmente estimatoria se practiquen en lugar de las anuladas, no cabe interponer recurso de reposición... ni reclamación económico administrativa, sino recurso contra la referida ejecución de la resolución... recurso que en ningún caso podría fundarse en las pretensiones o alegaciones planteadas en la reclamación y ya rechazadas

52 Varias consideraciones más añade este relevante voto particular, muy crítico con la ausencia de efectos por el incumplimiento del plazo de ejecución de resoluciones estimatorias parciales en materia sancionadora, vid. STS de 6 de abril de 2022, rec. 2054/2010, (ECLI:ES:TS:2022:1410) (*Tol 8913287*).

53 Vid., entre otras, SSTS de 15 de junio de 2015, rec. 1551/2014, (ECLI:ES:TS:2015:2692) (*Tol 5186062*) y de 25 de marzo de 2021, rec. 3607/2019, (ECLI:ES:TS:2021:1145).

por la reclamación económico administrativa que se ejecuta"[54]. Y así lo ha precisado también con relación al incidente de ejecución como cauce para revisar judicialmente de segundo grado "actos que, por no ser administrativos en sentido propio, ya que no se actúa en ellos una potestad propia atribuida por la Ley a la Administración, sino un mandato legal para que esta cumpla en sus términos exactos y con diligencia lo ordenado, como agente o delegado ejecutor del Tribunal judicial, no son propiamente actos administrativos en el sentido del artículo 1 de la LJCA"[55].

No obstante, pueden concurrir distintas situaciones que pueden condicionar la revisión del nuevo acto si, a pesar de haberse obtenido una estimación parcial en vía económico administrativa, por ejemplo, el reclamante discrepa porque han quedado imprejuzgadas otras cuestiones que podrían haber conducido a la estimación íntegra de la reclamación. Al respecto debe advertirse que el TS ha señalado que "en aquellos supuestos en los que se produzca la estimación parcial de reclamaciones económico administrativas instadas contra liquidaciones o/y sanciones, las pretensiones y alegaciones sustanciales que la vertebran sobre tales actos rechazadas por los tribunales económico administrativos pueden ser objeto de revisión ante la jurisdicción contencioso administrativa, sin que sea preciso ni pertinente que el interesado o la interesada espere a que se practiquen unas nuevas liquidaciones o/y sanciones por parte de los órganos de la Administración tributaria en sustitución de las anuladas"[56]. De este modo, la revisión jurisdiccional de la propia decisión de reposición podría o bien dilatar la ejecución o bien evitar que el expediente vuelva a la vía administrativa.

En los supuestos de estimación parcial de las reclamaciones o recursos contra las liquidaciones ¿qué efectos se producen respecto de otros actos como sanciones, derivaciones responsabilidad o actos recaudatorios que dependen de aquellas? El artículo 66.3 RGRVA establece expresamente que "en los casos en los que la resolución parcialmente estimatoria deje inalterada la cuota tributaria, la cantidad a ingresar o la sanción, la resolución se podrá ejecutar reformando parcialmente el acto impugnado y los posteriores que deriven del parcialmente anulado. En estos casos subsistirá el acto inicial, que será rectificado de acuerdo con el contenido de la resolución". En estos supuestos, el ajuste de la sanción a la nueva liquidación —siempre que no haya una variación de los elementos objetivos y subjetivos— no supone una quiebra del principio de *ne bis in idem* porque no hay que reabrir el procedimiento sancionador, ni tramitarlo de nuevo. De hecho, el TS ha considerado que "la anulación de una liquidación acordada por

---

54 Vid., STS de 22 de noviembre de 2022, rec. 4385/2022, ECLI:ES:TS:2022:4385 (*Tol 9310427*).

55 Vid., STS de 25 de marzo de 2021, rec. 3607/2019, (ECLI:ES:TS:2021:1145).

56 Vid., en particular, STS de 19 de mayo de 2020, rec. 6242/2017, (ECLI:ES:TS:2020:1276) (*Tol 7952895*).

un tribunal económico administrativo como consecuencia de una estimación parcial por razones sustantivas no lleva consigo automáticamente la anulación de la sanción, siempre y cuando no se modifiquen los elementos objetivo y subjetivo de la sanción"[57]. Como se señaló anteriormente, se trata de una ventaja añadida en favor de la reposición de actuaciones y en perjuicio de la retroacción.

Finalmente debe apuntarse que, al igual que sucede en los supuestos de retroacción, no es admisible más de una reposición de actuaciones una vez que el nuevo acto ha sido de nuevo sometido a revisión (vía recurso contra la ejecución en sede económico administrativa o vía incidente de ejecución en sede contenciosa). Amén de que el acto dictado desconociendo los términos de la resolución o fallo podría incurrir en un supuesto de nulidad de pleno derecho, el TS ha señalado que solo se admite, por vía judicial, una única oportunidad de rectificar a la Administración en ejecución de sentencias puesto que no cabe conferir a la Administración un repetido derecho a equivocarse[58].

5. LA REITERACIÓN DE ACTUACIONES TRIBUTARIAS ÍNTEGRAMENTE ANULADAS

Si a resultas de una reclamación o recurso se acuerda la anulación íntegra y completa del acto impugnado ¿Puede la Administración reiterar el procedimiento para dictar otro análogo? ¿Dispone de plazo aún la Administración para intentar una nueva regularización o debe considerarse prescrita su potestad? ¿Puede la Administración aprovecharse de las actuaciones realizadas?

Como es de sobra conocido en el ámbito tributario, esta problemática del "tiro único", defendida principalmente por el TSJ de Valencia, fue solventada por el TS reconociendo la posibilidad del "doble tiro" en la controvertida Sentencia de 19 de noviembre de 2012, que contó con tres votos particulares, síntoma de la conflictividad del tema. Con sus palabras, la decisión mayoritaria fue que "el hecho de que no quepa retrotraer actuaciones cuando la liquidación adolece de un defecto sustantivo... no trae de suyo que le esté vetado a la Administración aprobar otra liquidación". A su juicio, "la estimación de un recurso contencioso administrativo frente a una liquidación tributaria por razón de una infracción de carácter formal o incluso material, siempre que la estimación no descanse en la declaración de inexistencia o extinción sobrevenida de la obligación

57 Vid., STS de 25 de octubre de 2023, rec. 1712/2022, (ECLI:ES:TS:2023:4466). Al respecto vid., Almudí Cid (2022), p. 47.

58 Vid., ya citada, STS de 22 de diciembre de 2020, rec. 2931/2018, (ECLI:ES:TS:2020:4401) (*Tol 8257468*) y de 25 de marzo de 2021, rec. 3607/2019, (ECLI:ES:TS:2021:1145). Así lo ha reconocido también el TS con relación a las estimaciones parciales de derivaciones de responsabilidad tributaria, vid., STS de 7 de febrero de 2023, rec. 1194/2021, (ECLI:ES:TS:2023:302).

tributaria liquidada, no impide que la Administración dicte una nueva liquidación en los términos legalmente procedentes, salvo que haya prescrito su derecho a hacerlo"[59].

Pues bien, reconocida esta posibilidad de reiterar actuaciones tras la anulación íntegra de un acto, también aquí la jurisprudencia ha evolucionado y se ha ido matizando. Seleccionando alguno de los pronunciamientos más relevantes al respecto procede señalar que primeramente el TS habilitó expresamente la reiteración de actuaciones cuando la anulación había sido por defectos sustantivos señalando que "ante tal tesitura, la Administración puede dictar, "*sin tramitar otra vez el procedimiento y sin completar la instrucción pertinente*", un nuevo acto ajustado a derecho mientras su potestad esté viva y no reincidiese en el mismo error. Esto es, que una vez anulada una liquidación tributaria por razones de fondo, le cabe a la Administración liquidar de nuevo, siempre y cuando su potestad no haya prescrito, sin necesidad de un nuevo procedimiento, habilitándole a hacerlo "sin tramitar otra vez el procedimiento y sin completar la instrucción pertinente" considerando, además, que la nueva liquidación debía revisarse directamente en vía contenciosa al considerar que "la nueva liquidación que eventualmente pudiera ser adoptada pertenece, en principio y por definición, al ámbito propio de la ejecución de las sentencias"[60]. Esta jurisprudencia, generosa con la posibilidad del "doble tiro", se complementaba a su vez con otra línea jurisprudencial de especial trascendencia para resolver esta controversia, la que "niega efectos interruptivos de la prescripción a los actos nulos de pleno derecho (véanse las sentencias de 11 de febrero de 2010 (casación 1707/203, 20 de enero de 2011 (casación para la unificación de doctrina 120/05, FJ 7º) y 24 de mayo de 2012 (casación 6449/09)", pero se los reconoce a los actos anulables[61].

Pues bien, lejos de dar por consolidada esta doctrina, el Auto 6690/2023, de 24 de mayo admitió el recurso de casación presentado para dar respuesta a las siguientes cuestiones:

1. Determinar si la potestad que la jurisprudencia del Tribunal Supremo reconoce a la Administración tributaria para reiterar una liquidación tributaria tras una estimación total por razones sustantivas permite rectificar los errores cometidos en la primera liquidación tramitando un nuevo procedimiento de comprobación e investigación.

---

59 Vid., STS de 19 de noviembre de 2012, rec. 1215/2011, (ECLI:ES:TS:2012:7933) (*Tol 2706381*).

60 Vid., entre otras, STS de 15 de junio de 2015, rec. 1551/2014, (ECLI:ES:TS:2015:2692).

61 Vid STS de 29 de septiembre de 2014, rec. 1014/2013, (ECLI:ES:TS:2014:3816). Doctrina reiterada, entre otras, en las SSTS de 15 de junio de 2015, rec. 1551/2014, (ECLI:ES:TS:2015:2692), 3 de junio de 2020, rec. 5020/2017, (ECLI: ES:TS:2020:1536) (*Tol 7966278*), 23 de junio de 2020, rec. 5086/2017, ECLI:ES:TS:2020:1878) (*Tol 7980254*) y 22 de diciembre de 2020, rec.2931/2018, (ECLI:ES:TS:2020:4401) (*Tol 8257468*).

2. Determinar si el principio de conservación de actos y trámites, previsto en los artículos 51 de la Ley 39/2015 (*Tol 5494102*) y 66.3 del RD 520/2005 (*Tol 636056*), resulta de aplicación cuando estos se adoptaron en un procedimiento viciado de nulidad desde su inicio y que resultaban ser la esencia de este.

3. Determinar si la excepción jurisprudencial al reconocimiento de efecto interruptivo a la interposición de cualquier clase del artículo 68.1.b) LGT se debe aplicar también en los supuestos en los que el contribuyente se ve obligado a recurrir sistemáticamente actos declarados improcedentes por razones sustantivas.

La reciente Sentencia de 3 de abril de 2024[62] ha dado respuesta a tales cuestiones y lo ha hecho en el sentido siguiente.

En primer lugar, admitiendo como postulado general la posibilidad de reiterar actuaciones íntegramente anuladas (doble tiro) si bien recordando los límites a esta reiteración, a saber: (1) cuando la anulación fue por motivos de prescripción; (2) respetando el principio *reformatio in peius*, por su incidencia en el derecho a acceder a los recursos que reconoce el artículo 24.1 CE; (3) proscribiendo la reincidencia o contumacia de la Administración en el error a fin de salvaguardar los principios de buena administración, eficacia, seguridad jurídica y proporcionalidad que deben presidir la aplicación del sistema tributario, así como evitar el abuso de derecho que dimana del pleno sometimiento de las Administraciones públicas a la Ley y al derecho ex artículo 103.1.CE y, finalmente y (4) salvaguardando el *principio de non bis in idem* en casos de duplicidad de sanciones al objeto de evitar una sanción ajena al juicio de proporcionalidad realizado por el legislador[63]:

---

62 STS de 3 de abril de 2024, rec.8287/2022, (ECLI:ES:TS:2024:1078) (*Tol 9965635*); y con idéntica doctrina, la STS de 5 de abril de 2024, rec. 96/2023, (ECLI:ES:TS:2024:1709) (*Tol 9965485*).

63 Con sus palabras y con la cita de su propia doctrina jurisprudencial sobre estos límites a la reiteración de actos íntegramente anulados señala el TS que: "En efecto, en los casos de estimación de un recurso por motivos de carácter material [sentencias núm. 7933/2012, de 19 de noviembre (recurso de casación en interés de ley núm. 1215/2011); núm. 3728/2014, 15 de septiembre (RCA núm. 3948/2012); y núm. 3816/2014, 29 de septiembre (RCUD núm. 1014/2013)], ha rechazado la posibilidad de reiterar el acto administrativo anulado en supuestos de prescripción [v.gr., sentencia de 19 de noviembre de 2012, ya citada, FFJJ 3º, 4º y 5º; núm. 2157/2015, de 5 de mayo (RCA núm. 2233/2014), FJ 4º; núm. 2692/2015, de 15 de junio (RCA núm. 1551/2014), FJ 5º, y todas las en ella citadas; de 29 de junio de 2015, FJ 2º; núm. 4391/2015, de 21 de octubre (RCA núm. 2271/2014), FJ 4º; y núm. 263/2016, de 3 de febrero (RCA núm. 1746/2014), FJ 3º], por razones de seguridad jurídica; de reformatio in peius [v.gr., sentencias ya mencionadas de 15 de junio de 2015, FJ 5º, y todas las en ella citadas; y de 29 de junio de 2015, FJ 2º], por su incidencia en el derecho a acceder a los recursos que reconoce el artículo 24.1 CE [en este sentido, sentencia núm. 8340/2001, de 27 de octubre (RCA núm. 565/1996), FJ 5º]; de reincidencia o contumacia de la Administración en el error, por salva-

Como ya he señalado en otras ocasiones, ciertamente concurren límites a la reiteración de actos anulados por sentencia judicial, pero procede alguna matización con relación a los señalados por el Tribunal Supremo[64]. En particular, de una parte, para discrepar de la eficacia interruptiva que atribuye a los actos anulables y, de otra, para añadir también como límite la preclusividad de las actuaciones de comprobación que está prevista en el ordenamiento tributario como límite a las posibilidades de regularización de una misma obligación tributaria.

A mi juicio, la prescripción es el principal obstáculo a la reiteración de actuaciones porque un acto íntegramente anulado resulta inexistente para el mundo jurídico y no cabe apreciarle efectos interruptivos de la prescripción, ni a ese acto, que nunca debió existir, ni a los recursos o reclamaciones dirigidos para obtener su íntegra anulación, porque de lo contrario la revisión del acto se vuelve en contra del recurrente y ello supone una denegación de justicia. Sistematizando las objeciones que pueden formularse a la reiterada doctrina jurisprudencial que atribuye efectos interruptivos de la prescripción al acto anulable y se la niega al acto nulo de pleno derecho cabe aducir las siguientes razones[65]:

1) No existe fundamento legal a esta doctrina jurisprudencial, esto es, no hay ningún precepto del ordenamiento jurídico —ni en la Ley administrativa ni en la general tributaria— que la proclame[66] y se trata de una teoría anclada en los viejos dogmas de

---

guardar los principios de buena fe al que están sujetas las Administraciones públicas, eficacia, seguridad jurídica y proporcionalidad que debe presidir la aplicación del sistema tributario, así como la proscripción del abuso de derecho que dimana del pleno sometimiento de las Administraciones públicas a la ley y al derecho ex artículo 103.1 CE [v.gr., sentencias núms. 2761/2011, 2740/2011 y 2743/2011, todas ellas de 3 de mayo (RRCA núms. 466/2008, 4723/2009 y 6393/2009), FJ 3º; de 19 de noviembre de 2012, FJ 4º; de 29 de septiembre de 2014, FJ 4º; y núm. 4972/2015, de 12 de noviembre (RCA núm. 149/2014), FJ 4º]; y de duplicidad de sanciones en los casos en que se aprecie la identidad del sujeto, hechos y fundamentos (principio " non bis in ídem "), con la finalidad de evitar una sanción ajena al juicio de proporcionalidad realizado por el legislador [sentencia de 29 de septiembre de 2014, ya citada, en obiter dicta; y sentencia núm. 5667/2014, de 16 de diciembre (RCA núm. 3611/2013), FJ 5º].

64 Vid., Sesma Sánchez (2017).

65 Con más detalle vid., Sesma Sánchez (2017), pp. 13 y ss. De la misma opinión, Orena Domínguez (2018), p. 129. Al respecto, comparto plenamente las objeciones que en su momento formuló el Magistrado Frías Ponce a la STS de 19 de noviembre de 2012, rec. 1215/2011, (ECLI:ES:TS:2012:7933) (*Tol 2706381*), que con claridad afirma que el TS debió avanzar en esta línea jurisprudencial porque "la distinción entre nulidad radical y anulabilidad no es determinante, por lo que debe establecerse que carecen de efectos interruptivos tanto los actos nulos como los anulables".

66 Como señalaba el referido voto particular del Magistrado Frías Ponce, "ante el silencio normativo sobre los efectos que comporta la anulación de un acto administrativo, bien por la existen-

la invalidez de los actos hoy en día mayoritariamente cuestionados; es más, estando sometidas a regulación legal las causas de interrupción de la prescripción *ex* artículo 8.f) LGT, lo consecuente sería que dicha interpretación jurisprudencial tuviera cobertura legal expresa, que no la tiene[67].

2) Se trata de una doctrina jurisprudencial que acarrea importantes dosis de inseguridad jurídica, porque las sentencias estimatorias que invalidan los actos no siempre identifican si la causa de la invalidez es de nulidad de pleno derecho o de mera anulabilidad; de hecho, cuando el acto es anulado por razones de fondo o sustantivas (v.gr. por haber errado en el procedimiento de regularización seguido o haber liquidado anualmente cuando procedía hacerlo de forma mensual o trimestral) no es fácil determinar si dicho vicio es una causa de anulabilidad o de nulidad radical[68], además, no es

---

cia de un vicio de nulidad de pleno derecho o de anulabilidad, resulta irrelevante el grado de invalidez del acto, a efectos de la interrupción de la prescripción, pues en ambos casos estamos ante actos inválidos, que no pueden producir efecto alguno". También crítico con esta línea jurisprudencial que atribuye efectos interruptivos a los actos anulables se manifiesta Calatayud Prats (2020), p. 351.

67 De hecho, en el ámbito de la recaudación de las cuotas a la Seguridad Social es reiterada la jurisprudencia que declara que solo los actos válidos producen los efectos que la Ley prevé para ellos, como es la interrupción de la prescripción, vid., entre otras, STS de 29 de septiembre de 2004. También partidario de esta interpretación Falcón y Tella (2013).

68 Vid., los votos particulares que acompañan a la STS de 29 de septiembre de 2014, rec. 1014/2013, (ECLI:ES:TS:2014:3816) (*Tol 4523024*), donde se trataba de dirimir si haber liquidado el IVA de forma anual, en vez de trimestral o mensual, siendo claramente un defecto sustantivo debía ser considerado una causa de nulidad radical o de mera anulabilidad. Otro ejemplo de esta inseguridad jurídica es la cuestión admitida en casación consistente en "Determinar si la declaración judicial de inexistencia del supuesto de responsabilidad solidaria del artículo 42.1.c) LGT constituye un caso de anulabilidad, con eficacia interruptiva de la prescripción de la acción para exigir el pago de la deuda tributaria —artículo 66.b) en relación con el artículo 68.2.a) LGT— o por el contrario debe considerarse como un supuesto de nulidad radical o de pleno derecho, por ese solo hecho en la inexistencia del presupuesto habilitante, sin eficacia interruptiva de la prescripción", vid., ATS de 10 de enero de 2024, rec. 2977/2023. Y también se ha planteado la viabilidad de una reiteración de actuaciones cuando la liquidación inicial fue anulada por haberse utilizado la potestad de liquidación del artículo 13 LGT y la nueva liquidación lo hace aplicando el artículo 16 LGT, vid., ATS de 28 de junio de 2023, rec. 24/2023, (ECLI:ES:TS:2023:8753) (*Tol 9635431*).

Debemos insistir en la inseguridad que se deriva de esta jurisprudencia que atribuye efectos interruptivos de la prescripción a los actos anulables porque las más de las veces los órganos económico administrativos y jurisdiccionales se limitan, sin más, a anular el acto, pero no se pronuncian sobre el carácter anulable o nulo del defecto. La razón que ocasionalmente esgrime el TS señalando que como la resolución se limitó a anular y no a declarar la nulidad de pleno derecho en modo alguno despeja aquel interrogante porque, como dijera el Magistrado Frías Ponce en el citado voto particular a la STS de 19 de noviembre de 2012, a los efectos de la inte-

infrecuente que concurran varios motivos de invalidez lo que dificulta saber si hay más anulabilidad que nulidad radical o viceversa y, por tanto, si ha habido prescripción o no.

3) Porque es una doctrina incongruente en tanto que el acto íntegramente anulado no es apto, por ejemplo, para devengar intereses de demora y, sin embargo, sí sería válido para interrumpir la prescripción; y tampoco resulta coherente privar de efectos interruptivos de la prescripción a las notificaciones defectuosas o a los recursos interpuestos por el obligado tributario para obtener una declaración de caducidad (supuestos típicos de anulabilidad) y, sin embargo, atribuírsela a actos íntegramente anulados, esto es, la eficacia interruptiva o no de una reclamación o recurso debe ir necesariamente ligada a la suerte que corra el acto impugnado de modo que, anulado esta por la razón que sea (formal o material, anulabilidad o nulidad), deja de ser válido lo que implica privarle de todos los efectos que haya producido, incluida la interrupción de la prescripción.

4) Porque desde la perspectiva del derecho a la tutela judicial efectiva y el principio de seguridad jurídica no parece lógico que el éxito de una resolución o sentencia estimatoria se vuelva en contra del recurrente si el defecto de invalidez se considera de anulabilidad provocando con ello una dilación desproporcionada de los procedimientos tributarios contraria, a mi juicio, a las pautas que sustentan el principio de buena Administración que incluye el derecho a una Administración eficaz y a un procedimiento sin dilaciones indebidas.

5) Y, en fin, porque el plazo de prescripción se consolidó cuando la Administración dictó el acto, de modo que, si este se anula, cualquiera que sea el motivo de su invalidez, no puede reabrirse desde cero un plazo ya finiquitado.

En definitiva, se trata en mi opinión de una línea jurisprudencial muy cuestionable que ha provocado que, en ocasiones, los tribunales hayan forzado la calificación de los vicios de invalidez de los actos, como los errores de procedimiento, como de nulidad radical para evitar que la Administración reitere su potestad liquidatoria cuando, paradójica y previsiblemente, de haberse instado una acción de nulidad por estos mismos defectos, seguramente no hubiera prosperado por no tratarse de una infracción mani-

---

rrupción de la prescripción, "no basta cualquier actuación, sino la conducente a la liquidación del tributo y que esta sea válida para que pueda tener virtualidad interruptiva de la prescripción, lo que no ocurre tanto canto cuando el acto sea declarado nulo como cuando es anulado". De hecho, no es infrecuente en los últimos años que el Abogado del Estado no se oponga a la invalidez de los actos tributarios siempre y cuando se consideren vicios de anulabilidad. Así sucedió con relación a la liquidación dictada con vicio de incompetencia territorial que se estimó defecto de anulabilidad porque la incompetencia no era manifiesta, vid., STS de 21 de marzo de 2024, rec. 7969/2022, (ECLI:ES:TS:2024:1581) (*Tol 9954616*) y de 17 de abril de 2023, rec. 5433/2021, (ECLI:ES:TS:2023:1671) (*Tol 9519702*). Y que, por el contrario, los recurrentes al invocar los vicios de invalidez de sus reclamaciones esgriman su condición de causas de nulidad radical.

fiesta, grave y patente del procedimiento seguido. Creo, en definitiva, que la normativa foral tributaria de los territorios históricos resuelve con mucho mayor acierto esta cuestión, previendo expresamente con rango normativo adecuado que “no se considerará interrumpida la prescripción del ejercicio de las potestades a que se refieren los apartados 1 y 2 de este artículo en los supuestos en los que la interrupción se hubiera producido por la presentación de recursos o reclamaciones de cualquier clase cuando los citados recursos o reclamaciones presentados por el obligado tributario hubieran sido estimados en su integridad con anulación total de los elementos del acto administrativo frente a los que los mismos se hubieran interpuesto”[69].

Por otra parte, desde la perspectiva de la preclusividad de la actividad comprobadora e investigadora, reconocida expresamente en varios preceptos de la LGT (artículos 140.1 y 148.3, en particular), si la Administración no puede regularizar la misma obligación —salvo que existan nuevos hechos o nuevas circunstancias que no estuvieran al alcance de la Administración cuando lo intentó por vez primera— con mayor motivo sería cuestionable que se intentara una segunda regularización de la misma obligación una vez anulada la primera si no concurren nuevos hechos o nuevas circunstancias que no hubieran estado al alcance de la Administración cuando lo intentó la primera vez.

La preclusividad no puede supeditarse a la existencia de un acto previo de regularización “vivo”. Como ya he señalado en otra ocasión, si la Administración ya practicó una comprobación con cierta intensidad pero cometió errores de plazos, de idoneidad del procedimiento, o fueron insuficientes (o ilícitos o inapropiados) los medios de comprobación empleados, no es admisible que posteriormente reitere su pretensión liquidatoria restañando defectos que solo a ella fueron imputables y que lo haga tras la anulación íntegra de una revisión jurisdiccional, violentando el reconocimiento de una pretensión anulatoria obtenida en sede judicial y, con ello, el principio de seguridad jurídica[70].

Retomando los matices de la citada STS de 3 de abril de 2024, procede señalar también que el TS ha precisado que la potestad de reiterar una liquidación tras una estimación total puede hacerse *tramitando un nuevo procedimiento de comprobación e investigación* para dictar un nuevo acto ajustado a derecho mientras su potestad esté viva. Esto es, ya no señala que la reiteración pueda hacerse “sin necesidad de tramitar otro procedimiento ni de completar la instrucción del expediente” (previsión incongruente, a mi juicio, cuando la anulación es total), sino que se habilita expresamente el inicio de un segundo procedimiento íntegramente nuevo, desde cero, en términos de plazos y de

---

69 Vid., artículo 69.10 de la Norma Foral 2/2005, de 10 de marzo, General Tributaria del Territorio Histórico de Bizkaia (*Tol 622260*), cuyo contenido es análogo en el caso de Guipuzcoa y Alava.

70 Vid., Sesma (2017), p. 417.

potestades. Y se afirma además que, en virtud "del principio general de conservación de actos y trámites previsto en el artículo 51 de la Ley 39/2015, y en especial, del artículo 66.2 RRVA, de aplicación preferente en materia tributaria, *podrá incorporar en el nuevo procedimiento los actos y trámites no afectados por la causa de anulación*". A priori, nada habría que objetar al aprovechamiento de los trámites y actuaciones ya desplegados en el nuevo procedimiento. Si se tratara de reiterar, por ejemplo, una nueva convocatoria de subvenciones, un plan urbanístico o un procedimiento selectivo que hubieran sido íntegramente anulados, parece fuera de duda que la Administración puede aprovechar trámites ya desarrollados si no estuvieran caducados o desfasados. Sin embargo, a mi juicio, el hecho de que el TS conecte el aprovechamiento de esos trámites con el requisito de que "no estén afectados por la causa de anulación" genera cierta inseguridad jurídica.

Es obvio que las pruebas obtenidas, por ejemplo, al amparo de un registro domiciliario anulado, determinantes a su vez, de la nulidad del primer acto de regularización, no podrán emplearse en un nuevo procedimiento. Como tampoco las valoraciones realizadas por idoneidad del perito o del medio de comprobación cuando fueron determinantes de la invalidez del acto. Pero habrá otros muchos trámites o actuaciones cuya afectación a la causa de nulidad del acto primigenio será dudosa. Resulta ingenuo pensar, por otra parte, que la Administración va a prescindir de utilizar actos y trámites que le puedan ahorrar trabajo a los efectos de una nueva regularización. Con seguridad podrá utilizar otros y realizar nuevas actuaciones (dado que estamos en puridad ante un nuevo procedimiento) pero resulta iluso pensar que va a ignorar lo conocido a través de cualquier actuación previa, haya sido determinante o no de la anulación del acto.

Frente a esta postura excesivamente permisiva y generosa del TS con relación a las posibilidades de un "doble tiro", la Audiencia Nacional ha sido mucho más severa con esta práctica señalando que en los supuestos de reiteración de actuaciones "la Administración deberá liquidar con lo que tuviera, es decir, con aquello que hubiera permanecido a salvo de la anulación declarada. Si con lo que restara, bajo los postulados de validez y eficacia, no fuera posible llevar a cabo esa tarea, sencillamente, no podrá liquidar de nuevo". A su juicio, con relación a un supuesto en el que se liquidó el IVA de forma anual respecto de una transmisión cuya sujeción a este impuesto era controvertida dando lugar a una liquidación que fue anulada por motivos sustantivos, "la Administración, prescindiendo del principio de conservación de los actos y sin valorar si con lo que tenía podía practicar la nueva liquidación, contraviniendo la jurisprudencia y sin que ninguna norma la habilite directamente para ello, decidió abrir un nuevo procedimiento de comprobación limitada como si nada hubiera ocurrido, sometiendo al contribuyente de nuevo al nuevo procedimiento de aplicación de los tributos, despreciando que la primera anulación fue debida a un error sustantivo y grave en la interpretación de la norma reguladora del Impuesto solo a ella imputable... Y para más escarnio, ni tan siquiera termina por acertar con la segunda liquidación, puesto que no fue correcta la determinación de los intereses de demora, lo que abocaba al sujeto pasivo a una tercera"[71]. Como se advierte, en el fondo de esta controversia late siempre un reproche al provecho que saca la Administración de su propia falta de diligencia, sometiendo al obligado tributario a una "condena de banquillo", a una larga e impaciente espera para que la Administración regularice con arreglo a derecho lo que debió hacer (bien) desde el comienzo. Adviértase, de nuevo, la dificultad ya señalada de identificar vicios sustantivos como este como causas de nulidad o de anulabilidad a los efectos de considerar interrumpida o no la potestad liquidatoria.

Dado que en los supuestos de reiteración de regularizaciones —en el supuesto de que hubiera plazo para ello— estamos, en rigor, ante un acto nuevo procedente de un procedimiento igualmente nuevo, parece coherente que el segundo acto sea revisable por las vías ordinarias. Intentar su revisión por el trámite del incidente de ejecución (o recurso contra la ejecución en la vía económico administrativa) no parece adecuado si la nueva liquidación es el resultado de un segundo intento de regularización en el que pueden haberse empleado distintos elementos probatorios y pueden haberse cometido otros defectos procedimentales o de fondo. Así lo ha señalado el TS al disponer, con una ligera crítica a la demora que implica habilitar una nueva regularización, que "las cuestiones que puedan suscitarse al girar las nuevas liquidaciones, con las disfunciones aparejadas por una demora tan importante en relación con los derechos de los contribuyentes, tanto procedimentales como materiales, deben ser de resolución (...) fuera del cauce de ejecución de sentencia, en donde habrá de examinarse si el nuevo procedimiento y, en su caso, las liquidaciones giradas cumplen los criterios jurisprudenciales vistos"[72]. Tal formulación permite albergar, a mi juicio, la esperanza de que los tribunales (será difícil conseguirlo en la vía económico administrativa), en un futuro no lejano, invaliden la segunda liquidación invocando (confiemos que generosamente) los límites a la reiteración de actos anulados, ya sea por razón de prescripción, por dilación indebida de procedimiento, por el principio de buena administración, o por los límites consustanciales a la preclusividad de las actuaciones de comprobación e investigación.

Finalmente procede señalar que la anulación íntegra de una liquidación trae consigo la invalidez de todos los actos accesorios que de ella dependan de modo que habrán de revocarse o dejar sin efecto los actos recaudatorios subsiguientes, las sanciones, derivaciones de responsabilidad y cualquier otro cuya validez dependa de aquellas, con las devoluciones e intereses que procedan y con independencia de que tales actos hubieran sido impugnados o no por el interesado. Ello significa, por ejemplo, que, si afectan a terceros, estos podrán esgrimir el fallo de invalidez a través de las vías excepcionales de revisión como la revocación o el recurso extraordinario de revisión, aunque una "buena

---

71 Vid., SAN de 19 de abril de 2023, rec. 692/2018 (*Tol 9549346*) y Gandarillas Martos (2022).

72 STS de 5 de abril de 2024, rec. 96/2023, ECLI:ES:TS:2024:1709

administración" traería, de suyo, una revocación de oficio por circunstancias sobrevenidas que hagan imposible el mantenimiento del acto.

6. REFERENCIAS BIBLIOGRÁFICAS

Alonso Murillo, F. (2020). *La ejecución de sentencias contencioso-administrativas firmes en materia tributaria: aspectos conflictivos*. Thomson Reuters Aranzadi.

Almudí Cid, J. (2022). "La vertiente procedimental del principio "ne bis in idem" y otros límites a la reiteración del ejercicio de la potestad sancionadora en materia tributaria", *Civitas Revista española de derecho financiero*, pp. 43-76.

Banacloche Palao, C. (2024). "Examen del alcance revisor de las resoluciones de los Tribunales Económico-Administrativos Regionales", *Revista de Contabilidad y Tributación*, p. 494,

Bosch Cholbi, J.L. (2009). "Los efectos de la invalidez de la liquidación tributaria por vicio de nulidad de pleno derecho o anulabilidad", *Estudios de derecho judicial*, (Ejemplar dedicado a: V Congreso tributario: Cuestiones tributarias problemáticas y de actualidad), pp. 283-347.

Bosch Cholbi, J.L. (2011). "Matizaciones a la posibilidad de ordenar judicialmente la retroacción de actuaciones tributarias cuando se anula una liquidación tributaria", *Tribuna Fiscal: Revista Tributaria y Financiera*, pp. 16-24.

Falcón y Tella, R. (2013). "La posibilidad de que la Administración dicte una nueva liquidación en sustitución de la anulada: STS 19 noviembre 2012", *Quincena Fiscal*, 6/2013.

Calatayud Prats, I. (2020). *Conflictos entre la vía administrativa y la contencioso-tributaria: desviación procesal, abuso del derecho y retroacción*. Thomson-Reuters Aranzadi.

Cordero González, E. M. (2015). "La errónea calificación de un contrato como simulado es un defecto sustantivo que no permite la retroacción de actuaciones", *Revista de Contabilidad y Tributación*, 382, pp. 134-140.

Gandarillas Martos, S. (2022). *La ejecución de sentencias y resoluciones en el Derecho Tributario: Una respuesta jurisprudencial*, Tirant lo Blanch.

García Díez, C. (2014). "Una perspectiva sobre la ejecución y retroacción de actuaciones en el ámbito tributario". *Revista de contabilidad y tributación*, 379, pp. 83-140.

García Novoa, C. (2023). "De nuevo sobre la doctrina de la no intercambiabilidad de las potestades de recalificación, conflicto en la aplicación de la norma y simulación (a propósito de la STS de 23 de febrero de 2023)", *Revista de Contabilidad y Tributación*, pp. 484, 5-24.

Marín-Barnuevo Fabo, D. (2021). "El incierto plazo (y lugar) de notificación de las resoluciones de los tribunales económico-administrativos", *Revista de Contabilidad y Tributación* (454), pp. 5-32.

Orena Domínguez, A. (2018). "Sobre la posibilidad de dictar una nueva liquidación, tras la anulación de la precedente", *Revista Española de Derecho Financiero* (180).

Sesma Sánchez, B. (2017). *La nulidad de las liquidaciones tributarias*. Thomson-Reuters Aranzadi.

Sesma Sánchez, B. (2017). "La interrupción de la prescripción tributaria por liquidaciones nulas o anulables: una jurisprudencia contradictoria". *Quincena Fiscal*, (5), pp. 125-168.

Sesma Sánchez, B. (2019). "Comprobación limitada improcedente, ¿liquidaciones nulas de pleno derecho o anulables? Efectos en la prescripción, la preclusividad, los intereses de demora y la potestad sancionadora. Análisis de la RTEAC de 16 de enero de 2019, 433, pp. 101-121.

Sesma Sánchez, B. (2024). "Discrepancias de criterio entre TEAR y TEAC con relación al alcance de una derivación de responsabilidad del artículo 42.2.a) LGT: estimación parcial vs. retroacción y efectos de los pronunciamientos de fondo favorables del TEAR (Resolución del TEAC en unificación de criterio de 12 de diciembre de 2023)", *Revista Técnica Tributaria* (144), pp. 289— 301.

Vega Borrego, F. (2009). *La ejecución de actos resolutorios en los procedimientos tributarios de revisión,* Monografía nº 4, AEDAF.

LA EJECUCIÓN DE RESOLUCIONES Y SENTENCIAS EN MATERIA TRIBUTARIA

Santos Gandarillas Martos
Magistrado de la Audiencia Nacional
Profesor Asociado de Derecho Financiero y Tributario
Universidad Autónoma de Madrid

1. EL PUNTO DE PARTIDA

Las jornadas en las que he tenido el privilegio de participar se han organizado en conmemoración del vigésimo aniversario de la Ley 58/2003 General Tributaria (*Tol 327278*) que, con algunas relevantes modificaciones, sigue vigente.

Ya no podemos identificarla como la «nueva» Ley, como algunos por inercia comparativa con la de 1963 la hemos llamado en varios foros, hasta caer en la cuenta de que, la vigente, ha alcanzado su mayoría de edad. Podemos referirnos a ella de muchas maneras, pero hace tiempo que ha dejado atrás los tintes de la novedad.

Me ha tocado en suerte dedicarle unas líneas a la parte de la ejecución de resoluciones y sentencias en materia tributaria, tema recurrente y con el que parece cerrarse el capítulo, no solo de las conferencias que tuvieron lugar con la efeméride, sino con lo que se supone que es *iter* procedimental o procesal de una contienda.

Nada más lejos de la realidad, al menos en cuanto a lo segundo. No siempre la resolución o la sentencia pone fin a la contienda. A partir de ese momento y en contra de lo que resultaría deseable, no solo por quien recurrió sino por el resto de los operadores jurídicos[1], la sentencia se convierte en un punto y seguido de la controversia que no solo no cesa, sino que va incorporando nuevas disputas y polémicas, convirtiendo el proceso en una carrera sin meta definida para quienes soportan las penurias y costes de un litigio.

En general, cuando el contribuyente obtiene una respuesta favorable y anulatoria de los órganos de revisión, ya sea en sede administrativa o en sede jurisdiccional, la práctica revela como la Administración tributaria vuelve a intentar de nuevo hacer efectivo el crédito tributario que resultó anulado, lo que provoca una concatenación de procedimientos alrededor de una misma relación jurídico tributaria[2].

Con el riesgo de resultar simplista, convergen la pulsión entre dos ideas o intereses contrapuestos. Por parte de la Administración tributaria se busca la efectiva recaudación del tributo, y para ello no debe ser un obstáculo que anteriores actos liquidatorios hayan sido anulados por las decisiones de los TEAs o de los jueces. La actividad de recaudación parece presidir el fin último de la actuación de la Administración. Por otro lado, el contribuyente, quien confirmada la ilegalidad de la actuación de la Adminis-

---

1 Martín Queralt, J. (2005). «Pleitos tengas, y los ganes..., o tampoco. (El reinicio o la retroacción de actuaciones tras resolución o sentencia favorable que anula una liquidación tributaria)», Tribuna Fiscal, (180), pp. 4-7.

2 Este trabajo pone el foco en alguna de las cuestiones abordadas en la obra más general Gandarillas Martos, S. (2022). *La ejecución de sentencias y resoluciones en el Derecho Tributario: una respuesta jurisprudencial*, Tirant lo Blanch.

tración solo a ella imputable, contempla perplejo cómo debe soportar de nuevo toda la potestad de liquidación y recaudación, con segundas oportunidades que él no tuvo.

Que no se me entienda mal; la actividad de recaudación es esencial, vital y determinante en la actuación de la Administración tributaria, y las potestades de las que ha sido investida son esenciales, sobre todo en los casos de incumplimiento de los contribuyentes, cuando bajo el auspicio de los más diversos comportamientos antijuridicos se evita, elude o defrauda el pago de los tributos. Sin embargo, la recaudación no es el fin que justifica o explica las potestades de la Administración tributaria, sino la consecuencia de su correcto ejercicio y aplicación, siempre bajo la Ley y el Derecho.

Nada justifica la actividad recaudatoria si no se actúa bajo el manto del ordenamiento jurídico y con el respeto de los derechos y garantías del contribuyente.

Para explicar la actividad recaudatoria de la Administración, se invoca y ancla en el deber general de contribuir recogido en el artículo 31.1 de nuestra Constitución. Este axioma, que no compartimos, ha sido recogido incluso por la jurisprudencia, entre otras en la sentencia de 29 de diciembre de 1998[3], justificando la actuación de la Administración, frente a la posición del contribuyente en el deber de contribuir de este último.

El deber general de contribuir constituye uno de los fundamentos de la tributación, que junto con los de capacidad económica, progresividad y justicia presiden nuestro sistema tributario. Se trata de un mandato que va dirigido al Legislador para que lo tenga en cuenta en la configuración de los tributos y la regulación del conjunto del sistema tributario, pero no de un principio que a la suerte de arma arrojadiza pueda invocarse frente al administrado. No constituye un principio que presida la relación procesal o procedimental Administración-administrado, de modo que no puede traerse a colación para explicar las reiteraciones de procedimientos, cuando los actos en que concluyeron fueron anulados por la concurrencia de vicios invalidantes, ya fueran de anulabilidad o de nulidad absoluta.

Por el otro lado, lo que desea el contribuyente es que el debate pueda concluir, y que pueda cerrarse la contienda tras un proceso que suele ser largo y costoso. En definitiva, que cuando quien litiga ha conseguido que bien el TEA o el juez hayan anulado la liquidación no se reproduzca la contiendo de nuevo en los mismos términos o, peor aún, con un mayor coste final de la deuda por el incremento de los intereses de demora por la aplicación del art. 26.5 de la LGT.

¿Hasta cuándo puede volver a liquidar la Administración actos que ya fueron anulados? ¿Cuántas veces puede liquidar de nuevo? ¿Qué alcance pueden tener las nuevas liquidaciones? ¿Qué potestades puede desplegar con ocasión de la nueva liquidación? ¿De qué tiempo se dispone? ¿Hasta dónde pueden exigírsele al contribuyente los inte-

---

3 STS de 29 de diciembre de 1998, recurso 4678/1993, ECLI:ES:TS:1998:8010 (*Tol 1699691*).

reses de demora por liquidaciones anuladas por vicios imputables a la Administración? Son preguntas cuyas respuestas no han dejado satisfecho a los implicados en los litigios tributarios.

2. LA EJECUCIÓN EN SENTIDO ESTRICTO

Para ser fiel al encargo, me voy a ceñir exclusivamente a lo que debe entenderse por ejecución en sentido estricto. En una idea más amplia, dentro de la ejecución cabía integrar otras actuaciones de la Administración tributaria llevadas a cabo a raíz de resoluciones y sentencias que anularon sus actos, pero por razones o motivos formales, sin entrar en el fondo de la relación jurídico tributaria ni en aspectos materiales del tributo que daba lugar a la controversia.

Tras una compleja evolución jurisprudencial, el Tribunal Supremo, con apoyo en el régimen jurídico que el Real Decreto 520/1995, de 13 de mayo, de revisión en vía administrativa (*Tol 636056*) (RRVA), reservaba a los órganos de revisión de la Administración y concretamente en su artículo 66, ha ido sistematizando las diferentes situaciones en las que se puede encontrar el contribuyente tras una eventual anulación del acto tributario.

Ha distinguido, de cara a la posibilidad de dictar nueva liquidación, entre los supuestos de retroacción de actuaciones de los de mera ejecución. Así se recoge en las SsTS de 29 de septiembre de 2014, recurso 1014/2013[4] (*Tol 4523024*) y de 15 de septiembre de 2014, recurso 3948/2012[5] (*Tol 4521082*).

Hecha esta clasificación, que parece inamovible, nos encontramos ante: (i) retroacción de actuaciones solo para los casos de anulaciones por vicios y defectos de procedimiento con vuelta atrás al momento en que tuvo lugar el vicio invalidante para continuar con el procedimiento por el tiempo que restara; (ii) ejecución, cuando la anulación tiene lugar por razones de fondo o sustantivas, en cuyo caso se podrá dictar nueva liquidación si la potestad de la Administración no hubiera prescrito y con lo que en ese momento tuviera mantenido o salvado.

En ambos casos, la naturaleza del vicio invalidante, nulidad del pleno derecho o anulabilidad, puede ser común tanto de retroacción como de ejecución.

Como advertimos, estas líneas solo se van a centrar en algunos aspectos de la llamada mera ejecución en sentido estricto o ejecución por razones de fondo.

---

4 STS de 29 de septiembre de 2014, recurso 1014/2013, ECLI:ES:TS:2014:3816 (*Tol 4523024*).

5 STS de 15 de septiembre de 2014, recurso 3948/2012, ECLI:ES:TS:2014:3728 (*Tol 4521082*).

3. EJECUCIÓN Y PRESCRIPCIÓN

Vaya por delante que el Tribunal Supremo ha admitido que la Administración tributaria, tras la anulación de un acto, puede liquidar de nuevo bajo la previsión del deber general de contribuir y porque obedece a unas razones de interés general[6]. Ya hemos expresado las críticas sobre el alcance del deber general de contribuir como principio regular de las relaciones procedimentales o procesales entre Administración y administrado.

También resulta llamativa la llamada de la jurisprudencia al interés general para justificar que la Administración pueda liquidar de nuevo. Hemos dicho que la recaudación no es la actividad que legitima la actuación de la Administración tributaria, sino que es consecuencia de esa actividad que debe estar sujeta al ordenamiento jurídico.

A lo que parece referirse el Tribunal Supremo es a un «interés público subjetivo» de la Administración que podría entrar en colisión con los intereses subjetivos del contribuyente, también dignos de protección y sin que ninguno de ellos resulte incompatible con el interés general que debe presidir toda actuación de la Administración sujeta a los principios constitucionales del artículo 103 de la CE de servir «con objetividad los intereses generales» de acuerdo con los principios de «eficacia, jerarquía, descentralización, desconcentración, coordinación, con sometimiento a la ley y al Derecho».

La única barrera que la jurisprudencia ha establecido para que la Administración no pueda dictar un nuevo acto en ejecución del primero anulado, es que su potestad no haya prescrito. No podemos adentrarnos en mayores explicaciones porque nos excederíamos con creces del espacio que nos ha sido asignado, pero la jurisprudencia reconoce efectos interruptivos del cómputo de plazo de prescripción a todas las actuaciones, ya sean de parte o de la Administración que hayan tenido lugar en un procedimiento que finalizó con un acto posteriormente declarado anulable o con vicio de nulidad relativa[7].

Solo los actos en los que concurre un vicio de nulidad radical o absoluta no tienen efectos interruptivos del plazo de prescripción, de modo que, anulado un acto por re-

---

6 Sentencia citada

7 Como se refleja en el sentir mayoritario de la jurisprudencia, de la que constituye un buen ejemplo la STS de 11 de febrero de 2010, recurso 1707/2003 (*Tol 1840375*), solo los actos nulos de pleno derecho carecen de efectos interruptivos de la prescripción, así como las reclamaciones y recursos instados. En esa misma línea, la STS de 20 de enero de 2011, recurso 120/2005 (*Tol 2055497*), afirmó que «[h]abiendo apreciado la existencia de una causa de nulidad de pleno derecho, la conclusión de que, no obstante, la reclamación instada contra la vía de apremio, y que dio lugar a la Resolución del TEAR de Madrid de 29 de abril de 1999, tuvo efectos interruptivos de la prescripción según lo previsto en el art. 66 LGT» (FD Segundo), resulta contraria a Derecho [...]».

solución o por sentencia, si cuando la decisión anulatoria adquiere firmeza ha transcurrido ese plazo, la Administración no podrá dictar otro en ejecución de la resolución o de la sentencia anulatoria.

La realidad pone de manifiesto que, en la inmensa mayoría de los casos y por la duración de los procedimientos, los cuatro años del plazo de prescripción a los que se refiere el artículo 66 de la LGT suelen haber transcurrido, por lo que la posibilidad de dictar nuevo acto se esfumaría siempre que el vicio invalidante fuera de nulidad radical.

Como decimos, no vamos a entrar en mayores análisis, pero esta es la doctrina del Tribunal Supremo que parece consolidada, aunque apuntamos que la cuestión en su origen no fue pacífica y resultó ampliamente debatida como se observa en la STS de 19 de noviembre de 2012, recurso 1215/2011[8] (*Tol 2706381*).

No obstante, conviene recordar que el Legislador no ha previsto consecuencias sobre los efectos o no interruptivos de la prescripción de los vicios invalidantes, y que estamos ante una creación jurisprudencial; por lo tanto, podría ser modificada. Nada en el marco de la legalidad vigente impide al Tribunal Supremo, en aras de la seguridad jurídica, privar de efectos interruptivos de la prescripción a los actos anulables o los viciados de nulidad relativa.

Tampoco olvidemos que han sido varias las críticas al automatismo con el que se han incorporado al Derecho tributario las categorías invalidantes del Derecho administrativo, a su vez importadas del Derecho civil.

Nada impediría reinterpretar los efectos y privar de los interruptivos de la prescripción a los actos con vicios de anulabilidad. Recordemos que la jurisprudencia, cuando aborda los vicios de anulabilidad, solo otorga efectos anulatorios cuando son susceptibles de generar indefensión real y efectiva. En el resto de los casos, estaríamos ante meras irregularidades sin efectos invalidantes. Por lo tanto, el que se conecte la relevancia de la anulabilidad al derecho de defensa proscribiendo supuestos de indefensión, diluye las diferencias del alcance de la anulabilidad con la previsión de nulidad por vulneración de un derecho fundamental susceptible de amparo constitucional ex artículo 24 de la CE, como se recoge en el supuesto de nulidad del pleno derecho en el artículo 217.1 a) de la LGT.

Bajo este prisma ningún sentido tendría atribuir diferencias, a los solos efectos interruptivos del cómputo del plazo de prescripción, que el vicio invalidante fuera de nulidad o de anulabilidad.

---

8 STS 19 de noviembre de 2012, recurso 1215/2011, ECLI:ES:TS:2012:7933 (*Tol 2706381*).

4. LA EVOLUCIÓN DE LA LGT EN EL ÁMBITO DE LA EJECUCIÓN

Aunque solo fuera por la frecuencia con la que se plantean los problemas de ejecución de las decisiones de los órganos revisión y de los jueces, habrían merecido una especial consideración por parte del Legislador.

Sin embargo, ni la LGT de 1963 ni la que hoy cumple 20 años le dedicaron ni una sola referencia a los problemas de ejecución. Ante este escenario llama la atención la pasividad del Legislador. Tanto la anterior como la actual, delegaron a la vía reglamentaria algunas cuestiones relacionadas con la ejecución de las resoluciones de los TEAs.

Hemos tenido que esperar hasta la reforma llevada a cabo por la Ley 34/2015 (*Tol 5431731*), para que se incorporen a la Ley algunos aspectos y cuestiones relacionados con la ejecución. No ha sido una gran tarea legislativa puesto que la reforma se ha limitado, esencialmente, a reproducir en su artículo 239 las previsiones reglamentarias que hasta ese momento se integraban en el artículo 66 del RGRVA.

5. RÉGIMEN JURÍDICO DE LA LJCA

Tampoco la LJCA va mucho más allá en lo que a la ejecución de actos de naturaleza tributaria se refiere, sobre todo porque nada sobre esta materia ha inspirado la redacción de la Ley. En el régimen jurídico de la ejecución de sentencia que se contempla en los arts. 103 y ss, ninguna especialidad tributaria ha merecido ser incluida por el Legislador[9].

Del mismo modo que el artículo 1 de esta Ley, cuando regula la actividad que es objeto de la jurisdicción contencioso-administrativa no hace distingos en función del origen de la Administración de la que procede; tampoco distingue, cuando se regula la ejecución de sentencia, en la naturaleza u origen del acto que dio lugar a la controversia. De lo que no cabe duda es que, tan coherente resulta el hilo conductor de la Ley, como alejada de la realidad que reflejan los conflictos generados por actos de naturaleza tributaria.

No voy a entrar en la necesidad de una jurisdicción especializada en el orden contencioso-tributario que ya defendí hace más de 20 años[10]; estoy tan convencido de su necesidad como del fracaso de la idea. Sorprende que se admitan sin dificultad las especialidades en derecho civil, penal, administrativo, laboral, mercantil, y otras más recientes como en derecho hipotecario, de familia, menores o violencia de género. Pero no se

---

9 Nada relevante más allá del artículo 110 de la LJCA, cuya eficacia ha quedado seriamente mermada desde la interpretación que se hizo del acto consentido y firme y la extensión de efectos.

10 En unas jornadas organizas por la AEDAF y el CGPJ en la Universidad de Verano en Santander.

plantea como opción viable la especialidad contencioso-tributaria, a pesar de que estemos ante una disciplina académica autónoma de nuestro ordenamiento jurídico desde tiempos de Sainz de Bujanda, y además constituya, materialmente, una parte nada despreciable de la litigiosidad. Solo a título de ejemplo, tras la entrada en vigor de la Ley Orgánica 7/2015, de 21 de julio, por la que se modifica la Ley Orgánica 6/1985, de 1 de julio, del Poder Judicial (*Tol 5207788*), los datos de los autos de admisión dictados por la Sección Primera de la Sala Tercera del Tribunal Supremo, con destino a las otras cuatro Secciones, reflejaba que casi la mitad de los autos de admisión se referían a litigios tributarios[11].

La realidad revela que tanto el acto tributario como la actividad desplegada por la Administración que los dicta, tienen unas particularidades que, omitidas por el Legislador, no facilitan la correcta conclusión de los litigios.

Tengamos presente que la ejecución de una sentencia está directamente condicionada por la naturaleza de acto y el origen del acto. Tradicionalmente se le achacaba a la jurisdicción contencioso-administrativa que las sentencias no se ejecutaban o no se ejecutaban a satisfacción del administratorio[12].

Debemos partir de que, tanto en la Ley de 1956 como en la de 1998, la ejecución de las sentencias se confía a la Administración. Es cierto que la potestad de la ejecución de la sentencia, que por otro lado constituye una expresión del derecho a la tutela judicial efectiva[13], les corresponde a los jueces como proclama el artículo 103 de la LJCA. Sin embargo, el artículo 104.1 de la LJCA prevé que «*[L]uego que sea firme una sentencia, el letrado o letrada de la Administración de Justicia lo comunicará en el plazo de diez días*

11 A fecha 7 de julio de 2021:
a) Sección Segunda: 2226 recursos, (Sección dedicada en exclusiva a cuestiones tributarias).
b) Sección Tercera: 773 recursos.
c) Sección Cuarta: 1348 recursos.
d) Sección Quinta: 597 recursos.

12 Nieto, A., «La organización del desgobierno», Editorial Ariel 1984, p. 158. «[c]uando la Administración no quiere, no ejecuta las sentencias [...]».

13 STC de 1/1981, de 26 de enero, (BOE núm. 47, de 24 de febrero de 1981), ECLI:ES:TC:1981:1, (*Tol 7855*), y STC de 67/1984, de 7 de junio, (BOE núm. 165, de 11 de julio de 1984), ECLI:ES:TC:1984:67, (*Tol 79357*), «[e]l derecho a la tutela judicial en la que se integra el derecho a la ejecución (...), tutela judicial y su efectividad, se complementa con la ejecución de lo decidido por el órgano jurisdiccional. O dicho de otro modo no se pueda hablar de tutela judicial efectiva, sino la sentencia o auto no se lleva a su efectivo cumplimiento, con las salvedades de imposibilidad material o jurídica. (...) es una cuestión de capital importancia para la efectividad del Estado social y democrático de Derecho que proclama la Constitución (...) cuya efectividad —en caso de conflicto— se produce normalmente por medio de la actuación del Poder Judicial —arts. 117 y siguientes de la Constitución— que finaliza con la ejecución de sus Sentencias y resoluciones firmes. [...]».

al órgano previamente identificado como responsable de su cumplimiento, a fin de que, recibida la comunicación, la lleve a puro y debido efecto y practique lo que exija el cumplimiento de las declaraciones contenidas en el fallo [...]».

Significa que, en la mayoría de las ocasiones, la ejecución se lleva a cabo sin la participación de los jueces puesto que es la propia Administración que dictó la encargada de llevarla a cabo. La intervención de los jueces tiene lugar en los casos de incumplimientos en la ejecución. Así se lo refleja en el apartado 2 del artículo 104 de la LJCA cuando, habiendo transcurrido más de dos meses desde la firmeza de la sentencia, la Administración no la hubiera ejecutado, solo en ese momento «*[c]ualquiera de las partes y personas afectadas podrá instar su ejecución forzosa [...]*».

Por lo tanto, la intervención proactiva de los jueces en la ejecución de sentencia está diseñada, esencialmente, para los supuestos patológicos de ejecución forzosa cuando la Administración la incumple o se resiste a su efectiva ejecución; a tal efecto se diseñó el incidente previsto en el artículo 109 de la LJCA. En este sentido resulta plenamente aplicable la jurisprudencia del Tribunal Constitucional cuando dijo en su STC 28/1989[14] «*[a]ún cuando la ejecución de las sentencias corresponde en principio, al órgano que hubiera dictado el acto o disposición objeto del litigio, cuando se incumpla esa obligación, el Tribunal Sentenciador —a quien el art. 113 confiere en exclusiva la potestad jurisdiccional de hacer ejecutar lo juzgado— debe adoptar las medidas que estime pertinentes para el efectivo cumplimiento de lo mandado [...]*».

Pero todo el régimen jurídico previsto por la LJCA está pensado para sentencias en las que los jueces reconozcan un derecho o una situación jurídica individualizada, y que, tras la anulación del acto, la Administración se resista a llevarlo a cabo o a materializarlo. Está pensado para actos de contenido o naturaleza «favorables» a los administrados, si se me permite la calificación y con la dificultad que ello conlleva, y contrarios a la Administración. De ahí nace la tradicional crítica a la inejecución de sentencia y a los problemas prácticos que conllevaba el reconocimiento de una situación jurídica individualizada por parte de la propia Administración autora del acto, que ahora deberá dictar, en ejecución, uno nuevo reconociendo, dando o concediendo al particular lo que antes no hizo.

El problema es que, cuando estamos ante actos tributarios, la gran mayoría de ellos, si nos centramos en los actos de liquidación o sancionadores, no tienen una naturaleza o un carácter favorable al contribuyente, de ahí que todo el sistema de ejecución legalmente previsto resulte poco operativo.

---

14 STC 28/1989, de 6 de febrero (BOE núm. 50, de 28 de febrero de 1989), ECLI:ES:TC:1989:28, (*Tol 80239*)

Cuando se trata de actos de gravamen y estos han sido anulados, la Administración va a intentar «ejecutar» la sentencia, y por ejecutar ha entendido volver a dictar el acto anulado cuando su potestad no haya prescrito, una vez subsanados los defectos o depurados los elementos afectados por la sentencia anulatoria.

Nada en la LJCA está previsto bajo este prisma. Y cuando digo nada es que hay un vacío respecto del procedimiento a seguir, los términos en los que se puede dictar un nuevo acto, cómo debe hacerse, cuándo puede dictarse o con qué consecuencias o límites.

Más allá de la previsión, en el artículo 110 de la LJCA, para la extensión de efectos nada merece la pena destacarse de cara a la ejecución de sentencias de actos de naturaleza tributaria. El Legislador no ha detectado la necesidad de establecer específicas pautas en la ejecución de las sentencias relacionadas con este tipo de actos. La falta de previsión no ayuda a resolver los innumerables problemas que la doctrina ha detectado y la interpretación que los jueces intentan resolver. En general, nos encontramos con respuestas que no dan soluciones siempre satisfactorias a las pretensiones de los diferentes implicados.

Aunque solo fuera por la cantidad de litigios que genera la materia tributaria en el orden contencioso-administrativo, el Legislador debería ser consciente de las consecuencias de su falta de previsión y de que la actual no resulta suficiente.

6. ACTUACIONES DE LA ADMINISTRACIÓN TRIBUTARIA EN EJECUCIÓN DE RESOLUCIONES Y SENTENCIAS

El planteamiento del que partimos nos obliga a distinguirlo de los supuestos de mera retroacción de actuaciones en los que las consecuencias de la decisión o del fallo anulatorio consisten en reponer las actuaciones en el procedimiento justo en el momento anterior en el que tuvo lugar el vicio invalidante. En estos casos se vuelve al procedimiento de aplicación de los tributos en el estado en que se encontrara.

No tiene porqué ocurrir así en los casos de ejecución, puesto que las estimaciones por razones de fondo o sustantivas afectan, por lo general, al acuerdo de liquidación que resulta anulado, en todo o en parte, por la resolución o la sentencia. Por lo tanto, no se vuelve atrás en el procedimiento sino en todo caso al acto final que, con su notificación, dio lugar a su conclusión.

Sin embargo, en ambos casos, el primer paso que da la Administración tributaria es el mismo. Tanto cuando la resolución o la sentencia anulan por razones formales o sustantivas, lo que hace la Administración tributaria es dictar un acto «anulando» la liquidación inicialmente impugnada. Llama la atención esta práctica forense de la Administración puesto que el acto ya fue anulado, total o parcialmente, por la resolución o la sentencia, sin necesidad de que esa decisión deba ser confirmada o refrendada por la Administración de la que trae causa la actividad que dio lugar al litigio.

Lo que en realidad está haciendo la Administración, bajo esa innecesaria anulación, es dar de baja ese acto o esa actividad, precisamente por estricto cumplimiento de lo decidido por el órgano, administrativo o jurisdiccional, que lo revisó y anuló.

Hecha esta precisión se desencadenan otra serie de actuaciones que dan lugar a otras dudas procesales o procedimentales que no tienen una clara respuesta en el marco legal.

6.1. PROCEDIMIENTO PARA LA EJECUCIÓN

Comencemos por apuntar que parece un error hablar de procedimiento para la ejecución, puesto que procesalmente no se contempla por las normas de rango legal o reglamentario nada que se le parezca, más allá de los concretos supuestos de incumplimiento por parte de la Administración a las decisiones de los jueces, en los términos y para el tipo de actos a los que ya nos hemos referido.

La primera impresión es que si no ha sido contemplado es que no resulta necesario y que todo este planteamiento resulta artificial e innecesario.

Sin embargo, no consideramos que resulte irrelevante o pueda prescindirse de un procedimiento reglado, entre otras cuestiones porque muchas de las preguntas que nos hicimos al principio no tienen una respuesta directa en el marco legal. Si estuviera regulado, al menos tendría la certeza y con ello la seguridad jurídica de qué hacer en estos casos.

En sede administrativa, el artículo 66.2 del RGRVA, puntualiza que «*[L]os actos de ejecución no formarán parte del procedimiento en el que tuviese su origen el acto objeto de impugnación. [...]*». La desconexión con el procedimiento inicial suscita dos dudas inmediatas: ¿En qué procedimiento se dicta y con qué garantías para el administrado o destinatario del acto? y ¿de qué plazo se dispone para llevarlo a cabo?

6.2. EL TIEMPO PARA EJECUTAR

Ante la omisión normativa sobre el procedimiento en general, comenzaremos con lo que sí contempló primero el reglamento y más tarde fue incorporado parcialmente al artículo 239 de la LGT. Dispone el artículo apartado 2 del artículo 66 del RGRT que «*[L]os actos resultantes de la ejecución de la resolución de un recurso o reclamación económico-administrativa deberán ser notificados en el plazo de un mes desde que dicha resolución tenga entrada en el registro del órgano competente para su ejecución. [...]*». La particularidad es que los incumplimientos de este plazo no hacen que decaiga la posibilidad de que la Administración dicte el acto tardíamente. La irrelevancia de las consecuencias, más allá del cierre de la reclamación de los intereses moratorios por el tiempo de retraso imputable a la Administración por encima de este mes, no tiene grandes consecuencias. Así lo ha proclamado la STS de 19 de noviembre de 2020, recurso 4911/2018[15] (*Tol 8221865*), que retoma la antigua jurisprudencia[16] forjada al hilo de la interpretación del anterior artículo 110 del RPREA 391/1986.

En el caso de la ejecución, la LJCA no establece ningún límite temporal relevante para resolver los problemas que la ejecución pueda plantear. La única previsión temporal es la contemplada en el artículo 104.1 y 2 de la LJCA de los diez días más los dos meses para el cumplimiento del fallo. En caso de no ejecutarse la sentencia dictada, permitiría al interesado instar el incidente de ejecución forzosa.

Esta previsión es apta y da respuesta a la ejecución de los actos que no sean de gravamen o de los que reconozcan una situación jurídica individualizada favorable a los intereses del contribuyente, de manera que el interesado pueda instar el incidente al juez ante la pasividad de la Administración. Nos parece impensable que el administrado inste o reclame de la Administración el nuevo dictado de un acto de gravamen contrario a sus intereses. En estos casos es la propia Administración la que, si puede volver a liquidar, liquida. Sin embargo, cuando la Administración no lo hace, se retrasa, continua en el tiempo la situación de pendencia, zozobra e inseguridad de su potencial destinatario que casi con la certeza de que se producirá, no sabe cuándo volverá a dictarse la nueva liquidación.

6.3. CONTRADICCIÓN CON EL LÍMITE TEMPORAL EN LA RETROACCIÓN DE ACTUACIONES

Llegados a este punto es destacable la contradicción a la que nos ha llevado la evolución de la jurisprudencia, tras la distinción entre retroacción de actuaciones y ejecución en sentido estricto, que culminó en las STS de 29 de septiembre de 2014, recurso 1014/2013 y de 15 de septiembre de 2014, recurso 3948/2012 a las que ya nos hemos referido.

Esta línea jurisprudencial, de considerable rigor técnico, provoca en el contribuyente situaciones indeseables como la incertidumbre de no saber cuándo la Administración le podrá liquidar de nuevo.

---

15 STS de 19 de noviembre de 2020, recurso 4911/2018, ECLI:ES:TS:2020:3880.

16 En la STS de 2 de junio de 2011, recurso 175/2007, ECLI:ES:TS:2011:3831 (*Tol 2153653*), se dijo que «[e]l plazo de 15 días previsto en el artº 110 del RPREA no es plazo de caducidad, sin que su incumplimiento conlleve más efectos que de una irregularidad formal sin efectos prescriptivos. [...]», y en este mismo sentido, la STS de 20 de marzo de 2012, recurso 3880/2011, ECLI:ES:TS:2012:2077 (*Tol 2501791*).

Estamos ante un caso paradigmático en el que la solución podría residir en pronunciamientos anteriores del Tribunal Supremo, criticados por la doctrina por su menor rigor académico en la interpretación de la legalidad tributaria, pero, sin duda, más eficientes de cara a la protección de las garantías del contribuyente y a la seguridad jurídica. Es el caso de la STS de 30 de enero de 2015, recurso 1198/2013 (*Tol 4748669*), cuando para salir al paso de unos pronunciamientos en los que se identificaba con la retroacción de actuaciones a cualquier pronunciamiento anulatorio que permitiera el dictado de nueva liquidación, dijo que «*[s]entado el criterio de que solo estamos ante una efectiva retroacción de actuaciones cuando la anulación ha tenido lugar por motivos de forma, se ha de entender que en las sentencias de 4 de abril de 2013, 12 de junio de 2013 y 18 de octubre de 2013, antes referidas, al hablar de "retroacción" o de "retroacción material" lo hacíamos a los únicos efectos de aplicar también el límite temporal y las consecuencias del artículo 150.5 a los casos de anulación de las liquidaciones por razones de fondo. [...]*».

Lo que se pretendió con esta sentencia fue superar anteriores pronunciamientos que incluían dentro de concepto de retroacción cualquier actuación de la Administración que, tras la anulación de un acto, al margen de las razones o motivos, dictara otro sustituyéndolo.

A través de una integración de toda la doctrina del Tribunal Supremo y sin mover una coma sobra la distinción consolidada entre retroacción y ejecución, podría llegar a la conclusión de que, a los solos efectos de los límites temporales, y dado que en los casos de ejecución el único previsible es el de prescripción, se dotaría de mayor seguridad jurídica si a estos se les aplicara por analogía lo contemplado por la LGT para los supuestos de retroacción de las actuaciones.

De no ser así, el único límite temporal del que pende la decisión de la Administración para dictar el nuevo acto estaría en la prescripción, límite temporal que, tras la finalización de un litigio, nos parece simplemente inadmisible en un estado de derecho.

6.4. PROCEDIMIENTO EN EJECUCIÓN Y POTESTADES DE LA ADMINISTRACIÓN

Partimos de una premisa inexorable y es que la jurisprudencia, con carácter general, le reconoce a la Administración cuando un acto ha sido anulado por resolución o por sentencia y mientras su derecho no haya prescrito, la posibilidad de dictar nuevos acuerdos de liquidación.

Puede procederse al nuevo dictado mientras las potestades de la Administración no hayan prescrito. Sin embargo, dos cuestiones no parecen del todo resueltas cuando bajamos al terreno para identificar, en primer lugar, el procedimiento en que debe llevarse a cabo y en segundo término, qué concretas potestades puede desplegar.

Nada se incorporó a la nueva redacción de este artículo 239 de la LGT que nos pudiera aclarar algo acerca del contenido, de las facultades o del procedimiento que podría seguir el órgano encargado de la ejecución, tras la anulación del acto o para pleno cumplimiento de la decisión anulatoria.

Sin embargo, la falta de previsión legal de qué y hasta dónde puede actuar la Administración, no puede permanecer de espaldas a la tozuda realidad y a las frecuentes situaciones en las que el obligado tributario se ve sometido de nuevo al despliegue de la actuación de la Administración, tras haber salido victorioso de una reclamación o de un proceso jurisdiccional, con resolución o sentencia anulatoria.

La jurisprudencia se refirió a esta situación en la que, anulada la liquidación, la Administración, sin volver atrás en el procedimiento, podía dictar nuevo acto. La STS de 15 de junio de 2015, recurso 1551/2014[17] (*Tol 5186062*), concluyó que «*[l]a Administración puede aprobar una nueva liquidación en sustitución de la anulada, pero no le cabe retrotraer actuaciones salvo en los casos expresados, por lo que, cuando la anulación se debe a razones de fondo, únicamente le resulta posible dictar, sin tramitar otra vez el procedimiento y sin completar la instrucción pertinente, un nuevo acto ajustado a derecho mientras su potestad esté viva. [...]*». Lo mismo dijo la STS de 19 de enero de 2019, recurso 1094/2017[18] (*Tol 6494689*), al corroborar que «*[s]on de ejecución los actos dictados en sustitución del anulado sin necesidad de tramitar diligencia nueva alguna, situaciones en las que la Administración debe limitarse a pronunciar una nueva decisión correcta, conforme a los criterios señalados en la resolución económico-administrativa anulatoria. No hay, pues, en tales situaciones retroacción de actuaciones en sentido técnico, ni, por ello, resulta menester tramitar de nuevo (en todo o en parte) el procedimiento de gestión tributaria, en este caso de comprobación limitada; solo es necesario dictar una nueva liquidación que sustituya a la anulada. [...]*».

El mensaje de la jurisprudencia es claro. A pesar de que no le está vedado a la Administración liquidar de nuevo, deberá hacerlo con el material de que disponga en ese momento. Es decir, con el que no hubiera sido afectado por la resolución o sentencia anulatoria o con la información fiscalmente relevante acopiada durante la tramitación de procedimiento que hubiere superado el filtro del proceso de revisión.

En definitiva, la liquidación deberá dictarse con lo recabado a lo largo del procedimiento de aplicación de los tributos que haya sido mantenido por el proceso de revisión, con todo aquello no afectado por la ilegalidad o con lo fijado por la resolución o sentencia que se ejecuta.

Esto significa que a la Administración le está vedado, cuando la anulación de la primera liquidación fue debida a motivos sustantivos o materiales, que en ejecución de la resolución o de la sentencia complete o integre lo actuado. Tampoco podrá practi-

---

17 STS de 15 de junio de 2015, recurso 1551/2014, ECLI:ES:TS:2015:2692.

18 STS de 19 de enero de 2019, recurso 1094/2017, ECLI:ES:TS:2018:187.

car nuevos requerimientos tendentes a habilitar o recabar información de la que en ese momento no disponga, o cuando la que le restare del procedimiento en el que tuvo la anulación no fuera suficiente para el dictado de una nueva liquidación. Y desde luego, lo que parece terminantemente descartado es el inicio de un nuevo procedimiento de aplicación de los tributos.

La consecuencia de esta jurisprudencia es que podrá practicar nueva liquidación con lo que disponga en ese momento, si le resultara posible, si no, sencillamente, no podrá liquidar. Lo que le está proscrito a la Administración que ejecuta es actuar desconociendo lo que ya tuvo ocasión de hacer, o como si se encontrara, desde el principio, con un nuevo procedimiento de aplicación de los tributos. No cabe, con el inicio de un nuevo procedimiento, volver a situar al contribuyente en la casilla de salida otra vez, olvidando el periplo de revisión administrativa y posterior jurisdiccional por el que ya transitó el contribuyente y del que, además, salió vencedor.

Sin embargo, nada de esto ha sido expresamente previsto por nuestro ordenamiento jurídico; al contrario, como veremos más adelante, la Administración, en el ejercicio de su potestad reglamentaria, va precisamente por un camino contrario al trazado por la jurisprudencia.

6.5. EXCESOS EN LOS CASOS DE EJECUCIÓN

La jurisprudencia ha sido muy clara para decir qué es lo que puede hacer la Administración y cómo lo debe hacer, pero no tenemos hasta esta fecha ningún pronunciamiento que nos aclare qué ocurre cuando las actuaciones llevadas a cabo en ejecución se exceden de los límites marcados por el Tribunal Supremo.

¿Qué ocurre si la Administración tributaria no sigue los criterios de la jurisprudencia en cuanto a limitación de las potestades, reabre de nuevo un procedimiento, despliega nuevas potestades de comprobación e investigación, o practica nuevos requerimientos de información?

No tenemos pronunciamientos de la Sala Tercera del Tribunal Supremo que especifiquen que ocurre con aquellas actuaciones llevadas a cabo por la Administración tributaria que no respete los límites que la jurisprudencia ha para la ejecución.

Las dudas ya revelan que algo no funciona bien en nuestro ordenamiento jurídico con el sistema de control de la actividad de la Administración. Estamos dando por hecho y asumimos con aparente naturalidad, pero con cierto sonrojo, que la Administración no sigue los dictados de la jurisprudencia.

Es habitual encontrarnos con actuaciones llevadas a cabo por la Administración tributaria que, para ejecutar una sentencia que anuló una liquidación, complete o complemente aquello que ha sido anulado o descartado, o simplemente aproveche la nueva posibilidad que se le brinda para llevar a cabo nuevas actuaciones. Ante esta realidad no cabe ampararnos, para justificar el despego a la jurisprudencia, como razón o explicación de su incumplimiento, la previsión contemplada en el apartado 8 del artículo 239 de la LGT, cuando dice que «*[L]a doctrina que de modo reiterado establezca el Tribunal Económico-Administrativo Central vinculará a los tribunales económico-administrativos regionales y locales y a los órganos económico-administrativos de las Comunidades Autónomas y de las Ciudades con Estatuto de Autonomía y al resto de la Administración tributaria del Estado y de las Comunidades Autónomas y de las Ciudades con Estatuto de Autonomía [...]*», porque no incluya a la jurisprudencia.

El que no se haga referencia en este precepto de manera específica a la vinculación de la Administración tributaria a la jurisprudencia, no significa ni mucho menos que no deba ser respetada y seguida. Nos parece una omisión peligrosa, a pesar de que la vinculación a la jurisprudencia queda reflejada en el artículo 1.6 del Código Civil, como complemento del ordenamiento jurídico al que está sometida la Administración ex artículo 103 de la Constitución; o a pesar del control la actividad administrativa a los jueces por imperativo del artículo 106 de la CE. No habría estado de más que el 239 de la LGT, cuando fue reformado en el 2014, hubiera recordado la vinculación de toda la Administración tributaria a la jurisprudencia. Solo lo ha previsto respecto de la doctrina del TEAC, órgano revisor de la Administración, pero también sometido al control de los jueces y por ende al Tribunal Supremo.

Ante esta situación y como advertimos, no son infrecuentes los comportamientos de la Administración, en este caso de la tributaria, discurriendo al margen de los dictados del Tribunal Supremo. Pero el Tribunal Supremo todavía no ha previsto las consecuencias y el alcance que se le deba dar a las situaciones en las que la Administración ha procedido en ejecución, extralimitándose del margen de actuación fijado por la jurisprudencia.

Esta situación fue abordada por la SAN de 19 de abril de 2023, recurso 692/2018 (*Tol 9549346*), que anuló la segunda liquidación girada por la Administración tributaria regularizando de nuevo el Impuesto sobre el Valor Añadido (IVA), tras una primera anulación llevada a cabo por el TEAC por practicarse la inicial en cómputo anual y no trimestral. Se trataba de la anulación por motivos sustantivos, por lo que, en todo caso y si no había prescrito la potestad liquidatoria, la Administración podría proceder al dictado de una nueva, pero sin completar, integrar, ampliar o iniciar un nuevo procedimiento, como ha proclamado la jurisprudencia.

La Audiencia Nacional llegó a la conclusión, ante la falta de previsión legal expresa o de un concreto pronunciamiento del Tribunal Supremo que fijara el alcance en los casos de extralimitación, que las consecuencias debían ser las de anulación de la liquidación dictada en ejecución. Así lo considera porque «*[S]i las consecuencias de haber dado inicio a un nuevo procedimiento de aplicación de los tributos, cuando la Administración debió limitarse a dictar liquidación con lo que tenía, no fuera la anulación del acuerdo derivado de la segunda comprobación limitada, la jurisprudencia del Tribunal Supremo caería en saco roto. [...]*» y añadía que «*[E]n el presente caso, la Administración, prescindiendo del principio de conservación de los actos y sin valorar si con lo que tenía podía practicar nueva liquidación, decidió, contraviniendo la jurisprudencia y sin que ninguna norma la habilite directamente para ello, abrir de nuevo un procedimiento de comprobación limitada como si nada hubiera ocurrido, sometiendo al contribuyente de nuevo al nuevo procedimiento de aplicación de los tributos, despreciando que la primera anulación fue debida a un error sustantivo y grave en la interpretación de la norma reguladora del Impuesto solo a ella imputable. Y para más escarnio, ni tan siquiera termina por acertar con la segunda liquidación, puesto que no fue correcta la determinación de los intereses de demora, lo que abocaba al sujeto pasivo a una tercera.*

Hemos llegado a un punto donde no se trata de valorar si la exención en el IVA era o no procedente, o si la renuncia fue ajustada a derecho o no. La regularización por la puntual situación de fondo no es ahora lo importante. Está en juego algo de mayor calado y relevancia que el pago o no de una puntual deuda tributaria. Nos referimos al buen hacer y al buen funcionamiento de nuestra Administración tributaria. Buen hacer que, con esta puntual actuación en el caso enjuiciado, nos la aleja del estándar de calidad de una Administración capaz de generar la confianza que debe tener en un Estado de Derecho. [...]».

Como vemos, la decisión de la Audiencia Nacional deja pocas dudas, y en los casos de excesos en el despliegue de potestades para el dictado de un acto en ejecución de resolución o de sentencia, las consecuencias deben ser la anulación de nuevo acto, por las razones apuntadas.

Desgraciadamente, la sentencia a la que acabamos de referirnos es firme; y decimos desgraciadamente por que la Administración no la recurrió, lo que habría sido una magnífica oportunidad para que el Tribunal Supremo se pronunciara sobre una cuestión no resuelta y que podría, de confirmarse, crear doctrina jurisprudencial sobre un problema que se repite a menudo.

6.6. RESPUESTA DE LA ADMINISTRACIÓN

Ya lamentamos que el Legislador no haya contemplado de manera mínimamente detallada la solución a problemas que se plantean de manera habitual en la litigación tributaria.

No obstante, la Administración no ha dejado pasar la oportunidad. Consciente de que la jurisprudencia no era especialmente proclive a consolidar sus actuaciones en ejecución de sentencia, ha utilizado su potestad reglamentaria más que para dar respuesta al problema, como respuesta o reacción a la doctrina del Tribunal Supremo apartándose directamente de lo dicho.

Con la modificación llevada a cabo por el Real Decreto 1/2010, de 8 de enero, de modificación de determinadas obligaciones tributarias formales y procedimientos de aplicación de los tributos y de modificación de otras normas con contenido tributario (*Tol 1754930*), se incorporó un apartado 8 al artículo 197 del Real Decreto 1065/2007, de 27 de julio, por el que se aprueba el Reglamento General de las actuaciones y los procedimientos de gestión e inspección tributaria y de desarrollo de las normas comunes de los procedimientos de aplicación de los tributos (*Tol 1126658*) (RGPIG), más tarde vuelto a modificar por el Real Decreto 1070/2017 (*Tol 6462561*).

Con la introducción de este apartado se regularon, vía reglamentaria, las potestades de la Administración Tributaria en ejecución, pero no solo en el caso de resoluciones de los TEAs sino también cuando se trata de la ejecución de sentencias. Se incorpora la previsión añadiendo que «*[P]ara la ejecución de las resoluciones administrativas y judiciales, los órganos de inspección podrán desarrollar las actuaciones que sean necesarias pudiendo, en su caso, ejercer las facultades previstas en el artículo 142 de la Ley 58/2003, de 17 de diciembre, General Tributaria, y realizar las actuaciones de obtención de información pertinentes. No obstante, cuando de acuerdo con lo dispuesto en el artículo 66.4 del Reglamento General de desarrollo de la Ley 58/2003, de 17 de diciembre, General Tributaria, en materia de revisión en vía administrativa, aprobado por Real Decreto 520/2005, de 13 de mayo, las mencionadas resoluciones hayan ordenado la retroacción de actuaciones, éstas se desarrollarán de acuerdo con lo dispuesto en el artículo 150.7 de la citada Ley. [...]*».

La sentencia de la Audiencia Nacional a la que nos hemos referido nada dijo sobre la aplicación y legalidad de este precepto, porque a pesar de estar en vigor no fue invocado en dictado de acto finalmente anulado ni fue puesto en tela de juicio por ninguno de los litigantes.

No obstante, serias dudas pesan sobre la legalidad de esta disposición reglamentaria, no ya por constituir un vivo ejemplo de la reglamentación reactiva a decisiones de los jueces que no «gustan» a la Administración, sino porque la propia técnica revela excesos en el ejercicio de la potestad reglamentaria.

Vale que la Administración fije criterios a seguir por sus órganos de revisión, y aunque hubiera sido preferible que fuera el Legislador quien acometiera esta tarea, no es menos cierto que la materia ha sido tradicionalmente relegada a la vía reglamentaria. Sin embargo, pocas dudas tenemos del exceso en lo que a la ejecución de sentencias se refiere. La Administración no puede entrar en el vedado terreno de la ejecución de sentencia, competencia objetiva de la LJCA. Esta modificación cae de bruces en la deslegalización de una materia que ha sido expresamente tratada y regulada por la Ley. Como advirtiera Falcón y Tella[19] sobre esta modificación que constituye «*[u]n grosero*

19 Falcón y Tella, R. (2010). *El nuevo apartado 8 del art. 197 del Reglamentos de las actuaciones y procedimiento de gestión: un manifiesto intento de vaciar de contenido el plazo máximo aplicable en la retroacción de actuaciones inspectoras*. Quincena Fiscal, (6), p. 9.

intento de la Administración de limitar la aplicación de los art. 150.5 a los supuestos en que la sentencia o resolución que se ejecuta "haya ordenado la retroacción de actuaciones" (...) lo lógico sería entender que, solo hay retroacción de actuaciones cuando tal retroacción se ordena expresamente en el fallo o resolución que no haya ordenado expresamente dicha retroacción [...]».

Por lo tanto, en lo que a la ejecución de sentencias se refiere y a las competencias en que en esta tarea pudiera desplegar la Administración, podemos calificar esta modificación como un reglamento independiente, sin la preceptiva cobertura de la LGT ni de la LJCA.

7. CONCLUSIONES

1.– La anulación de un acto tributario no implica que decaiga la potestad de la Administración para dictar nueva liquidación.

2.– Cuando hablamos de ejecución de decisiones que anulen actos tributarios, es necesario distinguir entre la ejecución en sentido estricto de los supuestos en los que se produce la retroacción de las actuaciones.

3.– En esta materia, el régimen jurídico es parco en su regulación. Su desarrollo se ha producido a golpe de jurisprudencia.

4.– La regla general es que, si pudiera dictarse nueva liquidación, la Administración solo podrá utilizar aquello de que dispusiera tras la depuración llevada a cabo por la resolución revisora o la sentencia.

5.– No cabe la ampliación de potestades de la Administración con ocasión de actos dictados en ejecución. El incumplimiento de este límite implica la anulación de lo ejecutado.

6.– En cuanto al tiempo del que dispone la Administración para dictar el nuevo acto en ejecución, el vacío legal permitiría aplicar los límites temporales previstos para los casos de retroacción de actuaciones.

8. REFERENCIAS BIBLIOGRÁFICAS

Falcón y Tella, R. (2010). *El nuevo apartado 8 del art. 197 del Reglamentos de las actuaciones y procedimiento de gestión: un manifiesto intento de vaciar de contenido el plazo máximo aplicable en la retroacción de actuaciones inspectoras*. Quincena Fiscal, (6), p. 9.

Gandarillas Martos, S. (2022). *La ejecución de sentencias y resoluciones en el Derecho Tributario: una respuesta jurisprudencial*, Tirant lo Blanch.

Martín Queralt, J. (2005). "Pleitos tengas, y los ganes..., o tampoco. (El reinicio o la retroacción de actuaciones tras resolución o sentencia favorable que anula una liquidación tributaria)", *Tribuna Fiscal*, (180), pp. 4-7.

Nieto, A. (1984). *La organización del desgobierno*, Editorial Ariel, p. 158.